T0355804

Crímenes de Pancho Villa

Crímenes de Pancho Villa

REIDEZEL MENDOZA

DEBATE

El papel utilizado para la impresión de este libro ha sido fabricado a partir de madera
procedente de bosques y plantaciones gestionadas con los más altos estándares ambientales,
garantizando una explotación de los recursos sostenible con el medio ambiente y beneficiosa para las personas.

Crímenes de Pancho Villa

Primera edición: diciembre, 2024

D. R. © 2024, Reidezel Mendoza

D. R. © 2024, derechos de edición mundiales en lengua castellana:
Penguin Random House Grupo Editorial, S. A. de C. V.
Blvd. Miguel de Cervantes Saavedra núm. 301, 1er piso,
colonia Granada, alcaldía Miguel Hidalgo, C. P. 11520,
Ciudad de México

penguinlibros.com

ISBN: 978-607-385-282-1

Impreso en México – *Printed in Mexico*

A las víctimas anónimas de una guerra fratricida

Índice

AGRADECIMIENTOS

Mi eterno agradecimiento a Dios Nuestro Señor por acompañarnos y guiarnos en este largo camino. A la compañera de mi vida, Paola Juárez; a mis padres, hermanos y sobrinos; a los amigos y colegas que me tendieron la mano: Raúl Herrera Márquez, Armando Herrera Acosta (qepd), Armando Herrera Laso, Oscar Chávez Arvizo, Héctor Ramón Chavira (qepd), Gonzalo Chavira, Luis Medina Alvídrez, Manuel Rosales Villa, Carlos Fernández Baca (qepd), María Isabel Sen Venero, Roberto Baca, Pedro Siller (qepd), Sergio Ortega, Francisco Rodríguez, Marcial Morales, Humberto Mendoza, María de los Ángeles Vega Romero, Esther Noriega; y a todos aquellos que con sus testimonios orales y documentales enriquecieron este proyecto, muchas gracias.

PRÓLOGO

Uno. Preguntas

¿Qué significa para una familia, para dos, para un pueblo entero, el haber heredado una historia de sufrimiento por bandidaje, por tortura y por asesinato... y ver el nombre del verdugo elevado al muro de honor del Congreso de la Unión? ¿Qué se siente saber que ese individuo cuyo nombre aparece ahí con letras de oro violó a la madre de uno cuando era jovencita? ¿Y saber que es quien hace un siglo asesinó a más de 80 hombres de nuestro pequeño pueblo? ¿O el que quemó en vida a nuestra bisabuela, el que colgó a nuestro abuelo, el que secuestró a nuestra tía de la que no se volvió a saber nada? ¿Cómo hemos de sentir, al verlo así honrado, quienes supimos del sufrimiento de nuestras abuelas viudas, de nuestros padres huérfanos? ¿Qué significa para las familias que los crímenes cometidos contra nuestros ancestros hayan sido minimizados, soslayados, ocultados, negados, o incluso justificados por quienes ostentan el poder político o poseen prestigio y buenas plumas; contemplar la exaltación del ladrón, secuestrador, violador, torturador y asesino, verlo convertido en el gran representante de la Revolución mexicana, héroe y ejemplo moral, hombre valiente, justo, generoso y justiciero, paladín de las causas de los desprotegidos? ¿Y qué camino podemos tener?

17

Dos. Construcción de un mito

En 1939 Celia Herrera escribió:

> No sorprende que los antiguos compañeros de correrías de Doroteo Arango, que encontraron al lado del "caudillo" la oportunidad de desahogar sus rencores y viejos odios, así como de satisfacer sus más bestiales apetitos, traten ahora de hacer perdurar el recuerdo de aquél a cuyo lado pudieron desenfrenar sus pasiones; me sorprende que la verdad, oculta a través de los apasionamientos, huya de la mente de los historiadores y escritores cultos, hasta el extremo de glorificar al hombre bestial.[1]

Seguramente no habría sido tanta su sorpresa si hubiera podido entender por qué y cómo, por diferentes vías, se estaba armando intencionalmente una ficción. El mito villista, de acuerdo con el historiador Pedro Siller, tiene un origen doble: por una parte, la necesidad de los gobernantes posrevolucionarios —desde Abelardo Rodríguez, quien financió la película hollywoodense *¡Viva Villa!*, hasta el gobernador chihuahuense César Duarte, quien basó su imagen pública en una identificación con la figura revolucionaria, pasando por Gustavo Díaz Ordaz y Luis Echeverría, que inscribieron el nombre de Villa en el muro del Congreso y trajeron a México unos supuestos restos suyos— de refrendar la vigencia de la Revolución mexicana y legitimarse en ella. Por otra parte, "la necesidad de los desesperados [por ende, la de grupos de izquierda] de creer que en algún lugar de este México hubo alguien que peleó por los derechos del pueblo".[2] Explica también Siller cómo la poca claridad que se tiene sobre quién fue en realidad Francisco Villa, sobre qué pensaba, qué pretendía y, en muchos casos, qué hizo, permitió que se le pudieran atribuir las cualidades, los motivos y las historias que convinieran a los constructores del mito. Algunos ejemplos servirán para respaldar su visión.

En cierta ocasión, a principios de los años noventa, escuché a un comentarista de la televisión torreonense explicar, en respuesta a una pregunta del público, que "el localismo lagunero *de oquis*" se originó una vez que "mi

---

[1] C. Herrera, *Francisco Villa ante la Historia*, 1ª ed., México, Hidalgo del Parral, 1939, p. 2.
[2] https://www.facebook.com/ElJRZdeAyer/videos/vb.513544965371075/1553030498089 178/?type=2&theater, 17'33" - 27'25", consultado el 25 de julio de 2017.

general Villa" regaló a la población de Torreón mercancías de sus trenes. La expresión de marras no es, por supuesto, ningún localismo de La Laguna, y ya era de uso antiguo cuando tuvieron lugar las andanzas revolucionarias de Doroteo Arango alias Francisco Villa, pero ¿por qué no atribuir su creación a un acto de generosidad, si era tan sencillo, aunque nunca hubiera ocurrido? Los historiadores y escritores, por supuesto, no son tan rústicos. Siller menciona un caso en que Alberto Calzadíaz coloca a Villa, en 1911, entrando heroicamente en Chihuahua montado "en una briosa yegua negra" en medio de gritos de "¡Viva Villa!" en un momento en que Villa no estuvo en Chihuahua —el que entró en esa ocasión fue Pascual Orozco— y dos años antes de la aparición del famoso grito.[3]

Probablemente sea el célebre historiador austroestadounidense Friedrich Katz, autor de la biografía más respetada de Villa, quien trabaja con mayor sofisticación; por ejemplo, al abordar los orígenes de su biografiado, en 13 páginas emplea 42 veces expresiones como "es probable", "tal vez", "quizás", "parece indicar", cada una de las cuales abona al retrato que el autor va confeccionando, y muchas se convierten en premisas de las siguientes suposiciones, hasta que entre todas acaban por configurar, en una gran afirmación, una imagen enormemente inflada.

Indispensable para el mito fue la transformación de Doroteo Arango en un "bandolero social", un Robin Hood mexicano orillado al delito por los abusos del gobierno, de los hacendados y de la policía. Esta invención, dogma de la historiografía villista, pinta a Arango como un ladrón nacido bueno, preocupado por los demás, que en la Revolución pudo mostrar su estatura moral, y que, aunque pasó por unos "años oscuros", acabó sus días convertido en un manso agricultor, constructor de un gran "proyecto social" en su hacienda de Canutillo. Sobre esta fantasía hablaremos más adelante; por ahora, lo que conviene es llamar la atención del lector a las alturas inverosímiles a las que ha sido inflado el mito: la identificación de Villa con la Revolución, con las causas de los desprotegidos y con la defensa de la integridad nacional alcanza ya niveles místicos; en el estado de Durango hay lugares donde le rezan.

---

[3] *Idem.*

Tres. Operación de limpieza

Desde muy temprano los promotores del mito entendieron que les sería necesario lavar hasta donde fuera posible la mancha de los crímenes terribles cometidos por su personaje. En el proceso participaron, como denunció Celia Herrera, quienes buscaban justificar el haberlo acompañado durante sus hechos más espantosos, pero también lo hicieron los miembros de su entorno cercano, incluidas sus "esposas", que quedaron atenidas a subsistir de su condición de viudas de Francisco Villa. Al ejército de lavadores se sumaron numerosos otros personajes, incluidos escritores, historiadores, periodistas, etc.; no pocos están activos hoy día.

La estrategia

La herramienta fundamental para el lavado de los crímenes ha sido la máxima de que la historia está escrita por los vencedores: dado que Villa perdió en la Revolución, dicen sus adictos, la historiografía oficial lo calumnió. Independientemente de que es de dudar que esa máxima tenga hoy la vigencia que tenía hace 60 años, dadas la libertad académica y la riqueza de los medios de comunicación, llama la atención que, a fuerza de repetir el estribillo de que Villa salió perjudicado en la historia oficial, sus defensores parecen no haberse percatado de que hace mucho tiempo sus fabricaciones se convirtieron, precisamente, en la historia oficial.

Las tácticas

La operación de limpieza ha incluido diversas tácticas: relativización; distracción e invención; atribución de los crímenes a un "lado oscuro"; disimulo, ocultamiento, siembra de dudas, minimización y negación de los crímenes; ataque a las víctimas y a los acusadores; descalificación como "leyenda negra", y argumentación *ad hominem*. Será interesante revisarlas una por una.

Relativización

Contextualizar y relativizar los crímenes permite restarles gravedad. "Hay que pensar en la época, el contexto en que ocurrieron los hechos"; "ningún revolucionario era manso, todos mataban"; "los carrancistas también cometían atropellos"; "comparemos con la violencia de otros movimientos revolucionarios del mundo" son invocaciones típicas de esta táctica. Veamos dos ejemplos procedentes de la monumental biografía de Katz: antes de proceder a dar cuenta de algunas de las atrocidades de su biografiado, el historiador dedica amplios espacios a señalar daños causados por los carrancistas para así sugerir que ellos eran peores, y en consecuencia Villa, por ser su enemigo, tenía mayor altura moral. Cuando habla de la afición de Villa a cortar las orejas de sus prisioneros, afirma que era un tratamiento compasivo, porque así no los mataba.

Hemos elegido ejemplos de Katz por tratarse del biógrafo más reconocido del personaje revolucionario, pero la táctica es común a toda la historiografía filovillista. No sobra señalar que ningún autor, empezando por el propio Katz, puede mencionar a otro caudillo de la Revolución mexicana que haya cometido asesinatos y violaciones en masa o quemado mujeres, como lo hizo Villa.

Distracción e invención

Tanto lo que se sabe como lo que se ha inventado sobre Villa ha servido para distraer la atención del público, para desviar su mirada lejos de los crímenes. Por ejemplo, la importancia de la imagen nacionalista que se le ha dado al ataque a Columbus ha velado el hecho de que en el camino Villa fue asesinando a cualquiera que pudiera denunciar sus movimientos. La tesis del "bandido social" distrae del hecho de que Doroteo Arango lo mismo entabló alianzas con los ricos y poderosos, que cometió asesinatos por encargo, como Reidezel Mendoza demostró en su libro *Bandoleros y rebeldes*.[4] En suma, la identificación de Villa con la Revolución, con las causas de los desprotegidos y con la defensa de la integridad nacional lo protege de la responsabilidad sobre acciones que a ningún otro personaje de la historia de México se perdonarían. Sus devotos ven con indiferencia que haya arreado a sus hombres a balazos y los haya arrastrado en una empresa personalista que le costó a México centenares de miles de muertes; que haya celebrado la invasión estadounidense a Veracruz; que en Guadalajara haya salido a recorrer las calles en auto repartiendo dinero entre la gente con el evidente propósito de comprar adhesiones, con un

---

[4] R. Mendoza, *Bandoleros y rebeldes. Historia del forajido Doroteo Arango (1878-1910) y las correrías de Heraclio Bernal, Ignacio Parra y Francisco Villa*, CreateSpace independent publishing, tercera reimpresión, 2019.

descaro mayor que el que vemos en el reparto de tinacos y despensas de los políticos actuales; que su motivo para atacar Columbus haya sido provocar una intervención armada que le permitiera rehacerse él; o que haya incurrido en crímenes de lesa humanidad.

Atribución de los crímenes a un "lado oscuro"

Una ocurrencia de algún lavador que todos los demás adoptaron con aparente entusiasmo fue la de atribuir los crímenes a un "lado oscuro", lo cual de alguna manera implica que la comisión de atrocidades era ajena al espíritu de Villa y que, dado que ese "lado oscuro" sería un atributo universal, él no fue sino un hombre como todos. Si esta manera de entender la criminalidad fuera válida, habría que aceptar que actos sanguinarios como las matanzas de Tlatelolco, Aguas Blancas, Acteal y Ayotzinapa fueron cometidas por algún "lado oscuro" de personas normales.

En contra de los hechos

La táctica de disimular y ocultar los crímenes, sembrar dudas sobre su comisión, minimizarlos o incluso negarlos es de las que más lastiman a las familias de las víctimas.

Los autores adictos a Villa, cuando no tienen más remedio que abordar sus abusos, típicamente evitan llamar a las cosas por su nombre. Por ejemplo, José María Jaurrieta, su secretario durante los años más violentos, para no decir que su jefe inició la masacre de Camargo disparando su pistola sobre una mujer que le reclamaba el asesinato de su marido, escribe: "Sonó un disparo de pistola calibre 44, y la miserable viuda del pagador rodó por tierra con el cráneo destrozado, asesinada **por la fatalidad**".[5] Al referirse a las muertes de mi bisabuelo José de la Luz Herrera y mis tíos Zeferino y Melchor, civiles a quienes Villa personalmente asesinó mientras los tenía maniatados, Rosa Helia Villa escribió: "Una familia **ultimada** por Villa".[6] Al abordar la violación en masa de las mujeres de Namiquipa ordenada por Villa, Katz dice: "Quería ejecutar a los miembros de la defensa social [...] pero cuando los integrantes

[5] J. M. Jaurrieta, *Con Villa (1916-1920), memorias de campaña*, 1ª ed. en *Memorias Mexicanas*, Conaculta, México, 1997, pp. 75-76.
[6] *Excélsior*, suplemento *El Búho*, 18 de octubre de 1998.

se enteraron de que los villistas se acercaban huyeron a las montañas. Villa entonces reunió a sus mujeres y **dejó que sus soldados las violaran**".[7] En *Memorias de Pancho Villa*, Martín Luis Guzmán, una de las plumas más ilustres de las letras mexicanas, disfrazó el secuestro y violación de Concepción del Hierro —quien sufrió una semana de terror encerrada en el vagón de Villa, llorando a gritos y pidiendo compasión o auxilio— transformándola en una visita amorosa de una joven tornadiza que, después de darse gusto, lloró durante días porque extrañaba su casa. Las palabras como herramienta del disimulo.

En *Pancho Villa* de Friedrich Katz los hechos y fuentes que dan una imagen negativa del biografiado con frecuencia reciben muy poco espacio o de plano pasan a las notas al final del libro. Por ejemplo, el resumen del argumento de una película hollywoodense tiene mayor extensión que la referencia a la matanza de más de 80 personas encabezada por Villa en San Pedro de la Cueva, Sonora. El asesinato de Santos Merino, de Bachíniva, a quien Villa quemó vivo, solo encontró mención en las notas, y eso con el propósito de sembrar dudas.

En cuanto a la siembra de dudas, basta con ver cuán fácil es en la actualidad confundir al público sobre hechos que están a la vista de todos para entender cómo han podido los autores filovillistas infundir dudas sobre la participación de Villa en sus crímenes. Katz, por ejemplo, al referirse a casos como la quema de mujeres o el asesinato de las familias de sus antiguos soldados, dice: "Podría ser una exageración".

Es también común la minimización de los crímenes. Al tocar la masacre de soldaderas en Camargo, por ejemplo, Paco Ignacio Taibo II reduce el número de mujeres muertas de 90 a 14. Hay infinidad de ejemplos, pero es probablemente Katz quien lleva este procedimiento a su punto de mayor bajeza. Ya antes delata con un pequeño gesto su voluntad de restar gravedad a los crímenes de Villa; al abordar la masacre de Camargo, escribe: "La 'rabia' que sentía Villa contra los carrancistas se expresaría en [...] uno de los episodios más negros de su vida".[8] Esa rabia confinada entre comillas nos informa que al biógrafo enamorado de su personaje le pesa tanto tener que reconocer el crimen, que no ha podido evitar la pincelada atenuante. Quizá

---

[7] F. Katz, *Pancho Villa*, t. II, Ediciones Era, México, 1998, p. 227.

[8] *Ibid.*, p. 220.

por eso no sorprende tanto que más adelante en su libro, habiendo reconocido las masacres de San Pedro de la Cueva y Camargo y la violación en masa de Namiquipa, escriba: "No sería exagerado hablar de una decadencia moral de Villa en esos años".[9] ¡Cómo puede importar tan poco el dolor ajeno! Cabría preguntar al respetadísimo académico qué es lo que sí sería exagerado: ¿hablar de una decadencia si Villa "solo" hubiera matado a 60 personas en San Pedro de la Cueva en vez de 84, si "nada más" hubiera asesinado a 70 soldaderas en Camargo, o si "únicamente" hubiera ordenado la violación de la mitad de las mujeres de Namiquipa? Los casos de minimización abundan por todas partes. Martín Luis Guzmán, al referirse al secuestro y violación de una mujer francesa en la Ciudad de México, escribió en su estilo impecable: "Magno escándalo a ojos de unos cuantos timoratos y para gente sencilla que sabe poco del corazón femenino en general y menos todavía del femenino y francés en particular".[10]

Los casos de negación de los crímenes en la historiografía y la literatura filovillista son también abundantes. El autor de *Crímenes de Francisco Villa* señala, por ejemplo, que la historiadora Martha Rocha niega la violación en masa de Namiquipa, y que el novelista Taibo II rechaza que Villa haya quemado a las octogenarias Celsa Caballero y Lugarda Barrio. Allá las víctimas, allá los descendientes con sus recuerdos de la tragedia familiar.

"Leyenda negra"

Una forma de negar los crímenes es señalarlos como parte de una supuesta "leyenda negra". Dado que una leyenda es por definición falsa, si es negra, es además calumniosa; por ende, cualquier crimen que se inscriba en esa categoría debe considerarse inexistente.

Ataque a víctimas y acusadores

El ataque a las víctimas y a quienes se resisten a permitir que los crímenes se olviden asume diferentes formas.

---

[9] *Ibid.*, p. 215.
[10] M. L. Guzmán, *El águila y la serpiente*, Promexa Editores, México, 1ª ed. en Clásicos de la Literatura Mexicana, 1979, p. 298.

En un proceso de despersonalización, se ha negado humanidad a las víctimas; se las ha degradado de individuos con caras, vidas, historias, familias y aspiraciones, a entes casi inexistentes, pedacería de un colectivo sin nombres: "Unos chinos… unos prisioneros… unas soldaderas… una familia…".

Es común que se acuse a las víctimas de haber hecho algo que provocó que Villa las matara; los muertos son así convertidos en endosatarios de la responsabilidad de sus asesinatos. Las mujeres González de Jiménez, por ejemplo, cargan en la historiografía filovillista con la culpa de sus propias muertes por su falta de tino y por haber herido los sentimientos de "su protector". Quienes emplean esta táctica, prácticamente presentan al asesino como la parte ofendida: para qué lo provocaron, si ya sabían cómo era su carácter. Esta táctica, curiosamente, no es exclusiva de los novelistas: Katz se queda a un filo de navaja de decir que la culpa del asesinato en masa de San Pedro de la Cueva fue del párroco:

> Cuando Villa entró en el pueblo, ordenó que reunieran a los varones adultos y, tras mantenerlos en prisión una noche, los mandó fusilar a todos. El cura del lugar se le hincó para suplicarle clemencia y, en efecto, perdonó algunas vidas, pero le dijo al religioso que no volviera a acercársele; **el cura desoyó la advertencia** y se le aproximó de nuevo en demanda de piedad, ante lo cual Villa sacó la pistola y lo mató allí mismo. Sesenta y nueve habitantes del pueblo fueron fusilados.[11]

En una presentación de mi libro *La sangre al río* en la ciudad de Durango, al hablar yo de la violación de las mujeres de Namiquipa, me interrumpieron las palabras de un cronista local: "¡Pero él les avisó!". Me quedé mudo: evidentemente, a juicio de esta persona, al haber Villa prevenido a las mujeres de que las iba a ultrajar —no existe, por cierto, ningún dato de que eso haya ocurrido—, ellas tuvieron la culpa de su desventura.

Dentro de esta categoría entra la costumbre de menoscabar a las víctimas para justificar las agresiones de que fueron objeto diciendo cosas como que eran "miembros de las élites". Hace años, en una conversación, una señora duranguense, fanática de Villa, queriendo descalificar a las Defensas Sociales que se formaron para defender a las poblaciones de las incursiones villistas, me espetó

---

[11] Katz, *Pancho Villa*, t. II, p. 117.

con desprecio: "No eran más que los comerciantes adinerados". Tampoco entonces tuve palabras para responder: ella y su marido eran comerciantes adinerados.

Ad hominem

Quizá la táctica más socorrida para exculpar a Villa consista en recurrir a argumentos *ad hominem*, falacias consistentes en atribuir falsedad a una afirmación arguyendo características de quien la formula, aunque solo sean supuestas. Como pruebas contra la comisión de los crímenes, o por lo menos como atenuantes de su gravedad, se menciona la postura política de quien los pone sobre la mesa, su historia personal, su religión, su relación familiar con los asesinados, etc. Particularmente común es que quien recuerda un crimen de Villa sea acusado de pertenecer a la derecha, dado que el mito dice que el personaje fue un paladín de las causas populares.

Los argumentos *ad hominem* llegan a desembocar fácilmente en insultos y amenazas. En mayo de 2016 un video difundió en YouTube un panegírico a Francisco Villa, pronunciado en algún espacio abierto de la alcaldía Azcapotzalco por el historiador Pedro Salmerón, el escritor Paco Ignacio Taibo II y otra persona. En un momento de la plática, los ponentes emprendieron un ataque contra Reidezel Mendoza por su investigación sobre la etapa de bandolero de Villa, contenida en su libro *Bandoleros y rebeldes*, asegurando que, como Mendoza trabaja como responsable del Archivo Histórico del Arzobispado de Chihuahua, era un "instrumento de la derecha para sabotear un proyecto social"; sobre el foro, un gran *banner* ostentaba el nombre del partido Morena. De esta argumentación absurda, Salmerón y Taibo II pasaron a insultos procaces, seguramente para desconcierto del público. Salmerón intentó reparar su conducta poco después escribiendo un artículo titulado "Los libros de historia de un panista"[12] en el que reiteró los argumentos, esta vez sin las malas palabras. Más recientemente, al anunciarse la publicación de *Crímenes de Francisco Villa*, Mendoza ha sido atacado en redes sociales por la posibilidad de que su trabajo sobre Villa le vaya a dar dinero a ganar —ojalá que así ocurra, dadas la magnitud del esfuerzo invertido y la calidad del resultado—. Como en la diatriba de Azcapotzalco, también ha habido insultos, pero, además, en este caso, amenazas incluso de muerte.

---

[12] *La Jornada*, 17 de mayo de 2016.

Al final, de lo que se trata es de tapar la boca a quien recuerde la violencia villista, de tratarlo como si creara un problema, al punto de no solo querer que calle, sino incluso que desaparezca. El problema para quienes así piensan y actúan es que lo que cuenta es la veracidad de la información y la honestidad y la lógica de su articulación, y es en ellas donde se cimenta *Crímenes de Francisco Villa*; evidentemente la solidez del trabajo historiográfico de Mendoza ha provocado la desesperación de muchos fanáticos.

CUATRO. ¿FUE FRANCISCO VILLA UN PSICÓPATA?

Desprecio por la vida humana

> *¿Qué es una persona menos en la faz del planeta?*
> TED BUNDY, psicópata estadounidense, asesino serial

Un día entre 1920 y 1923, conversando en Canutillo mientras esperaba el nacimiento de alguno de sus hijos, Villa se jactó, como si estuviera hablando de sus cosechas, del número de personas que había matado: "Yo soy muy fuerte; yo con la mano derecha he levantado cien mil seseras humanas, y no cuento las que he levantado con la izquierda, porque también con la izquierda sé manejar la pistola". Esta historia fue relatada en Parral por el doctor Ernesto Herffter y la enfermera Soledad Pastrano, recipientes tan involuntarios como horrorizados del monólogo.[13] En la introducción a su libro, Reidezel Mendoza plantea la probabilidad de que Villa haya sido psicópata, y no es aventurado que lo haga: el libro revela, al igual que la plática de Canutillo, un completo desdén por la vida ajena, rasgo típico de los psicópatas.

No están locos

Es natural que los admiradores de Villa se resistan a ver a su ídolo bajo esta luz, pero curiosamente también muestran reticencia quienes creen que un diagnóstico de psicopatía podría justificar, como consecuencia de una enfermedad mental, el daño que causó. Esta creencia es errónea: por más que cualquiera

---

[13] C. Herrera, *Francisco Villa ante la Historia*, 2ª ed., Hidalgo del Parral, México, 1964, p. 289.

podría pensar que hay que estar loco para incurrir en crímenes como los que Villa cometió, un tribunal no lo remitiría a un hospital psiquiátrico, sino a una prisión —en algunos países, a la pena capital— porque, de acuerdo con criterios médicos y legales, el psicópata es consciente y responsable de sus actos y tiene la capacidad para decidir cometerlos o no; es decir, entiende las normas y el daño que causa, pero simplemente considera que las normas no aplican para él y las consecuencias de sus acciones lo tienen sin cuidado. "Sus actos son el resultado —dice Robert D. Hare—, no de una mente desquiciada, sino de una racionalidad fría y calculadora combinada con una escalofriante incapacidad para tratar a los demás como seres humanos con pensamientos y sentimientos".[14]

Carencia de empatía. Sentimientos huecos

Los testimonios recogidos por Reidezel Mendoza relatan cómo, en San José del Sitio, el 16 de enero de 1918, después de colgar frente a su madre a los jóvenes Antonio y Abraham Mariñelarena, Villa le exigió a ella que sacara mesas y le sirviera de comer. La carencia de empatía es la característica esencial de los psicópatas: no tienen problema para entender cómo piensan los demás, pero son incapaces de ponerse en su lugar emocionalmente, de entender lo que sienten; por eso pueden mentir, despojar, abusar, maltratar emocionalmente, violar, torturar, mutilar o matar sin remordimiento. Los psicópatas no entienden el amor, la tristeza, la vergüenza, los celos, el remordimiento, la esperanza ni la alegría; sus emociones son "huecas, respuestas primitivas a necesidades inmediatas",[15] frustración, ira, odio, codicia y deseo sexual.

Narcisismo

En las turbulencias de la Revolución, Villa se las arregló en muy poco tiempo para pasar de ser un bandido perseguido por la justicia a colocarse entre quienes marcaban el rumbo de la nación, para volverse famoso internacionalmente como el Napoleón Bandido, el Centauro del Norte, y para apoderarse de la mayor parte del territorio nacional. Música, flores, discursos y gritos de "¡Viva Villa!" seguían su paso por doquier; dio a su escolta de 400 hombres el nombre

---

[14] R. D. Hare, *Without Conscience. The Disturbing World of the Psychopaths among US*, The Guilford Press, Nueva York, 1993, p. 5.
[15] *Ibid.*, p. 53.

de "Dorados", e inició el dictado de sus memorias con una frase épica: "La tragedia de mi vida comienza…". Los psicópatas, lejos de sufrir por su pobreza emocional, son narcisistas: se conciben como centro del universo, como seres superiores, únicos, especies de pequeños dioses. En junio de 1922, en una entrevista que concedió al periódico *El Universal*, Villa declaró:

> Yo, señores, soy un soldado de verdad. Yo puedo movilizar cuarenta mil hombres en cuarenta minutos […] Yo solo he hecho todo esto, trabajando sin descanso. La misma tenacidad que tuve para la guerra, la tengo ahora para el trabajo. Yo soy agricultor, soldado, ingeniero, carpintero, mecánico […] ¡hasta albañil! Si todos los mexicanos fueran otros Francisco Villas, otra cosa sería de mi patria […] Yo soy un hombre inteligente.

Alexander Lowen ofrece un listado de algunas características de los psicópatas: "(1) 'Puedo hacer cualquier cosa' (omnipotencia), (2) 'Soy visible en todos lados' (omnipresencia), (3) 'Sé todo' (omnisciencia), y (4) 'Soy para ser adorado'".[16]

Friedrich Katz denomina "leyenda épica" a la colección de historias heroicas que Villa solía inventar sobre su pasado. Los psicópatas son dados a inventar historias grandiosas sobre sí mismos.

También explica Katz que las derrotas sufridas por Villa solían ocurrir a causa de sus excesos de confianza. Los psicópatas son arrogantes. En Guanajuato, Villa desoyó ensoberbecido los consejos de Felipe Ángeles y se dedicó a lanzar contra las alambradas y las ametralladoras de Obregón inútiles cargas de caballería que acabaron por tropezar con los cadáveres de las cargas anteriores. Nunca, sin embargo, admitió haber tenido responsabilidad en este ni en ningún otro de sus fracasos. Los psicópatas son testarudos y consideran que sus fracasos son reveses causados por las circunstancias, por amigos desleales o por la mala suerte.

Necesidad de excitación

Francisco Villa llevó una vida hiperactiva, excitante, llena de acción incluso en sus últimos años como hacendado. Los psicópatas, por su pobreza emocional,

---

[16] A. Lowen, *Narcissism: Denial of the True Self*, Touchstone, Nueva York, 1985, p. 107.

viven en busca permanente de situaciones que los exciten, se colocan siempre donde está la acción y solo obedecen a lo que sus impulsos dicten, atenidos a sus propias leyes.[17] Dijo G. Daniel Walker, un defraudador, ladrón, violador y asesino, al psicólogo que lo estudiaba: "Hay una cierta excitación cuando se ha escapado de una penitenciaría importante y se sabe que las luces rojas están detrás de uno y se sabe que las sirenas están sonando. Hay una cierta excitación, que uno simplemente... es mejor que el sexo. ¡Oh, es excitante!".[18]

Poder y control. Violencia sexual. Relaciones familiares

Reidezel Mendoza relata cómo, el 11 de agosto de 1918, Villa mandó detener un tren entre las estaciones de Bachimba y Consuelo, a 80 kilómetros de Chihuahua, con la intención de apoderarse de la caja fuerte y despojar a los pasajeros. Detenido el convoy, fue aniquilada la guardia que viajaba en la parte trasera y dinamitado el carro de primera clase; 16 personas murieron en la explosión. A continuación, el cabecilla hizo bajar a toda la gente al lado del tren, formó un pelotón de fusilamiento y se puso a recorrer la fila repartiendo vida y muerte: observaba a las personas, las interrogaba y decidía a quién se fusilaba y a quién le permitía vivir; él personalmente mató a varios pasajeros, incluida una menor de edad que viajaba con su padre. La excitación y el poder potencian la imagen que los psicópatas tienen de sí mismos, y tener en las manos la vida y la muerte del prójimo es una manera de conseguir tanto poder como excitación.

Villa incurrió en muchas violaciones de mujeres. Quedaron registradas la de Concepción del Hierro,[19] la joven de ciudad Jiménez a quien ya hicimos referencia; la de la mujer francesa secuestrada en la Ciudad de México, también ya mencionada, y la de Austreberta Rentería, una de sus últimas "esposas".[20] Pero no fueron esas las únicas: hay recuerdos, guardados discretamente por familias que solo los comparten en conversaciones íntimas, de mujeres que fueron violadas por Villa cuando eran unas jovencitas. Y sería ingenuo pensar que él, que ordenó la violación masiva de Namiquipa, permaneció como simple espectador. Lowen explica que los psicópatas son con frecuencia

---

[17] https://www.youtube.com/watch?v=L7pCg09p11o, consultado el 30 de julio de 2017.
[18] Hare, *Without Conscience...*, p. 61.
[19] Herrera, *Francisco Villa...*, 2ª ed., p. 75.
[20] Katz, *Pancho Villa*, t. II, p. 341.

incapaces de tener relaciones sexuales sin control absoluto o sin violencia: "La identificación simbólica del poder con la potencia sexual nos permite entender [...] por qué aquellos que juegan el juego del poder nunca parecen tener suficiente [...] Hay una línea continua que va de la violencia contra personas indefensas a la violación de mujeres indefensas".[21]

Después de aceptar la amnistía que le ofreció el gobierno provisional de Adolfo de la Huerta, Villa reunió entre la hacienda de Canutillo y Parral, como en un inmenso corral, a varias "esposas" y a muchos de sus hijos, algunos de ellos transferidos de manos de una madre a otra. Los vínculos familiares de los psicópatas no son relaciones de amor, sino de poder. Una esposa o un hijo son posesiones, como cualquier objeto.

Genio y figura

Villa mostró desde la infancia una conducta inestable, desconfiada, irresponsable, atravesada, pendenciera, tramposa y delictiva a pesar de los regaños y súplicas de Micaela Arámbula, su madre. La carrera narcisista y depredadora de los psicópatas se inicia a edad temprana; la experiencia de Micaela no fue diferente a la de millares de padres afligidos que, como dice Hare, "se ven reducidos a simples observadores del torcido viaje de gratificación egocéntrica a costa de los demás emprendido por sus hijos".[22]

Personificación en causas e instituciones

Friedrich Katz explica cómo Villa, durante la lucha constitucionalista, se personificó en la División del Norte y en la Revolución. En años posteriores a su derrota, esta grandiosidad se extendió a su personificación en el pueblo y en la patria. Los ataques, saqueos, robos, extorsiones, torturas y asesinatos que cometía con el fin de rehacerse o de tomar venganza estaban para él justificados por la intención de hacer justicia para el pueblo y defender a la patria. Los psicópatas jamás ven un bien superior que proteger; nada que esté más allá de ellos mismos. Por eso suelen personificarse en las causas y en las instituciones.

---

[21] Lowen, *Narcissism...*, p. 52.
[22] Hare, *Without Conscience...*, p. 66.

Maquinadores, eficaces, ejecutivos

Todo aquel que ha estudiado a Villa sabe que era un maquinador extraordinariamente hábil y un hombre ejecutivo y eficaz, características estas también típicas de la psicopatía. "Los psicópatas siempre están previendo —dice el psiquiatra Pedro Valdés—; cuando los demás apenas van, ellos ya han ido y vuelto diez veces".[23] Además son muy ejecutivos porque, carentes de una estructura de valores, actúan solamente en función de las circunstancias.

Actores

En su libro *Bandoleros y rebeldes*, Reidezel Mendoza da cuenta de 16 alias bajo los que operó Doroteo Arango hasta plantarse en el "Francisco Villa" con que alcanzó la fama. A lo largo de su vida, el hombre desempeñó muchos papeles: delincuente juvenil, empleado confiable, cuatrero, amigo y aliado de otros bandidos, enemigo y matador de esos mismos bandidos, socio de hacendados y comerciantes, matón a sueldo, comerciante, caudillo revolucionario, subordinado leal de Carranza, enemigo de Carranza, agrarista, terrateniente, enemigo de la Iglesia católica, amigo de la Iglesia católica, esposo fiel de una mujer, esposo fiel de otra mujer, esposo fiel de otra y de otra y de otra, hombre sentimental, asesino despiadado, aliado de los gringos, enemigo de los gringos, otra vez amigo de los gringos, de nuevo enemigo de los gringos, hacendado eficaz… El Villa descrito por unos testigos puede ser tan opuesto al recordado por otros, que parece imposible que se trate del mismo individuo. Los psicópatas son actores labiosos, artistas del engaño cuya especialidad es manipular a los demás en aras de su propio interés; dice Robert Hare: "El psicópata tiene un repertorio de conductas muy amplio. Puede actuar, desempeñar muchos papeles. Si ser encantador funciona, pues lo es. Si no funciona, quizás te amenace o intente intimidarte. Si tampoco funciona, entonces recurrirá a la violencia. La clave es que todas sus acciones tienen un componente depredador".[24]

---

[23] Conversación con el psiquiatra Pedro Valdés, México, 2002.
[24] "Protegerse de los psicópatas", https://www.youtube.com/watch?v=mYbBXD1ZXGs, consultado el 19 de julio de 2017.

Como ya dijimos, para el historiador Pedro Siller esta ambigüedad ha posibilitado crear el mito de Villa.[25]

Es interesante observar que muchos psicópatas logran salir de las prisiones fingiendo haberse reformado —algunos incluso estudian carreras— o seduciendo a los empleados para que les ayuden a escapar, y Villa hizo ambas cosas en la cárcel de Santiago Tlatelolco. "[No son pocos los] psicópatas —dice Hare— capaces de embaucar a la gente para que haga cosas por ellos, usualmente para conseguir dinero, prestigio, poder o, cuando son encarcelados, libertad".[26]

Desleales

En 1915, después de atacar la hacienda de Tomás Urbina, antiguo compadre suyo y compañero de tropelías y de lucha revolucionaria, Villa se encontró con él, lo abrazó, lloró, le pidió dinero y luego, supuestamente enviándolo a Chihuahua para que fuera atendido de las heridas recibidas durante el ataque, dejó que su fiel sicario Rodolfo Fierro lo asesinara. Pocos meses después celebró haberse librado del propio Fierro, quien murió ahogado al intentar cruzar una laguna artificial cerca de Casas Grandes. En los años posteriores a su derrota, Villa asesinó a muchos de sus antiguos soldados, aquellos mismos a quienes antes solía llamar sus "muchachitos". En enero de 1918, en San José del Sitio, después de prometer a los miembros de la Defensa Social respetar sus vidas, asesinó a más de 20. Están profusamente documentadas en sus discursos las "palabras sinceras surgidas del corazón de un hermano de raza" con que se dirigía a los mismos pueblos contra los que cometió bestialidades difíciles de creer. Para el psicópata, explica el psiquiatra estadounidense Hervey M. Cleckley, no tiene significado nada que se encuentre en el terreno de los valores personales.[27]

Impulsivos, violentos, fríos. Fingen el sentimiento

En Chihuahua, en septiembre de 1914, teniendo a Obregón detenido en su casa, Villa estalló y ordenó su fusilamiento. Disuadido por su esposa y algunos

[25] https://www.facebook.com/ElJRZdeAyer/videos/vb.513544965371075/1553030498089178/?type=2&theater, consultado el 25 de julio de 2017.
[26] Hare, *Without Conscience...*, p. 110.
[27] H. M. Cleckley, *The Mask of Sanity*, 5ª ed., Mosby, St. Louis, MO, p. 90.

colaboradores, se deshizo en lágrimas cuando entró a decirle a su prisionero que no lo mataría porque no era un asesino. En los días siguientes estuvo cambiando de opinión entre dejarlo volver a México y matarlo, y finalmente lo dejó ir, pero dio órdenes de asesinarlo en el camino; Obregón se salvó por la intervención de los generales que lo escoltaban. Reidezel Mendoza da cuenta de arranques extremadamente violentos contra la población civil. El asesinato de más de 80 personas en San Pedro de la Cueva, en diciembre de 1915, se debió a que Villa enfureció por la forma en que lo había recibido el pequeño pueblo sonorense; cuando decidió suspender la masacre, derramó algunas lágrimas y siguió adelante con sus actividades. Los psicópatas estallan con extrema violencia ante cualquier cosa que perciben como insulto o desdén; sin embargo, su comportamiento no está fuera de control porque su violencia carece de la intensa agitación emocional que desencadena la de las personas normales; saben lo que hacen y se calman tan fácil e incomprensiblemente como estallaron.[28] Lowen explica que las expresiones de sentimiento de los psicópatas frecuentemente asumen o bien la forma de estallidos irracionales de violencia, o la de una sensiblería teatral y hueca; en ocasiones una inmediatamente después de la otra.[29] El llanto de los psicópatas es parte de sus actuaciones; lo vierten para demostrar que son capaces de conmoverse por sus víctimas, pero sus lágrimas no son reflejo de arrepentimiento genuino: pasada la demostración, no vuelven a pensar en sus actos ni en sus víctimas, y son capaces de volver a estallar de inmediato.[30]

Cuando, después de su derrota, recorría las poblaciones del norte para reclutar hombres, Villa solía colgar a algunos para mostrar lo que le podía ocurrir a quien se resistiera a seguirlo. Insensibles y desalmados, los psicópatas pueden ejercer violencia a sangre fría para vengarse, para castigar o para dar ejemplo de lo que puede ocurrir a otros.[31]

Cuando los defensores de Villa culpan a las víctimas por haberlo provocado conociendo su carácter, están reproduciendo un argumento frecuente entre los psicópatas asesinos. Un recluso que había matado a un hombre por una discusión sobre la cuenta en un bar dijo al psicólogo que lo entrevistaba:

---

[28] Hare, *op. cit.*, p. 60.
[29] Lowen, *Narcissism...*, p. 62.
[30] Conversación citada.
[31] Hare, *Without Conscience...*, p. 60.

"El tipo tuvo la culpa [...] Cualquiera podía darse cuenta de que estaba yo de mal humor esa noche. ¿Por qué quiso ir a molestarme?".[32]

Sin culpa

Reidezel Mendoza relata cómo, la tarde del día en que asesinó a la octogenaria Lugarda Barrio prendiéndole fuego, Villa corrió de su cuartel a unas personas diciendo: "¡Se me largan a la chingada o los mando quemar como a las viejas que quemé en la mañana!". El rango distintivo de los psicópatas asesinos, el más característico, es la total ausencia de sentimientos de culpa.[33] Sus víctimas no son para ellos más que objetos usados y desechados o estorbos apartados del camino. En ocasiones llegan a admitir haber realizado las acciones, pero minimizan o incluso niegan las consecuencias para otros; un asesino preso, por ejemplo, dijo que el hombre a quien había matado había salido ganando porque había aprendido una lección sobre la vida.[34] Los adictos a Villa han querido ver arrepentimiento en las lágrimas que derramaba después de incurrir en algunos de sus peores crímenes, pero no existe registro de que se haya vuelto a referir a esas tragedias más que para amenazar a otros o para jactarse. En las raras ocasiones en que los psicópatas llegan a expresar remordimiento, su conducta posterior contradice sus palabras.

Es la ausencia de culpa lo que permite a los psicópatas referirse a sus crímenes con absoluta naturalidad, como lo hizo Villa ante el doctor y la enfermera en Canutillo. John Kenneth Turner lo cita alardeando ante un grupo de oficiales en Ciudad Juárez: "Si yo les dijera todos los que he matado, hablaría durante tres días y noches".[35]

Cínicos

El general Francisco L. Urquizo relata cómo, para arrear a sus tropas en los combates, Villa solía poner hombres a recorrer las filas a caballo o en motocicleta

---

[32] *Ibid.*, p. 41.
[33] W. McCord y J. McCord, *The Psychopath: An Essay on the Criminal Mind*, Van Nostrand, Princeton, NH, 1964, p. 51.
[34] Hare, *Without Conscience...*, p. 41.
[35] E. Meyer, *John Kenneth Turner. Periodista de México*, UNAM-FFyL / Ediciones Era, México, 2005, p. 251.

disparando desde atrás sobre quienes mostraban falta de ánimo.[36] *Crímenes de Francisco Villa* contiene testimonios que dicen que en la etapa posterior a su caída colocaba al frente de sus gavillas a los hombres reclutados a la fuerza que no contaban con armas, con la doble intención de dar la impresión de que sus fuerzas eran numerosas y de que esos hombres sirvieran de escudo a quienes sí tenían con qué disparar. Los psicópatas son cínicos; ven a la gente como instrumentos, poco más que objetos para ser usados.

Incomprendidos y fascinantes

Los psicópatas, pues, son depredadores, y la sociedad que los padece no los entiende; quienes los rodean, distorsionan la realidad para interpretarlos como si se tratara de seres humanos normales. Pero esa misma sociedad que no los entiende los encuentra fascinantes; ahí están, como muestra, los centenares de libros y películas que han tratado sobre este tipo de personajes. Hay psicópatas que son capaces de generar en torno suyo movimientos de enorme fuerza, como ha ocurrido con Hitler, Ron Hubbard, Franco, Jim Jones, Castro y tantos otros líderes carismáticos a los que la gente les compra la idea de que son como pequeños dioses. Entre sus seguidores hay quienes se aprovechan para obtener riquezas y poder, como hicieron no pocos lugartenientes de Villa. Otros ven en ellos la oportunidad para alcanzar sus ideales; así sucedió a los intelectuales que rodearon a Villa buscando promover transformaciones políticas y sociales que él solo abanderó mientras le convino. Pero muchos marchan ciegamente tras ellos por una fascinación difícil de explicar: Nicolás Fernández, quien durante la violación masiva de Namiquipa dio órdenes de disparar a Villa si llegaba a tratar de llevarse unas mujeres a las que Fernández estaba protegiendo, siguió siempre cercano a su jefe; Martín López, que se le enfrentó en San José del Sitio para obligarlo a suspender los colgamientos, no se le separó hasta su propia muerte —la familia de López, dicho sea de paso, aseguraba que Villa lo había asesinado—. Incluso la gente que no es prosélita de estos individuos carismáticos y peligrosos llega a caer en una fascinación extraña, una especie de síndrome de Estocolmo. En Parral, en 1919, al escuchar los miembros de la Defensa Social que Villa no los iba a asesinar y los dejaría libres, salieron gritando "¡Viva Villa!"; Austreberta Rentería declaró

---

[36] "'El Chino' Banda", *El Siglo de Torreón*, domingo 14 de julio de 1946, pp. 16 y 24.

en una entrevista que, después de haber sido violada y apresada por él, se sintió enamorada.[37]

La historiografía no está exenta de caer en las mismas trampas; si la disfunción, en vez de denominarse *psicopatía*, llevara algún nombre como síndrome de Harris o cualquier cosa parecida, los historiadores se cuidarían de buscar en estos personajes pensamientos, sentimientos y conductas normales, y no se fascinarían tan fácilmente con ellos. A la tesis de Pedro Siller sobre el surgimiento del mito de Villa, habría que añadirle como tercer factor esta fascinación. Escribe Hare:

> ¿Qué explica el terrible poder que la personalidad carente de conciencia tiene sobre la imaginación colectiva? "Claramente, el mal es seductor," escribió Weber, "[...] Desde la moderada travesura hasta la violenta criminalidad, la ejecución de malas acciones es algo sobre lo cual el resto de la población evidentemente quiere saber. Ésta es una manera de explicar por qué el psicópata, esa personificación de la maldad sin remordimiento, tiene un lugar tan establecido en la conciencia pública".[38]

Cinco. Respuestas

Hay, pues, bases sólidas para pensar que Francisco Villa fue psicópata. Sin embargo, me abstendré de etiquetarlo y solo lo caracterizaré "así, como era él" para tratar de dar una idea de lo que significó, para la gente que no buscaba otra cosa que recuperar la normalidad de su vida después del huracán revolucionario, que se le atravesara en el camino.

En la segunda edición de *Francisco Villa ante la Historia*, Celia Herrera escribió:

> La vida en el estado de Chihuahua por años fue de constante zozobra, de tensión nerviosa, esperando siempre, y siempre temiendo que Francisco Villa se acerque. Las poblaciones a merced de las chusmas que lo siguen, a merced de sus venganzas y de sus represalias. La más pequeña alarma hace que los aterrorizados habitantes se encierren y que por las noches no sintiéndose tranquilas las familias en sus propias

---

[37] Katz, *Pancho Villa*, t. II, p. 341.
[38] Hare, *Without Conscience...*, p. 80.

CRÍMENES DE PANCHO VILLA

casas, acudan a las de otras en busca de refugio. Nadie sale, casi no se atreven a hablar. Talleres, minas, todo abandonado, poblaciones incomunicadas constantemente, asaltos a trenes. La asistencia a las escuelas es casi nula, las madres, acudiendo presurosamente en busca de sus hijos a la más leve inquietud, y el terror pintado en los semblantes de todos los niños que huyen despavoridos en todas direcciones.[39]

En mi libro *La sangre al río* especulé sobre lo que pueden haber sentido las mujeres de Namiquipa, arrastradas a un corralón para ser multitudinariamente violadas; sobre lo que significó para la gente de Parral que tenía algunos recursos el verse secuestrada, torturada, robada; para las familias, el tener que enfrentar la pobreza cargando con el dolor de haber perdido al padre, a los hermanos o a los hijos a manos de Francisco Villa. Un ejercicio de imaginación similar permitiría al lector captar en toda su magnitud la tragedia de las familias norteñas, expuestas a los caprichos de aquel individuo, así, como era él. Podría el lector cerrar los ojos y pintarse la vida cotidiana en San Pedro de la Cueva antes de que Francisco Villa, así, como era él, matara a casi 80 varones de 13 familias y dejara al pueblo hundido en la miseria.[40] O bien imaginar a los pobladores de San José del Sitio entregados a sus actividades antes de verse obligados a abandonar su pueblo porque Villa, así, como era él, después de colgar a casi 30 vecinos, amenazó al resto con quemarlos si no se largaban. O a la octogenaria Lugarda Barrio, en agosto de 1916, dedicada a la atención de su tienda, de sus viñas y de su casa ignorando que el día 24 Villa, así, como era él, mataría a su nieto a balazos y a ella la quemaría en vida. Preguntarse sobre los movimientos y la conversación de la familia Jurado Ángel durante el desayuno de la mañana de julio de 1916 en que unos enviados de Villa los interrumpieron y se llevaron al padre, a quien al día siguiente hizo fusilar Villa, así, como era él, por haber rehusado cederle la propiedad de su hacienda. Tratar de imaginar dónde estaban y que hacían los residentes del rancho de San Antonio de la Cueva antes de que Francisco Villa, así, como era él, se acomodara en una silla y fuera decidiendo a qué vecino se colgaba y a cuál se le permitía vivir. Imaginarlos a todos ellos, a las víctimas, con sus caras, sus voces, sus rutinas, en las horas previas.

Hace un siglo no existía el Estatuto de Roma. La gente no tenía las designaciones precisas para algunas de las atrocidades a las que Villa la sometió,

---

[39] Herrera, *Francisco Villa...*, 2ª ed., p. 184.
[40] *Ibid.*, p. 156.

pero hoy no se puede eludir la responsabilidad de llamarlas como lo que fueron: crímenes de guerra, crímenes contra la humanidad, genocidio. No otra cosa fue el arrear a sus soldados a punta de balazos; el asesinar a los prisioneros heridos que se hallaban en un hospital militar en Chihuahua; el echar por delante de sus tropas a los hombres que no habían alcanzado armas para que sirvieran de escudo a los que sí las tenían; el ordenar la violación de todas las mujeres de un pueblo; o el exterminar por causa de su raza a cuantos chinos caían en sus manos. Crímenes de lesa humanidad perpetrados por Doroteo Arango alias Francisco Villa, así, como era él.

Al inicio de este prólogo planteé la pregunta de qué puede significar para una familia, para un pueblo, ver que se rinden los mayores honores a la memoria de quien tanto daño hizo a sus antepasados. En diciembre de 2015 el pueblo de San Pedro de la Cueva conmemoró el centenario de la masacre de sus ancestros perpetrada por Villa. Una sociedad evolucionada habría asumido la conmemoración como obligación nacional, pero en México las autoridades y los medios apenas respondieron, y los historiadores adictos a Villa guardaron un silencio censurable; el acto solo alcanzó la difusión que le permitieron las redes sociales, y los sampedrinos tienen que haberse sentido desatendidos. Si la conmemoración de un pueblo entero recibió poca atención, difícilmente podría una familia contrarrestar el olvido público del crimen perpetrado por Villa en sus antepasados.

En los años treinta, a raíz de la colocación de la primera piedra de un monumento a Francisco Villa, Celia Herrera se dedicó a visitar las poblaciones perjudicadas por él para recoger los relatos de las víctimas —si acaso habían sobrevivido—, de sus familias y de otros testigos, testimonios que dieron forma a su libro de 1939. Desde entonces, los afectados no habían vuelto a tener manera de responder a quienes paulatinamente han ido acumulando el poder necesario para erigir estatuas a Villa, publicar libros donde se ocultan o niegan sus crímenes, nombrar en su honor colonias y calles, y elevar su nombre al muro de honor del Congreso de la Unión. En la segunda edición de su libro, Herrera escribió: "Para pintar debidamente la angustia con que se vivió en aquellos años [...], para lograr que las personas que tan solo oyeron desde lejos contar estos horrores, sería necesario que cada persona escribiese sus detalles personales... en cada familia, una historia...".[41]

---

[41] *Ibid.*, p. 191.

Crímenes de Francisco Villa es una respuesta luminosa a la impotencia que emana de las palabras de la cronista parralense: no hacen falta todas las historias, porque los recuerdos que aislados entre sí carecían de fuerza frente al embate del mito villista adquieren una magnitud telúrica hermanados y sustentados con documentos de registros civiles y parroquiales, con notas periodísticas y con testimonios de otras fuentes, como los ha trabajado Reidezel Mendoza. En adelante, ni la historiografía ni la política podrán seguir cerrando los ojos ante las terribles consecuencias que la carrera personalista de Francisco Villa tuvo para la población civil.

En el ya mencionado prólogo a la primera edición de su libro, Celia Herrera escribió también: "Las notas que continúan estas líneas son unos cuantos datos [...] recogidos directamente entre los familiares de las víctimas [...] y en los lugares de los acontecimientos. Si algún día la pluma honrada de un historiador consciente quiere, amando la verdad, legar a la posteridad la exacta expresión de sus dolorosas páginas revolucionarias, están a su disposición las que ha recogido esta mujer que por primera vez toma la pluma".

Lejos estaba ella de imaginar entonces que pasarían casi ocho décadas para que un chihuahuense llamado Reidezel Mendoza fuera ese historiador de pluma honrada que aceptaría la herencia de sus esfuerzos. El reto que asumió al aceptarla fue enorme para Mendoza: ha pasado un siglo de que la violencia villista asoló los estados del norte, y casi 90 años desde que Herrera recogió sus testimonios. Entonces no se habían secado la sangre ni las lágrimas, y la tierra de las tumbas estaba recién apisonada; el ir hoy tras lo que pudiera quedar de aquellas voces aparecía casi como faena arqueológica. Sin embargo, el historiador reveló que, a 100 años de distancia, cada familia mantiene vivo el recuerdo del martirio de sus antepasados; que preserva la voz heredada, lo relatado por la abuela viuda, por el padre huérfano, por la madre ultrajada. Y además ha acrecentado la herencia recibida; no puede uno menos que admirar los años y el esfuerzo invertidos en escudriñar archivos civiles, eclesiásticos y periodísticos, en visitar lugares en busca de los descendientes de las víctimas y de los testigos, en recoger testimonios y fotografías, en buscar tumbas olvidadas.

Más allá de entregarnos un recuento de crímenes, Reidezel Mendoza nos confronta con un crudo retrato del sufrimiento de la población del norte de México, expuesta a la violencia villista. El libro registra 50 casos de crímenes en los que perdieron la vida alrededor de 1 550 personas. Estos son solo los que él pudo documentar; estremece imaginar lo que habría sido el libro si las familias de todos los asesinados hubieran hablado, si de todos los muertos hubiera actas de defunción: no habría número de páginas suficiente. Historiador responsable, cuando Mendoza ha encontrado testimonios contradictorios, los ha incluido, pero a pesar de ellos, el lector puede concluir que, cuando Villa afirmó haber levantado 100 000 seseras humanas solo con la mano derecha, estaba siendo transparente.

Crímenes de Francisco Villa es una respuesta rotunda a la operación de lavado del personaje revolucionario: a quienes despersonalizan a las víctimas, el libro responde con nombres, historias y caras; a quienes niegan que Villa quemara mujeres, responde con recuerdos familiares, reportajes periodísticos y actas que registran la muerte por incineración; a quienes minimizan los crímenes, con testimonios que dan cuenta de la bestialidad con que fueron cometidos... Y es el soporte que los descendientes necesitaban para mantenerse firmes ante el golpeteo del mito.

Se calcula que en el genocidio ruandés de 1994 perecieron entre 800 000 y 1 000 000 de personas; que 400 000 niños quedaron huérfanos, y que 49% de las familias quedó bajo la responsabilidad de menores de 15 años y 34% de los hogares bajo la de mujeres viudas. En México se ha hablado tradicionalmente de que, a partir de que Villa tomó la decisión de rebelarse contra el Ejército Constitucionalista después del derrocamiento de Victoriano Huerta, las pérdidas humanas ascendieron a un millón; cálculos más recientes dan cifras menores, pero, cualquiera que haya sido el número, es importante preguntarse cuántos hogares mexicanos quedaron a cargo de viudas y niños, cuántas vocaciones se perdieron en la orfandad. El libro de Reidezel Mendoza nos lleva a reflexionar sobre lo mucho que se habría ahorrado México sin el paso de Villa por su historia.

Después de leer *Crímenes de Francisco Villa, testimonios,* solo hay una conclusión posible: que en el muro de honor del Congreso de la Unión el nombre de aquel personaje, si acaso se conservare, debería aparecer cercado por los de sus millares de víctimas.

Raúl Herrera Márquez
Julio de 2017

INTRODUCCIÓN

No hay bandera lo suficientemente grande como
para cubrir la vergüenza de matar gente inocente.

HOWARD ZINN

Cualquier intento de aproximación biográfica a Francisco Villa inevitable-
mente ha de enfrentar la leyenda arraigada en lo popular. No solo sus primeros años, sino su completa existencia se encuentran envueltos en el misterio.
Ni siquiera las memorias que dictó a su secretario Manuel Bauche Alcalde
o las anécdotas recogidas por Ramón Puente son dignas de crédito, dado el
carácter fabulador de Villa, quien en numerosas ocasiones dio versiones diferentes sobre su propio origen. Es muy probable que al hablar de su pasado
lo imaginara más interesante y complejo de lo que en realidad fue, y que así
haya creado el mito que la prensa y el cine estadounidense hicieron famoso.

A lo largo de más de un siglo, el mito heroico de Villa ha crecido con
base en reminiscencias, canciones populares, rumores, memorias, testimonios
de oídas. Las voces de sus víctimas fueron silenciadas para que no estorba-
ran el mito del defensor y vengador de la honra de su hermana, forajido y
buen ladrón, revolucionario y guerrillero, aliado fiel y enemigo acérrimo,
proscrito pero garante de la ley, insurrecto y gobernante benefactor, iletrado
pero educador, feroz invasor de Estados Unidos, dirigente nacional y opositor
perseguido, defensor agrario. Esta imagen no solo ha sido propagada a través
del cine, las artes plásticas, la música y la literatura, sino muy especialmente
por la historiografía oficial de la Revolución mexicana, que hace décadas se
abocó a construir en la trayectoria de Villa una lección patriótica.

El propósito de esta obra es dar a conocer, a través de testimonios y registros, la violencia ejercida por Francisco Villa principalmente contra la sociedad
civil en los estados de Chihuahua, Durango y Sonora, entre 1913 y 1923, por
medio de la documentación de los casos más emblemáticos que perviven en

la memoria colectiva y en la tradición oral de distintas localidades del norte del país.

En cada caso y en la medida de lo posible se incluyeron testimonios de los descendientes de las víctimas, además de una compilación de relatos de testigos publicados en periódicos de la época. Se echó mano de documentos de archivos judiciales, militares, eclesiásticos y civiles; asimismo, de una bibliografía de la Revolución mexicana y del villismo seleccionada de tal manera que aportara puntos específicos sin caer en repeticiones.

Obra fundamental para este trabajo fue *Francisco Villa ante la historia*, de Celia Herrera, publicada por primera vez en 1939. La autora, descendiente de una familia prácticamente exterminada por Francisco Villa, hizo una primera recopilación de algunos crímenes con base en testimonios de las víctimas y los deudos y recortes periodísticos. La historiografía oficial y los panegiristas del villismo han tachado esta obra de poco fiable al considerar que fue escrita a partir del rencor y por ello carece de objetividad histórica. La autora ha sido acusada de difundir una "leyenda negra" de Villa. Sin embargo, una exhaustiva revisión de sus fuentes y el cruce de información permitieron concluir que los casos abordados por Herrera son verídicos.

Para contrastar las posturas de los autores filovillistas con los testimonios recopilados, fueron consultados *Pancho Villa*, del historiador Friedrich Katz, *Hechos reales de la Revolución*, del cronista Alberto Calzadíaz Barrera, y *Pancho Villa*, del novelista Paco Ignacio Taibo II. En el aspecto militar se consultaron dos obras fundamentales: *Historia del ejército y de la revolución constitucionalista*, de Juan Barragán, que publicó los partes militares de los generales que persiguieron a Villa entre 1916 y 1920, e *Historia militar de la Revolución mexicana*, de Miguel Ángel Sánchez Lamego, una obra basada en los acervos del Archivo Histórico de la Secretaría de la Defensa Nacional.

En lo que respecta a la hemerografía, la mayoría de los periódicos consultados son estadounidenses y están disponibles en línea. Reporteros y corresponsales recopilaron testimonios de viajantes en estaciones de trenes o al cruzar la frontera estadounidense en busca de refugio. En el caso de los periódicos de circulación nacional su acceso continúa restringido y algunos, incluso, han desaparecido de sus repositorios en la Hemeroteca Nacional. No obstante, fue posible consultar diarios locales de las ciudades de Durango, Chihuahua, Juárez y Torreón que aportaron valiosos datos. De los archivos históricos locales y judiciales de los estados de Chihuahua y Durango un buen número de expedientes con información del personaje ha desaparecido, pero, aun así, la evidencia existente permitió dar seguimiento a algunos casos que llegaron a tribunales.

Esta obra, en su segunda edición, consta de ocho apartados que abarcan las distintas etapas de la vida de Francisco Villa y, a su vez, se dividen en subcapítulos en los que se describen los crímenes cometidos por él o algunos de sus subalternos, en orden cronológico. Cada caso explica el asesinato de personajes específicos, o bien, atentados cometidos contra grupos localizados. La extensión de los capítulos es dispar, debido a la disponibilidad de evidencias. En lo posible, se incorporó material fotográfico ilustrativo.

El primer capítulo, "Doroteo Arango alias Francisco Villa", hace una reflexión en torno al concepto de violencia y su implicación en el contexto de la guerra y de la revolución, así como un breve análisis de la conducta de Villa que sugiere algún trastorno de personalidad. Se hace un repaso de sus orígenes y sus primeros años como bandolero, así como de crímenes ocurridos en Durango y Chihuahua, entre 1897 y 1911, en que se puede tener certeza de que participó como autor material o cómplice.

El segundo capítulo, "1910-1913. Los primeros años revolucionarios", aborda el ingreso de Villa a las filas revolucionarias, desde que se da de alta en el maderismo para combatir al gobierno porfirista, hasta que toma el mando de la División del Norte contra el huertismo. En esta primera etapa ordenó matanzas de prisioneros en Nuevo Casas Grandes, en la hacienda de Bustillos, Chihuahua, y en Avilés, Durango. De igual manera incluye semblanzas de cuatro personajes representativos de la violencia villista: Rodolfo Fierro, Manuel E. Banda, Miguel Baca Valles y Manuel Baca, reconocidos por sus excesos contra los prisioneros de guerra e incluso contra los propios soldados de la propia División del Norte.

El tercer capítulo, "1913-1915. El ascenso. Villa en control de Chihuahua", abarca desde la llegada de Villa a la gubernatura del estado a finales de 1913, hasta la salida de sus tropas de la ciudad de Chihuahua ante el avance de las fuerzas constitucionalistas, en diciembre de 1915. Durante dos años, la tasa de criminalidad en el estado y en particular la ciudad de Chihuahua se elevó de manera alarmante. Asimismo, se documentan los casos de ejecuciones clandestinas en la Ciudad de México y asesinatos en Guadalajara.

El cuarto capítulo, "1915-1916. La caída. Las grandes derrotas", aborda asesinatos de extranjeros, particularmente de chinos y estadounidenses, de los exlugartenientes de Villa, Tomás Urbina y Tomás Ornelas, del empresario chino

Charle Chee, de la familia Polanco y uno de los casos más emblemáticos y trágicos en la historia de la Revolución: 84 vecinos de San Pedro de La Cueva, Sonora.

En el quinto capítulo, "1916. El resurgimiento. Reclutamiento forzado y préstamos obligatorios", se documentan varios asesinatos contra militares, pequeños propietarios, comerciantes, funcionarios locales y ancianos. Llama la atención la saña con la que Villa ejecutó a varias mujeres, como a la profesora Margarita Guerra y a la viuda Guadalupe García, que fueron dinamitadas, o a Celsa Caballero y Lugarda Barrio, muertas en la hoguera. El caso más escalofriante fue el asesinato en masa de 90 soldaderas en Camargo. Otro de los aspectos que se repasan en este capítulo es la costumbre de mutilar las orejas a los prisioneros carrancistas.

El sexto capítulo, "1917-1920. La necedad y el rencor", relata crímenes en masa cometidos contra la población civil en Valle de Zaragoza, La Cueva, San José del Sitio, La Estancia y Rincón de Ramos, donde 160 hombres murieron ahorcados o fusilados. También incluye los testimonios de las ejecuciones de un grupo de pasajeros en un tren cerca de Estación Consuelo; del asesinato de funcionarios municipales en Santa Isabel, Villa Ahumada y Saucillo, así como de mineros y labradores en El Fresno, Pichagüe y El Negro. Los casos más dramáticos incluidos en este capítulo son los asesinatos de cinco mujeres en Jiménez, de una anciana y su nieta en Valle de Olivos, y la violación masiva de más de 100 mujeres en Namiquipa.

El último capítulo, "1920-1923. El hacendado", repasa excesos cometidos por Villa contra sus propios trabajadores en Canutillo, el asesinato de una de sus mujeres y los agravios a manos del caudillo por los complotistas y que participaron en su asesinato en julio de 1923.

Esta segunda edición incluye un apéndice con la masacre de civiles y soldados en Zacatecas, en junio de 1914, así como los asesinatos de cuatro extranjeros, de prisioneros de guerra y de algunos de sus subordinados. También fue añadido el caso de la violación masiva de un grupo de mujeres en la localidad de El Magistral y el secuestro de una familia de Chihuahua que había sido condenada a muerte por Villa.

Todo esto forma parte de la historia de violencia protagonizada por Francisco Villa, cuyos testimonios y evidencias se recogen en esta obra dedicada a las víctimas.

1

DOROTEO ARANGO ALIAS FRANCISCO VILLA

Cuando la historia de México se libre del yugo de su propia
versión heroica para consumo oficial y escolar, acaso
podrá verse con claridad, entre los altos gestos huecos
y las magníficas batallas inútiles,
el enorme daño que la violencia le hizo al México independiente,
al México de la Reforma y al México de la Revolución.
HÉCTOR AGUILAR CAMÍN

El villismo se caracterizó principalmente por la desmedida violencia ejercida contra sus enemigos y contra la población civil. Hombres, mujeres y niños de todas las edades fueron víctimas de los excesos de Villa en su lucha a muerte contra los regímenes huertista y carrancista. Entre sus víctimas se encuentran prisioneros de guerra, pero también civiles, excolaboradores, políticos, empresarios, funcionarios públicos, sacerdotes y religiosos, acusados de traidores y abusadores, asesinados sin juicio previo. Asimismo, Villa echó mano de las agresiones sexuales contra mujeres y niñas como táctica de guerra, con el fin de someter, humillar y atemorizar a sus rivales o a quienes pretendían hacerle frente para defender a sus familias.

47

A dichos excesos sumamos el despojo indiscriminado causado por las partidas villistas, que obligaron a los civiles de los poblados y rancherías por los que incursionaban a que sufragaran su alimentación y aprovisionamiento. Estos actos delictivos y de rapiña, irónicamente, fueron cometidos contra campesinos y rancheros pobres, a los que el villismo decía defender.

A lo largo de la historia la población civil, muchas veces ajena a las disputas políticas, ha sido la principal afectada en los conflictos entre facciones que recurrieron a la violencia para imponerse o destruirse. El término *violencia* proviene de la raíz latina *vis*, que significa "fuerza" y dio lugar al adjetivo *violentus*. Violencia se entiende como la fuerza física o psicológica ejercida deliberadamente contra otro individuo, sus familiares o propiedades para conseguir un objetivo: forzar la voluntad del agredido, eliminar, ofender, coartar, o bien, por razones patológicas del agresor, gozar con el sufrimiento ajeno.[1] Según Mario Stoppino, el acto de la violencia revela el fracaso del poder y de la amenaza pues requiere pasar a una acción física y punitiva para lograr algo del otro.[2]

Miguel Ángel Martínez Meucci explica que al emplearse la violencia en el ámbito político es necesario justificarse para obtener cierto respaldo popular. El candidato opositor a la presidencia de la República, Francisco I. Madero, consideró que las elecciones de 1910 fueron fraudulentas y a través del Plan de San Luis llamó al pueblo a las armas para derrocar al régimen del general Porfirio Díaz. Con el Plan de Guadalupe, Venustiano Carranza justificó su insurrección contra Victoriano Huerta. Emiliano Zapata abanderó el Plan de Ayala en el estado de Morelos y Pascual Orozco, en Chihuahua, el Plan de la Empacadora, ambos con postulados de carácter social. A diferencia de todos ellos, Villa siempre careció de un proyecto social.

En el caso de una guerra, la violencia muchas veces tiene su origen en la intención de arrebatar cosas al otro, disfrazándola del deseo de imponer un principio ético superior. Respecto a las revoluciones armadas, el uso de la violencia como medio se basa regularmente en el supuesto de que a través de un "mal menor" o "un mal para un número reducido de personas" se obtiene "un bien mayor o un bienestar para una mayoría de personas". En ambos

---

[1] "Violencia", http://deconceptos.com/ciencias-sociales/violencia, consultado el 15 de marzo de 2017.

[2] M. Stoppino, "Violenza", en N. Bobbio, N. Matteucci y G. Pasquino, *Dizionario di política*, UTET, Turín, p. 1221.

casos, la búsqueda violenta de un fin ético incurre en una paradoja de mayor o menor magnitud: "Hacer un mal para buscar el bien".[3]

Villa no se adhirió a las rebeliones de Madero y Carranza por ideales revolucionarios, sino buscando el indulto por sus crímenes y la impunidad para continuar cometiéndolos. No solo ejerció la violencia para obtener un botín o imponerse militarmente, sino porque parecía encontrar satisfacción en el mero acto violento. Según Martínez Meucci, cuando el fin práctico de la violencia "es la mera satisfacción que ésta podría llegar a producir por sí misma en un individuo o grupo, de forma consciente o inconsciente, entonces el comportamiento violento no constituye más que una total aberración y resulta absolutamente inaceptable desde un punto de vista ético y moral".[4]

¿Qué lucha social podría justificar la violación masiva de mujeres, quemar en una hoguera a una anciana o tirotear a un menor de edad?

De acuerdo con todas las crónicas y testimonios, Francisco Villa nunca se adaptó a las normas sociales: en su juventud desobedeció reiteradamente las reglas de su hogar y cometió faltas que lo llevaron a prisión. Se involucró en violentas reyertas; utilizó alias, robó y mintió constantemente. Era incapaz de planificar y de mantener un trabajo u oficio, de asumir obligaciones económicas o familiares; era irritable, agresivo, indiferente, no sentía remordimiento, inestable emocionalmente (sufría episodios de intensa disforia, irritabilidad y ansiedad); tenía dificultades para controlar la ira; sospechaba y desconfiaba sin bases (asumía que los demás pretendían engañarlo o hacerle daño; le preocupaba obsesivamente la lealtad o fidelidad de los amigos y socios; albergaba rencores durante mucho tiempo) y no olvidaba los insultos, injurias y desprecios. Por otra parte, exageraba sus logros y capacidades, esperaba siempre ser reconocido como autoridad; era pretencioso, soberbio, interpersonalmente explotador y carecía de empatía (era reacio a reconocer o identificarse con los sentimientos y necesidades de los demás). Por estas características, Villa ha sido definido indistintamente como un individuo que sufría trastornos de la personalidad, sociópata o psicópata, lo cual no es una exageración.[5]

---

[3] M. Á. Martínez Meucci, "La violencia como elemento integral del concepto de revolución", *Revista Politeia*, vol. 30, núm. 39, Caracas, 2007, p. 192. http://www2.scielo.org.ve/scielo.php?script=sci_arttext&pid=S0303- 97572007000200008&lng=pt&nrm=i, consultado el 14 de marzo de 2017.

[4] *Ibid.*, pp. 191-192.

[5] A. López-Ibor (dir.), *DSM-IV-TR, Manual diagnóstico y estadístico de los trastornos mentales*, pp. 765-816.

Desde sus primeros años, Villa estuvo siempre rodeado de individuos socialmente marginados, como Ignacio Parra, Refugio Alvarado, Sabás Baca, Miguel Baca Valles, Manuel Baca el Mano Negra, Baudelio Uribe el Mochaorejas, Tomás Urbina, entre otros, habituados a vivir en la violencia, en un mundo regido por violencia, como norma y como fin en sí misma. Cada uno de ellos encontraba maneras "novedosas" y macabras de hacer sufrir a sus víctimas, no importando su género o condición. Práxedes Giner Durán, uno de sus lugartenientes, describía a Villa como muy violento y sus propios hombres lo apodaban la Bestia Salvaje.[6]

Este no saber qué esperar de él tuvo mucho que ver con el terror que inspiraba no solo a sus enemigos, sino a sus propias tropas. Numerosos testigos presenciaron su comportamiento desquiciado, incapaz de distinguir entre culpables e inocentes. Villa era tan inestable que por la mañana podía ordenar la ejecución de un humilde campesino que rogaba que no dejara en la orfandad a sus hijos y por la tarde llorar como un niño por cualquier sandez. Caía en una intensa depresión al recordar su niñez, pero cabalgaba alegre sobre los cadáveres de mujeres recién masacradas. La alternancia entre los estallidos de violencia y de sentimentalismo es una característica del psicópata.[7]

Muchos líderes revolucionarios que lo conocieron lo consideraron siempre un bandido que se aprovechó de las circunstancias, pero eso no impidió que, al paso de las décadas, la historiografía oficial lo convirtiera en héroe nacional; el que hubiera muerto asesinado facilitó que se le diera la condición de mártir de la Revolución. La animadversión que abrigaban contra él las víctimas de sus correrías y un gran sector de la población que padeció sus desmanes en el norte de México no impidió que el régimen, animado más por razones políticas que históricas, plasmara con letras de oro el nombre de Francisco Villa en el muro de honor del salón de plenos de la Cámara de Diputados, el 18 de noviembre de 1966.[8]

---

[6] Entrevista de María Isabel Souza a Práxedes Giner Durán, Ciudad Camargo, 21 de julio de 1973, PHO/1/75, pp. 33-34; El Paso Morning Times, "Cómo llaman a Villa sus mismos soldados, según un desertor", El Paso, Texas, lunes 12 de marzo de 1917, p. 1.

[7] A. Lowen, Narcissism: Denial of the True Self, Touchstone, Nueva York, 1985, p. 62.

[8] Diario Oficial de la Federación, Poder Ejecutivo, Secretaría de Gobernación, t. CCLXXIX, núm. 20, 23 de noviembre de 1966, p. 2. http://www.diputados.gob.mx/LeyesBiblio/muro/pdf/villa.pdf, consultado el 4 de abril de 2017.

ORÍGENES

Francisco Villa, cuyo nombre verdadero era José Doroteo Arango Arámbula, nació en una familia de campesinos pobres, el 5 de junio de 1878, en La Coyotada, municipio de San Juan del Río, estado de Durango, hijo de Agustín Arango Vela y Micaela Arámbula Álvarez.[9] José Doroteo jamás asistió a la escuela y aprendió las primeras letras ya mayor de edad.[10] Su padre desapareció, habiendo dejado a sus cinco hijos sin sustento, y su madre tuvo que ocuparse en diversos oficios, mientras sus hermanos, Antonio e Hipólito, trabajaban como labriegos; José Doroteo eventualmente se empleaba como arriero o peón, combinando trabajos legales con actividades ilícitas.

Pedro Flores Arango, sobrino de Doroteo Arango, refiere que su tío "desde muy chico era terrible, al grado de que mi abuelita Micaela tenía que amarrarlo de ese mezquite [...] cada vez que se portaba mal. Cuando creció le dio por juntarse con malas amistades, mi abuelita sufrió mucho, quería a toda costa que se corrigiera y lo dejaba amarrado a veces todo un día y una noche".[11] Constantemente se involucraba en riñas y robos de gallinas y objetos de poco valor, actividades que con el tiempo lo llevaron a ser aprehendido y encarcelado en San Juan del Río. Jugaba baraja y solía apostar su salario de mediero con otros trabajadores.[12] Onésimo Coss Castillo lo describe como una persona medio "melona", es decir, medio lunática: "Cuando andaba enojado, traía la gorra caída y cuando andaba de buenas la traía a media cabeza".[13]

En sus textos autobiográficos, Villa admite que su madre lo reprendía por su vida de delincuente: "Me corrió de la casa, y hasta amenazó con

---

[9] Nacimientos, San Juan del Río, 7 de julio de 1878, acta 226, f. 39.

[10] En una carta enviada al gobernador de Nuevo México, William C. McDonald, el guerrillero asegura: "Ni un solo día de mi vida fui a la escuela. Mi alfabeto ha sido la mira y el gatillo de un rifle, mis libros han sido los movimientos del enemigo". *La Prensa*, "Villa insiste en que no desea llegar a la presidencia", San Antonio, Texas, jueves 5 de febrero de 1914, p. 3.

[11] Entrevista de Miguel Ángel Ruelas a Pedro Flores Arango (hijo de Atanasio Flores y María Ana Arango), La Coyotada, Durango, en *El Siglo de Torreón*, "Pancho Villa fue un niño indomable al que su madre tenía que atar a un mezquite", Torreón, Coahuila, viernes 18 de enero de 1974, p. 1.

[12] Entrevista de Rubén Osorio a Manuela Quiñones y Jesús Quiñones, Torreón, Coahuila, 1º de febrero de 1997, en R. Osorio, *La familia secreta de Pancho Villa*, Gobierno del estado de Chihuahua, Secretaría de Educación y Cultura, Chihuahua, 2006, pp. 29-31.

[13] Entrevista de María Alba Pastor a Onésimo Coss Castillo, Bachíniva, Chihuahua, 30 de octubre de 1973, INAH, PHO/1/120, p. 20.

maldecirme, si no mudaba de modo de vivir".[14] De pequeños robos pasó a la delincuencia organizada, al incorporarse a las bandas de forajidos lideradas por Ignacio Parra y él mismo, que asaltaban a viajeros y pastores, saqueaban rancherías y robaban ganado a terratenientes y pequeños propietarios en los estados de Durango y Chihuahua.

CÓMO ERA VILLA

Miguel Alessio Robles conoció a Villa después de la batalla de San Pedro de las Colonias y así lo describe:

> Era alto, fuerte; la frente despejada, los cabellos jaros un poco quebrados, echados hacia atrás en completo desorden. Los ojos grandes y de un color café oscuro [...] Su cara ancha y sanguínea. El bigote del mismo color de su pelo. Los labios anchos y la boca grande, dejando descubiertos sus dientes amarillentos de hombre primitivo. De un talento natural muy claro y de una ignorancia supina. Ladino, taimado, embustero, hablaba con los mismos términos de los rancheros del norte. No reconocía diques ni barreras y se creía el amo de México. A veces lloraba como un niño y otras rugía como un león. De carácter impulsivo, se dejaba arrastrar con mucha frecuencia por sus primeras impresiones. Fue un guerrillero formidable y un gran conductor de hombres, pero más hábil para manejar pequeños contingentes de soldados que poderosos ejércitos [...] Muchas veces escuchaba los razonamientos de sus amigos y de sus subordinados, pero casi siempre obraba de acuerdo con sus impulsos.[15]

El exgeneral federal Ignacio Morelos Zaragoza, que se unió a sus tropas, aseguró que Villa era "desconfiado, ladino y celoso. Trae a sus Dorados más que para su seguridad personal, para matar aquellos individuos que en los combates se acobardaban o amotinaban. Es un individuo que pasma. Recibe a las personas con esquivez y hasta con altanería [...] vive siempre a la defensiva personal, porque ha sido toda la vida acosado por las autoridades; pero en el

[14] R. Puente, *Vida de Francisco Villa, contada por él mismo*, O. Paz y Compañía Editores, Los Ángeles, 1919, pp. 21-22.
[15] M. Alessio, *Memorias. Mi generación y mi época*, t. I, Gobierno del Estado de Coahuila/Instituto Coahuilense de Cultura/INEHRM/Segob, México, 2010, p. 140.

combate es partidario acérrimo de la ofensiva [...] es poco escrupuloso de las reglas de la guerra".[16]

Emilio Zapico, agente confidencial español ante el gobierno villista, describe meticulosamente al caudillo:

es preciso ver a ese hombre en sus momentos de cólera, en mangas de camisa, el inseparable revólver y el cinturón lleno de cartuchos a la cintura, el pelo alborotado, la boca entreabierta, y los ojos abiertos desmesuradamente, saltándole de las órbitas, inyectados de sangre y con las pupilas dilatadas, para darse cuenta de lo que significa afrontar su ira, porque se tiene la impresión de que es un epiléptico, y de que la menor falta de tacto, la más insignificante imprudencia puede acarrear consecuencias desagradables y provocar medidas extremas de violencia.[17]

Según el funcionario Bernardino Mena Brito, Villa "era un tipo repelente, desconfiado en grado máximo, impulsivo y sin freno alguno [...] tenía pasión por los caballos, las mujeres y el crimen".[18] El poeta Santos Chocano dijo que "Villa tuvo siempre dos grandes obsesiones, poseer la hembra, matar al enemigo. Sobrio como el desierto, no se sentía atraído más que por el amor y la muerte".[19] Para John Kenneth Turner, Villa "era un bandido del carácter más repulsivo, no solo robaba sino mataba sin provocación y tenía la reputación de maltratar a las mujeres".[20] John Reed lo definió como "una fiera acosada por su propia desconfianza [...] el ser humano más natural que he conocido, natural en el sentido de estar más cerca de un animal salvaje".[21]

El sargento primero Domitilo Morales, quien militó en la Brigada González Ortega, describe a Villa:

[16] *La Prensa*, "En qué forma actuó el resto del ejército federal a raíz de su licenciamiento", San Antonio, Texas, jueves 21 de diciembre de 1916, pp. 1-6.
[17] Zapico a Riaño, s/f, leg. 2560, AHMAE, en V. González (comp.), *La colonia española en la vida política, económica y social del México revolucionario (1910-1930)*, II, Universidad Complutense de Madrid, Madrid, 1975. "Apéndice Documental", pp. 329-330.
[18] B. Mena, *Ocho diálogos con Carranza*, Ediciones Botas, México, 1933, pp. 262-263.
[19] J. S. Chocano, *Los hombres representativos de la Revolución Mexicana*, Aguilar, Madrid, 1972, p. 1025.
[20] E. Meyer, *John Kenneth Turner. Periodista de México*, UNAM-FFyL / Ediciones Era, México, 2005, p. 248.
[21] R. A. Rosenstone, *John Reed: un revolucionario romántico* (traducción Juan Tovar), Ediciones Era, México, 1979, p. 177.

panzón, grueso, no muy alto, cachetón y con los dientes medio amarillos. Se mantenía con la boca abierta, como que se le *caiba* [*sic*] la quijada. Sabe que *renguiaba* [*sic*] porque estaba *balaciado* [*sic*] de las piernas. También tenía la mirada muy pesada, y desconfiaba de medio mundo. Casi siempre traía dos pistolas y cartucheras. Era güero azafranado, como son los de Durango [...] Era [...] muy diablo el viejo ese. Quien sabe cómo le haría, pero parecía que adivinaba las cosas [...] También era muy violento. De la nada se ponía como fiera [...] cuando se enojaba se volvía como demonio.[22]

Sus amigos estadounidenses afirman que tenía "un temperamento violento e indomable, y que en el paroxismo de su coraje se convierte en un loco, pero que a las pocas horas se le pasa la rabia, volviendo a quedar en calma".[23] Su secretario particular, Luis Aguirre Benavides, asegura que "la violencia de su carácter lo cegaba hasta olvidarse del sufrimiento humano".[24] A decir de Martín Luis Guzmán, "Él [Villa] y su pistola son una misma cosa". Según Krauze, "Villa era impulsivo, cruel, iracundo, salvaje, implacable [...] en muchos casos su comportamiento fue atroz". De aquel ser feroz, lo más perturbador eran los ojos: para Rafael F. Muñoz "desnudaban almas". Vasconcelos y Puente los recuerdan "sanguinolentos". Mariano Azuela los vio "brillar como brasas". Miguel Alessio dice que "los movía de manera siniestra".[25] El cónsul inglés Patrick O'Hea lo describe así: "Yo solo sé que este hombre, con su mirada errante y su mano fría, es el mal".[26]

ASESINATOS ENTRE 1897 Y 1911

Sin tomar en cuenta los homicidios cometidos en complicidad con las gavillas de Ignacio Parra, Sabás Baca y José Beltrán, se tiene la certeza de que Doroteo

---

[22] "Domitilo Morales Mendoza, sargento Primero. Testimonio de un soldado de la Brigada González Ortega. Entrevista realizada por Carlos Gallegos", en F. de P. Ontiveros, *Toribio Ortega y la Revolución en la región de Ojinaga*, Gobierno del Estado de Chihuahua, Chihuahua, 2003, pp. 210-211.

[23] *Idem.*

[24] L. Aguirre, *De Francisco I. Madero a Francisco Villa. Memorias de un revolucionario*, A. del Bosque. Impresor, México, 1966, p. 82.

[25] A. Garritz (comp.), *La independencia de México y la Revolución mexicana: vistas desde la UNAM*, Instituto de Investigaciones Históricas-UNAM, México, 2010, p. 51; Alessio, *Memorias...*, p. 140.

[26] *Ibid.*, p. 53.

Arango asesinó, entre 1897 y 1911, a por lo menos 15 personas. Sin embargo, es muy probable que el número haya sido mayor, pues él mismo alardeó de llevar la cuenta de 57 asesinatos, solo en su época de bandido; cada víctima era una marca en su pistola.[27] Al médico Ernesto Herfter y a la partera Soledad Pastrano de Figueroa les dijo en Canutillo: "Yo con la mano derecha he levantado 100 mil seseras humanas, y no cuento las que he levantado con la mano izquierda, porque también con la mano izquierda sé manejar la pistola".[28] A continuación se hace un recuento de los asesinatos de los que se tiene certeza.

El 7 de febrero de 1897 mató en un potrero de la hacienda de Menores, municipio de San Juan del Río, al mozo José de la Luz Soto Rentería, quien intentó impedirle el paso por la propiedad, y así se lo dicta el propio Villa a Bauche Alcalde. El 9 de abril de 1903 asaltó y asesinó al arriero Ramón López en el paraje Álamos de Cerro Gordo, cerca de Rancho Nuevo. Por órdenes de Miguel Baca Valles, el 27 de mayo de 1903, ejecutó a Rafael Reyes en las calles de Parral. El 16 de mayo de 1904 degolló a los vaqueros Francisco Aranda Ríos y Eugenio Molina en la cuchilla del Saucillo, en las cercanías de Villa Ocampo, Durango. El 24 de septiembre de 1908, con su banda, asaltó y mató a Francisco Martínez en la estancia de los Charcos, en terrenos de la hacienda de Catarinas, Durango. Por órdenes de Quirino Baca, el 5 de marzo de 1909 ejecutó a Alejandro Muñoz y a su hijo Rafael Muñoz, propietarios del rancho San Isidro.[29] El 12 de mayo de 1910 asaltó y asesinó a Natividad Bustamante en las goteras de San Andrés. El 8 de septiembre ejecutó en las calles de Chihuahua a su compadre Claro Reza Orozco por creer que lo había traicionado.[30] El 17 de noviembre asaltó el rancho El Encino y asesinó a Pedro Domínguez y a su mozo Remigio Rivera para evitar que lo persiguieran. El 14 de febrero de 1911, en el rancho de Las Lajas de Arriba, ordenó azotar con un sable a don Bruno Ortega, de 75 años, quien murió a consecuencia de los golpes. El 27 de febrero del mismo año colgó al comandante de Policía del mineral de Naica, Francisco Arévalo. Al día siguiente atacó Ciudad Camargo y ahí fusiló al juez Faustino A. Ramos, que resguardaba varios expedientes con

---

[27] Meyer, *John Kenneth Turner...*, p. 262.
[28] Herrera, *Francisco Villa...*, pp. 356-357.
[29] R. Mendoza, *Bandoleros y rebeldes. Historia del forajido Doroteo Arango (1878-1910) y las correrías de Heraclio Bernal, Ignacio Parra y Francisco Villa*, CreateSpace independent publishing, tercera reimpresión, 2019, pp. 230-232, 308, 353-355 y 363-370.
[30] *Ibid.*, pp. 380-381 y 396-416.

denuncias en su contra por robo de ganado. El 13 de mayo de 1911 disparó a sangre fría al anciano José Félix Mestas, propietario de la cantina Washington en Ciudad Juárez.[31]

Claro Reza Orozco.
(Mario Reza)

Don Bruno Ortega.
(Gabriel Ortega)

[31] R. Mendoza, *Bandoleros y rebeldes...*, pp. 39–43, 134, 144 y 163–165.

2

1910-1913
LOS PRIMEROS AÑOS
REVOLUCIONARIOS

MADERISMO

Doroteo Arango, convertido en Francisco Villa, se incorporó a las filas del maderismo en la lucha contra el régimen porfirista, al frente de una partida de 30 hombres, la mayoría integrantes de su gavilla que lucraban con ganado robado en las goteras de la capital de Chihuahua.[1] Toda la información disponible indica que no lo hizo por ideales revolucionarios sino en busca de beneficios personales. La lucha contra el porfirismo le dio la oportunidad de continuar su carrera de robo y saqueo, pero con careta política. A la caída del viejo régimen, el líder de la rebelión, Francisco I. Madero, le otorgó el indulto por los crímenes cometidos antes del 20 de noviembre de 1910 y lo ascendió a coronel. Debido a su indisciplina y poco respeto a la autoridad, sin embargo, lo licenció y colocó sus tropas bajo las órdenes del coronel Raúl Madero.[2] Francisco I. Madero

---

[1] Pedro Salmerón, sin citar su fuente, dice que "los varones del pueblo [de San Andrés] se suman de 'manera masiva' a las filas de Pancho Villa desde el 21 de noviembre de 1910" al mando de "los trescientos y tantos *bragados* que se reunieron en la Sierra Azul". Lo cierto es que los vecinos, simpatizantes del antirreeleccionismo, se sumaron a las filas de los líderes locales Santos Estrada, José Dolores Palomino, Cástulo Herrera y Guadalupe Gardea y no pasaban de un centenar; nunca vieron con buenos ojos que un bandido como Francisco Villa encabezara sus aspiraciones y demandas legítimas, y así lo manifestaron. (P. Salmerón, "Catolicismo social, mutualismo y revolución en Chihuahua", en *Estudios de Historia Moderna y Contemporánea de México*, núm. 35, enero-junio de 2008, p. 91; P. Salmerón, *La División del Norte*, tesis doctoral, UNAM, México, octubre de 2003, p. 45; J. Vargas, *Máximo Castillo y la Revolución en Chihuahua*, Nueva Vizcaya Editores, México, 2003, pp. 125-126; entrevista de Reidezel Mendoza a Irma Rocha Palomino, Chihuahua, 23 de agosto de 2010, en *Rifleros de San Andrés*, Ichicult, Chihuahua, 2011, p. 86).

[2] Mendoza, *Bandoleros y rebeldes...*, vol. 2, pp. 15-238.

siempre agradeció el apoyo de Villa, pero nunca dejó de tenerle desconfianza, pues estaba consciente de que este no había dejado de ser un forajido.

OROZQUISMO Y PRISIÓN

El 6 de marzo de 1912 el general Pascual Orozco se rebeló contra el gobierno de Madero. Villa intentó unirse a sus fuerzas[3] pero Orozco lo rechazó en estos términos: "Al bandolero Francisco Villa: no se admiten bandidos en las filas de este movimiento".[4] Se incorporó entonces a las fuerzas de la División del Norte Federal al mando del general Victoriano Huerta, en Torreón. Poco después fue acusado de robo, desobediencia e insubordinación, y enviado al paredón de fusilamiento,[5] pero la intervención del teniente coronel Guillermo Rubio Navarrete, después de que Villa suplicara de rodillas por su vida, lo salvó de la muerte.[6] Fue entonces enviado preso a la Ciudad de México y recluido en la cárcel militar de Santiago Tlatelolco. Posteriormente fue remitido

---

[3] *El Correo de Chihuahua*, "Una carta de Villa", Chihuahua, 6-7 de marzo de 1912, p. 1, la carta de Francisco Villa a Pascual Orozco, 7 de febrero de 1912. Villa nunca la desmintió; carta de Francisco Villa a Francisco I. Madero, 31 de enero de 1912 en *Boletín del Centro de Estudios de la Revolución Mexicana Lázaro Cárdenas* [Jiquilpan, Michoacán], núm. 3, vol. 3, diciembre de 1980, pp. 93-95.

[4] M. Caraveo, *Crónica de la Revolución mexicana*, Trillas, México, 1992, p. 68; J. G. Amaya, *Madero y los auténticos revolucionarios de 1910*, Gobierno del Estado de Chihuahua, México, 1946 [2010], p. 373.

[5] *El País*, "Villa niega los hechos imputables a su gente", México, sábado 15 de junio de 1912, pp. 1 y 3; *El Imparcial*, "Un segundo más, y el pelotón hace fuego sobre el insubordinado Francisco Villa", México, viernes 21 de junio de 1912, pp. 1 y 5.

[6] Rubio Navarrete relata lo ocurrido el 4 de junio de 1912 en Jiménez: "Se me acercó el capitán Rafael Romero López dándome cuenta que atrás del edificio en que estábamos, iban a fusilar a Villa y que éste estaba ya frente al cuadro. Me dirigí a dicho lugar [...] encontrando a Villa hincado y llorando, suplicando en voz alta que no se le fusilara, que se le permitiera ver al general Huerta. Estaba de rodillas teniendo cogido de una pierna al coronel O'Horan y detrás del grupo que formaban estos dos y el coronel Castro, estaba el pelotón de ejecución con sus armas descansadas. Sin hablar me dirigí [...] para ver al general Huerta, pero al voltear la cara antes de dar vuelta al edificio [...] Villa estaba ya de pie frente a la pared, el pelotón con las armas terciadas y los coroneles Castro y O'Horan al flanco, bastaba pues, dar la orden de fuego para consumar la ejecución. Regresé violentamente y di orden de suspenderla, sacando a Villa del cuadro y llevándolo del brazo al Cuartel General [...] me encontré a éste [Villa] al pie del carro del Cuartel General y me dijo que esa misma noche salía a México, preso por orden del general Huerta, agradeciéndome con mucha efusión la actitud mía y regalándome su caballo ensillado y su espada". (*Manuscritos del general Guillermo Rubio Navarrete, 1913-1948*, fondo DLXXIII, leg. 15, carpeta 1, documento 1-2, 2 ff., CEHM, Grupo Carso. http://www.archivo.cehmcarso.com.mx/janiumbin/detalle.pl?Id=20150919212607, consultado el 19 de septiembre de 2015.

a la penitenciaría de Lecumberri, donde permaneció ocho meses, hasta que se fugó con la complicidad de funcionarios menores, el 26 de diciembre de 1912, y huyó a Estados Unidos.[7]

CONSTITUCIONALISMO

El 9 de febrero de 1913 estalló un cuartelazo en la Ciudad de México, encabezado por los generales Manuel Mondragón, Bernardo Reyes y Félix Díaz, que culminó con la renuncia y asesinato del presidente Madero y del vicepresidente José María Pino Suárez. Por ministerio de ley, Pedro Lascuráin, secretario de Relaciones Exteriores, ocupó la Primera Magistratura y nombró al general Victoriano Huerta secretario de Gobernación; 45 minutos después dimitió y Huerta asumió el cargo de presidente interino de la República.

El 4 de marzo el gobernador del estado de Coahuila, Venustiano Carranza, desconoció al presidente Huerta, y el día 26 del mismo lanzó el Plan de Guadalupe, en el que se asumía como primer jefe de la Revolución y llamaba a los mexicanos a tomar las armas para derrocar al huertismo y restablecer el orden constitucional.

Dos semanas después de la muerte de Madero, el 6 de marzo, Villa cruzó la frontera en tranvía a Ciudad Juárez, acompañado por Juan Dozal, Pascual Álvarez Tostado y Miguel Saavedra. Se le incorporaron Manuel Ochoa, Tomás Morales, Pedro Zapién, Carlos Jáuregui y Darío W. Silva, que cruzaron por la Isla de Córdoba, y todos juntos iniciaron su incursión por el occidente del estado, reclutando voluntarios y requisando provisiones y elementos de guerra.[8]

MATANZA DE PRISIONEROS. EJECUCIONES EN CASAS GRANDES

Durante la campaña contra Huerta, Villa se entregó a las prácticas más sanguinarias. Ejecutó por igual a civiles y militares, algunos de ellos después de someterlos a torturas físicas y mentales. Muchos de los ejecutados eran meros inocentes atrapados entre dos fuegos. A los soldados federales les aterrorizaba

---

[7] *La Patria*, "El célebre bandido Francisco Villa se ha fugado", México, viernes 27 de diciembre de 1912, p. 1.

[8] *La Prensa*, "La honda de David", San Antonio, Texas, domingo 16 de febrero de 1936, p. 4.

Fusilados. *(Walter H. Horne)*

la idea de caer en sus manos, pues sabían que Villa no tenía compasión, y por esa razón, algunos optaron por desertar y adherirse a sus fuerzas. Como ya se señaló, Villa era un líder impredecible que lo mismo podía darle un tiro en la cabeza a un prisionero que, enternecido, perdonarle la vida.

De los casos más sonados de ejecución de prisioneros son los ocurridos en Casas Grandes y en las haciendas de Bustillos y Avilés.

La mañana del viernes 20 de junio de 1913 Villa atacó la plaza de Casas Grandes, defendida por fuerzas comandadas por Roque Gómez, Silvestre Quevedo, Simón Acosta y el coronel Jerónimo R. Azcárate. Al final del día, la mayoría de los jefes y sus fuerzas se dispersaron, excepto la tropa del coronel Azcárate, atrincherada en el cuartel general; Azcárate intentó rendirse, pero al salir del cuartel, Martín López, uno de sus subalternos, lo mató junto con su hijo Jerónimo. Los cadáveres quedaron tendidos a un costado de la vía del ferrocarril. Los soldados y oficiales orozquistas fueron encerrados en el cuartel y vigilados por dobles guardias. Al entrar Villa, acompañado por Juan Dozal y otros dos oficiales, los prisioneros comenzaron a pedir indulto, el que Villa negó: "¡Ni uno tiene perdón, todos van a ser pasados por las armas!". Debido a la escasez de parque, se les formó a tres en fondo. Manuel Sáenz, exsoldado villista, contó: "Yo lo presencié, yo no le miento. Yo presencié el fusilamiento [...] serían 154 los fusilados".[9]

Casimiro Ibarra, otro exsoldado villista que atestiguó las ejecuciones, refiere que fueron 152 porque dos jóvenes prisioneros se adhirieron a Villa y este

[9] A. Taracena, *La verdadera Revolución mexicana, 2ª etapa (1913-1914)*, vol. 3, Jus, México, 1975, p. 91; entrevista de Ximena Sepúlveda a Manuel Sáenz Terán, Ciudad Guerrero, Chihuahua, 28 de octubre de 1973, INAH, PHO/1/125, pp. 21-24; *El Paso Herald*, "Victory at Casas Grandes", El Paso, Texas, martes 24 de junio de 1913, p. 1; *Amarillo Daily News*, "Villa Executed Prisoners of War", Amarillo, Texas, martes 24 de junio de 1913, p. 1; informes de la Compañía del Ferrocarril Noroeste de México a la Secretaría de Guerra, 25 de junio de 1913, AHSDN, XI/481.5/69, ff. 493-499; F. R. Almada, *La revolución en el estado de Chihuahua*, t. II, Talleres Gráficos de la Nación, México, 1964, p. 34; F. Cervantes, *Francisco Villa y la Revolución*, Ediciones Alonso, México, 1960, p. 54.

Porfirio N. Talamantes.   Silvestre Quevedo.

los admitió. Los cadáveres de los orozquistas fueron rociados con gasolina y quemados, mientras que los villistas caídos fueron sepultados en Nuevo Casas Grandes. El propio Villa, en sus dictados a Manuel Bauche, admite haber dado la orden de ejecución, aunque de solo 60 prisioneros: "Los cuales mandé formar de tres en fondo para que con una bala se fusilaran tres".[10] Empleados estadounidenses de la Madera Lumber Co. confirmaron la noticia en El Paso.[11] El cuartel general fue incendiado y Villa marchó al norte rumbo a Ascensión.[12] Turner dice que Villa quemó el edificio con muertos y heridos en una pira común: "La grasa humana [...] dejó huellas en las ruinas quemadas".[13]

Ontiveros describe la escena después del combate:

La confusión fue espantosa, confundiéndose unos con otros en las sombras [...] Había terminado el combate y en las cercanías se fusilaba a los prisioneros.

[10] G. Villa, *Pancho Villa, retrato autobiográfico (1894-1914)*, Taurus, México, 2004, pp. 277-278.
[11] *La Prensa*, "Villa piensa atacar hoy C. Juárez", San Antonio, Texas, jueves 26 de junio de 1913, p. 5.
[12] Entrevista de Ximena Sepúlveda a Manuel Sáenz Terán, Ciudad Guerrero, Chihuahua, 28 de octubre de 1973, INAH, PHO/1/125, pp. 21-24; *The Times Democrat*, "Villa Moving in Juarez. Fifty Federals Prisoner Executed", Nueva Orleans, Louisiana, martes 24 de junio de 1913, p. 2; *The Ogden Standard*, "Rebels will Attack City", Ogden, Utah, martes 24 de junio de 1913, p. 1; *The Temple Daily Telegram*, "To Attack Juarez", Temple, Texas, martes 24 de junio de 1913, p. 2; *The Watchman and Southron*, "War in Mexico", Sumter, Carolina del Sur, sábado 28 de junio de 1913, p. 3; *The San Juan Islander*, "Rebels Moving on Juarez", Harbor, Washington, viernes 4 de julio de 1913, p. 3.
[13] Meyer, *John Kenneth Turner...*, p. 252; *The Hartford Herald*, "The Villainies of Pancho Villa", Hartford, Kentucky, miércoles 19 de abril de 1916, p. 3; *El Paso Herald*, "Pancho Villa, Professional Murderer", El Paso, Texas, sábado 1° de abril de 1916, p. 19.

A ninguno se le perdonaba. Había la consigna de pasarlos, a todos sin excepción, por las armas [...] Por las calles y las plazas y en las fortificaciones había cuerpos mutilados por las bombas, cráneos despedazados, masa encefálica incrustada en las paredes donde se verificaban los fusilamientos, y por doquier regueros de sangre. La muerte con todos sus horrores y consecuencias.[14]

Alfredo y José C. Parra.
(María Elena Baca)

Tumba de José C. Parra, su hijo Alfredo y Porfirio Hinojos, asesinados el 13 de julio de 1913.
(María Elena Baca)

Tumba colectiva en el cementerio de Nuevo Casas Grandes.
(María Elena Baca)

[14] F. de P. Ontiveros, *Toribio Ortega y la Brigada González Ortega*, Gobierno del Estado de Chihuahua, Chihuahua, 2003, pp. 93-94.

Testigos afirman que Villa y sus hombres habían ultrajado a mujeres y niñas después del ataque, huyendo muchas de ellas a las serranías cercanas. Aseguraron también que varios hombres habían sido amarrados con cuerdas, obligándolos a presenciar los abusos contra sus esposas e hijas.[15]

Villa designó al líder agrario Porfirio N. Talamantes como jefe de las Armas de Casas Grandes y le ordenó perseguir a los partidarios del orozquismo. El 13 de julio, en el panteón de Nuevo Casas Grandes, Talamantes ejecutó a 10 individuos acusados de ser magonistas y orozquistas, entre ellos José Catarino Parra Perú, subjefe de las tropas de José Inés Salazar, su hijo de 20 años Alfredo Parra González, quien insistió en acompañar a su padre hasta el paredón, Irineo Ponce y Porfirio Hinojos.[16]

EJECUCIONES EN LA HACIENDA DE BUSTILLOS

General Félix Terrazas.
(Fototeca INAH).

El 26 de agosto de 1913 Francisco Villa y Toribio Ortega, al frente de 1 025 hombres, atacaron en San Andrés a las fuerzas irregulares comandadas por el general Félix Terrazas. La tropa de Terrazas apenas ascendía a 500 soldados, la mitad de los cuales estaba en el pueblo cuando Villa atacó el tren de los federales, tomando parte en el combate apenas la mitad de sus efectivos. La guarnición fue destrozada; apenas logró escapar Terrazas con una escolta de 60 hombres, y solo 30 llegaron a Chihuahua. Según el parte militar de Villa, remitido a Venustiano Carranza, 12 prisioneros federales del Cuerpo de Artillería fueron indultados y dados de alta en sus tropas, y los 237 prisioneros

---

[15] *El Imparcial*, "Excesos de los hombres del revolucionario F. Villa", México, miércoles 2 de julio de 1913, p. 2.

[16] *Nevada State Journal*, "Ten are Executed", Reno, Nevada, jueves 17 de julio de 1913, p. 4; *El Paso Morning Times*, "Robo y asesinato", domingo 20 de julio de 1913, p. 8; Cervantes, *Francisco Villa…*, p. 54; R. C. Baca, *Recopilación de datos históricos de Casas Grandes: "La Antigua Paquimé"*, Arte Digital, Chihuahua, 2007, p. 80; entrevista de Reidezel Mendoza a María Elena Baca Gómez, Nuevo Casas Grandes, 12 de noviembre de 2018.

orozquistas fueron ejecutados en la hacienda de Bustillos, "de conformidad con el decreto que pone en vigor la Ley de 25 de enero de 1862".[17] Dicha ley estipulaba que todos los considerados "traidores a la Patria" serían pasados por las armas al caer prisioneros; en este caso, los miembros del ejército federal y de las tropas irregulares que luchaban a favor de Victoriano Huerta.

Al revivir Carranza aquella ley, Villa y los pistoleros de quienes se rodeó encontraron licencia para matar. Cualquiera que fuera etiquetado de "traidor", e incluso personas que simplemente no fueran de su agrado, sería en adelante ajusticiado con impunidad.

Según Garfias, a partir de la masacre de Bustillos, Villa inició "la bárbara costumbre de ejecutar indiscriminadamente a los prisioneros, sin considerar que en el bando enemigo también militaban individuos que cumplían sus deberes con pundonor y valentía". A decir de Garfias, la cifra de condenados a muerte devela "un total genocidio y la poca consideración ética para con el bando enemigo [...] odiosa conducta de sanguinarios vencedores".[18]

El médico estadounidense C. E. Shackleford confirmó en Marfa, Texas, la ejecución de los más de 200 prisioneros federales del combate de San Andrés.[19] Turner relata que los prisioneros eran enfilados en cuadros de cinco por cinco y el pelotón abría fuego sobre ellos, rematándolos en seguida.[20] Otro testigo dice que en la mesa de Bustillos "habían perecido 223 hombres, asesinados en grupos de cinco o seis con una sola bala".[21] Trinidad Vega Hernández, exsoldado villista, afirma: "Los mandaba quemar [a los prisioneros] los sacaba de partiditas y los mandaba fusilar; ya cuando hubo muchos, los juntaron y les echaron petróleo y les prendieron fuego".[22] Según testigos, algunos de los

---

[17] *El Paso Herald*, "Seven Trains Seized by Rebels. Villa and Ortega Almost Exterminate Terraza's Forcé, Say Reports", El Paso, Texas, sábado 30 de agosto de 1913, p. 1; *Los Angeles Times*, "Routs Federal Irregulars", Los Ángeles, California, sábado 30 de agosto de 1913, p. 5; *La Prensa*, "Derrota de los federales en San Andrés", San Antonio, Texas, jueves 4 de septiembre de 1913, p. 8; *El Demócrata*, "Documento para la Historia. Parte oficial de la batalla de San Andrés", Durango, domingo 22 de marzo de 1914, p. 1.

[18] L. Garfias, *Verdad y leyenda de Pancho Villa: vida y hechos del famoso personaje de la revolución mexicana*, Panorama Editorial, México, 1981, pp. 52-55.

[19] *El Regidor*, "Villa mató 270 prisioneros federales", San Antonio, Texas, jueves 2 de octubre de 1913, p. 5.

[20] Meyer, *John Kenneth Turner...*, p. 252.

[21] *Godwin's Weekly*, "The Refugees", Salt Lake City, Utah, sábado 28 de mayo de 1916, p. 5.

[22] Entrevista de Ximena Sepúlveda a Trinidad Vega Hernández, La Junta, Chihuahua, 29 de octubre de 1973, INAH, PHO/1/126, pp. 20-22.

prisioneros aún estaban vivos cuando los arrojaron a la enorme fogata que iluminó aquella trágica noche.[23]

Arturo Quevedo, sobrino del general Rodrigo M. Quevedo, afirma que Villa, primero, mandó quemar vivos a todos los heridos, "dándoles en vez de auxilio, como se merecían, una muerte espantosa. Al resto de los prisioneros los obligó a presenciar la infame y triste suerte de sus compañeros y luego los entregó a sus sicarios [...] a éstos los pusieron en fila y los fueron matando de dos en dos [Taracena dirá que de cuatro en fondo] con un solo disparo, dizque para ahorrar parque".[24]

El mayor Ontiveros relata:

> más de 200 prisioneros eran conducidos en grupos, fusilándolos inexorablemente. Tres coroneles, dos tenientes coroneles, varios mayores y multitud de oficiales de menor graduación fueron conducidos al patíbulo [...] ni para los soldados hubo perdón, todos eran voluntarios [...] se formaron gigantescas piras de carne humana, y tapándolas con leña, les prendieron fuego. Otro día se veía un espectáculo dantesco y macabro. Manos rígidas que con los puños crispados se alzaban al cielo como en ademán de desesperación. Cráneos con los ojos salidos de las órbitas y el pelo chamuscado, e intestinos medio quemados fuera del vientre, y bustos separados del cuerpo.[25]

Marcelo Caraveo asegura que Villa había permitido que sus hombres obraran con crueldad, "al quemar vivos a todos los heridos y fusilar en masa a los que quedaban de pie. Los pocos que pudieron escapar dieron la noticia. Inmediatamente me dirigí a ese lugar, acompañado del general [Jesús] Mancilla y de Antonio Rojas, y una vez allí, pudimos constatar el sinnúmero de cuerpos mutilados de hombres y mujeres, y otros carbonizados. Algunos fueron quemados con

[23] *The Logan Republican*, "Villa Surprises and Routs Troops Led by Terrazas", Logan, Utah, martes 2 de septiembre de 1913, p. 2; *The Omaha Daily Bee*, "Refugees Reach El Paso", Omaha, lunes 15 de septiembre de 1913, p. 1; *El Paso Herald*, "Pancho Villa, Professional Murderer", El Paso, Texas, sábado 1º de abril de 1916, p. 19; *The Hartford Herald*, "The Villainies of Pancho Villa", Hartford, Kentucky, miércoles 19 de abril de 1916, p. 3.
[24] Taracena, *La verdadera Revolución mexicana. Segunda etapa...*, pp. 128-129; *El Heraldo de Chihuahua*, "La batalla de San Andrés", Chihuahua, domingo 29 de septiembre de 1991, p. 4; A. Quevedo, *Los Colorados*, 2ª parte, Diana, México, 2002, pp. 244, 248-251 y 260-261.
[25] Ontiveros, *Toribio Ortega y la Brigada...*, pp. 100-101.

leña verde de encino, la cual, en muchos casos, no puede arder bien, dando esto mayor tortura a aquellos infelices, cuyos cuerpos quedaron mal quemados".[26]

Varios testigos insisten en que no solo los heridos, sino todos los prisioneros, fueron quemados vivos, debido a la escasez de parque de la tropa y a que Villa alegó que aquellos hombres no merecían que se gastara un cartucho en ellos: "Mandó que todos fueran atados de las muñecas, uno de otro, por medio de alambres de pacas. Cuando con aquellos hombres se formó una cadena, se les empapó de petróleo y se les prendió fuego, muriendo de aquella manera aquellos infelices, tras sufrir los tormentos más horribles. De este hecho inhumano hay todavía testigos".[27]

El periodista Silvestre Terrazas asegura que los prisioneros fueron fusilados "entre las iras del combate" y que habían sido quemados debido a que era "muy tardío el entierro de tanto cadáver". Aún no terminaban de arder las piras humanas cuando Villa ordenó a sus hombres que buscaran a sobrevivientes del combate y partidarios del gobierno que se habían escondido en las casas de San Andrés y los ejecutaran en el cementerio. Terrazas relata: "A cada tanda de enemigos encontrados se les conducía al panteón, donde caía uno a uno o doblemente, cuando se les paraba uno a la espalda del otro para quemar menos parque".[28]

Luz Corral de Villa refiere cómo su marido "se echó a reír cuando le contó la sorpresa de los federales cuando oyeron los disparos desde los costados del ferrocarril. Los oficiales estaban en un vagón con sus mujeres. Luego me contó cómo habían capturado a los federales y les habían disparado y cómo quemaron sus cuerpos en la gran fogata que ellos mismos habían sido forzados a encender".[29]

La esposa de Villa justifica la matanza de prisioneros: "Sus hombres eran pocos y no podía proteger a los prisioneros, alimentarlos y llevarlos de un lugar a otro [...] Hizo lo único que podía hacer, fusilar a los federales [...] Es guerra y la guerra siempre es terrible".[30]

---

[26] Memorias del general Marcelo Caraveo, parte segunda [versión mecanográfica], p. 40.

[27] *Excélsior*, "Fusilamientos colectivos", México, domingo 22 de julio de 1923, p. 5.

[28] S. Terrazas, *El verdadero Pancho Villa*, Talleres Gráficos del Estado de Chihuahua, Chihuahua, 2009, pp. 118, 121 y 124-128.

[29] *The Wichita Beacon*, "Senora Villa Tells the Tragic Story of her Husband's First Great Victory", Wichita, Kansas, miércoles 27 de mayo de 1914, p. 2.

[30] *Idem*.

El autor filovillista Calzadíaz no menciona las matanzas de prisioneros en Nuevo Casas Grandes y Bustillos. Según él, entre el 8 de marzo y el 24 de julio de 1913 Villa cruza la frontera, entra a Namiquipa, organiza tropas y finalmente se moviliza a Ascensión. Según él, Villa jamás combate en Nuevo Casas Grandes. No obstante, Calzadíaz describe el encuentro en San Andrés basado en testimonios de supuestos veteranos villistas, pero omite referir el trágico destino de los más de 200 prisioneros.[31]

En la misma línea, Pedro Salmerón tampoco menciona el combate de Nuevo Casas Grandes y evita abordar el fin de los orozquistas.[32] Friedrich Katz alude a dicho enfrentamiento, pero no entra en detalles, como sí lo hizo con el de San Andrés. Afirma que Villa "tendía a ser más más brutal y más franco que otros dirigentes" y en consecuencia ejecutaba abiertamente, a la luz del día.[33] Taibo II no niega las ejecuciones de prisioneros, si bien intenta justificarlas; reconoce que "la fama de implacable y bárbaro de Villa comenzó a propagarse" a raíz de ambas masacres.[34]

A finales de septiembre de 1913, siete meses después del golpe de Estado del general Victoriano Huerta y del asesinato del presidente Madero, al hacerse del mando de la División del Norte constitucionalista, Villa se convirtió en uno de los personajes más poderosos en la lucha armada, en la que ensombreció sus victorias con crueldades y crímenes.[35] Las ejecuciones de civiles y sus excesos contra prisioneros de guerra y contra sus propios subalternos muestran que su contacto con el poder lo hizo más cruel y brutal. Probablemente inspirado por su deseo de venganza contra Huerta, que había ordenado su fusilamiento, Villa organizó y fortaleció a su tropa, pero al lado de la lucha por derrocar a Huerta, se entregó al saqueo y al asesinato con la bandera de la lucha social. Dice el abogado Jorge Vera Estañol:

Francisco Villa fue el caudillo militar [...] Había vivido del abigeato durante la época premaderista, tenía cuentas pendientes por homicidios proditorios, era hombre ignorante [...] audaz, sanguinario, innatamente rapaz, tipo acabado del criminal regresivo en lo físico, como en lo moral, dotado de gran

[31] A. Calzadíaz, *Hechos reales de la Revolución...*, t. 1, pp. 108-118 y 121-123.
[32] Salmerón, *La División del Norte...*, pp. 345-346.
[33] Katz, *Pancho Villa*, pp. 248 y 256-258.
[34] P. I. Taibo II, *Pancho Villa*, Planeta, México, 2006, pp. 189 y 195.
[35] J. Gutiérrez, S.J., *Jesuitas en México durante el siglo XX*, Porrúa, México, 1981, p. 23.

poder magnético sobre las clases bajas y la canalla, y de espíritu vengativo [...] Villa, por su temperamento, era el jefe ideal para encabezar cualquier revuelta que tuviese por lema el desbordamiento de las pasiones del hombre primitivo.[36]

Prisioneros de guerra en Avilés

Generales Emilio P. Campa y Felipe J. Alvírez.
(Archivo Casasola)

El 29 de septiembre de 1913 las fuerzas de Villa atacaron Avilés, Durango, que defendían las tropas al mando de los generales Felipe J. Alvírez y Emilio P. Campa, integradas por 400 hombres (zapadores, caballería e infantería) y 200 irregulares. El general Alvírez posicionó a algunos de sus soldados en los cerros cercanos al rancho de Monterrey, estado de Durango, abrió aspilleras en las azoteas de los edificios más altos, construyó trincheras alrededor de la casa grande de la hacienda de Avilés, mientras que retiró a prudente distancia a los trenes con la artillería.[37]

---

[36] J. Vera, *Historia de la Revolución mexicana: orígenes y resultados*, Porrúa, México, 1976, pp. 293-294.

[37] *El Imparcial*, "El combate de Avilés", México, viernes 10 de octubre de 1913, p. 1; *El Imparcial*, "Primeras noticias fidedignas de los combates en Avilés y Torreón", México, viernes 10 de octubre de 1913, pp. 1 y 8; Sánchez, *Historia militar de la Revolución constitucionalista*, t. IV, pp. 91 y 108; E. Guerra, *Historia de Torreón. Su origen y sus fundadores*, Secretaría de Cultura de Coahuila, Saltillo, 2012, p. 251.

El combate inició a las 10 de la mañana, y después de tres horas las tropas federales fueron obligadas a reconcentrarse en la casa grande de dos pisos y en la capilla de la hacienda, entablándose una lucha feroz. Según Juan B. Vargas, los villistas Joaquín Vargas y Pedro Ortega horadaron las paredes del cuartel general, donde quedaron muertos la mayoría de los oficiales del Estado Mayor del general Alvírez.[38]

A pesar de que sus tropas estaban bien posicionadas, Alvírez fue derrotado. Gran número de oficiales y soldados cayeron prisioneros.[39] Testimonios orales refieren que Alvírez y dos de sus oficiales fueron localizados en una casa propiedad de la familia Sifuentes Varela, ubicada en la esquina de las calles Madero y Morelos, por un villista ebrio que, al verlos, los mató a tiros.[40] Sin embargo, la mayoría de los testimonios, entre ellos los de Petra Alvarado y de su hija Donaciana Villalba, coinciden en que Alvírez se suicidó de un disparo en la boca en la capilla.[41] Cuando más tarde el juez de Avilés encomendó a Wistano Sifuentes, Nemesio Morales y Cecilio Villegas recoger los cadáveres de las calles y sepultarlos, los restos de Alvírez fueron a dar, junto con muchos otros, a una noria al suroeste del antiguo panteón del pueblo. Años más tarde sus familiares intentaron recuperarlos sin éxito.[42]

Los soldados y oficiales prisioneros fueron masacrados sin juicio previo; algunos testigos aseguraron que solo unos cuantos se salvaron.[43] A Ciudad Lerdo retornaron únicamente seis soldados federales que dieron la noticia del desastre.[44] Según Ontiveros, 50 soldados aprehendidos entre La Loma y Avilés

---

[38] J. B. Vargas, *A sangre y fuego con Pancho Villa*, FCE, México, 1988, p. 55.

[39] El jefe villista Rodolfo Villa ejecutó a 17 oficiales heridos frente a la Casa Floreña (*El Siglo de Torreón*, "Parte de la Casa Floreña", Torreón, Coahuila, sábado 30 de enero de 1932, p. 2).

[40] Ontiveros, *Toribio Ortega y la Revolución...*, p. 109; entrevistas de Guillermo Moreno Martínez y Esperanza Alvarado de Santiago a Alfonso Castañeda, Agustina Sánchez y Javier Ramírez Pérez, Ciudad Juárez, Lerdo, Durango, 1995, en G. Moreno y E. Alvarado, *Monografía de Ciudad Juárez del municipio de Lerdo, Durango*, Conaculta, PACMYC, Gobierno del Estado de Durango, Durango, 2015, pp. 80-81 y 417.

[41] Carta del gobernador Pastor Rouaix, 30 de septiembre de 1913, núm. 101, libro copiador 1913-1914, AHED; *El Imparcial*, "El bizarro Gral. Alvírez murió luchando contra las hordas rebeldes que amagaban", México, jueves 9 de octubre de 1913, p. 1; Taracena, *La verdadera Revolución mexicana. Segunda etapa...*, p. 151; R. A. Meraz, "Alvírez y las tijeritas", en P. Serrano, *Historias de familia*, INEHRM, México, 2012, pp. 93-95.

[42] Moreno y Alvarado, *Monografía de Ciudad Juárez...*, p. 81.

[43] Taracena, *La verdadera Revolución mexicana. Segunda etapa...*, p. 151.

[44] *El Demócrata*, "No fue exagerada la derrota de Alvírez", Durango, jueves 9 de octubre de 1913, p. 1; *Los Angeles Times*, "Masacre at Torreon Reported to Huerta", jueves 9 de octubre de 1913, p. 1.

fueron fusilados en la falda de un pequeño cerro, en la entrada del pueblo, y más de 100 federales fueron ejecutados después del combate.[45]

En la Avenida Juárez fueron concentrados cerca de 500 prisioneros, de los que se separó a 167 orozquistas, que fueron alineados a lo largo de la acera. Villa ordenó fusilarlos a todos, amparándose en la Ley del 25 de enero de 1862, pero cuando Rodolfo Fierro y Pablo Seañez se disponían a ejecutarlos, el general Nicolás Fernández se opuso; después de que Fierro y Seañez presentaron a Fernández la orden del cuartel general, comenzaron a matarlos junto al solar de Antonio Juárez, y ahí mismo los enterraron.[46] Víctor de Anda relata: "Un general que se llamaba Felipe Alvírez y un regimiento de Caballería, lo acabamos, y se rindió el hombre, y al rendirse se pegó un tiro y lo agarramos todo el regimiento completo en Avilés. Entonces estaban allí fusilando Rodolfo Fierro, que era muy matón, y Rafael Castro".[47]

Adolfo Terrones Benítez, un oficial de las fuerzas de Orestes Pereyra, asegura en sus memorias que la madrugada del día 30, Rodolfo Fierro solicitó permiso a Villa para ejecutar a 107 prisioneros y, una vez concedido, los condujo al cementerio: "Y con toda tranquilidad y eficacia, procedió a matar personalmente con su pistola a uno por uno de los prisioneros; pero habiéndose dado cuenta Maclovio Herrera de lo que estaba sucediendo, obtuvo del general Villa la suspensión de la odiosa matanza para que los prisioneros fueran juzgados por un Consejo de Guerra". Ya para entonces Fierro había asesinado a 48 de ellos.[48]

Según John Reed, el comandante Rodolfo Fierro y los capitanes Faustino Borunda y Pablo Seañez habían ejecutado ellos solos a 80 prisioneros; cada hombre había estado disparando con su revólver hasta que se le cansó la mano de estar jalando el gatillo.[49] Eduardo M. Ávila relata que Fierro se sentó en un punto estratégico de un corralón donde se encontraban los prisioneros, auxiliado por su asistente que le recargaba las dos pistolas, que usaba para

---

[45] Ontiveros, *Toribio Ortega y la Revolución...*, p. 105.

[46] Actualmente existe un templo de la Iglesia de Jesucristo en la Avenida Juárez poniente, núm. 730, frente al cerro Las Poanas (Moreno y Alvarado, *Monografía de Ciudad Juárez...*, pp. 83 y 365).

[47] Entrevista de Laura Espejel al teniente coronel Víctor de Anda, Ciudad de México, 22 de marzo de 1973, PHO/1/1/46, pp. 19-22.

[48] *El Legionario*, núm. 82, p. 21.

[49] *La Prensa*, "La impunidad de Herrero", San Antonio, Texas, domingo 5 de junio de 1921, p. 11; J. Reed, *México Insurgente*, Txalaparta, México, 2005, p. 31.

acelerar la matanza de los prisioneros, y así ejecutó a sangre fría a 82 hombres; la prensa estadounidense reportó 300 muertos.[50] Cansado del dedo índice, Fierro le pidió a su asistente que continuara con la masacre. En ese momento entró violentamente el teniente coronel Porfirio N. Talamantes, quien pistola en mano exigió detener aquellas ejecuciones. Luis Díaz Flores dice que "el verdugo [Fierro] palideció [...] sólo se limitó a extender los brazos hasta los lados y dar unos cuantos pasos hacia atrás".[51] Entre los voluntarios ejecutados estaban: el exinspector general de Policía de Durango, Manuel Melero, y los oficiales José María Enríquez, Miguel Espinoza, entre otros, que militaban en las partidas de Hilario Lozoya, Edmundo Villarreal y Carlos Reyes Valdés, que habían abandonado la plaza antes de su caída.[52]

Una de las víctimas, el coronel Hesiquio Barbosa, a quien los villistas habían dado por muerto, recuperó la conciencia y pudo ponerse a salvo en una ranchería cercana. Poco después Barbosa huyó a un campamento minero en Zacatecas, donde un médico curó sus heridas, continuando su viaje a la Ciudad de México, donde dio testimonio de la masacre.[53]

En *El águila y la serpiente*, Martín Luis Guzmán escribió un cuento titulado "La fiesta de las balas", basado en la matanza de prisioneros de Avilés. A lo largo de 12 páginas, Guzmán describe la ejecución de 300 hombres: Villa mandó separarlos en dos grupos, federales y orozquistas, y a estos últimos los concentró en unos corrales bardeados para más tarde ser asesinados por Rodolfo Fierro. Guzmán dice que Fierro los formó de 10 en 10, con un sarape en el suelo, un montón de balas y un ayudante que le recargaba las dos pistolas. Fierro les explicaba que quien brincara la tapia del corral se salvaría de morir.[54]

---

[50] *The Evening Star*, "Death of Gen. Fierro, Villa Leader, Reported", Washington, D. C., domingo 16 de octubre de 1915, p. 4; *El Siglo de Torreón*, "Del arcón de mis recuerdos", Torreón, Coahuila, domingo 4 de junio de 1961, pp. 3 y 6.

[51] *El Siglo de Torreón*, "En este pícaro mundo: Fierro maestro de Campa", Torreón, Coahuila, lunes 21 de agosto de 1978, pp. 2-3; C. Herrera, *Francisco Villa ante la historia*, Costa-Amic Editores, 6ª ed., México, 1999, p. 204.

[52] *El Demócrata*, "No fue exagerada la derrota de Alvírez", Durango, jueves 9 de octubre de 1913, p. 1.

[53] *Evening Times-Republican*, "Survives Execution Volley", Marshalltown, Iowa, jueves 4 de diciembre de 1913, p. 1; *The Pensacola Journal*, "Federal Colonel Escapes Death at Hands of Rebels", Pensacola, Florida, viernes 5 de diciembre de 1913, p. 1; *The Cairo Bulletin*, "Federal Colonel Crawls from Torreon Shambles as Executioners Feast", Cairo, Illinois, sábado 6 de diciembre de 1913, p. 8.

[54] M. L. Guzmán, "La fiesta de las balas", en *Espacio Literario*, pp. 13-19. http://cdigital.dgb.uanl.mx/la/1020153087/1020153087.PDF, consultado el 28 de marzo de 2017. En

General Felipe Alvírez.
(Fototeca INAH)

Algunas fuentes refieren que el número de ejecutados no rebasó la cifra de 12; otras que 19, pues una contraorden habría suspendido la matanza. Aparentemente el coronel Juan N. Medina, jefe del Estado Mayor de Villa, también intercedió por los prisioneros incorporando a los sobrevivientes al Cuerpo de Artillería de la División del Norte.[55] En el parte militar de Villa enviado a Carranza, fechado el 6 de octubre de 1913, se informó: "El enemigo dejó entre federales y orozquistas 467 muertos, entre ellos, el general Felipe Alvírez y el coronel irregular Michel, así como infinidad de oficiales de diferentes graduaciones, 19 prisioneros, los cuales, por estar comprendidos en la Ley del 25 de enero de 1862 y que puso en vigor el decreto expedido por el jefe supremo del ejército constitucionalista, fueron pasados por las armas".[56]

RODOLFO L. FIERRO, EL CARNICERO

Víctor de Anda recordaba a Fierro como un hombre fornido, de un metro 85 centímetros, de unos 85 o 90 kilos, de 32 años. Según De Anda "era muy buen amigo, infundía miedo, porque era un pelado muy atrevido y tenía las dos gracias: ser valiente y ser asesino, porque era muy matón".[57] Patrick O'Hea lo recuerda "alto y de tez oscura, pero con rasgos mongólicos".[58] Miguel Alessio Robles dice que Fierro fue el tipo más "pavoroso de la Revolución",

---

sus memorias, el secretario de Villa, Luis Aguirre Benavides, relata que el propio Rodolfo Fierro le contó los detalles de la ejecución de prisioneros. (*De Francisco I. Madero a Francisco Villa...*, p. 87).
[55] Moreno y Alvarado, *Monografía de Ciudad Juárez...*, p. 83.
[56] *El Demócrata*, "El general Alvírez y su Estado Mayor prisioneros y fusilados", Durango, jueves 2 de octubre de 1913, p. 1; J, Barragán, *Historia del Ejército y de la revolución constitucionalista*, t. I, Sedena / INEHRM, México, 2013, pp. 688-692.
[57] Entrevista de Laura Espejel a Víctor de Anda, Ciudad de México, 22 de marzo de 1973, INAH, PHO/1/46, pp. 19-22.
[58] P. O'Hea, *Reminiscencias de la Revolución mexicana*, Instituto Mora, México, 2012, pp. 70-71.

cuyos ojos anchos "despedían miradas ate-
rradoras".[59] Apodado el Carnicero, Rodolfo
Fierro nació en El Charay, jurisdicción de
El Fuerte, Sinaloa, el 28 de junio de 1882,
hijo del mestizo Víctor Félix y de la india
tehueca Rosa López Castro.[60] Otras fuentes
refieren que su madre era Justa López, una
india mayo que trabajaba como sirvienta en
la casa de Gumersindo y Venancia Fierro,
quienes lo adoptaron y le dieron su apellido,
después de que su madre lo abandonara.[61]

Fierro y Villa.

En sus primeros años trabajó en el campo.
En 1902 marchó a Cananea, Sonora, donde laboró en el servicio interior de
vigilancia de la minera. Tres años después se mudó a Hermosillo y se enlistó
en el 27° Cuerpo Rural que comandaba Luis Medina Barrón. Recomendado
por el comerciante José María Paredes, se le ascendió a teniente y se le comisionó a la Oficina del Detalle. El comerciante Carlos M. Calleja, vecino del
cuartel de Rurales en Hermosillo, refirió a Elías Torres que Fierro participó
en la campaña contra los yaquis y los mayos, donde destacó por su buen comportamiento y su destreza: "Era muy amable, con nadie se disgustaba, no era
cruel con sus inferiores, sino por el contrario, bondadoso [...] a grado tal que
muchos lo querían".[62]

De la infinidad de historias que giran en torno a la oscura leyenda de Rodolfo Fierro, una de ellas refiere que formó parte de un escuadrón comandado
por el capitán Agustín Martínez de Castro, el mismo en el que militaron
Gonzalo Escobar y Antonio Ochoa, futuros generales revolucionarios. Otros
testimonios refieren que, en plena campaña contra los yaquis, Fierro asesinó
al capitán Clodomiro Lozada y se salvó del paredón al comprobarse que había
actuado en defensa propia. Asimismo, se asegura que participó en la represión

[59] Alessio, Memorias…, p. 224.
[60] E. Gámez, "La bestia hermosa". La vida de Rodolfo Fierro, Colegio de Bachilleres del Estado de
Sinaloa, México, 2007, pp. 1-2. http://centaurodelnorte.com/wp-content/uploads/2012/03/
Rodolfo- Fierro-La-bestia-hermosa.pdf.
[61] L. Diez, "Rodolfo Fierro o la sordera de los héroes". http://www.cicloliterario.com/ciclo-
66noviembre2007/rodolfo.html, consultado el 9 de noviembre de 2016.
[62] El Siglo de Torreón, "Cuando el hombre se vuelve fiera", Torreón, Coahuila, domingo 15
de junio de 1947, p. 24.

de los mineros en Cananea. En estas andanzas, Fierro adquirió una gran destreza en el manejo de armas y una extraordinaria puntería con ambas manos.[63]

El 22 de octubre de 1906 Rodolfo Fierro contrajo matrimonio con la señorita Luz Dessens, hija del acaudalado agricultor francés Pedro Dessens y de María de Jesús Peralta.[64] La había conocido un año antes durante un baile en el Palacio de Gobierno de Hermosillo, con motivo de la visita del vicepresidente Ramón Corral. Sin embargo, el 18 de diciembre de 1907 su esposa murió por complicaciones de parto.[65] El 19 de octubre de 1908 perdió también a su hija María Luz Agustina Fierro, de un año.[66] Según Calleja, "Fierro estaba desesperado, lloraba como un niño por la pérdida sufrida".[67] Según estas versiones, la pena le endureció el corazón. Deprimido por su desgracia, se embrutecía diariamente con alcohol y poco después abandonó la ciudad. Comenzó a trabajar para la compañía Ferrocarril Sud Pacífico de México, S. A., como garrotero y, con el tiempo, ascendió a conductor de máquinas, que recorrían el tramo San Blas-Los Mochis. En 1909 se afilió al Club Central de Guaymas,

Luz Dessens, su madre María de Jesús Peralta
y una hermana.
(*Alberto Calzadíaz Barrera*)

que apoyaba la candidatura del general Bernardo Reyes y cuyo presidente en el estado de Sonora era José María Maytorena.[68]

En el puerto de Mazatlán, Rodolfo entabló una relación sentimental con la señorita Teodora Mata Millán, de 17 años, con quien procreó otros dos hijos: Rodolfo, nacido el 13 de junio de 1910, y Martiniano, el 2 de enero de 1912. En la oficina del Registro

[63] Gámez, *"La bestia hermosa"...*, pp. 54-57.
[64] *El Siglo de Torreón*, "Terrible muerte de un lugarteniente de Villa", Torreón, Coahuila, jueves 1º de marzo de 1945, p. 12.
[65] Nativa de Hermosillo, Sonora, de 32 años, murió por septicemia puerperal. (Defunciones, Hermosillo, 18 de diciembre de 1907, acta núm. 322, f. 44).
[66] Nacida el 28 de agosto de 1907 en Hermosillo, Sonora. Murió por una afección gastrointestinal aguda. (Defunciones, Hermosillo, 20 de octubre de 1908, acta núm. 257, ff. 50-51).
[67] *El Siglo de Torreón*, "Terrible muerte de un lugarteniente de Villa", jueves 1º de marzo de 1945, p. 12.
[68] F. Guerra, *México: del antiguo régimen a la revolución*, t. II, FCE, México, 2011, p. 147; L. Alarcón, *José María Maytorena: una biografía política*, Coljal / Colson / UI, México, 2008, p. 74.

Civil fue asentado que Rodolfo L. Fierro era "natural de Charay, Distrito del Fuerte, de 27 años, soltero, manejador de Ferrocarril, con domicilio en la calle Guelatao, número 613".[69]

El 15 de mayo de 1911, tropas maderistas encabezadas por Benjamín G. Hill atacaron Navojoa, Sonora, y Fierro fue comisionado para movilizar los trenes militares que se alistaban como refuerzo en San Blas.[70] La plaza cayó en manos de los rebeldes y Fierro quedó de nuevo a cargo de la movilización de tropas a la plaza de Culiacán, defendida por el general Higinio Aguilar y el coronel Luis G. Morelos. En pocos días, Fierro reparó todos los puentes quemados por los maderistas y movilizó por tren los refuerzos a la capital sinaloense, asediada por las fuerzas de Juan Banderas, Ramón F. Iturbe y Rafael Buelna, entre el 20 y 29 de mayo de 1911.[71]

Fierro a "la bola"

A la caída del gobierno maderista, las tropas comandadas por Calixto Contreras, Tomás Urbina y Severino Ceniceros sitiaron la ciudad de Torreón, Coahuila, el 22 de julio de 1913. La plaza era defendida por fuerzas federales al mando del jefe de la guarnición, general Eutimio Munguía, de los generales Ignacio A. Bravo y Felipe Alvírez, y de los irregulares Benjamín Argumedo y Emilio P. Campa, entre otros. Fierro y Fortino Astorga, que trabajaban como conductores de los trenes federales, solicitaron permiso al general Bravo para entrevistarse con Calixto Contreras en la hacienda de La Loma, Durango, y tratar de convencerlo de deponer las armas. En realidad, Fierro tenía la intención de darse de alta en las tropas de Tomás Urbina, pues solo Astorga retornó a Torreón.[72]

El general Ismael Lozano dice que Rodolfo L. Fierro se presentó en Canatlán ante el coronel Román Arreola, segundo jefe de la Brigada Morelos que comandaba Tomás Urbina, dándose de alta en sus filas. En la hacienda de

[69] Nacimientos, Mazatlán, 27 de junio de 1910, acta núm. 379, libro núm. 158, s/f; Nacimientos, Mazatlán, 16 de enero de 1912, acta núm. 45, libro núm. 166, ff. 47-48.
[70] F. R. Almada, *La Revolución en el estado de Sonora*, Gobierno del Estado de Sonora, Hermosillo, 1990, p. 50; M. Á. Sánchez, *Historia militar de la Revolución mexicana en la época maderista*, t. I, INEHRM, México, 1976, p. 179.
[71] *El Siglo de Torreón*, "Cuando el hombre se vuelve fiera", Torreón, Coahuila, domingo 15 de junio de 1947, p. 24; Sánchez, *Historia militar...*, p. 197.
[72] *El Siglo de Torreón*, "Del arcón de mis recuerdos", Torreón, Coahuila, domingo 4 de junio de 1961, p. 20.

Cacaria, Fierro colaboró con Orestes Pereyra y varios voluntarios estadounidenses en la construcción de cuatro cañones que se utilizaron en el ataque a la ciudad de Durango, entre el 17 y 18 de junio de 1913, y fue ascendido a capitán.[73] En una reyerta, sin embargo, asesinó a tiros al teniente Jesús Ortega, y Pereyra lo expulsó por indisciplina. Para entonces ya arrastraba una mala fama de conflictivo y pendenciero entre sus compañeros. Se reintegró entonces a las fuerzas de Urbina, donde fue designado superintendente provisional de la División Ferrocarrilera del tramo Torreón-Durango. Personalmente trasladó todos los valores, que ascendían a cuatro y medio millones de pesos en oro, plata y billetes, producto del saqueo de las tropas de Urbina a casas, comercios y al Arzobispado de la capital del estado.[74]

Tomás Urbina se incorporó con su Brigada Morelos a las fuerzas de Francisco Villa en Ciudad Jiménez, Chihuahua, el 26 de septiembre de 1913. Ascendido a mayor, Fierro se dio de alta en el Estado Mayor de Villa y fue designado como su ayudante personal.[75] De Anda asegura que Urbina "le agarró idea" pues nunca le perdonó el desplante y continuamente insinuaba a Villa su deseo de fusilarlo, pero este lo defendía diciendo que era "muy buen elemento".[76] Desde sus primeros combates, Fierro había demostrado un valor suicida; parecía no interesarle sobrevivir. Era un consumado tirador y nadie pudo detener su misión de muerte.

Un oficial orozquista fusilado por Fierro en Ciudad Juárez. (*W. H. Horne, noviembre 1913*)

[73] *El Siglo de Torreón*, "Fierro y su primer etapa revolucionaria", Torreón, Coahuila, domingo 3 de junio de 1934, p. 9.
[74] *El Siglo de Torreón*, "Fierro constructor de cañones", Torreón, Coahuila, domingo 10 de junio de 1934, p. 10.
[75] Á. Rivas, *El verdadero Pancho Villa*, Costa-Amic Editores, México, 1970, p. 151; J. de la O Holguín, *Tomás Urbina, el guerrero mestizo*, ICED, Durango, 2000, p. 158.
[76] Entrevista de Laura Espejel a Víctor de Anda, Ciudad de México, 22 de marzo de 1973, INAH, PHO/1/46, pp. 19-22.

El matón

Doctor Domingo Benjamín
Yuriar Viera.
(Familia Yuriar)

El 25 de octubre de 1913 en Camargo, Chihuahua, Villa ordenó a Benito Artalejo que desarmara y aprehendiera al doctor y general sinaloense Domingo Benjamín Yuriar,[77] a quien acusó de insubordinado. Yuriar se había opuesto a la designación del exfederal Juan N. Medina como jefe del Estado Mayor y no tuvo recato en demostrarlo. Villa no toleró su desacuerdo y ordenó al maquinista Fierro que lo ejecutara. El propio Medina solicitó que se le sometiera a un consejo de Guerra, pero Villa contestó que no toleraría ninguna insubordinación y que organizara un juicio después de fusilarlo.[78]

La madrugada del sábado 15 de noviembre las tropas de Villa tomaron por sorpresa Ciudad Juárez, después de vencer la resistencia que les opuso el ingeniero y coronel Enrique Portillo Maese,[79] atrincherado con sus tropas en la Plaza de Toros, y quien fue el último jefe en rendirse después de que sus hombres fueron muertos, cayeron heridos o se quedaron sin cartuchos.[80] Esa misma noche, Villa ordenó a Fierro

Enrique Portillo Maese.

---

[77] Nacido en 1869. Veterano maderista. En junio de 1913 fue comisionado por el secretario de Guerra, Manuel Mondragón, para conseguir la rendición de Calixto Contreras, pero se unió a los rebeldes. Se apoderó de Gómez Palacio y fue nombrado jefe político de Lerdo. Participó en la toma de Torreón (*El Imparcial*, "El doctor Yuriar", México, miércoles 12 de noviembre de 1913, p. 2).

[78] R. González, P. Ramos y J. Pérez, *Apuntes para la historia. La batalla de Torreón*, 2ª ed., Gobierno de Coahuila, México, 1962. http://www.revolucionentorreon.galeon.com/productos753142.html.

[79] Originario de Casas Grandes, Chihuahua, nació el 8 de marzo de 1882, hijo de Genovevo Portillo y Gertrudis Maese. (Nacimientos, Casas Grandes, 9 de marzo de 1882, s/d).

[80] *The Salt Lake Tribune*, "Mormon Agent Shouts Sees Federal Foe Shot", Salt Lake, Kansas, miércoles 14 de enero de 1914, p. 1.

la ejecución de todos los prisioneros, incluyendo al coronel Portillo, que estaba herido.[81]

Portillo fue llevado a la cárcel del cuartel general donde se llevaban a cabo las ejecuciones. El señor Brown, el *elder* mormón, que había intercedido por algunos de sus amigos cuyas propiedades habían sido confiscadas por Villa, siguió al pequeño pelotón hasta el lugar de ejecución. Portillo fue conducido al patio de las barracas y puesto contra una pared, mientras el pelotón se alineó frente a él. El coronel federal midió su distancia para no caer contra la pared, se volvió hacia el líder mormón y dijo: "Adiós, adiós", se abrió el abrigo y los cinco rifles abrieron fuego; la fuerza del impacto torció sus rodillas y cayó de bruces. Se llevaron sus zapatos y sus pantalones, al igual que su sombrero *stetson*.[82]

El cadáver de Portillo fue trasladado a El Paso, donde fue sepultado en el cementerio de Evergreen, dos días después de su ejecución.[83]

También fueron fusilados Enrique Ziege, jefe de la Aduana, el coronel Agustín Cortinas, los capitanes José Torres y Ángel Benavides, el subteniente Pablo Ríos y otro oficial cuyo nombre se ignora. El domingo continuó la matanza en el cementerio municipal, siendo fusilados el capitán Ricardo Contreras, instructor militar de la Guarnición, el jefe de Policía Juan Córdoba, su subalterno Pablo Ibave, y un particular. La señora Ibave

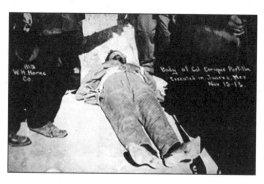

Coronel Enrique Portillo.
(W. H. Horne)

---

[81] *El Paso Morning Times*, "Portillo's Body in El Paso", El Paso, Texas, lunes 17 de noviembre de 1913, p. 1; *Los Ángeles Times*, "Admit Eleven Executions", Los Ángeles, California, martes 18 de noviembre de 1913, p. 1.

[82] *The Salt Lake Tribune*, "Mormon Agent Sees Federal Foe Shot. Colonel Portillo, Educated in L.D. S., Colony, a Traitor to his Oldfriend", Salt Like, Kansas, miércoles 14 de enero de 1914, p. 1.

[83] Standard Certificate of Death, registro núm. 105a, f. 23074, El Paso, Texas, 17 de noviembre de 1913, en E. Portillo, "Juarez, Mex., Gunshot Wounds Executed, Soldier". https://www.familysearch.org/tree/person/sources/9MS9-3Q6, consultado el 20 de abril de 2020.

había implorado por la vida de su esposo, pero fue ignorada. Se corrió el rumor de que también habían sido ejecutados los civiles José Córdova y Guillermo Porras, ambos acusados de fungir como agentes del servicio secreto huertista en Juárez. Durante la noche continuaron las ejecuciones de oficiales federales, voluntarios y de algunos empleados municipales. Catorce federales prisioneros fueron llevados al panteón para que sepultaran los cadáveres de 89 de sus compañeros caídos en combate.[84] Testigos relataron que dos prisioneros intentaron escapar mientras excavaban las tumbas; los villistas los derribaron con sus rifles y los ejecutaron en el suelo mientras estaban inconscientes.[85] Los cadáveres de las víctimas fueron sepultados en una fosa común del panteón municipal.[86]

El artillero Marcial Rosales, que se encontraba en el Cuartel del 15° Batallón, presenció el fusilamiento "de un sargento segundo y de uno de los voluntarios del Cuerpo de Tiradores de Galeana que comandaba Juan Hidalgo; de un exvillista, que era capitán y que había desertado en Torreón. Al día siguiente fusilaron juntos al capitán Becerra, al teniente de Artillería Félix B. Cuevas, al teniente Juan Cuadra y a un particular, como de 20 años. A las 10 de la mañana fusilaron al coronel Enrique Portillo y a dos paisanos, uno de ellos empleado, y el domingo siguiente, día 17, fusilaron a otros dos paisanos".[87]

El senador estadounidense Thomas B. Catron, representante de Nuevo México, conferenció con Villa y le pidió que detuviera la matanza de prisioneros. Catron declaró: "Le dije a Villa que nuestro gobierno estaba obrando de manera muy favorable a la causa rebelde, y que en mi opinión las ejecuciones causarían mala impresión en Washington, y que probablemente retardarían el reconocimiento de la beligerancia a los rebeldes por parte de Estados Unidos. Él no me aseguró que dejaría de seguir fusilando, sino que dijo que tal cosa

---

[84] *La Prensa*, "Ejecuciones a granel", San Antonio, Texas, jueves 20 de noviembre de 1913, p. 1.
[85] *The Daily Times*, "Eleven Men Executed", lunes 17 de noviembre de 1913, p. 12; *El Paso Herald*, "Executions by Villa Defended", El Paso, Texas, martes 18 de noviembre de 1913, p. 2.
[86] *El Paso Morning Times*, "Los Fusilados", El Paso, Texas, lunes 17 de noviembre de 1913, p. 8; *El Paso Herald*, "Warns Villa. Wholesale Executions Bad", El Paso, Texas, lunes 17 de noviembre de 1911, p. 1; *Los Ángeles Times*, "Admit Eleven Executions", Los Ángeles, California, martes 18 de noviembre de 1913, p. 1.
[87] Informe del inspector encargado M. E. Diebold al secretario de Guerra y Marina, El Paso, Texas, 25 de noviembre de 1913. Servicio Consular Mexicano, El Paso, Texas; "Informe sobre la toma de Ciudad Juárez por los rebeldes", núm. 887, ff. 564-573, AHSDN.

era necesaria y así cumplía con los deberes que tenía para con el país y con las órdenes recibidas de sus superiores".[88]

A pesar de que el número de ejecutados ascendía a más de 80 hombres, el jefe del Estado Mayor de Villa, Juan N. Medina, solo admitió 11, y se negó a dar los nombres de las víctimas y la razón de su fusilamiento.[89]

Prisioneros de guerra ejecutados en el cementerio de Ciudad Juárez.
(W. H. Horne)

Durante la batalla de Tierra Blanca varios oficiales heridos, de las fuerzas de José Inés Salazar, fueron aprehendidos cuando emprendían la retirada.[90] Villa ordenó que los 30 prisioneros fueran ejecutados. A otros 50 prisioneros que estaban encerrados en un corral en Ciudad Juárez, Fierro les dijo que si lograban brincar la barda quedarían libres, pero disparó contra ellos y ninguno lo logró.[91] Un testigo relata: "Los presos federales fueron derribados como perros".[92]

A partir de entonces, además de fungir como superintendente de Ferrocarriles, Fierro se convirtió en uno de los matones al servicio de Villa, al igual que los siniestros Miguel Baca Valles, Manuel Baca, Pablo Seañez, Faustino Borunda y Manuel E. Banda, que competían en salvajismo y número de

---

[88] *La Prensa*, "El senador Catron pide a Villa que suspenda las ejecuciones", San Antonio, Texas, jueves 20 de noviembre de 1913, p. 1.

[89] *El Paso Herald*, "Admit 11 Executions", El Paso, Texas, martes 18 de noviembre de 1913, p. 2; *El Paso Herald*, "Refuses to give list", El Paso, Texas, martes 18 de noviembre de 1913, p. 2.

[90] *El Paso Morning Times*, "Federales fusilados en el campo", miércoles 26 de noviembre de 1913, p. 8; *El Regidor*, "Varias ejecuciones", San Antonio, Texas, jueves 27 de noviembre de 1913, p. 1.

[91] Katz, *Pancho Villa*, p. 312; F. J. Gorostiza, *Los ferrocarriles en la Revolución mexicana*, Siglo XXI Editores, México, 2010, p. 193.

[92] *The Decatur Herald*, "An Uncivilized War", Decatur, Illinois, jueves 27 de noviembre de 1913, p. 6.

víctimas. Según Elías Torres, "no podría decirse [...] quien mató más gente [...] no se limitaron nunca a llevar a cabo ejecuciones ordenadas directamente por el comando militar; sino de su propia cosecha segaron centenares de vidas".[93] Generalmente Fierro asesinaba por órdenes de su jefe, pero también lo hacía por simple diversión, al liarse en disputas callejeras o para algo tan trivial como afinar su puntería, casi siempre bajo el influjo del alcohol. Fue el primero entre los villistas en sustituir su habitual revólver .44 por una escuadra Colt .45 de origen estadounidense.

La madrugada del 4 de marzo de 1914 Fierro, ebrio, asesinó a tiros en el Barrio de Santo Niño, de la ciudad de Chihuahua, al ferrocarrilero Carlos Vela.[94] Katz dice que Fierro lo mató porque lo había empujado accidentalmente en la calle.[95] Debido al enojo entre sus partidarios, Villa no tuvo más remedio que someter a Fierro a un consejo de Guerra, pero le conmutó la pena de muerte, y solo lo destituyó de la superintendencia de Ferrocarriles. Otro consejo de Guerra en Gómez Palacio, encabezado por Eugenio Aguirre Benavides, también lo sentenció a muerte, esta vez, por el asesinato a mansalva del exdiputado y coronel Enrique García de

Luis Aguirre Benavides, Enrique García de la Cadena y Francisco I. Madero.

la Cadena, pero nuevamente Villa lo indultó alegando que, si alguna vez lo derrotaban, Fierro sería de los pocos que lo seguirían a las montañas.[96]

En Torreón, como jefe de día en la plaza, Fierro ejecutó a oficiales de Calixto Contreras por una reyerta en un prostíbulo, y a un parroquiano del Casino Americano, lo que le ganó la enemistad de Contreras.[97] A pesar de la

---

[93] *El Siglo de Torreón*, "El siniestro Borunda", Torreón, Coahuila, domingo 9 de agosto de 1935, p. 9.

[94] Originario de Guadalajara, de 23 años, soltero, ferrocarrilero, falleció de herida por arma de fuego. (Defunciones, Chihuahua, 5 de marzo de 1914, acta núm. 240, f. 155).

[95] Katz, *Pancho Villa*, t. I, p. 312.

[96] *El Imparcial*, "El exdiputado García de la Cadena fue fusilado por los rebeldes", México, miércoles 12 de noviembre de 1913, pp. 1-2; Aguirre, *De Francisco I. Madero a Francisco Villa*, p. 100; Meyer, *John Kenneth Turner...*, p. 285.

[97] F. L. Urquizo, *Recuerdo que... Episodios de la Revolución*, Ediciones Botas, México, 1934, p. 295.

gran tensión que generaba Fierro entre sus propios partidarios, Villa siempre se negó a proceder en su contra, incluso cuando había asesinado a miembros de su propio destacamento.

La desgracia parecía seguir al matón villista. Con diferencia de tres días, sus hijos Martiniano y Rodolfo, de dos y cuatro años, fallecieron de gastroenteritis en el puerto de Mazatlán, en junio de 1914.[98] Su mujer, Teodora Mata, de 22 años, también murió víctima de la viruela negra, el 18 de febrero de 1915.[99]

Rodolfo Fierro y Francisco Villa.

Álvaro Obregón, Francisco Villa, José Ruiz y
Rodolfo Fierro.

Prisioneros fusilados en Ciudad Juárez por Rodolfo Fierro.
(*W. H. Horne*)

---

[98] Defunciones, Mazatlán, Sinaloa, 25 y 28 de junio de 1914, libro núm. 3, actas núm. 670, 683, ff. 501-502, 512.
[99] Defunciones, Mazatlán, 18 de febrero de 1914, acta 161, f. 140, libro núm. 184.

En la ciudad de Chihuahua, el 13 de junio de 1915 Rodolfo Fierro contrajo matrimonio con Soledad Espinoza Godínez, de 17 años, quien falleció poco después, el 7 de agosto de 1916, en el Hospital Providencia, de El Paso.[100] Si acaso era posible, de haberlo vivido, quizá esto hubiera exacerbado aún más su violencia.

MANUEL BANDA, EL CHINO. EL PISTOLERO MOTORIZADO

Eugenio Aguirre Benavides, Francisco Villa y Manuel Banda.

Manuel Banda, apodado el Chino,[101] era uno de los más temibles lugartenientes de Villa que se dedicaba a recorrer la retaguardia de las líneas de batalla, pistola en mano y a bordo de una motocicleta, y ejecutaba sin piedad a todo aquel recluta villista que intentara dar media vuelta para escapar de aquellas carnicerías.

---

[100] Nació en La Bara, Jalisco, hija de Antonio Espinoza y María Godínez. Falleció de la enfermedad de Bright urémica en el Hospital Providencia de El Paso, Texas, a los 19 años, y fue sepultada en el Panteón Municipal de Ciudad Juárez. (Matrimonios, Chihuahua, 13 de junio de 1915, acta núm. 732, ff. 186-187; Defunciones, Ciudad Juárez, Chihuahua, 8 de agosto de 1916, acta núm. 798, ff. 211-212); *El Paso Morning Times*, "La esposa de Fierro", El Paso, Texas, martes 8 de agosto de 1916, p. 1.
[101] José Manuel Enrique, hijo natural de María de los Ángeles Banda, nació el 31 de mayo de 1888, en Mapimí, Durango. Contrajo matrimonio con Florinda Alvarado Bernal. (Matrimonios, Torreón, Coahuila, 20 de agosto de 1910, acta núm. 152, f. 37v).

Según Elías Torres, en su infancia, Banda había sido un niño apacible, mimado e inofensivo; estudió en el Colegio Santiago Lavín, de Gómez Palacio. Desde muy joven, Banda trabajó como cobrador del comercio de Francisco Lozano y de la Casa Comercial García Hermanos, y recorría las calles de Torreón en una bicicleta.[102]

Al entrar Villa con su ejército a Torreón, en octubre de 1913, *el Chino* Banda se dio de alta en sus filas y fue asignado a la Brigada Juárez de Durango, comandada por Calixto Contreras. A partir de entonces su única misión, encomendada por el propio Villa, era hacer entrar a tiros a los rezagados y a quienes volvían la espalda al enemigo, pretendiendo huir del traqueteo de las siniestras ametralladoras, del estallido de las granadas y del silbido de las balas. Al inicio de los combates, Banda desmontaba su caballo y subía a su motocicleta, la cual manejaba con gran destreza y con la que recorría la línea de fuego. Al ver a Banda, los soldados villistas no tenían más remedio que entrar al combate, ante el temor de que los tiroteara con su pistola .45 o los arrollara con su motocicleta.[103]

El sargento villista Domitilo Morales, de la Brigada González Ortega, asegura que "cuando Villa maliciaba que la tropa no quería entrar [a combate], gritaba que balacearan a todo el que diera media vuelta, fueran soldados, capitanes, coroneles o generales. Así que todos entrábamos *cinchados*, entrábamos a *cotón*, porque con Villa no se jugaba".[104]

Debido a sus deficiencias operativas, el general Francisco L. Urquizo fue encomendado a la reorganización de la Brigada Contreras, que formaba parte de la División del Norte, y entre los oficiales reconoció a Banda, su antiguo compañero de escuela; Urquizo le preguntó sobre su misión dentro de la brigada y Banda respondió: "Hacer entrar a los trancazos a la gente, a punta de bala". Urquizo comentó: "Habrás tenido que herir ya a algunos". Banda respondió: "¿Herir? Matar, yo no hiero, yo mato. No conviene herir hay que matar de una vez para qué dejar pendientes. Un herido se cura y me puede matar cualquier día, a la buena o la mala. Yo tiro a matar y cuando no

[102] *El Siglo de Torreón*, "El Chino Banda", Torreón, domingo 14 de abril de 1946, pp. 16 y 24.
[103] *El Siglo de Torreón*, "Cuando el hombre se vuelve fiera", Torreón, Coahuila, domingo 15 de junio de 1947, p. 17.
[104] Morales Mendoza, sargento Primero. Testimonio de un soldado de la Brigada González Ortega. Entrevista realizada por Carlos Gallegos, en *Toribio Ortega y la Revolución en la región de Ojinaga*, p. 211.

acierto, entonces no paro hasta acabar con el hombre". A la pregunta de cuántos hombres habría asesinado, expresó Banda: "Muchos, he matado muchos; puede ser que haya yo matado tantos nuestros como los federales en algunos combates. Es el sistema de mi general Villa y te diré que es el único que da resultado, sobre todo con esta gente de Durango [...] Ya me conocen y me tienen pánico; apenas me ven con la motocicleta con la pistola en la mano, dan unas empujadas para adelante, tremendas [...] ya saben que el que no se muere por los federales, se muere por nosotros, allá atrás".[105]

Banda también relata cómo había matado al primer recluta, después de que este corrió y casi provocó que se replegara toda la línea de combate en cierta batalla: "Cayó muerto de un tiro; a los compañeros del muerto les vi cara endemoniada, como de querer parárseme, y me jugué el todo por el todo, y logré imponerme matando a varios; no se puede uno quedar a medio camino; una vez que se comienza hay que acabar".[106]

El 20 de diciembre de 1915 *el Chino* Banda se rindió en Ciudad Juárez ante las tropas carrancistas y fue amnistiado. Un año después, el 19 de diciembre de 1916, durante el ataque a Torreón, Banda se reintegró a las tropas villistas, pero esta vez sin su mortífera motocicleta.[107] De regreso a Chihuahua, Banda fue comisionado para que destruyera la vía del Ferrocarril Central, entre Camargo y Chihuahua; a la altura del poblado de La Cruz, un pedazo de riel que había levantado de la vía lo golpeó en el rostro y murió al instante la última semana de marzo de 1917. Banda fue sepultado clandestinamente en el cementerio de La Cruz. Así terminó sus días el famoso *Chino* Banda que a bordo de su motocicleta había aterrorizado a los propios villistas.

De Francisco Villa se decía que todo lo arreglaba con la pistola; a la hora del combate siempre vigilando a sus soldados; estaba dispuesto a sacrificar a aquel que diera la menor muestra de cobardía. Además, se decía que acostumbraba a hacerse justicia con su propia mano. De allí el sobrenombre de Pancho Pistolas.[108]

---

[105] Urquizo, *Recuerdo que...*, p. 289; *El Siglo de Torreón*, "Versiones aisladas de la Revolución", Torreón, Coahuila, domingo 2 de enero de 1966, p. 20.

[106] *Idem.*

[107] J. M. Jaurrieta, *Con Villa 1916-1920: memorias de campaña*, Conaculta, México, 2009, pp. 97-98.

[108] *La Prensa*, "La marca del general Uribe", San Antonio, Texas, domingo 3 de marzo de 1935, pp. 1-2.

MIGUEL BACA VALLES, EL MATANCERO

Miguel Baca Valles.

El temible Miguel Baca Valles[109] era un tipo bastante grueso, había sido matancero y era propietario de varias carnicerías y del rancho La Cañada del Negro, cerca de la ciudad de Parral, donde resguardaba reses robadas que le compraba a los abigeos.[110] En 1903 Baca ordenó a Villa asesinar a su socio Rafael Reyes. Luz Corral le temía y lo consideraba un asesino, que igual mataba a enemigos que a civiles desarmados.[111] El filovillista Ángel Rivas lo tacha de desalmado.[112] Juan B. Vargas dice que entre la tropa lo apodaban *el Viejo* Baca por sus 48 años "bien vividos y su pujante valor" aún a esa edad; era aficionado a la bebida y en una ocasión había perdido los estribos frente a Villa, quien ordenó ejecutarlo si se seguía embriagando.[113]

Baca fue uno de los verdugos oficiales de Villa, quien lo comisionó para llevar a cabo múltiples ejecuciones en Ciudad Juárez y en la capital durante

[109] Nació en El Tule, Chihuahua, el 5 de julio de 1861, hijo de Manuel Baca y de Felipa Valles (Bautizos, San José de Parral, 14 de julio de 1861, acta núm. 6661, f. 67), se casó con Guillerma Madriles. (Matrimonios, Parral, 21 de octubre de 1886, acta núm. 210, f. 398).
[110] Meyer, *John Kenneth Turner...*, p. 248.
[111] L. Corral, *Pancho Villa en la intimidad*, Centro Librero La Prensa, Chihuahua, 1981, pp. 86-89; Katz, *Pancho Villa*, t. I, p. 312.
[112] Rivas, *El verdadero Pancho Villa*, p. 61.
[113] Vargas, *A sangre y fuego...*, p. 66.

su dominio en el estado. Baca fue el encargado de fusilar al licenciado José Bonales Sandoval y al ingeniero Federico Pérez, el primero representante del general Félix Díaz, en Ciudad Jiménez, a donde había acudido por invitación del propio Villa, y quien ordenó sus ejecuciones a pesar de contar con salvoconductos expedidos por él y entregados a Baca.[114] El secretario de Villa relata: "Fueron fusilados a poca distancia de nuestro tren y como íbamos muy de prisa, no hubo tiempo de sepultarlos, quedando sus cadáveres a flor de tierra".[115]

En la ciudad de Chihuahua, el 7 de junio de 1914 Baca sacó de su casa al gallero Dámaso Perea y lo asesinó unas cuadras más adelante por una disputa de apuestas. El cadáver fue sepultado clandestinamente en el Panteón Nuevo.[116] El 5 de junio de 1915 el Matancero ordenó también el asesinato de los jóvenes Refugio Martínez[117] y José Antonio Arciniega,[118] de 21 y 16 años, porque, aparentemente, uno de ellos había apoyado sin fijarse una mano sobre una circular[119] de la Jefatura de Armas de Parral, pegada en un poste de la segunda calle del Rayo; después de cintarearlos en el Cuartel de Jesús, los jóvenes fueron fusilados.

---

[114] *El Paso Morning Times*, "Fue capturado con veinte más el asesino Baca Valles", El Paso, Texas, lunes 17 de enero de 1916, p. 1; Jaurrieta, *Con Villa...*, p. 144.

[115] Aguirre, *De Francisco I. Madero a Francisco Villa...*, pp. 162-163.

[116] El cadáver del señor Perea fue exhumado de la fosa 370 del Panteón Nuevo e inhumado en la fosa número 46, lote cuatro de primera clase, en el Panteón Nacional, el 9 de enero de 1916. (Defunciones, Chihuahua, 10 de enero de 1916, libro s/n, acta núm. 38, f. 139). El finado era de 36 años, agricultor, originario del Valle de Allende, hijo de Epifanio Perea y de Magdalena Talamantes, y casado con Guadalupe Máynez. (Defunciones, Chihuahua, 10 de enero de 1916, libro s/n, acta núm. 39, ff. 139-140); Corral, *Pancho Villa en la intimidad*, pp. 87-88; Rivas, *El verdadero Pancho Villa*, p. 171.

[117] Originario de Villa Ocampo, Durango, de 22 años, soltero, empleado, hijo de Othón Martínez y de Carlota Duarte. (Defunciones, Parral, 6 de junio de 1915, libro núm. 89, acta núm. 294, f. 108).

[118] Originario de Villa Ocampo, Durango, de 16 años, soltero, empleado, hijo del finado Antonio Arciniega y de Francisca Aporte. (Defunciones, Parral, 6 de junio de 1915, libro núm. 89, acta núm. 293, f. 107).

[119] La circular, firmada por el jefe de Armas de Parral, Miguel Baca Valles, fijaba arbitrariamente los precios de los productos alimenticios a una tasa tan baja que todas las tiendas de la ciudad cerraron. La circular estipulaba los siguientes precios: por kilo, café, cuatro pesos; azúcar, dos pesos; arroz, un peso y 50 centavos; harina, primer grado, un peso y 38 centavos; segundo grado, 69 centavos; caja de jabón, que contiene 260 piezas, 250 pesos. Dichos precios eran de 100 a 150% inferiores a los que se podían comprar en oro. Todos los comerciantes se negaron a realizar más pedidos y liquidaron sus existencias. (*El Paso Herald*, "Parral Prices Cause Famine", El Paso, Texas, jueves 24 de junio de 1915, p. 3; Carreño, *Infancia y Revolución*, Conaculta, México, 2010, pp. 83-84).

La noche del sábado 15 de enero de 1916 Miguel Baca Valles, Enrique Cisneros y ocho de sus oficiales fueron capturados en Estación Guzmán, en las cercanías de Palomas, cuando se dirigían a la frontera. Los prisioneros fueron embarcados en el tren que traía el cadáver del villista José E. Rodríguez, y trasladados a Ciudad Juárez, a donde arribaron el lunes 17.[120] Esa misma tarde, Miguel Baca fue sentenciado a muerte por un consejo de Guerra, y el general Gabriel Gavira, jefe de la guarnición de Ciudad Juárez, ordenó su fusilamiento.[121]

Una escolta bajó al *Matancero* Baca de una furgoneta, minutos antes de las cinco de la mañana del martes 18, y lo condujo a través de la plataforma de la estación del Ferrocarril Central, donde muchas familias pasaban la noche; el pelotón se detuvo a unos 100 metros de la estación y colocó en posición al sentenciado. Antes de ser ejecutado, Baca Valles dijo: "No soy responsable de los crímenes de Villa. Ruego ver a su general". El jefe del pelotón se limitó a contestar que él solo tenía órdenes de matarlo. El oficial y los soldados dieron un paso atrás y Baca, de espaldas a un álamo y con las manos atadas, recibió una descarga. Dos balas disparadas desde muy cerca hicieron blanco en el corazón y terminaron con la vida del matón villista.[122]

Los cadáveres de José E. Rodríguez y de Miguel Baca se exhibieron en la plataforma hasta después del amanecer, entre los hombres, mujeres y niños que reposaban envueltos en mantas. El macabro espectáculo fue presenciado por algunos curiosos, sin mostrar mayor interés, pues las ejecuciones habían sido muy frecuentes en Ciudad Juárez en los últimos días del régimen villista.[123]

---

[120] José E. Rodríguez había sido capturado por empleados de la hacienda de Bavícora, encabezados por Maximiano Márquez, y ejecutado en Madera el jueves 14 de enero, acusado de quemar puentes de ferrocarril y de asaltar minerales y ranchos de la región noroeste de Chihuahua. El villista Carlos B. Almeida murió intentando rescatarlo.

[121] *El Paso Morning Times*, "Fue capturado con veinte más el asesino Baca Valles", El Paso, Texas, lunes 17 de enero de 1916, p. 1; G. Gavira, *General de Brigada Gabriel Gavira. Su actuación político-militar revolucionaria*, Talleres Tipográficos de A. del Bosque, México, 1933, p. 168.

[122] *Indiana Evening Gazette*, "Villa Murderer Shot to Death", Indiana, Pennsylvania, martes 18 de enero de 1916, p. 9; *Arkansas Democrat*, "Villa's Chief Executioner is Shot by Squad", Little Rock, Arkansas, martes 18 de enero de 1916, pp. 1 y 5; *La Prensa*, "Fue ejecutado en Ciudad Juárez Manuel Baca Valles", San Antonio, Texas, miércoles 19 de enero de 1916, pp. 1-5; *Abilene Weekly Reflector*, "Carranza Soldiers Execute Two Villa Offciers", Abilene, Kansas, jueves 20 de enero de 1916, p. 1.

[123] *Arkansas Democrat*, "Villa's Chief Executioner is Shot by Squad", Little Rock, Arkansas, martes 18 de enero de 1916, pp. 1 y 5; Corral, *Pancho Villa en la intimidad*, p. 161.

Los restos de Rodríguez y Baca Valles fueron trasladados a la capital del estado y sepultados en el panteón municipal.[124]

General Gabriel Gavira,
ejecutor del Matancero.
(Fototeca INAH)

José Bonales Sandoval y
Bernardo Reyes.
(Fototeca INAH)

Cadáveres de José E. Rodríguez y
Miguel Baca Valles.
(W. H. Horne)

Cadáveres de José E. Rodríguez y Miguel Baca Valles en
la estación de ferrocarriles de Ciudad Juárez.
(W. H. Horne)

---

[124] Defunción de José Rodríguez y Manuel [Miguel] Baca, acta núm. 69, ff. 153-154, Chihuahua, 20 de enero de 1916, [Panteón Nuevo, fosas 1062 y 1063].

MANUEL BACA, MANO NEGRA

Manuel Baca Reyes,[125] nativo de Santo Tomás, Guerrero, de oficio zapatero, había sido compañero de correrías de Villa desde años antes de la Revolución y, según testigos, era tan sanguinario como Urbina o Fierro.[126] Las órdenes de aprehensión lo describían como un tipo de regular estatura, delgado, trigueño, de frente amplia, nariz aguileña, cabello, bigote y barba negros, ojos color café y picado de viruela.[127] Un individuo que lo conoció antes de la Revolución declaró: "La mayor parte de sus relaciones las tiene establecidas entre hombres perversos y sospechosos".[128]

Al igual que Miguel Baca Valles, Manuel perteneció al cuerpo de escolta de Villa y eran igualmente crueles con sus víctimas. Según Calzadíaz, ambos alternaban con Fierro y Seañez en brutalidad.[129] En Chihuahua, Manuel se convirtió en uno de los más temidos verdugos del villismo, y sus propios compañeros lo acusaron de esbirro y asesino.[130]

Manuel Baca era amigo de Villa desde 1908, y ambos formaron parte de la gavilla de ladrones que operó en la región de Namiquipa. Baca tenía un largo historial criminal: Eduviges Sotelo lo acusó de ultrajes en 1890;[131] cuatro años después fue sentenciado a un año de trabajos forzados por robar ganado.[132] En 1897 se le condenó a un año de prisión por el robo de una yunta de bueyes y, 10 días después, se fugó brincando la barda de la cárcel pública de Namiquipa.[133] En 1909 fue arrestado por robo violento y lesiones en Ciudad Guerrero.[134] El 10 de julio de 1910 Baca volvió a fugarse de su celda horadando el techo, esta vez de la cárcel pública de Guerrero, donde purgaba una condena.[135] En 1911

---

[125] Nació el 13 de junio de 1865, hijo de José María Baca Sáenz y Mónica Reyes (Bautismos, Santo Tomás, 15 de junio de 1865, acta s/n, f. 297v).

[126] *La Prensa*, "La situación en el estado de Chihuahua", San Antonio, Texas, martes 23 de mayo de 1916, p. 5.

[127] Juzgado de Letras, Guerrero, robo y lesiones, 19 de mayo de 1909, exp. 28, 116 ff., AHSTJCH.

[128] Juzgado de Letras, Guerrero, abigeato, 9 de febrero de 1894, exp. 15, 38 ff., AHSTJCH.

[129] Calzadíaz, *Hechos reales de la Revolución...*, t. 1, p. 205.

[130] Vargas, *A sangre y fuego...*, p. 66.

[131] Juzgado Menor, Benito Juárez, ultrajes, 17 de enero de 1890, exp. s/n, 3 ff., AHSTJCH.

[132] Juzgado de Letras, Guerrero, abigeato, 9 de febrero de 1894, exp. 15, 38 ff., AHSTJCH.

[133] Juzgado Menor, Benito Juárez, abigeato, 20 de abril de 1897, s/n, 17 ff., AHSTJCH.

[134] Juzgado de Letras, Guerrero, robo y lesiones, 19 de mayo de 1909, exp. 28, 116 ff., AHSTJCH.

[135] Juzgado de Letras, evasión de reos, 10 de julio de 1910, exp. s/n, 64 ff., AHSTJCH.

se enroló en las filas insurrectas y, al triunfo de la Revolución, fue absuelto de sus crímenes.[136]

Al sublevarse Orozco en 1912, Villa lo dejó a cargo de sus expendios de carne de la ciudad de Chihuahua, que se surtían de ganado robado.[137] Durante el dominio villista en Chihuahua, Manuel Baca fue el responsable del secuestro de varios vecinos de la capital del estado, así como de los asesinatos de Ignacio Irigoyen, Victoriano Torres, Aureliano S. González, Antonio Bracho, Juan F. Paura, Pedro Torres Saldaña, entre otros, por órdenes del caudillo. Luis Terrazas Cuilty lo acusó de haberlo torturado durante su cautiverio.[138] Al igual que otros pistoleros villistas, Manuel mataba por igual a sus enemigos que a civiles al azar, y Villa se negó siempre a castigarlo, a pesar de las acusaciones en su contra.

A Manuel Baca le apodaron Mano Negra, después de que sufrió una herida en la mano izquierda durante la batalla de Tierra Blanca, que extrañamente nunca le cicatrizó, y le dejó la mano ennegrecida, por lo que siempre llevó un cabestrillo al cuello con un pañuelo negro.[139] Cualquiera pudo haber confundido la razón del sobrenombre con su oscura afición a dispararles a las personas.

El villista Juan B. Vargas confunde al Mano Negra con Miguel Baca, el Viejo, y afirma que el primero había sido capturado en la línea divisoria y fusilado "por sus horrendas fechorías" en Ciudad Juárez, acusado de salteador.[140]

La última hazaña del Mano Negra, después de haber sido derrotado por los punitivos del coronel George A. Dodd en Tomochi, fue intentar el secuestro de una señorita de su natal Santo Tomás.[141] Según un vecino de Tejolocachi,

---

[136] Entrevista de Daniel Nugent a Carlos Ruiz Terrazas, Cruces, Namiquipa, 1985-1986, en D. Nugent, *Spent Cartridges of Revolution. An Anthropological History of Namiquipa, Chihuahua*, The University of Chicago Press, Chicago, 1993, pp. 178-179.

[137] A. Calzadíaz, *Anatomía de un guerrero: el general Martín López hijo militar de Pancho Villa*, Editores Mexicanos Unidos, México, p. 17.

[138] Calzadíaz, *Hechos reales de la Revolución...*, t. 1, p. 238.

[139] Vargas, *A sangre y fuego...*, p. 66.

[140] *Los Angeles Times*, "Renewed Hunt", Los Ángeles, California, jueves 27 de abril de 1916, p. 5; *El Paso Herald*, "Knives in Teeth, Dodd's Troops Charges Villistas, Killing Many", El Paso, Texas, miércoles 3 de mayo de 1916, p. 2.

[141] *La Prensa*, "En una cueva cerca de Santa Isabel fue capturado Pablo López", San Antonio, Texas, lunes 24 de abril de 1916, p. 1; *La Prensa*, "La situación en el estado de Chihuahua", San Antonio, Texas, martes 23 de mayo de 1916, p. 5.

el Mano Negra llegó al pueblo al mando de nueve hombres, sin saber que los vecinos lo esperaban.[142]

Baca pretendió llevarse en su caballo a una de las hijas de don Leandro Álvarez, quien al escuchar los gritos de la joven sacó su rifle y disparó dos veces contra el villista, matándolo. Los vecinos mataron a otros dos villistas y dispersaron al resto de la partida. Álvarez reclamó los 20 pesos de recompensa que el gobierno había ofrecido por la cabeza del temible verdugo de Villa.[143]

El filovillista Calzadíaz intenta minimizar el asunto del secuestro de la hija de Álvarez afirmando que lo habían matado por "cuestiones de dos muchachas", sin dar mayor explicación.[144] Katz dice que intentaba acampar cerca, pero "el odio que allí se le tenía era tal que sus propios paisanos lo mataron".[145] Así terminó sus días el villista apodado Mano Negra.

---

[142] *Santa Ana Register*, "Manuel Baca, Famed Villa Leader, Dead; Woman Responsable", Santa Ana, California, miércoles 10 de mayo de 1916, p. 1.

[143] *Ibid.*

[144] A. Calzadíaz, *Hechos reales de la Revolución: el fin de la División del Norte*, t. 3, Editores Mexicanos Unidos, México, 1965, p. 165.

[145] National Archives, "Informe de operaciones del general Francisco Villa desde noviembre de 1915", Cuartel General de la Expedición Punitiva en el Campo, México, 31 de julio de 1916, p. 63; Katz, *Pancho Villa*, t. II, p. 162.

3

1913-1915
EL ASCENSO. VILLA EN CONTROL
DE CHIHUAHUA

Entre 1913 y 1915, durante el régimen villista en Chihuahua, vecinos de todas las clases sociales de la capital del estado desaparecieron o fueron ejecutados sin formación de causa. Decenas de fusilamientos se ordenaban cada semana y los cadáveres aparecían en las goteras de la ciudad o en los alrededores del panteón de Santa Rosa, generando un ambiente de terror entre la población.[1] Según Turner, "el asesinato es la idea que tiene Villa de la vida, de la disciplina, del gobierno o de la recreación. Mata a sus enemigos. Mata a sus amigos. Mata a los prisioneros al mayoreo".[2]

Prisioneros ejecutados en Ciudad Juárez, 18 de noviembre de 1913.
(W. H. Horne)

---

[1] El panteón de Santa Rosa se ubicaba entre la Avenida Independencia y las actuales calles Zubirán, Urueta y Novena, detrás del cerro de Santa Rosa. Fue escenario de numerosos fusilamientos durante el régimen villista. El 27 de marzo de 1915 fue clausurado definitivamente. Fue arrasado en la década de los cincuenta, durante la administración de Salvador Campos. (F. R. Almada, *La Revolución en el estado de Chihuahua*, t. II, p. 217).
[2] E. Meyer, *John Kenneth Turner...*, pp. 262-263.

El mismo día que Villa tomó posesión como gobernador provisional del estado, el 8 de diciembre de 1913, su secretario de Gobierno, Silvestre Terrazas, asegura que ya había ordenado a sus hombres de confianza ejecutar a varios vecinos de la capital del estado que le desagradaban. Terrazas relata:

> Llegada la hora de comer nos dirigimos [...] al *Delmónico*, ubicado en la esquina de las calles Victoria y Tercera, siendo cosa rarísima que Villa aceptara ir a comer a un restaurante público, pero allí fuimos. Durante la comida, en que fue parco, cambiando indefectiblemente los platillos que a él le llevaban por los de sus vecinos, se congregaron a su espalda algunos de los hombres de su confianza, como el general Martiniano Servín, coronel [Miguel] Baca Valles y otros, quienes en conversación algo libre le daban cuenta de sus últimos hechos de armas y sus consecuencias, coligiendo yo, por ciertas señas que parecían claves con Villa —especialmente una, consistente en llevar la mano medio cerrada a las sienes, dándole una media vuelta—, que se trataba de ejecuciones hechas por ellos; ignoraba yo de quiénes se comentaba, pues con sobrenombres o con medias palabras solamente ellos se entendían.[3]

Un funcionario del gobierno constitucionalista, Luis María Gutiérrez, reportó al secretario de Gobernación:

> uno de los jefes principales que están a sus órdenes, [Martiniano] Servín, a quien Villa ha confiado la vigilancia de la Penitenciaría, por venganzas personales y aun por simple antipatía [...] mandó fusilar a varios reos políticos [...] Parece que Villa le consiente tales crueldades porque es un gran elemento de guerra. Se dice de él que, cuando está borracho, mata por deporte [...] Estas complacencias de Villa le han atraído un odio espantoso por parte de los habitantes de Chihuahua, quienes, a pesar de sus ideas orozquistas, suspiran por la llegada de don Venustiano Carranza con la esperanza de que les dé positivas garantías.[4]

En esos días fueron asesinados José A. Yáñez, el ingeniero Jacobo Mucharraz, Rafael Rembao, Ignacio Irigoyen, Conrado Alcalá, Victoriano Torres, Emiliano Enríquez, Donaciano Mápula, Juan F. Prieto, José María Lardizábal,

---

[3] Terrazas, *El verdadero Pancho Villa*, p. 155.
[4] Carta de Luis María Gutiérrez a Rafael Zubaran Capmany, ministro de Gobernación, Ciudad Juárez, 21 de diciembre de 1913, pp. 5-6, CEHM.

general Agustín del Pozo, los empresarios duranguenses Pedro Torres Saldaña, Antonio Bracho Gómez y Juan Francisco Paura, presos en la penitenciaría; los exgobernadores Felipe R. Gutiérrez y Aureliano S. González, entre muchos otros.[5]

Unos años después, ya asentado en Canutillo, Villa declaró: "Pero es que no saben que yo mato a las gentes que estorban al bienestar de mi raza, al bienestar de mi pueblo, los que estorban los mato, no los asesino, los mato, para que supervivan las gentes que realmente tienen derecho a tener el bienestar social".[6]

Según el censo de población de 1910, la ciudad de Chihuahua tenía 39 706 habitantes. En el primer año de gobierno villista, entre el 8 de diciembre de 1913 y el 31 de diciembre de 1914, los libros del Registro Civil dan cuenta de 134 personas muertas por disparos de arma de fuego o apuñalamiento en la capital del estado. En contraste, durante los cuatro meses que duró el régimen orozquista, entre marzo y julio de 1912, solo 20 personas murieron de forma violenta, incluidos tres prisioneros, ejecutados por órdenes del cuartel general. En un periodo similar de

Martiniano Servín.

cuatro meses (diciembre de 1913-abril de 1914) durante la administración villista, fueron ejecutadas 70 personas sin formación de causa.

En los nueve meses del régimen huertista, entre el 22 de febrero y el 30 de noviembre de 1913, murieron de forma violenta 50 ciudadanos, lo que significa que la tasa de homicidios fue de 163.57 por cada 100 000 habitantes. En el periodo de gobierno del general Antonio M. Rábago (22 de febrero al 30 de mayo de 1913) fueron reportadas nueve personas fallecidas por heridas de arma de fuego, punzocortantes o asfixia; tres de ellas, aparentemente, habían sido ejecutadas por órdenes del cuartel general; la tasa fue de 65.14. Asimismo,

---

[5] *El Paso Herald*, "Many Executions Reported", El Paso, Texas, sábado 13 de diciembre de 1913, p. 1; C. Herrera, *Francisco Villa ante la historia*, Costa-Amic Editores, 6ª ed., México, 1999, p. 88.

[6] Entrevista de Jaime Alexis Arroyo a Regino Hernández Llergo, Ciudad de México, noviembre de 1960, INAH, PHO/1/10, p. 5.

durante el gobierno militar del general Salvador R. Mercado (31 de mayo al 30 de noviembre de 1913) fueron reportados al Registro Civil 41 asesinatos, de los cuales solo uno aparece como ordenado por un jefe del ejército, lo que representa una tasa de 244.73 por cada 100 000 habitantes.

En comparación, durante los cuatro meses del régimen orozquista hubo una tasa de criminalidad de 151 homicidios por cada 100 000 habitantes, mientras que la tasa en los primeros cuatro meses del villismo fue de 529. Entre diciembre de 1913 y diciembre de 1914 la tasa anual fue de 335 homicidios, superior a la registrada en Ciudad Juárez en 2010, de 282.70 homicidios.[7]

Darío W. Silva Zamora.

El villista Darío W. Silva declaró a un reportero haber sido testigo de la ejecución de 1 152 personas por órdenes de Villa; solo en Ciudad Juárez, en noviembre de 1913, había ordenado 225 ejecuciones en el cementerio de Ciudad Juárez. Según Silva, "rara vez Villa tomó una ciudad o un pueblo en el que no le disparara de 50 a 300 prisioneros".[8]

La prensa de la época reportó que el 15 de noviembre de 1914 Villa celebró el primer aniversario de la toma de Ciudad Juárez, y entre los festejos programados para la semana, además de corridas de toros y peleas de gallos, se incluyó el fusilamiento de siete mexicanos, acusados de ser "filibusteros", los que habían sido capturados en un antiguo paraje de Guadalupe, Distrito Bravos. Los prisioneros fueron ejecutados el martes 17 en el cuartel de Ciudad Juárez, donde un año antes Villa había asesinado a gran cantidad de prisioneros federales. Según los reporteros estadounidenses, las víctimas murieron gritando "¡Viva México!".[9]

El secretario de Villa, al describir la ejecución de 600 soldados carrancistas, el 12 de marzo de 1917, asegura que las masacres de prisioneros ordenadas por

[7] Libros de defunciones del Registro Civil de la ciudad de Chihuahua (1913-1915); entrevista de Reidezel Mendoza al ingeniero Armando Herrera L., Chihuahua, Chihuahua, jueves 26 de enero de 2017.
[8] The Sun, "Villa the Robin Hood of Mexico", Magazine Section, Baltimore, domingo 5 de agosto de 1923, p. 79.
[9] La Prensa, "Fueron fusilados siete mexicanos para celebrar el aniversario", San Antonio, Texas, jueves 19 de noviembre de 1914, pp. 1 y 8.

su jefe "era la parte desagradable que ocurría muy a menudo después de los combates y captura de ciudades".[10]

Entre 1916 y 1920, durante la llamada "guerra de guerrillas" emprendida por Villa contra el régimen constitucionalista, un sinnúmero de civiles ajenos al conflicto murió también a manos del exjefe de la División del Norte y sus hombres, entre ellos, el presidente municipal Laureano Holguín, el licenciado Pascual Mejía, el empresario Emiliano Enríquez, la profesora Margarita Guerra, las señoras Francisca González y Guadalupe García. Algunos casos sobresalen por el exceso de violencia, alentada por la impotencia de Villa frente a sus derrotas militares. Hombres y mujeres de todos los estratos sociales sufrieron vejaciones y abusos por parte de la facción villista.

EXPULSIÓN DE LOS ESPAÑOLES

Según el Censo Nacional de 1910, la población mexicana rondaba los 15 millones de personas, mientras que los españoles ascendían a solo 29 541, constituyendo la minoría extranjera más numerosa en el país.[11]

Como otros grupos extranjeros, los españoles también contribuyeron al desarrollo de la economía mexicana, figurando en el sector industrial, empresarial y del comercio.[12]

Al estallar el movimiento armado de 1910, los españoles padecieron las depredaciones de los ejércitos revolucionarios y las manifestaciones de hispanofobia de algunos sectores de la sociedad mexicana.[13] La figura del "gachupín", apelativo con el que las clases populares se referían al inmigrante español de manera despectiva, implicaba antivalores como la usura, la codicia, el engaño, la torpeza, la terquedad e incluso el desaseo.[14] Este perfil y la carga xenófoba

---

[10] J. M. Jaurrieta, *Con Villa 1916-1920: memorias de campaña*, Conaculta, México, 2009, pp. 94-95.

[11] C. E. Lida, *Inmigración y exilio. Reflexiones sobre el caso español*, El Colegio de México, México, 1997, p. 53.

[12] M. Pérez, *Propietarios y hombres de negocios españoles en la revolución mexicana. Violencia, expropiación y reclamaciones, 1910-1935*, tesis doctoral, Universitat Jaume I, 2004, pp. 15-35.

[13] A. Gil, "Hispanofobia en el norte de México durante la Revolución mexicana", en D. Salazar (ed.), *Xenofobia y xenofilia en la historia de México, siglos XIX y XX. Homenaje a Moisés González Navarro*, Segob / Instituto Nacional de Migración, México, 2006, pp. 105-133.

[14] M. de Cárcer y Disdier, *¿Qué cosa es gachupín?*, Manuel Porrúa, México, 1949, pp. 9-20; A. Gil, "*¿Hidalgo o gachupín? Imágenes en torno al inmigrante español en el México revolucionario*"

que conlleva se evidenciaba y recrudecía en determinados momentos de la historia del México independiente, sobre todo en periodos de crisis. Por lo que fue frecuente que los españoles, al igual que otras comunidades extranjeras, no importando su condición económica o social, tuvieran que hacer frente a la ocupación de sus fincas rústicas y urbanas, incautación de sus mercancías, imposición de préstamos forzosos, confiscación de sus propiedades, prisión, expulsión e incluso fusilamiento.[15]

El 8 de diciembre de 1913 "el más popular y populista de los caudillos", Francisco Villa, tomó posesión como gobernador provisional de Chihuahua, después de que la guarnición federal al mando del general Salvador R. Mercado desalojara la capital, y desde el poder estatal cometió toda clase de tropelías: saqueó haciendas y ranchos con el pretexto de repartir sus bienes, de los que se llevaba una buena tajada; el robo de ganado, que antes implicaba riesgos, ahora lo realizaba con meros decretos.

Una de sus primeras medidas como gobernador fue ordenar la expulsión de los españoles y la confiscación de los bienes de todas las personas que consideraba enemigas de su facción, incluyendo al clero y a las órdenes religiosas.[16] Les dio cinco días para abandonar territorio chihuahuense, plazo que se extendió a 10 días gracias a la intervención del vicecónsul británico Calvert J. Scobell. Villa advirtió que mataría a todos los españoles que encontrara en el país después de ese plazo.[17]

---

en T. Pérez Vejo, M. Landavazo y A. A. Sánchez (eds.), *Imágenes e imaginarios sobre España en México. Siglos XIX y XX*, Porrúa / Instituto de Investigaciones Históricas-Universidad Michoacana de San Nicolás de Hidalgo, México, 2007, pp. 367-399.

[15] C. Illades, *México y España durante la Revolución mexicana*, SRE / Archivo Histórico Diplomático, México, 1985, y *Presencia española en la Revolución mexicana (1910-1915)*, UNAM-FFyL / Instituto de Investigaciones Dr. José María Luis Mora, México, 1991; J. McGregor, *México y España del porfiriato a la Revolución*, INEHRM / Segob, México, 1992.

[16] *El Paso Morning Times*, "Monjas y curas", El Paso, Texas, domingo 14 de diciembre de 1913, p. 10; Terrazas, *El verdadero Pancho Villa*, pp. 158-160.

[17] Otto Kueck, comerciante de ropa y cónsul alemán en Chihuahua, declaró que la actitud de Villa hacia los representantes extranjeros era hostil. Kueck protestó ante Villa solicitando protección para los alemanes y que no se les exigieran préstamos forzosos; Villa lo amenazó si insistía en sus exigencias: "No puedo dispararte, pero puedo acompañarte a la frontera". Kueck replicó que permanecería en Chihuahua hasta que viviera ahí el último alemán. (Copia del acta firmada en esa ocasión por el cónsul alemán Scobell [inglés], Ollivier [francés], Gmelin [italiano], diciembre de 1913, en V. González, "La colonia española en México durante la revolución maderista. 1911-1913", *Revista de la Universidad Complutense*, Madrid, vol. XXVI, núm. 107, enero-marzo de 1977, pp. 341-356; *The Butler Weekly Times*, "Gen. Villa Defies all Foreigners", Butler, Ohio, 18 de diciembre de 1913, p. 3; *The Pensacola Journal*, "Villa,

Los hermanos Agustín y José González, propietarios de la casa de comisiones El Puerto de Tampico, no hicieron caso a las advertencias de Villa y fueron asesinados la noche del 12 de diciembre, en el panteón de Santa Rosa, que en esos días fungía como patíbulo oficial del villismo.[18] Los gobiernos español y estadounidense exigieron a las autoridades de Chihuahua que se investigara el crimen. Sin embargo, el 25 de febrero de 1914 Manuel Chao, que sustituyó a Villa en la gubernatura, afirmó que no se había realizado ninguna indagatoria pues la ejecución había sido por orden militar superior, es decir, por instrucciones de Villa. El profesor Chao dijo también que no correspondía al gobierno del estado tratar asuntos de carácter internacional, y que cualquier reclamación debía dirigirse al primer jefe.

Villa acusó a los hermanos González de haber tomado las armas contra la Revolución, pero el cónsul estadounidense aseguró que estos no tuvieron participación política o militar alguna.[19]

Entre el 8 y el 16 de diciembre salieron tres trenes de refugiados de Chihuahua a Ciudad Juárez. El último arribó a la frontera con 250 pasajeros a bordo, entre los que viajaban 142 extranjeros (alemanes, franceses, estadounidenses e italianos) y miembros de familias prominentes de la capital, acompañados por Federico Moye, quien fungía como máxima autoridad civil al evacuar los federales la plaza. Más de 495 súbditos españoles habían salido de la capital del estado (85 mujeres, 72 niños y 40 bebés) después de que Villa les confiscó sus propiedades, valuadas en cinco millones de dólares. Según refieren testigos, Villa inspeccionó los carros de pasajeros antes de partir, y del último ordenó a un grupo de mujeres que bajaran. No dio razón alguna y continuó buscando cuidadosamente entre los viajantes. Los pasajeros refirieron que eran mujeres mexicanas casadas con españoles, a las que Villa

---

the Ignorant Rebel Bandit, has Constituted himself as Chief Dictator", Pensacola, Florida, lunes 15 de diciembre de 1913, p. 1; *El País*, "De Chihuahua salen los españoles huyendo de las amenazas de Villa", México, sábado 13 de diciembre de 1913, p. 4).

[18] *The Sun*, "Seven Sisters in Flight", Nueva York, 4 de enero de 1914, p. 11; *The Seattle Star*, "Nuns and Priests Driven from Mexico by Rebel Leader", Seattle, Washington, lunes 22 de diciembre de 1913, p. 1; *El Paso Morning Times*, "Presenciaron ejecución", El Paso, Texas, viernes 19 de diciembre de 1913, p. 12; los cadáveres de Agustín y José González fueron inhumados en las fosas de segunda clase 4133 y 4134 del panteón de Santa Rosa. (Defunciones, Chihuahua, 13 de diciembre de 1913, libro núm. 41, acta núm. 52, ff. 693-694).

[19] *Ibid.*

no les permitió acompañar a sus maridos al exilio.[20] Un pasajero relata: "Entre los españoles tomaron asientos en los vagones muchos mexicanos. Parientes de los expulsados, familias que temían a probables represalias. Villa, rebosante de terrible humorismo, les hizo descender: "Quédense, quédense aquí conmigo, a sufrir. Este tren es para nuestros 'papás' los españoles. Los mexicanos tenemos que padecer por la patria".[21]

Los expulsados se concentraron en El Paso, y ahí quedaron bajo los cuidados de la Cruz Roja, siendo auxiliados económicamente por otros miembros de la comunidad española de México, Estados Unidos y Cuba, y se negaron a recibir ayuda del Departamento de Guerra estadounidense. Los vicecónsules Federico Sisniega y Eduardo Angoitia reportaron que habían logrado salir más de 400 españoles de Chihuahua, pero que se habían quedado otros compatriotas, por lo que solicitaron el amparo del gobierno estadounidense. Los cónsules de Estados Unidos en los territorios ocupados por los constitucionalistas recibieron instrucciones de proteger las vidas y las propiedades de los españoles, pero no tuvieron éxito.[22]

Los refugiados españoles calificaron el exilio forzoso como un "acto de barbarie de salvajes". Denunciaron que antes de abandonar el estado las tropas de Villa los insultaron y atropellaron sus derechos, por lo que enviaron protestas al embajador español en Washington, al ministro de Relaciones Exteriores y al propio rey Alfonso de España. No se les había permitido llevar ni siquiera sus pertenencias personales, salvo la ropa puesta y lo que pudieran contener en un pañuelo.[23] Al comercio, Villa exigió la entrega de

---

[20] *El Paso Herald*, "Villa Separates Families", El Paso, Texas, sábado 13 de diciembre de 1913, p. 1; *The Sunday Star*, "Millionaires Without Money", Washington, D. C., domingo 14 de diciembre de 1913, p. 2; *El Paso Morning Times*, "Monjas y curas", El Paso, Texas, domingo 14 de diciembre de 1913, p. 10; *El Paso Morning Times*, "More Refugees", martes 16 de diciembre de 1913, p. 1; *El Paso Herald*, "Mercy Messengers, Villa's Victims in El Paso", martes 16 de diciembre de 1913, p. 2; *El País*, "Villa ordenó en Chihuahua más de 140 fusilamientos", México, sábado 10 de enero de 1914, p. 1.
[21] *La Mañana*, "Mexicanos contra españoles", Madrid, lunes 26 de enero de 1914, p. 1.
[22] F. Sisniega y E. Angoitia al ministro de Estado, 14 de diciembre de 1913, leg. 2558, AH-MAE; carta de Francisco de Icaza a Querido Moheno, 1º de diciembre de 1913, en C. Illades (comp.), *México y España durante la Revolución mexicana*, p. 35. El gobierno de Madrid envió a Texas al secretario de la Legación en La Habana, Juan Francisco Cárdenas, a coordinar el auxilio y elaborar la defensa legal y política de los exiliados ante Villa y ante el propio gobierno estadounidense, al que también pidió su intervención en favor de los españoles. (L. Meyer, *El cactus y el olivo. Las relaciones de México y España en el siglo XX*, Océano, México, 2001, pp. 85-86).
[23] *El Paso Morning Times*, "Los Refugiados", El Paso, Texas, domingo 14 de diciembre de 1913, p. 10.

un millón y medio de pesos en oro como "tributo a la Revolución". Los sacerdotes españoles afirmaron que Villa había exigido 5 000 pesos a cada uno, y después de entregarle todo lo que poseían, sus hombres comenzaron a saquear la catedral, los templos y el convento, apoderándose de los cálices y ornamentos sagrados.[24]

El villista Adrián Aguirre Benavides remitió telegramas a Alfonso Madero, a Venustiano Carranza, a Roberto Pesqueira, a Gabino Vizcarra, al agente comercial de los constitucionalistas en Kansas City, al secretario de Estado William J. Bryan y a Samuel William Scott, recientemente llamado por el presidente Woodrow Wilson para discutir la situación mexicana, informando respecto a supuestas fuerzas organizadas por los españoles para batir a Villa, y a la entrega de ayuda material al gobierno de Huerta. En el telegrama, Aguirre Benavides refiere que el 15 de diciembre los españoles habían protestado en las calles de El Paso, "llevando banderas en las que se decía que los constitucionalistas eran bandidos y pidiendo la intervención americana". Sin elementos probatorios, Gabriel Vizcarra acusó a los españoles de ser los responsables de la guerra civil en México y justificó su expulsión y el despojo de sus bienes.[25]

El telegrama de Aguirre Benavides, dirigido a Bryan, dice:

Respetuosamente pido se sirva suspender su juicio acerca de la expulsión de los españoles en Chihuahua. Nuevamente han pagado periódicos en El Paso para que insulten a los constitucionalistas. Han tenido una parada en la misma ciudad pidiendo la intervención. Si esto han hecho aquí, ¿que no habrán hecho en las filas de Huerta? Tengo documentos que prueban que estaban en las filas del gobierno de Huerta y podré remitirlos.[26]

Los refugiados españoles remitieron un comunicado asegurando que jamás apoyaron al gobierno de Huerta y que habían permanecido neutrales desde

---

[24] *The Sunday Star*, "Spaniards Say Army of Villa Looted Church", Washington, D. C., domingo 14 de diciembre de 1913, pp. 1-2.

[25] *The Sunday Star*, "Regarded as Huerta Supporters", Washington, D. C., domingo 14 de diciembre de 1913, p. 2; *El Paso Morning Times*, "Los españoles culpables", El Paso, Texas, martes 16 de diciembre de 1913, p. 5; *El Paso Herald*, "Rebels Make Plea against Spaniards", El Paso, Texas, martes 16 de diciembre de 1913, p. 2.

[26] *El Paso Morning Times*, "Los españoles culpables", El Paso, Texas, martes 16 de diciembre de 1913, p. 5.

el comienzo de la Revolución. Vicente F. de la Requena, miembro de la colonia española, refirió: "El falso reporte de [Aguirre] Benavides era solo una mera excusa o pretexto para llevarnos a la ruina, saquear el fruto de un trabajo honesto y justificar los actos de barbarie cometidos por los seguidores de Carranza".[27] Federico Sisniega negó el cargo de que los españoles habían pagado propaganda en la prensa para atacar a los constitucionalistas. Asimismo, el embajador Riaño rechazó ante el jefe del Departamento de Estado la política difamatoria en contra de sus compatriotas; el secretario Bryan le ofreció publicar una nota en la que "haría constar la neutralidad de los españoles residentes en Chihuahua en los conflictos de México y la perfecta corrección de su comportamiento desde que fueron expulsados".[28]

Los españoles exiliados también denunciaron que, en los primeros días de su gobierno, Villa había asesinado a 25 civiles mexicanos: a Clemente Navarro; al abogado Sergio Sánchez; al teniente coronel Manuel R. Aldana; a Jesús Molinar, quien fue fusilado en la penitenciaría; al comerciante Juan Arellano y a su hijo Lorenzo, de 15 años, ejecutados a pesar de las súplicas del joven; a Rafael Rembao, exalcaide de la penitenciaría, a Jacobo Mucharraz e Ignacio Irigoyen; al mayor Ramón Sánchez Aldana, exjefe del Estado Mayor del general José Inés Salazar, quien fue ejecutado la mañana del jueves 11 de diciembre; a Octavio Corral, Eduardo Prieto, Juan Cuilty y Pedro Moreno, entre otros.[29]

---

[27] *El Paso Herald*, "Fleeing to the Border", El Paso, Texas, martes 16 de diciembre de 1913, p. 1; *The Wibaux Pioneer*, "Executes Twenty Civilians", Wibaux, Montana, viernes 19 de diciembre de 1913, p. 9; *El País*, "Francisco Villa amenaza con fusilar a todos los españoles que en la frontera ayuden al gobierno del Gral. V. Huerta", México, domingo 8 de febrero de 1914, p. 1.

[28] Riaño al ministro de Estado, 13, 17 y 18 de diciembre de 1913; Joseph Conrad, embajador de Estados Unidos en Madrid, al ministro de Estado, 6 de enero de 1914; Sisniega a Riaño, s/f, AHMAE, en V. González, "La colonia española en México durante la revolución maderista. 1911-1913", *Revista de la Universidad Complutense*, Madrid, vol. XXVI, núm. 107, enero-marzo de 1977, pp. 135-136.

[29] *El Paso Herald*, "Many Executions Reported", El Paso, Texas, sábado 13 de diciembre de 1913, p. 1; *The Houston Post*, "Only one Execution at Chihuahua", Houston, Texas, sábado 13 de diciembre de 1913, p. 1; *El Paso Herald*, "Confirm Executions", El Paso, Texas, sábado 13 de diciembre de 1913, p. 1; *El Paso Morning Times*, "Ejecuciones al por mayor", El Paso, Texas, 14 de diciembre de 1913, p. 10; *El Paso Morning Times*, "Two More are Executed", El Paso, Texas, 16 de diciembre de 1913, p. 1; *The Butler Weekly Times*, "Gen. Villa Defies all Foreigners", jueves 18 de diciembre de 1913, p. 3; *The Caldwell Watchman*, "Villa Executes Many Civilians", Columbia, Louisiana, viernes 19 de diciembre de 1913, p. 1; *The Madison Journal*, "Villa Executes Many Civilians", Madison, Lousiana, sábado 20 de diciembre de

El cónsul estadounidense en Chihuahua, Marion C. Letcher, refirió que él, "como regla general, cree que los españoles en Chihuahua no han intervenido en política mexicana [...] Villa y sus partidarios estaban en la creencia de que el cónsul honorario de Chihuahua, Federico Sisniega, se había mezclado en política". Agregó que la expulsión de los españoles por Villa "obedeció a que existe un odio del indio hacia lo extranjero". Letcher catalogó a Francisco Villa como un "hombre sin principios y que no entendía de razones", sin embargo, no quiso emitir un juicio personal sobre el fusilamiento de los hermanos González, los civiles españoles que se habían negado a salir de la capital del estado. Letcher afirma que "ellos se habían expresado en términos muy duros sobre el decreto dado por Villa", y añadió que esto había sido una imprudencia. Juan Francisco Cárdenas, representante del gobierno español, respondió enfáticamente a esta última aseveración del cónsul "que ese no era motivo para fusilar a nadie en un país medio civilizado".[30]

La Corona española ordenó a todos sus cónsules desmentir el rumor de que aquellas víctimas de Villa habían intervenido en la política mexicana.[31] El embajador español en México, Bernardo Cólogan, instó a su colega en Washington para que interviniera con el secretario Bryan y contuviera la persecución, ya que, aseguraba, era Villa el que más se había ensañado contra los españoles, y quien "parece ser el más sumiso a Washington y quizá preferido".[32]

Después de la de Chihuahua, en abril de 1914 hubo una segunda ola de expulsión de españoles ordenada por Villa: la de Torreón. Según datos de la embajada española en Washington, el número de exiliados era de 800, y el monto de lo confiscado ascendía a 20 millones de pesos. Además, aparentemente 11 súbditos españoles habían sido ejecutados.[33]

1913, p. 1; Sociedad Chihuahuense de Estudios Históricos, *Memoria del XXVII Congreso nacional de historia de la Revolución mexicana*, Ediciones del Gobierno del Estado de Chihuahua, Chihuahua, 1999, p. 179; R. Alonso, *Francisco Villa, el quinto jinete del Apocalipsis*, Diana, México, 1972, p. 180.

[30] Carta de Cárdenas a Riaño, El Paso, Texas, 22 de enero de 1914, 1-2558, d-5, Madrid, AHMAE.

[31] Carta del ministro de España en Cuba y Guillermo Pozzi al ministro de Estado, 9 y 15 de enero y 4 de abril de 1914, leg. 2558, AHMAE.

[32] Carta de Cólogan al ministro de Estado, 22 de junio de 1914, leg. 2559, AHMAE.

[33] Meyer, *El cactus y el olivo...*, pp. 86-87; M. De Vega, *Historia de las relaciones internacionales de México, 1821-2010*, vol. 6, *Asia*, Dirección General del Acervo Histórico Diplomático,

El embajador español Juan Riaño se reunió en Washington con Luis Cabrera, representante de los constitucionalistas, y expuso la preocupación de su gobierno por los perjuicios de los que eran objeto los súbditos españoles, y su deseo de que tales hechos no se repitieran. Riaño también negó que sus compatriotas hubieran intervenido en asuntos políticos de México y aseguró que era una acusación que intentaba justificar los robos y atentados cometidos en su contra. Según el mismo embajador español, Luis Cabrera convino en la justicia de sus quejas:

> sin ambages me dijo que Villa era un salvage [*sic*], pero que por la influencia y poder sobre las tropas a su mando y el terror que inspiraba a las contrarias, había proporcionado al general Carranza un auxilio sin el cual difícilmente hubiera llegado a donde hoy está [...] a él le constaba que el jefe de la Revolución desaprobaba en absoluto los procedimientos de Villa y había hecho todo lo posible por obtener que éste modificara su conducta; pero que la situación era difícil y Carranza no podía todavía prescindir de Villa.[34]

Josefina McGregor asegura que el licenciado Cabrera aceptó los cargos "solo para imputárselos a Villa, pues, en ese momento, las relaciones entre éste y Carranza estaban muy deterioradas, y así exoneraba a la Primera Jefatura". El representante del constitucionalismo justificaba los abusos aduciendo el hecho de que las tropas de Villa procedían de "las clases más bajas de la sociedad", y el de que en un país de bajo nivel cultural no podía esperarse de ellas "sentimientos humanitarios e ideas de civilización". No obstante, Cabrera aseguró que los desmanes serían contenidos y, sobre todo, aceptaba que era totalmente infundada la acusación de injerencia política de los españoles. Don Luis instó a Carranza a dar garantías a los extranjeros e indemnizar a los que hubieran sufrido daños, pues, de no hacerlo, ninguna nación reconocería su gobierno.[35]

SRE, México, 2011, p. 247 [versión digital]. https://acervo.sre.gob.mx/images/libros/RI/vol_6_asia.pdf.
[34] Riaño, Carta de Riaño al ministro de Estado, 12 de junio de 1914, leg. 2558, AHMAE.
[35] J. McGregor, "España: una mirada desde México. 1913-1914", *Universidad de México*, revista de la UNAM, núm. 552-553, pp. 10-15.

DESAPARICIONES FORZADAS Y EJECUCIÓN DE CIVILES EN CHIHUAHUA

Villa renunció como gobernador provisional en febrero de 1914, pero mantuvo el control militar y por lo tanto político del estado. Almada afirma que durante los dos años que dominó Chihuahua, a través de gobernadores militares designados por él, prevaleció una paz octaviana.[36] El régimen villista nunca fue democrático y así lo dijo Felipe Ángeles. Villa no toleraba la oposición. No había elecciones, la prensa no cuestionaba al gobierno y no se podía ni pensar en criticar a Villa. El periódico del régimen, *Vida Nueva*, nunca discutió sus acciones y propagó un culto a su personalidad.[37]

> Había un grupo formado por varios cientos de hombres que constituían la guardia de corps de Villa, comúnmente conocidos como los "Dorados" [...] Al parecer la regla era que podían matar con impunidad y sin que nadie les hiciera preguntas de ningún tipo, y de hecho la ley no escrita parecía ser que cualquier oficial de coronel para arriba podía matar, en particular a los ciudadanos pacíficos, sin miedo a sufrir consecuencias.[38]

Tanto enemigos como amigos de su facción, personajes de renombre y anónimos fueron asesinados de manera discrecional. Cualquier sospechoso de haber simpatizado con el enemigo era pasado por las armas sin formación de causa por los matones de Villa: Rodolfo Fierro, Miguel Baca Valles, el Viejo, y Manuel Baca, Mano Negra. Aun así, para Katz, no podía caracterizarse al régimen villista como una dictadura militar.[39]

El gobernador militar no admitió poder de juez o autoridad alguna por encima de su voluntad y él mismo se encargaba de impartir justicia. Por las mañanas, Villa se presentaba en la penitenciaría, donde, en el fondo de un gran salón rectangular, eran reconcentrados los presos y presuntos delincuentes; en el extremo opuesto, Villa se sentaba frente a una mesa acompañado

---

[36] F. R. Almada, *Gobernadores del Estado de Chihuahua*, H. Cámara de Diputados, México, 1950, p. 485.
[37] F. Katz, *Pancho Villa*, t. II, p. 412.
[38] Villa al secretario de Estado, 5 de agosto de 1915, 812.00/15656, State Department Files, en Katz, *Pancho Villa*, t. II, p. 95.
[39] *Ibid.*, pp. 484-486.

únicamente por el alcaide, quien le entregaba una lista de los prisioneros y los iba llamando por su nombre. Cada reo era colocado a tres metros de frente, y después de escuchar del director del Penal la explicación en voz baja del delito del que se le acusaba Villa meditaba y, haciendo un ademán, ordenaba: "Hágase para allá", y señalaba un punto. No se les preguntaba nada a los presos, y si alguno intentaba defenderse, Villa exclamaba: "¡Cállese, no le pregunto nada!". Con ese procedimiento formaba tres grupos: unos eran liberados, otros regresaban a sus celdas y los del tercer grupo eran enviados al patíbulo en Santa Rosa, "despachándolo a la difuntería".[40] Si eran muchos, se les ejecutaba en varios días, y si eran unos cuantos, la madrugada del día siguiente.[41] Bonifacio Martínez del Val asegura que, al ordenar Villa una ejecución, expresaba: "Sáquenlo pa' Santa Rosa y suénenle el cajón", que quería decir que lo fusilaran y lo sepultaran en dicho panteón.[42]

En su informe del primer año de gobierno, en mayo de 1915, el gobernador villista de Chihuahua Fidel Ávila dijo orgulloso que el número de presos en la penitenciaría estatal se había reducido considerablemente y no había pasado de 100.[43] Lo que no reportó Ávila es que la mayoría de los presos habían sido ejecutados arbitrariamente.

Los 134 muertos, entre el 8 de diciembre de 1913 y el 31 de diciembre de 1914, en la ciudad de Chihuahua, incluyen personas de todas las clases sociales, oficios y edades; todos murieron a tiros, colgados o apuñalados. Entre las víctimas había jornaleros, mecánicos, militares, carboneros, comerciantes, operarios, amas de casa, estudiantes e incluso niños: dos jovencitas, de 17 y 11 años, y un infante, de solo dos años, fueron muertos a tiros. Cuarenta y seis de las víctimas cuyos cadáveres aparecieron en las cercanías del panteón de Santa Rosa, con señas evidentes de haber sido fusiladas, fueron registradas como desconocidas.[44] Estas ci-

[40] M. De Orellana, *Villa y Zapata, la Revolución mexicana*, Biblioteca Iberoamericana, REI-México, México, 1989, p. 36.
[41] *El Siglo de Torreón*, "El alma tenebrosa de Francisco Villa", Torreón, jueves 31 de julio de 1930, p. 3.
[42] Canaco / Servytur, *El comercio en la historia de Chihuahua. Reseña histórica, biografías*. Informes de ejercicios 1989 y 1990, Chihuahua, 1991, p. 360.
[43] Informe del gobernador militar del estado, Chihuahua, Talleres Tipográficos de la Imprenta del Gobierno, 1915, p. 10.
[44] *The Sunday Star*, "Regarded as Huerta supporters", Washington, D. C., domingo 14 de diciembre de 1913, p. 2.

fras, es importante señalarlo, solo corresponden a los decesos reportados en las oficinas del Registro Civil, de manera que no incluyen a los ejecutados que fueron inhumados de manera clandestina. Curiosamente, los suicidios entre los soldados villistas también aumentaron: solo en el mes de septiembre de 1914 se reportaron las muertes de tres militares, cuyas edades fluctuaban entre los 18 y 24 años. Asimismo, entre el 1° de enero y el 22 de diciembre de 1915 otras 86 personas murieron asesinadas en la ciudad de Chihuahua sin razón aparente.[45] Si bien Katz admite que Villa y sus hombres ejecutaron a un buen número de civiles, sobre todo en las primeras semanas del régimen, desestima las cifras y asegura que la violencia de todo tipo llegó en Chihuahua a su punto más bajo en los dos años de dominación villista.[46]

La prensa estadounidense denunció que en los primeros seis meses de administración villista el jefe guerrillero había asesinado a más de 150 civiles no combatientes en la ciudad de Chihuahua, "la mayor parte gente pobre que no pudo salir por falta de medios o porque no corrían ningún riesgo ya que no tomaban parte en la política".[47] Otras fuentes aseguran que hasta el 26 de diciembre de 1913 habían muerto más de 140 civiles que no habían tomado parte activa en ninguna facción.[48] La mayoría de los funcionarios públicos había huido con la columna del general Salvador Mercado rumbo a Ojinaga, antes de que Villa entrara a la ciudad.

Según el libro de defunciones del Registro Civil, la mañana del 30 de diciembre de 1913, en las cercanías del panteón de Santa Rosa, se encontraron cuatro cadáveres con heridas de arma de fuego, que no fueron identificados, y ese mismo día se les sepultó.[49] Los primeros días de febrero de 1914 Villa declaró en Ciudad Juárez que "en lo sucesivo adoptaría los métodos 'civilizados' de la guerra con los prisioneros que cayeran en su poder, para lo cual había adquirido un libro en inglés que trataba sobre la materia, y cuyas reglas pondría en práctica con los soldados y oficiales que capturara en el

---

[45] Libros de defunciones del Registro Civil de la ciudad de Chihuahua (1913-1915).
[46] Katz, *Pancho Villa*, t. I, pp. 484-485.
[47] *The Manchester Democrat*, "Francisco Villa, Master of Crime", Mánchester, Iowa, miércoles 27 de mayo de 1914, p. 6.
[48] *El País*, "Villa ordenó en Chihuahua más de 140 fusilamientos", México, sábado 10 de enero de 1914, p. 1.
[49] Defunciones, Chihuahua, 30 de diciembre de 1913, panteón de Santa Rosa, fosas núm. 4170, 4171, 4172 y 4173, libro núm. 47, acta núm. 107, ff. 745-746.

futuro".[50] Sin embargo, días después, en las inmediaciones de la capital del estado, aparecieron los restos de otros tres desconocidos, que presentaban heridas por disparos de arma de fuego.[51] El 12 de febrero otros tres cuerpos fueron localizados en las cercanías del panteón de Santa Rosa.[52] El día 20, tres individuos más, que habían sido ejecutados la noche anterior, fueron inhumados en el mismo panteón.[53] Esa misma semana, un testigo declara que 22 personas habían sido ejecutadas en menos de 15 días en la ciudad de Chihuahua, y asegura que algunos de ellos eran exoficiales federales que se encontraban en Chihuahua, después de que se les había prometido que se les respetaría su vida.[54]

Refiere el poeta peruano José Santos Chocano, amigo de Villa, que en esos días se vivía en la capital del estado "una locura de fusilamientos, una borrachera de atropellos, una desesperación de fiera en medio del incendio de un bosque [Villa] a nadie escucha, a nadie atiende, y lo más grave a nadie cree".[55] John Reed dice: "En las dos semanas que estuve en Chihuahua [Rodolfo Fierro] dio muerte a sangre fría a 15 ciudadanos indefensos". El cónsul británico O'Hea recuerda el placer con que Fierro mataba indefensos, a supuestos espías y a críticos del villismo.[56]

El tribuno chihuahuense Jesús Urueta comentó: "Francisco Villa gobernaba el vasto estado fronterizo, su deseo de triunfar se volvía desequilibrado. Daba a sus generales, con tal de convencerlos, toda clase de prerrogativas. Estos aprovechaban la situación; como en el caso del general Baudelio Uribe, el cual no se detenía a escuchar respuestas ni ruegos de las personas a quienes les

[50] *La Prensa*, "Villa ofrece ser más humano con los prisioneros de guerra", San Antonio, Texas, jueves 5 de febrero de 1914, p. 3.
[51] Defunciones, Chihuahua, 6 de febrero de 1914, panteón de Santa Rosa, fosas núm. 4263, 4264 y 4265, libro núm. 48, acta núm. 143, ff. 93-94.
[52] Defunciones, Chihuahua, 12 de febrero de 1914, panteón de Santa Rosa, fosas núm. 4275, 4276 y 4277, libro 48, acta núm. 163, f. 105.
[53] Defunciones, Chihuahua, 20 de febrero de 1914, panteón de Santa Rosa, fosas núm. 4296, 4297 y 4298, libro 48, acta núm. 191, f. 123.
[54] *La Prensa*, "Veintidós ejecuciones se efectuaron en Chihuahua", San Antonio, Texas, jueves 18 de febrero de 1914, p. 1.
[55] Carta de José Santos Chocano al ingeniero Manuel Bonilla, 3 de septiembre de 1915, expediente J. Santos Chocano, Archivo Silvestre Terrazas, Universidad de Berkeley en California; Herrera, *Francisco Villa ante la historia*, pp. 208-209.
[56] E. Krauze, *Francisco Villa, entre el ángel y el fierro*, FCE, México, 1987, p. 51.

solicitaban la entrega de sus propiedades o productos, mutilándolas cuando se negaban".[57]

El capitán Alfredo Marinelli, que fungió como ayudante artillero de Villa, entre diciembre de 1913 y febrero de 1915, comentó:

He visto con mis propios ojos innumerables horrores que otros sólo conocen por referencia. Lo he visto matar hombres indefensos e inocentes, como usted pudiera matar un perro. He visto a algunos de sus generales, como Ángeles y Benavides, que son menos sanguinarios, temblar horrorizados ante sus ímpetus salvajes [...] Me veía obligado a pasar por alto sus actos de bandidaje, de lujuria, asesinato y robo [...] este es un rufián y un bandido [...] brusco y violento [...] Villa ha matado un enorme número de personas; sería imposible decir cuántas; pero sé de ocasiones en que ha mandado fusilar de 30 a 40 en un día.

Marinelli agregó que siempre había quienes estaban prestos a obedecer ciegamente las indicaciones de Villa para cometer un asesinato.[58]

Uno de los incondicionales de Villa era Miguel Baca Valles, hombre de todas sus confianzas, viejo compañero de sus correrías anteriores a la Revolución, a quien ya mencionamos. Baca rivalizaba con Rodolfo Fierro como ejecutor oficial. Su precedente de fusilamientos era casi tan extenso como el de Fierro, aunque sus ejecuciones se hacían siempre con mayor sigilo que las de este, por lo que su "fama" era solo conocida entre el círculo íntimo de Villa. Fue a Miguel Baca Valles a quien Villa comisionó para el fusilamiento de la mayoría de los prisioneros y empleados municipales de Ciudad Juárez, cuando la plaza cayó en su poder, el 14 de noviembre de 1913. Las ejecuciones en las afueras de la ciudad duraron días y noches, y las inhumaciones se hicieron en fosas comunes del cementerio municipal.

También los "científicos" que Villa capturó en la capital del estado eran entregados a Baca Valles para que los "despachara".[59] Villa, por su parte, no se quedaba atrás: a menudo se jactaba de las 57 marcas que su arma arrastraba

[57] M. Urueta, *La historia de un gran desamor. Biografía de Jesús Urueta, el gran tribuno de la Revolución*, STYLO, México, 1964, p. 329.

[58] *El Pueblo*, "Crímenes de la reacción. Declaraciones de un ex ayudante de Villa", Veracruz, domingo 28 de febrero de 1915, p. 3.

[59] *El Paso Morning Times*, "Fue capturado con veinte más el asesino Baca Valles", El Paso, Texas, lunes 17 de enero de 1916, p. 1.

de su época de bandido y, a decir de Turner, esa cuenta se quedó corta ante el número de asesinatos cometidos como líder militar.[60]

Manuel R. Aldana

Este veterano antirreeleccionista se integró a la primera partida de Francisco I. Madero al mando de cuatro hombres, el 14 de febrero de 1911, en Zaragoza, Distrito Bravos, y participó en toda la campaña hasta la caída de Ciudad Juárez, el 10 de mayo de 1911. En 1912 se adhirió a la rebelión orozquista.[61] Aldana era compadre de Villa, de manera que, al entrar este a la capital del estado, en los primeros días de diciembre de 1913, fue de los primeros que se presentó para incorporarse a sus tropas. Villa lo saludó afectuosamente y le hizo muchas promesas, pero al salir su compadre del Palacio de Gobierno, la orden estaba dada para su fusilamiento. Aldana fue ejecutado 10 minutos después, la mañana del miércoles 10 de diciembre de 1913, y sepultado por órdenes del Cuartel General en la fosa 4119 del panteón de Santa Rosa.[62] Aparentemente había intentado unirse a las fuerzas federales al desalojar estas la ciudad de Chihuahua.[63]

Rafael Rembao, Jacobo Mucharraz y Conrado Alcalá

El viernes 12 de diciembre de 1913 Miguel Baca Valles fusiló en el panteón de Santa Rosa, por órdenes de Villa, a Rafael Rembao, exalcaide de la penitenciaría de Chihuahua y exmaderista. El propio Villa firmó la autorización para que se recogiera el cadáver y fuera inhumado en el mismo camposanto.[64]

---

[60] Meyer, *John Kenneth Turner…*, p. 262.

[61] R. Mendoza, *Del cerro Bola al río Bravo. Soldados de fortuna, forajidos e insurrectos durante la rebelión mederista en la frontera (1910-1911)*, CreateSpace independent publishing, 2016, pp. 82-83 y 95.

[62] Originario de Ocampo, Distrito Rayón, Chihuahua, hijo de Concepción Aldana y María Jesús Rodríguez, minero, soltero, de 38 años. (Defunciones, Chihuahua, 10 de diciembre de 1913, libro núm. 141, acta núm. 26, ff. 668-669); *El Paso Herald*, "Executes Exrebel", El Paso, Texas, viernes 12 de diciembre de 1913, p. 2; *Excélsior*, "Centenares de fusilamientos", México, domingo 22 de julio de 1923, p. 5.

[63] *El Paso Herald*, "Confirm Executions", El Paso, Texas, sábado 13 de diciembre de 1913, p. 1.

[64] Originario de Morelos, Chihuahua, hijo de los finados Pedro Rembao y Andrea Palomares, de 50 años, viudo, comerciante, deja cuatro hijos: Rafael, Concepción, Silvina y América Rembao. Fue sepultado en la fosa 4130 del panteón de Santa Rosa. (Defunciones, Chihuahua, 12 de diciembre de 1913, libro núm. 141, acta núm. 47, ff. 688-689).

Rafael Rembao Palomares.
(Reidezel Mendoza)

Conrado Alcalá.
(Salvador del Pinal)

Rembao fue ejecutado bajo la acusación de haber sido orozquista y porque era director de la prisión cuando Hipólito Villa, hermano del caudillo, estuvo preso. Su hijo Rafael Rembao, de 15 años, escapó de la penitenciaría, auxiliado por un soldado villista; el exdiputado Alberto Talavera le entregó algo de dinero y lo ayudó a huir a El Paso. Las hijas de don Rafael quedaron a cargo de su hermana, Silvina Rembao de Trejo, de quien se rumoró había muerto a manos de los villistas cuando buscaban al joven en su casa.[65]

Otra versión dice que Silvina, mujer decidida y de convicciones, quiso vengar la muerte de su hermano Rafael y, valiéndose de artilugios, se escabulló hasta las oficinas de Villa en Palacio de Gobierno, lo enfrentó, sacó una pistola calibre .38 y le disparó. Sin embargo, ninguna bala salió del cañón debido a que había sido cargada con balas calibre .32 y el gatillo no pegó ni una vez en el fulminante.[66] Doña Silvina murió 27 años más tarde y se ignora cómo salvó la vida después del supuesto atentado contra Villa.[67]

Rafael Rembao fue uno de los fundadores del Partido Antirreeleccionista en Chihuahua en 1909. Formó parte de las tropas de Francisco I. Madero,

[65] *El Paso Herald*, "Will Send Orphan Boy to Brother at Douglas", martes 30 de diciembre de 1913, p. 12; *El Paso Herald*, "Aunt of Refugee Boy is Slain by Rebels", sábado 3 de enero de 1914, p. 5.
[66] *El País*, "Villa ordenó en Chihuahua más de 140 fusilamientos", México, sábado 10 de enero de 1914, p. 1; *Excélsior*, "Atentados contra la vida de Villa", México, domingo 22 de julio de 1923, p. 5.
[67] Á. Mendieta, *La mujer en la Revolución mexicana*, INEHRM, México, 1961, p. 40.

participó en la toma de Ciudad Juárez, del 8 al 10 de mayo de 1911, y junto con Benjamín Aranda, construyó un cañón y bombas para las fuerzas maderistas, en los talleres del Ferrocarril del Noroeste de México, en Madera.[68]

La noche del 12 de diciembre, Villa ordenó también la ejecución del catedrático del Instituto Científico y Literario, ingeniero Jacobo Mucharraz Calderón, otro de los fundadores del Partido Antirreeleccionista en Chihuahua, y amenazó a su familia con exterminarlos si manifestaban luto por la muerte de su pariente.[69] El cadáver fue rescatado por la hermana de la víctima, Arcadia Mucharraz viuda de Domínguez, y sepultado en la fosa número 4131 del viejo panteón de Santa Rosa.[70]

Ing. Jacobo Mucharraz.

El lunes 29 de diciembre de 1913 el comerciante Conrado Alcalá Ronquillo, de 63 años, también fue aprehendido y ejecutado por órdenes de Francisco Villa.[71] El cadáver fue inhumado clandestinamente bajo el puente ferroviario número 1616-B de las Líneas Nacionales, entre Nombre de Dios y Estación Cuilty. El 14 de enero de 1914 su yerno Emiliano Enríquez, después de averiguar el paradero de sus restos, solicitó autorización para exhumarlos y trasladarlos al Panteón Nacional (hoy panteón de Dolores), donde fueron sepultados esa misma tarde.[72]

---

[68] R. Aguilar, *Madero sin máscara*, Imprenta Popular, México, 1911, p. 78; M. Á. Sánchez, *Historia militar de la Revolución mexicana en la época maderista*, t. I, INEHRM, México, 1976, p. 99; A. Rembao, "Reminiscencias sencillas", en *La Nueva Democracia*, Nueva York, 1953, vol. 33, p. 168.

[69] *Excélsior*, "Centenares de fusilamientos", México, domingo 22 de julio de 1923, p. 5; *El Fronterizo*, "Luces y sombras de la Revolución" [carta del profesor Baudelio Pérez Mucharraz], Ciudad Juárez, Chihuahua, domingo 4 de septiembre de 1966; Herrera, *Francisco Villa ante la historia*, pp. 436-437; entrevista de Reidezel Mendoza a María del Socorro Mucharraz Ochoa, Ciudad de México, 12 de junio de 2020.

[70] Nativo de la ciudad de Chihuahua, hijo del finado Jacobo Mucharraz y Luz Calderón, de 35 años, viudo, ingeniero, deja un hijo llamado Jacobo Mucharraz Yarza. (Defunciones, Chihuahua, 13 de diciembre de 1913, libro núm. 141, acta núm. 48, ff. 689-690).

[71] Entrevista de Reidezel Mendoza a Salvador del Pinal, Ciudad de México, sábado 25 de julio de 2015; Herrera, *Francisco Villa ante la historia*, p. 88.

[72] Originario de Saltillo, Coahuila, hijo de Antonio Alcalá y Petra Ronquillo, ya finados [...] viudo en segundas nupcias quedando de su primer matrimonio con Marcelina Armendáriz, seis hijos: Pedro, Guadalupe, Dolores Marcelina, María y Carmen; y del segundo, con Dolores

Ignacio Irigoyen

En la segunda semana de diciembre de 1913 Villa secuestró a Ignacio Irigoyen Terrazas, encerrándolo en la misma habitación de Palacio de Gobierno en la que mantenía preso a Luis Terrazas Cuilty, hijo del general del mismo nombre.[73] Don Ignacio era propietario y agente de negocios que había fungido como diputado local en las Legislaturas XXIV y XXV, por Batopilas, y XXVI y XXVII, por Chínipas.[74] Terrazas Cuilty relata: "Una mañana me despertó un ruido en la puerta y un hombre vestido de civil entró cayéndose en mi habitación, empujado a golpes y patadas de los soldados. Inmediatamente lo reconocí, era don Ignacio Irigoyen, un rico ranchero al que conocía bien. Había sido arrestado por órdenes de Villa".

Una semana después arribó Villa a la habitación y, maldiciendo a Irigoyen, dijo: "He decidido dispararte". Villa ordenó al oficial de guardia: "Esta noche, toma esto y haz que le disparen". Mirando al señor Irigoyen, el oficial preguntó: "¿A qué se refiere, general?". Villa respondió con insultos, señalando a Irigoyen: "¡Esto!". Luis Terrazas intercedió por la vida de su amigo y le dijo: "El señor Irigoyen no ha cometido ofensa alguna contra usted; no ha tomado parte en la Revolución. ¿Por qué le hace esto? Muéstrele misericordia". Villa contestó en voz baja: "Pensaré en lo que has dicho: te diré mi decisión a la puesta del sol".[75]

La respuesta de Villa nunca llegó. La medianoche del martes 30 de diciembre de 1913 Manuel Medinaveitia, jefe del Estado Mayor de Villa, y el pistolero Manuel Baca tomaron a Irigoyen de un brazo y lo sacaron; dos horas después lo devolvieron a la habitación, donde sumamente conmovido le dijo a Terrazas: "Don Luis, me han estado pidiendo 50 mil pesos, les he dicho sinceramente que no tengo esa suma. Luego han reducido el precio de mi vida a 15 mil pesos que yo no poseo, pero les dije que

Baca, dos hijos: Salvador y Concepción Alcalá. (Defunciones, Chihuahua, 14 de enero de 1914, libro 141, acta núm. 53, ff. 34-36).

[73] *The Manchester Democrat*, "Francisco Villa, Master of Crime", Mánchester, Iowa, miércoles 27 de mayo de 1914, p. 6; *Fulton County Tribune*, "Horrible Crimes of Pancho Villa", Wauseon, Ohio, viernes 29 de mayo de 1914, p. 6; *The Public Ledger*, "Criminal Career of Francisco Villa", Maysville, Kentucky, lunes 1° de junio de 1914, p. 4.

[74] F. R. Almada, *Diccionario de historia, geografía y biografía chihuahuenses*, Ediciones UACH, Chihuahua, 1968, p. 284.

[75] *The Public Ledger*, "Criminal Career of Francisco Villa", Maysville, Kentucky, lunes 1° de junio de 1914, p. 1.

podría conseguir. ¿Qué debo hacer? Debo pagar o morir". Medinaveitia preguntó a Luis Terrazas si recaudaría el dinero para salvar la vida de su amigo, dándole hasta las 11 de la mañana. Al otro día, doña Carolina Cuilty de Terrazas envió a un tal Ayub con la cantidad exigida y su hijo la entregó a Medinaveitia y a Baca. El primero advirtió a Irigoyen que Villa había ordenado que abandonara la ciudad y preguntó a dónde deseaba ir; don Ignacio respondió que a El Paso, y fijaron su partida a las seis de la mañana. Sin embargo, a las 11 de la noche del miércoles 31 de diciembre Medinaveitia y Baca sacaron a Irigoyen: Villa había ordenado su ejecución. Se vistió, recogió sus pertenencias personales y se despidió de Luis Terrazas agradeciendo por haber pagado su rescate. A seis cuadras del Palacio de Gobierno le dispararon en la cabeza y lo sepultaron en una fosa del panteón de Santa Rosa.[76]

José A. Yáñez y Victoriano Torres

El licenciado José A. Yáñez era asesor de la Primera Zona Militar en Sonora cuando fue enviado a Chihuahua como juez de Primera Instancia del Distrito Iturbide. El 13 de noviembre de 1901 fue nombrado secretario particular del gobernador de Chihuahua, el coronel Miguel Ahumada. Entre 1902 y 1906 fungió como oficial mayor de Gobierno; fue también electo magistrado del Supremo Tribunal de Justicia y posteriormente contratado como apoderado de los negocios de la familia Terrazas.[77] Yáñez, reconocido abogado y notario público de la capital del estado, fue arrestado por órdenes de Villa, quien le exigió 20 000 pesos por su liberación. Villa confiscó su automóvil y después de cubrir el monto del rescate lo autorizó a salir en tren rumbo a Ciudad Juárez. Yáñez recibió un salvoconducto de Villa para hacer el viaje con la

---

[76] Originario de Satevó, Chihuahua, de 56 años, viudo, agente de negocios y vecino de la ciudad de Chihuahua, hijo de los finados Fructuoso Irigoyen y María del Refugio Terrazas, falleció a las 11 de la noche de heridas causadas por arma de fuego. Sepultado en la fosa núm. 72, primera clase, panteón de Santa Rosa. (Defunciones, Chihuahua, 1º de enero de 1914, libro 142, acta núm. 6, ff. 4-5); *El Paso Herald*, "Many Executions Reported", El Paso, Texas, sábado 13 de diciembre de 1913, p. 1; *La Prensa*, "Siguen las ejecuciones", San Antonio, Texas, jueves 14 de enero de 1914, p. 8; *Richmond Times-Dispatch*, "The Murder of Ignacio Irigoyen", Richmond, Virginia, domingo 4 de junio de 1916, p. 46.
[77] Almada, *Diccionario...*, p. 570.

recomendación expresa a todas las autoridades de tránsito de prestarle todo género de garantías.[78]

Sin embargo, el domingo 21 de diciembre de 1913, en Estación Moctezuma, la guarnición lo bajó del carro de pasajeros y Miguel Baca Valles lo ejecutó ahí mismo, por órdenes de Villa.[79] Los pasajeros que arribaron a El Paso, y que viajaban en el mismo tren, no pudieron informar su paradero. A pesar de que la noticia de la ejecución de Yáñez corrió rápidamente, los funcionarios constitucionalistas en Juárez lo negaron, afirmando que había sido detenido y devuelto de manera segura en un tren especial a Chihuahua para ser investigado, pues se le acusaba de conspirar contra Villa.[80] El hecho, sin embargo, es que jamás se volvió a saber de él.

La tarde del sábado 17 de enero de 1914 Manuel Baca, el Mano Negra, sacó de la cárcel y asesinó, con la anuencia de Villa, a Victoriano Torres, exjefe municipal de Namiquipa, quien lo había perseguido y encarcelado por abigeo durante el régimen porfirista.[81] Al día siguiente, Torres fue inhumado clandestinamente ahí mismo, en el panteón de Santa Rosa, en una fosa de segunda clase y reportado ante las autoridades civiles como "desconocido".[82] El propio Calzadíaz admite que en esos días en Chihuahua se ajusticiaba a los "enemigos del villismo" sin permitirles siquiera defenderse en un juicio.[83] Para

---

[78] *El Paso Herald*, "Attorney Yanez is Again Imprisoned", El Paso, Texas, lunes 29 de diciembre de 1913, p. 3.

[79] *El País*, "Villa ordenó en Chihuahua más de 140 fusilamientos", México, sábado 10 de enero de 1914, p. 1; *La Prensa*, "Muerte de un abogado chihuahuense", San Antonio, Texas, jueves 15 de enero de 1914, p. 5; *The Manchester Democrat*, "Francisco Villa, Master of Crime", Mánchester, Iowa, miércoles 27 de mayo de 1914, p. 6; *Fulton County Tribune*, "Horrible Crimes of Pancho Villa", Wauseon, Ohio, viernes 29 de mayo de 1914, p. 6; *The Public Ledger*, "Criminal Career of Francisco Villa", Maysville, Kentucky, lunes 1º de junio de 1914, p. 4; *Excélsior*, "Centenares de fusilamientos", México, domingo 22 de julio de 1923, p. 5.

[80] *El Paso Morning Times*, "Yanez Case Puzzling", El Paso, Texas, miércoles 31 de diciembre de 1913, p. 3; *The Daily Capital Journal*, "Crimes Reputed to Villa", Salem, Oregon, Washington, miércoles 6 de mayo de 1914, p. 2.

[81] Juzgado de Letras, Distrito Guerrero, 9 de febrero de 1894, abigeato; 19 de mayo de 1909, robo y lesiones; evasión de reos, 10 de julio de 1910, AHSTCH; AJBT 5.22, ff. 2336-2340, en Nugent, *Spent Cartridges of Revolution...*, p. 108; Calzadíaz, *Hechos reales de la Revolución*, t. 1, p. 169.

[82] Originario de Agua Caliente, Distrito Rayón, agricultor, de 58 años, residía en la calle 18, número 515, en la capital del estado. Casado con Luz Corral, eran sus hijos Víctor, Manuel, María y Luz Torres; en segundas nupcias con María Gutiérrez, dejó huérfano a Salvador. Falleció de heridas causadas por arma de fuego. (Defunciones, Chihuahua, 17 de enero de 1914, libro núm. 141, acta núm. 423, ff. 279-280); A. Calzadíaz, *Hechos reales de la Revolución*, t. 3, p. 64.

[83] *Idem*.

Daniel Nugent el asesinato de Torres ilustra la "imbricación mutua de la venganza personal y la justicia revolucionaria".[84]

Bernardo Villalobos y Donaciano Mápula

Donaciano Mápula.

La tarde del sábado 7 de febrero de 1914 el comerciante Bernardo Villalobos Velásquez, cuñado del empresario chihuahuense Carlos Cuilty, fue ejecutado por órdenes de Villa. Pasajeros estadounidenses que viajaban en un tren proveniente de la Ciudad de México declararon en la estación ferroviaria de El Paso que Villalobos había sido detenido, acusado de ayudar a Alberto Terrazas, cuando este movilizó trenes militares a Juárez durante el sitio a la ciudad de Chihuahua, para adquirir provisiones para la población. Los esfuerzos para rescatarlo fueron inútiles. Testigos afirmaron que Villalobos fue sometido a torturas, al igual que el comerciante José María Lardizábal; atados de las manos a un madero con alambre de púas, fueron asesinados.[85]

Las autoridades villistas reportaron el cadáver de Villalobos como el de un "desconocido", no obstante que sus familiares lo habían identificado. Fue sepultado en el Panteón Nacional (hoy de Dolores) por órdenes del presidente municipal, Pedro F. Bracamontes. Originario de Lagos de Moreno, Jalisco, de 50 años, Bernardo Villalobos dejó viuda a su esposa Amada Cuilty Campa, y huérfanos a ocho hijos: Bernardo, Alejandro, Óscar, Amada, Esperanza, Ignacia, Carmen y Soledad.[86] Nunca fue probada su colaboración con el régimen huertista.

---

[84] Nugent, *Spent Cartridges of Revolution...*, p. 108.
[85] *La Prensa*, "La Santa Inquisición en Chihuahua", San Antonio, Texas, jueves 19 de febrero de 1914, p. 4; *Excélsior*, "Centenares de fusilamientos", México, domingo 22 de julio de 1923, p. 5; A. Cortés, *Francisco Villa, el quinto jinete del Apocalipsis*, p. 180.
[86] *El Paso Herald*, "Relative of El Paso an Executed", El Paso, Texas, martes 10 de febrero de 1914, p. 8; Bernardo Villalobos falleció a consecuencia de heridas por arma de fuego. (Defunciones, Chihuahua, 7 de febrero de 1914, libro núm. 141, acta núm. 149, ff. 96-97).

Donaciano Mápula, originario de Corralitos, había fungido como jefe político del Cantón Galeana en el bienio 1882-1883 y en 1911; del Distrito Hidalgo en 1891, y del Distrito Iturbide entre 1903 y 1906. Electo diputado local de las legislaturas XVI, XXIV, XXV, XXVI y XXVII, suscribió la Constitución Política del Estado, expedida el 24 de septiembre de 1887. El 6 de marzo de 1911 colaboró con el coronel Agustín Valdés en la defensa de la plaza de Casas Grandes, contra las fuerzas de Francisco I. Madero. Villa ordenó su aprehensión, que fuera conducido al panteón de La Regla y que cavara su propia tumba; al terminar fue ejecutado y arrojado a la misma, el lunes 4 de mayo de 1914.[87]

Manuel T. González y Miguel Gamboa

Manuel T. González.

Manuel Teodoro González Torres se pronunció en armas a favor del maderismo, el 30 de noviembre de 1910, en Bocoyna, Chihuahua. Tomó Cerro Prieto y participó en el sitio a Ciudad Guerrero con las fuerzas de Pascual Orozco. Se incorporó a la partida de Francisco Villa y fungió como su primer secretario hasta marzo de 1911.[88] Un año después se adhirió a la rebelión

---

[87] *El Paso Herald*, "Mapula Reported Executed by Rebels at Chihuahua", El Paso, Texas, martes 12 de mayo de 1914, p. 5; *Excélsior*, "Centenares de fusilamientos", México, domingo 22 de julio de 1923, p. 5; Almada, *Diccionario...*, p. 322.

[88] Almada, *La Revolución en el estado de Chihuahua*, t. I, p. 177.

orozquista en su pueblo natal. En marzo de 1913 se pronunció en armas a favor del gobierno huertista.[89]

El 9 de diciembre de 1913 Villa firmó un decreto concediendo una amplia amnistía a los soldados federales: que, antes del día 15 de enero de 1914, entregaran sus armas a cualquier guarnición constitucionalista, disposición que excluía a todos aquellos a quienes Villa considerara "traidores".[90] El caudillo les concedió el indulto y prometió respetarles la vida; sin embargo, no cumplió su palabra, y González fue ejecutado en la ciudad de Chihuahua, y sepultado clandestinamente en el panteón de Santa Rosa.[91]

Miguel Gamboa Villarreal se rebeló contra el gobierno maderista en marzo de 1912, en el mineral de Ocampo, Chihuahua. Ascendido a coronel, derrotó a Agustín Sanginés en Coyame, y a Candelario Cervantes en Matachi, en mayo de 1912.[92] La tarde del 3 de junio de 1914 el coronel Miguel Gamboa, recientemente amnistiado, fue asesinado por órdenes de Villa en la capital del estado. El 8 de febrero de 1915 la viuda de Gamboa reportó su ejecución ante el Juzgado Segundo de lo Civil de la ciudad de Chihuahua.[93]

William S. Benton y Gustave Bauch

El 16 de febrero de 1914, después de un altercado, Villa asesinó de un disparo al súbdito británico William Smith Benton,[94] propietario de la hacienda de Los Remedios, en Ciudad Juárez. Villa acusó a Benton de pretender asesinarlo en la casa número 57 de la Avenida Lerdo, cuando este le reclamaba

---

[89] *Ibid.*, t. II, p. 30.

[90] "Manifiesto de amnistía que concede el primer jefe del ejército constitucionalista y gobernador militar del estado Francisco Villa". Secretaría del Gobierno del Estado, Ramo de Gobernación, Sección Primera, s/n., Chihuahua, 9 de diciembre de 1913. (Colección Silvestre Terrazas, Correspondencia y documentos, Microfilms, r. 1); *El Paso Morning Times*, "Ya concedió amnistía", El Paso, Texas, jueves 5 de febrero de 1914, p. 12.

[91] Almada, *La Revolución en el estado de Chihuahua*, t. I, p. 85; entrevista de Reidezel Mendoza a Adalberto González Márquez, Chihuahua, 20 de noviembre de 2013.

[92] *Ibid.*, pp. 308 y 339-340.

[93] Originario de Ocampo, Distrito Rayón, hijo de Miguel Gamboa y Ascensión Villarreal, de 44 años, comerciante, casado con Eustolia Monje. (Defunciones, Chihuahua, 12 de febrero de 1915, acta núm. 248, ff. 346-347).

[94] Nacido en Keig, Aberdeen, Escocia, el 9 de noviembre de 1859, de oficio minero, adquirió la hacienda de Los Remedios, municipio de San Lorenzo, en 1907. (*The Mexican Herald*, "Buy Los Remedios Ranch", México, lunes 25 de marzo de 1907, p. 10. https://www.ancestry.ca/genealogy/records/william-smith-benton-24-1hp5hql, consultado el 31 de marzo de 2020).

William S. Benton.
(Fototeca INAH)

Gustave Bauch.
(El Paso Herald)

coléricamente el despojo del que estaba siendo víctima.[95] La prensa estadounidense culpó a Rodolfo Fierro del asesinato. Sin embargo, meses después, Villa admitió ante el vicecónsul británico de Torreón, Cunard Cummins, que Benton lo había hecho enojar; el mercenario inglés Frances Michael Tone, que hacía un inventario de armas en la habitación contigua, asegura que Fierro ni siquiera estaba en la oficina cuando ocurrió el atentado.[96]

El mercenario Tone describe la escena del crimen:

Benton: "¡Págueme mi ganado, señor!"; Villa: "Mañana, hombre"; Benton: "¡Soy mucho mejor hombre que usted mil veces, por donde lo mire!"; Villa: "¡No, muchacho!". Un segundo después se oyó un disparo y [...] El señor McDonald y yo corrimos a la oficina de Villa, cuyas puertas plegables estaban de par en par, con los revólveres en la mano. Villa estaba tras de su escritorio de cortina, situado en ángulo con el rincón que formaban la pared medianera y el muro exterior de la casa. El señor Benton yacía frente al escritorio con los pies en dirección hacia él y la cabeza vuelta hacia un banco que se hallaba en la esquina opuesta. La sangre empezaba a manar de una herida en el lado derecho del pecho; parecía muerto y

---

[95] K. Grieb, "El caso Benton y la diplomacia de la Revolución", en *Historia Mexicana*, núm. 2, vol. XIX, octubre-diciembre de 1969; Almada, *La Revolución en el estado de Chihuahua*, t. II, pp. 80-82; L. Garfias, *Verdad y leyenda de Pancho Villa...*, p. 71.
[96] Testimonios de Frances Michael Tone y Cunard Cummins, 3712035, exp. C-A-60539, Public Record Office, Foreign Office, Londres, en Katz, *Pancho Villa*, t. I, pp. 376-377 y 519.

sus ojos miraban fijo. Había sangre en la alfombra y un agujero en la parte trasera del escritorio, a través del cual había pasado evidentemente el disparo, por lo que se veía que Villa debía estar sentado cuando disparó. El pañuelo del señor Benton asomado del bolsillo derecho de su pantalón.[97]

El cadáver de Benton fue sepultado en el patio de la casa vecina, donde vivía Hipólito Villa.[98] El secretario de Villa, Luis Aguirre Benavides, declaró meses más tarde que el único crimen de Benton "fue protestar valientemente contra los insultos que se le imputaron. Este hombre fue sacrificado por Villa [...] yo estaba presente en ese momento".[99] Cuando sobrevino el escándalo y comenzaron las reclamaciones de los gobiernos extranjeros, Villa ordenó exhumar el cuerpo y lo sometió a un consejo de Guerra, que obviamente lo condenó a muerte; Fierro fusiló el cadáver del súbdito inglés y lo inhumó en las cercanías de la Estación Samalayuca. Villa no tenía idea de que las heridas *post mortem* serían detectadas en una autopsia.[100]

Sin embargo, el cónsul estadounidense Marion Letcher asegura que Villa le dijo que el cadáver de Benton fue sepultado en la capital del estado. Un periodista cuestionó a Letcher si había visto la sepultura de Benton, a lo que este respondió: "No; tengo solamente la palabra de Villa, de que el cadáver de Benton fue sepultado en el panteón de La Regla, en Chihuahua; pero no me ha señalado el lugar que ocupa su tumba".[101]

El ciudadano estadounidense Gustave Bauch fue arrestado en Ciudad Juárez acusado de colaborar con el ejército federal en Piedras Negras. Villa dijo que era espía huertista y ordenó su fusilamiento, el 18 de febrero de 1914. La desaparición generó reclamos del cónsul estadounidense en Nogales al

---

[97] Testimonios de Frances Michael Tone, 3712035, exp. C-A-60539, Public Record Office, Foreign Office, Londres, en Katz, *Pancho Villa*, t. I, pp. 374-375 y 519.

[98] Las casas que ocuparon Francisco Villa y su hermano Hipólito pertenecían a José Ochoa y a Valentín Oñate, respectivamente, y ambas fueron requisadas por el gobierno villista. En la casa número 57 de la calle Lerdo radicaron sucesivamente los comandantes militares de la plaza, Fidel Ávila, Tomás Ornelas y Manuel Ochoa. (*El Paso Morning Times*, "Se devolvieron ayer en C. Juárez las casas confiscadas por Villa", El Paso, Texas, martes 4 de enero de 1916, p. 1).

[99] *The Washington Post*, "Ordered Benton's Death", Washington, sábado 5 de junio de 1915, p. 1.

[100] I. Fabela, "Caso Benton", en *Historia diplomática de la Revolución Mexicana (1912-1917)*, FCE, México, 2013, s/p.

[101] *La Prensa*, "Viaje de un cónsul americano", San Antonio, Texas, jueves 5 de marzo de 1914, p. 8.

primer jefe Venustiano Carranza, quien solicitó informes a Villa; este alegó que Bauch había sido arrestado y liberado al otro día, y negó haberlo asesinado. Bauch nunca fue encontrado y las sospechas recayeron otra vez en Rodolfo Fierro. Sin embargo, el secretario de Villa, Luis Aguirre Benavides, declaró que la noche que desapareció Bauch, este había tenido suerte en los juegos de azar y había ganado una buena cantidad de dinero en las casas de apuestas. Por tal razón, Villa ordenó a sus hombres que le buscaran pelea y le quitaran el dinero; Bauch se defendió y murió apuñalado. El cadáver fue desaparecido para ocultar el crimen.[102]

Los oficiales villistas declararon que Bauch había sido detenido cuando supuestamente tomaba nota del armamento de sus tropas; al esculcarlo le encontraron documentos que lo acreditaban como empleado federal, y Villa lo acusó de ser espía del gobierno.[103] La señora J. M. Patterson dijo que su hermano Gustave trabajó como ingeniero de locomotoras del Ferrocarril Central y que nunca fungió como espía o empleado del gobierno. Bauch había renunciado a su empleo en Piedras Negras y había llegado a El Paso a finales de enero, procedente de Eagle Pass, buscando trabajo.[104]

El ganadero novomexicano J. J. Baca, quien se fugó de la cárcel de Juárez, dijo haber visto cuando los villistas sacaban de su celda a Gustave Bauch, a Domingo Flores y a un tercero de apellido Gray, y poco después oyó a los guardias decir que los tres habían sido asesinados.[105] Otro extranjero, que había sido liberado de la misma prisión, dijo que por lo menos 16 estadounidenses fueron arrestados esos días.[106] El exprisionero declaró que todas las mañanas veía desde su celda cómo los villistas alineaban a varios hombres contra la pared de adobe del patio de la prisión y los fusilaban. Así vio morir

---

[102] Almada, *La Revolución en el estado de Chihuahua*, t. II, p. 82; Garfias, *Verdad y leyenda de Pancho Villa...*, p. 71; *The Washington Post*, "Ordered Benton's Death", Washington, sábado 5 de junio de 1915, p. 1; Secretaría de Relaciones Exteriores, *Labor internacional de la Revolución constitucionalista*, México, imprenta de la Secretaría de Gobernación, México, 1919, pp. 37-39.
[103] *El Paso Morning Times*, "Says Bauch is Alive in Juarez Jail", El Paso, Texas, jueves 26 de febrero de 1914, p. 1.
[104] *El Paso Morning Times*, "Will Try to See Brother", El Paso, Texas, jueves 26 de febrero de 1914, p. 2.
[105] *Asbury Park Evening Press*, "Intervention Near Officials Declare", Asbury Park, Nueva Jersey, lunes 23 de febrero de 1914, p. 2.
[106] Entre los estadounidenses detenidos estaban: Edward Trabard, Matt Giddings, H. T. Davis, V. E. Goodman y un ferrocarrilero de apellido Thornton. (*El Paso Morning Times*, "Other Americans There", El Paso, Texas, jueves 26 de febrero de 1914, p. 1).

a nueve hombres, tres de los cuales eran estadounidenses y el resto mexicanos, entre ellos, Domingo Flores, apodado el Coyote. [107]

El exprisionero relata:

Al amanecer, cuando los prisioneros despertaron y el guardia marchó por los pasillos, me tumbé en mi catre, temeroso de que yo fuera el siguiente. Bauch, dos celdas más arriba, seguramente experimentó el mismo sentir, y sin duda era una tensión terrible. Pude ver a pobres individuos, que eran arrastrados desde sus catres, medio aturdidos y mal vestidos, y llevados al patio para ser ejecutados. Sólo de pensarlo me da escalofríos. [108]

Respecto a la desaparición de Bauch, Villa dijo que él creía que "estaba bien muerto" y que "sin duda había sido asesinado por sus enemigos, que los tenía en gran cantidad", agregando con su eterna sonrisa burlona: "Por supuesto que yo no puedo constituirme en culpable de ese delito". [109]

Francisco Beta y Alberto Heredia

Los primeros días de enero de 1915, 38 oficiales exfederales cruzaron la frontera por Ciudad Juárez, confiados en la promesa de Villa de obtener la amnistía, y atendiendo al llamado de los generales José Delgado y Arnoldo Casso López para que regresaran a México a "coadyuvar a la pacificación del país", después de ser liberados por las autoridades estadounidenses del Fort Bliss. Sin embargo, algunos de los oficiales fueron detenidos en la frontera por órdenes del jefe de las Armas y remitidos a la penitenciaría en la ciudad de Chihuahua, entre ellos, Francisco Beta y Alberto Heredia, quienes fueron fusilados por considerárseles enemigos de la "causa" villista. Momentos antes de la ejecución se les permitió escribir a sus familias, que radicaban en El Paso, informándoles que serían pasados por las armas. [110]

---

[107] *El Paso Morning Times*, "Witnessed Nine Executions", El Paso, Texas, jueves 26 de febrero de 1914, p. 1.

[108] *El Paso Morning Times*, "Picture the Executions", El Paso, Texas, jueves 26 de febrero de 1914, pp. 1-2.

[109] *La Prensa*, "Villa se preocupa por lo que está pasando", San Antonio, Texas, jueves 5 de marzo de 1914, p. 8.

[110] *La Prensa*, "Treinta y ocho exfederales se dirigen a México", San Antonio, Texas, viernes 15 de enero de 1915, p. 4; *La Prensa*, "Varios oficiales fueron pasados por las armas en Chihuahua", San Antonio, Texas, sábado 6 de febrero de 1915, p. 4.

Próspero Cahuantzi y Antonio Rábago

Antonio Rábago.
(Fototeca INAH)

Próspero Cahuantzi.
(Fototeca INAH)

En sus celdas de la penitenciaría de Chihuahua murieron el anciano exgobernador de Tlaxcala, coronel Próspero Cahuantzi Flores, y el exgobernador de Chihuahua, general Antonio Rábago Maldonado. Retirado a la vida privada, el coronel Cahuantzi fue aprehendido el 16 de octubre de 1914 en Calpulalpan, y tres semanas después fue liberado por el general Pablo González. Villa ordenó su reaprehensión para exigir un pago por su rescate. Lo condujo a la ciudad de Chihuahua, remitiéndolo a la penitenciaría, donde sufrió maltratos y hambrunas hasta que falleció el 8 de enero de 1915.[111] "Decrépito y cada día más canoso, sólo musitaba rezos en náhuatl; nadie le hablaba, nadie lo atendía [...] un día fue olvidado hasta por el carcelero. Las preces no se oían desde hacía dos días; un tufillo hediondo salía de la celda; era el cadáver del último tlatoani de Tlaxcala que vino a morir de hambre en Chihuahua".[112]

---

[111] Nativo de Tlaxcala, de 82 años, viudo, mexicano, dejó una hija, Soledad. Según su acta de defunción falleció de arterioesclerosis en la Avenida Penitenciaría. (Defunciones, Chihuahua, 9 de enero de 1915, acta núm. 40, ff. 156-157); La Prensa, "Ha muerto el coronel D. Próspero Cahuantzi", San Antonio, Texas, viernes 15 de enero de 1915, pp. 1-4; L. Nava, Tlaxcala en la historia, Progreso, México, 1972, pp. 186-188.
[112] Z. Márquez, "Muertos inmortales", en Artículos publicados en periódicos locales (1990-1991), cuaderno 17, cap. 37, s/p, Fondo Zacarías Márquez Terrazas, AHACH.

En espera de un juicio, el sábado 20 de marzo el general Rábago murió aparentemente de un infarto, al enterarse de las penurias que sufría su familia. Entre el 23 de febrero y el 30 de mayo de 1913 el general Rábago fungió como gobernador y comandante militar del estado de Chihuahua. Venustiano Carranza ordenó su arresto en la Ciudad de México, en septiembre de 1914, y fue reclamado por Villa en Chihuahua, como presunto responsable de la aprehensión y muerte del exgobernador Abraham González. Fue internado en una celda de la crujía dos, en la penitenciaría de la capital del estado, donde falleció, según algunas fuentes, a consecuencia de una enfermedad estomacal que padecía desde varios meses atrás y que lo había mantenido en cama en las últimas semanas. Se le guardaban algunas consideraciones y sus alimentos eran llevados diariamente de la casa de Villa. Se sospecha envenenamiento. Sus amigos, que militaban en las tropas villistas, estaban gestionando su libertad al momento que falleció.[113]

El cadáver de Rábago fue trasladado al Hospital Gustavo A. Madero, y después de practicarle la autopsia, entregado a su sobrino J. Ortega. El general Rábago fue sepultado en el cementerio de La Regla, donde un gran número de personas concurrió a su inhumación. En la capital de la República vivían su esposa y sus tres hijas en la absoluta pobreza.[114]

Aureliano S. González

El licenciado Aureliano Severino González Álvarez, originario de Tepatitlán, Jalisco, llegó a Chihuahua en 1897 y fungió como juez de Letras, notario público y magistrado suplente del Supremo Tribunal de Justicia. En 1909 se afilió al Partido Antirreeleccionista y fundó el Club Central Benito Juárez. El 31 de octubre de 1911 fue nombrado gobernador interino del estado, cargo que desempeñó hasta el 13 de febrero de 1912. A la caída del gobierno maderista formó parte de la Junta Revolucionaria Constitucionalista. Villa lo nombró

---

[113] Originario de Celaya, Guanajuato, de 54 años, casado, falleció en la penitenciaría. (Defunciones, Chihuahua, 20 de marzo de 1915, acta núm. 407, ff. 471-472); *La Prensa*, "Tratan de salvar a los exgobernadores de Chih. A. Rábago y Felipe Gutiérrez", San Antonio, Texas, martes 8 de diciembre de 1914, p. 4; Terrazas, *El verdadero Pancho Villa*, pp. 292-293. *El Paso Morning Times*, "Murió el general Rábago", El Paso, Texas, martes 23 de marzo de 1915, p. 1; Almada, *Gobernadores...*, pp. 471-472.

[114] *La Prensa*, "Cómo fue la muerte del general don Antonio Rábago", San Antonio, Texas, viernes 26 de marzo de 1915, p. 8.

Aureliano S. González Álvarez.

Carmen Vargas Sánchez.

abogado consultor del Departamento de Gobernación y Comunicaciones, confiándole varias comisiones en Estados Unidos y Sonora.[115]

El jueves 12 de agosto de 1915 Villa llegó iracundo a la ciudad de Chihuahua debido a sus estrepitosas derrotas militares.[116] Buscando víctimas para desquitar su frustración, acusó de traición y de robo al licenciado Aureliano S. González, ordenando su arresto. Su nieta relata: "Estaban a punto de sentarse a cenar todos. Los vecinos vieron venir a Baca y fueron a la casa, y le dijeron al licenciado González que huyera; el abuelo dijo que él no tenía nada que temer. Cuando llegó Baca, le entregó su cartera a su esposa, se despidió de todos, y nunca lo volvieron a ver".[117] La noche del sábado 14 de agosto Manuel Baca le disparó un tiro en la cabeza y, al día siguiente, Villa le hizo saber al secretario de Gobierno, Silvestre Terrazas, que él había ordenado la ejecución: "¿Ya sabe que anoche le mandé 'tronar' al licenciado González?". Su cadáver fue sepultado debajo de un pesebre, en un mesón ubicado en la esquina de las calles Doce y Bolívar.[118]

---

[115] Almada, *Gobernadores...*, pp. 463-464.

[116] Terrazas, *El verdadero Pancho Villa*, p. 320.

[117] Entrevista de R. Mendoza a Patzia González Baz, Chihuahua, 19 de agosto de 2020.

[118] *The Brattleboro Daily Reformer*, "Villa Executes Prominent Mexicans", Brattleboro, Vermont, miércoles 18 de agosto de 1915, p. 1; *El Pueblo*, "Nuevas crueldades y fechorías de Villa", Veracruz, jueves 19 de agosto de 1915, p. 2; *The Daily Public Ledger*, "Political Prisoners Executed", Maysville, Kentucky, jueves 19 de agosto de 1915, p. 3; *El Paso Morning Times*, "Las últimas horas de la estancia de Villa en Chihuahua fueron de asesinato, saqueo, sangre y horror", El Paso, Texas, martes 11 de enero de 1916, p. 1; Herrera, *Francisco Villa ante la historia*, pp. 114-115; Terrazas, *El verdadero Pancho Villa*, pp. 320 y 324.

Después del asesinato del exgobernador, la viuda y sus siete hijos recibieron la orden de salir inmediatamente del estado.[119] El cónsul estadounidense advirtió a la señora Vargas que Villa había dado órdenes de matar a toda la familia. Patzia González Baz relata: "[Se] organizó que salieran de Chihuahua esa misma noche, dejando todo atrás, a bordo de un tren, escondidos entre el ganado, y así llegaron a Juárez y posteriormente cruzaron a El Paso. Mi papá, Aureliano (que tenía nueve años) nos contó cómo las tropas villistas pararon el tren para buscarlos y afortunadamente no los encontraron".[120]

Calzadíaz supone que el 12 de agosto, en una junta en el cuartel general de Villa con los licenciados Francisco Escudero, el ministro de Justicia Miguel Díaz Lombardo y el gobernador Fidel Ávila, se decidió la suerte del licenciado Aureliano S. González.[121] Silvestre Terrazas no menciona dicha junta, pero afirma que funcionarios cercanos a Villa conspiraron en contra de Aureliano González, haciendo creer a su jefe que González había depositado 200 000 pesos en un banco de El Paso, y que se le había visto en Arizona en pláticas con Roberto Pesqueira intrigando en su contra. Terrazas le recordó que el licenciado González había ido a la frontera a desempeñar una comisión que el propio Villa le había encomendado.[122] Calzadíaz, en su afán por exculpar a Villa de cualquier arbitrariedad, dice que el asesinato de González respondió a intrigas del licenciado Miguel Díaz Lombardo, y sostiene que este ordenó su arresto y ejecución a uno de sus hombres de confianza, el capitán Miguel Gutiérrez, en el Cuartel de Rurales. Sin embargo, el asesinato de un funcionario de esa envergadura solo pudo emanar del propio Villa, tal como lo confirma Terrazas en sus memorias.[123]

La noticia del asesinato fue corroborada por Alberto Madero al llegar a El Paso.[124] El 23 de junio de 1916 Antonio Ayub, apoderado de la señora Carmen Vargas viuda de González, reportó la defunción del licenciado Aureliano S. González ante las autoridades, confirmando que fue asesinado por la facción villista, dejando viuda a dicha señora, Carmen Vargas, y huérfanos

---

[119] *The World*, "Villa Banishes Widows, Orphans", miércoles 25 de agosto de 1915, p. 4.
[120] Entrevista de Reidezel Mendoza a Patzia González Baz, Chihuahua, 19 de agosto de 2020.
[121] Calzadíaz, *Hechos reales de la Revolución*, t. 3, pp. 56-57.
[122] Terrazas, *El verdadero Pancho Villa*, p. 322.
[123] Calzadíaz, *Hechos reales de la Revolución*, t. 3, p. 57.
[124] *Arizona Republican*, "Denies Executions", Phoenix, Arizona, jueves 19 de agosto de 1915, p. 3.

a sus hijos Carmen, Aurelia Victoria, Aureliano, Paula, Alejandro, Benjamín y Abraham González.[125]

El lunes 16 de agosto también fueron asesinados por órdenes de Villa los señores Francisco González Carrera[126] y el español Francisco Álvarez.[127]

Asesinatos de empleados, militares y ferrocarrileros villistas

El 17 de agosto de 1915 un grupo de refugiados mexicanos denunció en El Paso que, en las últimas dos semanas, 22 prisioneros políticos y altos funcionarios habían sido asesinados en la capital del estado y sus familias desterradas; en algunos casos se les ordenó salir en menos de 24 horas de la ciudad de Chihuahua, en otros, se les permitió reunir algo de dinero para emprender el viaje. Una vecina de la ciudad de Chihuahua, de apellido Chacón, dijo que los villistas solo le dieron dos horas para abandonar el estado. A la esposa de Agustín Lavansat, exjefe de Policía de Chihuahua que se había unido a las tropas constitucionalistas, y a sus hijos, se les consideró "potencialmente peligrosos", y se les expulsó de territorio villista.[128]

Víctor David Delgado asegura que Villa, "en el paroxismo de la cólera por las derrotas sufridas", estaba cometiendo actos de crueldad contra civiles y no perdonó "a mujeres, niños, ni ancianos; no han sido bastantes para conmoverlo las lágrimas de algunas infelices madres o esposas que se han abrazado a sus rodillas [...] en demanda de piedad para sus seres amados".[129]

[En Chihuahua] fueron detenidos todos los comerciantes mexicanos y seis de ellos fusilados por la noche en el panteón de Santa Rosa. La ejecución se llevó a cabo

---

[125] Hijo de Víctor González y de Carmen Álvarez, de 45 años. (Defunciones, Chihuahua, 23 de junio de 1916, acta núm. 609, ff. 124 125).

[126] Originario de Nombre de Dios, hijo de Jesús González y María Guadalupe Carrera, de 25 años, casado con Andrea Falcón, sin hijos, sepultado en el Panteón Nuevo. (Defunciones, Chihuahua, 16 de agosto de 1915, acta núm. 1152, ff. 687-688).

[127] Originario de Asturias, de 25 años, soltero, sepultado en el Panteón Nuevo. (Defunciones, Chihuahua, 16 de agosto de 1915, acta núm. 1162, ff. 696-697).

[128] *La Prensa*, "Villa ordenó el fusilamiento de veintidós personas en la C. de Chihuahua", San Antonio, Texas, miércoles 18 de agosto de 1915, p. 1; *The World*, "Villa Banishes Widows, Orphans", miércoles 25 de agosto de 1915, p. 4.

[129] *La Prensa*, "Las últimas hazañas de Francisco Villa en Torreón y Chihuahua", San Antonio, Texas, miércoles 11 de agosto de 1915, p. 2.

con sigilo, pero sus detalles son conocidos. Los seis fueron puestos en fila, al borde de una amplia fosa, y se hizo un solo disparo de fusil sobre la frente del primero. Ese disparo mató o hirió a todos. Luego fueron arrojados al hoyo, vivos algunos. Sus gritos de "¡remátenme, asesinos!" "¡Estamos vivos, cobardes!", repercutieron lúgubremente en el silencio de la noche e hicieron despertar con sobresalto a los moradores de las cercanías. La tierra ahogó las voces delatoras. Dos de esos comerciantes habían sido favoritos de Villa, y a su lado se enriquecieron. ¿Por qué se les mandó matar? Unos dicen que Villa descubrió una traición; otros que lo robaban; por nuestra parte creemos que se debió a uno de esos cambios bruscos en los afectos que suele sentir el cabecilla.[130]

Villa ordenó que todos los funcionarios civiles, militares y agregados de Torreón y de Chihuahua debían permanecer en sus puestos y que ninguno tenía permiso de salir. Villa sentenció: "Todo el mundo que alguna vez haya ganado un dólar con nuestro gobierno me respaldará ahora o sabré por qué". La orden fue emitida después de que se supo que muchos de sus funcionarios civiles planeaban abandonar el país. Según los viajeros, la mayoría de los que fueron asesinados habían sido acusados de "deslealtad" a Villa, y de que algunos habían intentado salir del país sin su permiso.[131]

En Aguascalientes, un oficial villista que había participado en los combates del Bajío aseguró que Villa había asesinado a muchos jefes de sus fuerzas, acusándolos de cobardía: "Tenía los ojos inyectados, temblaba de cólera, y con la pistola en la mano recorría las filas y disparaba sobre el primero que creía merecedor de la muerte, por su mano fueron sacrificados muchos [...] no se sabe ni se sabrá nunca cuántos murieron fusilados".

Otros oficiales también denunciaron que en el trayecto de Aguascalientes a Torreón hubo una gran cantidad de fusilamientos por los pretextos más absurdos, y los mismos generales eran amagados constantemente por Villa. Un testigo relata: "Villa [...] declaró que sus trenes militares, los que había dejado en la violenta fuga de Aguascalientes, se perdieron por culpa de los

[130] *Idem.*
[131] *The World*, "Villa Banishes Widows, Orphans", 25 de agosto de 1915, p. 4; carta de Heriberto Barrón al embajador del Brasil en Estados Unidos, Washington, D. C., 26 de agosto de 1915, XXI. 49. 5443. 9-23, CEHM; *El Paso Morning Times*, "Las últimas horas de la estancia de Villa en Chihuahua fueron de asesinato, saqueo, sangre y horror", El Paso, Texas, martes 11 de enero de 1916, p. 1.

ferrocarrileros. Y sin meditarlo ni un instante [...] sin establecer responsabilidades ni aclarar los hechos, mandó formar un cuadro que ejecutó a treinta y tantos maquinistas y fogoneros".[132]

Felipe R. Gutiérrez y Agustín del Pozo

General Agustín del Pozo.
(Revista Hoy, marzo de 1940)

La misma noche del asesinato del licenciado González, sábado 14 de agosto, Villa ordenó sacar de sus celdas en la penitenciaría al ingeniero de minas Felipe R. Gutiérrez Quintana y al general Agustín del Pozo, quien se encontraba herido, y los fusiló.[133] Calzadíaz refiere que la orden de ejecución salió del cuartel del comandante militar de la plaza, Roberto Limón, y no de la casa de Villa. Sin embargo, en esos días Limón se encontraba comisionado fuera del estado.[134]

El ingeniero Gutiérrez había fungido como gobernador interino, nombrado por el Congreso Local, el 6 de marzo de 1912. Autorizado por la

---

[132] *La Prensa*, "Las últimas hazañas de Francisco Villa en Torreón y Chihuahua", San Antonio, Texas, miércoles 11 de agosto de 1915, p. 2.
[133] *El Pueblo*, "Nuevas crueldades y fechorías de Villa", Veracruz, jueves 19 de agosto de 1915, p. 2; *Excélsior*, "Centenares de fusilamientos", México, domingo 22 de julio de 1923, p. 5.
[134] *El Paso Morning Times*, "Cuatro generales contestan el llamamiento panamericano", El Paso, Texas, jueves 26 de agosto de 1915, p. 1; Calzadíaz, *Hechos reales de la Revolución*, t. 3, pp. 61 y 64.

Legislatura, el 4 de julio estableció el gobierno en Ciudad Juárez, en donde despachó hasta el 20 de agosto, cuando la plaza fue recuperada por las fuerzas federales y tuvo que exiliarse en Estados Unidos. En enero de 1913 se amnistió, estableciéndose en la capital del estado, y posteriormente se retiró al mineral de Ocampo. Retornó a Chihuahua y a la caída del gobierno huertista se ocultó por un largo periodo, hasta que decidió presentarse ante las autoridades villistas, quienes lo encarcelaron.

El 21 de septiembre de 1914, a punta de pistola, Villa sacó de su celda al ingeniero Gutiérrez y lo obligó a cederle los bienes que recibirían él y sus hermanos como herencia de sus tíos Juan J. Waterson y Concepción Quintana de Waterson. El trámite de donación se efectuó ante el notario público Miguel Franco Lozano; Victoriano Martel, otro prisionero de Villa, firmó como testigo. Villa había prometido liberar a Gutiérrez después de legalizar el despojo, pero no cumplió y volvió a encarcelarlo.[135] Permaneció preso varios meses sin que se le acusara de nada, hasta que finalmente Villa ordenó su ejecución.[136]

El exgeneral Agustín del Pozo, originario de Huehuetlán el Grande, Tepeji, estado de Puebla, había abandonado las filas del ejército federal, y en 1910 había formado parte de la Primera Junta Revolucionaria de Puebla. Incorporado a la rebelión maderista, operó en la sierra norte poblana. Madero lo había nombrado general en jefe de los insurrectos de su estado. A la caída del gobierno maderista se levantó en armas contra Victoriano Huerta, incorporándose poco después a las tropas constitucionalistas.[137]

La segunda semana de diciembre de 1914 el general del Pozo cruzó la frontera, pero fue aprehendido por órdenes del jefe de Armas de Ciudad

---

[135] El licenciado Pascual Mejía, apoderado de la señora Francisca Fayot viuda de Gutiérrez, logró mediante un juicio que la donación se invalidara, nombrando a la viuda como albacea y beneficiaria de los bienes heredados por su marido. Villa no perdonó la acción de Mejía y lo ejecutó meses más tarde. (AHSTJCH, Lic. Pascual Mejía, Diligencia de jurisdicción voluntaria, Juzgado Primero de lo Civil, Distrito Morelos, Chihuahua, 12 de septiembre de 1916, 5 ff.; verbal por nulidad de contrato de donación derechos hereditaria, Juzgado Primero de lo Civil, Distrito Morelos, Chihuahua, 11 de octubre de 1916, 11 ff.).

[136] Almada, *Gobernadores...*, pp. 466-467.

[137] A. Olmedo y R. Fernández, *Hermanos, generales y gobernantes: Los Ávila Camacho*, Las Ánimas, México, 2010, pp. 17 y 20; INEHRM, *Diccionario de generales de la revolución*, t. II (M-Z), p. 849. http://www.inehrm.gob.mx/work/models/inehrm/Resource/305/1/images/dic_grales_rev_t2.pdf, consultado el 13 de enero de 2017.

Juárez, Tomás Ornelas, quien lo remitió preso a la penitenciaría de la ciudad de Chihuahua, por haber sido considerado enemigo del villismo.[138]

Felipe R. Gutiérrez.
(Galería de gobernadores del Palacio de Gobierno del estado de Chihuahua)

Tumba del ingeniero Gutiérrez en el Panteón Municipal No. 1.
(Reidezel Mendoza)

Antonio Bracho, Juan F. Paura y Pedro Torres

El 13 de agosto de 1915 las fuerzas constitucionalistas al mando de los generales Domingo y Mariano Arrieta atacaron y ocuparon la ciudad de Durango, defendida por tropas villistas comandadas por Severino Ceniceros. Nueve días después, el día 22, Villa retomó el control de la capital del estado e

Antonio Bracho Gómez (extrema izquierda) y su familia.
(Antonio Bracho Huemoeller)

---

[138] *La Prensa*, "Fue aprehendido el general Agustín del Pozo en C. Juárez", San Antonio, Texas, domingo 20 de diciembre de 1914, p. 4.

inmediatamente confiscó todo el maíz, exigió préstamos forzosos y aprehendió a varios empresarios duranguenses, entre ellos Antonio Bracho, Juan Francisco Paura y Pedro Torres Saldaña,[139] demandando el pago de un rescate para liberarlos.[140] "Encerrados en su cuartel los hacía llevar cada mañana a uno de los patios donde eran [...] cintareados en su presencia; los gemidos de las víctimas se escuchaban hasta la calle donde sus familiares, mujeres y niños [...] prorrumpían en llanto". La mayoría de los prisioneros fueron liberados gracias a la intervención de la familia Sarabia, excepto Bracho, Paura y Torres, que fueron remitidos a la penitenciaría de Chihuahua, ante las sospechas de Villa de una alianza entre los prisioneros y Carranza.[141]

Bracho era accionista y copropietario de la fábrica de sodas San Francisco y dueño de varios expendios de carnes en el mercado de la ciudad de Durango. Pedro Torres Saldaña también era propietario de varias haciendas agrícolas en Mapimí, Nazas y Cuencamé. Juan Francisco Paura era un próspero comerciante duranguense, de cuna humilde, acusado de acaparador.[142] Según Calzadíaz, Villa tuvo sospechas de que alguien trataba de ayudar a Bracho a fugarse de la cárcel, y la medianoche del 18 de agosto de 1915 ordenó a Miguel Baca Valles que ejecutara al capitán Vicente Irigoyen y al mayor Carlos Díaz, del Batallón Pino Suárez. Esa misma madrugada, ordenó también al *Mano Negra* Manuel Baca que sacara de prisión a Antonio Bracho y lo fusilara para evitar su escape. Paura y Torres Saldaña fueron ejecutados dentro de la prisión y sepultados clandestinamente.[143]

---

[139] Nació en la hacienda de La Flor, Nazas, Durango, el 25 de octubre de 1858, hijo de Pedro Torres Soto y de Francisca Saldaña (Bautizos, Santa Ana, Nazas, acta s/n, f. 347), casado con Juana Teresa Sánchez Aguirre (Matrimonios, 5 de septiembre de 1886, acta s/n, f. 212) dejó 13 hijos, de los cuales cinco eran menores; su esposa falleció el 24 de diciembre de 1916.

[140] A. Avitia, *Los alacranes alzados*, IMAC, 2ª ed., Durango, 2003, pp. 84-85; G. Altamirano, *Los años de la Revolución en Durango, 1910-1920*, tesis de maestría en Historia de México, UN-AM-FFyL, México, 1993, p. 191.

[141] *El Siglo de Torreón*, "El alma tenebrosa de Francisco Villa", Torreón, miércoles 30 de julio de 1930, p. 3; A. Calzadíaz, *Hechos reales de la Revolución...*, t. 3, p. 67.

[142] G. Villa, "Élites y Revolución en Durango", en *Transición*, Instituto de Investigaciones Históricas de la UJED, diciembre de 2011, núm. 25, pp. 133-136. http://www.iih.mx/librosyrevistas/revistas/transicion25.pdf, consultado el 22 de enero de 2017; entrevista de Reidezel Mendoza a Antonio Bracho, Celaya, Guanajuato, martes 30 de junio de 2015.

[143] Calzadíaz, *Hechos reales de la Revolución...*, t. 3, pp. 181-184; Herrera, *Francisco Villa...*, p. 120; Vargas, *A sangre y fuego...*, pp. 269-271 y 305-306; entrevista de Reidezel Mendoza a Antonio Bracho Huemoeller, Celaya, Guanajuato, 30 de junio de 2015.

El 29 de abril de 1916 Pedro Torres Sánchez recibió autorización de la Secretaría de Gobierno del estado para hacer excavaciones en tres fosas del Panteón Nuevo de la ciudad de Chihuahua, en donde se presumía que se encontraban los restos de su padre, don Pedro Torres Saldaña. El 3 de mayo el cadáver fue localizado entre las fosas número 830 y 831, siendo exhumado y examinado por el médico Francisco Perea, quien confirmó que la muerte había ocurrido por herida de arma de fuego. No había constancia de su defunción debido a que el señor Torres fue asesinado y sepultado clandestinamente. Finalmente, el cadáver fue trasladado a la Ciudad de México, donde se le inhumó.[144]

El 31 de mayo de 1916 la señora Teresa Minjares viuda de Bracho también solicitó autorización del gobernador de Chihuahua para exhumar los restos de su esposo, el licenciado Antonio Bracho Gómez, y trasladarlos a la ciudad de Durango. La señora Minjares declaró que su marido había sido asesinado por la facción villista en la ciudad de Chihuahua e inhumado clandestinamente, y por ello no existía acta de defunción.[145]

Juana Teresa Sánchez.
(Familia Torres)

Pedro Torres Saldaña.
(Familia Torres)

---

[144] Defunciones, Chihuahua, 3 de mayo de 1916, acta núm. 487, ff. 159-160.
[145] Originario de la ciudad de Durango, de 46 años, hijo del licenciado Rafael Bracho y Refugio Gómez, casado con Teresa Minjares, dejó dos hijos: Emilio y Antonio Bracho. (Defunciones, Chihuahua, 31 de mayo de 1916, acta núm. 597, ff. 48-49).

Don José Remedios Paz

El 24 de septiembre de 1915 Villa ordenó la ejecución del veterano maderista José Remedios
Paz Arámbula, uno de los fundadores del Partido Antirreeleccionista en Chihuahua en
1909, y uno de sus protectores
en su época de bandido. Don
José Remedios fue fusilado en
el panteón de Santa Rosa, en la
capital del estado, y fue sepultado clandestinamente en la fosa
número 962 de dicho cementerio.

J. Remedios Paz y Diega Orrantia.
(Reidezel Mendoza)

El 19 de noviembre de 1910 el viejo amigo del exgobernador don Abraham
González y propietario del rancho La Estacada, don Remedios Paz, se incorporó al mando de 20 hombres a la partida del jefe Cástulo Herrera y participó
en la toma de los pueblos de San Andrés y Santa Isabel, y en la emboscada a
la tropa del teniente coronel Pablo Yépez en la Estación San Andrés. El 27 de
noviembre, después del combate del Tecolote, donde fueron derrotados por
las tropas del general Juan J. Navarro, don Remedios desertó con 50 hombres
y no volvió a tomar las armas.

En abril de 1923 la viuda del señor Paz, doña Diega Orrantia, solicitó a
las autoridades locales que se diera fe de la defunción de su esposo. Las dili-
gencias fueron promovidas por el Juzgado Primero de lo Civil y dos testigos,
Ismael Medina y Agapito Portillo, declararon que don Remedios había sido
trasladado al panteón por un pelotón villista y fusilado. Los sepultureros y
el encargado del panteón confirmaron el lugar donde su cadáver había sido
inhumado. [146]

---

[146] Originario de La Mesilla, Nuevo México, nació el 1º de septiembre de 1865, hijo de Juan
Paz y de Juana Arámbula, casado, dejó seis hijos. (Defunciones, Chihuahua, 2 de mayo de
1923, acta núm. 461, ff. 405-409).

General José Delgado y coronel Luis Abrego Azpiroz

El general José Delgado comandó el cuerpo de exfederales amnistiado por Villa en la Ciudad de México, que combatió en Celaya y León contra Obregón, y más tarde fungió como encargado de la Casa de la Moneda en Chihuahua. El lunes 20 de diciembre de 1915, poco antes de salir de la estación de Santo Niño, Villa lo mató por un motivo baladí. El coronel exvillista José Martínez Valles, que no estuvo presente en el lugar, asegura que en el mismo tren en el que viajaría como pasajero, Delgado había embarcado las placas de impresión de la Casa de la Moneda. "Villa lo increpó duramente acusándolo de traidor e iracundo desenfundó su pistola y la descargó sobre el general Delgado que no había pronunciado palabra alguna, dejándolo muerto allí mismo". Según Martínez Valles, el coronel Azpiroz disparó contra Villa, pero este desenfundó rápidamente, descargándole toda su pistola. [147]

Calzadíaz afirma que Juan B. Vargas acusó al general José Delgado no solo del robo del dinero y de la máquina de acuñar, sino de intentar asesinar al general Roberto Limón para facilitar el escape de los empresarios duranguenses Antonio Bracho, Juan F. Paura y Pedro Torres, presos en la penitenciaría, así como de haber ayudado a fugarse a Luis Terrazas Cuilty. También dice que Limón fue quien descubrió al general Delgado en uno de los vagones del tren. [148] Sin embargo, en esos días, Limón junto con Manuel Banda, Flaviano Paliza, Eduardo Andalón y Fidel Ávila (a quien Calzadíaz ubica como pasajero en el mismo tren) negociaban en Ciudad Juárez la rendición de la plaza y la amnistía de sus fuerzas. [149] Calzadíaz refiere también que ese día fue muerto un hijo del general Delgado cuando intentó vengar a su padre, sin embargo, ningún testigo ni registro documental avala dicha versión. [150]

[147] J. Martínez, *Revolucionarios camarguenses (1910-1916). Apuntes biográficos del coronel José Martínez Valles (1887-1954)*, s/e, s/f., s/p.

[148] Calzadíaz, *Hechos reales de la Revolución...*, t. 3, p. 191.

[149] *Tulsa Daily World*, "Villa is Driven from Rich State", Tulsa, Indian Territory, Oklahoma, martes 21 de diciembre de 1915, p. 1; *Keowee Courier*, "Villa Quits has Foolishness", Walhalla, Carolina del Sur, miércoles 22 de diciembre de 1915, p. 1; *The Butler Weekly Times*, "Villa in Hiding", Butler, Montana, jueves 23 de diciembre de 1915, p. 8; *The Herald and News*, "Villa's Army Yields to de Facto Ruler", Newberry, Carolina del Sur, viernes 24 de diciembre de 1915, p. 1.

[150] Calzadíaz, *Hechos reales de la Revolución...*, t. 3, p. 191.

Silvestre Terrazas describía al general Delgado como un militar pundonoroso, honorable y valiente, que había defendido al gobierno de Madero contra los rebeldes de la ciudadela en la capital de la República. Asegura que Villa fue azuzado contra Delgado, acusándolo de robarse el dinero de la Casa de la Moneda, y por ello ordenó detener el tren que salía rumbo al norte, encaminándose violentamente a la estación de Santo Niño. Delgado aún no abordaba el tren, llegó en automóvil y Villa le marcó el alto. El viejo general descendió del vehículo y dejó caer una talega con pesos de plata, lo que enfureció aún más a Villa:

General José Delgado.
(Fototeca INAH)

con frases malsonantes le echó en cara lo que la intriga y la calumnia le habían hecho creer "[…] ¿Con que sí amiguito? Grandísimo tal por cual… ¿Se anda usted robando nuestros pesos y quería ir a gozarlos al extranjero? ¿También usted quería traicionarme? Pues para que no se le logren sus deseos, ahora mismo le voy a dar su pago." En ese momento, le disparó un tiro en medio de la frente, matándolo al instante. "¡Por traidor y por ladrón!" Fueron las últimas palabras de Villa al general Delgado. Dio media vuelta en su caballo y dijo a sus hombres: "Ahora sí ya terminé aquí, ¡Vámonos ahora a buscar a otros traidores!" Sin embargo, Terrazas asegura que el dinero que llevaba consigo Delgado era producto del pago de sus honorarios y de sus ahorros. "Fue completamente injusto el acto de Villa, quien con su furia antihumana se dejó guiar por las malas pasiones que le encendieron algunos intrigantes".[151]

Según informes recopilados por Alfredo Delgado en Ciudad Juárez de un testigo del asesinato, Villa había exigido a su tío, el general Delgado, que le diera todo el dinero de la Casa de la Moneda, pero al negarse a entregarlo sin autorización previa, le disparó a quemarropa.[152] El cadáver del general

---

[151] Terrazas, *El verdadero Pancho Villa*, pp. 356-362.
[152] *El Paso Herald*, "Mint Keeper is Shot by Villa", El Paso, Texas, jueves 23 de diciembre de 1915, p. 2.

Delgado permaneció tirado en la estación tres días, completamente desnudo, pues la soldadesca villista le robó la ropa, el abrigo, la cartera, un reloj y le mutiló los dedos anular y medio de la mano izquierda para arrancarle las dos sortijas que portaba, refirió el joven que rescató el cadáver y sepultó los restos del militar, cuyo asesinato causó "una hondísima sensación de horror en Chihuahua donde se apreciaba al general Delgado".[153]

Junto con Delgado fue ejecutado el coronel exfederal Luis Abrego Aspiroz, ayudante del general, que se había presentado en ese momento frente al irritado cabecilla.[154]

Desmanes en la ciudad de Chihuahua

Antes de desalojar la plaza, el 20 de diciembre de 1915 los villistas cometieron desmanes por toda la ciudad. El propio secretario general de Gobierno, Silvestre Terrazas, refiere que la capital del estado carecía de luz en las noches, lo que aumentaba el pánico entre los habitantes que vivían con el constante temor de ser víctimas de los pistoleros, amantes de cobrar agravios.[155]

Un pelotón de soldados estacionado en el antiguo cuartel de Rurales del Estado, cerca del Parque Bolívar, se entretuvo aquella tarde disparando sus armas sobre unas estatuas que adornaban la Quinta Gameros hasta destruirlas. Las máquinas de escribir de las oficinas públicas fueron vendidas a 10 pesos plata cada una; los archivos oficiales esparcidos. Los villistas saquearon la Quinta Falomir, frente al Parque Lerdo; la casa del general Roberto Limón, que se había amnistiado en Ciudad Juárez; las residencias del Paseo Bolívar y de las calles Aldama, Allende, Tercera y Vicente Guerrero; las Fábricas Universales, la Sombrerería de Villazón Hermanos y todos los comercios de los chinos, destruyendo los aparadores de vidrio. Los villistas ingresaron a la casa

---

[153] Oriundo de Tepic, de 58 años, militar, murió de herida por arma de fuego. (Defunciones, Chihuahua, 20 de diciembre de 1915, acta núm. 1938, ff. 106-107); *El Paso Morning Times*, "Para robarlo fue necesario que lo hubieran mutilado", El Paso, Texas, martes 11 de enero de 1916, p. 1.

[154] Falleció de heridas por arma de fuego, de 30 años, soltero, militar. (Defunciones, Chihuahua, 20 de diciembre de 1915, acta núm. 1939, f. 107); *El Paso Morning Times*, "Asesinó despiadadamente al general José Delgado", El Paso, Texas, martes 11 de enero de 1916, p. 1; Almada, *Diccionario...*, p. 162; Herrera, *Francisco Villa ante la historia*, p. 207; Vargas, *A sangre y fuego...*, pp. 312-313.

[155] Terrazas, *El verdadero Pancho Villa*, p. 357.

del ingeniero N. González en busca de tres chinos que allí se habían refugiado. El comercio organizó una policía especial para oponerse a los saqueos, la que logró detener a 23 individuos que llevaban hachas, barras, ganzúas y rifles para forzar las puertas de casas comerciales y particulares.[156]

Villa, colérico, había dado la orden de registrar todas las casas tratando de localizar a los hermanos Enrique[157] y Julio Pérez-Rul Clesman[158] (el primero su secretario particular y el segundo cajero del cuartel general), con la intención de asesinarlos, pues no se habían presentado después del permiso de cinco días que les había concedido para visitar a sus familias. Sin embargo, la búsqueda fue suspendida, pues los carrancistas se aproximaban a la ciudad y Villa desalojó la plaza.[159]

Al entrar las tropas carrancistas al mando del general Jacinto B. Treviño se restituyó el orden, se reorganizó el servicio policiaco, se restableció el alumbrado público, se aseó la ciudad que estaba llena de basura y se restableció el servicio de tranvías eléctricos, suspendido meses atrás. La guarnición militar concedió la amnistía a todo aquel que la solicitara y que no tuviera delitos del orden común o denuncias en su contra. Quienes alteraban el orden eran condenados a un mes de prisión. Las propiedades confiscadas por Villa fueron devueltas a sus propietarios, y los cuarteles federales se establecieron en mesones y no en residencias particulares como los jefes villistas acostumbraban.[160]

---

[156] El Paso Morning Times, "Un saqueo general se registró en Chihuahua", El Paso, Texas, martes 11 de enero de 1916, p. 2.

[157] Nació el 23 de octubre de 1883 en Zacatecas, profesor, hijo de Vicente Pérez Rul y de María de la Luz Clesman (Nacimientos, Zacatecas, 25 de octubre de 1881, acta núm. 219, ff. 56-56v), casado con María Félix Ramírez (Zacatecas, 6 de agosto de 1903, acta núm. 165, ff. 12-12v).

[158] Originario de Zacatecas, militar, de 27 años, hijo de Vicente Pérez Rul y de María de la Luz Clesman casado con Carmen Alarcón (Chihuahua, 2 de mayo de 1914, acta núm. 411, ff. 215-216), murió en El Paso, Texas, el 19 de febrero de 1928 (Texas Deaths, Reg. Dis. 6404, Registered No. 1894, 21 de febrero de 1928. https://www.familysearch.org/ark:/61903/1:1:K37C-BH8, consultado el 16 de septiembre de 2020).

[159] El Paso Morning Times, "Quería matar también a su secretario Pérez Rul", El Paso, Texas, martes 11 de enero de 1916, p. 1; Vargas, A sangre y fuego…, pp. 311-312; Terrazas, El verdadero Pancho Villa, p. 209.

[160] El Paso Morning Times, "Tras orgía, de desenfreno, dan amnistía plena", El Paso, Texas, martes 11 de enero de 1916, p. 2.

Asesinato del presidente municipal Laureano Holguín

Laureano Holguín.
(Consuelo Muller)

El 27 de noviembre de 1916, después de cuatro días de combates, Villa se apoderó de la ciudad de Chihuahua. El general Jacinto B. Treviño, jefe de la guarnición, evacuó la plaza. Desde el balcón del Palacio de Gobierno, Villa pronunció un discurso ante la multitud reunida y amenazó con matar a sus excolaboradores en donde los encontrara, sin miramientos. Según testigos, acusó a Silvestre Terrazas, Sebastián Vargas, hijo, Lázaro de la Garza y Francisco Escudero de traición y de haberse enriquecido durante su mandato. Refirió que "esos señores se llevaron mucho dinero de la nación", que, según él, les había confiado; enseguida lanzó improperios e insultos "completamente rurales y suyos" contra sus antiguos aliados. Terrazas había sido su leal secretario de Gobierno en Chihuahua y su consejero; Vargas había fungido como tesorero del estado; De la Garza como su agente financiero en Ciudad Juárez, y Escudero, como su ministro de Hacienda.[161]

Ese mismo día, el presidente municipal de Chihuahua, Laureano Holguín, fue muerto, aparentemente por equivocación. Según refieren refugiados entrevistados por reporteros en El Paso, Holguín ignoraba la caída de la

---

[161] *El Paso Morning Times*, "Fueron fusilados varios ciudadanos", El Paso, Texas, miércoles 6 de diciembre de 1916, p. 1; *El Paso Morning Times*, "Los fusilaré por traidores: Francisco Villa", El Paso, Texas, sábado 9 de diciembre de 1916, p. 1; Terrazas, *El verdadero Pancho Villa*, pp. 323 y 335-339.

ciudad en manos de Villa, y al dirigirse al Palacio Federal desde su negocio, los centinelas villistas le marcaron el alto con el respectivo "¡Quién vive!" y Holguín contestó: "¡Carranza!". Fue asesinado en el acto.[162] No obstante, otra versión sostiene que Holguín, dueño de la Imprenta del Norte, que anteriormente hacía las impresiones para el gobierno de Villa, fue asesinado al negarse a abrir una caja fuerte que contenía 1 000 dólares y 2 000 pesos; los villistas cargaron con ambas cajas.[163]

La prensa estadounidense reportó que durante la estancia de Villa en Chihuahua ocho prominentes ciudadanos fueron ejecutados, entre ellos Emiliano Enríquez, su secretario M. Ortega, el licenciado Pascual Mejía, Juan R. Molinar y Raúl García, empleado de la Fundición de Ávalos.[164] Además, se informó del fusilamiento de 40 chinos y del saqueo y destrucción de sus propiedades.[165] Un propietario chino de Ciudad Juárez recibió un comunicado de un paisano de Chihuahua confirmando el saqueo de muchos comercios, "habiendo sido víctimas del procedimiento 60 chinos".[166] Entre las tiendas saqueadas estaban La Primavera, propiedad de libaneses, La Casa Blanca, de los Ayub, la Compañía Mexicana de Productos Químicos, de donde extrajeron una gran cantidad de drogas y efectos propios para hospitales. La casa de Carlos Zuloaga en la Avenida Zarco, que fue donde ocurrió lo más intenso del combate, también fue saqueada y destruida.[167]

Ejecuciones de Emiliano Enríquez, Pascual Mejía y Francisca González

La tarde del 29 de noviembre de 1916 el empresario Emiliano Enríquez Terrazas fue ejecutado a tiros en la Quinta Luz por Francisco Villa. Durante el porfiriato,

---

[162] El Paso Morning Times, "Se llevó los uniformes de los carrancistas", El Paso, Texas, sábado 9 de diciembre de 1916, p. 1.
[163] El Paso Morning Times, "No quiso abrir la caja del dinero", El Paso, Texas, miércoles 6 de diciembre de 1916, p. 1.
[164] Reno Evening Gazette, "Villa's Bandits Kill Many in Chihuahua", Reno, Nevada, miércoles 6 de diciembre de 1916, p. 8; La Prensa, "Los villistas ejecutaron en Chihuahua a varios prominentes carrancistas", San Antonio, Texas, viernes 8 de diciembre de 1916, p. 1.
[165] The Arizona Republican, "Chinese Executed by Villa", Phoenix, Arizona, martes 5 de diciembre de 1916, p. 1; The Salt Lake Herald, "Forty Chinese Killed by Villa in Chihuahua", Salt Lake City, Utah, miércoles 6 de diciembre de 1916, p. 2.
[166] El Paso Morning Times, "Cincuenta chinos fueron muertos por Villa en Chihuahua", El Paso, Texas, miércoles 6 de diciembre de 1916, p. 1.
[167] El Paso Morning Times, "Los extranjeros sufrieron poco a manos de F. Villa", El Paso, Texas, jueves 7 de diciembre de 1916, p. 1.

Emiliano Enríquez.
(Salvador del Pinal)

Pascual Mejía.
(Archivo Casasola)

su hermano Ignacio Enríquez había fungido como jefe político del Distrito Iturbide, y su sobrino, el general Ignacio C. Enríquez, militaba en las tropas carrancistas.[168] El periodista Silvestre Terrazas Enríquez, de quien ya se había dicho que fungió como secretario general de Gobierno en el régimen villista, era su sobrino, hijo de su hermana Guadalupe Enríquez. Don Emiliano tenía una fábrica de cajas de madera, en el número 2000 de la Avenida Penitenciaría, y nunca se inmiscuyó en política. Estaba casado con la señora Carmen Alcalá Armendáriz, hija del comerciante Conrado Alcalá, asesinado por Villa dos años atrás.[169]

El 20 de junio de 1911 Enríquez fungió como delegado de Paz en Chínipas y consiguió poner fin a las hostilidades entre los rebeldes comandados por Manuel Loya y el jefe de la guarnición de la plaza, teniente coronel Manuel Reyes, después de 70 días de sitio.[170] Ese mismo año Enríquez se desempeñó como jefe político en Ciudad Juárez, entre el 20 de noviembre y el 16 de diciembre.[171]

[168] *El Paso Morning Times*, "Prominentes ciudadanos son asesinados por Villa en la ciudad de Chihuahua", El Paso, Texas, miércoles 6 de diciembre de 1916, p. 1; *La Prensa*, "Los villistas ejecutaron en Chihuahua a varios prominentes carrancistas", San Antonio, Texas, viernes 8 de diciembre de 1916, p. 1.
[169] Entrevista de Reidezel Mendoza a Salvador del Pinal, Ciudad de México, sábado 25 de julio de 2015.
[170] R. Mendoza, *Cazadores de la sierra. Historia militar de la Revolución en Chihuahua*, edición del autor, Chihuahua, 2010, pp. 112-113.
[171] A. B. Chávez, *Sesenta años de gobierno municipal. Jefes políticos del distrito Bravos y presidentes del municipio de Juárez 1867-1960 (Actuación política y datos biográficos)*, México, 1959, p. 67.

Don Emiliano fue a ver a Villa en la Quinta Luz. Sobre el motivo del señor Enríquez para ir hay diferentes versiones. Según Salvador del Pinal, Villa había ordenado a su bisabuelo presentarse en la Quinta Luz: "Eran las seis de la tarde, apenas iba a merendar en su casa [...] poco después una sirvienta de la familia Enríquez se enteró de que su patrón había sido asesinado y llevó a la familia su sombrero baleado".[172] Otra versión dice que esa tarde don Emiliano decidió ir a saludar a Villa, quizá pensando que de ese modo se lo granjearía, y salió de su casa en la esquina de Morelos y Segunda, rumbo a la calle Décima, donde estaba la Quinta Luz. Pasaron dos horas y su esposa, preocupada, salió a buscarlo en la misma dirección. Al aproximarse a la residencia de Villa, un individuo le dijo que mejor desistiera porque probablemente le deparaba la misma suerte que a su esposo, insinuándole que había sido asesinado.[173]

Carmen Alcalá viuda de Enríquez.
(Familia Olea Enríquez)

Una historia distinta dice que Villa fue a la casa de don Emiliano y le pidió al niño menor que llamara a su papá, y que ahí mismo lo mató.[174] Emiliano Enríquez, de 46 años, dejó huérfanos a seis hijos: Alfonso, Guillermo, Juan, Óscar, Roberto y Carmen Enríquez Alcalá. Al día siguiente fue sepultado en la fosa 109 del lote ocho de preferentes del Panteón Nacional.[175]

El licenciado Pascual Mejía, presidente del Supremo Tribunal de Justicia del Estado de Chihuahua y fundador del Partido Antirreeleccionista en 1909, fue arrestado y fusilado por órdenes de Villa. Aparentemente la causa de su ejecución fue la represalia por su colaboración con el régimen orozquista durante la administración del ingeniero Felipe R. Gutiérrez, y por haber fungido como apoderado legal de la señora Francisca Fayot viuda de Gutiérrez, a quien ayudó a nulificar la

---

[172] *Idem.*

[173] G. Alvelais, *Sucesos del norte acaecidos a norteños*, s/e, Chihuahua, s/f., pp. 210-211.

[174] Entrevista de Raúl Herrera Márquez a Roberto Enríquez, Ciudad de México, 9 de mayo de 2017.

[175] Nació el 7 de septiembre de 1869, en la ciudad de Chihuahua, hijo de Juan Enríquez y Mariana Terrazas, falleció por heridas de arma de fuego a las seis de la tarde del 29 de noviembre de 1916. (Defunciones, libro núm. 71, acta núm. 40, f. 24, Chihuahua, 12 de diciembre de 1916).

donación de la herencia de su esposo a Villa.[176] Su cadáver fue inhumado por instrucción del juez del Registro Civil en el Panteón Nuevo (hoy Panteón Municipal número uno), el 2 de diciembre de 1916, sin especificar generales ni reclamo de familiares.[177]

La señora Francisca González de Rodríguez, vecina de la capital del estado, desapareció esos mismos días en que Villa estuvo en poder de la ciudad. Un pelotón villista la aprehendió y la trasladó en automóvil al camino que lleva a Santa Eulalia, llevando además un par de botes de petróleo. Al retomar la plaza los carrancistas, un grupo de oficiales encontró el cuerpo achicharrado de una mujer en los suburbios de Santa Eulalia, y funcionarios del gobierno concluyeron que Villa había ordenado quemar a la señora, aunque nunca se conocieron los motivos.[178]

TERROR VILLISTA EN LA CIUDAD DE MÉXICO Y GUADALAJARA

El 22 de septiembre de 1914 Villa desconoció a Venustiano Carranza como primer jefe del Ejército Constitucionalista, y el 6 de diciembre, acompañado por Emiliano Zapata, entró a la Ciudad de México a la cabeza de un numeroso ejército. Las fuerzas de ambos líderes desfilaron desde Chapultepec, por Paseo de la Reforma hasta Palacio Nacional, donde los recibió el presidente provisional de la República, general Eulalio Gutiérrez, recientemente nombrado por la Convención de Aguascalientes. Según el secretario de Villa, Luis Aguirre Benavides, "empezó entonces una época de plagios, violaciones y asesinatos".[179]

Miguel Alessio Robles dice que Villa se creyó "el amo de la Ciudad de México", y este y Rodolfo Fierro se dedicaron a cometer los desmanes más

---

[176] Diligencia de jurisdicción voluntaria, Juzgado Primero de lo Civil, Distrito Morelos, Chihuahua, 12 de septiembre de 1916, 5 ff.; Verbal por nulidad de contrato de donación derechos hereditarios, Juzgado Primero de lo Civil, Distrito Morelos, Chihuahua, 11 de octubre de 1916, 11 ff., AHSTJCH.

[177] Falleció de herida producida por arma de fuego. (Defunciones, Chihuahua, 2 de diciembre de 1916, acta núm. 7009, f. 115); *El Paso Morning Times*, "Mataron al presidente del Tribunal de Justicia", El Paso, Texas, sábado 9 de diciembre de 1916, p. 1.

[178] *El Paso Morning Times*, "Se llevaron a una señora de Chihuahua los bandoleros", El Paso, Texas, sábado 6 de enero de 1917, p. 1.

[179] Aguirre, *De Francisco I. Madero a Francisco Villa...*, pp. 210-211.

David A. Berlanga.
(Fototeca INAH)

Paulino Martínez.
(Fototeca INAH)

escandalosos.[180] Diariamente corrían rumores de ejecuciones clandestinas en el patio de la penitenciaría capitalina y de misteriosos tiroteos en las calles.[181] Los villistas ordenaban al prefecto de Tacuba que se cavaran fosas en el cementerio, y poco después llevaban a las víctimas de extorsiones, secuestros o enemigos políticos en automóviles para ejecutarlos y sepultarlos.[182] La población se encontraba temerosa "por las continuas desapariciones de individuos secuestrados por la noche, ya para exigirles en cambio de su rescate sumas de dinero, ya para asesinarlas en lugares despoblados".[183] Según testimonios, los villistas "fusilaban por docenas a pacíficos desconocidos, y cada mañana, en el propio carro de Villa se repartían los anillos, los relojes y las carteras de los fusilados la noche anterior".[184]

Luis Aguirre Benavides acusó a Villa de secuestrar a súbditos españoles y a mexicanos acaudalados para extorsionarlos, y "los que no pudieron satisfacer

---

[180] Alessio, *Memorias...*, t. I, p. 221.

[181] *Norwich Bulletin*, "Stories of Executions in Mexican Capital", Norwich, Connecticut, sábado 26 de diciembre de 1914, p. 1.

[182] *El Pueblo*, "Crímenes de la reacción. Historia de varios atentados", Veracruz, lunes 1º de marzo de 1915, p. 3.

[183] A. Knight, *La Revolución mexicana: Del Porfiriato al nuevo régimen constitucional*, Grijalbo, México, 1996, p. 1047; *La Opinión*, "Historia de un revolucionario. Paulino Martínez", Los Ángeles, California, domingo 8 de octubre de 1933, p. 11; Taracena, *La verdadera Revolución mexicana. Segunda etapa...*, p. 123.

[184] J. Vasconcelos, *Memorias I. Ulises Criollo. La Tormenta*, Letras Mexicanas, FCE, México, 1983, p. 216.

su avaricia fueron asesinados a discreción".[185] Entre los retenidos figuraron: Miguel Delgado, Sabás Lozoya, Guillermo Terrazas y Cástulo Baca, quienes fueron detenidos y trasladados a la penitenciaría de Chihuahua.[186] El exdiputado Ostos aseguró que los prisioneros eran hacinados en un furgón de carga en Buenavista y, en el camino, eran ejecutados por el propio Villa. Ostos dice haber estado entre los detenidos, pero pudo fugarse cerca de Irapuato, arrojándose de un tren en marcha.[187]

El poeta Jesús Urueta escribió a Juan Sánchez Azcona:

Yo creo que la entrada de [Francisco] Villa y de [Emiliano] Zapata a la ciudad de México fue el punto de partida del éxito constante y creciente del constitucionalismo, porque hicieron tales barbaridades que dejaron aterrorizado a todo el mundo. Figúrate que Villa se sentó en el sillón presidencial de don Benito Juárez teniendo a sus lados a Zapata y a [Tomás] Urbina, en medio de una turba abigarrada de zapatistas melenudos. La fotografía recogió tan interesantes cuadros: raptos, violaciones, plagios, saqueos, asesinatos.[188]

Se rumoró que solo en la primera semana más de 40 individuos habían sido ejecutados. Algunos fueron fusilados en las afueras de la ciudad, y otros en las calles, cantinas y domicilios particulares.[189] Los villistas multiplicaban sus indagatorias para ubicar y capturar a los enemigos reales, y aun los imaginarios, y los asesinaban en el panteón Sanctorum[190] de Tacuba. Allí se encontraron los cadáveres acribillados del general Enrique Rivero,[191] del oficial Lamberto

---

[185] *The Washington Post*, "Villa Ready to Ravage Border with Fire and Sword if U.S. Steps in", Washington, sábado 5 de junio de 1915, p. 2.

[186] *La Prensa*, "Continúan las ejecuciones en la C. de México", San Antonio, Texas, martes 22 de diciembre de 1914, p. 1; Aguirre, *De Francisco I. Madero a Francisco Villa...*, p. 217.

[187] *El Pueblo*, "Apuntes para la historia", México, sábado 23 de enero de 1915, p. 3.

[188] Urueta, *La historia de un gran desamor...*, p. 284.

[189] William W. Canada a Departamento de Estado, Veracruz, 12 de diciembre de 1914 NAW, 812.00/14008; John R. Silliman a Departamento de Estado, México, 12 de diciembre de 1914 NAW, 812.00/13999; *La Prensa*, "Continúan las ejecuciones en la C. de México", San Antonio, Texas, martes 22 de diciembre de 1914, p. 1.

[190] Está ubicado a tres kilómetros del Panteón Español: "En dicho panteón fueron enterradas todas las víctimas del asesino Villa, así como algunos cadáveres de víctimas del zapatismo, como el vicepresidente de la Convención, general [Guillermo] García Aragón. (*El Pueblo*, "Dónde fueron enterradas las víctimas", Veracruz, miércoles 3 de febrero de 1915, p. 1).

[191] Defunciones, Tacuba, 3 de diciembre de 1914, acta núm. 1154 ff. 93v-94.

García Ugalde,[192] del abogado Daniel Reyes Retana[193] y de los civiles Modesto Moreno,[194] Luis Noriega[195] y de Ángel Ondovilla,[196] a quienes acusaron de ser "reaccionarios".

La prensa extranjera reportó que entre 100 y 150 personas fueron asesinadas en la capital de la República en un mes.[197] Alan Knight y Charles C. Cumberland aseguran que las ejecuciones sobrepasaron las 200, y entre las víctimas figuraron los exfederales Eutimio Munguía, Pedro Ojeda y Víctor Preciado.[198] Según José Vasconcelos, todos esos crímenes se derivaron del "trato de rufianes, compadrazgo de fieras, con prenda de sangre humana, que fue el Pacto de Xochimilco".[199]

La misma noche del desfile de las tropas revolucionarias se corrió la noticia de que habían sido ejecutados el general Antonio M. Priani Salas, exjefe del Estado Mayor del general Victoriano Huerta, y dos oficiales de menor graduación. Se rumoró que Priani había sido capturado por orden de un miembro de la familia Madero, quien lo había ejecutado con la autorización de Villa.[200] Juan B. Vargas dice que José I. Prieto y Nieves Quiñones habían aprehendido a Priani en Guadalajara y lo habían llevado ante su jefe: "Villa fijó en él su mirada, lo reconoció y dijo: 'Fusílenlo'". Villa se vengaba de un empujón en Jiménez: "Ni una queja, ni una súplica; estoico, valiente, silencioso, marchó erecto al patíbulo".[201]

---

[192] Defunciones, Tacuba, 3 de diciembre de 1914, acta núm. 1153, ff. 94-94v.

[193] Era hermano del licenciado David Reyes-Retana, partidario del general Bernardo Reyes, de 34 años, hijo de Tomás Reyes-Retana y de Lotero Nájera Muñoz. (Defunciones, Tacuba, 3 de diciembre de 1914, acta núm. 1154, f. 94v; *La Prensa*, "El licenciado David Reyes Retana fue ejecutado en la ciudad de México", San Antonio, Texas, jueves 10 de diciembre de 1914, p. 1; Canova a Departamento de Estado, México, 16 de diciembre de 1914, NAW, 812.00/14097).

[194] Defunciones, Tacuba, 3 de diciembre de 1914, acta núm. 1157, f. 119v.

[195] Defunciones, Tacuba, 3 de diciembre de 1914, acta núm. 1156, f. 94v-95.

[196] Defunciones, Tacuba, 3 de diciembre de 1914, acta núm. 1154, ff. 118-118v.

[197] *El Paso Morning Times*, "Llegan informes acerca de que diariamente se hacen ejecuciones al por mayor en la capital de anteriores funcionarios", El Paso, Texas, miércoles 16 de diciembre de 1914, p. 1; *El Paso Herald*, "Executions Numerous in Mexico City. Fierro is Killing Many", El Paso, Texas, viernes 25 de diciembre de 1914, p. 1.

[198] C. Cumberland, *La Revolución mexicana: los años constitucionalistas*, FCE, México, 1975, p. 175; Knight, *La Revolución mexicana…*, vol. 2, pp. 852 y 858.

[199] Vasconcelos, *Memorias I…*, p. 216.

[200] *El Pueblo*, "Apuntes para la historia", México, sábado 23 de enero de 1915, p. 3.

[201] Vargas, *A sangre y fuego…*, pp. 99-100; Calzadíaz, *Hechos reales de la Revolución*, t. 2, Editorial Patria, 1967, p. 219.

Días después, Villa ordenó a Fierro aprehender al teniente coronel David
A. Berlanga por haber hablado mal de él y de sus allegados, en una de las sesio-
nes de la Convención de Aguascalientes. Berlanga y Guillermo García Aragón
fueron llevados ante Villa, y este les advirtió: "Ya me cansó esa Convención
[…] y lo que voy a hacer es fusilar a ustedes". Entregó a García Aragón a los
zapatistas y ordenó ejecutar a Berlanga; Fierro lo fusiló en el cuartel de San
Cosme, el martes 8 de diciembre, y lo sepultó en el panteón de Dolores.[202]
El propio Villa admitió el crimen, después de que Gutiérrez le reclamó los
asesinatos: "Mire usted, yo mandé matar a Berlanga porque era un falderillo
que me andaba ladrando. Me cansé de tanta hablada y le di una patada". Esa
misma noche también fue ejecutado Servando D. Canales, que había fungido
como superintendente general de Transportes con Huerta.[203]

La noche del domingo 13 de diciembre el matón de Villa fusiló en el panteón de Dolores al viejo periodista y coronel Paulino Martínez, cuyo cadáver
nunca se pudo recuperar.[204] Villa mandó dos policías a la casa de Martínez
con un falso mensaje del secretario de Guerra, José Isabel Robles, donde
lo citaba urgentemente. Martínez dio crédito al mensaje y acompañó a los
agentes que lo arrestaron y entregaron a Rodolfo Fierro.[205] Aparentemente,

---

[202] Canova a Departamento de Estado, México, 17 de diciembre de 1914 NAW, 812.00/14122; *El Pueblo*, "Las causas de varios asesinatos cometidos en México", Veracruz, miércoles 23 de diciembre de 1914, p. 1; *El Pueblo*, "Apuntes para la historia", Veracruz, domingo 24 de enero de 1915, p. 3; *El Paso Morning Times*, Información breve", El Paso, Texas, miércoles 9 de febrero de 1916, p. 3; Gorostiza, *Los ferrocarriles en la Revolución mexicana*, p. 317; A. Gilly, *La revolución interrumpida*, Ediciones Era, México, 1994, p. 155; M. Á. Sánchez, *Historia militar de la Revolución Mexicana en la época de la Convención*, INEHRM, México, 1983, p. 40; Taracena, *La verdadera Revolución mexicana. Segunda etapa…*, p. 117; Herrera, *Francisco Villa ante la historia*, pp. 133-134; Meyer, *John Kenneth Turner…*, p. 288; Alessio, *Memorias…*, t. I, p. 222; Aguirre, *De Francisco I. Madero a Francisco Villa…*, pp. 211-212 y 216.
[203] *La Prensa*, "Acusación contra el director de *El Heraldo de México*", San Antonio, Texas, sábado 20 de marzo de 1920, p. 6; Alessio, *La Convención revolucionaria de Aguascalientes*, INEHRM, México, 1979, p. 59.
[204] Otra fuente indica que el cadáver fue abandonado cerca de la fábrica El Progreso, Distrito de Tlalnepantla. (*El Paso Morning Times*, "Paulino Martínez fue asesinado", El Paso, Texas, jueves 17 de diciembre de 1914, p. 1; *El Pueblo*, "Las causas de varios asesinatos cometidos en México", Veracruz, miércoles 23 de diciembre de 1914, p. 1; *El Pueblo*, "Apuntes para la historia", Veracruz, domingo 24 de enero de 1915, p. 3).
[205] Canova al Departamento de Estado, 16 de diciembre de 1914, 812.00/14061, NA, RG 59; Canova al Departamento de Estado, México, 17 de diciembre de 1914, NAW, 812.00/14122; *El Pueblo*, "Madero fue vengado", México, viernes 29 de enero de 1915, p. 2; *El Pueblo*, "Crímenes de la Reacción. Historia de varios atentados", Veracruz, lunes 1º de marzo de 1915, p. 3; Robles, *Historia política de la Revolución*, p. 181; J. Silva Herzog, *Breve historia de la Revolución Mexicana*, t. II, FCE, México, 1972, pp. 124 y 134-135; Sánchez, *Historia militar*

a Villa le había molestado un artículo de don Paulino en el que criticaba duramente al maderismo y a la familia del expresidente Madero, refiriendo "la indiferencia del pueblo mexicano ante los sucesos de febrero". El secretario de Guerra averiguó que Fierro había conducido a Martínez a un cuartel y posteriormente lo asesinó. Eulalio Gutiérrez dijo que el mismo Fierro confesó el crimen y que también tenía órdenes de matar a Antonio Díaz Soto y Gama y a Manuel Palafox.[206]

El presidente Eulalio Gutiérrez informó en junta de ministros que Villa estaba cometiendo infinidad de desmanes y que le había llamado seriamente la atención.[207] El secretario de Guerra, José Isabel Robles, ordenó a Villa que saliera de la capital de la República a combatir al enemigo, pero este desobedeció. Los miembros del gabinete eran acosados y los delegados de la Convención no se presentaban a sesionar por las amenazas de Villa. El presidente Gutiérrez y sus ministros comprendieron que "Villa era ingobernable, ambicioso y brutal".[208] Felipe Ángeles declaró años después que Villa se había convertido "en un terrible déspota que persiguió hasta a los mismos elementos que lo apoyaban", y aseguró que, de haber triunfado, habría implantado en el país "el peor y más tremendo de los despotismos".[209] Alessio Robles relata:

---

de la Revolución Mexicana en la época de la Convención, p. 41; Taracena, La verdadera Revolución mexicana. Segunda etapa…, p. 123.

[206] El Pueblo, "Apuntes para la historia", Veracruz, domingo 24 de enero de 1915, p. 3; La Prensa, "El asesinato de D. Paulino Martínez", San Antonio, Texas, miércoles 6 de octubre de 1915, p. 6; La Prensa, "El asesinato de D. Paulino Martínez", San Antonio, Texas, miércoles 6 de octubre de 1920, p. 6; Valdés, El mito de Zapata, p. 56; Aguirre, De Francisco I. Madero a Francisco Villa…, p. 219.

[207] Gutiérrez fue citado a comparecer ante el Juzgado Quinto de Instrucción, y declaró que unos generales villistas habían sido los autores del asesinato de Martínez, y que este crimen, junto con el de Berlanga y el de García Aragón, provocaron la caída de su gobierno. Según Gutiérrez, "cuando supo que la gente que estaba a las órdenes de Villa era la responsable, degradó a éste por tal motivo y le dirigió una reprimenda. Que más tarde se presentó en la metrópoli Villa y, pistola en mano, le reclamó su enérgica acción". El expresidente manifestó que las desavenencias con Villa fue lo que lo obligaron a abandonar el poder y salir de la capital, pues este se aproximaba a la plaza en actitud hostil y él no contaba con elementos de resistencia. (La Prensa, "Vuelve a hablarse del asesinato de un periodista en México", San Antonio, Texas, jueves 23 de septiembre de 1920, p. 7; La Prensa, "¿Porque fracasan los gobiernos?", San Antonio, Texas, sábado 25 de septiembre de 1920, p. 3).

[208] El Pueblo, "Apuntes para la historia", Veracruz, domingo 24 de enero de 1915, p. 3; Alessio, Memorias…, t. I, p. 222; Silva, Breve historia…, t. II, pp. 134-135.

[209] La Prensa, "Ángeles no tiene esperanzas de volver a México. Se manifiesta muy desanimado y arrepentido de haber ayudado a Francisco Villa en su movimiento rebelde", San Antonio, Texas, lunes 23 de septiembre de 1918, p. 1.

[José] Vasconcelos era acechado y perseguido por los principales corifeos del villismo [...] Gutiérrez lo escuchaba y continuamente consultaba con él los asuntos más delicados de su gobierno. Por eso caían sobre él los dardos de la envidia [...] Vasconcelos no permanecía callado ante los desmanes que estaba cometiendo el villismo en la ciudad de México; con frecuencia los condenaba sin recato alguno y con las frases más encendidas. Por ese motivo fue perseguido con una saña inaudita pero no fue el único: el mismo general Eulalio Gutiérrez estuvo a punto de ser asesinado personalmente por el propio Villa en el Palacio Braniff, pero se salvó milagrosamente. Era la Navidad del año de 1914.[210]

La mayor parte de los habitantes de la Ciudad de México se encontraba recluida en sus casas, "presa de pánico por los atropellos que se cometen diariamente, a la luz pública, como el asesinato de Berlanga [...] o los fusilamientos de los generales Liborio Fuentes, Antonio M. Priani y del coronel Guillermo Castillo Tapia". Desaparecían entre cinco y 10 personas por día.[211]

Las desapariciones continuaban, los rumores de asesinatos en los cuarteles en Tacuba, en los panteones [...] en esos días llegó [Tomás] Urbina y otros generales de la División del Norte y empezaron los plagios y secuestros de personas de dinero contándose entre las víctimas a muchos españoles, vecinos del Distrito Federal, y llegados de otros puntos de la República [...] los plagios se hicieron tan comunes [...] los asesinatos continuaban, casi en razón de los banquetes y comidas íntimas que daban los señores generales Fierro, Urbina y otros.[212]

Manuel Manzanera, delegado en la Convención y representante de los hermanos Arrieta, de Durango, fue secuestrado y ejecutado. Aparentemente el motivo fue que rehusó adherirse al desconocimiento de Carranza. Según González Ramírez, Tomás Urbina, el compadre de Villa, lo asesinó por el simple hecho de ser representante de sus acérrimos enemigos los Arrieta.[213] El villista Juan B. Vargas afirma que Manzanera había sido calumniado por

---

[210] Alessio, *Memorias...*, t. I, pp. 222-223.

[211] *El Pueblo*, "La situación porque atraviesa la excapital de la República puede calificarse de pésima", Veracruz, sábado 19 de diciembre de 1914, p. 1.

[212] *El Pueblo*, "Apuntes para la historia", Veracruz, domingo 24 de enero de 1915, p. 3.

[213] Cumberland, *La Revolución mexicana...*, p. 185; González, *La revolución social de México I. Las ideas. La violencia*, t. I, FCE, México, 1960, p. 541; Meyer, *John Kenneth Turner...*, p. 288.

Urbina por cierta animadversión, y después de que aceptó ser representante de los Arrieta, Villa ordenó a Carmen Ortiz y a Candelario Cervantes que lo ejecutaran en Zacatecas.[214]

Manuel Manzanera.

Guillermo García Aragón.
Vicepresidente de la Convención.

A Urbina también se le adjudica el secuestro de los hermanos Jurado, dueños de la hacienda de Canutillo, que radicaban en la Ciudad de México, a los que pretendió presionar para que le firmaran las escrituras de su propiedad, a cambio de un pago que no cubría ni la mitad de su valor.[215]

Villa y su compadre Urbina hicieron grandes negocios y lograron amasar una fortuna, obligando a los capitalinos a cambiar los pesos de plata por billetes

---

[214] Vargas, *A sangre y fuego...*, p. 77.

[215] El valor de la propiedad ascendía a más de un millón de pesos, pero Urbina solo ofreció 500 000; finalmente, este se apoderó a la fuerza de Canutillo luego de haber secuestrado a tres de los hermanos Jurado y de amenazar a dos de sus hermanas. Los Jurado pudieron recuperar la hacienda cuando Urbina fue asesinado. En julio de 1916 Villa asesinó a Miguel Jurado, después de que este se negó a firmar la cesión de Canutillo. En 1920 el gobierno federal incautó la propiedad y se la entregó a Villa, acordando indemnizar a la familia con 500 000 pesos. Josefa Jurado protestó por la operación del gobierno y aseguró que un tribunal federal le había concedido un amparo en contra de la resolución de la Presidencia de la República. (*El Pueblo*, "Crímenes de la Reacción", Veracruz, lunes 1º de marzo de 1915, p. 3; *La Prensa*, "Francisco Villa irá a la capital de la República", San Antonio, Texas, domingo 28 de noviembre de 1920, p. 1; *El Paso Herald*, "Put up Fight for the Lands Villa Now Has", El Paso, Texas, martes 30 de noviembre de 1920, p. 2).

o "sábanas" villistas que, después de llenar varios carros, salían en tren rumbo a Chihuahua. También se remitían al norte grandes cantidades de pieles y cueros crudos que decomisaban en las curtidurías, peleterías y rastros de la ciudad. En el negocio también estaban involucrados Fierro y el agente español villista de apellido Del Caso.[216]

Villa ordenó publicar en los diarios capitalinos un llamado a todos los jefes y oficiales del Ejército federal para que se adhirieran a sus fuerzas, ofreciendo reconocerles su grado militar. En atención a la convocatoria, el mayor de Artillería Leonardo Anchondo Zubirán,[217] que había combatido a los estadounidenses en el Puerto de Veracruz, en abril de 1914, decidió presentarse junto con su primo Federico Zubirán Anchondo, estudiante de Contabilidad, a la oficina de Villa en un carro de ferrocarril, en los andenes de la Estación de Balbuena. Villa les dijo: "Sí, muchachitos, preséntense mañana conmigo a las cinco para que se incorporen al ejército". La noche del 10 de diciembre de 1914 el general Liborio Fuentes,[218] consuegro del expresidente Huerta que había sido arrestado, el mayor Leonardo Anchondo, los oficiales Fernando Ávalos[219] y Francisco Gálvez[220] fueron ejecutados en el Panteón Español.[221] Los cadáveres quedaron insepultos varias horas. En Chihuahua, la familia Anchondo recibió la noticia de que el joven Leonardo había sido fusilado y su hermano José Dolores viajó a la capital para reclamar el cadáver. El mayor Anchondo tenía cinco disparos en el pecho.[222] Mariano Anchondo, al enterarse de la muerte de

---

[216] Agustín Valdés fue uno de los peleteros más perjudicados de la capital, pues fue secuestrado y su mercancía decomisada, habiendo exigido a sus hijos un rescate de 250 000 pesos; finalmente se conformaron con 50 000 y don Agustín fue liberado. Al poco tiempo fue detenido y nuevamente extorsionado. (*El Pueblo*, "Apuntes para la historia", Veracruz, domingo 24 de enero de 1915, p. 3; *El Pueblo*, "Crímenes de la Reacción", Veracruz, lunes 1º de marzo de 1915, p. 3).

[217] Expediente del mayor de Artillería Leonardo Anchondo, caja 155, D/III.6/2730, AHSDN.

[218] Originario de Guadalajara, de 48 años, hijo de Ignacio Fuentes y Josefa Meza, viudo de Carolina Basauri y casado en segundas nupcias con Natalia González Rubio. (Defunciones, Tacuba, 11 de diciembre de 1914, acta núm. 1186, f. 107).

[219] Originario de la ciudad de Puebla, de 36 años, soltero, hijo de Patricio Ávalos y de Dolores Ocampo. (Defunciones, Tacuba, 11 de diciembre de 1914, acta núm. 1188).

[220] Originario de San Sebastián, Jalisco, de 52 años, hijo de José Gálvez y Carmen Sánchez. (Defunciones, Tacuba, 11 de diciembre de 1914, acta núm. 1189, ff. 108-108v).

[221] *La Prensa*, "El general Liborio Fuentes fue fusilado en la C. de México hace seis días", San Antonio, Texas, martes 15 de diciembre de 1914, p. 1; *El Paso Morning Times*, "El Gral. Fuentes fue fusilado", El Paso, Texas, martes 15 de diciembre de 1914, p. 2; *El Pueblo*, "Dónde fueron enterradas las víctimas", Veracruz, miércoles 3 de febrero de 1915, p. 1.

[222] Originario de Cusihuiriachi, hijo de los finados Silvestre Anchondo y Beatriz Zubirán, de 26 años, soltero, militar, vivía en la casa número 243 de la sexta calle del Pino. Falleció en el

su hermano, decidió incorporarse al Ejército zapatista y poco después murió en combate. Federico no pudo presentarse a la cita y por eso se salvó. El motivo del crimen era la inquina de Villa a la familia Anchondo de Chihuahua, a quienes había jurado exterminar sin que estén claras las razones de su odio.[223]

La mañana del 11 de enero de 1915 varios exfederales se presentaron en el cuartel de San José de Gracia, donde algunos fueron ejecutados sin formación de causa.[224] Los cadáveres de jefes y oficiales del Ejército de todos los grados, asesinados por Rodolfo Fierro, quedaron regados en el lugar. Luis Aguirre Benavides afirma que fue testigo del plan que había urdido Villa para eliminar a los oficiales federales retirados, después de haberlos convocado para reintegrarlos a sus tropas. Así murieron el general Eutimio Munguía, los oficiales Juventino Díaz, Ignacio M. Noriega, entre otros. Según el exsecretario de Villa, "de esta manera ruin, Villa desapareció a cerca de 22 oficiales del ejército federal".[225]

Mayor Leonardo
Anchondo Zubirán.
(*AHSDN*)

El exgeneral Ignacio Morelos Zaragoza relata:

Muchos compañeros se incorporaron a las brigadas de Fierro, de Triana, de Ceniceros, de Contreras y otros, y corrieron mala suerte porque estos individuos, por cualquier contrariedad o sospecha, los mataban personalmente o los destituían delante de la tropa. Yo recuerdo a los generales Fuentes, Munguía y Priani, que

---

Panteón Español, a las 10:30 de la noche, a consecuencia de lesiones por arma de fuego, y fue sepultado de manera temporal en el Panteón Español. (Defunciones, Tacuba, 11 de diciembre de 1914, acta núm. 1187, f. 107v).

[223] Testimonio del doctor Salvador Zubirán Anchondo, México, 1994 [inédito] s/p; partes militares del general Gustavo A. Maass, AHSDN, XI/481.5/315, ff. 148; I. Fabela, *Documentos históricos de la Revolución mexicana. Revolución y régimen constitucionalista*, t. II, FCE, México, 2014, pp. 21-33.

[224] Taracena, *La verdadera Revolución mexicana. Segunda etapa...*, p. 132.

[225] *The Washington Post*, "Villa Ready to Ravage Border with Fire and Sword if U.S. Steps in", Washington, sábado 5 de junio de 1915, p. 2.

fueron pasados por las armas sin causa debidamente justificada. De manera que nuestra situación era peligrosa siempre.[226]

El 20 de diciembre de 1914, ya en Guadalajara, Villa exigió a los habitantes de la ciudad una contribución forzosa de un millón de pesos y designó a un comité, encabezado por el oftalmólogo Ramón Puente, para reunir el efectivo entre los residentes más adinerados. Villa, seguido del coronel Candelario Cervantes y de dos oficiales del general Julián C. Medina, solía acompañar a Puente en su misión, cuyo éxito fue parcial. Uno de los colaboradores reticentes fue Joaquín Cuesta Gallardo, hermano del último gobernador porfirista, Manuel Cuesta Gallardo. El licenciado Juan Pérez Rubio también se quejó de la cantidad de dinero exigida y fue directamente a reclamar a Villa en su vagón, donde fue retenido.[227]

Dos excolaboradores del régimen huertista cayeron en manos de Villa en Guadalajara en esos días: el general Antonio Delgadillo, gobernador del estado de Colima durante los primeros meses de 1914, y el coronel Tomás Bravo, hijo del general Ignacio A. Bravo, defensor de la ciudad de Torreón contra los intentos de Villa de tomarla en 1913. Estos hombres fueron llevados a las goteras de la ciudad junto con el licenciado Juan Pérez Rubio y su hermano el presbítero Miguel Pérez Rubio,[228] que había tomado las armas en apoyo a Villa, y fusilados por los hombres de Rodolfo Fierro en la estación de Poncitlán, el miércoles 30 de diciembre de 1914.[229]

---

[226] El 4 de enero de 1915 una fuerza de 8 000 hombres, al mando de los generales José Delgado, Gonzalo Luque, Ignacio Morelos Zaragoza y Arnoldo Casso López, se unieron a las tropas de Villa. (*La Prensa*, "En qué forma actuó el resto del ejército federal a raíz de su licenciamiento", San Antonio, Texas, jueves 21 de diciembre de 1916, pp. 1-6; B. Ulloa, *Historia de la Revolución mexicana. Periodo 1914-1917. La Revolución escindida*, Colegio de México, México, 1979, p. 71 [versión digital]. http://www.cervantesvirtual.com/obra/historia-de-la-revolucion-mexicana- parte-2-periodo-1914-1917-vol-4-la-revolucion-escindida/).

[227] S. L. Robe, "Guadalajara: December, 1914-January, 1915", en *Azuela and the Mexican Underdogs*, University of California Press, Berkeley, 1979, p. 21; Calzadíaz, *Hechos reales de la Revolución*, t. 2, p. 103.

[228] Nació el 3 de agosto de 1863, hijo de Juan Pérez Valdivia e Isabel González Rubio, presbítero, vecino de Cañadas, de 51 años, fue inhumado en fosa común. (Defunciones, Poncitlán, Jalisco, 29 de agosto de 1915, acta núm. 107, f. 29).

[229] Calzadíaz, *Hechos reales de la Revolución*, t. 2, pp. 103-104; *Semanario Arquidiocesano de Guadalajara*, "Un Presbítero villista: Miguel Pérez Rubio", año XIII, núm. 973, edición 688, 8 de abril de 2010. http://www.semanario.com.mx/ps/2010/04/un-triunfo-tragico/, consultado el 22 de abril de 2015.

El conductor del tren, que trasladó a víctimas y homicidas al lugar del sacrificio, relata: "Estos prisioneros, todos civiles respetables, eran católicos, un sacerdote y un abogado destacado de esta ciudad. Cuando el tren llegó a Poncitlán, los nueve prisioneros fueron colocados en línea contra la pared de adobe del cementerio. Sin juicio o notificación de su condena, fueron ejecutados. Fue uno de los actos más brutales que he presenciado".[230]

El propietario de la hacienda de Atequiza, Joaquín Cuesta Gallardo, invitó a Villa a abordar su carruaje para exigirle que respetara sus propiedades, y después de un intercambio de palabras fuertes, Villa ordenó su arresto y ejecución.[231]

Otra versión asegura que un pelotón villista detuvo a Joaquín Cuesta en su casa en la ciudad de Guadalajara. Un testigo informó a la familia que la noche del 20 de febrero de 1915 había observado a un pelotón de soldados llevarlo a la fuerza al cementerio y posteriormente había escuchado una descarga de fusilería.[232] El cadáver fue inhumado clandestinamente en la fosa cuatro, tramo 51, del panteón municipal de Mezquitán. Ese mismo día se exhumaron sus restos, que fueron identificados por las marcas de ropa, una amalgama y sus pertenencias.[233]

Las ejecuciones surgidas de la ocupación se llevaron a cabo en lugares apartados de la mirada pública, ya fuera en cuarteles o en pueblos periféricos como Zapopan, Poncitlán u Ocotán, y muchos residentes de la ciudad de Guadalajara aprovecharon la situación para presentar quejas y denuncias contra sus enemigos personales. Escribió M. D. Davis: "Cada una de las facciones está obsesionada con el espíritu de asesinato".[234]

Villa regresó finalmente a la capital de la República llevando a varios prisioneros políticos que había capturado en la ciudad de Guadalajara, a quienes fusiló en el camino para no llegar con aquella "estorbosa carga".[235]

---

[230] W. B. Davis, *Experiences and Observations...*, pp. 129-131.

[231] S. L. Robe, "Guadalajara: December 1914-January 1915", en *Azuela and the Mexican Underdogs*, p. 21.

[232] A. Rendón, "Reflexiones sobre la Revolución Mexicana en Jalisco", en *La Revolución en los estados de la República Mexicana*, p. 258.

[233] Nació en Guadalajara, Jalisco, el 13 de septiembre de 1874, hijo de Manuel María Cuesta y de Josefa Gallardo, agricultor, 40 años, "falleció de manera violenta como a las nueve de la noche del 27 de febrero". (Defunciones, Guadalajara, Jalisco, 27 de abril de 1915, acta núm. 1598, f. 147).

[234] M. D. Davis, *Experiences and observations...*, p. 131.

[235] *El Pueblo*, "Apuntes para la historia", Veracruz, domingo 24 de enero de 1915, p. 3.

General Eutimio Munguía y sus oficiales.
(Sinafo, INAH)

General Liborio Fuentes.
(Sinafo, INAH)

Armando Z. Ostos, sobreviviente.

Paulino Martínez, asesinado por
Rodolfo Fierro.

Pbro. Miguel Pérez Rubio.
(Juan Pablo Herrera)

Joaquín Cuesta Gallardo.
(Juan Pablo Herrera)

General Antonio Delgadillo.
(Juan Pablo Herrera)

4

1915-1916
LA CAÍDA. LAS GRANDES DERROTAS

EL COMPADRE TOMÁS

Tomás Urbina y Francisco Villa.

Después del rompimiento con Carranza, Tomás Urbina permaneció del lado de Villa y continuó saqueando poblaciones en San Luis Potosí, llevándose a su rancho en Las Nieves, Durango, cuanto objeto de valor encontraba. En las cercanías de Tampico se volvió reumático y retornó a su rancho, disolviendo sus tropas y declarando que la Revolución había terminado, lo que desató la furia de Villa.

Según María Esparza, su esposo Tomás ya estaba cansado de luchar y quería disfrutar en paz "los ahorros que había hecho durante la Revolución".

157

Aun retirado, Urbina seguía recibiendo indicaciones de Villa para que fuera a reunírsele y, sobre todo, para que le diera cuenta del dinero que había acumulado. Tomás contestó a su compadre que ya no estaba dispuesto a ayudarlo, pues creía que ya había llegado el momento de retirarse a descansar. Respecto al dinero, Urbina le aclaró "que era muy suyo pues sus 'fatigas' había pasado para obtenerlo".[1]

Uno de sus asistentes, J. P. Ferrer, declaró que unos días antes de la ejecución de Urbina, este y Villa tuvieron una conferencia telegráfica. Villa se hallaba en Torreón, Coahuila, y Urbina en Rosario, Durango.

Ferrer relata:

Se cambiaron opiniones [...] y como siempre, no faltaron entre ellos las palabras 'picantes' que, por su compadrazgo, amistad y estricta confianza, se gastaban a menudo [...] recuerdo que Urbina dijo a Villa que 'era un correlón', pues que no debía haber evacuado Aguascalientes, sino permanecer allí hasta vencer o morir; que le recordaba cuando él [Urbina] estuvo en El Ébano [...] en donde, quizá, dolosamente lo tuvo sin parque por más de dos meses, y, a pesar de los vigorosos ataques del enemigo, no abandonó sus posiciones.

Ferrer asegura que los reproches mutuos continuaron, como hacía mucho tiempo acostumbraban, hasta que culminó la conferencia.[2]

Al amanecer del sábado 4 de septiembre de 1915, después de sus derrotas en Guanajuato y Aguascalientes, Villa atacó con una fuerza de 200 hombres la casa de su compadre Tomás en Las Nieves, Durango, quien se encontraba acompañado de su familia, de su secretario particular, su médico de cabecera y de tres asistentes. Su esposa relata:

Apenas nos habíamos levantado y al poquito rato llegaron dos de sus soldados a pedirle permiso para ir a Villa Ocampo a la Iglesia por las festividades de San Miguel Arcángel, luego llegaron otros dos y después más, hasta que Urbina les dijo que se fueran todos si querían irse, por lo que finalmente quedó solo. Estábamos sentados a la mesa de la cocina tomando café. A un lado de Tomás estaba Salvador

---

[1] *La Prensa*, "La viuda de Urbina, que acaba de llegar a El Paso, refiere como fue la muerte del jefe revolucionario", San Antonio, Texas, domingo 19 de septiembre de 1915, p. 1.
[2] *La Prensa*, "Un testigo presencial relata cómo fue la captura y ejecución de Tomás Urbina", San Antonio, Texas, jueves 7 de octubre de 1915, p. 4.

[...] enseguida Juan, y yo [María Esparza] en una esquina; cuando de pronto entraron los primeros balazos. En ese momento perdí la noción del tiempo, sólo sé que era muy temprano. Pensé que le habían pegado en la cara a Tomás porque una de las balas pegó en un terrón de azúcar que estaba puesto en la mesa y saltó el azúcar en los ojos de Tomás y lo primero que hizo fue llevarse las manos a la cara y tallarse los ojos porque no veía [...] En los primeros instantes de los balazos, Tomás extendió sus brazos y agarró a Salvador y lo arrojó por debajo de la mesa, nos gritó que nos tiráramos al piso. Sacó su pistola y se fue a la ventana, de ahí les estuvo disparando, después me gritó que trajera el rifle, pronto corrí por él, pero no esperó, cuando regresé estaba herido y la pistola tirada porque le habían pegado en el brazo derecho.[3]

Villa relata a su secretario que aquel día, a las cuatro de la mañana, se abalanzó con su escolta sobre la casa de Urbina:

Abriéndonos paso por entre el fuego de dos o tres pelados de su escolta que, deliberadamente y como precaución, los hacía dormir en la azotea de su casa. El fuego fue contestado por los muchachos de mi escolta, mientras un grupo, capitaneado por Fierro, se abalanzaba sobre el zaguán en los precisos momentos en que Urbina, a medio vestir, trataba de cerrar el portón. Fierro se encaró con él; ambos, pistola en mano. Y después de cambiar varios tiros logró el primero herir a mi compadre en un brazo, obligándolo a huir hasta los macheros de sus caballerizas, donde trató de esconderse, pero fue siempre capturado por Fierro y los suyos, que lo seguían de cerca.[4]

Tras un breve tiroteo, los villistas se apoderaron de la casa; Urbina resultó herido en el antebrazo derecho. Después de dialogar y llorar con él en privado, Villa decidió enviarlo a curarse en Parral. Sin embargo, Fierro protestó airadamente y le recordó a su jefe la supuesta traición de Urbina, cuando este abandonó sus posiciones en El Ébano: "Éste conoce toda la sierra, conoce todas las guaridas de nosotros, nos va a acabar ese hombre".[5] Villa cedió, y acompañado por su médico, de apellido Romero, Urbina partió en un auto

[3] De la O Holguín, *Tomás Urbina...*, pp. 166-167.
[4] Jaurrieta, *Con Villa...*, p. 207.
[5] Entrevista de Laura Espejel al teniente coronel Víctor de Anda, México, 22 de marzo de 1973, PHO/1/46, INAH, pp. 49-50.

rumbo a Chihuahua, escoltado por Rodolfo Fierro y Martín López. En el trayecto, Fierro detuvo la marcha y lo ejecutó a tiros junto con su asistente Justo Nevárez y con el médico, contra los intentos de López por salvarlos.[6] Los cadáveres fueron sepultados a la orilla del camino, en terrenos de la hacienda de Catarinas, Durango. Poco después Fierro dio alcance a su hermano Margarito Urbina y lo ultimó a balazos.[7]

El guerrillero dijo a su secretario que Fernández y Fierro habían acusado a su compadre de amenazarlos de muerte, "amagándolos que pronto acabaría con todos ellos, así tuviera que matarlos uno por uno". Según Villa esa amenaza lo hizo cambiar de opinión, y admitió que "si habían atacado a Urbina fue en cumplimiento de mis órdenes; me dirigí a Fierro ordenándole que [...] dispusiera de Urbina como mejor le pareciera. Fierro, encantado con la autorización, detuvo el coche en la hacienda de Catarinas, y ya habrá visto usted un sepulcro que se encuentra a un metro de distancia del camino real. Allí está enterrado el pobre de mi compadre".[8]

En un principio, Villa intentó desmentir la ejecución,[9] pero más tarde justificó el asesinato en un telegrama remitido a la prensa estadounidense, en el que refiere que Urbina, "sin reparo de ninguna especie, mandaba fusilar a cuantas personas incurrían en su desagrado". Según Villa, su compadre ya no daba cuenta de sus acciones a ninguna autoridad, apropiándose de toda clase de elementos y debido a esa "actitud insolente" y a su pretensión de desertarse, es que organizó una expedición a Las Nieves para someterlo a como diera lugar. Sin embargo, luego de que fueron recibidos a tiros por su guardia personal, Villa refiere que ordenó su fusilamiento "para cortar de raíz un peligro serio y para librar a la República de males de la más alta trascendencia".[10] Acusó a Urbina del asesinato de extranjeros en San Luis Potosí y otros lugares, "con pruebas que no dan lugar a dudas". Asimismo, la agencia villista en El Paso aseguró que se había confiscado todo el dinero acumulado por Urbina, "como

---

[6] *La Prensa*, "Tomás Urbina fue muerto por Villa en el rancho de Nieves, el sábado", San Antonio, Texas, lunes 13 de septiembre de 1915, p. 1; A. Mantecón, *Recuerdos de un villista. Mi campaña en la Revolución*, s/e, México, 1967, p. 96.

[7] De la O Holguín, *Tomás Urbina...*, pp. 148-156.

[8] Jaurrieta, *Con Villa...*, p. 207.

[9] *El Paso Morning Times*, "El general Villa obligó a Urbina a devolver el botín", El Paso, Texas, domingo 12 de septiembre de 1915, p. 1; Garfias, *Verdad y leyenda de Pancho Villa*, pp. 123-124.

[10] *El Paso Morning Times*, "Se confirma el fusilamiento de Tomás Urbina", El Paso, Texas, martes 14 de septiembre de 1915, p. 1.

segundo del general Villa en el mando del ejército, estimándose la cantidad recuperada entre dos y cinco millones de pesos".[11]

De algún tiempo a esta parte el proceder de Urbina venía siendo intolerable pues sin escrúpulos de ninguna clase, cometía los más crueles atentados con los ciudadanos, ya despojándolos de sus propiedades o ejecutándolos cuando le venía en gana. Bastaba que alguna persona no fuera del agrado de Urbina para que quedara sentenciada a muerte. Nunca dio cuenta al cuartel general de sus actos ni obedecía ni respetaba autoridad alguna creyéndose absolutamente libre. En esas condiciones y tomando en cuenta la crueldad de Urbina y el mal ejemplo que daba a las tropas pues hacía propaganda de insubordinación entre ellas con su manera de proceder, traté de convencerlo que estaba llevando a la ruina al ejército convencionista, pues sus acciones lo desprestigiaban grandemente. Le hice ver la inconveniencia de no respetar las vidas y propiedades de los extranjeros y la mala impresión que despertaba entre los gobiernos de otros países su conducta. Nada pude obtener de él a pesar de mis súplicas por cuya razón me dirigí al rancho de Nieves donde se encontraba, todavía con el propósito de disuadirlo de que cambiara de conducta, pero me encontré con que me recibía de una manera hostil, haciendo fuego sobre mi escolta desde las trincheras que había levantado para defenderse. En esas circunstancias me vi precisado a usar la fuerza para capturarlo, cosa que conseguí después de alguna lucha. Una vez lograda su captura fue juzgado por una corte marcial que lo condenó a muerte por cuya razón fue ejecutado.[12]

El asistente Ferrer asegura que su jefe no tenía la mínima intención de sublevarse y que el "inicuo procedimiento" de Villa no tuvo otro motivo "que el de robar a su compadre para tener recursos con qué continuar su antipatriótica obra y no [...] reprimir los actos vandálicos de Urbina, porque bien sabido es que el general Villa apoyó en todos tiempos y en todo caso a su compadre Urbina".[13]

---

[11] *El Paso Morning Times*, "Hoy estudiarán la cuestión mexicana el presidente y su secretario de Relaciones", El Paso, Texas, martes 14 de septiembre de 1915, p. 1.
[12] *La Prensa*, "Villa explica las causas por las cuales fue ejecutado el jefe revolucionario Tomás Urbina", San Antonio, Texas, martes 14 de septiembre de 1915, p. 1.
[13] *La Prensa*, "Un testigo presencial relata cómo fue la captura y ejecución de Tomás Urbina", San Antonio, Texas, jueves 7 de octubre de 1915, p. 4.

María Esparza relata que Martín López estaba muy contrariado por la muerte de Tomás y así se lo manifestó el día que la ayudó a escapar: "Presentí que nos matarían; [Martín López] me explicó emotivamente que Tomás Urbina había sido realmente su amigo, me habló de su gratitud conmigo y ofreció ayudarnos. Valientemente me dijo que me salvaría o de lo contrario moriríamos los dos [...] jamás se imaginó que Villa se fuera a creer lo que le contaron [la traición de Urbina], habló de la enemistad de Fierro con Tomás, misma que no me extrañó, pero lo que me llamó la atención fue que me dijo que de quien menos se imaginó, fue el que más daño le hizo con sus chismes [...] Nicolás Fernández a quien éste presumía de una íntima amistad con Tomás".[14] La viuda de Urbina y sus hijos fueron sacados de su casa y trasladados a El Paso, donde enfrentaron muchas carencias.[15]

María Esparza, esposa de Tomás Urbina, testigo del asesinato.

La fortuna confiscada a su compadre, producto del robo y el saqueo de dos años, nunca retornó a manos de sus propietarios legítimos. Uno de los asistentes de Urbina dijo que la fortuna ascendía a cinco millones de pesos, sin contar las mercancías y las cosechas que había acumulado en sus bodegas.[16] Según la viuda, el botín recuperado por Villa era solo de 80 000 pesos de plata, tres barras de oro, tres sacos con 1 000 pesos de plata y monedas de oro, y otro pequeño saco con joyas de gran valor. El resto de la propiedad fue saqueada por la soldadesca.[17] El propio Villa admitió que el botín había sido devuelto "a su gobierno" y que representaba el efectivo de bancos, comercios, joyerías, particulares, del tráfico de ganado vacuno y lanar de las ciudades de

[14] De la O Holguín, *Tomás Urbina...*, pp. 170-171.

[15] *La Prensa*, "La viuda de Urbina, que acaba de llegar a El Paso, refiere como fue la muerte del jefe revolucionario", San Antonio, Texas, domingo 19 de septiembre de 1915, p. 1.

[16] *La Prensa*, "Tomás Urbina fue muerto por Villa en el rancho de Nieves, el sábado", San Antonio, Texas, lunes 13 de septiembre de 1915, p. 1; *La Prensa*, "Un testigo presencial relata cómo fue la captura y ejecución de Tomás Urbina", San Antonio, Texas, jueves 7 de octubre de 1915, p. 4.

[17] *La Prensa*, "La viuda de Urbina, que acaba de llegar a El Paso, refiere como fue la muerte del jefe revolucionario", San Antonio, Texas, domingo 19 de septiembre de 1915, p. 1.

Chihuahua, México, Durango, Torreón, Zacatecas y San Luis Potosí. Solo en Durango, Urbina se había apoderado de un millón de dólares en metálico de los bancos locales, colocados en sacos y petacas de mano y escondidos en guaridas cercanas a su rancho de Las Nieves. Hasta entonces, la rapiña de su compadre no había sido un problema para el exjefe de la División del Norte.[18]

FIERRO AHOGADO EN UN PRESÓN

Después de las estrepitosas derrotas en el Bajío contra las tropas de Álvaro Obregón, los restos del ejército de Villa marcharon rumbo a Sonora con la intención de tomar Agua Prieta para hacerse de armas en la frontera. El miércoles 13 de octubre de 1915 Rodolfo Fierro llegó con su partida a una laguna conocida como "de los mormones" al oriente de Nuevo Casas Grandes. Era un estanque artificial para riego que a veces se partía en dos, dejando un paso estrecho, que en esos días era poco accesible. Negándose a bordear por camino seguro, Fierro insistió en cruzar por en medio a pesar de lo crecido de la laguna. Iba ebrio.

A mitad de la laguna había un tajo de unos 18 metros de ancho y cinco de profundidad; la charca en esa zona estaba medio congelada: "Este es el camino para los hombres que sean hombres y que traigan caballos que sean caballos", comentan que dijo Fierro. Cuando intentó cruzar, su yegua se fue al fondo y él salió nadando y riendo. Relataron entonces que le pidió otro caballo a su asistente, una yegua alazana, y trató de ir por el mismo lugar. El coronel Adán

[18] *El Paso Morning Times*, "El general Villa obligó a Urbina a devolver el botín", El Paso, Texas, domingo 12 de septiembre de 1915, p. 1; *La Patria*, "Los que destruyeron nuestra patria se destruyen entre sí", San Antonio, Texas, domingo 12 de septiembre de 1915, p. 1.

Mantecón le insistió en que era inútil, pudiendo rodear la laguna en unos minutos, pero "Fierro dijo que él ya se había mojado y que íbamos a pasar por ahí" y montó su yegua negra a pelo. A los pocos minutos el animal comenzó a cansarse al no hacer pie en la laguna y entramparse en el lodo. Nuevamente, haciendo caso omiso de las advertencias de sus compañeros, Fierro dijo que aquello era un charco. Sus últimas palabras fueron: "Cómo que no, síganme". Al llegar al tajo, la yegua perdió pie, dio una maroma y lanzó a Fierro debajo de ella. Es de creerse que las patadas de la bestia dejaron al jinete sin sentido. "Nomás salió a flote su sombrero tejano".[19]

"Rodolfo Fierro perdió la vida porque quiso desafiar al diablo; si no hubiera querido hacer 'santiaguitos' delante de sus oficiales, probablemente a la fecha estaría vivo", comentó D. Hurst, un colono mormón que presenció su muerte. El testigo relata:

> Fierro dijo a sus hombres que los caballos podrían atravesar a nado el canal, que mide 15 pies, y fue el primero que quiso pasarlo. Al intentarlo, Fierro cayó del caballo, pero pudo ganar la orilla. Los oficiales se burlaron del fracaso y Fierro desensillando el caballo acometió la empresa por segunda vez; pero otra vez cayó del animal al agua y se ahogó. Yo creo que Fierro se hundió debido al gran número de cartuchos y a las cantidades de dinero que llevaba. El peso que llevaba encima fue la causa del accidente, pues el suyo natural estaba aumentado por dos cananas repletas de cartuchos, con un peso aproximado de treinta libras, y además llevaba en la cintura dos cinturones con oro mexicano, que según se dice ascendía a varios miles de pesos; también llevaba dos pistolas.[20]

Un joven villista que había desertado de la partida declaró a la prensa que un día antes de morir ahogado, Fierro había ejecutado a un pacífico vecino de Casas Grandes, y después a su esposa y a una hija de la víctima, que se habían presentado ante él pidiendo clemencia.[21]

---

[19] *El Pueblo*, "Se rumora que Fierros ha sido fusilado de orden de Villa", México, lunes 15 de noviembre de 1915, p. 1; Mantecón, *Recuerdos de un villista…*, pp. 97-98; Ruiz, "Revolucionarios sinaloenses: Rodolfo Fierro, 'La Bestia Hermosa'", *Presagio, Revista de Sinaloa*, núm. 74, p. 34; Garfias, *Verdad y leyenda de Pancho Villa*, pp. 125-126.

[20] *El Paso Morning Times*, "La muerte de Rodolfo Fierro", El Paso, Texas, miércoles 27 de octubre de 1915, p. 1.

[21] *La Prensa*, "Las hazañas cometidas por Rodolfo Fierro un día antes de morir", San Antonio, Texas, lunes 1° de noviembre de 1915, p. 6.

Villa ofreció una recompensa a quien recuperara el cuerpo de Fierro, pero todos los esfuerzos fueron en vano. Finalmente, el cadáver fue rescatado seis días después por Kingo Nonaka, un enfermero y buzo japonés radicado en Ciudad Juárez. Cuando el tren llegó a Chihuahua la guarnición de la plaza formó una valla para recibir los restos mortales del temible jefe. El gobernador villista Fidel Ávila encabezó los honores, de acuerdo con la ordenanza militar, y el cadáver fue expuesto al público en Palacio de Gobierno, los días 20 y 21 de octubre. El viernes 22 fue sepultado en la fosa 86, lote

Rodolfo Fierro.

ocho de preferentes del panteón de Dolores, en la ciudad de Chihuahua, donde permanece. Tenía 33 años.[22] Reyes Máynez asegura que cuando Villa se enteró, este dijo que qué bueno que se había muerto, que ya lo tenía cansado.[23]

EL PUEBLO DE LAS VIUDAS Y EL ASESINATO DE UN CURA

Una enorme gruta en la montaña más próxima da el nombre a San Pedro de la Cueva, población ubicada a la margen derecha del río Moctezuma, seis kilómetros al norte de Batuc, localidad que junto con Suaqui y Tepupa fueron inundadas para dar origen a la presa conocida como El Novillo.[24]

Habiendo fracasado estrepitosamente su campaña en Sonora, Francisco Villa se encaminó de regreso a Chihuahua a la cabeza de su diezmado ejército. Después de las derrotas sufridas en Guanajuato y Aguascalientes, es fácil imaginar su estado de ánimo, ya que este golpe había dado la puntilla a sus

[22] *El Paso Morning Times*, "El cadáver de Fierro será enterrado en Chihuahua", El Paso, Texas, jueves 21 de octubre de 1915, p. 1.

[23] Entrevista de María Isabel Souza a José Reyes Máynez, Parral, Chihuahua, 1º de julio de 1974, INAH, PHO/1/158, p. 7.

[24] San Pedro de la Cueva se localiza a 153 kilómetros al este de la ciudad de Hermosillo, y fue denominado así por los misioneros jesuitas en el siglo XVII. San Pedro solo fue inundado parcialmente.

Las viudas y huérfanos de San Pedro de la Cueva. Las cruces en la pared del templo parroquial marcan el lugar donde fue ejecutado cada uno de los hombres.

sueños de poder. El hecho es que en el camino cometió innumerables y terribles crímenes,[25] el más grave de los cuales fue el asesinato en masa de San Pedro de la Cueva.

Tras alejarse de la vía del ferrocarril del Sud Pacífico, Villa pasó por los minerales La Colorada y Minas Prietas y los pueblos Mazatán, Nácori Grande y Mátape. De este último punto envió su artillería por un antiguo camino carretero que conducía a San Pedro, escoltada por tropas de Margarito Orozco y Macario Bracamontes, mientras que él siguió por el camino de herradura con el grueso de su columna, que ya para entonces se había reducido a poco menos de 3000 hombres, y el 30 de noviembre llegó a Suaqui, habiendo dejado parte de sus tropas en Batuc y Tepupa.[26] Al pasar por Minas Prietas, saqueó 20 tiendas propiedad de ciudadanos chinos y ejecutó a 16 de sus dueños. En Colonia Morelos, Bavispe y Bacerac varias mujeres fueron secuestradas y violadas por la gente del comandante villista José E. Rodríguez, quien además cargó con todo lo que pudo llevarse.[27]

Debido a los constantes ataques de gavilleros y de soldados desertores que asolaban la región, los vecinos habían decidido organizarse en grupos armados

---

[25] Garfias, *Verdad y leyenda de Pancho Villa*, pp. 131-137.

[26] *El Imparcial*, "La matanza de Francisco Villa. Vívida descripción de un sobreviviente", suplemento dominical, Hermosillo, Sonora, domingo 5 de marzo de 1978, p. 1; Almada, *La Revolución en el estado de Sonora*, t. II, p. 221.

[27] *Honolulu Star-Bulletin*, "Villa Murders, Lotos, Abducts Young Women", Honolulu, Hawái, martes 14 de diciembre de 1915, p. 1; *La Prensa*, "Un grupo villista predica la guerra contra los americanos en Sonora", San Antonio, Texas, miércoles 15 de diciembre de 1915, p. 5; *El Paso Morning Times*, "Dejó una huella de desolación", El Paso, Texas, miércoles 15 de diciembre de 1915, p. 1; *El Paso Morning Times*, "Dieciséis chinos fueron asesinados", El Paso, Texas, viernes 31 de diciembre de 1915, p. 1.

para explorar los caminos.[28] A finales de noviembre de 1915 llegó a San Pedro el rumor de que se acercaban partidas de bandidos, y el 1° de diciembre un grupo de vecinos encabezados por el presidente municipal José María Cruz, por Pedro Félix y por Práxedes Noriega, conscientes de los atropellos ocurridos en otras poblaciones, abrió fuego desde el cerro del Cajete contra hombres armados, sin saber que se trataba de una avanzada villista.[29] Después de algunos minutos de tiroteo, al percatarse de que habían entrado en contacto con una fuerza numerosa, los defensores huyeron a los cerros cercanos, dejando muertos a su compañero Mauricio Noriega[30] y a cinco hombres de Villa.[31]

Esa misma tarde entraron en el pueblo los villistas bajo el mando de Margarito Orozco y Macario Bracamontes, quienes impusieron una multa a los vecinos adinerados, acusándolos de haber alentado el ataque, y ordenaron la detención de todos los hombres para averiguar quiénes habían enfrentado a

---

[28] Como consecuencia de las derrotas en Agua Prieta y Hermosillo, grupos de villistas desertores pasaron por los pueblos cometiendo robos y depredaciones. Entre el 24 y 27 de noviembre, varias partidas entraron a San Pedro de la Cueva apoderándose de provisiones, animales, monturas y armas. (M. Borbón, "San Pedro de la Cueva", en *Vida Sonorense*, s/f; M. de J. Córdova de Noriega, "Días memorables pasados por mi vista en este lugar. San Pedro, Sonora", *Repertorio de la Revolución*, 6, septiembre-octubre de 1960, p. 109).

[29] El número real de atacantes es incierto. Calzadíaz afirma que fueron 90, pero no cita su fuente. Algunos testigos aseguran que no eran más de 30. La señora Córdova dice que pudieron ser hasta 70. Ángel y Santos Encinas sostienen que el grupo de defensores estaba integrado también por vecinos de Batuc, Tepupa y Suaqui, quienes se dispersaron y escondieron sus armas en las milpas. (Calzadíaz, *Hechos reales de la Revolución*, t. 3, p. 153; Herrera, *Francisco Villa ante la historia*, pp. 205-206; Córdova de Noriega, "Días memorables…", pp. 109-110; R. Silva, *San Pedro de la Cueva, víctima del bandolero Francisco Villa* [inédito], s/d; J. S. Encinas, *La matanza de hombres que hizo Francisco Villa en San Pedro de la Cueva, Sonora, el día dos de diciembre de 1915* [inédito], San Pedro de la Cueva, 22 de agosto de 1980, p. 4; *El Imparcial*, "La matanza de Francisco Villa. Vívida descripción de un sobreviviente", Hermosillo, Sonora, domingo 5 de marzo de 1978, p. 1).

[30] Mauricio Noriega fue herido en una pierna y murió desangrado; otro de los defensores, Jesús Noriega, se ocultó en su casa, pero fue capturado al otro día y fusilado. (Entrevista a Javier Calles Ortega, San Pedro de la Cueva. http://numerof.org/villa-en-sonora-testimonios-de-la-revolucion-mexicana/, consultado el 3 de febrero de 2017; *El Imparcial*, "La matanza de Francisco Villa. Vívida descripción de un sobreviviente", Hermosillo, Sonora, domingo 5 de marzo de 1978, p. 1).

[31] Encinas asegura que fueron tres los villistas que murieron a manos de los vecinos. Calzadíaz dice que 16. La mayoría de las fuentes y de los testigos coincide en que el número de bajas no fue mayor a siete. (J. Santos y R. Encinas, s/t, San Pedro de la Cueva, 1967, p. 1, en T. H. Naylor, "Massacre at San Pedro de la Cueva. The Significance of Pancho Villa's Disastrous Sonora Campaign", *Western Historical Quartely* 8, núm. 2, abril de 1977, p. 141; Calzadíaz, *Hechos reales de la Revolución*, p. 153; *El Imparcial*, "La matanza de Francisco Villa. Vívida descripción de un sobreviviente", Hermosillo, Sonora, domingo 5 de marzo de 1978, p. 1).

su gente. Los prisioneros fueron divididos en tres grupos y encerrados en las casas de Nicasio Noriega, José Silvas y Mariana R., viuda de Encinas;[32] uno de los detenidos, Tomás Noriega, fue asesinado al intentar huir. En las calles, multitud de madres, esposas e hijos se agruparon frente a cada cárcel improvisada temiendo lo peor. Las mujeres gritaban a través de las ventanas tratando de descubrir dónde estaban sus hombres y, al borde de la histeria, suplicaban a los guardias que les dijeran si sus seres queridos estaban adentro, pero los villistas, que por supuesto no tenían listas, no les dieron razón. Muchas buscaron a los oficiales para preguntar por el costo de la libertad de sus hombres, pero las cantidades que se les exigieron fueron exorbitantes, y si acaso estaban a su alcance, las colocaron frente a la terrible disyuntiva de elegir entre rescatar a un hijo, a un padre, a un esposo o a un hermano.[33]

El etnohistoriador estadounidense Thomas H. Naylor, que recopiló testimonios de algunos testigos de la tragedia, asegura que los vecinos de San Pedro ofrecieron explicaciones y disculpas por el incidente al jefe Macario Bracamontes, quien dijo que entendía sus razones y aceptaba sus disculpas; que no les guardaba rencor y que, si bien habían cometido un error, les perdonaba lo hecho.[34] Sin embargo, consciente de que si Villa se enteraba de lo sucedido, muy probablemente exigiría represalias, Bracamontes pidió a los vecinos que salieran del pueblo por uno o dos días para dar tiempo a que Villa abandonara la región[35] y mientras tanto despachó un correo a Suaqui —13 kilómetros al sur de San Pedro— para que informara a su jefe que los cañones no habían podido cruzar un canal de irrigación, sin mencionar la emboscada. Villa, empero, se enteró del tiroteo: según Naylor, supo de la muerte de sus soldados apenas unas horas después de ocurrido el incidente y ordenó la marcha a San Pedro,[36] sin esperar la confirmación de sus propios hombres, y lleno de ira advirtió que al otro día iría "a matar a nacidos y por nacer" y quemaría

[32] Córdova de Noriega, "Días memorables…", p. 110.
[33] Ibid., p. 111; M. Córdova, texto del discurso pronunciado en San Pedro de la Cueva, el 28 de diciembre de 1963, en Naylor, "Massacre at San Pedro de la Cueva…", p. 144.
[34] Los atacantes huyeron a las montañas y ninguno de los vecinos que se reunió con Bracamontes había participado en la emboscada; solo Jesús Noriega había regresado al pueblo, y fue de los fusilados al día siguiente.
[35] Encinas, s/t, San Pedro de la Cueva, 1967, ms. 1; Ernesto López Pastor, copia en el archivo de George B. Eckhart, en Naylor, "Massacre at San Pedro de la Cueva…", p. 142; Katz, Pancho Villa, t. II, pp. 116-117.
[36] Naylor, "Massacre at San Pedro de la Cueva…", p. 142.

el pueblo para "borrarlo del mapa", y hacer a los sampedrinos pagar por el atrevimiento de haber atacado a sus hombres.[37]

El 2 de diciembre a las siete de la mañana Villa entró a San Pedro y ordenó a Margarito Orozco capturar a todos los habitantes, incluyendo a mujeres, ancianos y niños. Los villistas registraron casa por casa y formaron a casi 300 civiles frente al templo parroquial. Según los testimonios, "a patadas y culatazos abrieron las puertas de las casas, y a golpes y maldiciones sacaron a los vecinos de todas las edades, mientras [...] revolvían todo en las humildes viviendas para ver si encontraban algo de valor".[38] Enrique Duarte asegura que "los sacaron y los formaron [...] ancianos, enfermos y jóvenes [...] entre ellos iban tres chinos, ninguno de ellos había peleado, y confiando en eso, no se escondieron".[39] Villa se presentó en la plaza principal a anunciar a los prisioneros que los iba a matar, que no habría perdón para nadie; fueran o no culpables, les advirtió: "¡A todos los voy a pasar por las armas!". José Santos Encinas dice que las mujeres "gritaban y aclamaban a Dios pidiendo misericordia, esperando un milagro", pero Villa, en tono de burla, les contestó: "¡Ahorita no hay quien los favorezca porque Dios está escondido en un cucurucho, en un *almú*, y nada puede hacer por ustedes!". Para María de Jesús Córdova "este vil hombre [Villa], no tenía conciencia para atender súplicas". Villa dijo a los prisioneros que "por el atrevimiento que habían tenido en atropellar a su ejército pagarían justos por pecadores. '¿Por qué si son hombres de paz no rebajaron a los que hicieron fuego? A ver quién los salva ahora'". Y ordenó: "Me fusilan a todos los Noriegas, no quiero dejar ni raza".[40]

Cuando Villa dio a su escolta la orden de disparar a todos los prisioneros, Bracamontes intervino para advertirle que "tan descabellada orden no debía cumplirse" porque su ejército sufriría un "desprestigio vergonzoso". Margarito Orozco y otros oficiales de las confianzas de Villa también intercedieron por la vida de mujeres y niños. Apelando al ego de Villa, Bracamontes le recordó que un año antes había estado sentado en la silla presidencial, "¿quién le aseguraba que en otros 12 meses no volvería a estarlo?". De ser así, "¿cómo se tomaría que un líder nacional hubiera sido responsable de tal

[37] Encinas, *La matanza de hombres que hizo Francisco Villa...*, p. 7.
[38] *Serie los municipios de Sonora*, "San Pedro de la Cueva", p. 132.
[39] E. Duarte, *Historia de Francisco Villa en San Pedro de la Cueva, Sonora*, San Pedro de la Cueva, 1º de mayo de 1978 [inédito], p. 3.
[40] Córdova de Noriega, "Días memorables...", p. 111.

cosa?". "Disparar a los hombres —dijo Bracamontes— sería comprensible, pero no habría manera de justificar el asesinato de mujeres y niños inocentes". Le rogó, por el bien de la nación, que "no manchara su reputación". Villa aceptó que las mujeres y los niños que no tuvieran edad para combatir no fueran ejecutados, con lo que Bracamontes salvó así la vida de más de un centenar de personas. En cuanto a los hombres, sin embargo, la orden quedó en pie: debían ser fusilados.[41]

Sin perder más tiempo, los subordinados de Villa comenzaron a formar a 112 hombres para ejecutarlos y llevaron al primer grupo a un costado de la iglesia.[42] El joven sacerdote Andrés Avelino Flores, que había pasado las últimas 12 horas reconfortando a esposas y madres y escuchando sus súplicas, se acercó apresuradamente a Villa cuando gritaba órdenes a los escuadrones de fusilamiento y rogó por la vida de sus feligreses preguntando si, en efecto, asesinaría a hombres inocentes. Villa respondió burlonamente: "¿Quiénes son los inocentes?", y agregó que él estaría feliz de dispararles a los culpables, solo que "¿quiénes lo eran?". Como el padre Flores contestó que no tenía forma de saberlo,[43] Villa replicó que todos morirían, pues de algún modo eran cómplices de la emboscada tendida a sus hombres y que si el sacerdote quería liberarlos, le llevara 100 pesos por cada uno. Le dijo, además, que no admitiría más su intromisión, que se quedara en su iglesia atendiendo a las ancianas y le advirtió: "¡Ah, Padre! y no se le ocurra volver a pararse por aquí porque no respondo por su vida!".[44]

Al retirarse el sacerdote, comenzaron los fusilamientos. Villa interrogaba a sus prisioneros: "¿Tienen dinero para pagar el rescate? Si no tienen, ¡jálenle!".[45] Quien podía pagar 100 pesos se salvaba.[46] Ildefonso Encinas Romero,

---

[41] Encinas, *La matanza de hombres que hizo Francisco Villa...*, pp. 5 y 7; Encinas, ms. 2-3, en Naylor, "Massacre at San Pedro de la Cueva...", p. 143; L. Á. Serrano, "Tepupa: paso del general Francisco Villa y sus guerrilleros", en *Historia de familias*, pp. 227-228. https://www.cevie-dgespe.com/documentos/inb_31.pdf.

[42] Anónimo, *A los mártires de San Pedro de la Cueva*, s/d [hoja suelta].

[43] Naylor, "Massacre at San Pedro de la Cueva...", pp. 142-143.

[44] *The Courier Journal*, "All Males over 15 in Mexican Town Slain", Louisville, Kentucky, martes 4 de enero de 1916, p. 1; Córdova de Noriega, "Días memorables...", p. 112; *Bosquejo histórico de Batuc*, p. 1; *Serie los municipios de Sonora*, "San Pedro de la Cueva", p. 132; Encinas, ms. 3; López Pastor, ms. 3, en Naylor, "Massacre at San Pedro de la Cueva...", p. 145.

[45] Encinas, *La matanza de hombres que hizo Francisco Villa...*, p. 8.

[46] Los vecinos Gonzalo, Demetrio y Donaciano E. Noriega, Esteban Córdova, padre e hijo, Nicasio E. Noriega, Anastasio Noriega P., Tomás E. Noriega, Eleuterio Vásquez, Juan E. Vásquez, Gregorio E. Vásquez, Florencio Núñez y Joaquín Castillo (padre) pagaron el

por entonces un niño de 10 años, estaba formado en la fila de los sentenciados a muerte y vio caer primero a tres chinos; luego a Pedro Peñúñuri, a Ángel Núñez Figueroa y a su padre Fermín Encinas; posteriormente al ladrillero Refugio Noriega, quien trató de escapar, pero fue alcanzado y asesinado a machetazos, a unos cuantos metros de distancia; a Florencio y David Calles, de 17 años. Así continuaron las ejecuciones de jóvenes y viejos en la pared occidental del templo. Empleando parque explosivo, los soldados fusilaban de cuatro en cuatro o de seis en seis. Escondiéndose entre el grupo, los menores de edad que no fueron perdonados se iban haciendo para atrás de la fila, en medio del llanto y las súplicas de sus familiares que atestiguaban la tragedia.[47]

Padre Andrés A. Flores.

Pedro Peñúñuri, fusilado
por los villistas.
(*Pedro Peñúñuri*)

Cuando el padre Flores avisó a las mujeres que Villa quería dinero, muchas corrieron a sus casas a buscar hasta debajo de las piedras cuanto pudieran reunir. Algunas de ellas consiguieron el dinero y lo llevaron a Villa, pero él

rescate, pero como no se les entregó el salvoconducto, también fueron asesinados. (Encinas, *La matanza de hombres que hizo Francisco Villa…*, p. 8).
[47] *El Paso Morning Times*, "Confirman la matanza", El Paso, Texas, miércoles 5 de enero de 1917, p. 4; Silva E., *San Pedro de la Cueva, víctima del bandolero Francisco Villa* [inédito], s/d; Garfias, *Verdad y leyenda de Pancho Villa*, pp. 132-136; A. Cortés, *Francisco Villa, el quinto jinete del Apocalipsis*, p. 180; Katz, *Pancho Villa*, t. II, p. 117; "Cien años de la masacre de Villa en San Pedro de la Cueva", 9 de septiembre de 2015. http://quidnoticias.com/?p=2013, consultado el 30 de mayo de 2017.

se los arrebató sin liberar a nadie.[48] Mientras la pila de cadáveres crecía, los familiares de los condenados que aún no eran ejecutados regresaron a la sacristía a suplicar al párroco que rogara de nuevo por la vida de los suyos. El padre del sacerdote también estaba entre quienes esperaban su turno en el paredón. Acompañado por seis mujeres, Flores regresó ante Villa y de rodillas le imploró que perdonara a los prisioneros: "Por favor, ten caridad y deja de matar gente". Villa le espetó: "¡Retírese padrecito y sepa que, si vuelve, lo mato!". La matanza continuó, y el sacerdote volvió a suplicar: "Concédeme la vida de mis hijos". Entonces el jefe guerrillero remató: "Si son sus hijos por qué no los rebajó de lo que pensaron hacer, ahora también usted la llevará por bribón junto con ellos". Se abalanzó entonces sobre el sacerdote, lo derribó a puntapiés y puñetazos, desenfundó su pistola y le disparó dos tiros, uno en el costado izquierdo y otro en la cabeza. El cadáver quedó tirado en la esquina de las actuales calles Hidalgo y Allende, a un costado del templo. Encinas relata: "Cuando el sacerdote, tirado […] se retuerce en su sotana negra, Villa ordena a sus soldados que pasen sus caballos por encima del cuerpo del martirizado sacerdote para que cubran […] el cuerpo con el estiércol que los caballos arrojaban al oír la nutrida balacera, que en esos momentos se escuchaba del fusilamiento".[49] En los registros del clero de Sonora quedó asentada una escueta observación sobre el padre Andrés: "Vilmente asesinado por Villa".[50]

---

[48] *Serie los municipios de Sonora*, "San Pedro de la Cueva", pp. 132-133; Córdova de Noriega, "Días memorables…", p. 112.

[49] Calzadíaz dirá que "alguien" le dijo a Villa que el padre Flores había azuzado a los vecinos para que se armaran, y por lo tanto sabía quiénes eran los culpables de la emboscada. También aseguró que "un coronel", y no Villa, había asesinado al cura, después de que le advirtió que no regresara. Ningún testimonio apoya esta versión. (Hostetter to Secretary of State, Hermosillo, 27 de diciembre de 1915, RDS:IAM, 812.00/17053; *The Courier Journal*, "All Males over 15 in Mexican Town Slain", Louisville, Kentucky, martes 4 de enero de 1916, p. 1; *Arizona Daily Star*, "Priest among Victims of Sonora Massacre", Tucson, Arizona, martes 4 de enero de 1916, p. 1; *Bisbee Daily Review*, "Reported Confirmed", Bisbee, Arizona, martes 4 de enero de 1916, p. 1; Encinas, *La matanza de hombres que hizo Francisco Villa…*, p. 6; Córdova de Noriega, "Días memorables…", pp. 112-113; Silva, *San Pedro de la Cueva, víctima del bandolero Francisco Villa* [inédito], s/d; *Bosquejo histórico de Batuc*, pp. 1-2; A. G. Rivera, *Revolución en Sonora*, Imprenta Arana, México, 1969, p. 470; Encinas, ms. 3-4; López Pastor, ms. 3, en Naylor, "Massacre at San Pedro de la Cueva…", p. 146; Calzadíaz, *Hechos reales de la Revolución*, p. 152; Katz, *Pancho Villa*, t. II, p. 117).

[50] A. Armenta, "El Padre Andrés A. Flores entre las víctimas de San Pedro de la Cueva (1915-2015)", en *Veredas de la memoria. Historia de la Iglesia Católica en Sonora*, año 2, núm. 7, mayo de 2016, s/p.

el sacerdote, muy acongojado por aquellas personas, olvidó la amenaza que el [guerrillero] le había hecho y fue a verlo de nuevo con la misma súplica. "¡Retírese!", le dijo Villa. Pero el padre trató de aferrarse a él, mientras le decía que tuviera piedad de aquella pobre gente, y Villa le soltó un golpe con la cacha de la pistola que lo hizo caer. El sacerdote, viéndose perdido, levantó una mano para bendecir a Villa, y éste, creyendo que se burlaba de él, no vaciló en meterle un tiro, y enseguida otro, matándolo al instante. Las mujeres aterrorizadas y llorosas aclamaban a Dios pidiéndole misericordia. Y Villa les contestaba: "¡Déjense de lloros y chingaderas; ahorita no hay quien las favorezca porque Dios está escondido en un cucurucho!" De repente, de entre el montón de presos salió un hombre que se echó a correr por la calle, pero no tardó en caer abatido por las balas de los villistas.[51]

La matanza continuó hasta que el coronel Bracamontes, asqueado, sacó su arma y retó a Villa a sacar la suya, al tiempo que le gritaba: "¡Ya no va a morir un hombre más!". Villa volteó entonces la mirada a la fila de condenados y perdonó la vida de nueve adolescentes y 14 adultos, pero se los llevó prisioneros: José Aurelio Mendoza Moreno, Rafael y Apolinar Silvas Rodríguez, Manuel Noriega Peralta, José María Carrillo, Esteban Monge Posada, Ramón Vázquez Munguía, José Rivera, Ramón Cortés Noriega y Roque Silvas Noriega, jóvenes entre los 14 y 17 años. Los adultos perdonados fueron: José Roque Silvas Noriega, Lázaro Encinas, Gabriel Encinas, Refugio Munguía, Jesús Romero Soqui y Leonicio Encinas. José Noriega Peralta y Juan Martínez Noriega fueron rescatados del paredón por los villistas Orozco y Bracamontes, pues eran viejos conocidos. José Antonio Figueroa, Fernando Figueroa, Joaquín Castillo (hijo), Rafael Puertas, Dionisio, Práxedis y Próspero Encinas fueron liberados después de costear su rescate.[52] Ismael y Enrique Duarte Yánez, Manuel Encinas y Francisco Molina salvaron la vida escondidos en un sótano; otros lograron huir vestidos de mujer. Once se levantaron entre los muertos, con dos o tres disparos de máuser o carabina .30-40 en el cuerpo: Juan Castillo, a quienes los villistas creyeron haber ultimado con el tiro de gracia; Francisco Flores, padre del sacerdote asesinado; José Castro, Atanasio Munguía, Eusebio Rodríguez con ocho balazos; Francisco Gámez, Arcadio

---

[51] *Serie los municipios de Sonora*, "San Pedro de la Cueva", p. 133.
[52] Encinas, *La matanza de hombres que hizo Francisco Villa…*, pp. 6 y 8.

Rodríguez, Francisco R. Romero, Ventura Mendoza y Maximiliano Moreno.[53] Enrique Duarte dice que los sobrevivientes, algunos solo con rasguños de bala, habían quedado debajo de los cadáveres; cuando los oficiales villistas removieron la pila de cuerpos para ver si alguien había quedado vivo, varios se fingieron muertos. Solo Abenicio Noriega pidió que lo remataran, quizá porque había quedado malherido.[54] Los villistas "picaban con sus espuelas a los cuerpos, desenfundaban sus pistolas y disparaban contra los que parecían aún tener vida".[55]

Juan Castillo, uno de los que sobrevivieron a la matanza, dice que "cuando estaba en espera de ser conducido al paredón de fusilamiento, y al observar que los grupos llevados al matadero pasaban frente a Villa, pensó que, ya que irremisiblemente tendría que morir, podía intentar asesinarlo con una navaja que traía en uno de sus bolsillos, y al efecto, trató de abrirla, con tan mal suerte —o buena como resultó, a fin de cuentas— que en ese preciso momento le tocó su turno". De haberlo intentado, ahí mismo lo habrían acribillado a balazos.[56]

Según la viuda de Demetrio Noriega, durante los fusilamientos, un soldado villista se acercó a uno de los vecinos que estaba en fila esperando su turno y le dijo: "Amigo, al fin usted va a morir, aquí está mi pistola, es de escuadra, dele un tiro a este desgraciado Villa", pero el sentenciado se negó afirmando que "entonces será peor, hasta los niños la llevarán". El soldado insistió: "No sea tonto, yo sé lo que le digo, mire, ahora que va de espaldas". El prisionero volvió a negarse y el villista dejó de insistir.[57]

---

[53] Las cuatro listas de sobrevivientes proporcionadas por los testigos coinciden en siete nombres, excepto por cuatro: Atanacio Munguía, José Castro, Francisco Gámez y Maximiliano Romero. Curiosamente, López Pastor incluye a tres chinos anónimos entre los que sobrevivieron al fusilamiento, mientras que Córdova los llama por su nombre en la lista de ejecutados: Federico, Jesús y Rafael. (*Bosquejo histórico de Batuc*, p. 1; Córdova de Noriega, "Días memorables…", p. 116; Encinas ms. 4-5; López Pastor ms. 4, en Naylor, "Massacre at San Pedro de la Cueva…", p. 146; *La persecución religiosa en Chihuahua…*, pp. 195-196; *Excélsior*, "Francisco Villa ante la verdad histórica", México, jueves 4 de agosto de 1966, sección primera, pp. 1 y 12; testimonio de Luis Alberto Romero López, Ciudad Obregón, Sonora, 25 de julio de 2017; entrevista de Reidezel Mendoza a Benjamín Gutiérrez, Ciudad de México, 13 de noviembre de 2018; Katz, *Pancho Villa*, t. II, p. 117).

[54] Duarte, *Historia de Francisco Villa en San Pedro de la Cueva, Sonora*, San Pedro de la Cueva, 1º de mayo de 1978 [inédito], p. 4.

[55] Encinas, *La matanza de hombres que hizo Francisco Villa…*, p. 6.

[56] *El Imparcial*, "La matanza de Francisco Villa. Vívida descripción de un sobreviviente", suplemento dominical, Hermosillo, Sonora, domingo 5 de marzo de 1978, p. 1.

[57] Córdova de Noriega, "Días memorables…", p. 114.

Higinio Moreno, vecino de Batuc que ese día se encontraba en San Pedro, fue sacado de la cocina de una casa cuando molía nixtamal para hacer tortillas. Según Ángel Encinas, "ante sus lloros y lamentos [...] el oficial que mandaba el pelotón encargado de hacer la redada lo dejó libre, perdonándole la vida". Emocionado, posiblemente tratando de halagar a su libertador, Moreno gritó: "¡Viva Carranza!", y entonces el villista lo mató a tiros. Enrique Duarte lo recuerda:

En mi casa tenía un criado que se llamaba Higinio [...] como de unos 40 años, muy grande y gordo, algo inocente siempre usaba huaraches, se encerró en la cocina y atrancó la puerta por dentro con mesas, sillas y metates [...] siempre se la abrieron, lo sacaron, cuando lo llevaban le gritó a mi mamá diciéndole: "defiéndame doña Paz [Yánez]", entonces salió mi mamá suplicándoles que lo dejaran, que era un hombre inocente, que él no había tomado parte en la guerra, lo sacaron al frente de mi casa y ahí lo mataron, corrió la sangre como si hubieran degollado una res, estaba muy gordo, esto fue el mismo día que entraron.[58]

El vecino Pedro García se encontraba sentado en la banqueta de una esquina de la plaza, frente al templo, cuando empezaron los fusilamientos. Para no perder el tiempo en aprehenderlo y conducirlo al paredón, los villistas prefirieron dispararle desde lejos, matándolo al instante.

Calzadíaz afirma que al entrar los villistas a San Pedro de la Cueva un vecino les hizo fuego desde una casa matando al sobrino de Villa, Manuel Martínez.[59] Algunas fuentes sostienen que Martínez fue uno de los que murió en la emboscada. Sin embargo, Santos Encinas dice que esa versión es falsa, y que fue inventada por autores malinformados o afines al personaje que buscaban exculpar a Villa aduciendo que su sobrino había sido uno de los muertos en la escaramuza o dentro del pueblo.[60]

Es probable que Manuel Martínez hubiera muerto antes del incidente entre los vecinos y la avanzada villista. Hijo de Juan Martínez Torres, esposo de Martina Villa, el joven había sido dado de alta como soldado en las fuerzas de Villa; Santos Encinas asegura que el cuñado se lo había pedido al jefe

[58] Duarte, *Historia de Francisco Villa en San Pedro de la Cueva, Sonora*, pp. 5-6.
[59] Calzadíaz, *Hechos reales de la Revolución*, p. 156.
[60] *Ibid.*, p. 154; Taibo II, *Pancho Villa*, p. 587; P. Salmerón y F. Ávila, *Breve historia del villismo*, Editorial Crítica, México, 2018, pp. 270-271.

guerrillero porque el muchacho era muy indisciplinado y no le gustaba trabajar. Durante la campaña en el estado de Sonora, los oficiales de Villa recibieron múltiples quejas por el comportamiento de Manuel Martínez, al grado que el comandante Margarito Orozco llegó a castigarlo azotándolo en la espalda. Según Encinas, el 30 de noviembre el muchacho mató accidentalmente a José Castillo, vecino de Suaqui apodado el Pichón, quien era amigo de Villa. Lo golpeó con su caballo, Castillo murió al instante, y Villa entonces ordenó el fusilamiento del hijo de su cuñado.[61]

A los asesinatos siguió el saqueo de San Pedro de la Cueva, y la gente quedó sin comida, sin animales y sin dinero. Varias señoritas fueron raptadas por los villistas, entre ellas, las hermanas Virginia y María del Carmen Encinas, quienes habían sido obligadas a abandonar su casa, que fue incendiada. Las señoritas Carmen Noriega, Carmen Romero y Concepción Quijada Moreno, que también fueron secuestradas y liberadas al otro día en Batuc. María de Jesús Córdova, cuyo esposo había sido fusilado, asegura que la mayoría de los villistas pasó la noche violando mujeres, y que uno de ellos le había pedido que le entregara dos señoritas, "una para él y otra para su general". La señora Córdova relata: "No es para explicar todo lo que sufrimos esa noche, pues nos escogían, 'venga para acá señora', y en esto, es de comprenderse que cada una nos defendimos como pudimos". Duarte asegura que "las muchachas que encontraban [los villistas] las subían a caballo y le daban toda la carrera para que no pudieran bajarse". No obstante, algunas mujeres lograron escapar de sus captores y se escondieron en trojes y azoteas.[62]

Al partir, Villa ordenó incendiar San Pedro, y el coronel Bracamontes se ofreció para cumplir la comisión con la intención de evitar más atropellos. Cuando llegó a Batuc, el jefe guerrillero trepó la azotea de la iglesia para comprobar que sus órdenes hubieran sido cumplidas, y desde la distancia contempló la humareda: Bracamontes había quemado 12 casas en el centro del pueblo, los edificios de la presidencia, la tesorería, la cárcel, dos casas comerciales y las zacateras de las orillas de la población. Creyendo que todo el pueblo ardía, Villa convocó a las autoridades municipales y a los habitantes

---

[61] Calzadíaz asegura que el Pichón fue asesinado por un villista borracho. (Encinas, *La matanza de hombres que hizo Francisco Villa…*, pp. 7-9; Encinas, 1º de noviembre 1975, en Naylor, "Massacre at San Pedro de la Cueva…", p. 145; Calzadíaz, *Hechos reales de la Revolución*, t. 2, p. 154).
[62] Duarte, *Historia de Francisco Villa en San Pedro de la Cueva, Sonora*, p. 5; Córdova de Noriega, "Días memorables…", p. 113; *Bosquejo histórico de Batuc*, pp. 1-2.

de Batuc. Alguien tuvo la ocurrencia de llevar músicos: Ángel Duarte dice que era para amenizar el evento, pero no es improbable que, sabiendo lo que había ocurrido en San Pedro, la gente buscara medidas desesperadas para calmar a Villa. Él interrumpió la música asegurando que "su ánimo no estaba dispuesto […] y, visiblemente emocionado dio cuenta de lo acaecido en San Pedro" y sugirió que se formara una brigada de voluntarios que auxiliara a los vecinos para sepultar a los muertos.[63] Los villistas habían dejado montones de cadáveres en la plaza del pueblo; las madres y las viudas no habían encontrado quién les prestara auxilio para sepultar a sus seres queridos.[64]

> Cuando Villa llegó al pueblo de Batuc, ya una comisión de pueblerinos los esperaban en la orilla del pueblo, portando una bandera blanca, y al hacer alto Villa con su Estado Mayor, ante aquél grupito de gente, una orquesta de música que la comisión traía, comenzó a tocar "Jesusita en Chihuahua", la comisión era dirigida por el presidente municipal de Batuc […] pero Villa, al mirar esto, de inmediato ordenó con su modo habitual, que la música fuera suspendida, ya que consideraba que el montón de muertos que había dejado en San Pedro de la Cueva no podía ser cosa de diversión para el pueblo de Batuc […] invitaron a Villa y a su Estado Mayor a una comida que también ya le tenían un poco preparada, a lo que aceptó.[65]

Esa misma noche, después de que las fuerzas de Villa marcharon a Suaqui, el presidente municipal de Batuc, Vicente Rivera, su ayudante Rosendo Castillo y un grupo de vecinos se trasladaron a San Pedro de la Cueva para auxiliar a las mujeres a recoger e inhumar los cadáveres de sus familiares. El cuadro que encontraron no podía ser más desolador: los sobrevivientes habían huido a las milpas y a la cañada de la Manteca, temerosos de que los asaltantes regresaran. Sus casas habían sido saqueadas, algunas incendiadas, sus pertenencias revueltas y las puertas destrozadas. Todo lo que los villistas no pudieron llevarse había sido quemado o destruido. A un costado de la iglesia había un montón de cadáveres, y una desconsolada mujer, Francisca Encinas,

---

[63] Duarte, *Historia de Francisco Villa en San Pedro de la Cueva, Sonora*, p. 4; *El Imparcial*, "La matanza de Francisco Villa. Vívida descripción de un sobreviviente", suplemento dominical, Hermosillo, Sonora, domingo 5 de marzo de 1978, p. 1; *Serie los municipios de Sonora*, "San Pedro de la Cueva", p. 134; Herrera, *Francisco Villa ante la historia*, p. 206.
[64] Córdova de Noriega, "Días memorables…", p. 114.
[65] Encinas, *La matanza de hombres que hizo Francisco Villa…*, p. 6.

los removía a la débil luz de una linterna buscando a su esposo Donaciano Núñez. Los vecinos de Batuc abrieron una fosa común en el panteón y la mañana siguiente sepultaron los cuerpos, de 20 y de 30 por hoyo, envueltos en lo que pudieron encontrar a la mano, pues no hubo materiales ni tiempo para construir ataúdes; solo fueron inhumados en fosa individual los restos del cura Flores y de Ángel Duarte, en féretros traídos de Batuc por el padre del segundo, Francisco Duarte.[66]

Así murieron fusilados aquella mañana 85 hombres: 74 vecinos, seis ciudadanos chinos y cinco fuereños.[67] Algunos días después, el general Miguel Samaniego, que iba en persecución de los villistas, entró a San Pedro y describió el terrible escenario:

el llanto era general en hombres, mujeres y niños, pues en aquel desafortunado lugar se habían cebado con el más refinado lujo de crueldad y barbarie; los más horrendos crímenes que puedan registrarse en la historia, los que fueron llevados a cabo por Villa, [Manuel] Medinaveitia, [Eduardo] Ocaranza y otros bandidos [...] pues habían asesinado a SETENTA Y NUEVE pacíficos vecinos [...] de todas edades, en presencia de las mujeres, las esposas, los hijos y hermanos; trayéndolos en fila a la plaza [...] en donde hicieron desaparecer las filas, unas sobre otras, después de tan horrorosos asesinatos, no saciadas las hienas con tanta sangre, hicieron venir a todas las mujeres, y ya ahí, sobre los cadáveres aun calientes de los esposos, padres, hijos y hermanos, [...] violando a aquellas desdichadas niñas y mujeres, sin importarles para nada la presencia de los niños, que con amargo llanto, protestaban contra aquel crimen sin calificativo [...] todas las mujeres se encontraban semidesnudas vertiendo amargo llanto, presentando en sus rostros moretones y mordiscos que [les habían] inferido los bandidos en aquellos momentos de brutal y desenfrenada lujuria, pues éstas desgraciadas, por el sentimiento del pudor, forcejeaban para defenderse contra la violación [...] lo que causó la indignación de sus verdugos, quienes, para dominarlas, procedieron a golpearlas

---

[66] Uno de los vecinos de Batuc que preparó la sepultura del cura Flores aseguró que este tenía un balazo en el estómago y el tiro de gracia, ambos perceptibles, no habiendo encontrado huellas visibles de golpes. (Silva, *San Pedro de la Cueva, víctima del bandolero Francisco Villa* [inédito], s/d; Duarte, *Historia de Francisco Villa en San Pedro de la Cueva, Sonora*, p. 4).

[67] Calzadíaz justificó la matanza de San Pedro de la Cueva afirmando que todos los "alevosos" y "cobardes" vecinos que fueron fusilados en el costado poniente de la iglesia habían tomado parte en la refriega, y que ninguno era inocente. No aporta evidencia. (Calzadíaz, *Hechos reales de la Revolución*, t. 2, pp. 151-152).

y destruirles sus vestidos, siguiendo después a recoger de los hogares todos los elementos, inclusive las ropas de vestir y dormir, poniendo fuego a aquellas que no pudieron utilizar.[68]

Un modesto monumento y una placa con los nombres de los 74 vecinos sacrificados de San Pedro de la Cueva guardan el recuerdo de la terrible tragedia.

Ángel Duarte y Paz Yánez. El primero fue asesinado por los villistas.
(Esther Noriega)

General Miguel S. Samaniego reportó la masacre de San Pedro a las autoridades militares.
(Brenda Samaniego)

Francisco Flores, padre del sacerdote asesinado, que fue fusilado por órdenes de Villa, pero no murió.
(Benjamín Gutiérrez)

Manuel Medinaveitia, uno de los ejecutores de Villa .

[68] Carta del general Miguel Samaniego al secretario de Guerra, general J. Agustín Castro, Torreón, Coahuila, 9 de agosto de 1917. (Archivo de Juan Diego Encinas Noriega).

Refugio Hidalgo, viuda de Moreno, y su hija Concepción Moreno.
(Katheryn Sepúlveda)

María de Jesús Córdova Ortiz, viuda de Demetrio Noriega, y sus hijos Catalina, Hilaria y Eduardo.
(Esther Noriega)

Andrés A. Flores, párroco de San Pedro de la Cueva, asesinado por Villa.
(Benjamín Gutiérrez)

Placa del monumento a las víctimas de Francisco Villa.

Tumba de una de las víctimas de San Pedro de la Cueva.

Doña Refugio Hidalgo, viuda de Moreno, y sus hijas Emilia y Concepción.
(Katheryn Sepúlveda)

Monumento dedicado al P. Andrés Flores y a las víctimas de San Pedro de la Cueva.

Balbaneda Valencia, viuda de
Pedro Peñúñuri.
(Esther Noriega)

Josefa Noriega, viuda de
Abenicio Noriega, asesinado
por Villa.
(Esther Noriega)

Enrique Duarte Yánez,
sobreviviente.
(Esther Noriega)

Manuel Encinas Silva,
sobreviviente.
(Esther Noriega)

Rafael Silvas, sobreviviente.
(Esther Noriega)

José María Encinas,
sobreviviente.
(Esther Noriega)

Ildefonso Encinas,
sobreviviente, vio a su
padre caer fusilado.
(Esther Noriega)

LA XENOFOBIA DE VILLA: ASESINATOS DE EXTRANJEROS EN CHIHUAHUA

La relación de Villa con las comunidades extranjeras fue compleja y algunas veces violenta. El guerrillero declaró muchas veces sus simpatías por los ciudadanos estadounidenses y por los súbditos alemanes y japoneses, no así por los españoles y chinos, a los que siempre les manifestó un profundo odio.

Durante la campaña contra el régimen huertista, Villa se perfiló como el interlocutor favorito del presidente Wilson, sobre todo por la amplia red de alianzas que había creado con grupos económicos estadounidenses y el control que ejercía sobre una gran porción de la frontera. Poco después, sin embargo, desilusionado por el reconocimiento de Estados Unidos al gobierno provisional de Carranza y por la prohibición de vender armas a sus agentes, Villa emprendió una serie de provocaciones en la frontera norte con la intención de incitar un conflicto internacional entre quienes ahora consideraba sus enemigos, el gobierno estadounidense y el constitucionalismo.[69]

A diferencia de la persecución de los ciudadanos chinos o de los súbditos españoles o árabes, las agresiones contra civiles estadounidenses, residentes en la República mexicana, respondían, principalmente, a cuestiones políticas. Así lo declaró Villa a la prensa: "Lo que más me interesa es la actitud de Estados Unidos: el presidente Wilson apoyó a Carranza, al parecer como un desafío a las promesas que me hizo por medio de sus agentes americanos [...] No tengo ningún mal sentimiento contra los americanos individual o colectivamente, sino tengo disgusto por sus políticas [...] Siempre he tenido admiración por los americanos y por sus empresas".[70]

El asesinato a mansalva de un grupo de civiles estadounidenses en Santa Isabel y el ataque al pequeño poblado de Columbus, a principios de 1916, provocó una ola de indignación en Estados Unidos que exigió represalias.[71]

---

[69] V. Lerner, "Una derrota diplomática crucial. La lucha villista por el reconocimiento norteamericano, 1914-1915", *Estudios de historia moderna y contemporánea de México*, núm. 22, 2001, pp. 83-114; L. M. Teitelbaum, *Woodrow Wilson and the Mexican Revolution (1913-1916). A History of United States-Mexican Relations. From the Murder of Madero until Villa's provocation across the Border*, Exposition Press, Nueva York, 1967.

[70] *La Patria*, "Una interesante entrevista con Francisco Villa en sus mismos campamentos de Chihuahua", El Paso, Texas, viernes 21 de mayo de 1920, p. 1.

[71] C. H. Harris y L. R. Sadler, "Termination with Extreme Prejudice: The United States versus Pancho Villa", en *The Border and the Revolution: 1910-1920*, Center for Latin American Studies / Joint Border Research Institute, New Mexico State University, 1988, pp. 7-23.

Francisco Beltrán, jefe villista
que atacó Columbus.

Candelario Cervantes, jefe villista
que atacó Columbus.

La idea de Villa, que había enfrentado la desbandada de su ejército tras las derrotas sufridas a manos de los carrancistas, era incitar una intervención extranjera que provocara una reacción nacionalista en México y, con ello, la oportunidad de reclutar un nuevo ejército con el pretexto de combatir a los invasores.[72] Aun así, en varias ocasiones, Villa negó haber tenido que ver con esas agresiones y adjudicó la responsabilidad a algunos de sus lugartenientes.[73]

---

[72] Katz, *Pancho Villa*, t. II, p. 152; Harris y Sadler, "Pancho Villa and the Columbus Raid: The Missing Documents", en *The Border and the Revolution...*, pp. 101-112.

[73] En enero de 1916 el villista Pablo López capturó y mató a 17 ingenieros estadounidenses que volvían a su empresa en Cusihuiriachi. López, capturado y ejecutado meses después, había declarado que Villa estuvo cerca del lugar del crimen, y que este se había cometido por órdenes suyas. Villa lo negó en varias ocasiones. (Informe de la frontera, Fort Bliss, 17 de enero de 1916, SD 812.00/17152; *La Prensa*, "Pablo López cuenta sus aventuras en la cárcel de la C. de Chihuahua", San Antonio, Texas, martes 2 de mayo de 1916, pp. 1-4; *El Paso Morning Times*, "La Revolución mexicana ha dado vida a seres amorales", El Paso, Texas, domingo 11 de junio de 1916, p. 1; *La Prensa*, "Villa ofreció dar protección a los extranjeros en Chihuahua", San Antonio, Texas, lunes 5 de diciembre de 1916, p. 5; *La Prensa*, "Sección editorial. Chinos y americanos", San Antonio, Texas, lunes 13 de diciembre de 1916, p. 3; Clendenen, *United States and Pancho Villa*, pp. 225-227). Villa también dijo no haber participado en el ataque a Columbus, en marzo de 1916, pero nunca negó haberlo ordenado. En la editorial de un

Sin embargo, con todo y la gravedad de estos hechos, los estadounidenses no sufrieron un acoso tan grave como del que fueron víctimas los chinos.

La comunidad china se asentó en algunas localidades del norte de México a finales del siglo XIX, y se distinguió por su laboriosidad y prosperidad. Los chinos, al igual que otros residentes de origen extranjero, contribuyeron a sentar las bases del desarrollo económico de México en las postrimerías del porfiriato. La inmigración china creció de manera importante en las dos primeras décadas del siglo XX, y la mayoría se incorporó a actividades como la construcción, la agricultura y la minería. Muy pronto, no obstante, numerosos trabajadores chinos lograron una modesta acumulación de capital y comenzaron a llegar a las ciudades, donde se incorporaron con éxito a actividades comerciales. Mientras algunos abrieron cafeterías, lavanderías, hoteles, cantinas, otros se dedicaron a la manufactura y venta de pequeños productos, lo que los posicionó en el mercado del menudeo.[74]

Durante la lucha armada, la comunidad china sufrió repetidos ataques por parte de las distintas facciones, y la masacre de Torreón, Coahuila, fue la peor manifestación de xenofobia en México. El 15 de mayo de 1911, 300 vecinos de nacionalidad china fueron asesinados y sus propiedades saqueadas por los revolucionarios comandados por Emilio Madero y Benjamín Argumedo.[75]

---

periódico villista se recogió una declaración del guerrillero: "Yo no soy gendarme para dar cuenta y justificación de mis actos; pero si yo hubiera ido a Columbus no lo negaría. Si hubiera querido vengarme del inesperado e injusto reconocimiento de Carranza; de la ayuda que dieron a Obregón pasándole tropas por territorio americano para que fueran a atacarme; si yo hubiera querido vengar la ingratitud y la ofensa de hacerme fuego en Agua Prieta con dos baterías americanas, desde territorio americano, no habría ido a Palomas con 200 pelados, sino que habría atacado con 20 mil soldados. Yo no traiciono a mi Patria trayéndole la intervención extranjera, y desafío a cualquiera de mis amigos o enemigos a que me prueben cuándo he matado yo algún gringo". (*La Patria*, "F. Villa y la causa revolucionaria", El Paso, Texas, martes 29 de abril de 1919, p. 3). Villa declaró a la reportera Sophie Treadwell: "No soy un bandido y no soy un asesino y no soy un enemigo de los estadounidenses [...] He matado hombres, pero yo soy un soldado. Y nunca he levantado la mano contra un estadounidense por ser estadounidense. ¿Me creerá cuando le diga que no fui a Columbus y que no sabía nada de la masacre de Santa Isabel?". (*New York Tribune*, "A visit to Villa, a 'bad man', not so bad", domingo 28 de agosto de 1921, p. 1).

[74] E. Hu-DeHart, "México. Inmigrantes a una frontera en desarrollo", en *Cuando Oriente llegó a América: contribuciones de inmigrantes chinos, japoneses y coreanos*, BID, Washington, 2004, pp. 57-58; De Vega, *Historia de las relaciones internacionales de México...*, p. 103.

[75] J. L. Chong, *La matanza de chinos en Torreón*, p. 1. http://joseluischong.mx/joseluischong/matanza_de_chinos_en_Torreon.pdf, consultado el 4 de septiembre de 2019; Puig, *Entre el río Perla y el río Nazas: La China decimonónica y sus braceros emigrantes: la colonia china de Torreón y la matanza de 1911*, Conaculta, México, 1993, p. 333.

Posiblemente el resentimiento de muchas personas hacia los chinos se debía también a que estos, al igual que otros grupos sociales, fueron capaces de prosperar en épocas turbulentas. También había quienes buscaban desahogar sus frustraciones atacando a un grupo vulnerable, y otros, simplemente, para obtener recursos económicos.[76]

Con mucha razón, Ricardo Ham afirma que "los actos de discriminación, despojo, infundios y matanzas contra la comunidad china en México es quizá la muestra más condenable e indigna de las actitudes xenófobas nacionales y representan una parte importante de la historia nacional que pocos se atreven a recordar". No es casual que la experiencia antichina ha sido prácticamente borrada de la memoria colectiva, pues hombres de estado y caudillos militares que figuran en la historia oficial fomentaron políticas y prácticas xenófobas, que iban desde la expulsión masiva de ciudadanos chinos, hasta auténticos genocidios.[77]

Es notorio también en el discurso en la prensa de la época una tendencia a minimizar los crímenes cometidos contra miembros de esta comunidad. Por ejemplo, no era lo mismo reportar el asesinato de un ciudadano estadounidense o un europeo, con nombre y apellido, que el de "unos chinos", haciéndolo de una manera anónima, genérica y a veces hasta despectiva.

Los chinos eran esforzados y emprendedores y, por esa razón, es probable que los odiaran "los holgazanes y los viciosos".[78] Francisco Villa consideraba a los chinos "una peste para el país, porque venían sin nada y mandaban fuera de México todo lo que ganaban", y a su juicio, "no eran buenos ciudadanos".[79] Por ello, el jefe guerrillero ordenó a sus lugartenientes asesinar a todos los chinos que encontraran. Si bien el historiador Katz admite que Villa odiaba a los chinos, atribuye las matanzas de estos a "la xenofobia de muchos norteños,

[76] De Vega, *Historia de las relaciones internacionales de México...*, p. 103; J. L. Chong, *Historia general de los chinos en México, 1575-1975*, Turner Publicaciones, México, 2014, p. 150.

[77] R. Ham, *De la invitación al desalojo. Discriminación a la comunidad china en México*, Samsara Editorial, México, 2013, p. 10. http://www.sideso.cdmx.gob.mx/documentos/invitacion_desalojo_complet o.pdf.

[78] R. M. Meyer y D. Salazar (coords.), *Los inmigrantes en el mundo de los negocios, siglos XIX y XX*, INAH-Plaza Valdés, México, 2003, pp. 137-156; F. Medina, *Francisco Villa: Cuando el rencor estalla*, Jus, México, 1960, p. 156.

[79] Carothers al Departamento de Estado, 7 de noviembre de 1916, SDF, 812-00-19846, en Katz, *Pancho Villa*, t. I, p. 194; S. O'Brien, *Pancho Villa*, Chelsea House Pub., 1994, p. 92; Medina, *Francisco Villa...*, p. 86; J. J. Gómez, *El movimiento antichino en México (1871-1934). Problemas del racismo y del nacionalismo durante la revolución mexicana*, UNAM, México, 1988, p. 97.

debido al racismo y al resentimiento contra una cultura ajena".[80] Por tal razón, el historiador austriaco cree que los asesinatos eran únicamente para complacer la antipatía de los chihuahuenses hacia los chinos.[81]

Aparentemente, después de escuchar rumores de que varios comerciantes chinos habían surtido de mercancías y provisiones a los expedicionarios de Pershing, Villa los acusó de desleales y "juró colgar a cada chino en Chihuahua".[82] También se asegura que, en los últimos días de diciembre de 1915, Villa recibió información falsa de que en las fuerzas del general Plutarco Elías Calles que lo habían combatido en el estado de Sonora había participado un batallón conformado por chinos.[83]

Sin embargo, hay evidencias que confirman que, desde la lucha contra el régimen huertista, el caudillo ya perseguía a los chinos y a los árabes. En el verano de 1913 Villa y sus hombres llegaron al pueblo de Madera acampando en Nahuérachi y en el Barrio de Las Quinientas. La noche anterior, el vecino Paz Vázquez, conociendo la fobia de Villa contra los extranjeros, había sacado del pueblo a un grupo de chinos y árabes, escondiéndolos en la sierra. Sin embargo, un soplón informó a Villa lo ocurrido, y don Paz fue asesinado a tiros en el centro del pueblo; el soplón fue recompensado con sacos de harina y comestibles. Al otro día apareció un buen número de personas de distintas nacionalidades ahorcadas o fusiladas entre los pinos del Barrio Chino, conocido también como Barrio Internacional, y en los alrededores.[84]

Existen innumerables testimonios de refugiados mexicanos y extranjeros que arribaron a la frontera norte, procedentes de distintos puntos del estado de Chihuahua, que describen los crímenes de Villa y de sus hombres contra los residentes chinos. En las ciudades de Chihuahua, Hidalgo del Parral, Camargo y Jiménez se reportaron casos verdaderamente lamentables.

---

[80] Katz, *Pancho Villa*, t. II, p. 223.

[81] *Ibid.*, pp. 185-186, 194, 200, 411, 414 y 432; *Política y gobierno*, vol. 6, p. 510.

[82] *XIV Simposio de Historia y Antropología de Sonora, Memoria*, vol. 2, p. 43; Instituto Tamaulipeco para la Cultura y las Artes, *Allá por el norte: Ciudad Victoria a través de los años*, p. 177; F. Morales, *Coyame es mi pueblo*, Xlibris, 2012, p. 134; O'Brien, *Pancho Villa*, p. 92.

[83] *El Paso Morning Times*, "Los chinos combatieron a Villa, se les dijo", El Paso, Texas, martes 11 de enero de 1916, p. 1; R. F. Muñoz, *La expedición punitiva*, Cuadernos mexicanos, SEP/Conasupo, México, s/f, p. 25.

[84] M. Escárcega y J. S. Pérez, *Madera cien años... son un día*, libro 1, Conaculta/Ichicult/Presidencia Municipal/Consejo Ciudadano de la Cultura, Chihuahua, 2006, p. 100.

¡Maten a los chinos!

Entre el 18 y el 20 de diciembre de 1915, con algunos miembros de su escolta, Villa recorría las calles de la ciudad de Chihuahua con el fin de recoger el mayor número de elementos de guerra, así como para localizar y ejecutar a quienes juzgaba enemigos o traidores. También ordenó a sus soldados que aprehendieran a cualquier individuo con rasgos orientales que se encontraran en las calles. Una lavandería en la calle Tercera fue incendiada y murieron quemados tres chinos; otros 14 fueron arrestados y conducidos a la estación del Ferrocarril Central, donde permanecieron detenidos hasta que Villa llegó de la Quinta Carolina, llevándolos rumbo a El Fresno, y personalmente los ejecutó en el camino. Testigos que presenciaron el asesinato refirieron horrorizados que Villa, "en un acceso de locura colérica, mandó que pararan a los chinos frente a él y con su pistola los fue eliminando uno por uno, valiéndose de la terriblemente buena puntería que tiene".[85]

Los carrancistas, que ya se habían apoderado del Palacio de Gobierno, no se percataron del audaz movimiento de Villa, al llegar a la estación a recoger a los chinos y partir al sur.[86] La noche del 20 de diciembre el cadáver de un chino que había sido ejecutado por Villa poco antes de salir de la estación fue reportado a las autoridades civiles como desconocido, pues nadie lo reclamó.[87]

Algunos meses después, el 26 septiembre de 1916, Villa se apoderó del mineral de Cusihuiriachi. Todos los vecinos fueron alineados frente a él y tuvieron que comprobar que no eran ciudadanos estadounidenses. Dos turcos y un chino que estaban formados reclamaron al guerrillero el saqueo de sus tiendas y fueron asesinados en el acto.[88]

El 26 de octubre del mismo año Villa se apoderó de Ciudad Camargo y, según testimonios, quemó vivas a dos mujeres mexicanas y a sus cinco hijos

---

[85] *Idem.*

[86] *El Paso Morning Times*, "Los carrancistas pudieron aprehender a Francisco Villa", El Paso, Texas, martes 11 de enero de 1916, p. 2.

[87] Un desconocido de nacionalidad china falleció por arma de fuego. (Defunciones, Chihuahua, 20 de diciembre de 1915, acta núm. 1933, ff. 105-106).

[88] *El Paso Morning Times*, "El estandarte del asesinato enarbola el bandido Villa", El Paso, Texas, viernes 6 de octubre de 1916, p. 1; *El Paso Morning Times*, "Las depredaciones de Villa en Cusihuiriachi han sido, como siempre, espeluznantes", El Paso, Texas, viernes 6 de octubre de 1916, p. 1; *La Prensa*, "Dos chinos y un turco fueron muertos por F. Villa", San Antonio, Texas, viernes 6 de octubre de 1916, p. 1.

pequeños, solo por estar casadas con migrantes chinos.[89] Frente a una gran muchedumbre, Villa empapó de aceite el cabello de las víctimas y les prendió fuego: "Con las cabezas en llamas las dos mujeres que lo habían enfurecido corrieron gritando hasta que cayeron muertas". Un testigo asegura que "no había razón para dar muerte a esas dos mujeres, pues no habían cometido falta alguna; una de ellas tenía 30 años y la otra cerca de 45".[90] En las calles de la ciudad quedaron regados los cadáveres de siete chinos, que poco antes habían sido ejecutados por el jefe guerrillero. Uno de los lugartenientes de Villa, Baudelio Uribe, entró a la ciudad amenazando con matar a todos los estadounidenses y chinos que encontrara.[91]

Fisher y Foster fusilados; doña Feliciana y su hijo quemados vivos

En Camargo, Villa también dictó la orden de fusilamiento del médico estadounidense Charles H. Fisher,[92] "sin más justificación que haber sido [...] uno de tantos paisanos del general John Pershing". Una mujer mexicana, probablemente su esposa, suplicó a Villa que no lo fusilara, pero este sacó la

---

[89] *The Barre Daily Times*, "Villa Bandits Kill Americans. Two Women and Little Girl are their Victims", Barre, Vermont, jueves 9 de noviembre de 1916, p. 2; *The Cincinnati Enquirer*, "Threatened all Chinese", Cincinnati, martes 12 de diciembre de 1916, p. 1; J. Lim, *Porous Borders: Multiracial Migrations and the Law in the U.S, Mexico Borderlands*, UNC Press Books, 2017, p. 148.

[90] *La Prensa*, "Se confirma que Villa quemó vivas a dos mujeres en Parral, Chih.", San Antonio, Texas, viernes 10 de noviembre de 1916, p. 4.

[91] Un ciudadano estadounidense que alcanzó a huir a Laredo dijo haber sido testigo del asesinato de 25 chinos en las cercanías de Ciudad Camargo. También aseguró que los villistas cometían toda clase de tropelías contra comerciantes chinos, españoles y árabes en la región sur del estado de Chihuahua (*El Paso Herald*, "Evacuation Anticipated", El Paso, Texas, lunes 6 de noviembre de 1916, p. 5); *New York Tribune*, "Villa Burned Women to Death, is Charge", Nueva York, martes 7 de noviembre de 1916, p. 1; *The Tampa Morning Tribune*, "Burned Two Women", Tampa, Florida, miércoles 8 de noviembre de 1916, p. 2; *La Prensa*, "Los villistas dieron muerte a veinticinco chinos", San Antonio, Texas, sábado 18 de noviembre de 1916, p. 5; *La Prensa*, "Se confirma la matanza de chinos en Santa Rosalía", San Antonio, Texas, domingo 19 de noviembre de 1916, p. 5; *El Paso Morning Times*, "Las atrocidades de los villistas", El Paso, Texas, martes 21 de noviembre de 1916, p. 1).

[92] Originario de San Luis Missouri, Estados Unidos, de 60 años, hijo de John H. Fisher y Teresa Stenaman. Se graduó de medicina del Colegio Médico Jefferson, Filadelfia, en 1897, ejerciendo su profesión en California y Nuevo México. Casado con Refugio Márquez de 36 años, no dejó hijos. (*El Paso Morning Times*, "Salazar se negó a cumplir la orden", El Paso, Texas, jueves 9 de noviembre de 1916, p. 1; *El Paso Morning Times*, "Quién era Fisher", El Paso, Texas, lunes 18 de diciembre de 1916, p. 3; libro de defunciones, Camargo, 25 de enero de 1917, acta núm. 16, ff. 241-242; Jaurrieta, *Con Villa...*, p. 51).

pistola y disparó a los pies del prisionero, al tiempo que le preguntó: "¿Es usted americano?". Fisher contestó: "Sí, soy americano".[93]

Otra versión sostiene que se ordenó el fusilamiento del médico Fisher al haberse negado a pagar 2 000 pesos que le exigía Villa como rescate.[94] Un grupo de testigos de nacionalidad inglesa que viajaba en un tren y que pudo escapar a la frontera asegura que al capturar al médico Fisher el guerrillero declaró que estaba "resuelto a matar a cuanto americano encontrara en México mientras Woodrow Wilson fuera el presidente de Estados Unidos".[95] Como haya sido, Fisher fue atado y trasladado en un carro de mulas al cementerio, donde fue fusilado. Hay quien dice que después de ser asesinado fue decapitado. Fue en esa misma ocasión cuando Villa ordenó que Feliciana González de Quiñones y su hijo fueran rociados con petróleo y quemados vivos; la acusaba de ser espía carrancista.[96]

Un ganadero novomexicano que se había ocultado en una casa frente a la plaza de armas de Ciudad Camargo declaró a la prensa que el jefe guerrillero había publicado una proclama ordenando la salida de la región de ciudadanos estadounidenses, chinos y árabes, y si no lo hacían serían ejecutados.[97]

En Ciudad Jiménez, un sexagenario de apellido Foster, que había bajado de un carro de pasajeros del tren proveniente de Torreón, fue detenido y fusilado frente al Hotel Jiménez, por órdenes de Villa, después de haber sido despojado de sus ropas y objetos de valor, y su cadáver quemado.[98] Algunos

---

[93] *El Paso Morning Times*, "La vindicación de Francisco Villa", El Paso, Texas, viernes 17 de noviembre de 1916, p. 3; *La Prensa*, "Salva la vida de su padre con afiliarse al villismo", San Antonio, Texas, domingo 17 de diciembre de 1916, p. 5.

[94] *El Paso Morning Times*, "El Dr. Fisher fue fusilado por los bandidos a causa de no haber pagado un rescate", El Paso, Texas, martes 7 de noviembre de 1916, p. 1.

[95] *El Paso Morning Times*, "Matará a todos los americanos de México", El Paso, Texas, viernes 10 de noviembre de 1916, p. 1; *La Prensa*, "Los villistas dieron muerte al doctor Fisher en Santa Rosalía", San Antonio, Texas, sábado 9 de diciembre de 1916, p. 1.

[96] *El Paso Morning Times*, "La vindicación de Francisco Villa", El Paso, Texas, viernes 17 de noviembre de 1916, p. 3; *El Paso Morning Times*, "Los americanos que ejecutó Villa en Parral los sujetó primero a un cruel tormento", El Paso, Texas, sábado 16 de diciembre de 1916, p. 1; E. Muñoz, "Pinceladas y retoques al cuadro de la Revolución", en *IX Congreso Nacional de Historia de la Revolución Mexicana*, julio de 1978, p. 186. Según Eduardo M. Ávila, el nombre de la víctima era Donaciana Quiñones. (*El Siglo de Torreón*, "Del Arcón de mis Recuerdos", Torreón, Coahuila, domingo 16 de julio de 1961, p. 6).

[97] *El Paso Morning Times*, "Matará a todos los americanos de México", El Paso, Texas, viernes 10 de noviembre de 1916, p. 1.

[98] Foster radicaba en Torreón y viajaba a la ciudad de Chihuahua. (*La Prensa*, "Los villistas persiguen de muerte a los extranjeros", San Antonio, Texas, martes 21 de noviembre de 1916,

testigos aseguran que Foster protestó y dijo ser súbdito británico, de nacionalidad irlandesa: "El primer tiro le fue dado en el hombro y después se le atravesó la cabeza con otra bala".[99] Un súbdito español, que radicaba en Torreón y viajaba en el mismo tren, refirió el asesinato del extranjero en una carta: "Un americano [en realidad era irlandés] de apellido Foster ha sido horriblemente maltratado y atado a un poste, siendo quemado su cuerpo en presencia de su hijo".[100]

Allí mismo, en Jiménez, fue aprehendido el ciudadano estadounidense Henry Clark, quien había sido despojado de sus ropas antes de ser enviado al paredón de fusilamiento; de último momento, Clark se salvó de ser ejecutado gracias a la intervención de uno de sus hijos, quien ofreció pelear a las órdenes de Villa si perdonaba la vida a su padre. Clark, envuelto solo en una cobija se movilizó a su rancho, en las cercanías de Jiménez.[101]

Un chino que pudo escapar a tiempo de los villistas declaró en Torreón que Villa también había asesinado a 13 de sus paisanos en Ciudad Jiménez, y así lo confirma un grupo de chinos que huyó a la frontera.[102]

Asesinato de Howard Gray

El 5 de noviembre Villa tomó la ciudad de Parral, y en la plaza dirigió una arenga al pueblo "felicitándolo por haber atacado a las tropas americanas de Tompkins", expresando sus intenciones de matar a todos los chinos que encontrara, así como a los "chinos blancos", expresión despectiva que utilizaba para referirse a los estadounidenses, así como "echar fuera a las tropas

---

p. 1; *La Prensa*, "Insístase que Villa ha asesinado a gran número de extranjeros", San Antonio, Texas, jueves 23 de noviembre de 1916, p. 4; telegrama del vicecónsul William P. Blocker al secretario de Estado, Eagle Pass, Texas, 9 de diciembre de 1916, Department of State, exp. núm. 312.11/8267).

[99] *El Paso Morning Times*, "Los americanos que ejecutó Villa en Parral los sujetó primero a un cruel tormento", El Paso, Texas, sábado 16 de diciembre de 1916, p. 1.

[100] *La Prensa*, "Hasta ahora se sabe que los villistas dieron muerte a tres extranjeros", San Antonio, Texas, sábado 9 de diciembre de 1916, p. 1.

[101] *El Paso Morning Times*, "Los americanos que ejecutó Villa en Parral los sujetó primero a un cruel tormento", El Paso, Texas, sábado 16 de diciembre de 1916, p. 1; *La Prensa*, "Salva la vida de su padre con afiliarse al villismo", San Antonio, Texas, domingo 17 de diciembre de 1916, p. 5.

[102] Telegrama del vicecónsul William P. Blocker al secretario de Estado, Eagle Pass, Texas, 13 de noviembre de 1916, Department of State, exp. núm. 812.00/19848.

americanas y confiscar todas las tierras de extranjeros".[103]

Algunos vecinos creyeron que el jefe guerrillero había perdido la cabeza después de manifestar públicamente su intención de establecer en México "un imperio que humillaría a los yanquis". Para ello, dijo, haría una alianza con los japoneses, a quienes consideraba consanguíneos de los mexicanos, y con su ayuda, convertiría a México en una gran nación. En contraste con los chinos, a quienes odiaba, Villa admiraba a los japoneses. Sus propios amigos de Parral afirmaron que ese día el jefe guerrillero se había mostrado un tanto extravagante al considerarse "el nuevo Napoleón" y creía que el mundo estaba en su contra.[104]

Howard Gray (1868-1916) y su esposa Carlota Edwards Carrillo (1889-1951).
(Reidezel Mendoza)

El ciudadano estadounidense Howard Gray[105] fue asesinado en la puerta de su casa en Parral cuando, aparentemente, había salido armado por temor a ser atacado, según reportó la Alvarado Mining Company. Después de asesinarlo,

[103] New York Tribune, "'White Chinese', Villa's New Name for Americans", Nueva York, jueves 16 de noviembre de 1916, p. 4; The Arizona Republic, "White Chinese, Villa's Therm for Americans he Murders", Phoenix, Arizona, jueves 16 de noviembre de 1916, p. 1; Billings Gazette, "White Chinese Villa Epithet for Americans", Billings, Montana, jueves 16 de noviembre de 1916, p. 1; La Prensa, "Chinos blancos llama F. Villa a los americanos", San Antonio, Texas, viernes 17 de noviembre de 1916, p. 1; El Paso Morning Times, "Las atrocidades de los villistas", El Paso, Texas, martes 21 de noviembre de 1916, p. 1; La Prensa, "Insístase que Villa ha asesinado a gran número de extranjeros", San Antonio, Texas, jueves 23 de noviembre de 1916, p. 4; B. Rakocy, Villa Raids Columbus, N. Mex., Mar. 9, 1916, Bravo Press, El Paso, Texas, 1991, p. 110.
[104] La Prensa, "Villa piensa hacer de México una gran nación con la ayuda del imperio japonés", San Antonio, Texas, martes 21 de noviembre de 1916, p. 5.
[105] Su verdadero nombre era Howard Weeks, de 48 años, originario de Peoria, Illinois, vivía en Denver, Colorado, pero tuvo que huir a México por un problema con las autoridades cambiando su apellido a Gray. Tenía 23 años radicando en Parral con su esposa y sus tres hijos cuando fue asesinado. (Newton Evening Kansan-Republican, "Washington in Doubt as Usual", Newton, Kansas, jueves 7 de diciembre de 1916, p. 6; El Paso Times, "Howard Gray se llama Howard Weeks", El Paso, Texas, viernes 8 de diciembre de 1916, p. 1; La Prensa, "Hasta ahora se sabe que los villistas dieron muerte a tres extranjeros", San Antonio, Texas, sábado 9 de diciembre de 1916, p. 1).

los villistas recogieron el cadáver y lo colgaron. Otra versión sostiene que Gray comía en su casa cuando un pelotón villista irrumpió en su propiedad y lo golpeó con las culatas de los rifles: "Lo hicieron desnudarse y así tuvo que caminar por un largo trecho, siendo malísimo el camino; cuando estuvo a [casi cinco kilómetros] de Parral el americano fue muerto a machetazos, quedando tirado el cadáver que fue devorado por animales silvestres".[106] El estadounidense L. Naudin asegura haber sido aprehendido junto con Howard Gray, pero salvó la vida cuando dijo ser ciudadano francés, y pudo huir a Eagle Pass.[107]

Varias mujeres estadounidenses se disfrazaron de cocheros y huyeron de Parral conduciendo carros con familias mexicanas hasta Ciudad Jiménez. Otros permanecieron ocultos en la ciudad hasta que pudieron huir a la frontera y allí notificaron los asesinatos.[108] El empresario Arthur Williams escapó en su automóvil, que fue tiroteado por los villistas, y en la frontera declaró que su esposa, su pequeña hija y otra mujer, cuyo nombre desconocía, habían sido asesinadas.[109]

Arrojados al tiro de una mina

Un médico estadounidense de apellido Bernhard arribó a Eagle Pass el 14 de diciembre y declaró ante las autoridades consulares que él había sepultado

---

[106] Telegrama del vicecónsul William P. Blocker al secretario de Estado, Eagle Pass, Texas, 9 de diciembre de 1916, Department of State, exp. núm. 312.11/8267; *El Paso Morning Times*, "La información última que ha llegado ayer de México", El Paso, Texas, viernes 22 de diciembre de 1916, p. 1.
[107] Telegrama del vicecónsul William P. Blocker al secretario de Estado, Eagle Pass, Texas, 6 de diciembre de 1916, Department of State, exp. núm. 312.11/8259.
[108] Carlos Pfeitzer, Jake Meyer, Walter C. Palmer, William Scott, dr. Thomas Flannigan, William Palmer, Adan Schaffur, el cónsul alemán Edgar Koch y Julio Pescador escaparon de Parral, refugiándose en Eagle Pass. El estadounidense Herbert Fountain y el inglés Herbert Beard se escondieron dentro de la ciudad, y los estadounidenses J. W. McKee y Joe Knotes huyeron a las montañas. Los refugiados declararon bajo juramento que habían sido testigos del asesinato de 15 chinos y de varios súbditos árabes. (*La Prensa*, "Sigue el éxodo de extranjeros y mexicanos de Chihuahua", San Antonio, Texas, lunes 13 de noviembre de 1916, p. 4; informe del vicecónsul William P. Blocker al secretario de Estado, Eagle Pass, Texas, 19 de diciembre de 1916, Department of State, exp. núm. 312.11/829).
[109] *The Tampa Morning Tribune*, "Wife and Babe Killed, Man Escapes Villistas", Tampa, Florida, miércoles 8 de noviembre de 1916, p. 2; *The Barre Daily Times*, "Villa Bandits Kill Americans. Two Women and Little Girl Are their Victims", Barre, Vermont, jueves 9 de noviembre de 1916, p. 2.

los cadáveres de Howard Gray y de cinco chinos en Parral que encontró en avanzado estado de descomposición. También asegura haber inhumado los restos de otros 14 chinos, además del cuerpo calcinado de Foster en Ciudad Jiménez.[110]

Según testimonios de otros grupos de refugiados mexicanos y estadounidenses, Villa había ordenado que 66 chinos fueran arrojados a los tiros de las minas abandonadas para no gastar municiones en sus fusilamientos.[111] El médico Bernhard confirmó el hecho y dijo que los chinos fueron arrojados a los tiros de la Alvarado Mining Company. Varios testigos dijeron que otros seis residentes chinos fueron asesinados a tiros en las calles de la ciudad.[112] Celia Herrera asegura que otro grupo de chinos fue colgado de los álamos en las márgenes del río.[113]

Ejecuciones de chinos y gitanos

La noche del domingo 19 de noviembre dos chinos que habían permanecido ocultos pudieron huir y llegar a salvo a Ciudad Juárez, donde informaron que Villa, al apoderarse de Parral, había ordenado que no se permitiera la salida de ningún extranjero, y que todos los chinos debían ser aprehendidos y remitidos al cuartel general. Los dos testigos dijeron haber visto desde su escondite cómo un pelotón villista condujo a 19 prisioneros chinos fuera de la ciudad y retornó poco después sin ellos, lo que les hizo suponer que fueron asesinados.[114] Varios transeúntes dijeron también haber visto a orillas del camino de Parral

---

[110] Telegrama del vicecónsul William P. Blocker al secretario de Estado, Eagle Pass, Texas, 14 de diciembre de 1916, Department of State, exp. núm. 312.11/8282.

[111] Telegrama del vicecónsul William P. Blocker al secretario de Estado, Eagle Pass, Texas, 9 de diciembre de 1916, Department of State, exp. núm. 312.11/8267.

[112] *Prescott Journal Miner*, "Trail of Blood Follows Villa's Path in Parral", Prescott, Arizona, 19 de noviembre de 1916, p. 1; *El Paso Morning Times*, "Los americanos que ejecutó Villa en Parral los sujetó primero a un cruel tormento", El Paso, Texas, sábado 16 de diciembre de 1916, p. 1; Lim, *Porous Borders...*, p. 148; J. O. Chang, *Chino: Antichinese Racism in Mexico, 1880-1940*, University of Illinois Press, Urbana, 2017.

[113] Herrera, *Francisco Villa ante la historia*, p. 237; A. Taracena, *Historia extraoficial de la Revolución mexicana: desde las postrimerías del porfirismo hasta los sexenios de Echeverría y López Portillo*, Jus, México, 1987, p. 277.

[114] Los testigos dicen haber huido a Jiménez y, de allí, a pie hasta la ciudad de Chihuahua, donde tomaron un tren a la frontera. (*El Paso Morning Times*, "Los chinos dicen como cayó Parral", El Paso, Texas, miércoles 22 de noviembre de 1916, p. 3; *La Prensa*, "Unos chinos informan los acontecimientos de Parral, Chihuahua", San Antonio, Texas, jueves 23 de noviembre de 1916, p. 1).

a Jiménez, los cadáveres de 35 gitanos, hombres y mujeres, resguardados por un destacamento villista. Otros vecinos reportaron que en las calles de Parral habían quedado tirados los cuerpos de tres chinos. [115]

Antes de abandonar la plaza, Villa lanzó un manifiesto amenazando a los estadounidenses y a los mexicanos que se negaran a incorporarse a sus tropas:

> Todos los mexicanos patriotas deben unirse a la causa [de Villa]; los que se re-húsen a hacerlo, serán declarados traidores e inmediatamente ejecutados. Los ferrocarriles se consideran propiedad del pueblo mexicano y todos los derechos de los extranjeros sobre ellos se declaran nulos desde la fecha del manifiesto. Los extranjeros que después de veinticinco años en México no se hagan ciudadanos mexicanos renunciando a todos sus derechos de extranjeros, deberán salir del país para no regresar más a él. Los ciudadanos americanos no podrán adquirir derechos de propiedad en México, ni gozar de ninguno de los privilegios que corresponden a los ciudadanos mexicanos. [116]

Los agentes villistas advirtieron a todos los comerciantes, agricultores y pro-pietarios de fincas de la región ocupada por las fuerzas de Pershing que si no abandonaban el país "serán ejecutados por Villa en cuanto ocupe con sus fuerzas la zona que abandonen las tropas de Estados Unidos, al ser llamadas por el gobierno para que regresen a su país". [117]

La larga marcha al exilio

También los súbditos árabes y sirios sufrieron la cólera de Villa. El inmigrante árabe Hassan Zain Chamut relata: "Llegaban los revolucionarios y te despo-jaban de lo que tenías; a mi papá dos veces lo dejaron sin un cinco, y en una ocasión lo iban a matar, nada más por ser extranjero". Zain y Alfredo Chamut

---

[115] *La Prensa*, "Los villistas persiguen de muerte a los extranjeros", San Antonio, Texas, martes 21 de noviembre de 1916, p. 1; *La Prensa*, "Insístase que Villa ha asesinado a gran número de extranjeros", San Antonio, Texas, jueves 23 de noviembre de 1916, p. 4.

[116] *La Prensa*, "Insístase que Villa ha asesinado a gran número de extranjeros", San Antonio, Texas, jueves 23 de noviembre de 1916, p. 4; *La Prensa*, "Un amenazador manifiesto fue ex-pedido por Francisco Villa", San Antonio, Texas, lunes 5 de diciembre de 1916, p. 5; Katz, *Pancho Villa*, t. II, pp. 180-181.

[117] *La Prensa*, "Amenaza Villa a los que han estado con la expedición americana", San Antonio, Texas, lunes 5 de diciembre de 1916, p. 5.

y otros súbditos árabes estaban a punto de ser ejecutados cuando José Chamut imploró a Villa que les perdonara la vida.[118]

Una caravana de 14 súbditos sirios, cuatro hombres, cuatro mujeres y seis niños, encabezada por Jorge Jattar, un próspero comerciante de Ciudad Guerrero, arribó a Douglas, Arizona, el 20 de noviembre, después de haber caminado casi un mes hasta Nacozari. El súbdito Jattar mostró en la estación de Migración 200 dólares en oro americano y aseguró que era todo lo que él y su grupo poseían, después de que 30 días antes los había asaltado Francisco Villa. Según Jattar, "Villa maldijo a los extranjeros, y su actitud y la de su gente era tan amenazante que no perdimos tiempo, escapándonos".[119]

El 18 de marzo de 1917 las tropas de Villa ocuparon simultáneamente las plazas de Parral y Ciudad Jiménez. En esta última, un refugiado mexicano en Estados Unidos denunció que los villistas habían asesinado a cinco sirios y a varios civiles mexicanos, hombres y mujeres, ajenos al conflicto.[120]

¡A culatazos!

El 27 de noviembre de 1916, después de cuatro días de combates, las fuerzas de Villa se apoderaron de la capital del estado. Al entrar a la ciudad de Chihuahua, el jefe guerrillero dio a conocer un manifiesto, asegurando que "todos los americanos serán tratados en la misma forma en que lo fueron los chinos".[121] También ordenó a sus tropas que saquearan e incendiaran los comercios, especialmente los ubicados en el centro de la ciudad, entre las calles Tercera, Morelos y Allende, propiedad de empresarios chinos y sirios.[122]

---

[118] M. González, *Xenofobia y xenofilia en la historia de México, siglos XIX y XX*, Segob / Instituto Nacional de Migración, México, 2006, p. 294; T. Alfaro-Velcamp, *So Far from Allah, So Close to Mexico: Middle Eastern Immigrants in Modern México*, University of Texas Press, Texas, 2007, p. 79.

[119] *El Paso Morning Times*, "Villa maldijo a los extranjeros", El Paso, Texas, martes 21 de noviembre de 1916, p. 1.

[120] *La Prensa*, "Los villistas asesinaron a cinco sirios en Jiménez, Chihuahua", San Antonio, Texas, jueves 29 de marzo de 1917, p. 5; Jaurrieta, *Con Villa...*, p. 95.

[121] *The Cincinnati Enquirer*, "Of All Americans Found in Mexico, Says Villa", Cincinnati, martes 12 de diciembre de 1916, p. 1; *The Morning Herald*, "All Americans Will Be Killed", Durham, N. C., martes 12 de diciembre de 1916, p. 1; L. Stacy, *Mexico and the United States*, vol. 1, Marshall Cavendish, 2002, p. 182.

[122] *El Paso Morning Times*, "Ni árabes ni chinos", El Paso, Texas, martes 12 de diciembre de 1916, p. 4; *El Paso Morning Times*, "El terror en la ciudad de Chihuahua", El Paso, Texas, viernes 8 de diciembre de 1916, p. 1.

La tarde del martes 28, al terminar un discurso en la Plaza Hidalgo, Villa ordenó a sus jefes que mataran a todos los chinos y a los estadounidenses que hallaran, "pidiéndoles que no los fusilaran para no gastar municiones, sino que les dieran de palos hasta matarlos".[123] Un grupo de chinos que había logrado refugiarse en la frontera aseguró que los villistas utilizaron las culatas de sus carabinas para asesinar a sus paisanos y mutilar sus cadáveres.[124] Un oficial de las fuerzas del coronel Francisco González dijo que habían sido 50 los chinos asesinados, además de tres sirios y tres mujeres mexicanas.[125] Un extranjero avecinado en el barrio chino de la ciudad de Chihuahua informó a las autoridades estadounidenses que la noche del martes 28 los villistas robaron y asesinaron a 27 chinos, y que solo él pudo escapar. Los villistas los habían golpeado en la cabeza con las cachas de sus pistolas hasta matarlos. Un jardinero chino que alcanzó a escapar en un tren, y que vivía en las afueras de la ciudad, aseguró que un pelotón villista derribó la puerta de la casa en la que se refugiaban 35 de sus compatriotas y los asesinó a culatazos, "como si fueran perros", saqueando sus bienes e incendiando la propiedad. Permaneció escondido dos días sin agua y sin comida antes de poder escapar. Otro chino dijo que vivía en una casa del mismo rumbo, donde unos 20 de sus paisanos se habían escondido, y que solo tres de ellos pudieron escapar con vida.[126]

---

[123] El Paso Morning Times, "Villa ordenó a sus tenientes que mataran a palos a todos los extranjeros de Chihuahua", El Paso, Texas, sábado 2 de diciembre de 1916, p. 1; La Prensa, "No fue muerto ningún americano en Chihuahua", San Antonio, Texas, miércoles 6 de diciembre de 1916, p. 1; A. Knight, La Revolución mexicana: Del Porfiriato al nuevo régimen constitucional, 2 vols., Grijalbo, México, 1996, p. 357; H. Braddy, Cock of the Walk. The Legend of Pancho Villa, University of New Mexico Press, Albuquerque, 1955, pp. 78-80.

[124] La Prensa, "F. Villa tiene proyectado atacar Ciudad Juárez el domingo", San Antonio, Texas, sábado 2 de diciembre de 1916, p. 1; El Paso Morning Times, "Los americanos de Chihuahua no sufrieron ningún daño", El Paso, Texas, miércoles 6 de diciembre de 1916, p. 1; El Paso Morning Times, "Principian los saqueos de las tiendas chinas", El Paso, Texas, lunes 18 de diciembre de 1916, p. 2.

[125] El Paso Morning Times, "F. Villa estaba en Satevó, Chih.", El Paso, Texas, viernes 8 de diciembre de 1916, p. 1; O'Hea, Gómez Palacio, 11 de enero de 1917, FO 371/2959, 45121.

[126] Funston reportó que un tren arribó a la frontera a las dos y media de la mañana del jueves 30, con 300 soldados de infantería de la guarnición de Chihuahua. Una hora después llegó otro tren con 21 vagones, 350 soldados, 300 civiles (mujeres, niños y policías), 40 chinos y 75 heridos. Algunos viajantes informaron que un numeroso grupo de personas caminaba por la vía ferroviaria, a la altura de Estación Laguna, entre ellos 14 chinos que intentaron subir al tren, pero la tripulación no se los permitió por falta de espacio. La mayoría de los chinos que pudieron escapar eran propietarios de comercios y restaurantes que se localizaban en los alrededores del depósito de artillería. (General Funston to the Secretary of the War, Fort Sam

Un ciudadano estadounidense que sobrevivió a la matanza declaró al cruzar la frontera: "Estaba yo escondido cuando una enfermera de la Cruz Roja fue a avisarme que ya estaban matando a los chinos, aconsejándome que me saliera cuanto antes".[127] Los pocos estadounidenses que se encontraban en la capital del estado alcanzaron a ocultarse, pero todos los chinos que los villistas encontraron fueron despiadadamente masacrados.[128]

Con las declaraciones juradas de un numeroso grupo de refugiados, recogidas por la oficina de Migración de El Paso, el general George Bell, comandante de las fuerzas del Fort Bliss, pudo confirmar la noticia del asesinato masivo de chinos en la capital del estado.[129] Se desconoce la cantidad exacta de víctimas, pero, según los reportes de la prensa y del Departamento de Estado, la cantidad variaba entre los 50 y 80 los ejecutados.[130]

El comandante carrancista Jacinto B. Treviño trató de desmentir los rumores de que varios extranjeros habían sido asesinados en Chihuahua, asegurando que "solamente unos cuantos chinos perecieron al ocupar Villa la ciudad".[131] El cónsul alemán en Ciudad Juárez, Max Weber, también dijo que ningún extranjero había sido asesinado por los villistas en la capital del estado, "excepto algunos chinos".[132]

Un grupo de refugiados chinos envió una nota a su representante acreditado en Washington, exponiendo la situación que vivían en Chihuahua y

---

Houston, 2 de diciembre de 1916, [telegramas] núm. 3838, 3839, USA, Department of State, archivo núm. 812.00/20044).

[127] *El Paso Morning Times*, "Villa ordenó a sus tenientes que mataran a palos a todos los extranjeros de Chihuahua", El Paso, Texas, sábado 2 de diciembre de 1916, p. 1.

[128] Katz, *Pancho Villa*, t. II, p. 218.

[129] *El Paso Morning Times*, "El gobierno americano está prestando mucha atención a la nueva rebelión en México", El Paso, Texas, domingo 3 de diciembre de 1916, p. 1.

[130] Según Funston, tres chinos declararon que 80 de sus paisanos habían sido ejecutados. (General Funston to the Secretary of the War, Fort Sam Houston, 2 de diciembre de 1916, [telegramas] núm. 3839, USA, Department of State, archivo núm. 812.00/20044); *The St. Louis Star*, "Three Americans are Putt o Death, Villa Announces", St. Louis, Missouri, viernes 1° de diciembre de 1916, p. 2; *El Paso Morning Times*, "Cincuenta chinos fueron muertos en Chihuahua", El Paso, Texas, miércoles 6 de diciembre de 1916, p. 1; *La Prensa*, "Hasta ahora se sabe que los villistas dieron muerte a tres extranjeros", San Antonio, Texas, sábado 9 de diciembre de 1916, p. 1.

[131] *El Paso Morning Times*, "Treviño asegura que solo algunos chinos murieron en Chihuahua", El Paso, Texas, miércoles 6 de diciembre de 1916, p. 4.

[132] *La Prensa*, "Villa ofreció dar protección a los extranjeros en Chihuahua", San Antonio, Texas, lunes 5 de diciembre de 1916, p. 5.

demandando protección.[133] Dos meses después, el gobernador de Chihuahua concedió permiso a los pocos chinos que aún residían en la capital del estado para exhumar los restos de sus compatriotas, muertos a manos de los villistas, para sepultarlos en un lugar apropiado.[134]

Saqueo y despojo

Los extranjeros también padecieron el saqueo y el robo de sus propiedades en todo el estado. Un chino avecinado en Ciudad Juárez dijo haber recibido el mensaje de un conocido suyo de la ciudad de Chihuahua, confirmando el saqueo de 60 comercios que pertenecían a sus paisanos.[135] Las casas de los árabes también fueron robadas y algunas incendiadas, al igual que una tienda de ropa, propiedad del señor Dannis, y una casa de cambio, cigarrería y sastrería del señor Harris, ambos ciudadanos estadounidenses. Este último fue golpeado a culatazos después de que protestó por el atraco a su comercio. Las oficinas de la Davidson Co. y de la Petrolera Pierce también fueron saqueadas.[136]

No satisfecho con haberse apoderado de 400000 pesos en mercancías, Villa exigió un millón de pesos a los principales vecinos, amenazando con quemar la ciudad si no se le entregaba esa cantidad en plata. En una carta remitida a su hijo Samuel, vecino de El Paso, la señora Barnett Dannis relata:

Tres veces fui personalmente al cuartel de Villa y le pedí que dejara en paz, cuando menos, nuestro menaje de casa. Villa nos trató con el mayor desprecio, no quiso escuchar nada de lo que le supliqué, sino que, por el contrario, dijo que todo lo que poseían los americanos que viven actualmente en México sería tomado por los mexicanos, y que ya había dado orden a su gente de que, lo que no pudieran llevarse, fuera destruido, así es que los aparadores, los armazones y mostradores de nuestra tienda, fueron hechos pedazos. Estuvimos escondidos por seis días; durante ese tiempo teníamos necesidad de comer algo, por eso me vestí como las mujeres

---

[133] *El Paso Morning Times*, "Los chinos se quejan con su ministro en Washington", El Paso, Texas, domingo 3 de diciembre de 1916, p. 1.
[134] *El Paso Morning Times*, "Noticias de México", El Paso, Texas, domingo 28 de enero de 1917, p. 2.
[135] *El Paso Morning Times*, "Los americanos se encuentran a salvo", El Paso, Texas, miércoles 6 de diciembre de 1916, p. 1.
[136] *El Paso Morning Times*, "Harris casi fue muerto a palos", El Paso, Texas, martes 12 de diciembre de 1916, p. 4.

del país y así logré llegar hasta el cuartel de Villa y entrevistarlo [...] mexicanos y chinos fueron muertos por veintenas, y las calles están llenas de cadáveres.[137]

Giuseppe Bovio, comerciante italiano de Chihuahua, declaró en El Paso:

> Cuando Villa entró a la ciudad de Chihuahua nos encontrábamos varios alemanes vecinos míos y yo discutiendo la fuga de las tropas de facto. En esto vemos aparecer a Villa con todo su Estado Mayor, a caballo. Nos preguntó por nuestra nacionalidad, y todos contestaron que eran alemanes. Villa me apuntó con el dedo y me dijo: "Usted no es alemán". Yo, que no había hablado, me adelanté hacia él y le dije: "Efectivamente, no soy alemán. Yo soy italiano" [...] entonces me dio la comisión de reunir a la Cámara de Comercio, pues deseaba hablarles. Así lo hice [...] me dijo que, al día siguiente, a las 10 de la mañana, nos veríamos, y a esta junta fue acompañado de Carlos Ketelsen.[138]

Villa había prometido a los representantes del comercio de la ciudad que daría plena protección a los extranjeros, "con excepción de los chinos y los chinos blancos, es decir los estadounidenses, ya que éstos son los únicos responsables de todas las desgracias de este país".[139] Bovio confirma lo anterior, y dice que el jefe guerrillero le aseguró que él "no trataba de matar más que a los americanos y a los chinos". Villa recibió el dinero que demandaba y afirma que se había visto obligado a saquear "todo lo que fuera posible, pues la expedición de Chihuahua le había costado mucho metálico".[140]

La caravana china

Debido a la persecución de la que eran objeto por parte de Villa, una caravana de 533 chinos salió del estado de Chihuahua, acompañando a la Expedición

---

[137] *El Paso Morning Times*, "Amenazó quemar Chihuahua si no le daban un millón", El Paso, Texas, martes 12 de diciembre de 1916, p. 1.

[138] *El Paso Morning Times*, "Francisco Villa es organizador", El Paso, Texas, martes 12 de diciembre de 1916, p. 1.

[139] National Archives, 303, Primera Guerra Mundial, Organización, Expedición Punitiva a México, n. 120-23, "The Reign of Terror in Chihuahua", lunes 27 de noviembre de 1916, informe enviado por el capitán Reed, en Katz, *Pancho Villa*, t. II, p. 218.

[140] *Idem*; *La Prensa*, "El italiano Bovio que habló con Villa, llegó a El Paso", San Antonio, Texas, sábado 9 de diciembre de 1916, p. 1.

Punitiva en febrero de 1917, pero fueron detenidos por los oficiales de Migración en Columbus, Nuevo México.[141] Los chinos protestaron cuando se enteraron de la pretensión del gobierno estadounidense de deportarlos a Ciudad Juárez. Los representantes de los refugiados enviaron una mensaje al embajador de su país en Washington, pues creían que Villa atacaría Ciudad Juárez, "en cuyo caso todos los chinos serían ejecutados como sucedió en Chihuahua y Santa Rosalía".[142] Finalmente, los chinos recibieron autorización para permanecer en territorio estadounidense.

Los chinos de Torreón

Un mes después, el 23 de diciembre de 1916, en la ciudad de Torreón, Villa cazó y asesinó a los residentes chinos y sirios, arrasando sus numerosos almacenes y comercios. Los huertos y jardines de los sufridos miembros de estas comunidades sirvieron para alimentar a soldados y caballos.[143]

La causa alegada por los villistas para perseguir con tanta furia y rabia a los chinos [...] es, según dice, a que, en un arroyo, allá por Jiménez o Santa Rosalía, unos chinos envenenaron el agua del arroyo y que murieron allí muchos villistas y caballos. Los pobres chinos de aquí, que ignoran esto, que es "voz *populichi*" y, en consecuencia, mentira, no tuvieron temor de la llegada de Villa y no se escondieron, ni se fueron y ahora la están pagando muy caro. El cónsul alemán [...] ha hablado ya por estos desventurados chinos y también por los árabes, no menos desamparados. Él es el único que ha podido lograr algo en este sentido, salvando a los árabes primero, y últimamente a los chinos. Muchas otras personas han abogado también por ellos, pero no les ha hecho

---

[141] El ejército comandado por John Pershing constaba de 10 690 soldados, y en su marcha se agregaron 2 030 refugiados mexicanos que huían de las represalias de Villa. Según el cónsul chino en El Paso, solo en la capital del estado vivían 1 080 de sus conciudadanos. (*The Sun*, "Villa Administration a Reign of Terror; Killed Eight Citizen, 40 Chinese", Nueva York, miércoles 6 de diciembre de 1916, p. 6; *The Cook County News Herald*, "Villa Bandits Cut Pershing Line of Supply in Mexico", Grand Marias, Minnesota, miércoles 13 de diciembre de 1916, p. 6).

[142] *El Paso Morning Times*, "No desean venir los chinos a Ciudad Juárez", El Paso, Texas, martes 13 de febrero de 1917, p. 1.

[143] Katz, *Pancho Villa*, t. II, p. 223; Bravo Ugarte, *Historia de México*, t. III, p. 475; Knight, *La Revolución mexicana...*, p. 1019.

caso Villa, y hasta los ha amenazado con la pena de muerte si continúan ha-blándole de los chinos.[144]

Villa, al entrar a la ciudad, lo hizo acompañado de José Inés Salazar y de Gabriel Valdivieso, "y otros puros generales pelados a la cabeza de una numerosa escolta", marchando por la calle Ramos Arizpe hacia el Hotel Francia, atropellando con su caballo los cadáveres que se encontraban tirados en la calle, frente a la puerta del hotel en el que se hospedó; el guerrillero llamó al gerente del establecimiento y le ordenó retirar inmediatamente aquellos restos.[145]

La Comisión de Investigación de la Cámara de Comercio China recogió la lista de los ciudadanos chinos que pudieron ser identificados: los hortelanos Chew Chen Cue, 42 años; León Jin, 48 años; León Win In, 50 años; Wong Wah Sung, 25 años; Kea Yee Fung, 25 años; Eng Yi Chu, 26 años; Fung Pak Guen, 45 años. Los comerciantes Wong Song Pow, 50 años; Leo Cheng León, 62 años; Tea Nuey, 36 años; Woo Foog Yin, 20 años; Woo Cue Suey, 65 años; Woo Sing Woh, 45 años; Woo Lung Woh, 50 años; Cheang Chun Yick, 48 años; Lim Fan Tai, 35 años; Woo Chong Yee, 27 años; Soohoo Yi Bong, 42 años (asesinado cerca de la estación Jameson, Gómez Palacio, Durango); Pan Pak Che, 30 años; Mah Chan, 28 años; Tea Chew, 35 años; Che Cun Kwong, 42 años; Chi Lee, 33 años; Chean Sing, 25 años; Wong Chu Fong, 38 años, y el estudiante de 11 años Leo Lid Tow.

En un restaurante chino del centro de Torreón fueron encontrados los cadáveres de los comerciantes árabes Manuel Farjat y Jesús Safa, y de un ciudadano chino que no fue identificado, y que habían sido asesinados por los villistas. Un testigo relata: "En la tarde, don Pedro Briseño y yo, sacamos tres cadáveres del patio del restaurant chino [...] los llevamos a enterrar al panteón, dejándolos a la entrada [...] un árabe en trapos menores, sin zapatos, pero con calcetines muy bien puestos con ligas. Al chino yo le puse su sombrero, que era texano, y así lo depositamos fuera del panteón".[146]

[144] "Relación de los sucesos ocurridos en la toma de Torreón por Francisco Villa el día 22 de diciembre de 1916, y de los acontecimientos ocurridos desde ese día hasta el 2 de enero de 1917". http://www.archivo.cehmcarso.com.mx/janium-bin/janium_zui_print.pl?i=/janium/JZD/CMXV/42/4160/1/CMXV.42.4160.1.0001.jpg, consultado el 12 de abril de 2020.
[145] *Idem.*
[146] *Idem.*

EL ÚLTIMO TREN A LA LAGUNA: EJECUCIÓN DE TOMÁS ORNELAS

General Tomás
Ornelas, Jefe de la
línea del Bravo..

A las 11 y tres cuartos de la mañana del lunes 31 de enero de 1916, un tren del Ferrocarril Central que viajaba de Ciudad Juárez a la capital del estado fue asaltado poco antes de llegar a Estación Laguna, 130 kilómetros al norte de la ciudad de Chihuahua, por 60 hombres comandados por Francisco Villa.[147] El tren había salido muy temprano y duró dos horas detenido, en tanto los asaltantes recorrían los carros, revisando los equipajes, asaltando y amenazando a los pasajeros.[148] Mientras desvalijaba a los viajantes, Villa reconoció al exgeneral Tomás Ornelas Rodríguez,[149] quien había fungido poco más de un año como comandante de la guarnición de Ciudad Juárez durante el régimen villista, y lo asesinó a mansalva.

El excomandante era muy conocido en la frontera por su afición a perseguir enemigos y llevarlos al paredón de fusilamiento en el panteón de Juárez. Sin exponerse en los campos de batalla, y siguiendo los mismos procedimientos que Hipólito Villa, Tomás acumuló una fortuna. No obstante, el hermano de Villa lo acusó de haber entrado en tratos con los carrancistas y se vio obligado a cruzar la frontera.[150]

---

[147] Department of State, *Activities of Francisco Villa*, (diciembre de 1915 a julio de 1923), feb. 1/1916, p. 2 (812.00/17197).

[148] *El Paso Morning Times*, "Un grupo de bandoleros fusiló al Gral. Tomás Ornelas", El Paso, Texas, martes 1º de febrero de 1916, p. 1; *Regeneración*, "La situación", Los Ángeles, California, martes 8 de febrero de 1916, p. 2.

[149] Nació en Meoqui, el 21 de diciembre de 1883, hijo de Ferman Ornelas González y Juana Rodríguez Uribe (Bautismos, San Pablo Meoqui, 7 de enero de 1884, libro núm. 11, f. 2).

[150] Ornelas solicitó a Villa que se retirara del mando de las tropas, y este contestó con una orden a Medinaveitia para fusilarlo; enterado el jefe de la guarnición de Juárez cruzó el río Bravo, el 14 de octubre de 1915, junto con el presidente municipal Luis R. Monfort, el jefe

Cuando el tren fue detenido, Ornelas iba camino a visitar a sus familiares, acompañado de la joven juarense Antonia Torres, con quien había contraído matrimonio en la frontera.[151] Rafael F. Muñoz relata que Tomás había recibido un telegrama con la noticia de que un pariente estaba muy enfermo y se le requería con urgencia. Muñoz dijo: "Villa recorrió los carros pistola en mano, buscando a su antiguo subordinado, quien presa de pánico bajó a tierra y arrojó su pistola en un barril de agua, para que, viéndolo desarmado, los villistas no lo ajusticiaran, como hacían con los miembros del ejército que viajaban en los trenes asaltados. Pero Villa lo buscó con empeño, lo reconoció y lo mató implacablemente: "¡Esto es lo que hago con los ingratos y los traidores!". Muñoz afirma que había sido Villa quien le puso el falso mensaje a Ornelas.[152]

Según Juan B. Vargas, Villa recibió aviso por telégrafo de que Ornelas había salido de Ciudad Juárez. Ese mismo día salió de la hacienda de Bustillos rumbo a la estación de Laguna, según él, con el único propósito de capturarlo.[153]

Una mujer que viajaba en el mismo carro de pasajeros, acompañada de su esposo, relata:

El tren se detuvo y nos enteramos de que había sido retenido por los bandidos. Ornelas estaba sentado en el último asiento del vagón y tenía una pistola en la mano. Justo en ese momento, Villa se dirigió a la parte trasera del tren y vio a Ornelas, quien dejó caer su arma; Villa se le acercó y le dijo: "Tengo una pequeña confesión que hacerte" y en el acto le disparó a Ornelas en el pecho. Mi esposo, que era un exoficial villista, estaba sentado conmigo, sabía que Villa lo mataría si

---

de la Policía, Ezequiel Morales, el jefe de la Reservada, Miguel Porras, el jefe del Servicio Secreto en Estados Unidos, Héctor Ramos, el administrador de la Aduana, Pedro Maese, y algunos funcionarios municipales. (*El Paso Morning Times*, "El general Ornelas contestó la nota panamericana", El Paso, Texas, sábado 21 de agosto de 1915, p. 1; *El Paso Morning Times*, "Desertó el general Tomás Ornelas comandante de la línea del Bravo", El Paso, Texas, viernes 15 de octubre de 1915, p. 1; *El Paso Morning Times*, "La deserción del general Ornelas", El Paso, Texas, sábado 16 de octubre de 1915, p. 1; *El Paso Morning Times*, "El administrador de la aduana de Juárez", El Paso, Texas, martes 19 de octubre de 1915, p. 4; *La Prensa*, "El fusilamiento de Tomás Ornelas", San Antonio, Texas, viernes 4 de febrero de 1916, p. 3).

[151] *El Paso Morning Times*, "Argumedo primero fue capturado", El Paso, Texas, jueves 3 de febrero de 1916, p. 1; *La Prensa*, "Más detalles sobre la muerte del exvillista Tomás Ornelas", San Antonio, Texas, sábado 5 de febrero de 1916, p. 4; Jaurrieta, *Con Villa...*, pp. 126-127.

[152] R. F. Muñoz, *Pancho Villa, rayo y azote*, Populibros, La Prensa, México, 1971, pp. 104-105.

[153] Vargas, *A sangre y fuego...*, pp. 315-317.

algo no se hacía y lo abracé para protegerlo, pero Villa lo derribó mientras estaba en mis brazos. Quedé inconsciente.

Su esposo también fue ejecutado.[154]

Otros testigos aseguraron que Ornelas no fue asesinado dentro del carro, pues Villa había ordenado a los pasajeros que bajaran y se formaran en fila, cerca de la vía férrea, con sus respectivos equipajes. Con la pistola en la mano derecha, Villa fue inspeccionando personalmente la petaquilla de cada uno de los pasajeros, de las que recogió algunos documentos, que enseguida destruyó. El jefe guerrillero no había visto a Ornelas, o al menos aparentó no haberlo visto; al llegar a donde estaba este, lo miró fijamente, puso su pistola sobre la frente de su exsubordinado y le disparó un tiro, matándolo al instante. El pánico se apoderó de los pasajeros, pues creyeron que dispararía contra todos los que estaban formados.[155]

Un pasajero dijo que, después de ser informado de que Ornelas se encontraba a bordo, Villa ordenó a un soldado que lo bajara del carro, y le disparó varios tiros en presencia de los aterrorizados pasajeros.[156] El cadáver quedó tendido en la vía, semidesnudo, pues al igual que a todos los pasajeros, los asaltantes lo despojaron de sus prendas. Los villistas tomaron todos los objetos, dinero y alhajas que pudieron llevarse de los viajeros nacionales y extranjeros, entre ellos, el súbdito alemán José Meyer, el italiano José Bovio, el ingeniero Julio Posadas y el señor José Tamayo, este último gerente de negocios mineros en Parral.[157]

Algunos pasajeros dijeron que Ornelas fue colocado frente a ellos, después de ser alineados a un costado de los carros, para que presenciaran la ejecución: "Francisco Villa esperaba afuera con algunos hombres; ordenó que se formaran separadamente hombres y mujeres [...] hizo salir a Tomás Ornelas con insultos tremendos [...] sacó su pistola e hizo fuego sobre Ornelas, que cayó

---

[154] *El Paso Herald*, "Says Villa Killed Husband while Had Arms around Him", El Paso, Texas, sábado 4 de marzo de 1916, p. 1.

[155] *La Prensa*, "Un relato de como fue el asalto al tren en que viajaba Tomás Ornelas", San Antonio, Texas, viernes 11 de febrero de 1916, p. 4.

[156] Le sobrevivieron su esposa Antonia Torres y su hijo Trinidad Ornelas. Fue sepultado en el Panteón Nacional. (Defunciones, Chihuahua, 14 de marzo de 1916, acta núm. 271, ff. 64-65); *El Paso Morning Times*, "Francisco Villa dirigió personalmente el asalto al tren", El Paso, Texas, miércoles 2 de febrero de 1916, p. 1.

[157] *El Paso Morning Times*, "Tendido en la vía casi semidesnudo", El Paso, Texas, miércoles 2 de febrero de 1916, p. 1.

al suelo sin vida al primer balazo; acercándose a él, le hizo otros dos disparos". Después de arrojar con el pie el cadáver de Ornelas a una zanja, Villa ordenó a sus hombres saquear los carros, al tiempo que se burló de los viajeros: "Quiero que vengan los carrancistas a protegerlos". Los pasajeros permanecieron a la intemperie más de dos horas, soportando el intenso frío. Finalmente, Villa ordenó al maquinista que pusiera en marcha el tren. Al ir subiendo los pasajeros al carro, Villa les dijo: "Ya ven, no les he molestado a ustedes. A Ornelas lo maté porque ese me la debía. Quien debe algo a Pancho Villa, se la paga, ¡no faltaba más!".[158] El tren arribó a Chihuahua a las cinco de la tarde. La familia del exgeneral Ornelas recibió en El Paso un mensaje donde se notificaba el asalto y el asesinato.[159]

Tumba de Tomás Ornelas
en el panteón de Dolores,
de la ciudad de Chihuahua.
(*Reidezel Mendoza*)

Varios amigos de Tomás Ornelas declararon que en repetidas ocasiones le habían advertido lo peligroso que sería internarse en México, pues Villa había jurado matarlo. Todavía minutos antes de partir el tren, un amigo cercano quiso convencer a Ornelas de que no era prudente salir al sur. No lo volvería ver.[160]

Sr. Director de *La Prensa*. San Antonio, Texas.

Convencido de la imperiosa necesidad de dar al pueblo mexicano paz y garantías para que salga de la miseria definitivamente pavorosa en que se encuentra, resolví, exponiendo mi vida, proponerle al general Villa, la conveniencia que había para que se retirara del mando de la División del Norte, y dejar que el resto de

---

[158] *La Prensa*, "Más detalles sobre la muerte del exvillista Tomás Ornelas", San Antonio, Texas, sábado 5 de febrero de 1916, p. 4; *La Prensa*, "Se confirma que Villa dio muerte, personalmente, a Tomás Ornelas", San Antonio, Texas, miércoles 9 de febrero de 1916, pp. 1-5; *La Prensa*, "Un relato de como fue el asalto al tren en que viajaba Tomás Ornelas", San Antonio, Texas, viernes 11 de febrero de 1916, p. 4.

[159] *El Paso Morning Times*, "Un grupo de bandoleros fusiló al Gral. Tomás Ornelas", El Paso, Texas, martes 1° de febrero de 1916, p. 1.

[160] *El Paso Morning Times*, "La venganza armó el brazo del ejecutor de Ornelas", El Paso, Texas, miércoles 2 de febrero de 1916, p. 1; *La Prensa*, "Más detalles sobre la muerte del exvillista Tomás Ornelas", San Antonio, Texas, sábado 5 de febrero de 1916, p. 4.

los principales jefes hicieran proposiciones a la facción contraria a fin de llegar a lo que antes digo: dar al pueblo mexicano paz y garantías. Dos diferentes veces traté este asunto con el general Villa procurando convencerlo, pero desgraciadamente fracasé en mi sano intento.

El elemento mórbido cerca del general Villa se dio cuenta de mis pretensiones y se me acusó de traidor, no porque tuviera esa convicción, sino por adular a su amo y granjearse más su estimación y tanto influyeron en su ánimo, que olvidando todo sentimiento de justicia, gratitud y confianza, ordenó por telégrafo la noche del 13 de los corrientes [octubre de 1915] al general Medinaveitia, que con escolta me condujera a Casas Grandes, para tratar asuntos de vital importancia, pero ese primer mensaje terminaba diciendo: "[…] no se me presente usted sin traer al general Ornelas." En un segundo mensaje le ordenaba el general Villa a Medinaveitia "que cumpla con lo ordenado en el mensaje anterior" y en el último y tercer mensaje que intercepté le dice: "[…] disponga del general Ornelas antes de llegar a Casas Grandes, ya no es necesaria su presencia". El general Medinaveitia, poco tiempo después de su llegada a Juárez, en mensaje cifrado, le dice al general Villa "que, aunque su hermano Hipólito me recomienda él le aconseja me llame a su presencia, etc., etc.".

Viendo mi sentencia de muerte, como queda demostrado por lo anterior, preferí pasar al lado americano exponiéndome a las censuras de los que no conocen la verdad de los hechos que dejo relatados.

Tomás Ornelas [rubrica][161]

---

[161] *La Prensa*, "Tomás Ornelas explica los motivos de su fuga de C. Juárez. Dice que Villa envió tres telegramas a Medinaveitia ordenando su fusilamiento", San Antonio, Texas, martes 19 de octubre de 1915, pp. 4-8.

Antonia Torres y Tomás
Ornelas en su boda
(septiembre de 1908).
(Tomás Ornelas)

Antonia Torres, viuda de
Ornelas, y Trinidad Ornelas,
hijo del general (Ciudad
Juárez, enero de 1921).
(Tomás Ornelas)

Antonia Torres visitando
la tumba de su marido en
el panteón de Dolores en la
capital del estado.
(Tomás Ornelas)

EXTORSIÓN Y ASESINATO DE CHARLE CHEE

Durante el periodo de la Revolución mexicana, Ciudad Jiménez fue escenario de funestos crímenes, la mayoría protagonizados por Francisco Villa y sus huestes. Algunos de los casos más sonados fueron las ejecuciones del empresario chino Charle Chee, del expresidente municipal Tiburcio Baca, del comerciante libanés Elías Aún, de los agricultores Joaquín Aguilera y Darío Acosta, de la anciana Celsa Caballero y de la familia González, que todavía perduran en la memoria colectiva de los jimenenses debido a las terribles circunstancias en que ocurrieron.

En 1905 Charle Chee, originario de Hoi Pong (Kaiping), provincia de Guangdong, China, estableció en Ciudad Jiménez un pequeño local en el que ofrecía servicios de planchaduría y venta de ropa de seda para damas, importada de su país natal. Chee vivía en su local, que por las noches usaba clandestinamente para los juegos de mesa y apuestas. Con las ganancias del juego pudo adquirir un extenso terreno, cercano a la estación de ferrocarril, donde estableció un restaurante de comida mexicana y china que adquirió notable popularidad. En poco tiempo Chee amasó una considerable fortuna que le permitió construir un hotel, al que nombró New York, en el Barrio de la Estación, el mejor en su tiempo en Jiménez.[162] A partir del estallido de la Revolución, un sinnúmero de oficiales y soldados de los ejércitos de todas las facciones se hospedaron en sus habitaciones.[163]

La prosperidad de Chee, sin embargo, terminó cuando su hotel fue incautado y convertido en cuartel del ejército federal en 1912. Baudelio Uribe, el Mochaorejas, en una de sus frecuentes visitas a Jiménez ordenó el arresto del empresario chino, exigiendo a nombre de su jefe Francisco

Tumba de Charle Chee.
(Reidezel Mendoza)

Villa el pago de 50 000 pesos en oro nacional por su rescate, pero Chee alegó no disponer de tal cantidad. Por instrucciones de Villa, el Mochaorejas lo torturó para obligarlo a pagar, pero al no sacarle ni un quinto, finalmente lo ejecutó el 26 de febrero de 1916 en la estación ferroviaria de Jiménez. Chee fue enterrado en el corral del hotel, pero sus familiares rescataron el cadáver y lo sepultaron en el panteón municipal. Pocos acompañaron al cortejo, ya que Uribe amenazó con fusilar a todo aquel que acudiera al sepelio.[164] El acta de defunción, levantada al día siguiente por Francisco Lee, registra que Charle Chee tenía 60 años. El médico Alberto L. del Soto certificó que Chee había fallecido a consecuencia de varias heridas producidas por arma de fuego.[165]

[162] Entrevista de Reidezel Mendoza al ing. Justino Flores Gutiérrez, Ciudad Jiménez, Chihuahua, domingo 9 de octubre de 2016.

[163] O. Fernández, *Jiménez en la historia y en la leyenda*, s/e, Camargo, 2005, pp. 79-80.

[164] *Ibid.*, p. 80.

[165] Originario de China, de 60 años, casado, falleció a las ocho de la mañana del 26 de febrero de una herida en el cráneo por arma de fuego. (Defunciones, Jiménez, 27 de febrero de 1916, acta núm. 63, f. 191); certificado de defunción del empresario Charle Chee, Ciudad Jiménez, 27 de febrero de 1916, suscrito por el médico Alberto L. de Soto, s/c, AHMCJ; *El Paso Herald*, "Chinese Executed", El Paso, Texas, miércoles 1º de marzo de 1916, p. 2.

La tragedia de la familia Polanco

Gregorio Polanco, sus hijos Gerónimo, Dámaso y Gregorio Polanco, acompañados del propietario de la hacienda, William W. Wallace.
(Wes Wallace)

La hacienda de Corralitos, ubicada a unos 20 kilómetros al noreste de Nuevo Casas Grandes, perteneció originalmente a la familia Luján Zuloaga y, en el último tercio del siglo XIX, pasó a ser propiedad del estadounidense de origen escocés William Walter Wallace. En ella, una familia apellidada Polanco prestó sus servicios por tres generaciones, dedicada por completo al trabajo del campo sin jamás involucrarse en política o facción armada. A decir del gerente de la hacienda, E. C. Houghton, los Polanco eran los empleados más fieles y honestos, hasta el trágico día en que Francisco Villa y sus huestes casi exterminaron a la familia.[166]

La mañana del domingo 12 de marzo de 1916 Villa y sus hombres se internaban al sur del estado de Chihuahua, después del asalto al poblado de Columbus, Nuevo México.[167] Al llegar a Corralitos, detuvieron su marcha para proveerse de comestibles y de pastura para los caballos, pero al entrar al gran recinto circundado por las casas del rancho, aprehendieron a los Polanco. Con amenazas de muerte, les exigieron caballos de refresco y que revelaran dónde estaban sepultadas las armas y municiones. Mucio Bonifacio Polanco[168]

---

[166] *La Prensa*, "Regresó a Corralitos el gerente de la negociación", San Antonio, Texas, martes 21 de marzo de 1916, p. 4; *The New York Times*, "Torture Victim Turns on Villa", Nueva York, viernes 31 de marzo de 1916, p. 1; entrevista de Reidezel Mendoza a Wes Wallace, Corralitos, Nuevo Casas Grandes, 23 de septiembre de 2017.

[167] *El Siglo de Torreón*, "Cómo fue herido Villa", Torreón, Coahuila, domingo 18 de agosto de 1935, p. 9; *El Fronterizo*, "Una hazaña de Pancho Villa", Ciudad Juárez, Chihuahua, domingo 12 de septiembre de 1982, sección C, pp. 1,8; entrevista de Reidezel Mendoza a Pamela Stacy, Chihuahua, 19 de agosto de 2015; entrevista de Reidezel Mendoza a Norma Polanco, Chihuahua, 5, 6 y 8 de septiembre de 2016.

[168] Nació el 8 de mayo de 1860 en Corralitos, hijo de Feliciano Polanco y Valentina Álvarez, casado con Pascuala Beltrán (Bautismos, Corralitos, Casas Grandes, 6 de junio de 1860, f. 147).

respondió que nada de lo que solicitaban podía entregarles, pues tales armas no existían y los caballos habían sido robados meses atrás por los propios villistas. Enfurecido Villa, contestó: "Voy a matarlos porque están demasiado americanizados. Son amantes del gringo".[169]

Ordenó entonces que los desnudaran y los colocaran contra la pared de la iglesia. Después de ser golpeados a culatazos, uno por uno, fueron amarrados a un poste del que pendía la campana de la capilla y colgados del cuello hasta que la cara se les ennegrecía, dejándolos caer en el último momento. Cuando recuperaban la conciencia, Villa exigía dinero u objetos valiosos a cambio de perdonarles la vida, pero al no obtener respuesta, los hacía colgar nuevamente. Con las sacudidas por la asfixiante agonía, las víctimas agitaban la campana, haciéndola sonar. Mucio Polanco logró zafarse de sus captores, tomó a Villa del cuello y empezó a estrangularlo, pero los oficiales villistas lo atacaron a culatazos, hasta dejarlo sin sentido.[170] Después de ser obligadas a presenciar la terrible escena, las mujeres fueron encerradas en una casa de adobe. Gregorio Polanco,[171] sus hijos Gerónimo[172] y Dámaso Polanco Sandoval,[173] su hermano Mucio Polanco y su hijo Valentín Polanco fueron trasladados a espaldas de la iglesia y fusilados bajo unos álamos.[174]

---

[169] Department of State, *Activities of Francisco Villa. December 1915 to July 1923*, Washington, D. C., marzo 16/16, p. 3 (812.00/17498); *El Paso Herald*, "5 Ranchers Executed by Villa. Corralitos Co. Employes Shot", El Paso, Texas, miércoles 15 de marzo de 1916, p. 1; *The Clayton Citizen*, "Villa Nearly Loses Life at Hands of Victim", Clayton, Nuevo Mexico, jueves 6 de abril de 1916, p. 3; Young Men's Mutual Improvement Association, *The Improvement Era*, vol. 24 p. 345.

[170] *La Prensa*, "Villa dio muerte a cinco mexicanos en el rancho de Corralitos", San Antonio, Texas, sábado 1° de abril de 1916, p. 5; *The Weekly Herald*, "Effort Made by Prisoner to Kill Villa", Weatherford, Texas, jueves 6 de abril de 1916, p. 8; R. H. Hancock y B. Williams, *Chihuahua II. Más imágenes de ayer y hoy*, Gobierno del Estado de Chihuahua, Chihuahua, 2002, p. 132.

[171] Nació en Corralitos en 1862, hijo de Feliciano Polanco y de Valentina Álvarez, casado con Catarina Sandoval Nevárez. (Matrimonios, Casas Grandes, 8 de marzo de 1885, acta núm. 4, f. 16).

[172] Nació el 30 de septiembre de 1888 en Corralitos, Casas Grandes. (Nacimientos, Casas Grandes, 30 de julio de 1897, acta núm. 23, ff. 23-24), casado con María Guadalupe Gutiérrez. (Matrimonios, Corralitos, Casas Grandes, 22 de febrero de 1909, acta núm. 170, ff. 60-61).

[173] Nació el 11 de diciembre de 1891 en Corralitos, Casas Grandes. (Nacimientos, Casas Grandes, 30 de julio de 1897, acta núm. 24, ff. 24-25).

[174] *El Paso Morning Times*, "Cómo fue asesinada la familia Polanco por órdenes de F. Villa", El Paso, Texas, martes 6 de marzo de 1917, p. 1; *La Prensa*, "Cinco miembros de una familia fueron asesinados por los villistas", San Antonio, Texas, martes 21 de marzo de 1916, p. 7; *The Arizona Republican*, "Villa Near to Death when Man he Tortured Chokes Him", Phoenix, Arizona, viernes 31 de marzo de 1916, p. 1; *The Richmond Times-Dispatch*, "Saved by Officers

Antes de retirarse, Villa condujo al hijo más joven, Gregorio Polanco,[175] ante su madre, Catarina Sandoval, y le dijo: "Voy a dejar este hijo para apoyarla. Usted debería darme las gracias por dejarlo". Posteriormente encerró en habitaciones separadas a cada uno de los trabajadores del rancho que no alcanzaron a huir, advirtiéndoles: "Voy a volver y si no vuelvo, alguien va a venir en mi lugar. Quien venga, matará a cualquiera de ustedes que se encuentre trabajando para los gringos".[176]

Según Teresa Rojas, viuda de Romero, Villa exigió a Gregorio Polanco que le entregara la caballada, pero al ser imposible cumplir su demanda, ordenó colgarlo de unas trancas del atrio de la capilla junto con sus hijos Gerónimo y Dámaso. En ese momento irrumpieron Mucio Polanco y su hijo Valentín, quienes fueron asesinados a culatazos por oficiales villistas. Gregorio y sus hijos, moribundos, fueron descolgados y rematados a tiros bajo un frondoso árbol. Abrahana[177] y Francisca Polanco,[178] hijas y hermanas de las víctimas, lograron ponerse a salvo en el río; quedaron traumatizadas de por vida.[179]

El ya mencionado gerente de la hacienda de Corralitos, E. C. Houghton, refiere en una carta fechada el 29 de marzo que al enterarse de la proximidad de Villa ordenó la evacuación de todos los empleados estadounidenses, que huyeron junto con el mayordomo ruso Alex Stroud y varias familias mexicanas.[180] Según testimonios que Houghton recopiló, Villa había torturado

---

from Mexican Victim", Richmond, Virginia, viernes 31 de marzo de 1916, p. 1; *The Bemidji Daily Pioner*, "Villa Murders Five Mexicans", Bemidji, Minnesota, 31 de marzo de 1916, p. 1; *Chicago Tribune*, "Peon Throttles Villa as Bandit Murders Five", Chicago, Illinois, viernes 31 de marzo de 1916, p. 1; *Missouri Message*, "Tortured Mexican nearly Ends Gen. Villa's Career", Missouri, jueves 6 de abril de 1916, p. 6; W. LaVon, *Colonia Juarez: Commemorating 125 years of the Mormon Colonies in Mexico*, Author House, 2010, p. 62.

[175] Nació el 25 de febrero de 1895 en Corralitos, Casas Grandes. (Nacimientos, Casas Grandes, 30 de julio de 1897, acta núm. 26, ff. 26-27).

[176] *The New York Times*, "Torture Victim Turns on Villa", Nueva York, viernes 31 de marzo de 1916, p. 1; *Omaha Daily Bee*, "Narrow Escape for Bandit", Omaha, Nebraska, viernes 31 de marzo de 1916, p. 1; *The Weekly Herald*, "Effort Made by Prisoner to Kill Villa", Weatherford, Texas, jueves 6 de abril de 1916, p. 8.

[177] Nació el 16 de marzo de 1893, en Corralitos, Casas Grandes. (Nacimientos, Casas Grandes, 30 de julio de 1897, acta núm. 25, ff. 25-26).

[178] Nació el 2 de diciembre de 1885, en Corralitos, Casas Grandes. (Bautismos, San Antonio de Padua, 23 de enero de 1886, acta núm. 16, f. 176).

[179] *The Bemidji Daily Pioneer*, "Villa Murderers Five Mexicans", Bemidji, Minnesota, viernes 31 de marzo de 1916, p. 1; *El Fronterizo*, "Una hazaña de Pancho Villa", Ciudad Juárez, Chihuahua, domingo 12 de septiembre de 1982, sección C, p. 8.

[180] *El Paso Morning Times*, "Cómo fue asesinada la familia Polanco por órdenes de F. Villa", El Paso, Texas, martes 6 de marzo de 1917, p. 1.

a los Polanco para que delataran el paradero de los extranjeros. Él asegura que, durante el tormento, Catarina Sandoval, esposa de Gregorio Polanco, se arrojó a los pies de Villa suplicando por la vida de sus muchachos, pero este la golpeó en la cara con su pistola, gritándole: "¡Aléjate de mí, vieja marrana, o te mato!".[181]

Samuel Hess, que se dedicaba a cuidar los caballos y mulas del rancho, relata que los bandidos aparecieron en el corral, pero creyó que eran carrancistas, y no se preocupó hasta que empezaron a matar a los Polanco. En ese momento se escondió entre un montón de heno y esperó hasta que los villistas se fueran, llevándose 20 caballos del rancho. Hess, que no tenía una pierna, montó una mula y partió en dirección contraria hasta llegar a la línea del Ferrocarril del Noroeste. Después de tres días de penalidades y de no haber probado alimento, Hess pudo abordar un tren especial de la Madera Company y arribar a El Paso, donde dio testimonio de la masacre.[182]

Al retirarse Francisco Villa con su partida, los Polanco fueron enterrados en una misma fosa y no hubo autoridad que diera fe de su deceso. Catarina Sandoval, viuda de Polanco, y su familia buscaron refugio en Estados Unidos. Al año de la tragedia solo dos mujeres ancianas de la familia sobrevivían en Corralitos: un par de tías de los Polanco de 79 y 82 años. Se les imploró que abandonaran el lugar como los demás vecinos y se fueran a territorio estadounidense, pero resignadamente contestaron: "No, permaneceremos aquí. De cualquier manera, ya no nos queda mucho que vivir. No tendremos mayores pesares que los que hemos tenido. Queremos morir en México".[183]

---

[181] Según Houghton, otros dos trabajadores del rancho que vivían en una cabaña, al norte de Corralitos, también fueron asesinados por Villa. (*El Paso Morning Times*, "Seven Men Killed by Villa Troops", El Paso, Texas, sábado 18 de marzo de 1916, p. 5; *La Prensa*, "Regresó a Corralitos el gerente de la negociación", San Antonio, Texas, martes 21 de marzo de 1916, p. 4; John Eipper, "México: Pancho Villa (Dick Hancock, US)", *Word Association of International Studies*, domingo 5 de febrero de 2006. https://waisworld.org/go.jsp?id=02a&o=8834, consultado el domingo 11 de septiembre de 2016; Hancock y Williams, *Chihuahua II. Más imágenes de ayer y hoy*, p. 132.

[182] *La Prensa*, "Un testigo de los hechos de Corralitos llegó a El Paso", San Antonio, Texas, martes 21 de marzo de 1916, pp. 4-8.

[183] *Idem.*

Gerónimo Polanco.
(Norma Polanco)

Guadalupe Gutiérrez, viuda
de Polanco.
(Norma Polanco)

Francisca Polanco fue testigo
del asesinato de sus familiares
a manos de Villa.
(Norma Polanco)

La casa de la
familia Polanco.
(Norma Polanco)

Recuerdo del
fusilamiento de la
familia Polanco, 12
de marzo de 1916.
(Reidezel Mendoza)

Los montículos de piedra de las tumbas
de los Polanco en el cementerio
abandonado de Corralitos.
(Reidezel Mendoza)

5

1916
EL RESURGIMIENTO.
RECLUTAMIENTO FORZADO Y
"PRÉSTAMOS OBLIGATORIOS"

LA LEVA VILLISTA

La leva no solo fue una práctica común en los ejércitos federales en el sur del país, sino también entre las huestes villistas que incursionaron en los estados de Chihuahua y Durango. Conforme perdía el apoyo popular, Villa recurría más y más al terror. El número de sus efectivos y simpatizantes se redujo drásticamente debido, principalmente, a sus excesos contra la población civil pacífica. Cada vez fue más necesario recurrir al reclutamiento forzoso.[1]

A partir de 1916 Villa se valió de infinidad de argucias y engaños para atraer a los campesinos de Chihuahua y Durango a sus filas, y cuando no encontraba más voluntarios, entonces los obligaba a seguirlo, amenazando de muerte no solo a ellos sino a sus familias.[2] Algunos reclutas desertaban a la primera oportunidad; otros permanecían con él mientras triunfaba, pero lo abandonaban al primer descalabro. Según Katz, conforme más gente se volvía contra Villa más crueles eran sus represalias, "no solo contra los desertores, sino contra las mujeres".[3] El general Jacinto B. Treviño, jefe de la guarnición

---

[1] *El Regidor*, "La miseria en el estado de Chihuahua", San Antonio, Texas, miércoles 3 de noviembre de 1915, p. 6; F. Katz, *Pancho Villa*, t. II, Ediciones Era / ICED / Conaculta, Durango, México, 2010, p. 142.

[2] Según Katz, después de 1915 Villa sufrió "un proceso de declinación moral y empezó a reclutar gente a la fuerza y a masacrar grupos de civiles". (*Pancho Villa*, t. II, pp. 173 y 414).

[3] *Ibid.*, p. 173.

en Chihuahua, aseguró que más de la mitad de los efectivos de Villa eran leva, a los que no les pagaba y los mantenía en sus filas por medio del terror; care-cían de armas, cartuchos y cabalgaduras, y eran hombres de todas las edades.[4]

En Parral, Felipe Ángeles preguntó a una soldadera si su marido, que había caído prisionero, era carrancista. Su respuesta no pudo ser más certera: "Qué carrancista va a ser; primero se lo llevaron los zapatistas, nos robaron todo y fue zapatista; después los huertistas y fue huertista; después los revoluciona-rios y fue revolucionario; después de nuevo los carrancistas, y ahora vienen ustedes y tendrá que ser villista". Los sobrevivientes eran obligados a incor-porarse a las filas de Villa. El mayor Néstor Enciso de Arce relata: "Villa me hizo comparecer en su presencia y me dijo que quería que me uniera a ellos. Yo le contesté que sí lo haría, pero que antes me permitiera ir con mis jefes del ejército a dar cuenta de mi conducta, a lo que Villa indicó nuevamente que me pusiera a sus órdenes, lo que hizo en términos que no admitían ré-plicas. Temeroso de perder la vida y de que mis familiares sufrieran también las consecuencias, pues así me lo indicó Jaurrieta, quien me insinuó que no replicara al jefe, admití unirme a los villistas".[5]

Según Onésimo Coss Castillo, Villa reclutaba soldados a la fuerza, amena-zando con fusilarlos o destruir sus propiedades: "Y los que llegaran a agarrar algún día, no los fusilaban, pero les mochaban las orejas".[6] El reclutamiento forzoso que Villa practicaba en los pueblos y la violación tumultuaria en Na-miquipa propiciaron la creación y proliferación de las defensas sociales. La or-ganización de estos grupos fue propuesta por el gobernador del estado, general Ignacio C. Enríquez, para defenderse de los ultrajes y robos de las partidas villistas. El 10 de enero de 1916 el gobernador lanzó la convocatoria para la conformación de milicias auxiliares, a las que se integraron varios cientos de voluntarios exvillistas y vecinos de los pueblos y rancherías.[7]

El 14 de marzo de 1916 Villa convocó a todos los hombres del Valle de San Buenaventura y, en la plaza del pueblo, les dijo: "Los estadounidenses

[4] El Paso Morning Times, "Carece de verdad, asegura Treviño", El Paso, Texas, martes 17 de octubre de 1916, p. 1; The Evening Star, "Men Held through Fear", Washington, D. C., martes 17 de octubre de 1916, p. 1.
[5] Testimonio de Néstor Enciso de Arce en la versión taquigráfica del proceso del general Felipe Ángeles, Chihuahua, noviembre de 1919, [fotocopias], Archivo Rubén Osorio.
[6] Entrevista de María Alba Pastor a Onésimo Coss Castillo, Bachíniva, Chihuahua, 30 de octubre de 1973, INAH, PHO/1/120, p. 21.
[7] Periódico Oficial del Estado de Chihuahua, año I, núm. 12, 8 de enero de 1916, p. 8.

han invadido México y es necesario echarlos fuera, por lo tanto, los invito a que se me unan para combatirlos". Pero solo unos cuantos se le agregaron, y entonces ordenó formarlos a todos, separando a los viejos, los aprehendió, incorporando a 40 a la fuerza.[8] El 27 del mismo, Villa atacó a la guarnición carrancista de Ciudad Guerrero. Modesto Nevares, uno de los reclutados en las filas villistas, relata:

> Se nos alineó en un arroyo que daba frente a las fuerzas de Carranza, obligándonos a combatir. Villa con su escolta avanzó hacia el enemigo, a pie, dejándonos a nosotros en el arroyo; y cuando se nos adelantó y estuvo a tiro de rifle, varios de nosotros, que íbamos allí como prisioneros, le hicimos fuego, atinándole un tiro del cual lo vimos caer. Nuestra intención era, en realidad, matarlo y pasarnos a los carrancistas, pero precisamente en el momento en que lo haríamos, los carrancistas abandonaron sus posiciones y huyeron a las montañas, dispersos, dejándonos sin posible manera de escapar: de manera que simulamos, desde luego, una completa lealtad a Villa, porque se investigó quien de nosotros lo había herido, y todos protestamos nuestra adhesión al jefe, asegurando que, si alguno lo había herido, había sido solo por accidente [...] Villa fue herido en los momentos en que iba corriendo.[9]

Irónicamente, Modesto Nevares, uno de los que abrieron fuego contra Villa, fue designado para que condujera el vagón en el que sería transportado el herido, escoltado por 150 hombres comandados por Nicolás Fernández.[10]

El 27 de marzo de 1916 los villistas obligaron a los varones mayores de 16 años de Ciudad Guerrero y San Isidro a incorporarse a sus filas bajo amenazas: "Nos amagaron, que el que no quisiera ir, les prenderían fuego a las casas". Según Everardo Chávez, otra táctica utilizada por Villa era reunir a los hombres y después de advertirles que no quería a nadie a la fuerza, les pedía que dieran un paso al frente aquellos que no desearan acompañarlo: "Pero [...] el

---

[8] *National Archives*, "Informe de operaciones del general Francisco Villa desde noviembre de 1915 Cuartel General de la Expedición Punitiva en el Campo, México, 31 de julio de 1916, p. 41.

[9] *El Siglo de Torreón*, "Cómo fue herido Villa", Torreón, Coahuila, domingo 18 de agosto de 1935.

[10] F. Tompkins, *Chasing Villa: The Last Campaign of the U.S. Cavalry*, High Lonesome Books, Estados Unidos, 1996, p. 161; W. Weir, *Guerrilla Warfare: Irregular Warfare in the Twentieth Century*, Mechanicsburg, PA, 2008, p. 4.

CRÍMENES DE PANCHO VILLA

que daba un paso al frente lo mataban ellos mismos ¡de modo que no dimos un paso al frente, todos fuimos voluntarios!".[11]

La mañana del 26 de septiembre Villa atacó Cusihuiriachi y, después de derrotar a la guarnición carrancista, ordenó que todos los soldados y oficiales prisioneros fueran conducidos a su presencia. Villa les dio la alternativa de unirse a sus fuerzas o atenerse a las consecuencias: los soldados optaron por darse de alta, pero la mayoría de los oficiales se negó. El guerrillero ordenó entonces que se les desnudara y se les azotara frente a sus antiguos subordinados.[12] También obligó a 160 jóvenes a incorporarse a sus filas y varios padres de familia que se acercaron para pedirle que les regresara a sus hijos fueron asesinados a mansalva.

El comerciante italiano César Sala Pezzana[13] pidió que no se cometieran atropellos y abusos contra las mujeres de Cusihuiriachi, pero la respuesta de Villa fue un disparo como advertencia que casi le vuela la cabeza. La prensa lo dio por muerto.[14]

Un testigo relata:

Un señor de apellido Valenzuela, cuyos dos hijos fueron cogidos de leva por Villa, fue muerto al pedir la libertad de los muchachos. Otro de los viejos que murieron fue César Sala, italiano que recientemente se había nacionalizado mexicano. Cuando los bandoleros entraron a Cusihuiriachi comenzaron a raptar muchachas, y Pancho [Villa] apartó para su serrallo particular a Felipa y Josefina Delgado, y Aurelia Mata, tres bien conocidas y hermosas señoritas de la localidad. Sala trató de defenderlas y recibió un tiro que lo privó de la vida.[15]

---

[11] Entrevista de María Isabel Souza a Everardo Chávez Lechuga, Ciudad Guerrero, Chihuahua, 23 de julio de 1973, INAH, PHO/1/76, p. 9.

[12] *El Paso Morning Times*, "Villa dijo que se azotará con un látigo a los oficiales", El Paso, Texas, sábado 30 de septiembre de 1916, p. 1.

[13] Originario de Condove, provincia de Turín, Reino de Italia, nacionalizado mexicano, hijo de Francisco Sala y de Margarita Pezzana, divorciado de Teresa Cauduro, vecino de Cusihuiriachi, comerciante, de 56 años, casado con Hesiquia Hernández. (Matrimonios, Cusihuiriachi, 21 de abril de 1920, ff. 163v-165).

[14] Según un informante el súbdito italiano fue uno de los sobrevivientes de la matanza de Santa Isabel cuando el cabecilla Pablo López lo diera por muerto tras golpearlo con la cacha de su pistola y dejarlo tendido en la tierra. (*La Prensa*, "Villa dio muerte a un italiano en Cusihuiriachi", San Antonio, Texas, viernes 6 de octubre de 1916, p. 1). Sala falleció el 5 de mayo de 1930 de pulmonía a los 70 años. (Defunciones, Cusihuiriachi, libro s/n, acta núm. 50, ff. 192-192v).

[15] El testigo caminó hasta Chihuahua y arribó el 3 de octubre a la frontera en un tren del Ferrocarril Central, que fue asaltado en Estación Gallego por bandoleros villistas. (*El Paso*

Dos días después, el 28 de septiembre, un grupo de vecinos del poblado de Pedernales fueron obligados a sumarse a las filas de Baudelio Uribe en el Cañón de Malpaso. Uno de los reclutas relata:

> unos 150 hombres a la presencia del general Villa, que a esa hora había terminado de comer [...] Al llegar se puso de pie con dificultad, pues aún se apoyaba en una muleta, por aquello de la herida recibida en su pierna en un enfrentamiento en Ciudad Guerrero [...] En una forma optimista y de buen humor nos saludó, diciendo: "Buenas tardes señores cómo están ustedes", a lo que contestamos a coro "bien, general", a lo que respondió: "Bueno, saben que los he mandado molestar de sus casas, porque quiero me vayan echar una ayudada, tenemos hoy a los gringos encima [...] y otros gringos prietos que hay por 'ay'. De modo que ustedes dirán, el que no quiera ir, porque tenga que levantar sus cosechas o por cualquier otra circunstancia que dé tres pasos al frente" (lo que era un suicidio); corrieron dos minutos y desde luego no habíamos valientes en ese grupo [...] continuó el general diciendo: "Parece que están ustedes muy conformes, y usted general Uribe se hace cargo de esta gente, y ya sabe, si se me va uno, me fusila dos; si se van dos me fusila a cuatro de sus familiares más cercanos, y además un día que pase por Pedernales, les quemo su casa con todo y familia, ¿entendido?" A lo que contestamos: "entendido" [...] Dirigiéndose al directo de una banda de música que hizo prisionera al derrotar al general Cavazos en Cusi, le dijo: "Tóquele a esta gente 'las tres pelonas'" [...] nos quedó el estigma de "villistas".[16]

El 18 de octubre de 1916 Villa ordenó a sus hombres quemar las casas de los vecinos de San Andrés, permitiéndoles cometer todo tipo de excesos. Villa estaba enojado porque la población masculina de la localidad había huido para evitar que los obligara a servir en sus filas. Labradores y mineros huyeron a pie o en burros para refugiarse en las montañas.[17]

En Bachíniva, el jefe guerrillero exigió al presidente municipal José Almeida Márquez que entregara a su hijo y a ocho jóvenes más que requería

---

Morning Times, "El estandarte del asesinato enarbola el bandido Villa", El Paso, Texas, viernes 6 de octubre de 1916, p. 1).

[16] *Cadete de Montaña*, Chihuahua, 25 de febrero de 1976, s/d, transcripción de Zacarías Márquez Terrazas.

[17] *El Paso Morning Times*, "La población masculina de San Andrés huyó al acercarse Villa", El Paso, Texas, viernes 20 de octubre de 1916, p. 1.

para su escolta.[18] José Reyes afirma: "Villa se convirtió en un bandolero, puro cometer fechorías. Ya había que defender nomás uno su pellejo, porque si lo pepenaba Villa pues se lo echaba al pico, entraba y lo agarraba a uno, pos sácale".[19]

José Almeida estaba aquí de jefe, de jefe del partido de Villa, y Heliodoro Olea también anduvo en la Revolución de 1910. Entonces Villa, para tener seguridad de ellos, a don José Almeida le quitó a "Che" Almeida [su hijo] y se lo llevó, a don Heliodoro Olea le quitó a Jesús Olea [su hijo] y se lo llevó; a Herlindo Mendoza le quitó también su hijo José Mendoza. Y se los llevaba con él [...] así tenía la seguridad de que no se voltearan, porque se volteaban ellos, entonces fusilaba a sus hijos.[20]

Rafael F. Muñoz relata que en las largas marchas Villa siempre iba en la retaguardia por temor a que le dispararan por la espalda, y en las noches, nunca dormía entre los suyos; cuando sus hombres descansaban alrededor de las fogatas, se marchaba montado a algún arroyo o arboleda, de donde regresaba muy temprano. Según Muñoz, al atardecer, Villa solía apartarse de la partida y regresaba sigilosamente al vivac, sin que nadie lo sintiera para enterarse de lo que platicaban sus hombres: "Si estaba de buenas se mezclaba en la conversación, y si no, se volvía con el mismo silencio y misterio de siempre. Los suyos nunca se atrevieron a seguirlo, sabiendo que eso costaba la vida". Cuando arribaban a alguna ranchería o caserío para proveerse de provisiones, Villa obligaba a las mujeres a que condimentaran los alimentos en su presencia, y para comer, se sentaba en cuclillas en un rincón, de modo que pudiera ver a todos los demás.[21]

Algunos desertores que habían logrado refugiarse en la frontera dijeron a los reporteros estadounidenses que Villa era tan iracundo y furioso que sus propios partidarios lo llamaban la Bestia Salvaje. Los desertores referían que "como un nómada, camina de noche de un lugar a otro, con un genio

[18] Entrevista de María Isabel Souza a Buenaventura Comadurán, Bachíniva, 30 de octubre de 1973, INAH, PHO/1/149, p. 25.
[19] Entrevista de María Isabel Souza a José Reyes, Parral, 1° de julio de 1974, INAH, PHO/1/158.
[20] Entrevista de María Isabel Souza a José Dolores Figueroa Campos, Bachíniva, 27 de junio de 1974, INAH, PHO/1/147, p. 18.
[21] R. F. Muñoz, *Pancho Villa, rayo y azote*, Populibros, La Prensa, México, 1971, p. 156.

indomable y terrible, arrastrando a sus soldados por la fuerza a donde quiere y castigándolos cruelmente por nimiedades".[22] Muchos de sus mejores y más leales jefes lo habían abandonado, lo que lo llevó en más de una ocasión a perder la cabeza y desquitar su rabia contra civiles inocentes.

En Satevó, el 24 de agosto de 1916, obligó a varios jóvenes a sumarse a sus filas, uno de ellos, el profesor Pedro Terrazas Armendáriz. Dos años después Villa retornó al pueblo y obligó al jefe de la Defensa Social, Jesús Prieto Tarango, y a otros prisioneros a marchar al frente. Todos ellos murieron en el primer enfrentamiento con tropas carrancistas.[23] Según testimonios de algunos desertores, Villa solía poner a hombres desarmados en las avanzadas al entrar a combate con un doble fin: proteger a sus hombres que sí portaban armas y simular un gran ejército frente a las tropas federales. Los villistas solían arremeter con mucho brío, ocasionando la muerte de sus propios reclutas, a los que de igual manera disparaban si intentaban retroceder.[24]

En los primeros días de noviembre del mismo año Villa personalmente recorrió las casas de Parral buscando a los hombres para obligarlos a darse de alta en sus tropas. Una vez que reunió a un buen número de vecinos, se dedicó a escoger a los reclutas: "Estos para las filas; estos otros para las minas". A decir de los testigos, la orden implicaba que los que no eran requeridos para sus filas, debían ser arrojados a los tiros más profundos, y así se ahorraba el parque que gastaría en los fusilamientos.[25]

El jefe de Policía de Parral, Jesús José Viscarra, asegura que Baudelio Uribe había arrestado a todo el cuerpo de Gendarmería con órdenes de fusilarlos; sin embargo, el propietario Pedro Alvarado intercedió por ellos, y pudo salvarlos.

---

[22] *El Paso Morning Times*, "Como llaman a Villa sus mismos soldados, según un desertor", El Paso, Texas, lunes 12 de marzo de 1917, p. 1.

[23] Entrevista de Reidezel Mendoza a Gonzalo García Terrazas, Chihuahua, jueves 16 de julio de 2015; entrevista de Rubén Osorio a Belén Prieto, viuda de Barrio, Satevó, Chihuahua, 19 de julio de 1979, en R. Osorio, *Pancho Villa, ese desconocido: entrevistas a favor y en contra*, Gobierno del Estado de Chihuahua, Chihuahua, 2004, p. 151; Calzadíaz, *Martín López...*, p. 202.

[24] *El Paso Morning Times*, "Los villistas han invadido ya la región", El Paso, Texas, jueves 25 de enero de 1917, p. 2.

[25] *El Paso Morning Times*, "Villa ordenó la ejecución de un americano en Parral", El Paso, Texas, viernes 8 de diciembre de 1916, p. 1; *El Paso Morning Times*, "Los americanos que ejecutó Villa en Parral los sujetó primero a un cruel tormento", El Paso, Texas, sábado 16 de diciembre de 1916, p. 1; *La Prensa*, "Mas detalles de las atrocidades de Villa", San Antonio, Texas, miércoles 20 de diciembre de 1916, p. 1.

Los policías fueron obligados a darse de alta en la partida del cabecilla Joaquín Valles, pero, de camino a Chihuahua, la mayoría desertó.[26]

El 25 de diciembre de 1916, después de apoderarse de la ciudad de Torreón, Villa circuló un aviso citando a sus habitantes en la plaza principal. La tarde siguiente, el guerrillero salió al balcón del Hotel Francia, en donde se hospedaba, acompañado de una mujer; una pequeña multitud lo vitoreaba. Un testigo cuenta:

> [Villa] se enojó porque nomás lo aplaudía, pero no lo ayudaban […] y sacando la pistola con rapidez y apuntando a la multitud ordenó que nadie se moviera y que se alinearan. Él mismo estuvo escogiendo los mejores ejemplares en tamaño y ferocidad, aunque también entraron muchos jóvenes humildes y buenos, operarios, escribientes, etc., que andaban curioseando. Se llevaron de allí como unos 60 a los cuarteles y muy pronto los embarcaron en los trenes para el norte. Muchos se fugaron con gran peligro.[27]

El 9 de enero de 1917, desde Pilar de Conchos, Villa ordenó a todos sus jefes que reclutaran de cada hogar chihuahuense y para el servicio de las armas "a todos [los] hombres útiles dejando para sostén […] uno solo de los individuos que la compongan". El general Francisco Murguía acusó a Villa de engañar a los más pobres, exigiéndoles cumplir con sus deberes como mexicanos para combatir a la Expedición Punitiva, cuando, en realidad, los usaba como carne de cañón para atacar a las fuerzas constitucionalistas.[28]

El 30 de marzo Villa intentó apoderarse de la ciudad de Chihuahua, pero fue derrotado por las tropas del general Francisco Murguía, y más de 200 villistas cayeron prisioneros. El jefe de la guarnición ordenó que los rebeldes que tenían más de dos meses en las filas de Villa fueran ejecutados pues, según él, habían tenido bastante tiempo para desertarse. De esta manera fueron

---

[26] Cartas de Jesús J. Viscarra al presidente municipal, José de la Luz Herrera, Hidalgo del Parral, 7 de febrero y 3 de noviembre de 1917, Jefatura Política y presidencia municipal, Gobierno, correspondencia, caja 73, exp. 1, 4 ff., AHMP.

[27] "Relación de los sucesos ocurridos en la toma de Torreón por Francisco Villa el día 22 de diciembre de 1916, y de los acontecimientos ocurridos desde ese día hasta el 2 de enero de 1917". http://www.archivo.cehmcarso.com.mx/janium-bin/janium_zui_print.pl?i=/janium/JZD/CMXV/42/4160/1/CMXV.42.4160.1.0001.jpg, consultado el 12 de abril de 2020.

[28] *Periódico Oficial del Estado de Chihuahua*, "A los habitantes del Estado de Chihuahua", Chihuahua, 22 de enero de 1917, pp. 10-11.

fusilados 80 villistas en el panteón de Santa Rosa; 30 fueron colgados en el centro de la ciudad y otros 40 en los árboles de la Avenida Colón, por traido-res, pues les comprobó que habían servido antes en las filas carrancistas.[29] Sin embargo, antes de morir, la mayoría de los condenados declaró que se habían unido a Villa por las amenazas de este, que solo esperaron una oportunidad para desertar, pues estaban cansados de la vida agitada a que los sujetaba.[30]

Rafael F. Muñoz asegura que Villa tenía un sistema para evitar la deserción de los reclutas forzados: formaba grupos de cuatro o cinco hombres y advertía a cada uno: "Si cualquiera de ustedes se pela, los otros me responden con su cabeza". Un grupo cuidaba a otro, aunque no siempre se evitó la deserción de los reclutas.[31]

Santos Márquez Parada recuerda que, en el año 1919, Villa se presentó en Santa Isabel a reclutar a un hermano suyo: "¿Y por qué se lo va a llevar?". A lo que Villa contestó: "Mira, si me da la gana hasta a ti te mato". Una vecina intervino para evitar que lo asesinara, diciéndole que era el general Villa: "Ya lo conozco. No se le hace nada matar; él sabe matar".[32]

Además de soldados, Villa también reclutaba peones para que hicieran la-bores de sabotaje a las vías de comunicación. A varios vecinos de las haciendas de El Sauz, El Sacramento y del Torreón, y de otras localidades cercanas a la ciudad de Chihuahua, los obligó a sumarse a sus filas, empleándolos para tumbar postes del telégrafo, levantar rieles y destruir tanques de agua y terra-plenes. Muchos de ellos desertaron y se presentaron a la guarnición en Chi-huahua. Los peones relataban que los villistas andaban en pésimas condiciones, hambrientos y mal vestidos, aunque siempre con caballos en abundancia que robaban de haciendas y ranchos.[33]

---

[29] Un correo villista que estuvo presente en el ataque a la ciudad de Chihuahua manifestó que los 255 muertos que tuvieron las fuerzas de Villa eran soldados carrancistas que habían sido capturados en el combate de Rosario, donde el general Murguía había sufrido una tremenda derrota. También declaró que Villa tenía "la costumbre de colocar a los prisioneros al frente de sus columnas, con el objeto de que sean los primeros en tomar contacto con el enemigo". (El Paso Morning Times, "Villa quería tomar Juárez después de atacar Chihuahua", jueves 5 de abril de 1917, pp. 1-2).
[30] El Paso Morning Times, "Francisco Villa desapareció de las cercanías de Chihuahua", El Paso, Texas, martes 3 de abril de 1917, p. 2.
[31] Muñoz, Pancho Villa, rayo y azote, p. 157.
[32] Entrevista de María Alba Pastor a Santos Márquez Parada, Santa Isabel, Chihuahua, 16 de julio de 1973, INAH, PHO/1/64, p. 2.
[33] El Correo del Norte, "Villa obligó a algunos labriegos a seguirle", Chihuahua, jueves 5 de junio de 1919, pp. 1-4.

La primera semana de abril de 1919 Villa aprehendió a 30 vecinos de la hacienda de Aguanueva, 140 kilómetros al norte de la ciudad de Chihuahua, y los obligó a engrosar sus filas. Una semana después, el 16 de abril, varios de ellos lograron escapar cerca de Villa Aldama. Miguel Gutiérrez, uno de los desertores, relata en la ciudad de Chihuahua que la mayoría de los 400 hombres que comandaba Villa eran rancheros forzados a seguirlo, y que a la primera oportunidad lo abandonaron, pues no eran afectos a las depredaciones del cabecilla. Gutiérrez refirió que la mayoría iban desarmados o desprovistos de municiones y pasaban muchas privaciones.[34]

Asimismo, los soldados de las guarniciones capturadas y los operarios de trenes que caían prisioneros eran reclutados como levas del villismo. El maquinista Antonio Daniels y el conductor Julián Sánchez, aprehendidos el 16 de abril de 1919, lograron escapar dos días después, momentos antes de que Martín López intentara asaltar un tren de carga que corría por la vía del Noroeste. Los ferrocarrileros advirtieron que varios compañeros esperaban también una oportunidad para desertarse.[35] Los propios partidarios de Villa, a pesar de las amenazas de los cabecillas, desertaban diariamente y se presentaban en los puestos avanzados de las guarniciones para rendirse incondicionalmente.[36]

En julio de 1919 el presidente municipal de Conchos, Federico Jacobi, dio cuenta a las autoridades militares de que Villa había incursionado por los poblados de Santa Gertrudis, Carmona, Valerio, Tres Hermanos y Pilar de Conchos; que en el primer punto, Villa había desarmado a 50 de sus hombres, que traía a la fuerza, y en Pilar de Conchos había hecho lo mismo con otros 100 reclutas, después de advertirles: "Se van hijitos a sus casas nuevamente a descansar, en septiembre los recogeré de nuevo, mientras tanto regresa el general Ángeles, que fue a traer al Japón pertrechos". Villa dejó comisionado a Carmen Delgado, el Ruñis, como jefe de Acordada en Pilar de Conchos para que matara a los desertores o a sus familias. Jacobi informó que la caballada de Villa estaba muy maltrecha y que la había dejado reponerse en la margen del Río Conchos, en Santa Gertrudis y Pilar de Conchos, protegida por los

[34] *El Correo del Norte*, "30 vecinos de Aguanueva se escaparon de la furia aranguista", Chihuahua, jueves 17 de abril de 1919, p. 1.

[35] *El Correo del Norte*, "Algunos prisioneros lograron escapar de Doroteo Arango", Chihuahua, viernes 18 de abril de 1919, pp. 1-4; *El Correo del Norte*, "Prisioneros de Villa que han logrado evadirse", Chihuahua, domingo 1° de junio de 1919, pp. 1-4; *El Correo del Norte*, "Un nuevo prisionero de Francisco Villa se escapa", Chihuahua, jueves 5 de junio de 1919, p. 1.

[36] *El Correo del Norte*, "Los villistas desertan", Chihuahua, jueves 29 de mayo de 1919, p. 1.

grandes álamos que ahí había, para que no fuera descubierta por los aeroplanos que los perseguían.[37]

En Boquilla de los Patos, Domingo Colomo y 35 de sus hombres, que habían sido reclutados a la fuerza por Villa, se le separaron y retornaron a San Pablo Meoqui, donde se integraron a la Defensa Social.[38]

En Canatlán, Durango, seguido de 300 hombres, Villa declaró ante el pueblo reunido en la plaza pública que "ya no era un bandido" y les pidió que lo siguieran "como lo hicieron en el tiempo de Hidalgo, que combatieran con piedras si no tenían armas". En ese momento, los hombres de Villa rodearon a los vecinos y ordenó que solo a los viejos se les permitiera salir de aquella valla de gente armada; obligó al resto a que engrosara sus mermadas filas. De tal manera se hizo de cerca de 200 trabajadores de leva que a la primera oportunidad desertaron.[39]

En las haciendas de Santa Bárbara y Trinidad, estado de Durango, Villa pidió a sus habitantes que se acercaran para darles un auxilio. Las personas se aglomeraron y cuando era ya un numeroso grupo, Villa les solicitó su ayuda asegurando que "México estaba en peligro con la intervención americana". Al notar los vecinos que los hombres de Villa comenzaban a crear un cerco alrededor de ellos, intentaron escapar, pero el jefe guerrillero ordenó que les quitaran los huaraches a todos y los llevaran por tierra a la fuerza. En la hacienda El Parián, jurisdicción de Rodeo, Durango, varios vecinos, entre ellos Sabino Valenzuela, Bruno López, Luis Maturino y Jesús Uribe, fueron también reclutados como leva en condiciones similares,

El cabecilla villista Miguel Saavedra, colgado en Chihuahua en marzo de 1917.
(*Carlos Fernández Baca*)

---

[37] Telegrama del general M. M. Acosta al general M. M. Diéguez, Sta. Rosalía, 18 de julio de 1919, AHSDN, XI/481.5/78, f., s/n; manuscritos sin fecha, ni autor, AHSDN, 481.5/78, ff. 225-226.

[38] *Idem.*

[39] *El Monitor*, "Villa ha cruzado el Nazas huyendo de los leales", Durango, miércoles 10 de septiembre de 1919, p. 1.

a punta de golpes y descalzos. En otros puntos, Villa llamó a los vecinos a juntarse, diciendo que iba a proporcionarles un tronco de mulas para que trabajaran la tierra y, una vez reunidos, los forzó a seguirlo.[40]

Otra de las prácticas brutales de Villa era el asesinato de lugareños que habían sido obligados a fungir como guías en caminos desconocidos para él y sus tropas. Según el exvillista Ramón Murga, "en [un] viaje tronaríamos unos 20 guías para que no nos delataran".

Murga refiere también que transeúnte que se encontraban en los caminos por los que marchaban los villistas, "luego, luego, lo colgamos para que no fuera a decir nada".[41]

LOS HIJOS DE IGNACIO MONTOYA

Después del ataque de una partida villista al pueblo de Columbus, Nuevo México, en territorio estadounidense, Villa se movilizó al suroeste del estado de Chihuahua, y el 27 de marzo de 1916 sorprendió y derrotó a las guarniciones carrancistas de Ciudad Guerrero y Miñaca, pero fue rechazado en San Isidro, donde el general carrancista José Cavazos tenía su cuartel general. En Ciudad Guerrero, los villistas se apoderaron de gran número de armas, municiones y obligaron a 80 prisioneros a incorporarse a sus filas. Durante el combate, Villa recibió un tiro en una rodilla que lo mantuvo inmóvil por dos meses, escondido en cuevas y rancherías de los municipios de San Francisco de Borja y Nonoava. A mediados de junio del mismo año Villa retomó el mando de una reducida partida, no obstante, para finales de año, había logrado reunir nuevamente a un importante contingente y controlar buena parte del campo chihuahuense.

El martes 4 de julio de 1916 Martín López se apoderó de Ciudad Jiménez y todos los comercios fueron saqueados. La mañana siguiente, Francisco Villa entró al mando de una regular partida; según testigos, el guerrillero "venía en estado muy crítico [...] vestía muy mal, usando la barba muy grande y muletas, por estar casi baldado de la pierna izquierda, pues necesita que lo monten en

---

[40] *El Monitor*, "Tejamen", Durango, viernes 12 de septiembre de 1919, p. 1.
[41] Entrevista de Rubén Osorio a Ramón Murga Terán, Cueva de San Marcos, Chihuahua, 15 de julio de 1977, en *Pancho Villa, ese desconocido...*, p. 178.

su caballo".[42] La plaza fue recuperada poco después por el mayor Pascual de Anda y los rebeldes se llevaron algunas carretas para transportar la mercancía robada de todos los comercios.[43] Debido a su herida en una pierna, Villa huyó en un carro de mulas acompañado por una mujer, y entre el 9 y 10 de julio atacó la plaza de Hidalgo del Parral. La Brigada Benito Juárez al mando del general Ernesto García, en ausencia del general Luis Herrera, quien se encontraba en México, logró contener el ataque de los villistas, que huyeron rumbo a Valle de Allende, perseguidos muy de cerca por una fuerza comandada por el coronel Ignacio Gurrola. A punto de caer prisionero, Villa se vio obligado a dejar el carro de mulas y montar en ancas del caballo de uno de sus hombres.[44]

El general Ernesto García había nombrado recientemente a don Ignacio Montoya[45] administrador de la hacienda de San Pedro de La Ciénega o La Ciénega de Ceniceros, ubicada a 22 kilómetros al suroeste de Valle de Allende, que había pertenecido a Miguel Soto Villegas.[46] Con una pequeña fuerza de voluntarios, don Ignacio había defendido con éxito la propiedad, evitando el robo y los saqueos de los villistas; y asaltante que caía en sus manos era inmediatamente colgado.[47]

La tarde del martes 11 de julio Francisco Villa, Nicolás Fernández y Martín López, al frente de una numerosa partida, se apoderaron de La Ciénega y

[42] Informe del presidente municipal de Cd. Jiménez al general J. B. Treviño, Chihuahua, 1916, exp. núm. XI/481.5/72, 72, f. 95.

[43] Informe de la Secretaría de Gobierno de Chihuahua al jefe del Ejército del Noroeste, general Jacinto B. Treviño, transcribe oficio del presidente municipal de Ciudad Jiménez que informaba sobre sucesos ocurridos durante la ocupación villista de la plaza 4-7 de julio de 1916, Chihuahua, Chihuahua, 14 de julio de 1916, AHSDN, 481.5/72, f. 95; Department of State, *Activities of Francisco Villa. December 1915 to July 1923*, Washington, D. C., julio 5/16, p. 6 (812.00/18654).

[44] Parte del general Luis Herrera dando cuenta de los combates librados con fuerzas de Francisco Villa en Hidalgo del Parral, Chihuahua, 9-10 de julio de 1916, AHSDN, XI/481.5/72, ff. 89-91; Department of State, *Activities of Francisco Villa. December 1915 to July 1923*, Washington, D. C., julio 20/16, p. 7 (812.00/18761); C. Herrera, *Francisco Villa ante la historia*, 2ª ed., Hidalgo del Parral, 1964, p. 235.

[45] Nació el 15 de julio de 1857 en Valle de Allende, hijo de Francisco A. Montoya y Damiana Poblano. https://familysearch.org/ark:/61903/1:1:NVW8-8ZG; se casó con María de Jesús Contreras en Valle de Allende, el 3 de mayo de 1884, https://familysearch.org/ark:/61903/1:1:JHRQ-J6D; falleció en Parral, el 19 de marzo de 1932. (Entierros, San José del Parral, acta núm. 273, f. 38v).

[46] J. L. Aguayo y J. Rentería, *Talamantes: el pueblo y su historia*, PACMYC, Palibrio, Chihuahua, 2012, p. 65.

[47] Entrevista de Rubén Osorio a Miguel Martínez Valles, Parral, Chihuahua, 8 de diciembre de 1984, en *Pancho Villa, ese desconocido...*, pp. 34-38.

apresaron a todos los vecinos. Villa los acusaba de haber matado a varios de sus hombres al pasar por terrenos de la hacienda, lo que los pobladores negaron; Villa pretendió fusilarlos a todos, pero Fernández y López se opusieron, amenazando con desertar si los ejecutaba. Finalmente, Villa accedió a perdonarlos con la condición de que abandonaran la hacienda y se trasladaran con sus familias al estado de Durango. Sin embargo, a dos de los hijos de Ignacio Montoya, José de la Luz y Francisco, de 19 y 15 años, no les perdonó que se negaran a informar del paradero de su padre y los fusiló, junto con Lázaro López Soto.[48]

El asesinato de José de la Luz y Francisco Antonio Montoya fue reportado al día siguiente por su hermano Carlos ante las autoridades municipales del Valle de Allende. Cerca de La Ciénega hay un arroyo que en esa época era llamado La Canoa, y actualmente es conocido como arroyo de Los Montoya, pues ahí fueron ejecutados los hijos de don Ignacio.[49]

Canutillo o el paredón: ejecución de Miguel Jurado y Dolores Aranda

El lunes 17 de julio de 1916 Francisco Villa y sus huestes irrumpieron en la casa grande de la hacienda de Canutillo, 80 kilómetros al sureste de Parral, mientras el propietario Miguel Jurado Aizpuru,[50] su esposa Guadalupe del Ángel y su pequeño hijo Bernabé desayunaban en el comedor. Inmediatamente don Miguel fue arrestado y trasladado a la vecina hacienda de Torreón

[48] Nació el 12 de marzo de 1875 en La Ciénega, hijo de Librado López e Higinia Soto (Nacimientos, Allende, 14 de abril de 1875, acta núm. 135, ff. 29v-30), de 42 años, casado con Ana García —hermana del general Ernesto García—, dejó siete hijos: Plácido, Francisco, Virginia, Herminia, Guadalupe y María López. (Defunciones, Allende, 12 de julio de 1916, acta núm. 107, f. 168); Aguayo y Rentería, *Talamantes: el pueblo y su historia*, p. 65; Herrera, *Francisco Villa...*, p. 235.
[49] "Como a las tres o cuatro de la tarde del día de ayer fueron fusilados en la Ciénega de Ceniceros en esta jurisdicción por la facción villista, Francisco Antonio y José de la Luz Montoya, el primero de 19 años, y el segundo de 15, ambos solteros, labradores y vecinos de dicha propiedad e hijos legítimos de Ignacio Montoya y de la señora María de Jesús Contreras, cuya inhumación se verificó en fosa especial a perpetuidad en el campo mortuorio de esta villa". (Defunciones, Allende, 12 de julio de 1916, acta núm. 106, ff. 169-170); entrevista de Rubén Osorio a Miguel Martínez Valles, Parral, 8 de diciembre de 1984, en *Pancho Villa, ese desconocido...*, pp. 34-38.
[50] Nació el 29 de septiembre de 1865 en Parral, hijo de José María Jurado Caballero y de Luisa Aizpuru Benítez. (Bautismos, Parroquia San José de Parral, 10 de octubre de 1865, acta núm. 9111, f. 45v).

Familia Jurado Aizpuru,
legítimos propietarios
de Canutillo.

de Cañas, propiedad de José Dolores Aranda, donde fue encerrado en uno de los cuartos de la finca.

Villa se apoderó de los carruajes, caballos y provisiones que encontró en Canutillo, por lo que la esposa de don Miguel, llevando en brazos a su recién nacida hija Consuelo, recorrió más de 20 kilómetros hasta Torreón de Cañas montando una burra sin aparejo, conducida por su hijo Bernabé, de 12 años. Villa exigió el pago de un rescate y la cesión de la hacienda de Canutillo a cambio de su libertad. El rescate fue pagado, pero al negarse don Miguel a entregar la hacienda, Villa ordenó su fusilamiento.[51] A las tres de la tarde del martes 18 de julio Miguel Jurado y Dolores Aranda fueron llevados hasta una de las bardas del panteón de Torreón de Cañas. Su hijo Bernabé siguió al escuadrón de fusilamiento caminando sobre la barda del panteón y cuando los villistas se retiraron corrió a abrazarse de su padre, pero fue apartado a golpes: "Los disparos privaron de la vida a José Dolores Aranda, gordo y corpulento, en contraste con mi padre alto y espigado, quien no admitió ser vendido al ser pasado por las armas".[52]

Lic. Bernabé Jurado Ángel.
(*Fototeca INAH*)

[51] M. L. Solares, *Bernabé Jurado Ángel, litigante de su destino*, Loera Chávez hnos., Cía. Editorial, México, 1978, pp. 19-27.
[52] *Temple Daily Telegram*, ¿"Villa Identified?", Temple, Texas, miércoles 12 de julio de 1916, p. 1; *El Paso Morning Times*, "Villa se sabe que anda por Canutillo", El Paso, Texas, domingo

Habiendo muerto el padre, la orden de Villa fue también ejecutar a la viuda y a los niños. Doña Guadalupe del Ángel alcanzó a huir con sus tres hijos, para esconderse en Hidalgo del Parral.[53]

LOS CERILLOS DE DOÑA LUGARDA

El jueves 24 de agosto de 1916 Agustín Ruiz Núñez y su abuela Lugarda Barrio, viuda de Núñez, murieron en el pueblo de Satevó, Chihuahua. Agustín, de 33 años, fue tiroteado, y doña Lugarda, de 86, quemada. Hermano y abuela del exgeneral villista José Ruiz Núñez, ambos fueron víctimas de los rencores de Francisco Villa.[54]

Doña María Lugarda Barrio Gil y Pardo[55] crio a los ocho vástagos de su hija Rafaela Núñez Barrio, quien murió joven.[56] Entre esos niños se encontraban José Camilo[57] y José Agustín Ruiz Núñez.[58]

---

9 de julio de 1916, p. 1; carta del Lic. Bernabé Jurado Ángel a la señorita Celia Herrera, México, D. F., 12 de agosto de 1964, en *Francisco Villa ante la historia*, pp. 28-30 y 277; J. Cordero, *Acontecer parralense*, Instituto Tecnológico de Parral, Chihuahua, 1986, p. 31.

[53] J. L. Esquivel, "Las lecciones de Bernabé Jurado". http://esquivel-zubiri.blogspot.mx/2015/02/las-lecciones-de-bernabe-jurado-primera.html, consultado el miércoles 18 de febrero de 2015.

[54] *El Paso Morning Times*, "La vindicación de Francisco Villa", El Paso, Texas, viernes 17 de noviembre de 1916, p. 3; *El Siglo de Torreón*, "La Razón de la sinrazón", Torreón, Coahuila, domingo 23 de abril de 1961, p. 20; I. Fabela, *Documentos históricos de la Revolución Mexicana*, vol. 13, p. 249; M. Barrón de Avellano, *Mujeres chihuahuenses*, Centro Librero La Prensa, Chihuahua, 1989, p. 24; J. M. Frances, *Vida y aventuras de Pancho Villa*, Olimpo, México, 1956, p. 138.

[55] Nació en Río San Pedro, Satevó, Chihuahua, el 16 de junio de 1830, hija de José Emeterio del Barrio Rubio, originario de Paso del Norte, y María Irene Gil y Pardo Chávez, casada con Pánfilo Núñez Mendoza, el 30 de noviembre de 1853. http://www.genealogy.com/ftm/g/d/e/Carolina-Gomez-barrio-de-tomk-California/WEBSITE-0001/UHP-0049.html.

[56] Nació el 4 de enero de 1863 en Satevó, hija de Pánfilo Núñez Mendoza y Lugarda Barrio (Bautismos, San Francisco Javier de Satevó, 23 de enero de 1863, acta s/n, f. 12), casada con Rafael Ruiz Chavira y sus hijos eran: Tomás, José Camilo Rafael, José Agustín, María Lugarda, Nazario, María del Rosario, José Dustano, José y Primitivo Ruiz Núñez. Falleció en 1896. (Entrevista de Reidezel Mendoza a Alejandra Andazola, Chihuahua, sábado 20 de julio de 2013).

[57] Nació en Satevó el 15 de junio de 1882, hijo de Rafael Ruiz Chavira y de Rafaela Núñez. (Bautizos, San Francisco Javier, Satevó, 21 de diciembre de 1882, acta núm. 433, f. 97).

[58] Nació el 4 de agosto de 1883 en Satevó, hijo de Rafael Ruiz y de Rafaela Núñez (Bautizos, San Francisco Javier, Satevó, 5 de enero de 1884, acta núm. 720, f. 171), se casó con Ana Ortiz González y dejó huérfanos a Agustín, Ana, Ismael, Librada, Lorenzo y Rafael Flavio Ruiz González.

Lugarda Barrio, viuda de
Núñez, y dos de sus bisnietos.
(Carolina Tomkinson)

Doña Lugarda Barrio
de Núñez.
(Familia Ruiz Núñez)

Agustín Ruiz Núñez.
(Carolina Tomkinson)

General José C.
Ruiz Núñez.
(Carolina Tomkinson)

El Paso Morning Times
EDICIÓN EN ESPAÑOL

**UNA MUJER QUEMADA
VIVA POR VILLA Y SU
HIJO FUE FUSILADO.**

Prensa Asociada.
Chihuahua, Agosto 30.—
Las noticias que las autoridades militares locales recibieron esta noche dicen que cuando Villa y sus bandoleros capturaron el pueblo de Satevó,
situado a 50 millas al Sur de
aquí, el viernes pasado, quemaron viva a una viuda apellidada Ruiz y fusilaron al hijo de
ésta, Agustín Ruiz. Se les
acusaba, según esas noticias,
de haber proporcionado informes a los oficiales de la expedición americana, cuando ésta
perseguía a Villa por entre las
montañas, hace unos meses.
El Gral. Jacinto Treviño dijo que sus informes eran que
los bandoleros estaban manda-
dos por López, Uribe y "Ara-
go."

Tumba de Lugarda Barrio
y su nieto Agustín Ruiz.
(Reidezel Mendoza)

231

En diciembre de 1910 José Camilo Ruiz dejó su trabajo como administrador de la hacienda Tres Hermanos, propiedad de la familia Zuloaga, para incorporarse a la partida maderista de Fidel Ávila Chacón. Después de varias acciones de armas, Ruiz participó, entre el 8 y el 10 de mayo de 1911, en los combates de Ciudad Juárez, bajo las órdenes del entonces mayor Francisco Villa. Dos años más tarde, a raíz del asesinato del presidente Madero, se dio de alta en las filas de la División del Norte, en las que destacó por su valor y temeridad. Formó parte del Estado Mayor de Villa y alcanzó por riguroso escalafón el grado de general. A decir de Elías Torres, Villa siempre lo consideró un elemento de "altísima valía" y se dirigía a él con respeto, llamándolo "don José" no obstante que era menor en edad y rango militar.[59] Ruiz permaneció al lado de Villa incluso después de sus derrotas en el Bajío y Aguascalientes: entre octubre y diciembre de 1915 llevó el mando de la Brigada Artalejo en la desastrosa campaña de Sonora.[60]

En enero de 1916, tras la evacuación de la ciudad de Chihuahua y la rendición de las fuerzas villistas en Ciudad Juárez, José C. Ruiz cruzó la frontera y se estableció en El Paso.[61] Esto desató la cólera de Villa, quien "olvidó todos sus méritos y los valiosos servicios que le prestó durante tantos años y dio la orden de que si lo volvían a encontrar lo mataran como a un perro".[62]

El 24 de agosto de 1916 una partida de 300 hombres encabezada por Villa, Martín López y el *Mochaorejas* Baudelio Uribe atacó Satevó, el pueblo de la familia Ruiz, que estaba resguardado por un destacamento federal y un

---

[59] E. Torres, *Vida y hechos de Francisco Villa*, Editorial Época, México, 1975, p. 166; *El Siglo de Torreón*, "Villa inquisidor", domingo 15 de septiembre de 1935, p. 9.

[60] *El Siglo de Torreón*, "Villa inquisidor", domingo 15 de septiembre de 1935, p. 9; *Diccionario de generales de la Revolución*, t. II (M-Z), SEP / SDN / INEHRM, México, 2014, p. 176. http://www.inehrm.gob.mx/work/models/inehrm/Resource/305/1/images/dic_gral es_rev_t2.pdf, consultado el 31 de agosto de 2016.

[61] Torres, *Vida y hechos de Francisco Villa*, pp. 167-168; *Diccionario histórico y biográfico de la Revolución mexicana*, t. II, Secretaría de Gobernación, México, 1990, pp. 557-558; A. Calzadíaz, *Villa contra todo y contra todos*, t. 2, Editores Mexicanos Unidos, México, 1963, p. 44. Calzadíaz contradice su propia versión: en otro de sus textos refiere que al pasar la columna del general Severino Ceniceros por la hacienda de Tres Hermanos (3-6 de enero de 1916), donde radicaba el general José Ruiz, furiosos por saber que se había amnistiado, "lo buscaron para tronarle", pero Ruiz se había ocultado y su esposa recibió la andanada de amenazas. (*Hechos reales de la Revolución*, t. 3, p. 198). Según Elías Torres, el general José C. Ruiz vivía en la calle Basset 2314, departamento 2, en El Paso, Texas. (*El Siglo de Torreón*, "Un corazón de cieno ahogado en lodo", Torreón, Coahuila, domingo 28 de julio de 1935, p. 9).

[62] Torres, *Vida y hechos de Francisco Villa*, p. 166; *El Siglo de Torreón*, "Villa inquisidor", Torreón, Coahuila, domingo 15 de septiembre de 1935, p. 9.

grupo de voluntarios.[63] Después de seis horas de combate, los federales al mando del capitán Maurilio de la Fuente huyeron por falta de municiones y los voluntarios tuvieron que rendir las armas. Los defensores y varias mujeres dejadas atrás por los soldados fueron aprehendidos, y Villa ordenó colgar a todos los vecinos y voluntarios de los ranchos del Torreón, de Ancones y de otros puntos que habían participado en la defensa: Pedro Ruiz, Santiago Balderrama, José María Muñoz, Teodoro Arrieta, José Chavira, Jesús Ruiz, Juan Favela, Primitivo Favela, Severo Ruiz, Francisco Arrieta, Manuel Loya, Adrián Chavira, Gabriel Abud y el comerciante sirio Juan Helo.[64]

Inmediatamente después de la ejecución de los voluntarios, Villa ordenó el arresto y fusilamiento de Agustín Ruiz, en venganza por la separación de su hermano José Camilo. Informada la anciana doña Lugarda, acudió presurosa al cuartel general para intentar salvar a su nieto, "pero al enterarse de que ya había sido ejecutado, increpó duramente a Villa, y entonces éste ordenó que la aprehendieran y la quemaran viva junto con otras mujeres [las soldaderas] que habían dejado abandonadas los soldados que estaban de guarnición al ser derrotados".[65]

---

[63] *The Arizona Republican*, "Villa Bandits Rout Garrison of Satevo", Phoenix, Arizona, lunes 28 de agosto de 1916, p. 1; *The Evening Star*, "Villa Bandits Take Town", Washington, D. C., lunes 28 de agosto de 1916, p. 3; *Tägliches Cincinnatier volksblatt*, "Villaiften. Bertreiben mexitanifche Sarnifon aus ber Stabt Satebo in Chihuahua", Cincinnati, Ohio, lunes 28 de agosto de 1916, p. 2; *The Pickens Sentinel*, "Villistas Take Town Says Mexican Report", Pickens, Carolina del Sur, jueves 31 de agosto de 1916, p. 2; *El Paso Herald*, "Villa Loses Satevó and 150 Men", El Paso, Texas, jueves 31 de agosto de 1916, p. 1; *Daily Rogue River Courier*, "Villa and his Bandits Driven from Satevó", Grand Pass, Oregon, jueves 31 de agosto de 1916, p. 3; *The Evening Herald*, "Bandits Routed", Klamath Falls, Oregon, viernes 1° de septiembre de 1916, p. 5; *Western Liberal*, "Villa Fights Carranzistas", Lordsburg, Nuevo Mexico, viernes 8 de septiembre de 1916, p. 7.

[64] Department of State, *Activities of Francisco Villa. December 1915 to July 1923*, Washington, D. C., agosto 30/16, p. 8 (812.00/19053); entrevista de Reidezel Mendoza a Edmundo Ruiz, Satevó, Chihuahua, lunes 4 de abril de 2016.

[65] *The Arizona Republican*, "Burn Widow Alive", Phoenix, Arizona, jueves 31 de agosto de 1916, pp. 1-2; *The Daily Ardmoreite*, "Burned Woman who Aided the Americans", Ardmore, Oklahoma, jueves 31 de agosto de 1916, p. 1; *El Paso Morning Times*, "Una mujer quemada viva por Villa y su hijo fue fusilado", El Paso, Texas, jueves 31 de agosto de 1916, p. 1; *The Bryan Daily Eagle*, "Widow Burned and Son Shot", Bryan, Texas, jueves 31 de agosto de 1916, p. 1; *La Prensa*, "Cerca de Satevó libraron un combate carrancistas y villistas", San Antonio, Texas, sábado 2 de septiembre de 1916, p. 1; *El Paso Herald Post*, "Relatives of Victims. Assassins Got Villa 41 Years Ago", El Paso, Texas, lunes 20 de julio de 1964, p. 3; *El Paso Herald Post*, "Satevo Murder Anniversary August 24", El Paso, Texas, sábado 23 de agosto de 1969, p. 1; A. B. Chávez, *Diccionario de hombres de la revolución en Chihuahua*, Meridiano 107 Editores, UACJ, Ciudad Juárez, 1990, p. 27; Torres, *Vida y hechos de Francisco Villa*, p. 167; L. Creel

Elías Torres entrevistó más tarde al general José C. Ruiz, quien refirió que su abuela alcanzó a escuchar la terrible orden y le gritó a Villa: "¡Es usted un cobarde, asesino!", al tiempo que le tiró una bofetada, pero el golpe no lo alcanzó porque la anciana fue sacada a empellones de la estancia.[66]

Algunos testigos aseguran que Villa amenazó a doña Lugarda, cuando esta no quiso revelar el paradero de sus nietos: "¡Te voy a quemar si no me entregas a tus hijos!", a lo que la señora Barrio contestó: "¡Pues a la hora que usted quiera, yo por mis hijos me muero donde quiera!". Según Dolores Hernández, quien trabajaba como doméstica en su casa, doña Lugarda fue llevada al panteón por cuatro villistas montados, quienes la empujaban con los caballos mientras caminaba por la calle de los Muertos. La señora Hernández comentó que doña Lugarda le dijo: "Mira Dolores, ya me van a matar estos por órdenes de Villa, aquí te dejo las llaves de la casa, entrégaselas a mis hijos cuando los veas, toma el anillo de matrimonio que me dio mi esposo, te lo dejo de recuerdo, ya para qué lo quiero". Se despidió de su sirvienta y continuó su marcha.

En el cementerio, los villistas cavaron un hoyo amplio y cuadrado, y juntaron leña seca; enseguida rociaron a doña Lugarda con petróleo y aguarrás que traían en latas, la metieron al hoyo y echaron la leña. Raymundo Quintana, a quien Villa había encomendado quemar a la señora Barrio, pidió unos cerillos, pero sus compañeros comenzaron a preguntarse unos a otros; después se supo que el que los traía los había enterrado, pues ya sabía para qué se los iban a pedir. Cuando la señora Barrio escuchó, les dijo: "¡Ah, no traen cerillos, jijos de tal... aquí están los míos!".[67] Patrocinio Ruiz relata: "a doña Lugarda y a otras mujeres se las llevó [Villa] a quemarlas al panteón; corrían por todito el panteón, y caían en el sepulcro, ardiendo, las bañaban de petróleo y les prendían fuego [...] doña Lugarda no se movía, bien firme, ahí se quedó, donde estaba, y ahí se hizo el montoncito de manteca [...] ella le dijo 'toma los cerillos, cabrón, lo que no quieres es quemarme'".[68]

---

de Müller, *El conquistador del desierto. (Biografía de un soldado de la República)*, Imprenta Müller, Chihuahua, 1982, pp. 578-579.

[66] Torres, *Vida y hechos...*, pp. 168-169; A. Cortés, *Francisco Villa, el quinto jinete del Apocalipsis*, Diana, México, 1972, p. 184; Herrera, *Francisco Villa ante la historia*, p. 61.

[67] E. Esparza, *Santa Cruz, antigua región de los tapacolmes. Historia de la villa de Rosales*, Conaculta / Ichicult, Chihuahua, 2004, pp. 233-234.

[68] Testimonio de Patrocinio Ruiz Fierro en el documental *Villista de hueso colorado*, de Juan Ramón Aupart Cisneros, Cine Film / Cooperativa Salvador Toscano, 1999.

Después, los villistas que habían cumplido la orden de quemar a las mujeres fueron a la casa de doña Nicolasa Armendáriz, íntima amiga de la señora Barrio, donde comentaron los detalles del crimen.[69]

Según los hermanos Manuel, Ignacio y José Terrazas Armendáriz, quienes presenciaron la escena, doña Lugarda le espetó a Villa, refiriéndose a su derrota: "Hasta que le pegaron a la víbora en la cabeza", a lo que Villa respondió: "¡Pero se quedó el cascabel chillando!". Los villistas entonces extrajeron un bote con petróleo de la tienda que doña Lugarda tenía frente a la plaza de armas y la llevaron junto con las soldaderas hasta el panteón, en las afueras del pueblo. Dos soldaderas y doña Lugarda fueron amarradas y bañadas en petróleo mientras gritaban y protestaban; una de las soldaderas alcanzó a zafarse las ataduras y corrió hacia el llano sin que los villistas intentaran detenerla.[70]

Al momento de encender el fuego ninguno de los soldados traía cerillos, y doña Lugarda, señalando la bolsa de su delantal, dijo: "¡Aquí tienen los cerillos, desgraciados cobardes, asesinos, y échenme más petróleo, que al cabo es mío, y quiero ser la primera en morir…!".[71] Momentos después, aquellas mujeres ardían en el viejo panteón. Según Edmundo Ruiz, de doña Lugarda y la soldadera quedaron solo "dos manchones de manteca en el suelo".[72] María Belén Prieto de Barrio comentó: "En Satevó estamos muy adoloridos con Villa por las atrocidades que hizo, muchas barbaridades […] doña Lugarda fue muy valiente".[73]

Secundino Vega Hernández, Bonifacio Martínez y Edmundo Ruiz afirmaron que el general José C. Ruiz había cruzado la frontera comisionado por el propio Villa para comprar parque en Estados Unidos, pero no regresó a tiempo debido a la dificultad para adquirirlo, por el embargo que mantenía el gobierno estadounidense. Villa entonces imaginó que lo había traicionado:

---

[69] Esparza, *Santa Cruz, antigua región de los tapacolmes…*, p. 234.

[70] Entrevista de Reidezel Mendoza a Edmundo Ruiz, Satevó, Chihuahua, lunes 4 de abril de 2016.

[71] Torres, *Vida y hechos de Francisco Villa*, pp. 168-169; *El Siglo de Torreón*, "Villa inquisidor", Torreón, Coahuila, domingo 15 de septiembre de 1935, p. 9; entrevista de Raúl Herrera a Ninfa García, Chihuahua, Chihuahua, lunes 25 de noviembre de 2013.

[72] *El Siglo de Torreón*, "Del arcón de mis recuerdos", Torreón, Coahuila, domingo 16 de julio de 1961, pp. 3-6; entrevista de Reidezel Mendoza a Edmundo Ruiz, Satevó, Chihuahua, lunes 4 de abril de 2016.

[73] Entrevista de Rubén Osorio a Belén Prieto viuda de Barrio, Satevó, Chihuahua, 19 de julio de 1979, en *Pancho Villa…*, pp. 135-139; entrevista de Reidezel Mendoza a Gonzalo García Terrazas, Chihuahua, Chihuahua, jueves 16 de julio de 2015.

"Éste ya se fue, pos a ver ahora con quién me vengo".[74] Martínez dice que al entrar Villa a Satevó discutió al respecto con la señora Barrio: "Seguramente ella no era muy dejada, y Villa otro tanto, tuvieron dificultades, intercambiaron palabras, Villa se enojó mucho y ordenó que la quemaran en el panteón [...] A los soldados se les hacía mucho quemarla, empezaron a buscar, le echaron petróleo pero no tenían cerillos; entonces les dio Villa los cerillos para que le prendieran fuego en el panteón de Satevó. Parece que sí había otras mujeres a las que también quemaron".[75]

Según Vega Hernández, al matar Villa al hermano de José, salió la señora Barrio a reclamarle: "Lo puso verde, la señora [...] Villa no la mató, mandó a otro que la quemara, que le echaran petróleo para que le quemaran. Bueno, pues no tuvo más remedio, a ella y a otra persona, la bañaron en petróleo ahí y no traían cerillos [...] para prenderles", doña Lugarda les ofrece los cerillos y Villa dice: "Bueno, ahí están los cerillos. Con los cerillos de ella misma... ¡La regó, la regó! Luego [José C.] Ruiz brincó al otro lado, sí, en contra de Villa, pues andaba hecho una fiera y se presentó con el gobierno".[76]

Una versión familiar muy difundida en Satevó refiere que Villa preguntó a Agustín Ruiz dónde estaba su hermano José, y al negarse a responder, Villa sacó su pistola y lo asesinó.

Otros testimonios aseguran que el general Ruiz había ido a El Paso con la autorización de Villa porque su esposa embarazada requería atención médica, y que, al escuchar Agustín que Villa decía a los vecinos que José había huido de la Revolución, "le dijo que no fuera injusto con lo que estaba diciendo ya que él sabía perfectamente que su hermano José le había pedido permiso para ausentarse y la razón de ello, pero a Villa no le gustó que le reclamara, sacó su pistola y al instante le disparó".[77] Al presenciar la escena el caporal de la señora Barrio se apresuró a enterarla de lo ocurrido, y ella, que en ese

[74] Entrevista de María Alba Pastor a Secundino Vega Hernández, Chihuahua, Chihuahua, 29 de octubre de 1973, PHO/1/118, pp. 53-54; entrevista de Reidezel Mendoza a Edmundo Ruiz, Satevó, Chihuahua, lunes 4 de abril de 2016.
[75] *El Paso Herald Post*, "Thursday is Anniversary of Execution by Villa. Killed Brother of Brave General", El Paso, Texas, miércoles 23 de agosto de 1967, p. 1; entrevista de Zacarías Márquez Terrazas a Bonifacio Martínez, Chihuahua, Chihuahua, 5 de septiembre de 1990, Fondo Zacarías Márquez Terrazas, s/c, AHACH.
[76] Entrevista de María Alba Pastor a Secundino Vega Hernández, Chihuahua, Chihuahua, 29 de octubre de 1973, PHO/1/118, pp. 53-54.
[77] *Periódico Oficial del Gobierno del Estado Libre y Soberano de Chihuahua*, Folleto anexo, núm. 10, sábado 1° de febrero de 2014, "Características del municipio de Satevó. Reseña histórica",

momento trabajaba en sus viñedos, salió rápidamente rumbo al cuartel de Villa: "Y con la desesperación y rabia que en ese momento sentía, le dio una gran bofetada: '¡Desgraciado infeliz, no tan sólo te has ensañado quitándonos a nuestros muchachos para tus filas; te hemos entregado todo para tu famosa Revolución! ¿Te has dado cuenta? ¡Has matado a mi hijo José Agustín!'". Villa de inmediato ordenó a sus hombres que la arrestaran y la quemaran viva junto con unas soldaderas que estaban presentes en la escena. Los villistas, para quienes no resultaba nada fácil cumplir la terrible orden de quemar vivas a tres mujeres, alegaron no traer fósforos; doña Lugarda, al tiempo que sacaba unos cerillos que traía consigo, le gritó a Villa: "¡Pues si eres tan hombre hazlo tú!". Villa ordenó a sus soldados que les echaran más petróleo, pero ellos rehusaron explicando que no había más. "Entonces él mismo con sus propias manos y delante de todo el pueblo de Satevó ahí presente, roció con petróleo a doña Lugarda y a las soldaderas y les prendió fuego".[78]

Algunos cronistas, adictos al guerrillero, buscan en sus versiones exculparlo del asesinato. Francisco Gil Piñón, hijo adoptivo de Villa, afirma que Agustín, "hijo de doña Lugarda", fue fusilado "por traidor", ya que se había pasado al bando enemigo y que la señora Barrio "interpeló y ofendió gravemente al general Villa", quien paseaba a caballo, lo que provocó que un oficial villista la empujara y que la anciana cayera en una hoguera donde los vecinos cocinaban carne. Luis Martín Fernández, nieto del general Nicolás Fernández, dijo que la fogata era de los propios villistas y que la señora Barrio falleció días después a consecuencia de las quemaduras. Sobre las afirmaciones de Piñón, hay que aclarar que Agustín Ruiz no era hijo sino nieto de la señora Barrio y nunca militó en las filas villistas. Por otra parte, los familiares y la prensa de la época reportan que doña Lugarda murió el mismo 24 de agosto, no días después como afirmaron Fernández y Piñón.[79] Ningún otro testimonio refiere o da crédito a la historia de la fogata. Taibo II retoma la

---

p. 13. http://www.ordenjuridico.gob.mx/Documentos/Estatal/Chihuahua/Todos%20los%20Municipios/wo101226.pdf, consultado el 31 de agosto de 2016.

[78] *El Paso Morning Times*, "La vindicación de Francisco Villa", El Paso, Texas, viernes 17 de noviembre de 1916, p. 3; entrevista de Reidezel Mendoza a Alejandra Andazola, Chihuahua, Chihuahua, sábado 20 de julio de 2013.

[79] Entrevista de Rubén Osorio a Francisco Piñón, Chihuahua, Chihuahua, 20 de noviembre de 1976, en *Pancho Villa...*, p. 136; P. I. Taibo II, *Pancho Villa*, Planeta, México, 2006, pp. 668-669; entrevista de Reidezel Mendoza a Luis Martín Fernández, Parral, Chihuahua, 20 de julio de 2010.

versión de Fernández e intenta exculpar a Villa asegurando que la acusación en su contra en el crimen de doña Lugarda "es una falacia", aunque reconoce que ordenó quemar a varias personas.[80]

Por su parte, Calzadíaz —único en quien se basan algunos apologistas de Villa— escribió que el 26 de agosto [sic] Villa atacó Satevó, que estaba defendido por los "socialistas" bajo el mando de Tomás Olivas, exjefe del Estado Mayor del general José E. Rodríguez. Calzadíaz relata que, al caer la plaza, Olivas fue colgado y Agustín Ruiz Núñez fusilado por orden de Villa, pero se guarda de mencionar la muerte de doña Lugarda Barrio.[81] En cuanto al trato dado a los prisioneros pertenecientes a la Defensa Social, afirma que simplemente fueron amonestados por Villa: "¿Por qué razón andan ustedes haciendo armas en mi contra? Oigan bien lo que les digo, se largan a cuidar a sus familias y a trabajar para mantenerlas, y si los vuelvo a coger con las armas combatiendo contra mi gente, los cuelgo. No se olviden lo que les digo. Si vuelven a dejar solas a sus familias para irse a combatir contra mi gente, no respondo por ustedes. Los dejó en completa libertad".[82] Independientemente del error en la fecha, dado que el ataque a Satevó ocurrió el 24 de agosto, y del silencio cómplice acerca del asesinato de la anciana de 86 años, una lápida del cementerio de Satevó que registra 14 nombres de vecinos de la Defensa Social que nunca habían militado en las fuerzas villistas, contradice las afirmaciones de Calzadíaz.

El mismo día 24 Villa ordenó también el reclutamiento forzoso de varios jóvenes del pueblo, entre los que se encontraba el profesor Pedro Terrazas Armendáriz. Villa amenazó a su padre, Adolfo Terrazas Prieto, diciéndole que si intentaba huir de Satevó mataría al profesor y que si este desertaba de sus fuerzas, quemaría a toda la familia. Librada Barrio, esposa de Pedro Terrazas, se hizo acompañar por su cuñado Manuel Terrazas para ver a Villa en el curato, donde despachaba, y solicitarle la libertad de su esposo, explicándole que un profesor no le serviría para las armas. Villa respondió: "¡Se me largan a la chingada o los mando quemar como a las viejas que quemé en la mañana!". Manuel Terrazas, quien esa mañana había presenciado el asesinato de doña Lugarda, relataba años después que, al escuchar la amenaza de Villa,

---

[80] Taibo II, *Pancho Villa*, p. 681.
[81] Calzadíaz, *Villa contra todo y contra todos*, t. 2, p. 78.
[82] *Idem.*

se sintió paralizado por el miedo y que las piernas apenas le obedecieron para salir inmediatamente de ahí.[83]

Primitivo Ruiz, el menor de los nietos de doña Lugarda, se ocultó en la azotea de la casa de su abuela y ahí permaneció cubierto con una cobija. Un amigo de la familia, José Rodríguez, se ofreció ponerlo a salvo de Villa; bajó de la azotea, se vistió de mujer y huyó a caballo hasta la Labor de los Prieto, cerca del río Babonoyaba, y de allí lo condujeron otras personas hasta la capital del estado.[84]

Los villistas volvieron atacar Satevó el 24 de diciembre de 1918, y casi aniquilaron a la Defensa Social. Según Calzadíaz, Felipe Ángeles acompañaba a Villa y "fue testigo de las marranadas que cometieron los soldados villistas [...] dejó en libertad a sus soldados para que se volvieran bestias".[85] Las ejecuciones se detuvieron cuando Martín López intervino y salvó la vida de los prisioneros que quedaban.

Tumba de los 14 defensores de Satevó ejecutados por órdenes de Francisco Villa.
(Reidezel Mendoza)

María Belén Prieto Miranda y su esposo José Leonardo Barrio Urrutia.
(Carolina Tomkinson)

[83] Entrevista de Reidezel Mendoza a Gonzalo García Terrazas, Chihuahua, Chihuahua, jueves 16 de julio de 2015.
[84] Esparza, *Santa Cruz, antigua región de los tapacolmes...*, pp. 233-234.
[85] Calzadíaz, *Villa contra todo y contra todos*, t. 2, pp. 188-189.

Testigos de la muerte de doña Lugarda Barrio

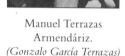

Manuel Terrazas
Armendáriz.
(Gonzalo García Terrazas)

Pedro Terrazas Armendáriz y Adolfo
Terrazas Prieto.
(Gonzalo García Terrazas)

Ignacio Terrazas
Armendáriz.
(Gonzalo García Terrazas)

Ilustración de Francisco Villa
ordenando la quema
de mujeres.
*(Oakland Tribune Magazine,
20 de julio de 1924, p. 30)*

General Eugenio Aguirre, General
Francisco Villa, General Álvaro
Obregón, General Rodolfo Fierro,
Doctor Raschbaum, General
José Ruiz.

SANTOS MERINO: QUEMADO VIVO

El 26 de septiembre de 1916 Villa entró con 200 hombres al mineral de
Cusihuiriachi, donde saqueó casas y comercios, y asesinó a varios vecinos.[86]
Posteriormente se movilizó al noroeste y se apoderó de la hacienda de San
Jerónimo, jurisdicción de Bachíniva, y ahí encerró en un galerón a varias

---

[86] *El Paso Morning Times*, "Villa saqueó el pueblo de Cusi", El Paso, Texas, lunes 2 de octubre
de 1916, p. 1; *Honolulu Star-Bulletin*, "Villa Kills Men at Cusihuiriachic", Honolulu, Hawái,
jueves 5 de octubre de 1916, p. 2.

decenas de vecinos que habían sido aprehendidos en las rancherías cercanas; un prisionero relata: "Nos pararon frente a él [...] clavando su mirada fulminante, exclamó: '¿Con que ustedes son los jijos de la... que se armaron para combatirme? En el primer combate que tenga los voy a meter desarmados por delante jijos [...] pero ya verán jijos, quien soy yo. Encierren en la galera a estos desgraciados'. Nos metieron en un galerón muy grande [...] a todos les dio Villa la misma maltratada".[87]

Santos Merino Solís.
(Hugo Merino)

Entre los prisioneros estaban los hermanos Jesús y Manuel Antillón, padre y tío del jefe de la Defensa Social de Namiquipa, Francisco V. Antillón, y Villa los asesinó. En Temosachi ejecutó a un hermano del coronel Maximiano Márquez Orozco, jefe de la Defensa Social de la hacienda de Bavícora, y quemó las cosechas.[88]

En los primeros días de octubre el campamento más avanzado de la Expedición Punitiva dentro del estado de Chihuahua se localizaba en Valle de San Buenaventura. Diariamente, numerosos carros con refugiados de todos los rumbos arribaban a los cuarteles del ejército estadounidense. Las poblaciones situadas sobre la vía del ferrocarril del Noroeste estaban quedando desiertas, y los campamentos de los soldados extranjeros, atestados de gente que huía de la furia de Villa.[89] Según informes, Villa reclutaba a hombres de todas las edades, amenazando con fusilarlos y quemar a sus familias si se negaban a acompañarlo. En el poblado de Santa Ana advirtió a los vecinos que marcharía a Bachíniva para quemar a algunos individuos que "habían incurrido en su enemistad".[90] A José Reyes Estrada le concedió un salvoconducto en los siguientes términos: "Concedo el presente a Reyes Estrada para viajar con el objeto de unirse a nuestras

[87] Calzadíaz, *Hechos reales de la Revolución. Muerte del Centauro*, t. 7, Editorial Patria, México, 1980, p. 56.

[88] *El Paso Morning Times*, "Temosachic, Chihuahua, será su base hoy", El Paso, Texas, jueves 12 de octubre de 1916, p. 4; *El Paso Morning Times*, "Los villistas han invadido ya la región", El Paso, Texas, jueves 25 de enero de 1917, p. 1.

[89] *El Paso Morning Times*, "Quemará a sus familias vivas si no acceden a sus demandas", El Paso, Texas, domingo 15 de octubre de 1916, p. 1.

[90] *El Paso Morning Times*, "Se contradicen las noticias acerca del bandolero", El Paso, Texas, domingo 8 de octubre de 1916, p. 1.

fuerzas, y en la inteligencia de que, si no cumple su promesa dentro de diez días, será considerado como enemigo y expondrá a su familia a ser quemada. [Firmado] FRANCISCO VILLA, general en jefe, septiembre 30 de 1916".[91]

Santos Merino Solís[92] era un rico ganadero y comerciante, amigo de Villa, al que le proporcionaba pastura para los caballos en su rancho La Ciénega, jurisdicción de Bachíniva. Según Eloy Merino, cuando arribaron las fuerzas de la Expedición Punitiva a la región solicitaron que también les vendiera pastura y alimentos, a lo que accedió don Santos, probablemente para evitar la requisición de su mercancía. Cuando Villa regresó a La Ciénega no faltó quien le informara lo sucedido, y este ordenó que detuvieran a Santos Merino y a su hijo Jesús María al considerar la venta de provisiones a los estadounidenses como un acto de traición. A medianoche del miércoles 11 de octubre de 1916 Villa ordenó amarrar a Jesús María Merino del poste de un cerco para que viera a su padre morir quemado vivo: "Don Santos se salía de la lumbre, pero lo aventaban otra vez, se salía y otra vez lo echaban, hasta que ya no pudo y se quemó. Quedó pura ceniza".[93]

Los descendientes de don Santos afirman que Villa también había ordenado quemar a Jesús María, pero el "coronel" Juan Murga lo impidió a punta de pistola, llevándolo consigo y poniéndolo a salvo. Jesús María se refugió en Estados Unidos y no regresó hasta la muerte de Villa.[94]

Según las memorias de una nuera de don Santos, este y su hijo Jesús fueron detenidos por Concepción Arroyo, lugarteniente de Villa y compadre de Merino, que tenía órdenes de exigir 10000 pesos por su rescate. Don Santos dijo que no poseía dicha cantidad, "pero que le hiciera el favor de decirle al general Villa que entregaría todo su pequeño interés", incluyendo las escrituras de sus propiedades. Arroyo contestó que tenía órdenes del guerrillero de solo aceptar dinero; el señor Merino advirtió que solo tenía 50 pesos en oro y plata en su casa, y envió a su nuera a recogerlos.

---

[91] *El Paso Morning Times*, "Quemará a sus familias vivas si no acceden a sus demandas", El Paso, Texas, domingo 15 de octubre de 1916, p. 1.

[92] Nació en Bachíniva, Chihuahua, el 3 de noviembre de 1848, hijo de Jesús Merino Ornelas y de Josefa Solís Ochoa (Bautismos, Nuestra Señora de la Natividad, Bachíniva, acta núm. 370, f. 116), casado con Valeriana Merino Pacheco. (Matrimonios, Bachíniva, 19 de febrero de 1884, acta núm. 342, ff. 19-19v).

[93] Entrevista de María Isabel Souza a Roberto Merino Rivera, Bachíniva, Chihuahua, 30 de octubre de 1973, INAH, PHO/1/112, pp. 24-32; entrevista a Eloy Merino, Chihuahua, Chihuahua, martes 28 de julio de 2015.

[94] Entrevista de Reidezel Mendoza a Hugo Merino, Ciudad Juárez, Chihuahua, 12 de octubre de 2019.

La familia Merino acudió a José Almeida, a Paulino Trillo y a otros vecinos cercanos a Villa para que salvaran las vidas de don Santos y de su hijo, quienes fueron encerrados, y el guerrillero no había permitido que se les diera de cenar, ni se les proporcionara colchas para dormir. A la mañana siguiente, los familiares de don Santos recibieron la noticia de que este y su hijo habían sido trasladados a La Ciénega: "Otro día supimos en la casa de la incineración de mi padre político".[95]

Uno de los exsoldados de Villa, que había sido obligado a darse de alta en las filas de Baudelio Uribe en Malpaso, aseguró:

al llegar a la región del Papigochi, en San Antonio de Sáenz, [Villa] casó a su médico, de origen húngaro, con una respetable dama de ese lugar, de ahí dio la vuelta y se trasladó a la región de Bachíniva, como el día cuatro de octubre de 1916, llegando a Las Varas, municipio de Bachíniva, y se trasladó a la Sierra de Patayo, con el objeto de sacar un entierro de armas y parque que en junio del mismo año había dejado, teniendo la sorpresa que ya lo había sacado el ejército norteamericano, y como él sabía que nada más una persona sabía del entierro, se regresó a Las Varas y le preguntó a un señor [Santos] Merino, que era el que sabía de tal entierro. Merino estuvo eludiendo las preguntas de Villa, pero al final se abrió de capa y le dijo a su general y compadre que lo había entregado al ejército norteamericano, que lo hizo su prisionero y lo iban a fusilar. Esto enfureció más a Villa, que le dijo: "¡se salvó de los norteamericanos, pero yo lo voy a...!" y ordenó a su ayudante que hicieran una hoguera grande, y a manera de pira y cuando ya estuvo [...] arrojaron al fuego atado de pies y manos.[96]

Según Jesús Arturo de los Ríos, después de ser aprehendido, Merino fue amarrado frente al templo parroquial de Bachíniva: "A don Santos lo golpearon hasta cansarse, Villa decidió quemarlo porque no les dijo dónde guardaba su dinero, llevó a la esposa y a sus hijos para que lo vieran morir, esperando que su familia se doblegara y le entregaran el dinero; platicaba mi abuelo, Otilio Mariscal que, aun quemándose, entre gritos y alaridos, don Santos le pedía a su familia que no entregaran nada".[97]

---

[95] Testimonio escrito de un familiar de don Santos Merino, s/f [inédito]; entrevista de Reidezel Mendoza a Hugo Merino, Ciudad Juárez, Chihuahua, 12 de octubre de 2019.

[96] *Cadete de Montaña*, Chihuahua, 25 de febrero de 1976, s/d, transcripción de Zacarías Márquez Terrazas.

[97] Entrevista de Reidezel Mendoza a Jesús Arturo de los Ríos, Chihuahua, Chihuahua, 17 de septiembre de 2017.

Uno de los vecinos de Bachíniva, Rafael Mariscal Arias, increpó a Villa por quemar a don Santos: "Eso no es de seres humanos, sino de bestias". Villa lo señaló y dijo: "Sigue ese hijo de la tostada". Heliodoro Olea Arias intercedió por la vida de don Rafael, y Villa accedió a perdonarlo, pero le dio un día para que él y su familia se fueran del pueblo. Villa sentenció: "Amaneciendo, donde los encuentre, los mato". Mariscal y su familia huyeron a Estados Unidos.[98]

Casi un año después, el 14 de septiembre de 1917, Jesús M. Merino reportó la muerte de su padre ante las autoridades municipales de Bachíniva. Merino declaró que don Santos había sido incinerado, y que el agricultor Heliodoro Olea y el súbdito italiano Eustaquio Riquetti, vecinos del rancho San Joaquín y del Barrio Escobedo, respectivamente, habían sido testigos del asesinato.[99]

Calzadíaz justificó el asesinato de Merino después de que los "villistas cayeron como demonios sobre el pueblo de Bachíniva" y capturaron a varios vecinos que tenían cuentas pendientes con Villa. Sin pruebas, Calzadíaz acusó a Santos Merino de haber fungido como guía de la Punitiva y de ser quien denunció a Tiburcio Maya, lugarteniente de Villa que supuestamente murió a manos de los militares estadounidenses. Para Villa, el fusilamiento y la horca eran castigo insuficiente para Merino, y, por tal razón, ordenó quemarlo con leña verde, que tarda mucho más tiempo en arder, prolongando así el sufrimiento de la víctima. Calzadíaz afirma que, esa misma noche, ordenó también el fusilamiento de Rafael Chávez Almeida, lo cual es inexacto, ya que, según el registro de defunción, Villa ejecutó a Chávez seis meses después, el 5 de abril de 1917.[100] Según Jesús Arturo de los Ríos, su tío bisabuelo, Rafael Chávez, murió al defender a su familia cuando varios hombres de Villa intentaron saquear su casa. Chávez mató a un villista e hirió a otro, y finalmente fue ejecutado.[101]

---

[98] *Idem.*

[99] En el acta de defunción se asienta: "Habiendo sido ocasionada su muerte por los villistas quienes lo incineraron". (Defunciones, Bachíniva, 14 de septiembre de 1917, acta núm. 82, ff. 68–69); entrevista de Reidezel Mendoza a Eloy Merino, Chihuahua, Chihuahua, martes 28 de julio de 2015.

[100] Originario de Dolores, Guerrero, hijo de Rafael Chávez y de Dolores Almeida, casado con Guadalupe Fierro, no dejó hijos. Murió por heridas de arma de fuego que le infirió un grupo villista que penetró en su casa. (Defunciones, Bachíniva, 14 de septiembre de 1917, acta núm. 81, ff. 67v–68).

[101] Entrevista de Reidezel Mendoza a Jesús Arturo de los Ríos, Chihuahua, Chihuahua, 19 de septiembre de 2017.

Jesús María Merino,
hijo de don Santos.
(Hugo Merino)

Valeriana Merino,
esposa de don Santos.
(Hugo Merino)

Concepción Arroyo asesinó
a su compadre Santos Merino
por órdenes de Villa.
(Alejandro Orozco)

Dr. Eustaquio Riquetti,
testigo del asesinato
de don Santos.
(Familia Riquetti)

Heliodoro Olea Arias, testigo
del asesinato de don Santos.
(Reidezel Mendoza)

TEMPLO DEDICADO
POR LA SRA.
VALERIANA MERINO
DE MERINO
A SU ESPOSO
SANTOS MERINO
QUE FALLECIO EL
11 DE OCT. DE 1917

Placa colocada en una capilla
construida en recuerdo a don
Santos Merino.

Maximiano Márquez
Orozco, su hermano fue
asesinado por Villa.
(Reidezel Mendoza)

Francisco V. Antillón perdió
a su padre y a su tío a manos
de Villa.
(Reidezel Mendoza)

Taibo II retoma la versión de Calzadíaz y llama "traidor" a Santos Merino, pero no duda que Villa ordenara quemar vivas a varias personas.[102] Según el veterano villista Victoriano Macías, "Villa no era matón. Los quemaba, sí, pero no era matón".[103] Ángel Rivas López insiste en la traición de Merino y va más allá afirmando que "sólo podía pagar su crimen quemado con leña verde". Pese a ello, sostiene que nunca encontró en Villa nada que rebelara "al asesino desalmado y cruel que nos pinta la leyenda que se ha fraguado en torno suyo […] por el contrario, que siempre que ha segado la vida de un semejante ha sido en defensa propia, o con justificación plena", y culmina con una cita de John Reed en *México Insurgente*: "No mató a nadie que no tuviera un arma en la mano". Rivas admitió que su obra es una apología de Villa.[104]

Eloy Merino refiere que Villa creía que don Santos había "chaqueteado" al suponer que les había pasado información a los estadounidenses sobre sus movimientos y escondites en la región. Villa solía guarecerse de la persecución de la Punitiva en una cueva ubicada en un paraje conocido como La Salitrera y temía que Merino hubiese revelado la ubicación de su guarida, lo que no fue así. Merino era un reconocido comerciante de la región, jamás militó en ninguno de los bandos en pugna y no se negó a proporcionar provisiones y pasturas ni a Villa ni al ejército yanqui, probablemente para evitar el saqueo de sus bienes.[105]

LOS DESOREJADOS DEL *GÜERO* BAUDELIO

Rafael F. Muñoz describe al Mochaorejas como "un muchachón de 1.80 metros de altura, vigoroso, con un breve bigotillo y mejillas sonrosadas sobre la piel morena. No era muy sanguinario […] se conformaba con cortarles las orejas personalmente".[106] Baudelio Uribe Durán, hijo de los difuntos Plácido Uribe y de Beatriz Durán, era originario de Jiménez, Chihuahua, y antes de 1910 radicaba en Ciudad Lerdo, Durango. En un principio era ladrillero y

---

[102] Taibo II, *Pancho Villa*, pp. 674 y 681.
[103] Entrevista de María Isabel Souza a Victoriano Macías, La Junta, Chihuahua, 29 de octubre de 1973, INAH, PHO/1/111, pp. 7-8.
[104] Rivas, *El verdadero Pancho Villa*, p. 268.
[105] Entrevista de Reidezel Mendoza a Eloy Merino, Chihuahua, Chihuahua, martes 28 de julio de 2015.
[106] Muñoz, *Pancho Villa, rayo y azote*, p. 123.

trabajaba como peón de Martín Triana, futuro general de la División del Norte. Uribe era de toda la confianza de Triana y recibió el encargo de ser el matancero y expendedor de menudencias en un puesto al que llamó Rastros Torreón y Parral en el mercado Donato Guerra. Cuando Triana se levantó en armas el 20 de noviembre de 1910, Uribe se quedó a cargo del negocio; sin embargo, el 13 de mayo de 1911, cuando las fuerzas maderistas atacaron Torreón, se adhirió a las filas rebeldes y en 1913 a las tropas villistas.[107]

Baudelio Uribe, el Mochaorejas.
(Carlos Fernández Baca)

Durante una de las tantas dispersiones de la gente de Villa, Baudelio llegó a tener el mando de una pequeña partida de 30 hombres, destinada a molestar a los federales en la región media del oriente del estado de Chihuahua, particularmente en las pequeñas poblaciones situadas en la cuenca del río Conchos. El 3 de julio de 1916 Villa sorprendió y derrotó a las tropas del general Ignacio Ramos en la hacienda de Corrales, municipio de Jiménez. Al otro día, Ramos fue capturado y ejecutado en Salaices.[108] Los heridos fueron rematados con el tiro de gracia, y los oficiales carrancistas fueron fusilados. Baudelio Uribe entonces inició su macabra costumbre de mutilar a los prisioneros: auxiliado por algunos de sus hombres, les cercenó con tijeras, cuchillos y guadañas

General Ignacio Ramos,
asesinado por Villa.
(Valdemar A. Fuentes)

[107] *El Siglo de Torreón*, "Del arcón de mis recuerdos", Torreón, Coahuila, domingo 1º de enero de 1961, p. 11.
[108] *La Prensa*, "Asegúrese que aniquiló al sur de Jiménez a la partida del general Ignacio Ramos", San Antonio, Texas, jueves 6 de julio de 1916, pp. 1-5; *La Prensa*, "Matías Ramos va en persecución de la partida de Calixto Contreras", San Antonio, Texas, martes 11 de julio de 1916, p. 1; entrevista de Reidezel Mendoza a Valdemar A. Fuentes, Houston, Texas, 12 de noviembre de 2018.

de granjero los lóbulos de las orejas a 20 soldados federales, advirtiendo que si eran capturados por segunda vez los ejecutarían. [109]

Villa le envió al general Luis Herrera 18 pares de orejas amputadas y una carta insultante invitándolo a que las "tomara como desayuno a su salud". El desagradable obsequio fue exhibido en uno de los aparadores de la ferretería La Palma, del alemán Theodore Hoemueller en Parral, junto con una carta del general Herrera en la que resaltaba la crueldad de Villa, lo que enfureció al guerrillero y casi le costó la vida a Hoemueller y a su familia. [110] Se calcula que fueron alrededor de 300 individuos los que sufrieron mutilaciones similares en el norte del país a manos de los villistas. [111]

La madrugada del 26 de octubre de ese año una numerosa partida al mando de Francisco Villa, José Inés Salazar, Baudelio Uribe, Martín López y José Chávez atacó Ciudad Camargo. [112] La guarnición carrancista comandada por Mariano López Ortiz fue destrozada y la mayoría de los soldados asesinados a quemarropa. Por órdenes de Villa, 60 prisioneros capturados por Baudelio Uribe fueron ejecutados. [113]

El 29 de octubre, tres columnas federales comandadas por los generales Fortunato Maycotte, Mariano y Domingo Arrieta, Rosalío Hernández y Paz Faz Riza intentaron recuperar la plaza y atacaron a las fuerzas villistas al mando de los cabecillas Nicolás Fernández, Martín López, Agustín García, Jerónimo Padilla, Baudelio Uribe, José Chávez y Julio Acosta, en la hacienda de La Enramada. Los villistas obligaron a retroceder a las tropas carrancistas, quitándoles gran cantidad de armas, parque, caballos y furgones, a lo que siguió

---

[109] *El Paso Morning Times*, "Villa se dirige rumbo al Norte", El Paso, Texas, sábado 8 de julio de 1916, p. 1; *La Prensa*, "Un jefe villista cortó las orejas a veinte prisioneros carrancistas", San Antonio, Texas, martes 22 de agosto de 1916, pp. 1-5; *El Paso Morning Times*, "Les cortó las orejas y después los remató para que no sufrieran", El Paso, Texas, jueves 24 de agosto de 1916, p. 1; Department of State, Activities of Francisco Villa (diciembre de 1915 a julio de 1923), julio 5/1916, p. 6 (812.00/18654); Reports of operations of "General" Francisco Villa since November 1915, Headquarters Punitive Expedition in the Filed Mexico, 31 de julio de 1916, pp. 75-77.

[110] *El Paso Morning Times*, "Salvaje obsequio", El Paso, Texas, sábado 17 de junio de 1916, p. 4; *El Paso Morning Times*, "Fue asesinado por el bandido", El Paso, Texas, viernes 17 de noviembre de 1916, p. 1.

[111] *El Paso Morning Times*, "Una muestra bárbara", El Paso, Texas, lunes 27 de noviembre de 1916, p. 2.

[112] *El Paso Morning Times*, "Los bandoleros las desnudaron", El Paso, Texas, sábado 4 de noviembre de 1916, p. 1.

[113] J. M. Jaurrieta, *Con Villa 1916-1920: memorias de campaña*, Conaculta, México, 2009, pp. 49-50.

una matanza de soldados. Al día siguiente, Villa entró a Ciudad Jiménez, después de un breve tiroteo con fuerzas del general Ismael Lares, y se apoderó de furgones y plataformas de ferrocarril, mientras las tropas del general Maycotte retrocedían a Torreón.[114] Las autoridades militares de Chihuahua reconocían que los "relativos éxitos de Villa" se debían a que los jefes encargados de perseguirlo "le tienen gran miedo y regularmente eluden encuentros".[115]

En Camargo, Baudelio Uribe mutiló los pabellones de las orejas a un centenar de soldados y oficiales carrancistas de las tropas de Maycotte que cayeron prisioneros. A los oficiales, además de las orejas, les arrancaba la piel de las plantas de los pies, la punta de la nariz o les grababa con cuchillo las iniciales "V. C." (Venustiano Carranza) en el rostro. Después de mutilarlos, Uribe les exigió no reintegrarse al ejército, ni combatir a Villa o los ejecutaría inmediatamente en caso de caer prisioneros.[116] El villista Juan B. Vargas relata: "Los prisioneros estaban consternados. La mutilación de las orejas les causaba terror, porque resultaba muy incómodo y poco estético [...] unos estaban tristes, otros derramaban lágrimas de coraje, los demás allá se apresuraban a cubrirse la cabeza con paliacates [...] era un cuadro conmovedor".[117]

Al otro día, en Jiménez, fueron vistos 16 soldados desorejados, camino a Torreón: "Presentaban un aspecto verdaderamente nauseabundo pues los pabellones les fueron amputados con machetes, y en muchos casos, perdieron parte de las mejillas. Algunas de las heridas estaban infectadas".[118] Muchos

---

[114] Telegramas del general Fortunato Maycotte (Torreón, Bermejillo) al secretario de Guerra, dando cuenta de su llegada a Jiménez (28 de octubre) y parte militar de los combates en Jiménez y Camargo (28-30 de octubre), Chihuahua, AHSDN, XI/481.5/72, ff. 490-492, 519-520, 530-531; telegramas del general Domingo Arrieta (Ciudad Jiménez) al secretario de Guerra comunicando retirada de Jiménez (31 de octubre), transcripción del parte militar del general Ismael Lares (Jiménez, 31 de octubre) dando cuenta de combate y retirada de sus fuerzas de aquella plaza (29-30 de octubre), Chihuahua, AHSDN, XI/481.5/72, ff. 318, 327-328, 330, 507, 509, 534; telegramas del general Francisco Murguía al secretario de Guerra informando del arribo del general Maycotte e informaba de su derrota en Camargo (6 de noviembre), Chihuahua, AHSDN, 481.5/72, ff. 344, 349, 352; El Paso Morning Times, "Los informes de la captura de Parral con detalles", El Paso, Texas, lunes 6 de noviembre de 1916, p. 1; Jaurrieta, Con Villa..., pp. 55-56.
[115] Telegrama de la Jefatura Militar de Chihuahua al secretario de Guerra y Marina, Chihuahua, 22 de octubre de 1916, AHSDN, XI/481.5/72, f. 284.
[116] El Paso Morning Times, "Edgar Koch fue asesinado por los bandidos en Camargo", El Paso, Texas, jueves 9 de noviembre de 1916, p. 1.
[117] Vargas, A sangre y fuego..., p. 82.
[118] El Paso Morning Times, "El salvajismo de los bandoleros", El Paso, Texas, sábado 4 de noviembre de 1916, p. 1.

prisioneros federales volvieron a sus cuarteles con espantosos verdugones a uno y otro lado de la cara.[119] Domingo Arrieta reportó al general Obregón: "De la gente que mandé a C. Camargo [...] me faltan 300, de los cuales tengo noticias que murieron la mayor parte, y algunos han llegado aquí con las orejas cortadas por el enemigo".[120]

José C. Valadés dice que la mayoría de los soldados carrancistas que militaban en la brigada de Domingo Arrieta "carecían de orejas, o bien tenían desprendido los pabellones de estas, o bien les faltaba un pedazo". Según Valadés, todos aquellos hombres habían estado en poder de Uribe, "uno de los más feroces lugartenientes de Villa, quien tenía la costumbre de marcar así a sus prisioneros de guerra para que, en caso de que volvieran a tomar las armas y cayeran por segunda vez en su poder, no se escaparan de la pena de muerte".[121] Baudelio era aficionado al toreo y aparentemente la idea de mutilar a los prisioneros que cayeran en sus manos le surgió en una corrida en Torreón en la que cortó las orejas de uno de los toros.

El 23 de noviembre de 1916 el general Talamantes aprehendió en Jiménez a los señores Dolores y Nepomuceno Uribe y a las señoras Paz Holguín de Uribe, Eulalia Galván y María G. Gurrola, familiares de Baudelio, "bandido que [...] usa procedimientos de cortar las orejas a los prisioneros". El general Murguía había dispuesto retirarlos de la región, "porque por muy naturales que sean no dejan de ser de su sangre y tener interés en comunicarle las condiciones de esta plaza y nuestros movimientos".[122]

El 20 de mayo de 1917, cerca de El Pueblito, jurisdicción de Aldama, en un tiroteo con una columna volante, el Mochaorejas se encontró de frente con el general carrancista Juan Espinosa y Córdova: ambos accionaron sus pistolas y quedaron heridos, pero los disparos que recibió en el vientre Uribe fueron mortales. Fue sepultado a la orilla de un arroyo en las cercanías de la hacienda del Pueblito.[123]

---

[119] Muñoz, *Pancho Villa, rayo y azote*, p. 123.

[120] Telegrama de Domingo Arrieta al general Álvaro Obregón, secretario de Guerra, C. Jiménez, Chihuahua, 29 de octubre de 1916, AHSDN, XI/481.5/72, ff. 315, 328.

[121] *La Prensa*, "La partida que da más quehacer está dando es la de Baudelio Uribe", San Antonio, Texas, martes 13 de marzo de 1917, p. 4; *La Prensa*, "La marca del general Uribe", San Antonio, Texas, domingo 3 de marzo de 1935, pp. 1-2.

[122] Telegrama del general en jefe de las Operaciones, Francisco Murguía, al secretario de Guerra y Marina, Ciudad Jiménez, Chihuahua, 23 de noviembre de 1916, AHSDN, XI/481.5/72, f. 377.

[123] *El Paso Morning Times*, "Alvarado viene a batir a Villa", El Paso, Texas, sábado 23 de junio de 1917, p. 4; *La Prensa*, "Las hazañas revolucionarias de Francisco Murguía. La sorpresa",

CONFIRMAN LA MUERTE DEL "CORTADOR DE OREJAS"

OCURRIDA EN UN COMBATE CON LAS FUERZAS DEL CARRANCISTA CHÁVEZ

EL PASO, Tex. Junio 24.—El cuartel general de las fuerzas encargadas de combatir al villismo, en el Estado de Chihuahua, ha confirmado la noticia relativa a la muerte de los jefes villistas Bandelio Uribe y Reinaldo Ornelas.

Uribe, quien era conocido con el apodo de "El cortador de orejas", según los partes rendidos al cuartel general establecido en Chihuahua, murió durante un combate que sostuvieron sus fuerzas con las del general carrancista Chávez, en un punto denominado Rubio, al Suroeste de Bustillos. En cuanto a Ornelas, quien fué Presidente Municipal de la ciudad de Chihuahua, durante el tiempo que el villismo dominó en el Estado, fué fusilado por las fuerzas carrancistas después de hacerle un juicio sumarísimo. La ejecución de Ornelas se llevó a cabo en El Pueblito, donde Ornelas cayó prisionero junto con varios de sus soldados, durante un combate trabado con las fuerzas del gobierno de Carranza.

Juan Espinosa y Córdova
mató al Mochaorejas.
(Fototeca INAH)

Paz Faz Riza.
(INAH)

Domingo Arrieta León.
(INAH)

Mariano Arrieta León.
(INAH)

Agustín García Meléndez.
(Leopoldo Luján)

José R. Chávez.
(Revolucionarios camarguenses)

Julio Acosta, el Patas de
Lápiz, acompañado de su
esposa y de su hija.

TIBURCIO BACA Y DARÍO ACOSTA: ÚLTIMO VIAJE A ESTACIÓN MORITA

Tiburcio Baca Ronquillo.
(Tammy Johnson)

En Ciudad Jiménez, el presidente municipal Tiburcio Baca Ronquillo organizó una defensa social para proteger a la población civil de los saqueos y tropelías de los villistas.

Villa secuestró a Tiburcio Baca, a su cuñado Darío Acosta Zubía y al vecino Jorge Soto, exigiendo el pago de un rescate en efectivo para salvar sus vidas, pero las familias no pudieron cubrir la cantidad requerida, pues los saqueos habían agotado sus recursos. Villa ordenó torturarlos, y el 3 de noviembre de 1916 los trasladó en tren a Estación Morita, jurisdicción de Allende. Ahí, Tiburcio Baca fue arrastrado de la barba y junto con Darío Acosta, enterrado hasta medio cuerpo; ambos fueron ejecutados a balazos. Solo Jorge Soto se salvó. Otra versión refiere que los prisioneros fueron enterrados hasta el cuello y Villa ordenó que un pelotón de caballería les pasara por encima.[124] Los dos cuerpos permanecieron insepultos hasta que los familiares, desafiando la ira de Villa que les prohibió sacarlos, se atrevieron a recogerlos y trasladarlos en un carro de mulas al panteón municipal de Jiménez.[125]

Tiburcio Baca[126] era miembro de una próspera familia de comerciantes que había apoyado activamente al maderismo en 1910. Su hermano Guillermo Baca fue el primero en empuñar las armas en Parral y murió en campaña el 4 de febrero de 1911. Otro de sus hermanos, Miguel Baca, también se

---

San Antonio, Texas, domingo 14 de mayo de 1935, pp. 1-2; Jaurrieta, *Con Villa...*, p. 104; Calzadíaz, *Hechos reales de la Revolución...*, t. 7, p. 110.

[124] Chávez, *Diccionario de hombres de la Revolución en Chihuahua*, pp. 24-25; entrevista de Reidezel Mendoza al ing. Justino Flores Gutiérrez, Ciudad Jiménez, Chihuahua, domingo 9 de octubre de 2016.

[125] K. Silva, B. J. Rivera y E. Palma, *La revolución mexicana y la familia Baca Ronquillo*, UPN, presidencia municipal de Hidalgo del Parral, Hidalgo del Parral, 2009, pp. 95-97 y 115; Herrera, *Francisco Villa...*, pp. 271-272.

[126] Nació en Pilar de Conchos en 1854, hijo de Genaro Baca y Tomasa Ronquillo, casado con Rosa Acosta. (Matrimonios, Jiménez, 123 de junio de 1906, acta núm. 81, ff. 121-121v).

insurreccionó y combatió en Chihuahua y Durango. En 1913 se unió a las fuerzas constitucionalistas y desempeñó varios cargos, hasta que Villa desconoció al Primer Jefe.[127] La familia Baca nunca aprobó la ruptura de relaciones entre Villa y Carranza.[128]

El 15 de junio de 1915 Villa nombró a Juan B. Baca tesorero general de la Nación del gobierno de la Convención, y al prever que no aceptaría el cargo, advirtió: "Me vería obligado a considerar a usted como enemigo y entonces tendría que irse con toda su familia al extranjero".[129] Juan Bautista soli-

Don Tiburcio y una de sus hijas.
(Tammy Johnson)

citó salvoconductos a Carranza y a Obregón para trasladarse a la Ciudad de México, sin embargo, Santiago González le advirtió que Villa ya había

Rosa Acosta, esposa de
Tiburcio Baca y hermana de
Darío Acosta.
(Tammy Johnson)

Tumba de Tiburcio
Baca.
(Reidezel Mendoza)

---

[127] Mendoza Soriano, *Guillermo Baca Ronquillo. Comerciante, maderista y revolucionario*, Ichicult, Chihuahua, 2012, p. 216.
[128] Carta de Juan B. Baca a Jesús María de la Fuente, El Paso, Texas, 29 de octubre de 1915, s/c, APVM.
[129] Carta de Francisco Villa a Juan B. Baca, Aguascalientes, 15 de junio de 1915; carta de Juan B. Baca a Jesús María de la Fuente, El Paso, Texas, 29 de octubre de 1915, s/c, APVM.

ordenado su aprehensión. [130] Sus hermanos Tiburcio y Miguel Baca intentaron cruzar la frontera, pero recibieron un aviso de que Villa ya había ordenado sus asesinatos, cambiando su ruta rumbo a Veracruz. [131] La familia Baca se declaró partidaria del Primer Jefe y Tiburcio retornó meses después a Ciudad Jiménez, donde fue designado presidente municipal.

LOS CINTAREADOS DE PARRAL

El 4 de noviembre de 1916, ante la aproximación de un ataque de Villa con miles de hombres y carente de municiones, el general Luis Herrera ordenó la retirada de Parral y se dirigió al sur con sus fuerzas. [132] Al día siguiente, Francisco Villa se apoderó de la plaza sin encontrar resistencia y sus hombres entraron gritando: "¡Muerte a los gringos!". Villa ordenó reunir a los vecinos en la plaza, donde les aseguró que lo único que deseaba era combatir contra los americanos, "a quienes les tiene más ganas que a los carrancistas". [133] Después del improvisado discurso, invitó a la población a unirse a sus tropas, pero al no encontrar voluntarios, mandó detener a todos los hombres y los encerró en su cuartel, dispuesto en la casa Hamilton. [134]

Su secretario Jaurrieta escribió: "En Parral [...] se ordenó a los Dorados llevar a cabo una leva 'revolucionaria' [...] se dedicaron todo el día a penetrar en las casas bien de la población. En donde se encontraban dos hombres se detuvo al más joven, siendo este internado en un enorme corralón en las cercanías de la estación del ferrocarril". Los presos no probaron alimento los

---

[130] *El Sol de Parral*, "La familia Baca Ronquillo: los saldos de la Revolución", Parral, 20 de noviembre de 2013, p. 4.

[131] Telegramas del general Luis Herrera al secretario de Guerra, informando de su llegada a Tepehuanes desde Parral, después de librar combate en Santa Bárbara; escasez de haberes y municiones, cuya remisión solicita se haga de inmediato. Octubre-noviembre de 1916, Chihuahua, AHSDN, 481.5/72, ff. 369-370, 583-584, 586, 606; R. Rocha, *1631-1978. Tres siglos de historia. Biografía de una ciudad: Parral*, 3ª ed., Imprenta Lux, Ciudad Juárez, 1989, p. 224.

[132] Telegramas del general Luis Herrera al secretario de Guerra, informando de su llegada a Tepehuanes desde Parral, después de librar combate en Santa Bárbara; escasez de haberes y municiones, cuya remisión solicita se haga de inmediato. Octubre-noviembre de 1916, Chihuahua, AHSDN, 481.5/72, ff. 369-370, 583-584, 586, 606; Rocha, *1631-1978. Tres siglos de historia...*, p. 224.

[133] *El Paso Morning Times*, "Todas las poblaciones que cayeron fueron saqueadas", El Paso, Texas, jueves 16 de noviembre de 1916, p. 1.

[134] Herrera, *Francisco Villa ante la historia*, pp. 235-236.

dos primeros días, pues Villa prohibió la entrada de los víveres que llevaban sus familiares. Al tercer día los obligó a comer carne revolcada en ceniza y a triturar maíz duro y quemado que les hizo arrojar. Según Jaurrieta, su jefe, con gesto de satisfacción, presenciaba la escena desde la puerta del corralón.[135]

Entre los prisioneros estaban Everardo Escárcega, Jesús San Martín, Jerónimo Soto, Rodolfo Torres, Teódulo Talamantes, Justo y Manuel Lozoya, Rodrigo Chávez, Domingo Silva, Julio Ronquillo, Domingo García, Jesús Reza Ochoa, José Gámez, Joaquín Ponce, el presbítero Genaro Bejarano, el sombrerero Federico Martínez, el ingeniero Gustavo L. Talamantes, entre otros. Durante cinco días permanecieron detenidos; los villistas les quitaron sus pertenencias personales, así como el dinero y las joyas que las familias traían para pagar su rescate. Durante todo ese tiempo Villa los hizo torturar. Teódulo Talamantes, Gustavo L. Talamantes, Melesio Loya, Jerónimo Soto y Everardo Escárcega eran diariamente cintareados y les exigía a las familias que pidieran dinero casa por casa para no ejecutarlos. Jerónimo Soto salió libre después de pagar 22 000 pesos, al igual que Melesio Loya, después de que su esposa Mercedes Franco cubriera el pago del rescate.[136]

Rodolfo Torres relata: "Al mismo tiempo que se oían los golpes de los cintarazos y los [gritos] dolorosos de las víctimas, se escuchaba el ruido del dinero que vaciaban de bolsas, entregándoselo a Villa, los familiares de los presos".[137]

Después de permanecer 12 días en Parral, Villa se dirigió a Chihuahua. Atacó la ciudad el 22 de noviembre.

El asesinato de un francés

Durante la ocupación villista en Parral, el 5 de noviembre de 1916, el comerciante francés Alexandre Sebastien Ricaud[138] había sido detenido y liberado

[135] Jaurrieta, *Con Villa...*, p. 58.
[136] *Idem*; A. Taracena, *La verdadera Revolución mexicana. Quinta etapa (1916-1918)* 1a ed., Jus, México, 1961, p. 8.
[137] *El Nacional*, Los atentados en Parral", México, sábado 30 de diciembre de 1916, p. 1; *El Paso Morning Times*, "Dominan todo el tramo de la vía entre Camargo y Chihuahua", El Paso, Texas, miércoles 3 de enero de 1917, p. 1; Herrera, *Francisco Villa ante la historia*, p. 238.
[138] Nació en Jausiers, cerca de Barcelonnette, Francia, en 1871, hijo de Sosa Jean-Pierre Ricaud y Marie Josephine Vallensan. La familia Ricaud se instaló en la región de la Patagonia, en Argentina, en 1885. Seis años después, Alexandre retornó a Francia a cumplir con su servicio militar, y en el año 1895 se estableció en la colonia francesa de San Rafael, Veracruz.

Alexandre Ricaud.
(J. F. Campario)

Adélaïde Desoche.
(J. F. Campario)

en varias ocasiones. La última, sin embargo, cometió el error de agradecer a Villa, quien al notar su acento extranjero ordenó retenerlo nueva y definitivamente. Ricaud fue apaleado salvajemente y lo arrojaron moribundo a una zanja, cuando su esposa ya había entregado la suma exigida.[139]

Don Alexandre había llegado a Parral en 1911 y había fundado Las Fábricas de Francia, una gran tienda de novedades y productos importados que administraba su hermano Eduardo Ricaud. Al entrar a Parral, los villistas destruyeron los aparadores de la tienda, saquearon las mercancías y secuestraron

En 1897 se casó con Louise Meunier, y el 12 de enero de 1901 con Adélaïde Desoche. (J. F. Campario, *Savoyards et Bas-Alpins a Jicaltepec*, Barcelonnette, Société Scientifique et Littéraire des Alpes de Haute-Provence, Sabenca de la Valeia, 2008, pp. 95-97. http://www.mexicofrancia.org/articulos/i16.jpg).

[139] *El Paso Morning Times*, "Los americanos que ejecutó Villa en Parral los sujetó primero a un cruel tormento", El Paso, Texas, sábado 16 de diciembre de 1916, p. 1; *La Prensa*, "Más detalles de las atrocidades de Villa", San Antonio, Texas, miércoles 20 de diciembre de 1916, p. 1; *El Paso Herald*, "Believe Ricaud Killed", El Paso, Texas, jueves 21 de diciembre de 1916, p. 3; *The Philadelphia Inquirer*, "Carranza Troops Clash with Villa", Filadelfia, Pensilvania, viernes 22 de diciembre de 1916, p. 2; *El Nacional*, "Los atentados en Parral", México, 30 de diciembre de 1916, p. 1; *Los Angeles Times*, "What Carranza Holds", Los Ángeles, California, miércoles 3 de enero de 1917, p. 1; *The New York Times*, "600 Bandits Routed; Munitions Retaken", Nueva York, miércoles 3 de enero de 1917, p. 1; Herrera, *Francisco Villa ante la historia*, pp. 277 y 320; J. C. Demard, *Río Nautla: Étapes de l'Intégration d'une Communauté Française au Mexique, 1833-1926*, D. Guéniot, Prez-sur-Maine, Francia, 1999, p. 238; J. F. Campario, *François Vacherand raconte ses veillées. Chamossière, ces monts de mémoire*, La Fontaine de Siloé, Francia, 2006, pp. 105-108.

a don Alexandre; Villa le exigió 5 000 dólares a la señora Adélaïde Desoche para liberar a su marido.[140]

Según la viuda de Alexandre, Villa quería capturar a Eduardo, a quien acusaba de querer asesinarlo, pero al no localizarlo, secuestró a su hermano. Durante cuatro días, Ricaud fue sometido a terribles torturas, ahorcándolo hasta perder el conocimiento y arrastrándolo boca abajo sobre caminos pedregosos. Después de poner a sus hijos a salvo, la señora Desoche se presentó ante Villa en repetidas ocasiones, reclamando la liberación de su marido, pues ya había costeado su rescate, sin embargo, nunca obtuvo respuesta.[141]

Después de tres meses de la desaparición de don Alexandre, un sepulturero del cementerio de Parral accedió a llevar a la señora Desoche al lugar donde lo había inhumado; con la luz de su linterna el empleado señaló un montículo de tierra y dijo: "¡Ahí está su marido!". Devastada, la viuda escuchó los detalles de su muerte: la tarde del 10 de noviembre el sepulturero había visto llegar a Alexandre al cementerio, escoltado por un pelotón. Un villista le desató las manos, diciendo que era libre y que debía huir; Ricaud corrió, pero fue abatido de un tiro en la espalda. Cuando los villistas se retiraron, el sepulturero y el guardia del panteón enterraron el cadáver en una zanja. Villa se había deshecho de su rehén la misma tarde de la última visita de la señora Adélaïde.[142]

El agente consular de Francia en Chihuahua, Jean Ramonfaur, comunicó al cónsul de Francia en México y al ministro de Asuntos Exteriores de Francia, Aristide Briand, la muerte de su compatriota, en estos términos: "Chihuahua, 4 de diciembre de 1916. —Tengo la pena de informarle que nuestro paisano M. Ricaud (Alexandre), clase 1891, fue asesinado por la pandilla villista que se apoderó de la ciudad de Parral, comandada por su jefe Francisco Villa, y él mismo ha ordenado esta ejecución [...] la casa de negocios del sr. Alexandre Ricaud en Parral ha sido saqueada por completo".[143]

En otra carta enviada a las autoridades consulares, F. Couget confirmó el asesinato de Ricaud: "Parece que Villa estaba buscando al hermano de este último, con quien habría tenido cuentas pendientes en el pasado, pero había

---

[140] *Ibid.*, pp. 118 y 126.
[141] *Ibid.*, pp. 127-130; *El Paso Morning Times*, "La información última de México", El Paso, Texas, viernes 22 de diciembre de 1916, p. 1.
[142] Campario, *François Vacherand raconte ses veillées*, p. 129.
[143] MAE, Paris, Correspondance consulaire, t. XIV, pp. 174-176.

huido a Estados Unidos. Al no encontrarlo, satisfizo su venganza cayéndole encima a Ricaud".[144]

El 19 de enero de 1917 un súbdito español que radicaba en Parral corroboró la noticia del asesinato del señor Ricaud al cruzar la frontera estadounidense.[145]

El 17 de octubre de 1928 Eduardo se presentó a la oficina del Registro Civil y manifestó que su hermano Alexandre "fue fusilado por fuerzas villistas durante el año 1916 [...] inhumado su cadáver en el Panteón de Dolores de esta ciudad, sin que previamente se levantara el acta de defunción". Los restos fueron exhumados, depositados en un cajón y reinhumados en el mismo cementerio.[146]

Los huérfanos de Alexandre Ricaud,
El Paso, Texas, 1921.
(J. F. Campario)

Las Fábricas de Francia,
Parral, 1930.
(J. F. Campario)

Dinamitadas en Santa Rosa

Durante su estancia en Parral, Villa le mandó a la profesora Margarita Guerra, por medio de una comadre y como si se tratara de cualquier cosa, el recado: "Dígale a Margarita que voy a Chihuahua y que la voy a quemar".[147]

---

[144] *Ibid.*, p. 182.
[145] *The Wichita Eagle*, "Villa Killed Frenchman", sábado 20 de enero de 1917, p. 2.
[146] Defunciones, Hidalgo del Parral, 17 de octubre de 1928, acta núm. 602, ff. 581-582.
[147] Herrera, *Francisco Villa ante la historia*, p. 277.

Según José Reyes Máynez, el guerrillero la acusaba de alcahuetear a su comadre Guadalupe García, viuda de su antiguo lugarteniente Trinidad Rodríguez, para que se casara con un jefe carrancista.[148] La señorita Guerra, una profesora retirada de reconocida trayectoria en Hidalgo del Parral,[149] se había hecho cargo de Guadalupe García desde su niñez y por entonces radicaba en el número 114 de la Calle 39 en la ciudad de Chihuahua. La señora García, de 20 años, vivía en la casa número 539 de la Calle Séptima en la misma ciudad.[150]

Margarita Guerra.

Rafael García López dice que Trinidad Rodríguez había "venadeado" con una carabina .30-30 a Nicolás García[151] para robarse a su hija, no obstante, Guadalupe decidió irse con él voluntariamente. Por tal razón sus familiares evitaban hablar de ella debido a la vergüenza que les provocaba que se hubiese fugado con el abigeo que asesinó a su padre. Según Rafael García, "al año que murió el general Rodríguez en Zacatecas, Lupe García se fue con otro y abandonó a su hijo Samuel. Por eso su hijo termina en casa de Francisco Villa y Luz Corral que lo recogen, pero según cuentan, lo devuelven porque era

---

[148] Entrevista de María Isabel Souza a José Reyes Máynez, Parral, Chihuahua, 1º de julio de 1974, INAH, PHO/1/158, p. 7.

[149] La profesora Margarita Guerra inició sus labores docentes el 6 de abril de 1882 en la Segunda Escuela Municipal de Niñas de Parral y en el año 1895 fue ascendida a directora. (S. M. Martínez, *Educación y género: docencia femenina en Hidalgo del Parral, Chihuahua 1691-1900, Educación y género: docencia femenina en Hidalgo del Parral, Chih. (1691-1900)*, PACMYC / Conaculta / Ichicult, Doble Hélice Ediciones, Chihuahua, 2006, pp. 144-145; *Revista de Chihuahua*, "Noticia que manifiesta el número de escuelas que hay en el Estado con expresión de sus empleados y sueldos que disfrutan", Chihuahua, 9 de enero de 1895, p. 27).

[150] Juicio de testamentaría a bienes del general Trinidad Rodríguez, Distrito Morelos, Juzgado Primero Civil, 9 de septiembre de 1914, 20 ff., Revolución, Civil, 1914 (septiembre), AHSTJCH; entrevista de Reidezel Mendoza a Samuel Vota Chávez, Parral, Chihuahua, 23 de septiembre de 2017.

[151] Originario de Real de Gavilanes, Zacatecas, hijo de José María García y de Mercedes Martínez, operario, casado con María Inés Cortés, nativa de Vetagrande, Zacatecas. (Matrimonios, Vetagrande, 31 de octubre de 1877, acta núm. 97, ff. 10v-11). Don Nicolás y su familia se establecieron en Parral y aparentemente fue asesinado entre los años 1910 y 1911. Su esposa falleció en Parral el 17 de agosto de 1944. (Defunciones, Parral, acta núm. 496, f. 12).

muy llorón".[152] Soledad Rodríguez, sobrina de Trinidad y Guadalupe, dice que Villa le había llamado la atención a su tía Lupe por sus supuestos amoríos con el general carrancista Pablo González; doña Soledad relata: "Tenía poco tiempo de muerto mi tío Trini [Trinidad Rodríguez], entonces empezó a hacer fiestas y andaba enredada con un contrario [...] entonces [Villa] le llamó la atención otra vez y nunca hizo caso [...] mandó que echaran petróleo y la quemó; desapareció ella, desapareció la que cuidaba a Samuelito [...] la mató".[153]

Las razones del asesinato de las señoras García y Guerra se explican por otros motivos. En 1911 Hipólito Villa y Trinidad Rodríguez adquirieron el rancho El Fresno, en las afueras de la ciudad de Chihuahua.[154] El 4 de agosto de 1913 Trinidad Rodríguez contrajo matrimonio con la señorita Guadalupe García, de 17 años, después de que la madre de esta dio su consentimiento por ser menor de edad.[155] El 23 de junio de 1914 Rodríguez[156] cayó herido de gravedad en la batalla de Zacatecas y fue trasladado inmediatamente a Torreón, donde dictó su testamento, nombrando a su hijo Samuel Rodríguez García,[157] recién nacido, heredero universal de sus bienes.[158] Al morir su compadre, Francisco Villa le quitó a la viuda la patria potestad de su hijo,

---

[152] Entrevista de Reidezel Mendoza a Rafael García López, Parral, Chihuahua, miércoles 20 de mayo de 2015.
[153] Entrevista de Samuel Vota a Soledad Rodríguez, hija de Ángel Rodríguez y sobrina de los villistas Trinidad y Samuel Rodríguez, s/f; entrevista de Reidezel Mendoza a Samuel Vota Chávez, Parral, Chihuahua, 2 de noviembre de 2017.
[154] Contrato de compra-venta, 16 de agosto de 1916, coronel Trinidad Rodríguez e Hipólito Villa, inscripción 110, libro 32, f. 136, Sección Primera (49-87-59), Distrito Morelos, Registro Público de la Propiedad.
[155] Matrimonios, Parral, 4 de agosto de 1913, acta núm. 222, ff. 145-146v.
[156] Originario de Parral, hijo de Severo Rodríguez y de Carolita Quintana, militar, de 32 años, falleció el 24 de junio de 1914 por una herida de arma de fuego en el cuello, casado con Guadalupe García, dejó a un hijo llamado Samuel. Fue sepultado en el panteón de La Regla. (Defunciones, Chihuahua, 29 de junio de 1914, acta núm.854, ff. 606-607).
[157] Nació en la ciudad de Chihuahua el 18 de mayo de 1914, hijo de Trinidad Rodríguez Quintana y Guadalupe García Cortés. (Nacimientos, Chihuahua, 2 de junio de 1914, acta núm. 671, f. 338v). El 2 de julio fue bautizado en la catedral de Chihuahua, fungiendo como sus padrinos Francisco Villa y Luz Corral. Samuel vivía en Chihuahua bajo la tutela de Hipólito Villa en la Avenida Penitenciaría número 603 (Censo de Población de 1930). El 2 de septiembre de 1944 contrajo matrimonio en Santa Bárbara, Chihuahua, con la señorita Ofelia Carrera Terrazas. (Matrimonios, Santa Bárbara, Chihuahua, acta núm. 68, f. 417).
[158] Juicio de testamentaría a bienes del general Trinidad Rodríguez, Distrito Morelos, Juzgado Primero Civil, 9 de septiembre de 1914, 20 ff., Revolución, Civil, 1914 (septiembre), AHSTJCH.

acusándola de traición al pretender, aparentemente, contraer matrimonio con un oficial del ejército carrancista.[159]

El 30 de agosto de 1914 Guadalupe García viuda de Rodríguez solicitó a las autoridades judiciales de Chihuahua que la nombraran albacea de la testamentaría de su esposo, ya que Francisco Villa pretendía apoderarse de la mitad de la propiedad dejando a su ahijado a cargo de su hermano Hipólito. La señora García denunció que este último se había apropiado del rancho y vendido gran parte del ganado y de los enseres de labranza sin su autorización, por lo que solicitó al Juzgado asegurar e inventariar las propiedades. El 29 de junio de 1916 la señora García demandó por daños y perjuicios a Hipólito Villa y pidió al Juzgado que le quitara el nombramiento de tutor especial de su hijo al exgeneral Francisco Villa. El 6 de julio el juez primero de lo Civil, licenciado Abelardo Medina Díaz, nombró a Buenaventura Cruz tutor especial de Samuel Rodríguez, desatando la furia de Villa.[160]

Al entrar a la ciudad de Chihuahua, el 27 de noviembre de 1916, Villa buscó vengarse y aprehendió a la profesora Margarita Guerra y a su comadre Guadalupe García, prendiéndole fuego a la casa de esta última.[161] Su familia creyó que la señora García había muerto calcinada, pero Reyes Máynez y Celia Herrera aseguran que Villa se llevó a ambas mujeres al cerro de Santa Rosa; después de atormentarlas, ordenó que las amarraran a unas camillas y las dinamitaran. La explosión las destrozó y esparció sus restos, dejándolos insepultos. La señora Soledad Rodríguez relata: "Encontraron las piernas de mi tía Lupe por allá por el cerro del Coronel, por allá la encontraron [Villa] le prendió fuego, la mandó matar".[162] No hubo manera de reconocerlas y por tal razón no existe registro de sus defunciones.[163]

---

[159] *Idem.*

[160] *Idem.*

[161] Entrevista de Reidezel Mendoza a Samuel Vota, Parral, Chihuahua, jueves 30 de julio de 2015.

[162] Villa asesinó a las mujeres en el cerro de Santa Rosa, y no en el del Coronel, es posible que la señora Rodríguez confundiera los nombres, pues no era originaria de la ciudad. (Entrevista de Samuel Vota a Soledad Rodríguez, hija de Ángel Rodríguez Quintana y sobrina de los villistas Trinidad y Samuel Rodríguez Quintana, s/f; entrevista de Reidezel Mendoza a Samuel Vota Chávez, Parral, Chihuahua, 2 de noviembre de 2017).

[163] Entrevista de María Isabel Souza a José Reyes Máynez, Hidalgo del Parral, Chihuahua, lunes 1° de julio de 1974, INAH, PHO/1/158, p. 7; entrevista de Raúl Herrera a Héctor Arras Rodríguez, Parral, Chihuahua, febrero de 1999; Cortés, *Francisco Villa, el quinto jinete del Apocalipsis*, p. 185; Herrera, *Francisco Villa ante la historia*, p. 234, 278.

Francisco Villa.

José Reyes Máynez.
(PHO / INAH)

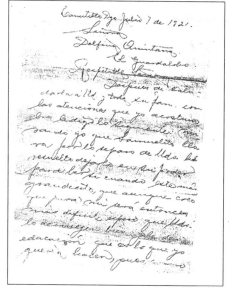

Carta de Francisco Villa a Delfina Quintana.
(Samuel Vota)

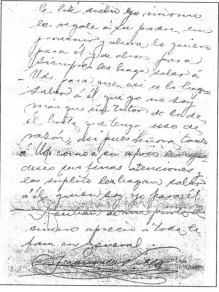

Carta de Francisco Villa a Delfina Quintana.
(Samuel Vota)

En 1921 Villa entregó al hijo de sus compadres, Samuelito, a su tía abuela Delfina Quintana, alegando que lloraba mucho, no sin antes recordarle que él seguiría siendo su tutor hasta que tuviera uso de razón, a pesar de que las autoridades le habían quitado la potestad.[164] A la muerte de Villa, Samuel Rodríguez quedó bajo la tutela de Hipólito. La porción de los terrenos de El Fresno que no fue convertida en ejido pasó a ser propiedad de los hijos de Hipólito Villa.

LA MASACRE DE LAS SOLDADERAS EN CAMARGO

A partir de que obtuvo el mando de la División del Norte, Villa excluyó a las mujeres de toda actividad en la línea de fuego. Las reemplazó en sus funciones como cocineras y auxiliares de enfermería y prohibió a los soldados llevarlas al frente. Quienes desobedecieron sufrieron severos castigos que servían de ejemplo al resto de la tropa. Villa veía a las soldaderas como alborotadoras, intrigantes e indisciplinadas, que estorbaban los movimientos de la caballería, y cuyas rivalidades amorosas costaban vidas de soldados. A finales de 1916 ese menosprecio alcanzó un espantoso clímax.[165]

Después de sus tremendas derrotas del año anterior en el Bajío y en Sonora a manos de las fuerzas carrancistas y del desmoronamiento de sus tropas, en

---

[164] Carta de Francisco Villa a Delfina Quintana, Canutillo, 7 de julio de 1921 [Samuel Vota]; entrevista de Reidezel Mendoza a Samuel Vota, Parral, Chihuahua, 12 de enero de 2018.

[165] E. Salas, *Soldaderas en los ejércitos mexicanos. Mitos e historia*, Diana, México, 1993, pp. 69-72; B. Mena, *Ocho diálogos con Carranza*, p. 275; L. Garfias, *Verdad y leyenda de Pancho Villa: vida y hechos del famoso personaje de la revolución mexicana*, Panorama Editorial, México, 1981, p. 60; T. G. Turner, *Bullets, Bottles and Gardenias*, South West-Press, Dallas, Texas, 1935, p. 166; Whitaker, *Villa*, Whitaker, Herman, "Villa and His People", en *Sunset, The Pacific Monthly* 33, núm. 2, vol. 32, San Francisco, California, enero-junio 1914, p. 252; E. Larocque, *The memories of Edward Larocque Tinker*, University of Texas at Austin, 1970, p. 135.

1916 Francisco Villa había logrado levantar una fuerza considerable de 10 000 hombres y recuperar algunas plazas principales. Sin embargo, el general carrancista Francisco Murguía le infringió en Estación Horcasitas una fuerte derrota que lo obligó a evacuar la ciudad de Chihuahua el 1º de diciembre.[166] La rabia de Villa por este descalabro habría de desahogarse pocos días después en una masacre sin par en la historia de México.

El 12 de diciembre las fuerzas villistas sorprendieron a las tropas del coronel Wenceslao Rodríguez que resguardaban Santa Rosalía de Camargo.[167] A las seis de la mañana, contemplando las fogatas de los federales acampados alrededor de la estación, el *Mochaorejas* Baudelio Uribe ordenó abrir fuego.[168] Después de una hora de tiroteo, interrumpido en intervalos, los villistas se apoderaron de varios trenes y apresaron a los hombres de infantería que guarnecían la plaza.[169] La mayoría de estos soldados carrancistas eran jóvenes reclutados en los barrios más pobres de la capital de la República, que no estaban acostumbrados al frío norteño ni contaban con el equipo suficiente para soportarlo. Aquella mañana, sus manos entumidas por el viento helado apenas les sirvieron para sostener el Máuser. Después de ocupar la ciudad casi sin encontrar resistencia, las descargas de la fusilería villista se ensañaron con los heridos y prisioneros.[170] El propio secretario de Villa, José María Jaurrieta, describe horrorizado la escena: "¡Que cuadro tan macabro presentaba la Estación Camargo! Si apartaba mi vista para no ver aquellos cuadros conmovedores dirigiéndola hacia el suelo, me encontraba manchas de sangre y cadáveres esparcidos de tramo en tramo; si intentaba refugiar mi mirada en

---

[166] Villa entró ese mismo día a Santa Isabel y "los bandoleros se concretaron a saquear una parte del comercio, fusilar al presidente municipal [...] y a algunos civiles". (Telegrama del general Jacinto B. Treviño al general Obregón, Chihuahua, 4 de diciembre de 1916, AHSDN, XI/481.5/72, f. 615).

[167] La guarnición de Jiménez, comandada por el coronel Wenceslao Rodríguez, se movilizó en varios trenes a Camargo, donde fue sorprendido por los villistas, quienes se apoderaron de los convoyes en los que se había trasladado (telegrama del general Francisco Murguía al primer jefe V. Carranza, Chihuahua, 17 de diciembre de 1916, en *Narración histórica de la Segunda División del Noroeste en su avance a la ciudad de Chihuahua, Chih. Un testigo presencial de los hechos,* exp. núm. XI/481.5/72, caja 28, estado de Chihuahua, año 1916, ff. 179-180, AHSDN).

[168] Jaurrieta, *Con Villa...,* p. 74.

[169] Barragán, *Historia del Ejército...,* t. III, p. 477.

[170] Herrera, *Francisco Villa...,* p. 279; E. Muñoz, *Apuntes históricos y geográficos de Ciudad Camargo, Chih., y del municipio, 1986,* Presidencia municipal de Camargo, Camargo, 1986, p. 19; Jaurrieta, *Con Villa...,* p. 75.

los trenes, veía cómo los carros de caja destilaban hilos de sangre de aquella sufrida tropa acribillada a balazos".[171]

Muchos de los reclutas carrancistas iban acompañados por sus mujeres, jovencitas de entre 15 y 20 años arrancadas de sus hogares por el amor o por la fuerza. Estas soldaderas, campesinas provenientes de pueblos y barriadas miserables, seguían a sus hombres —sus "juanes", como se les designaba popularmente— con todo y sus hijos. Los furgones carrancistas transportaban de población en población, pues, a una multitud famélica y enfermiza. Al recorrer los vagones para apoderarse de provisiones, armamento y cualquier cosa que pudieran encontrar, los villistas descubrieron en los últimos carros a un numeroso grupo de soldaderas, algunas de ellas con sus hijos en brazos.[172]

Tenían poco de aprehendidas las soldaderas cuando un incidente desató la tragedia. Mientras Baudelio Uribe rendía parte a Villa de haber exterminado al destacamento enemigo y de haberse apoderado de 6 000 pesos de la pagaduría carrancista, prorrumpió en el lugar una mujer que corría precipitadamente hacia Villa gritando y sollozando. La mujer se hincó, abrió los brazos en cruz y rogó: "¡Señor, por el amor de Dios, no mate usted a mi marido! ¡Se lo ruego por su madre!". Villa preguntó: "¿Quién es su marido, señora?". "El pagador, un simple empleado de gobierno. Él no es combatiente y ese señor que está a su lado —señaló a Uribe— lo ha mandado con una escolta a un lugar desconocido". Villa preguntó por el oficial, y Uribe respondió tranquilamente: "Mi general, ya está en la olla". La mujer del pagador se puso de pie con el rostro descompuesto, apretó los puños y llena de ira lanzó una andanada de insultos contra Villa: "¡Bandido, hijo de... asesino! ¿Por qué no me mata a mí también?". Aunque Jaurrieta se abstiene de decir que su jefe la mató —dice que la mujer "cayó víctima de la fatalidad"—, la mayoría de las fuentes dejan en claro que Villa desenfundó su revólver y le disparó en el cráneo.[173] El asesinato, sin embargo, no calmó la furia de Villa, quien a

---

[171] *Idem.*

[172] Los villistas se apoderaron de varios furgones, excepto el de las municiones, que alcanzó a escapar a Chihuahua, protegido por el grueso de la columna, comandada por el general Miguel M. Acosta. Dicha fuerza había salido de Querétaro el 5 de diciembre, con dos millones de cartuchos para fusil y un millón de pesos para el pago de haberes de las fuerzas del general Murguía por órdenes del presidente Carranza. (Calzadíaz, *Villa contra todo y contra todos*, pp. 102-104; Barragán, *Historia del Ejército...*, t. III, pp. 475-477; Taracena, *La verdadera Revolución mexicana. Quinta Etapa...*, pp. 25-26).

[173] Jaurrieta, *Con Villa...*, p. 75.

continuación ordenó al Mochaorejas que matara a las soldaderas prisioneras; Octavio Fernández refiere que sus palabras fueron: "¡Mata a todas estas infelices viejas desgraciadas!".[174]

Las soldaderas fueron llevadas al barranco que se levanta frente a la estación y acribilladas.[175] Jaurrieta describe la escena como sigue:

> Aquel cuadro fue dantesco, dudo que pluma alguna pueda describir fielmente las escenas de dolor y de espanto que se registraron esa mañana del 12 de diciembre de 1916, ¡llanto!, ¡sangre!, ¡desolación!, noventa mujeres sacrificadas, hacinadas unas sobre otras, con los cráneos hechos pedazos y pechos perforados por las balas villistas. Cuando hubo terminado aquella matanza, el curioso que contemplara aquel desastre de la vida humana, pudo haber visto a un chiquillo como de dos años de edad sentado, sonriente, junto al cadáver de su madre, mojando en la sangre de la autora de sus días, los inocentes deditos que llevaba a su carita, seguramente en gracia infantil para pintarse como la madre que rígida yacía a su lado.[176]

Cleofas Calleros relata que un soldado que revisaba los cuerpos halló un bebé aún con vida: "Uno de los hombres de Villa preguntó qué hacer con el bebé y Villa dijo que no servía para nada, así que había que matarlo a tiros también. Sus órdenes fueron cumplidas. [Villa] cabalgó en su caballo por encima de los cuerpos".[177] El exvillista camarguense José Martínez Valles dice que, confrontado con la escena de los gritos de dolor de las mujeres que iban siendo acallados por los disparos de fusilería, tomó la decisión de desertar.[178]

No hay ninguna duda sobre el asesinato en masa, aunque los relatos difieren en los detalles. Eduardo M. Ávila asegura que las soldaderas y sus hijos

---

[174] J. G. Amaya, *Venustiano Carranza, caudillo constitucionalista. Segunda etapa, febrero de 1913 a mayo de 1920*, s/e, México, 1947, p. 352; Fernández, "La mujer, heroína y mártir de la revolución" en el *XIV Congreso nacional de historia de la Revolución mexicana*, Hidalgo del Parral, 20, 21 y 22 de julio de 1983, p. 177.

[175] Jaurrieta, *Con Villa…*, p. 76; un testigo de la masacre, Manuel Ramos, dijo que las soldaderas fueron ejecutadas contra las trancas del embarcadero de ganado, y después sus restos echados a una vieja noria (Entrevista a Manuel Rosales Villa, Ciudad Camargo, Chihuahua, 22 de noviembre de 2016).

[176] *Shamokin Daily News*, "Book Tells of Execution of Ninety Women", Shamokin, Pa., viernes 12 de agosto de 1932, p. 7; Jaurrieta, *Con Villa…*, p. 76.

[177] J. Peterson y T. Cox, *Pancho Villa: Intimate Recollections by People Who Knew Him*, Hastings House, Nueva York, 1977, pp. 33-34.

[178] Martínez, *Revolucionarios camarguenses…*

fueron encerrados en las bodegas del exprés, desde cuya puerta abrió fuego un destacamento encabezado por el Mochaorejas. Ávila refiere: "Fusiles y pistolas disparan la carga completa de sus armas matando e hiriendo a las indefensas viejas, algunas ruegan de rodillas que no les maten a sus hijos y buscando salvarlos, los levantan pero presentan más blanco y llega un momento en que ya no se escucha ni un ruego ni una súplica, ni el más leve llanto de niño".[179] Práxedes Giner Durán comentó:

> Mataron una bola de mujeres […] después de tomar Villa la plaza, venía por aquí, ahí está la vía, venía a caballo, y al pasar frente a un furgón donde había unos mujeres, y entre ellas la mujer del pagador; yo no estaba […] la señora sacó una pistola y le disparó un balazo a Villa que pasaba en esos momentos. No, ni lo tocó. Y entonces dijo Villa: "Maten a esa vieja" […] mataron a todas las que estaban ahí. Y las echaron en una noria que está de aquel lado del embarcadero ese.[180]

Según Silvestre Cadena, las soldaderas fueron ejecutadas porque ninguna quiso denunciar a la supuesta responsable del atentado y prefirieron morir.[181] Rafael F. Muñoz afirma que las soldaderas fueron quemadas vivas después de que Villa no pudo averiguar quién le había disparado.[182]

La mayoría de los testigos y reportes periodísticos de la época sugieren que el número de mujeres asesinadas osciló entre 60 y 120. Jaurrieta habla de 90 muertas.[183] Jesús Salas Barraza, uno de los conjurados en el asesinato de Villa siete años más tarde, refiere en una carta dirigida al general Abraham Carmona que habían sido "treinta y tantas" soldaderas, pero no indicó su

---

[179] *El Siglo de Torreón*, "Del Arcón de mis Recuerdos", Torreón, Coahuila, domingo 18 de septiembre de 1960, p. 19.

[180] Entrevista de María Isabel Souza a Praxedis Giner Durán, Camargo, Chihuahua, 21 de julio de 1973, PHO/1/75, pp. 33-34.

[181] Entrevista de María Alba Pastor al mayor Silvestre Cadena Jaramillo, Cuajimalpa, 21 de agosto y 14 de septiembre de 1973, p. 10, INAH/PHO/1/98; Garfias, *Verdad y leyenda de Pancho Villa*, p. 143.

[182] Ningún otro autor o testimonio dice que las hayan quemado. (Muñoz, *Pancho Villa, rayo y azote*, p. 123).

[183] *El Paso Herald Post*, "Relatives of Victims. Assassins Got Villa 41 Years Ago", El Paso, Texas, lunes 20 de julio de 1964, p. 3; Jaurrieta, *Con Villa…*, p. 76.

fuente.[184] El ingeniero Estanislao Muñoz afirma que fueron entre 100 y 120 mujeres, y 20 soldados los acribillados en la estación.[185]

Según Javier Ortega Urquidi no todas las mujeres ejecutadas eran soldaderas. Luz y Rosalía Rey estaban en la estación esperando a un familiar cuando sobrevino la balacera. Rosalía se salvó porque había ido al baño, pero Luz murió víctima de las balas villistas. Las hermanas Rey vivían en la calle del Barranco casi esquina con Cinco de Mayo; Luz tenía 17 años.[186] Ortega Urquidi recuerda el relato de su abuela Rosalía Rey de Urquidi: "Una mujer quiso vengar a su marido, disparó un rifle contra el general y le erró el balazo, no sé cuántas mujeres fueron las asesinadas, pero fueron decenas, entre ellas, mi hermana. Fuimos a la estación a esperar a un tío que debía llegar de Ciudad Juárez".[187]

Soldaderas en una estación ferroviaria.

La noticia del asesinato en masa cundió por todo el país. Tomás Hernández, un comerciante de guayule de Torreón refugiado en la frontera, declaró dos semanas después que 70 mujeres habían sido asesinadas en Camargo.[188] Civiles mexicanos asilados en El Paso reportaron a la prensa local que más de

[184] Carta de Jesús Salas Barraza a Abraham Carmona, Monterrey, 5 de agosto de 1923, en V. Ceja Reyes, *Yo maté a Villa*, Populibros "La Prensa", México, 1960, p. 66.

[185] Muñoz, "Pinceladas y retoques al cuadro de la Revolución", en *IX Congreso Nacional de Historia de la Revolución mexicana*, julio de 1978, p. 185; *Apuntes históricos y geográficos de Ciudad Camargo...*, p. 20; Fernández, "La mujer, heroína y mártir de la revolución", p. 178.

[186] Luz Rey, nativa del rancho Los Reyes, Camargo, hija natural de María Rey. Tenía dos hermanas, María y Rosalía (Entrevista de Reidezel Mendoza a Javier Ortega, Camargo, Chihuahua, jueves 2 de julio de 2015).

[187] J. Ortega, *Camargo; pueblo chico, gente grande, un amigo libanés*, Celsa Impresos, Durango, 2007, p. 68.

[188] *El Paso Morning Times*, "Lo que refiere Tomás Hernández", El Paso, Texas, sábado 30 de diciembre de 1916, p. 1.

60 soldaderas habían sido ejecutadas después de que una mujer disparó tres tiros a Villa en venganza por el asesinato de su marido.[189] Un emigrante mexicano dijo haber sido testigo de la matanza de 102 mujeres y niños, ordenada por Villa debido a que un partidario del gobierno *de facto* le había disparado tres tiros y que, con ese pretexto, "todas las soldaderas carrancistas, que habían quedado en la población, fueron puestas en fila y pasadas por las armas [...] muchas de esas mujeres traían en los brazos a sus pequeñuelos, lo que no impidió que los villistas llevaran a cabo ese atentado". Esta persona relata también que Villa había mandado tomar una fotografía en la que aparecía él en medio de los cadáveres.[190]

Los cronistas y autores filovillistas han buscado exculpar a Villa de diferentes maneras, y es probable que la versión del intento de asesinato haya sido una invención de sus partidarios locales para justificar la matanza ordenada por el guerrillero. No es difícil que los autores afines al villismo hayan aceptado esta versión, que convertía los insultos de la esposa del pagador en disparos. El hecho es que el secretario Jaurrieta, testigo de los hechos, no menciona ningún atentado, y que difícilmente alguien podría dar cuenta precisa de tres disparos.

Cuando Jaurrieta describe la espantosa escena, se abstiene de colocar en ella a Villa y en cambio atribuye la culpa a sus seguidores, que lo azuzaron contra las soldaderas diciendo que los iban a delatar con los carrancistas.[191]

Calzadíaz carga la culpa a los miembros de la escolta de Villa. Dijo que "se fueron grandes matando mujeres" por una supuesta conjura para asesinar a su jefe: "No pudo haber sido de otra manera. Esos hombres, en su mayoría, eran paranoicos. Siempre pensaban que otros hablaban mal de ellos y que se confabulaban para perjudicarlos. Vivían en estado de histerismo y como niños mimados. Arbitrarios y egoístas".[192] Curiosamente, estas características que Calzadíaz Barrera describe son las que la historiografía rigurosa atribuye al propio Villa.

---

[189] *El Paso Morning Times*, "60 soldaderas son fusiladas", El Paso, Texas, miércoles 27 de diciembre de 1916, p. 1; Mena, *Ocho diálogos con Carranza*, p. 275; INEHRM, *Diccionario histórico y biográfico de la Revolución mexicana*, t. II, p. 309; Almada, *Diccionario...*, p. 83.
[190] *El Paso Herald*, "Sees 102 Women and Childrens Killed", El Paso, Texas, jueves 2 de enero de 1917, p. 2; *El Paso Morning Times*, "La crueldad de los bandoleros", El Paso, Texas, miércoles 3 de enero de 1917, p. 1; *La Prensa*, "F. Villa mandó ejecutar a 102 soldaderas y niños", San Antonio, Texas, jueves 4 de enero de 1917, p. 1.
[191] Jaurrieta, *Con Villa...*, p. 76.
[192] Calzadíaz, *Villa contra todo y contra todos*, t. 2, p. 104.

En su afán por contribuir al mito villista, el novelista Taibo II dice que no fueron más que 14 las ejecutadas y tacha de poco fiables las fuentes que indican números mayores, sin dar sustento a su descalificación.[193] Dentro de su trama, este autor da crédito a una versión de Ángel Rivas López, quien dice que hubo un atentado en el que murió Florentino Baray, asistente de Villa. Esta versión de Rivas López, y en consecuencia la de Taibo II, no puede ser tomada en serio: ambos abren la posibilidad de que Ramón Tarango haya sido quien ordenó la ejecución, afirmando que este personaje fue comisionado por Villa para investigar el intento de asesinato. El hecho es que Ramón Tarango había muerto en Ciudad Guerrero, el 29 de marzo de 1916, más de ocho meses antes del exterminio de las soldaderas.[194]

Aunque Friedrich Katz elude dar cuenta de los relatos de la masacre de Camargo que presentan a Villa en su faceta más salvaje, no puede evitar afirmar que el hecho "exhibió la decadencia decisiva del villismo" y contribuyó a menoscabar su apoyo popular en Chihuahua.[195] Sánchez Lamego dice que al mandar matar a 90 soldaderas, Villa cometió un acto de violencia reprobable.[196] Sin embargo, es quizá Luis Garfias quien puso en su justo lugar el asesinato de las soldaderas al decir que ese hecho, sin precedentes en la historia moderna de México, fue un acto que "sólo un desequilibrado podía ser capaz de llevar a cabo".[197]

Muy pocos sobrevivieron la masacre de Santa Rosalía de Camargo. Tratando desesperadamente de salvarse, algunas mujeres corrieron al río Florido, que está cruzando la vía del ferrocarril hacia el oriente, llevando a sus hijos en brazos. Perseguidas por los villistas, fueron en su mayoría ultimadas, pero algunas lograron escapar y recibir refugio de familias de Camargo, que incluso más tarde les dieron empleo en labores domésticas. Una de esas mujeres, cuyo nombre no quedó registrado, trabajó por mucho tiempo en casa del coronel José Martínez Valles y su esposa Josefina Alvídrez, y otra, de la cual solo se

[193] Taibo II, *Pancho Villa*, p. 687.
[194] Pershing, (Appendix L) "List of Villista Leaders at Columbus Riad, killed and wounded in Action", *Punitive Expedition. Report by Major General John J. Pershing, Commanding the Expedition*, U.S. Army Military History Institute, Colonia Dublán, México, 10 de octubre de 1916, p. 96. http://cgsc.contentdm.oclc.org/cdm/ref/collection/p4013coll7/id/702, consultado el 14 de octubre de 2016; Vargas, *A sangre y fuego…*, p. 35; Rivas, *El verdadero Pancho Villa*, p. 216; Taibo II, *Pancho Villa*, p. 688.
[195] Katz, *Pancho Villa*, t. 2, p. 220.
[196] M. Á. Sánchez, *Generales en la Revolución*, t. I, Biblioteca del Instituto Nacional de Estudios Históricos de la Revolución Mexicana, México, 1980, pp. 198-199.
[197] Garfias, *Verdad y leyenda de Pancho Villa*, p. 154.

sabe que se llamaba Julia porque nunca dijo sus apelativos, en casa de Albino Baca Burciaga y Manuela Lara Ponce.[198] Carlos Fernández relata que Julia *la Soldadera* era "una mujer chaparrita, de unos 30 años, calladita no le gustaba platicar, menudita de cuerpo y morena, como *indiada*". Después de escapar de la masacre, esta mujer estaba escondida en el patio de una casa en la esquina de Mina y Centenario, cuando fue descubierta por la propietaria, Manuela Lara: "Por vida suya no haga ruido ¿me puede dar trabajo?", cuenta Fernández que le dijo la soldadera a doña Manuela, quien abrió la puerta del corral y la metió a su casa. Julia le explicó a su salvadora que "por un malentendido y el coraje de Villa, éste había ordenado fusilar a todas las viejas que iban en el tren que estaba parado en la estación, allá por el barranco. Y cuando empezó la *fusilata*, ella estaba en uno de los últimos vagones y tuvo chance de pegar el brinco, y se fue agazapada para el río, escondida entre la jarilla para no ser vista". La mujer recorrió un buen tramo, casi hasta llegar al puente del ferrocarril que cruza el río, y continuó a través de una acequia profunda, arrastrándose entre la hierba, hasta llegar al callejón del Gato Negro y ponerse finalmente a salvo.[199]

En Ciudad Juárez, en la década de los cincuenta, aún vivía una sobreviviente de la masacre; Saúl Solís, quien la conoció siendo un niño en el barrio de la Chaveña, relata que los villistas habían asesinado a 17 mujeres que estaban lavando en el río: "A la señora la dieron por muerta, pues tenía un balazo en el ojo, y por esa razón se tapaba media cara con un rebozo".[200]

También sobrevivieron algunos niños que fueron acogidos por familias camarguenses: el cronista Manuel Rosales Villa recuerda a Herlinda Morales, que tenía siete años, y su hermanito, que tenía tres; a Vicenta Hernández; a José Víctor Durán apodado el

60 SOLDADERAS SON FUSILADAS

En Jiménez una mujer disparó tres tiros sobre Villa, a causa de haber sido muerto su marido, ordenando aquél que sesenta soldaderas fueran ejecutadas.

Prensa Asociada

Chihuahua, Dic. 26.—El Gral. Francisco Murguía informó hoy que sus fuerzas han derrotado a las gavillas villistas tanto en Guerrero como en Santa Rosalía, causando grandes pérdidas en hombres y material de guerra a los rebeldes. Hablando de la pérdida de Torreón, el general dijo que ésta no debe haber ocurrido, pues la guarnición carrancista era amplia para la protección de la ciudad y estaba bien provista de armas y municiones.

La Navidad pasó tranquilamente aquí, habiendo habido pocas festividades. El general Murguía está manteniendo una estricta disciplina en su ejército.

Los refugiados informan que una mujer mexicana cuyo marido, soldado carrancista, había sido muerto por los rebeldes, disparó tres tiros contra Villa durante su estancia en Jiménez el 12 de Diciembre. A causa de esto, dícese, Villa ordenó el arresto de unas sesenta soldaderas del ejército carrancista, y su ejecución.

---

[198] Martínez, *Revolucionarios camarguenses…*; C. Fernández, *Julia, la soldadera* [inédito], p. 1.
[199] *Ibid.*, p. 3.
[200] Entrevista de Reidezel Mendoza a Saul Solís, Ciudad Juárez, Chihuahua, sábado 7 de abril de 2018.

José de la Luz Valles Leyva tenía 12 años y vendía naranjas en la estación cuando ocurrió la masacre.
(Mayela Lomas Valles)

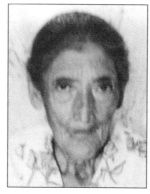

Herlinda Morales sobrevivió a la matanza de soldaderas y fue adoptada por una familia de Camargo; su madre fue asesinada.
(Josefina Velo Díaz)

Baudelio Uribe, el Mochaorejas, recibió órdenes de Villa de masacrar a las mujeres y a sus hijos.

Teniente coronel Tirso Hernández.
(Fototeca INAH)

General Miguel N. Acosta.
(Fototeca INAH)

José Víctor Durán, adoptado por Calixto Durán y Florencia Valenzuela; sus padres fueron asesinados por Francisco Villa.
(Manuel Rosales Villa)

Lugar donde se encontraba la noria en la que fueron arrojados los cadáveres de las soldaderas, entre el antiguo embarcadero de ganado y la estación del ferrocarril de Camargo.
(Reidezel Mendoza)

Chango, y a José Sandoval, quien recibió el apellido de su padre adoptivo Francisco Sandoval. Don José María Zozaya y su esposa María de los Ángeles Cobos Morales criaron a dos niños de las soldaderas que se habían refugiado en su casa de la calle Guerrero y que poco después trasladaron al rancho San Miguel, cerca de Estación Díaz. En Rancho Ortegueño viven actualmente descendientes de los huérfanos de las soldaderas de Camargo, a quienes apodaban "los huérfanos de Villa".[201] Al término de la balacera, el cura Vicente Granados se coló entre la tropa villista para bendecir los cuerpos de mujeres que encontró apilados a un costado de la vía. Así lo asentó en uno de los libros sacramentales de la parroquia de Santa Rosalía, según afirma el cronista Rosales. Los cadáveres fueron arrojados, junto con los de los soldados, a una noria adjunta a la vía, a unos cuantos metros al sur de la estación ferroviaria, cerca del embarcadero de ganado.[202] En una fosa común descansan las soldaderas al lado de sus compañeros.

¡Tu hija o la hoguera!

Tumba de Celsa Caballero.
(Reidezel Mendoza)

El 14 de diciembre de 1916, al capturar Ciudad Jiménez en su paso rumbo a Torreón, Villa ordenó el arresto de doña Celsa Caballero viuda de Chávez,[203] anciana

---

[201] Entrevista de Reidezel Mendoza a Manuel Rosales, Chihuahua, sábado 3 de diciembre de 2016; entrevista de Reidezel Mendoza a Leopoldo Chávez, Ciudad Camargo, sábado 31 de diciembre de 2016; entrevista de Reidezel Mendoza a Yeyé Romo, Torreón, Coahuila, jueves 5 de octubre de 2017; entrevista de Reidezel Mendoza a Jesús José Vizcaíno, Chihuahua, 11 de enero de 2019.
[202] Muñoz, *Apuntes históricos y geográficos de Ciudad Camargo...*, p. 20; Ortega, *Camargo; pueblo chico, gente grande...*, p. 68; entrevista de Reidezel Mendoza a Manuel Rosales, Camargo, Chihuahua, jueves 20 de octubre de 2016.
[203] Originaria de Villa López, hija de Pablo Caballero y de Marcela Domínguez, viuda de Jesús José Chávez Torres. (Defunciones, Ciudad Jiménez, 10 de octubre de 1917, acta núm. 96, ff. 53-54).

de 71 años, y la quemó viva.[204] Dos razones se manejan en torno al crimen: negarse a entregar a su hija y la negativa de la anciana a cubrir un préstamo forzoso.[205]

Doña Celsa era nativa de Villa López, pero tenía muchos años radicando en Ciudad Jiménez con sus hijos Guillermo,[206] Carlos[207] y María Trinidad Chávez.[208] Don Jesús José Chávez era dueño de un comercio en la Avenida Independencia, y al morir dejó a su esposa el capital suficiente para adquirir terrenos y expandir su negocio de almacenes de semillas, lo que les permitió vivir holgadamente.[209] En 1915 la señora Caballero vivía ya solo con su hija María en una casa de la calle Cuauhtémoc, cerca de la plaza de Lilas. Es probable que en esos años, además de su negocio, doña Celsa haya tenido una relación comercial con Villa que le redituara algunas ganancias extra.[210]

---

[204] El Paso Morning Times, "Los Americanos que ejecutó Villa en Parral los sujetó primero a un cruel tormento", El Paso, Texas, sábado 16 de diciembre de 1916, p. 1; El Paso Morning Times, "Que se le trate como revolucionario, no como bandido", El Paso, Texas, domingo 17 de diciembre de 1916, p. 1.

[205] El Paso Herald Post, "November Eventful for Mexico. The Assailant", El Paso, Texas, jueves 27 de noviembre de 1969, p. 2; G. Casasola y V. A. Casasola, Historia gráfica de la revolución 1900-1940, México, s/f, p. 1089; B. J. Gastélum, La revolución mexicana: interpretación de un espíritu, Porrúa, México, 1966, p. 340; A. Taracena, Historia extraoficial de la Revolución Mexicana..., p. 236; J. M. González Saravia, Concurrencias: una novela de México, t. I (1908-1920), Cárdenas Editor y Distribuidor, México, 1998, p. 189; Sociedad Chihuahuense de Estudios Históricos, Memoria del XXVII Congreso nacional de historia de la Revolución mexicana, Ediciones del Gobierno del Estado de Chihuahua, Chihuahua, 1999, p. 177; E. Toussaint, Quién y cómo fue Pancho Villa, Universo, México, 1981, p. 99; Taracena, La verdadera revolución mexicana. Quinta etapa (1916 a 1918), 2a ed., Jus, México, 1979, p. 11.

[206] Nació el 11 de enero de 1881 en Villa López, Chihuahua, hijo natural de Celsa Caballero (Bautizos, 2 de febrero de 1881, acta s/n, ff. 18-19), casado con María Trejo (Matrimonios, Chihuahua, 25 de febrero de 1916, acta núm. 116, ff. 68-69), falleció el 11 de marzo de 1962 en la ciudad de Chihuahua. (Defunciones, Chihuahua, 12 de marzo de 1962, acta núm. 519, f. 321).

[207] Nació el 12 de mayo de 1883 en Villa López, Chihuahua, hijo natural de Celsa Caballero (Bautizos, Huejuquilla, 8 de abril de 1888, acta s/n, f. 161v), se asentó en Monterrey en 1910, comerciante, casado con Josefina Lara Pozas (Matrimonios, Monterrey, acta núm. 175, ff. 125-126), falleció en la villa de Santiago, Nuevo León, el 16 de agosto de 1922. (Defunciones, Monterrey, 17 de agosto de 1922, acta núm. 534, f. 138).

[208] Nació el 25 de enero de 1890 en Huejuquilla (hoy Ciudad Jiménez), hija natural de Celsa Caballero (Nacimientos, Huejuquilla, 22 de febrero de 1890. Acta núm. 58, f. 39), viuda de Francisco Galindo Ruiz (fallecido el 24 de abril de 1920), contrajo segundas nupcias con Ramón B. Borrego (Matrimonios, Gómez Palacio, Durango, 12 de agosto de 1926, acta núm. 769, ff. 77v-79v), falleció el 11 de marzo de 1981. (Defunciones, Gómez Palacio, 11 de marzo de 1981, acta núm. 192, f. 84).

[209] Anuario Estadístico del Estado de Chihuahua, 1909, "Sección de Estadística, Noticias de los giros mercantiles, Distrito Jiménez", viernes 1° de enero de 1909, p. 121.

[210] B. Mena, El lugarteniente gris de Pancho Villa (Felipe Ángeles), Casa Mariano Coli, México, 1938, p. 439; Alvelais, Sucesos del norte..., p. 209.

Según testimonios recogidos por Guillermo Alveláis, un grupo de jinetes se presentó en casa de doña Celsa y a nombre de Villa pidió que los acompañara al cuartel general para una entrevista. Por ser una mujer de edad avanzada y con problemas de salud, doña Celsa solicitó que le permitieran trasladarse en un coche, a lo que accedieron los villistas. Caminaron todos juntos, pero la carreta fue rezagándose a propósito a petición de la anciana para tener tiempo de dar indicaciones a su cochero, que era de su absoluta confianza: "Yo ya no vuelvo, Villa no me va a dejar venir. En tal lugar tengo estos papeles, en tal otro está el dinero; recoja todo, no le diga a nadie y guarde todo hasta que venga mi hijo a recogerlo". Atravesaron las vías y la señora Caballero se presentó en el Hotel Nueva York, que fungía como cuartel de Villa.[211]

Familiares de doña Celsa aseguran que Villa le exigió 15 000 pesos como préstamo forzoso, cantidad que no pudo cubrir pues recientemente había invertido todo su capital en la compra de semillas.[212] Villa entonces ordenó a sus hombres que la acompañaran a su casa y tomaran todo el efectivo y objetos de valor que encontraran. Regresaron al cuartel general y doña Celsa fue encerrada en un cuarto que tenía cerrojo por fuera y estaba lleno de pacas de forraje. Los villistas regaron gasolina, prendieron fuego y la anciana murió calcinada. El fiel cochero entregó todo a la señorita María Chávez Caballero. Algunos años después el mismo empleado condujo al doctor Alveláis al cuarto donde se cometió el crimen y describió lo sucedido.[213] Según Mauricio Cordero, vecino de Jiménez, doña Celsa le prestaba dinero a Villa y este le daba a cuidar grandes cantidades de oro nacional. En una ocasión, durante un baile celebrado en casa de José María Rodallegas por la calle Libertad, "vio Villa a una hermosa joven, María Chávez, bailando con el joven José María Chávez y se prendó inmediatamente de ella". No faltó quien previniera a doña Celsa de la intención de Villa de llevarse a su hija e inmediatamente la envió en un carruaje a Ciudad Camargo y de allí en tren a El Paso. Villa mandó al *Mochaorejas* Uribe a buscarla, pero él no la encontró. Furioso, Villa ordenó

---

[211] *Idem.*

[212] *El Paso Morning Times*, "Dio muerte a la Sra. C. Caballero", El Paso, Texas, jueves 11 de enero de 1917, p. 1; entrevistas de Bernardino Mena Brito a María Chávez Caballero (Gómez Palacio, Durango), Clotilde Delgado viuda de Urbina y Cristina E. viuda de Macedo (Ciudad de México), en Mena, *Ocho diálogos con Carranza*, p. 274; G. García, *Carolina Escudero Luján, una mujer en la historia de México*, Instituto Michoacano de la Cultura / Centro de Estudios de la Revolución Mexicana Lázaro Cárdenas, Morelia, 1992, p. 99.

[213] Alvelais, *Sucesos del norte...*, p. 210; García, *Carolina Escudero Luján...*, p. 101.

a sus hombres que le llevaran a doña Celsa a como diera lugar; la sacaron de su casa, la subieron a un coche y la escoltaron hasta el cuartel general. Villa dijo que quería que le entregara a su hija María, a lo que ella respondió que la había mandado a El Paso. Villa, iracundo, amenazó: "Si no me entregas a María te mando quemar viva". Y ella respondió: "Pues puedes quemarme". Mario César Chávez Vélez dice que su bisabuela le gritó a Villa: "¡Primero muerta que entregarle a mi hija!". Según Cordero, el jefe guerrillero "mandó poner un montón de leña de mezquite [...] y sobre el montón, amarraron a doña Celsa y le prendieron fuego hasta que quedó totalmente calcinada".[214]

Eduardo Ávila refiere que el propio Villa bañó con una lata de gasolina a la desafortunada señora y le lanzó un cerillo encendido: "Villa salió disparado en muletas [...] y los acompañantes se encargaron de cerrar la puerta".[215] El macabro crimen fue presenciado por la oficialidad y relatado posteriormente por Andrés Villarreal, médico personal de Villa.[216]

Autores provillistas como Friedrich Katz, Alberto Calzadíaz Barrera y José María Jaurrieta se guardaron de mencionar el asesinato de Celsa Caballero. Taibo II descarta el hecho y afirma que Mena Brito (el único autor que cita), no es confiable pues, asegura Taibo II, Villa no estuvo esos días en Jiménez.[217] Sin embargo, el propio Jaurrieta, secretario de Villa, relata en sus memorias que, después de apoderarse de dos trenes en Camargo el 12 de diciembre, se movilizaron a Jiménez en donde tomaron gran número de plataformas de ferrocarril abandonadas por los carrancistas en la estación.[218] El acta levantada en el Registro Civil a petición de don Teodosio Caballero, el 10 de octubre de 1917, dice que doña Celsa fue aprehendida por la facción villista y Teodosio la encontró incinerada dos días después. Presentó como testigos a Luis G. Orozco y Francisco R. Calatayud.[219]

---

[214] Fernández, "La mujer, heroína y mártir de la revolución" en el *XIV Congreso nacional de historia de la Revolución mexicana*, Sociedad Chihuahuense de Estudios Históricos, Hidalgo del Parral, 20, 21 y 22 de julio de 1983, pp. 178-180; Barrón, *Mujeres chihuahuenses*, p. 34; Cortés, *Francisco Villa, el quinto jinete del apocalipsis*, p. 185; Herrera, *Francisco Villa ante la historia*, p. 271; entrevista de Reidezel Mendoza a Mario César Chávez Vélez, Torreón, Coahuila, miércoles 26 de julio de 2017.

[215] *El Siglo de Torreón*, "Las matanzas de Jiménez", domingo 2 de octubre de 1960, p. 3.

[216] Fernández Pérez, "La mujer, heroína y mártir de la revolución", p. 180; Barrón, *Mujeres chihuahuenses*, p. 34.

[217] Taibo II, *Pancho Villa*, p. 691.

[218] *El Paso Morning Times*, "Villa atacará a Torreón, teniendo a Jiménez y Camargo", El Paso, Texas, viernes 22 de diciembre de 1916, p. 1; Jaurrieta, *Con Villa...*, p. 77.

[219] Sus restos fueron sepultados en el panteón municipal de Ciudad Jiménez, en el lote núm. 2, fosa núm. 226 (Defunciones, Ciudad Jiménez, 10 de octubre de 1917, acta núm. 96, ff. 53-54).

Dos semanas después, la guarnición militar de la ciudad de Chihuahua informó a Guillermo Chávez Caballero de la muerte de su madre. El primogénito de doña Celsa, avecindado en la capital del estado, telegrafió a sus hermanos, Carlos en Monterrey, y María en Ciudad Juárez, para darles informes de la trágica noticia: "Nuestra madre fue ejecutada por Villa, 2 de enero". Ante el hermetismo de las autoridades militares de Chihuahua los hijos de doña Celsa Caballero tuvieron que averiguar por sí mismos los terribles detalles de la muerte de su madre.[220]

PANCHO VILLA AHORCA AL PADRE Y AL HIJO, EN DOLORES, CHIH.

Las últimas noticias que se han recibido en esta frontera de las actividades villistas, dicen que hacia el día cuatro de los corrientes hizo su aparición en las cercanías de Chihuahua una fuerza de ciento veinticinco hombres, al mando personal de Francisco Villa. Este contingente se presentó en el Potrero de Dolores, sito al Suroeste de la mencionada capital. El administrador del rancho y su hijo fueron ahorcados, hecho lo cual los alzados continuaron su marcha a Santa Rosalía llevando un convoy de treinta mulas cargadas con bultos diversos, entre ellos un buen número que contenían parque.

Desde esa fecha, las autoridades militares y los exploradores destacados en observación de la partida no han podido localizar a Francisco Villa, de quien se tiene la casi completa seguridad que estuvo en el Potrero de Dolores.

JUAREZ WOMAN'S MOTHER KILLED FOR REFUSING TO PAY TRIBUTE

BECAUSE she refused to submit to his extortionate demands, Mrs. Celsa Caballero, 45 years old, a grain and seed shopkeeper at Jimenez, was ordered executed by Francisco Villa, at Jimenez, on January 2.

News of the killing of Mrs. Caballero has just been received by her daughter, Miss Maria Chavez, of Juarez, in a message from her brother, Guillermo Chavez of Chihuahua City. The message said:

"Our Mother Was Executed."

"Our mother was executed by Villa, January 2."

Versions of the murder of Mrs. Caballero by Villa which were received by her family were that Villa demanded a sum of money from her believing that she was wealthy. She was unable to raise this sum, and the execution followed. She was a widow.

Murguia Investigates

The executed woman's children are attempting to obtain further news of their mother's death. Miss Chavez called on Gen. Jose Murguia at Juarez Wednesday morning, to enlist his aid and he is communicating with the facts to the governor commander at Jimenez. Carlos Chavez of Chihuahua, another of the women, is en route here and will go immediately to Jimenez.

Guillermo Chávez Caballero,
hijo de doña Celsa Caballero.
(Mario César Chávez Vélez)

Martha Eugenia y Mario César Chávez Vélez,
y Martha Vélez Herrera, descendientes de
doña Celsa Caballero.
(Enrique Sada Sandoval)

[220] *El Paso Herald*, "Juarez Woman's Mother Killed for Refusing to Pay Tribute", miércoles 10 de enero de 1917, p. 2; *El Paso Morning Times*, "Dio muerte a la Sra. C. Caballero", El Paso, Texas, jueves 11 de enero de 1917, p. 1.

6

1917–1920
LA NECEDAD Y EL RENCOR

Suplicio de los Alvídrez

"Aquí fallecieron los Sres. Genaro, Procopio y
Rafael Alvídrez e Ismael de las Casas".
(Reidezel Mendoza)

En cada pueblo que tomaba, Villa desquitaba su furia ordenando los fusilamientos de personas con las que tenía antiguos rencores; de los familiares de
quienes lo habían abandonado o traicionado, o de quienes, por algún motivo,
le habían causado una lejana ofensa.

El miércoles 3 de enero de 1917 las tropas del general Francisco Murguía
volvieron a derrotar a las fuerzas de Villa, esta vez en Estación Reforma,
Chihuahua.[1] Después de dispersar sus tropas, Villa arribó al frente de una

---

[1] Parte militar del general Francisco Murguía, jefe de las operaciones, al secretario de Guerra
y Marina sobre el combate verificado en Estación Reforma, Chihuahua, 3 de enero de 1917,
AHSDN, 481.5/72, t. 1, ff. 188-191; *El Paso Morning Times*, "Trescientos villistas muertos en el

partida al rancho de La Ciénega de Arriba (o de los Alvídrez), jurisdicción de Valle de Zaragoza, y pernoctó en casa de Genaro Alvídrez Ávila,[2] quien les proporcionó provisiones y alimentos.[3]

Repentinamente, Villa ordenó el arresto de Genaro y de su hermano José de la Cruz.[4] Enseguida marchó a Pilar de Conchos (hoy Valle de Zaragoza), llevándose a los prisioneros amarrados. Allí, Villa aprehendió al resto de los hermanos, Procopio[5] y Rafael Alvídrez Ávila,[6] y al zapatero Ismael Güereque de las Casas.[7] A Cruz lo perdonó por intercesión de Ramona y Guadalupe Alvídrez que, de rodillas, le imploraron y ofrecieron comida a cambio de la vida de su medio hermano. Villa obligó a los prisioneros a caminar hasta las orillas del rancho El Belduque, 28 kilómetros al norte de Pilar de Conchos, y no permitió que las mujeres que los seguían les dieran café para mitigar el frío. Concepción López Ramírez relata: "Por delante y a pie pasaron El Belduque llegaron a los temporales, los puso a hacer su sepultura, a un lado de la carretera, los formó de frente y de espaldas al hoyo, les disparó en la cabeza".[8] Rafael Alvídrez había sido operado de una hernia y el esfuerzo de la caminata provocó que la herida se abriera y sus intestinos quedaran expuestos. Esto ocurrió el 6 de enero de 1917.[9]

---

campo de batalla", El Paso, Texas, domingo 7 de enero de 1917, p. 1; *El Paso Morning Times*, "Fue desastrosa la fuga de Villa", El Paso, Texas, miércoles 10 de enero de 1917, p. 1.

[2] Nativo de Pilar de Conchos, hijo de Pedro Alvídrez y María Ventura Ávila, de 56 años, casado con Petra Salcido Domínguez. (Matrimonios, Parroquia de Ntra. Sra. Pilar de Conchos, 3 de febrero de 1880, acta s/n, f. 30).

[3] *El Paso Morning Times*, "Las pérdidas de las tropas que lucharon son muy grandes", El Paso, Texas, sábado 13 de enero de 1917, p. 1; Herrera, *Francisco Villa ante la historia*, pp. 242-243; A. Calzadíaz, *Villa contra todo y contra todos*, t. 2, pp. 109-111.

[4] Originario de La Varita, jurisdicción de Conchos, de 60 años, viudo de Josefa Portillo. Casado en segundas nupcias con María Isabel Villa Álvarez. (Matrimonios, Parroquia de San Francisco Javier de Satevó, 5 de febrero de 1883, acta núm. 93, f. 32).

[5] Originario de La Varita, jurisdicción de Conchos, de 70 años, hijo de Pedro Alvídrez y Ventura Ávila, casado con Refugio Terrazas González. (Matrimonios, Parroquia de Ntra. Sra. Pilar de Conchos, 9 de enero de 1872, acta s/n, f. 129).

[6] Originario de La Varita de los Alvídrez, jurisdicción de Conchos, hijo de Pedro Alvídrez y María Ventura Ávila, de 72 años, casado con Rudecinda López. (Matrimonios, Parroquia San Francisco Javier de Satevó, 3 de febrero de 1872, acta s/n, f. 324); y en segundas nupcias con Genoveva Terrazas Lozoya. (Matrimonios, San Francisco Javier, Satevó, 5 de mayo de 1885, acta núm. 209, f. 81).

[7] Originario de Valle de Zaragoza, de 57 años, había fungido como autoridad de la localidad. Casado con Isabel Fierro. (Matrimonios, Camargo, 18 de noviembre de 1903, acta núm. 239, ff. 40v-41).

[8] Entrevista de Reidezel Mendoza a Concepción López Ramírez, Ciudad Delicias, sábado 8 de agosto de 2015.

[9] Herrera, *Francisco Villa ante la historia*, p. 243.

Los testimonios coinciden en que la razón del crimen fue la manera despectiva en que Genaro Alvídrez se refirió a Villa. Según Edgar López Guerrero, cuando el líder guerrillero llegó a La Ciénega de Arriba, don Genaro gritó: "¡Viene llegando el bandido Pancho Villa!". Uno de los hombres de este alcanzó a escucharlo e informó a su jefe del incidente. Concepción López dice que Villa era muy creído de chismes.[10] En venganza mató a Genaro, pero, no conforme, asesinó también a otros dos de sus hermanos y a un primo. "A uno [Genaro] se lo llevó de La Ciénega, a los otros [Procopio y Rafael] de Valle de Zaragoza. No los mató ahí, se los llevó cabestreando hasta casi enfrente de El Belduque, los hizo cavar su propia tumba y ahí los mató".[11] José Joaquín Molina Alvídrez afirma que, antes de llevárselos, Villa ordenó que les cortaran las plantas de los pies y así los obligó a andar. Después fue al rancho El Toro a decirle a Ramón Alvídrez:

A la orilla de la carretera Parral-Chihuahua, a la altura del rancho El Belduque (kilómetro 91), fueron asesinados los hermanos Genaro, Procopio y Rafael Alvídrez e Ismael de las Casas el 6 de enero de 1917.
(Reidezel Mendoza)

"¿Ya supiste que maté a tus primos?". A lo que este contestó: "Lo ofenderían, mi general", y Villa dijo: "Sí, me ofendieron hasta la muerte".[12]

A Ramón Alvídrez lo asaltó en el camino de Parral a Pilar de Conchos, cuando venía por mercancía para su establecimiento comercial. Su hija María Cleofas Alvídrez viuda de Holguín relata: "Fue tanta la saña contra mi padre, que le quitó la planta de los pies y lo ahorcó, dejándolo tirado en el camino para que fuera pasto de los animales. No tuvimos siquiera el consuelo de levantar sus restos".[13]

---

[10] Entrevista de Reidezel Mendoza a Concepción López Ramírez, Ciudad Delicias, Chihuahua, sábado 8 de agosto de 2015.

[11] Entrevista de Reidezel Mendoza a Edgar López Guerrero, Ciudad Delicias, Chihuahua, lunes 13 de julio de 2015.

[12] Entrevista de Reidezel Mendoza a José Joaquín Molina Alvídrez, Chihuahua, Chihuahua, lunes 13 de julio de 2015.

[13] *El Correo de Parral*, "Hace 57 años. Recuerdos trágicos de la Revolución", Hidalgo del Parral, sábado 29 de enero de 1972, p. 2.

Después del asesinato de los jefes de familia, las viudas, hijos y nietos abandonaron sus hogares en La Ciénega de Arriba y Pilar de Conchos, y emprendieron la marcha a Hidalgo del Parral a pesar de las bajísimas temperaturas. Mujeres de edad avanzada y niños cruzaron a pie el congelado río Conchos. A poco de andar vieron un automóvil en donde iba Villa recostado cómodamente en un colchón y, ante el temor de más represalias, se dispersaron y escondieron entre los gatuñales y peñas.[14]

Cuatro días después, una columna federal al mando del general Pablo González desalojó a los villistas de Pilar de Conchos. Ni Calzadíaz ni Jaurrieta mencionaron el combate ni el asesinato de los Alvídrez.[15]

Tumba de los hermanos Genaro, Procopio y Rafael Alvídrez en el cementerio de Valle de Zaragoza.
(Reidezel Mendoza)

EJECUCIONES DE JEFES MILITARES EN PARRAL Y VENGANZA CONTRA UNA VIUDA

A finales de diciembre de 1916, tropas federales al mando del general Jacinto Hernández y del coronel Pedro Lazos Astorga arribaron como resguardo de la plaza de Hidalgo del Parral. La fuerza consistía en 100 soldados, la mayoría

[14] *El Paso Morning Times*, "El parte oficial que llega de Chihuahua", El Paso, Texas, sábado 6 de enero de 1917, p. 1; Herrera, *Francisco Villa ante la historia*, pp. 243, 273, 324, 329-330.
[15] *El Paso Morning Times*, "Las pérdidas de las tropas que lucharon son muy grandes", El Paso, Texas, sábado 13 de enero de 1917, p. 1; *El Pueblo*, "En Pilar de Conchos sufrió otra derrota el reaccionario Francisco Villa", México, sábado 13 de enero de 1917, p. 1; *El Paso Morning Times*, "Obregón felicita al Gral. Murguía por la derrota de Villa", El Paso, Texas, domingo 14 de enero de 1917, p. 1; *El Paso Morning Times*, "Murió el jefe Zeferino Moreno", El Paso, Texas, lunes 15 de enero de 1917, p. 1; *El Paso Morning Times*, "Villa General and Sixty Men Reported Killed at Pilar de Conchos", El Paso, Texas, lunes 15 de enero de 1917, p. 1.

nativos de los alrededores, hombres de campo, excelentes jinetes y tiradores. El coronel Lazos había militado en las filas de Tomás Urbina, y a decir de Jaurrieta, "tenía fama de valiente y conocedor del terreno en toda la comarca de Parral, Rosario, Nieves y Río Florido [...] 100 hombres de esta clase nos preocupaban más que mil pertenecientes a las de línea". Eran un peligro para Villa.[16] Jacinto Hernández había trabajado como vaquero de Blas Pereyra y formó parte de la Brigada Morelos de Tomás Urbina.

Temeroso de enfrentarse a Hernández y Lazos, Villa fraguó un plan para que uno de sus hombres se escabullera a Parral y eliminara a los jefes de las fuerzas sin necesidad de combatir. La noche del 30 de enero de 1917 los coroneles Eduardo[17] y Pedro Lazos[18] fueron tiroteados en las calles de Parral. El primero murió en el lugar y el segundo tres días después en su casa a consecuencia de las heridas. Jaurrieta da una versión diferente: dice que Pedro Lazos fue ejecutado por el *Mochaorejas* Uribe mientras dormía, al mismo tiempo que el general Hernández estaba de visita en casa de su amigo y paisano Genaro Robledo,[19] que vivía en la calle Jesús García del Barrio de la Viborilla. Poco antes de despedirse, escucharon un tiroteo al que no dieron mayor importancia.[20] Es probable que fueran las balas que mataron al coronel Pedro Lazos.

Esa misma noche, el general Hernández pidió a su amigo Robledo que lo acompañara hasta el cuartel. Al llegar al Puente de Guanajuato, un desconocido les marcó el alto, pero Hernández y Robledo no obedecieron y les dispararon. Ambos cayeron muertos al poniente del puente. Jaurrieta da una versión distinta: Hernández confundió al *Mochaorejas* Uribe con uno de sus subalternos y lo reprendió por borracho, y este aprovechó para dispararle a quemarropa.[21] Epitacia Delgado de Flores y María Barraza Baca recogieron

---

[16] Jaurrieta, *Con Villa...*, pp. 88-90.
[17] Nativo de la hacienda de La Zarca, vecino de Canutillo, de 30 años, hijo de Victoriano Lazos y Ramona Astorga, casado con Juana Morales, sus hijos eran Martina, Isauro, Catalina, Victoriano, Consuelo y Sabrina Lazos. (Defunciones, Parral, 17 de febrero de 1917, acta núm. 53, f. 49).
[18] Nativo de la hacienda de La Zarca, vecino de Canutillo, de 28 años, hijo de Victoriano Lazos y Ramona Astorga, casado con Agapita N., no dejó hijos, murió en la calle Ocampo. (Defunciones, Parral, 17 de febrero de 1917, acta núm. 58, f. 51).
[19] Originario de San Bernardo, Durango, de 36 años, albañil, hijo de Agustina Robledo, casado con María Eduviges Barraza, dejó huérfana a su hija Aurora. (Defunciones, Parral, 15 de febrero de 1917, acta núm. 54, f. 49).
[20] Jaurrieta, *Con Villa...*, p. 90; R. Rocha, *1631-1978. Tres siglos de historia...*, pp. 227-228.
[21] Originario de San Bernardo, hijo de Atilano Hernández, deja viuda a Mariana C., no dejó hijos. (Defunciones, Parral, 25 de febrero de 1917, acta núm. 55, ff. 49-50).

los cadáveres al otro día y los entregaron a Eduviges Barraza, viuda de Genaro Robledo, quien los veló en su casa a puerta cerrada.[22]

Este es uno más de tantos casos que muestran la poca fiabilidad de Calzadíaz: él dice que Eduardo Lazos había sido colgado de un árbol al caer prisionero en río Florido, el 3 de julio de 1916. Sin embargo, los testimonios de Rocha, Jaurrieta y los registros de defunción lo desmienten.[23]

Los rencores de Villa, sin embargo, no se dirigían solo a aquellos que supuestamente lo habían ofendido. El 19 de octubre de 1917, no satisfecho con su venganza, Villa aprehendió a Juana Morales[24] viuda de Eduardo Lazos y a su hermana Julia Morales en la hacienda de Canutillo. Después de ultrajarlas y torturarlas, y a pesar de que Villa había prometido a los vecinos liberarlas, sus cadáveres desnudos aparecieron al otro día en el panteón del lugar.[25] Seis niños quedaron en el desamparo absoluto después de perder a ambos padres, asesinados por Villa.

ASESINATO DE MIGUEL BURCIAGA

El sábado 11 de marzo de 1917 las fuerzas de Francisco Villa derrotaron a una columna comandada por el general Francisco Murguía en Estación Rosario, Durango, 80 kilómetros al sur de Hidalgo del Parral, Chihuahua.[26]

Villa y sus tropas acamparon en la localidad de Valle de Allende, y este mandó llamar al propietario don Miguel Burciaga Amparán, que vivía en San Isidro de las Cuevas. Según Andrés C. Ortiz, el señor Burciaga lo invitó a que lo acompañara a Valle de Allende para reunirse con Villa, y este aceptó.

Ortiz relata: "Llegamos a donde se encontraban las tropas de Villa, luego de hacer algunas investigaciones por parte de la gente de Villa, ordenaron

---

[22] Rocha, *1631-1978. Tres siglos de historia...*, p. 228; Jaurrieta, *Con Villa...*, p. 90.

[23] Calzadíaz, *Hechos reales de la Revolución*, t. 7, , p. 40.

[24] Originaria de la hacienda del Torreón, Ocampo, Durango, hija de Perfecto Morales y María del Rayo Aguirre, casada con Eduardo Lazos, murió a los 29 años. (Matrimonios, Ocampo, 27 de diciembre de 1903, acta núm. 147, f. 42; Matrimonios, San Miguel de Bocas, Ocampo, 8 de junio de 1904, acta núm. 278, f. 261).

[25] Herrera, *Francisco Villa...*, p. 277.

[26] *El Paso Morning Times*, "Parral está amenazado otra vez por bandas villistas y se espera un nuevo combate", El Paso, Texas, viernes 16 de marzo de 1917, p. 1; Jaurrieta, *Con Villa...*, pp. 93-95.

inmediatamente fusilar al señor Miguel Burciaga; fue rápido todo el movimiento del
fusilamiento. Me respetaron la vida".[27]

Era la una de la tarde del 15 de marzo de
1917. El señor Ortiz volvió a San Isidro de las
Cuevas, y asegura que fue difícil explicar a la
familia que don Miguel había sido asesinado,
aparentemente, por haber colaborado con
los carrancistas.[28]

El cadáver de Burciaga fue sepultado en
una fosa del panteón de Valle de Allende, y
dos meses después, el 15 de mayo, el señor
Ortiz reportó su defunción a las autoridades
locales, donde dio fe de que don Miguel había sido asesinado.[29]

Tumba de don Miguel Burciaga
en el cementerio de Villa
Matamoros, Chihuahua.
(Jesús Burciaga)

EL TUERTO FELICIANO Y EL CASCABEL DEL GATO

Feliciano Domínguez, originario de San Andrés, fue compadre y compañero de correrías de Doroteo Arango desde 1906, cuando se juntaron para
robar ganado en las rancherías cercanas a la ciudad de Chihuahua. En noviembre de 1910 Domínguez formó parte del contingente armado que se
incorporó al maderismo bajo las órdenes de Villa. El 24 de marzo de 1912
se adhirió a la rebelión orozquista contra el gobierno del presidente Madero, pero, para su fortuna, el 9 de julio de ese mismo año, ya en declive el
orozquismo, fue indultado por el gobernador de Chihuahua, don Abraham
González. En 1913, a raíz del asesinato del presidente Madero, se incorporó
a las fuerzas de su compadre.[30]

[27] Carta de Jesús Burciaga a Reidezel Mendoza, Ciudad Juárez, Chihuahua, 5 de marzo de
2019.
[28] Defunciones, Allende, 15 de mayo de 1917, acta núm. 76, ff. 80v-81.
[29] Carta de Jesús Burciaga a Reidezel Mendoza, Ciudad Juárez, Chihuahua, 5 de marzo de
2019.
[30] Mendoza, *Rifleros de San Andrés*, pp. 272-274.

Feliciano Domínguez Granillo.
(Víctor M. Rubio)

En 1915, como comandante del Primer Batallón de Infantería de la Brigada Villa, comandó el último refuerzo en los combates de Celaya, donde su corporación fue destrozada. A la cabeza de lo que quedó de sus tropas, acompañó a Villa en la desastrosa campaña de Sonora y en diciembre, fracasado el ataque a Agua Prieta, se separó de Villa y se exilió en Isleta, Texas, donde puso un comercio. Un año más tarde, el 17 de enero de 1917, Domínguez regresó a México cruzando desde El Paso para reunirse con su compadre en la hacienda de El Charco.[31]

Unos cuantos meses más tarde, el 1º de abril de 1917, Villa asesinó a tiros al compadre que tanta fidelidad le había guardado. El asesinato ocurrió a tres kilómetros al norte de la hacienda de Rubio. Ese mediodía, cerca del rancho de los Piñón, al norte de San Andrés, mató también a José Domínguez, hermano de Feliciano, y a las tres de la tarde del mismo día fusiló en la hacienda de Rubio al administrador de la propiedad, Ramón Iglesias, logrando escapar su hijo Mauricio, que militaba bajo las órdenes de Nicolás Fernández.[32]

Dos días antes, el viernes 30 de marzo de 1917, Villa había fracasado en un intento de tomar Chihuahua. La plaza estaba defendida por las fuerzas del general Francisco Murguía, y aunque Villa, secundado por Martín López, había asediado durante todo el día la estación del Ferrocarril Central, el barrio de Santo Niño y el centro de la ciudad, no había logrado tomarla.[33] Murguía pudo contener la embestida villista y colgó a 43 villistas, entre ellos al exgeneral

---

[31] Acervo Histórico Diplomático del Archivo de la Secretaría de Relaciones Exteriores, LE-721, ff. 242-243; Villanueva, *Relatos auténticos de la vida de Pancho Villa y la División del Norte*, núm. 2, junio de 1961, p. 20, entrevista de Reidezel Mendoza a Jesús Manuel Rubio Domínguez, Chihuahua, Chihuahua, noviembre de 2010.
[32] *Idem.*
[33] Jaurrieta, *Con Villa…*, p. 99.

Miguel Saavedra, de los álamos de la Avenida Colón. De Chihuahua, Villa se había retirado al noroeste y ahí asesinó a los Domínguez y a Iglesias.[34]

Según Jesús María López, Villa ordenó a un subordinado llamado Julián Pérez que fusilara a Feliciano. Relata López: "Lo mataron así nomás a balazos y dejaron tirado su cadáver en el camino, y fusiló a don Ramón Iglesias en el panteón de Rubio. A don Ramón me dijeron que porque Villa le había dado dinero y mercancías para que las repartiera entre los pobres y no lo hizo, vaya usted a saber si era verdad. Y a Feliciano porque se le presentó al general [Villa] con intenciones de asesinarlo, pensando que no lo sabía y resulta que Villa sí lo sabía".[35] Un informe militar, en cambio, dice que Villa dio a Martín López la orden de ejecutar a Domínguez, pero este se negó y Villa lo destituyó del mando.[36]

Francisco Piñón, hijo adoptivo de Villa, que estudiaba en el Colegio Palmore en El Paso, asegura que un domingo, mientras desayunaba en el Restaurant México, escuchó a varios individuos charlar sobre Francisco Villa: "Me llamaba la atención que uno de ellos alegaba haberlo conocido desde el principio de la guerra y aseguraba que [...] no era más que un hombre común y corriente, no más valiente que los demás". Según Piñón, el que así hablaba era Feliciano Domínguez, quien también había dicho: "Para matar a Villa, todo lo que se necesita es ponerle un cascabel, y yo se lo voy a poner, yo me comprometo a matarlo". Esa misma mañana, Piñón remitió una carta a Villa a través de Alfonso Gómez Morentin, uno de sus agentes en Estados Unidos, de manera que, al reintegrarse Domínguez a sus fuerzas, Villa ya sabía lo que tramaba y lo mantuvo vigilado. Al retirarse a la zona de San Andrés después de su derrota en Chihuahua, Villa buscó desquitarse, "y por allí, en

[34] Parte militar del combate en Chihuahua contra fuerzas de Francisco Villa, Gorgonio Beltrán, Nicolás Fernández, Martín López y otros, Chihuahua, 29-30 de marzo de 1917, AHSDN/481.5/76, f. 603; El Paso Morning Times, "Eran prisioneros los que murieron", El Paso, Texas, jueves 5 de abril de 1917, p. 1; Department of State, Activities of Francisco Villa (diciembre de 1915 a julio de 1923), marzo 30/1917, p. 30 (812.00/21096); Calzadíaz, Villa contra todo y contra todos, t. 2, pp.130-134.
[35] Entrevistas de Rubén Osorio a Jesús María López Aguirre, El Charco, Chihuahua, 19 de abril de 1980 y 11 de diciembre de 1982, en Pancho Villa, ese desconocido..., p. 152.
[36] Telegrama del general G. F. Chávez al general Francisco Murguía (Chihuahua), s.f., AHSDN/481.5/71, ff. 40-42.

un llano, le ajustó las cuentas a Feliciano, lo mandó fusilar. No pudo ponerle el cascabel al gato".[37]

La versión de Piñón da mucho a dudas. Testigos y autores consistentemente señalaron que Villa se dejaba llevar por chismes y actuaba visceralmente, y que quienes lo rodeaban sostenían una competencia permanente para manipularlo con insidias para perjudicar a sus enemigos. Dado el historial de fidelidad de Feliciano Domínguez hacia Villa y no conociéndose motivo alguno para que hubiera planeado matarlo, es de preguntarse si Piñón tenía alguna rencilla con Domínguez.

Saturnino Villanueva da una fecha diferente para el asesinato de Feliciano Domínguez: el viernes 20 de abril. Dos días después de que Murguía tomó a Villa desprevenido en la hacienda de Bavícora. Según Villanueva, Villa ya venía enojado con su compadre porque días antes había ejecutado por insubordinación a Ventura Rodríguez y, buscando en quién desquitar su enojo por el descalabro sufrido a manos de los carrancistas, lo culpó de haber incumplido esa noche la encomienda del servicio de vigilancia. Villanueva dice incluso que Villa acusó a Domínguez de estar de acuerdo con Murguía y que también hizo ejecutar al oficial que estaba encargado de la escolta el día del desastre de Bavícora. A decir de Katz, Villa rara vez reconoció alguna responsabilidad suya en los reveses que sufría; el culpable era siempre alguien que lo había traicionado y su reacción era siempre violenta y brutal.[38]

Al centro, don Ramón Iglesias, administrador
de la hacienda de Rubio, asesinado por Villa.

---

[37] Entrevista de Rubén Osorio a Francisco Piñón Carbajal, Chihuahua, 16 y 20 de noviembre de 1976, en *Pancho Villa, ese desconocido...*, pp. 75-76.
[38] *El Paso Morning Times*, "Villa es batido en S. M. Bavícora", El Paso, Texas, viernes 20 de abril de 1917, p. 1; *El Pueblo*, "Murió el feroz cabecilla villista Manuel Ochoa", México, sábado 19 de mayo de 1917, p. 7; Katz, *Pancho Villa*, p. 116.

Feliciano Domínguez
y su asistente.
(Saturnino Villanueva Zuloaga)

Carlos, Rafael y Elpidio
Domínguez, primos de Feliciano,
el último fue asesinado por Villa.

Las violaciones de Namiquipa

En el norte del país existe un gran número de relatos sobre abusos y violaciones de mujeres de todas las edades, cometidas por Francisco Villa y sus huestes. Es también muy común escuchar anécdotas de las familias que escondían a sus esposas, hijas y madres en hornos de pan, pozos, corrales e infinidad de ingeniosos lugares para ponerlas a salvo de Villa. Sin embargo, la tragedia sufrida por más de un centenar de mujeres a manos de los villistas en el poblado de Namiquipa es el caso más emblemático en el estado de Chihuahua.

La mañana del domingo 8 de abril de 1917 Villa arribó a Namiquipa buscando a los miembros de la Defensa Social, comandada por Francisco V. Antillón y Anastasio Tena. El 13 de octubre de 1916 Villa les había solicitado a los jefes de la Defensa que se unieran a sus fuerzas para supuestamente combatir a los estadounidenses, pero estos no aceptaron y se replegaron a la serranía. Ahora Villa quería ejecutarlos. Así lo confirma un estadounidense que arribó a la frontera el 19 de abril.[39] Según Roberto Merino, Carmen Delgado, apodado el Ruñi (por cacarizo), uno de los principales matones de Villa,

---

[39] *El Paso Morning Times*, "El perseguidor de Villa arriba", El Paso, Texas, lunes 19 de abril de 1917, p. 2; *The Arizona Daily Star*, "Guerrillas Defeated by Murguia's Forces", Tucson, Arizona, viernes 20 de abril de 1917, p. 2.

lo provocó: "Mire mi general qué desprecio ha hecho mi pueblo". Este, enojado, ordenó: "No hay un hombre que nos reciba aquí; bueno, entonces junten a todas las mujeres de 16 años para arriba". Carmen Delgado y Baudelio Uribe concentraron a más de un centenar de mujeres en el cuartel general, establecido en el barrio del Molino. Merino refiere que ocurrió "una cosa muy horrible [...] las deshonró [...] ¡a las señoritas de 16 años para arriba les echaban leva! ¡Y entonces se agarró con la que pudo y las demás se las entregó a los soldados!".[40]

Carmen Delgado, el Ruñi.

Villa plagió a 110 mujeres y las llevó a su campamento, donde él y sus hombres las violaron. La prensa reportó que algunas de ellas murieron dos días después a consecuencia de los abusos y otras más quemadas vivas en sus casas, debido a los incendios provocados por los villistas. Everardo Chávez relata: "Hizo muchas cosas malas [...] en Namiquipa quemó unas pocas familias [...] porque según él, cuando vinieron los gringos lo denunciaron [...] a las mujeres se las echó a la tropa [...] para que abusara la tropa de ellas".[41] Según Jaurrieta, Nicolás Fernández, que en ese momento fungía como segundo jefe, "contrariando las órdenes del propio general en jefe" recogió a las familias que pudo y las resguardó con una fuerte escolta de sus fuerzas en una casa, con órdenes de disparar sobre el propio Villa de ser necesario, y también su lugarteniente Elías Acosta se opuso a este acto de salvajismo.[42]

Una de las jóvenes raptadas fue Juana Montes Molinar, quien asegura que Villa había ordenado encerrar a las mujeres en un corral, donde él y sus hombres las violaron. Juana pidió permiso para hacer sus necesidades y, después de

[40] Entrevista de María Isabel Souza a Roberto Merino Rivera, Bachíniva, Chihuahua, 30 de octubre de 1973, INAH, PHO/1/112, pp. 24-32; Calzadíaz, *Villa contra todo y contra todos*, p. 138.
[41] Entrevista de María Isabel Souza a Everardo Chávez Lechuga, Ciudad Guerrero, Chihuahua, 23 de julio de 1973, INAH, PHO/1/76, p. 9; Katz, *Pancho Villa*, t. 2, p. 227.
[42] *El Paso Morning Times*, "Se raptó más de cien muchachas", El Paso, Texas, sábado 19 de mayo de 1917, p. 1; *The Arizona Republican*, "Villa Followers Desert", Phoenix, Arizona, sábado 19 de mayo de 1917, p. 1; *The Bisbee Daily Review*, "Bandits Number 1200", Bisbee, Arizona, viernes 20 de abril de 1917, p. 1; Katz, *Pancho Villa*, t. 2, pp. 226-227.

mucho insistir, la dejaron salir. La señorita Montes sabía que cerca del corral había una noria, y aprovechó la oscuridad para escabullirse y esconderse. Los villistas la buscaron varias horas, pero nunca la encontraron. Pasaron los días y cuando estuvo segura de que los villistas se habían ido, pidió auxilio y fue rescatada por los vecinos.[43]

Un veterano maderista, Teodosio Duarte Morales, originario de Namiquipa, relata que poco después de que los villistas salieron del pueblo, su madre, llorosa, lo cuestionó: "¡Qué andas haciendo hijo, que no ves que los villistas están en el pueblo y han cometido muchos abusos!". Don Teodosio asegura que 70 de los hombres que habían entrado a Namiquipa eran oriundos de ahí, y algunos de ellos, pistola en mano, habían evitado que gente que venía con Villa, que no era originaria del poblado, cometiera más abusos contra los vecinos, seguramente sus familias y amistades: "Nomás mataron a dos ancianos de nombre Juan Márquez y Felipe Ochoa, quienes eran pacíficos [...] también quemaron algunas casas".[44]

A consecuencia de este atentado, el 17 de mayo, 414 hombres comandados por el excoronel Alejandro Ceniceros desertaron de las filas de Villa, amnistiándose al gobierno. El general Pedro Favela los integró a las defensas sociales de diferentes poblaciones. Asimismo, Julián Pérez, exjefe del Estado Mayor de Villa, y Manuel de la Rosa se amnistiaron con el jefe de la Defensa de San Andrés, Luis A. García, y 20 villistas más lo hicieron en Cusihuiriachi ante el general Eduardo Hernández, entre el 28 y 31 de mayo.

Jaurrieta dirá: "Lejos de captarnos partidarios en los momentos críticos, partidarios que de mucho nos hubieran servido, nos encontrábamos empeñados en la tarea de crear un nuevo enemigo militar". La divulgación de las atrocidades de Namiquipa provocó la creación de más grupos de civiles armados en la sierra chihuahuense; el mismo Jaurrieta no puede sino reconocer que "con muy sobrada razón".[45]

---

[43] A consecuencia de la violación, Juana Montes quedó embarazada y su hija Avelina, de más de 100 años, vive en Namiquipa (Entrevista de Reidezel Mendoza a María de Jesús Almeida, Bachíniva, Chihuahua, 10 de noviembre de 2018).

[44] T. Duarte, *Memorias de la Revolución de Teodosio Duarte Morales, 20 de noviembre de 1910 a 1913*, Testimonios 2, Secretaría de Educación y Cultura, Gobierno del estado de Chihuahua, Chihuahua, 2001, pp. 35-36.

[45] *The Arizona Republican*, "Villa at Namiquipa", martes 22 de mayo de 1917, p. 2; *The Spanish-American*, "Foreign", Roy Mora County, Nuevo México, sábado 26 de mayo de 1917, p. 6; *La revista de Taos*, "Se raptó más de cien muchachas", Taos, Nuevo México, viernes 1º de junio de 1917, p. 6; M. E. Rocha, *Las defensas sociales en Chihuahua. Una paradoja en la Revolución*,

Roberto Merino refiere que, a partir de aquel hecho, "se le voltearon todos los generales a Villa [...] se le voltearon todos los pueblos".[46] Según Roberto Fierro, "a raíz de la matanza y violación de mujeres en este lugar [Namiquipa] se empezó a odiar a Villa [...] qué curioso, y todos los que éramos de las defensas sociales habíamos sido villistas [...] Ya lo despreciábamos hasta donde se puede despreciar a una gente que ha querido uno, pero que aquél nos ha fallado".[47]

Roberto Fierro.

Como en muchos otros casos, los autores filovillistas han empleado diversos recursos para exculpar a Villa. Pedro Salmerón desestima los testimonios de las víctimas y llama "hazañas sexuales" a los abusos de Villa. Martha Rocha pone en duda la veracidad histórica de los testimonios y sostiene que los campesinos y exsoldados que se adhirieron a las defensas sociales utilizaron como pretexto los "supuestos" ultrajes de Namiquipa para combatir a Villa. Rocha reconoce que el cobro de cuentas pendientes movió muchos de los actos del villismo: la venganza, el castigo a la traición, el hacer justicia por su propia mano; no obstante, insiste en que lo ocurrido con las mujeres de Namiquipa era una difamación "con el propósito de dañar o destruir la imagen popular de Villa" y agrega que todas las facciones cometieron atrocidades similares. Sin embargo, no proporciona ningún dato ni fuente que sustente su negación de la violación en masa de Namiquipa, como tampoco ejemplos de crímenes de tal magnitud cometidos por los carrancistas o cualquier otra facción.[48] Calzadíaz llega al absurdo de afirmar: "Hubo muchachas

---

INAH, México, 1988, Anexo 3, s/p; E. Meyer, *Hablan los villistas*. http://ru.ffyl.unam.mx/bitstream/handle/10391/3414/Meyer_Eugenia_Hablan_los_villistas_8-39.pdf?sequence=1, consultado el 9 de marzo de 2017; Herrera, *Francisco Villa ante la historia*, p. 276; Katz, *Pancho Villa*, p. 227; Jaurrieta, *Con Villa...*, pp. 101-102.

[46] Entrevista de María Isabel Souza a Roberto Merino Rivera, Bachíniva, Chihuahua, 30 de octubre de 1973, INAH, PHO/1/112, pp. 24-32.

[47] Entrevista de Eugenia Meyer a Roberto Fierro Villalobos, Ciudad de México, 13 y 21 de febrero de 1973, INAH, PHO/1/42, pp. 62-63.

[48] P. Salmerón y F. Ávila, *Breve historia...*, p. 305; Rocha, *Las defensas sociales en Chihuahua...*, pp. 76-77.

y mujeres que por su voluntad se entregaron a los soldados de su gusto".[49]
Taibo II transcribe la versión de Calzadíaz e inventa que *el Mochaorejas* Uribe
y *el Ruñi* Delgado fueron arrestados "con centinela de vista" por instrucciones
de Villa; al igual que Rocha, se abstiene de sustentar su afirmación.[50]

Antes de retirarse, Villa ordenó quemar las casas de los integrantes de la
Defensa Social. El propio Calzadíaz admite que varias casas de sus familiares
y de villistas presos en Estados Unidos fueron también incendiadas.[51] Villa
abandonó Namiquipa y se movilizó a la
hacienda de Bavícora, donde estableció su
cuartel general.

Según Rubén Osorio, Carmen Delgado había violado a la esposa de uno de
los jefes de la Defensa, Anastasio Tena, y
después del asesinato de Villa, este ordenó
su arresto. El Ruñi fue capturado por sus
paisanos, quienes lo torturaron y desolla-
ron el 2 de marzo de 1924. El cadáver de
Carmen fue encontrado 15 días después
con los genitales mutilados y depositados
en la boca,[52] semienterrado bajo un montón de basura, ramas y piedras en el arroyo
del Fresno, sobre el Cañón de Santa Gertrudis. Las autoridades de Namiquipa no
permitieron que fuera sepultado en el cementerio del pueblo y hasta hoy permanece en aquel solitario paraje.[53]

Tumba de Carmen Delgado,
el Ruñi.
(Carlos de Alba)

[49] Calzadíaz, *Villa contra todo y contra todos*, p. 139.
[50] Taibo II, *Pancho Villa*, p. 702.
[51] *El Paso Morning Times*, "Villa Burns Namiquipa Homes", El Paso, Texas, viernes 20 de abril de 1917, p. 2; *The Bisbee Daily Review*, "Bandits Number 1200", Bisbee, Arizona, viernes 20 de abril de 1917, p. 1; Calzadíaz, *Villa contra todo y contra todos*, t. 2, pp. 138-139.
[52] En una charla privada, el filovillista Rubén Osorio relató al autor los detalles de la trágica muerte del Ruñi y aseguró haber conocido a varias de las mujeres que fueron violadas por los villistas y, al igual que Calzadíaz, alegó que algunas de las víctimas se entregaron a Villa y a sus hombres por su voluntad (Chihuahua, Chihuahua, noviembre de 2011).
[53] Duarte, *Memorias de la Revolución*, pp. 53-57.

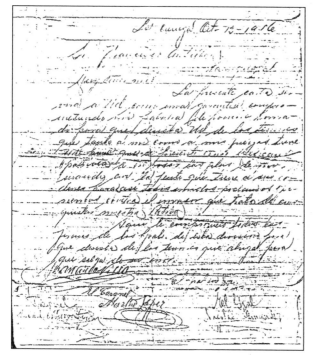

Carta de Francisco Villa firmada por sus jefes subalternos, dirigida a Francisco V. Antillón, fechada el 13 de octubre de 1916 en La Ciénega, Bachíniva, al día siguiente de haber quemado vivo a don Santos Merino.
(Teresa Antillón Caraveo)

"Unas ensartas de chile colgado"

El 14 de mayo de 1917 Villa llegó a la hacienda de Las Delicias, propiedad de Blas Andujo y Rodolfo Chávez, y después de discutir con el aguador Pedro Parra y el carretero Timoteo Gómez ordenó que los colgaran en el rancho La Grieta, junto con los trabajadores de la misma hacienda Rosendo Pérez y José Carrillo. Posteriormente, mientras almorzaba en casa de Octaviano Meraz dijo a este: "Le voy a hacer un encargo; vaya con Dolores Carrillo, y de ahí se van a la casa de La Grieta, allí dejamos unas ensartas de chile colgado". Al llegar a la casa encontraron a cuatro hombres ahorcados.[54] Ese mismo día Villa secuestró a José F. Uranga, administrador de la hacienda Las Delicias, y ordenó a Baudelio Uribe que lo colgara de un mezquite a la orilla del camino real, en las inmediaciones de la villa de Meoqui.[55]

[54] Esparza, *Santa Cruz, antigua región de los tapacolmes…*, pp. 227-229.
[55] Hijo de José Dolores Uranga y Refugio Uranga, de 28 años, deja viuda a Mercedes Solís y huérfanos a tres hijos pequeños. (Defunciones Rosales, 14 de enero de 1918, acta núm. 143, ff. 51-52).

Estos asesinatos causaron gran indignación entre los vecinos de la villa de Rosales, sobre todo el de don Pedro, quien participaba en la tradicional danza de matachines de San Isidro, pero nadie se atrevió a comentar nada, porque no faltaban los informantes de Villa que denunciaban a los quejumbrosos, a los que asesinaba sin averiguación. Así sucedió en San Lucas, cuando Manuel Mendoza, uno de los chismosos de Villa, le informó que las hermanas Victoria y Sabina, hijas de don Nicolás Valverde, comentaron que el jefe guerrillero era un "bandido sanguinario". Como escarmiento, Villa mandó ahorcar a siete vecinos, entre ellos a Francisco Sáenz y a varios miembros de la familia Valverde. De la matanza solo escapó don Guadalupe Licón.[56]

Villa también asesinó a José Sigala, uno de sus soldados que recientemente había desertado para visitar a su esposa Ramona Flores en villa de Rosales.[57]

LOS 44 FUSILADOS DE RAMOS

El 18 de julio de 1917 Villa, al frente de una partida de 83 hombres, atacó la hacienda de Rincón de Ramos, Partido del Oro, Durango, que defendía el coronel Teodoro Arreola,[58] el Jorobado, con 20 rurales parapetados en las azoteas. Arreola y los suyos, después de cinco horas de combate y de sufrir varias bajas, se apoderaron de algunos caballos y desalojaron la propiedad.[59] El exvillista José Arballo afirma que en el tiroteo murieron sus compañeros Jesús Hernández, José Fernández (sobrino de Nicolás Fernández), el Güero Librado y un tal Hinojos.[60] Ramón Murga, otro exvillista, dice que Villa apareció

---

[56] Esparza, *Santa Cruz, antigua región de los tapacolmes...*, pp. 228-229.

[57] *Ibid.*, pp. 229-230.

[58] Originario de La Laborcita, Indé, Durango, de 27 años, militar, hijo de Vidal Arreola y María de Jesús López, casado con Eulalia García en la hacienda del Rincón, el 26 de febrero de 1916. Fue asesinado a tiros en la ciudad de Durango el 21 de junio de 1919. (Matrimonios, San Juan Bautista, Indé Durango, 26 de febrero de 1916, acta núm. 86, f. 16v; Defunciones, Durango, 23 de junio de 1919, acta núm. 963, f. 6).

[59] Parte militar del general Joaquín Amaro del combate con Francisco Villa en la hacienda del Rincón, Durango, 18 de julio de 1917, AHSDN, XI/481.5/111, f. 95; *La Clase Media*, "En terrenos de Durango, se ha librado combate contra Francisco Villa. La acción tuvo lugar en Rincón de Ramos", Durango, sábado 28 de julio de 1917, pp. 1, 2; *El Paso Morning Times*, "Atacó la hacienda de Rincón de Ramos, Villa y sus hombres", El Paso, Texas, domingo 5 de agosto de 1917, p. 1.

[60] Entrevista de Rubén Osorio con José Arballo Terán, Chihuahua, Chihuahua, 27 de noviembre de 1977 en *Pancho Villa, ese desconocido...*, p. 188.

después del combate, "porque él en los balazos nomás no se miraba" y solo el sombrero se le veía "atrás de un huizache". Refiere Murga que ese día Villa iba disfrazado, "se dejó crecer la barba y llevaba un sombrero metido hasta las orejas [...] casi todo el tiempo Aurelio [Murga] la hizo de jefe".[61]

Según el parte militar de Arreola, remitido al gobernador Jesús Agustín Castro, al entrar a Rincón de Ramos, Villa ordenó el fusilamiento de 44 vecinos, entre ellos una mujer, probablemente por colaborar con los rurales en la defensa. Adolfo Rivera refirió: "Agarramos como a cuarenta y cinco de las defensas sociales y los fusilamos a todos".[62] Arballo afirma que al registrar las casas encontraron armas escondidas debajo de las camas; Villa supuso que los vecinos pertenecían a las defensas sociales y por tal razón ordenó que los fusilaran.[63] Al día siguiente, Villa marchó rumbo a Las Iglesias, jurisdicción de El Oro, Durango, 56 kilómetros al sureste.[64]

El periodista Eduardo M. Ávila indagó entre los testigos y asegura que Villa y sus hombres habían violado a todas las mujeres que residían en la hacienda de Ramos, incluyendo a las niñas y a las ancianas. El jefe guerrillero secuestró y violó a María Arreola, de 16 años, a quien personalmente asesinó y sepultó clandestinamente algunos años más tarde, después de arrebatarle al hijo de ambos.[65]

Hacienda de Ramos, Durango.

---

[61] Entrevista de Rubén Osorio a Ramón Murga Terán, Cueva de San Marcos, Chihuahua, 15 de julio de 1976 en *Pancho Villa, ese desconocido...*, pp. 176 y 179.
[62] Entrevista de Rubén Osorio a Adolfo Rivera Marrufo, Chihuahua, Chihuahua, 7 de septiembre de 1979 en *Pancho Villa, ese desconocido...*, p. 197.
[63] Entrevista de Rubén Osorio a José Arballo Terán, Chihuahua, Chihuahua, 27 de noviembre de 1977 en *Pancho Villa, ese desconocido...*, p. 188.
[64] Parte militar del general Joaquín Amaro del combate con Francisco Villa en la hacienda del Rincón, Durango, 18 de julio de 1917, AHSDN, XI/481.5/111, f. 95.
[65] *El Siglo de Torreón*, "El arcón de mis recuerdos", Torreón, Coahuila, domingo 16 de julio de 1961, p. 3.

EL CRIMEN DE LLAMAR A DOROTEO ARANGO POR SU NOMBRE: ASESINATO DE CARLOTA BASTIDA

La señora Carlota Bastida fue secuestrada y asesinada por órdenes de Francisco Villa en un punto conocido como El Rincón, perteneciente a la hacienda de Santa Rosalía (hoy González Ortega), 20 kilómetros al noreste de la cabecera municipal San Juan del Río, Durango. Se desconoce la fecha exacta del deceso, pues este se reportó casi seis años después, y solo se registró que había sido en el año 1917;[66] por los movimientos de la partida de Francisco Villa en la época se infiere que pudo haber ocurrido entre el 20 y el 23 de julio de ese año.

El profesor José G. Montes de Oca asegura que Doroteo Arango había adoptado el nombre de su antiguo jefe, el gavillero Francisco Villa, y ejerció "acción tremenda contra los que pronunciaban su antiguo nombre", por ejemplo, la señora Carlota Bastida que fue estacada, o Donaciano Rodríguez que fue quemado vivo.[67] Celia Herrera refiere que Villa se había hospedado en la casa de un tal Ponce, vecino de doña Carlota, en la localidad de Menores de Abajo (hoy Primo de Verdad), jurisdicción de San Juan del Río. Sin especificar la razón, Herrera asegura que Villa ordenó la aprehensión de esta, la entregó a sus hombres para que la violaran y, posteriormente, mandó que fuera empalada:[68] "Dejada allí, abandonada, circundada por una valla de ramas en pleno monte, hasta que un pastor la encontró y, horrorizado, avisó a la autoridad de San Juan del Río, Durango, siendo identificada solamente por un escapulario que colgaba de su cuello".[69]

El periodista duranguense Eduardo M. Ávila, quien entrevistó a varios de los testigos del crimen de doña Carlota, confirma la versión recopilada por la señorita Herrera y agrega que la víctima había sido mandada ejecutar por haber llamado a Villa "bandido, asesino, violador, incendiario, valiente con las mujeres"; Ávila asegura que el guerrillero se había alojado en la casa de su antiguo subordinado Rosario Ponce, cuya propiedad colindaba con la de la señora

---

[66] Defunciones, San Juan del Río, 26 de junio de 1923, acta núm. 60, f. 18.
[67] *El Universal Ilustrado*, "Francisco Villa a través del alma popular", México, 28 de marzo de 1929, p. 22.
[68] Suplicio consistente en atravesar a una persona con un palo u otro instrumento puntiagudo. https://dpej.rae.es/lema/empalamiento.
[69] Herrera, *Francisco Villa ante la historia*, pp. 279-280; *El Siglo de Torreón*, "Del arcón de mis recuerdos", Torreón, Coahuila, domingo 2 de abril de 1961, p. 6.

Bastida, en Menores de Abajo, quien al enterarse de la presencia de Villa en el pueblo se expresó en muy malos términos de él, y este se percató: "La división entre la casa del señor Ponce y la vecina se encuentra inconclusa; la pared medianera, de adobe sin enjarrar, deja un hueco como de un metro para llegar al techado, así es que en la casa vecina se dan cuenta de la conversación de Villa". El caudillo mandó a uno de sus hombres a aprehender a la señora Bastida y, sin más averiguación, la condujo personalmente al lugar que servía de campamento a su tropa, a casi dos kilómetros al este del pueblo, y gritó: "¡Aquí tienen carne, muchachitos, pa'que si harten! [*sic*]". Al otro día, no contento con la violación masiva que padeció doña Carlota, ordenó que fuera llevada al monte, y allí Villa mandó cortar "una rama larga, gruesa, resistente […] se le aguza a machete la parte más delgada, dejándole una corta horqueta hasta la parte más gruesa y ese extremo se inserta en tierra […] Han levantado a la infeliz mujer completamente desnuda".[70] La familia de la víctima no salió de su casa para indagar su paradero por temor a las represalias de Villa. Un pastor que transitaba por el lugar descubrió el cadáver de la mujer y avisó a las autoridades de San Juan del Río. Debido al avanzado estado de descomposición, los restos de doña Carlota fueron sepultados en el lugar del suplicio, y allí permanecieron hasta el 26 de junio de 1923, que fueron exhumados y trasladados al cementerio de San Juan del Río, donde se les inhumó en fosa común. En el acta de defunción se asentó que la señora Bastida "fue secuestrada y mandada asesinar en 1917 por el General Francisco Villa".[71]

LOS AHORCADOS DE SAN JOSÉ DEL SITIO

El viernes 4 de enero de 1918, reporta *El Paso Morning Times*, Francisco Villa, al frente de una partida de 125 hombres, se presentó en el rancho de Labor de Dolores, al suroeste de la ciudad de Chihuahua, y ahorcó al administrador de la propiedad y a su hijo. Después de apoderarse de 30 mulas cargadas con provisiones y parque, Villa marchó rumbo a San José del Sitio.[72]

---

[70] *El Siglo de Torreón*, "Del arcón de mis recuerdos: Carlota Bastida 'La mujer empalada'", Torreón, Coahuila, domingo 15 de enero de 1961, p. 3.
[71] Defunciones, San Juan del Río, 26 de junio de 1923, acta núm. 60, f. 18.
[72] *El Paso Morning Times*, "Pancho Villa ahorca al padre y al hijo en Dolores, Chih.", El Paso, Texas, jueves 10 de enero de 1918, p. 1.

Tumba en la que descansan
los 27 vecinos asesinados
por Villa.
(Reidezel Mendoza)

Debido a las constantes tropelías de las partidas villistas en la región, algunos vecinos organizaron la Defensa Social de San José del Sitio —153 kilómetros al suroeste de la ciudad de Chihuahua—, para salvaguardar la integridad de sus familias y sus propiedades. Avelino Sánchez, vecino del pueblo e hijo de uno de los defensores, relata: "Vinieron los Sociales y los aconsejaban a la gente que ya no se dejaran invadir porque cada vez que venían se llevaban todo [...] les quitaban caballos, burros y lo que podían, los dejaban sin nada. Entonces esos acuerdos tuvieron en los pueblos, de unirse para no dejarlos entrar ya, porque la Revolución ya se había acabado, era inútil andar peleando".[73] La mañana del miércoles 16 de enero Villa arribó al frente de un numeroso contingente a las goteras de San José del Sitio. Una pequeña partida integrada por vecinos del pueblo y de rancherías aledañas constituía la guarnición, parapetados en las alturas del templo parroquial y en las azoteas de algunas casas. Cuando Villa ordenó sitiar el pueblo, comenzó el tiroteo.[74] El jefe de la Defensa Social, Juan B. Campos, huyó a los primeros tiros. Los atacantes estaban escasos de municiones y en vista de la resistencia de los defensores, Villa llamó a parlamentar, dándoles su palabra de que si entregaban las armas les respetaría la vida. Según Avelino Sánchez, "mandó a un general con bandera blanca que les dijera que Pancho Villa no quería hacerles mal, que solamente querían pasar la noche aquí y otro día en paz se iban a ir, que depusieran las armas y bajo palabra del general Villa les iba a respetar todo". Superados en número, los vecinos acordaron rendirse. Bajaron de las azoteas y entregaron sus armas, pero entonces Villa ordenó a uno de sus lugartenientes

---

[73] Entrevista de Reidezel Mendoza a Avelino Sánchez, San José del Sitio, Satevó, Chihuahua, sábado 22 de octubre de 2016.
[74] *El Correo del Norte*, "Sedientos de sangre y de venganza, los villistas sus furias contra indefensas mujeres", Chihuahua, sábado 26 de enero de 1918, p. 1.

que los aprehendieran y los llevaran al arroyo, donde empezó a colgarlos de los álamos.[75]

Guadalupe Monje relata:

Pasaron todos formados, todos a los que iban a ahorcar, entre ellos a mis tíos, mi papá, puros familiares […] de la azotea de la casa de mi mamá bajaron a un tío y ahí lo fusilaron […] vivíamos cerca de la plaza […] mataban a toda la gente que encontraban […] vimos a mi papá, pasó por allí, le dijimos a mi mamá, ¡mi papá! Le gritábamos y el sólo nos hizo así [agitó la mano] y ya no lo volvimos a ver. En la tarde pasaron unos carretones […] llenos de muertos para sepultarlos en una fosa.[76]

Asegura Alberto Chacón Araujo que, fuera de sí, Villa corría de un lado a otro, pistola en mano, dando órdenes de ejecutarlos a todos. Modesto Quezada advirtió que a él no lo matarían como a un perro, sacó una navaja y se degolló. Sóstenes Chacón abofeteó a un villista y fue muerto en el acto; su hijo de 10 años, Cástulo Chacón Terrazas, presenció la escena.[77] Otro prisionero intentó quitarle el rifle a un villista, y ahí mismo lo asesinaron. Uno más intentó correr hacia un álamo, pero lo mataron antes de que pudiera llegar. Un anciano que bajó al arroyo sin percatarse de lo que sucedía vio a su hijo que pendía de un árbol y lleno de ira reclamó: "¡Pues no dijiste que bajo palabra de honor nos ibas a respetar la vida, baboso!". Villa ordenó que lo asesinaran a cabeza de silla: lo amarraron del cuello y lo arrastraron por el arroyo hasta matarlo. Al resto de los prisioneros "los pusieron en fila, y al que le tocaba era a mi tío Santiago [Chávez], tío de mi papá; le pusieron la soga en el cuello y ya lo iban a colgar cuando llegó Martín López […] mi papá estaba enseguida de él [en la fila]".[78]

---

[75] Entrevista de Reidezel Mendoza a Dulces Nombres Quezada, Chihuahua, viernes 14 de octubre de 2016; entrevista de Reidezel Mendoza a Avelino Sánchez, San José del Sitio, sábado 22 de octubre de 2016.

[76] Entrevista a Soledad Monge de Moreno, transmitida por Jacobo Zabludovsky en el programa *Contrapunto* en abril de 1984.

[77] Entrevista de Reidezel Mendoza a José Alberto Chacón Araujo, Chihuahua, martes 25 de octubre de 2016.

[78] Entrevista de Reidezel Mendoza a Avelino Sánchez, San José del Sitio, sábado 22 de octubre de 2016.

Entre los vecinos ejecutados estaban: Serapio Villa, Antonio Mariñelarena Gamboa, Abraham Mariñelarena Gamboa, José Mariñelarena González, Mariano Mariñelarena Morales, Guadalupe Mariñelarena Morales, Rosendo Vázquez, Sóstenes Chacón Portillo, Mariano Chacón Portillo, Andrés Sánchez Cadena, Ezequiel Sánchez, Rafael Cadena, Mercedes Corral, Leandro Monje, Francisco Monje, Francisco Monje, hijo, Mercedes Monje, Manuel García, Jesús María González, Tomás González, Marcos Villagrán, Isabel Almanza, Eduardo Morales y Francisco Arenivar.[79] También fueron asesinados Julio Mariñelarena Espinoza y su esposa María Mariñelarena Morales, dejando a sus hijos pequeños en la orfandad.[80]

La repetición de los apellidos en la lista muestra el daño que las incursiones y abusos de Villa causaban a familias enteras. Antonio y Abraham Mariñelarena Gamboa eran hijos de Antonio Mariñelarena y Francisca Gamboa, que en otras ocasiones habían permitido a Villa tomar de sus trojes las provisiones necesarias para alimentar a sus hombres, solicitándole únicamente que no se llevara todo. Hasta ese momento, Villa había mostrado respeto por la familia, nunca integró a la leva a los varones, no obstante que las hijas del matrimonio eran escondidas en la finca cada que él llegaba. Según doña Guadalupe Mariñelarena Gamboa, esa trágica mañana sus hermanos fueron aprehendidos y colgados frente a su madre en los portales de la casa, después de lo cual Villa todavía le exigió a la señora que sacara las mesas y les sirviera de comer.[81]

Bonifacio Martínez del Val dijo que, al enterarse Martín López de las ejecuciones de los vecinos, encaró a Villa, exigiéndole terminar con aquella matanza. Le recordó que en muchas ocasiones los vecinos del Sitio "los habían sacado de apuros con cuanto ellos necesitaron". A regañadientes perdonó la vida a los pocos que quedaban, descolgó a Fructuoso Macías,[82] y López los integró a su partida. Continua Bonifacio Martínez: "Esto lo

---

[79] *El Heraldo de Chihuahua*, "Comentarios y vivencias: Villa, con más de 800 hombres, expulsado de una plaza sin disparar un solo cartucho", Bonifacio S. Martínez del Val [copia fotostática], s/f, Avelino Sánchez, San José del Sitio, Chihuahua.

[80] Testimonio de Gabriel Mariñelarena, Ciudad de México, 3 de junio de 2017.

[81] Entrevista de Reidezel Mendoza a Héctor Manuel Velasco Martínez, Chihuahua, lunes 16 de enero de 2017; testimonio de José Mariñelarena, Chihuahua, 20 de julio de 2017.

[82] Cuando Martín López intervino, Fructuoso Macías ya pendía de un árbol. Su hija, Berzabé Macías Sandoval, de siete años, relató que su padre no había podido comer por más de una semana, pues tenía la garganta muy lastimada por la soga (Entrevista de Reidezel Mendoza a Angélica Fernández, Chihuahua, 16 de enero de 2018).

supe porque uno de los que se salvaron de la 'horquiza' [*sic*] fue cuñado de mi hermano, [Juan] Mariñelarena y Avelino Sánchez [...] fueron a parar a San Francisco de Borja. Porque toda la gente de San José del Sitio salió cuando la matanza, unos se vinieron a Chihuahua y otros a San Francisco de Borja".[83]

Según Avelino Sánchez, después de que Villa había colgado a 27 hombres, apareció Martín López, pistola en mano, y le gritó: "¡No me mate ni uno más, mi general!". Villa preguntó por qué no y López contestó: "Porque esta gente la necesitamos para la Revolución. No, no, te traicionan estos", contestó Villa. "No, no me traicionan, ¿verdad que no, muchachos? ¿Se van conmigo?". Los prisioneros aceptaron unírsele y Villa respondió: "Bueno, ya que tanto los quieres carga con ellos". López dio de alta en su partida a Santiago Chávez, Avelino Sánchez, Jesús Mariñelarena (segundo en jefe de la Defensa Social del Sitio), Concepción Mariñelarena Gamboa (de 14 años), Julio Trillo, Eduardo Trillo, Zenón Borrego, José Antonio Quezada, Fructuoso Ríos y Clemente Kuchlé Meraz que desertaron a la primera oportunidad.[84]

Dulces Nombres Quezada relata que su abuelo José Antonio Quezada estaba en la fila para ser ejecutado, cuando su esposa Carlota Meléndez suplicó a su compadre Gorgonio Beltrán, lugarteniente de Villa, que intercediera ante él para salvar a su marido. Villa le perdonó la vida, pero advirtió que "se largaran del pueblo porque, si le daba la gana, se regresaba y quemaría todo".[85] Después de la matanza, Villa y su partida salieron rumbo a San Antonio de la Cueva, 50 kilómetros al sur, adonde arribaron al día siguiente.

Al otro día, 17 de enero, el subjefe de la Defensa Social de San José del Sitio, Jesús Mariñelarena Gamboa, quien había logrado desertarse, solicitó auxilio a las guarniciones de otros pueblos. El día 29 arribaron 98 hombres

[83] Entrevista de Zacarías Márquez Terrazas a Bonifacio Martínez, Chihuahua, 5 de septiembre de 1990, Fondo Zacarías Márquez Terrazas, AHACH, s/c; entrevista de Reidezel Mendoza a José Alberto Chacón Araujo, Chihuahua, martes 25 de octubre de 2016.

[84] Entrevista de Reidezel Mendoza a Avelino Sánchez, San José del Sitio, sábado 22 de octubre de 2016; entrevista de Reidezel Mendoza a Esperanza Kuchlé de Amparán, Chihuahua, lunes 16 de enero de 2017; entrevista de Reidezel Mendoza a Héctor Manuel Velasco Martínez, Chihuahua, lunes 16 de enero de 2017.

[85] Entrevista de Reidezel Mendoza a Dulces Nombres Quezada, Chihuahua, viernes 14 de octubre de 2016.

de la Defensa Social de Llanos de San Juan Bautista comandada por Adalberto Domínguez y Cruz Chacón, una columna de 300 elementos al mando del general Alfredo Rueda Quijano y 50 hombres de la Defensa Social de San Francisco de Borja, dirigida por Fidel Ochoa. Encontraron el pueblo "completamente desolado por villistas y [...] destrozado por completo, y por informes del jefe socialista de aquel lugar Juan Mariñelarena, supimos que habían colgado a 22 hombres socialistas y que en el combate murieron otros 22, quedando de aquella defensa [...] ocho hombres vivos que se supone se los llevó Villa [...] me pidió ayuda para sacar las familias, entre las que se encontraban muchas viudas y huérfanos, pues no había más que tres hombres, así como los intereses de los mismos".[86]

Panteón de San José del Sitio.
(Reidezel Mendoza)

La prensa estadounidense reportó tres semanas después que en San José del Sitio habían perecido casi todos los miembros de la Defensa Social, cerca de 30 vecinos, incluyendo a dos mujeres —se refiere a las Lucitas, que fueron asesinadas dos días después en Valle de Olivos y cuya historia abordaremos más adelante—, y se suponía que los villistas incursionaron en los poblados del trayecto ante la necesidad de aprovisionarse.[87] La tradición oral registró la tragedia en un corrido:

---

[86] *Reseña de los acontecimientos más notables de la defensa social de los Llanos de San Juan Bautista desde su organización a la fecha*, Chihuahua, 9 de enero de 1919, pp. 3-4; Rocha, *Las defensas sociales en Chihuahua...*, p. 130.

[87] *El Paso Morning Times*, "San José del Sitio, teatro de matanzas", El Paso, Texas, miércoles 6 de febrero de 1918, p. 1; *San Antonio Express*, "Villa Raids Another Town", San Antonio, Texas, martes 5 de febrero de 1918, p. 12; *The Arizona Daily Star*, "Villa Marches toward Border with 700 Men", Tucson, Arizona, martes 5 de febrero de 1918, p. 1.

Fragmento del corrido de la matanza de San José del Sitio
(autor anónimo)

Los Sociales de San José
Pelearon con mucha gracia
Los dejaron colgados
Cuando entregaron la plaza

No pudo ganar la guerra
El maldito "rebelión"
Pero muy pronto tramita
Jugarles una traición

No pudo ganar la guerra
El maldito pata manca
De la máquina mandó
A poner bandera blanca

Campos montó su caballo
Empuñó su carabina
Cuando supo que era Villa
Tiembla como una gallina

Ese cobarde de Cerros
Era un cobarde tirano
A todos sus compañeros
Los entregó de la mano

Ese Sóstenes Chacón
La prueba de hombre les dio
Y a uno de los bandidos
De un bofetón lo tumbó

Decía Modesto Quezada
No me fusilen por eso
Si he de morir ahorcado
Mejor me corto el pescuezo

El señor Avelino Sánchez
Cuando en la guerra se vio
Adentro de una acequia
La prueba de hombres les dio.

Humberto Mendoza, Armando Herrera
y Avelino Sánchez.
(Reidezel Mendoza)

Desenterrando la lápida
de la fosa común.
(Reidezel Mendoza)

Natividad Portillo,
madre de Sóstenes
Chacón, colgado por
Villa.
(Olga Salinas Baca)

Armando Herrera, Reidezel
Mendoza y Avelino Sánchez.
(Humberto Mendoza)

Cástulo Chacón,
su madre y hermano.
A los 10 años vio morir a su
padre, Sóstenes Chacón.
(Olga Salinas Baca)

Sobrevivientes de la matanza en El Sitio

Avelino Sánchez.
(Avelino Sánchez Jr.)

Santiago Chávez.
(Abel Chávez)

Cástulo Chacón.
(Alberto Chacón)

305

Antonio Mariñelarena Sánchez, su padre, Antonio Mariñelarena Gamboa, fue colgado por Villa. Su madre, María Sánchez Cadena, estando embarazada de él, se escondió en su casa para no ser capturada por los villistas
(Idaly Carter)

Clemente Kuchlé Meraz.
(Guadalupe Almanza Kuchlé)

María Sánchez Cadena, viuda de Antonio Mariñelarena, con sus nietos.
(Idaly Carter)

Teresa Arenívar, viuda de Leandro Monge.
(Taly Carlos)

Soledad Monge Arenívar, hija de Leandro Monge.
(Taly Carlos)

Soledad Monge Arenívar y Luz Mariñelarena Arenívar, hijas de Leandro Monge y Mariano Mariñelarena, asesinados por Villa.
(Taly Carlos)

Jesús Mariñelarena
Gamboa, subjefe de la
Defensa Social de San José
del Sitio.
(Familia Mariñelarena)

Gorgonio Beltrán Guzmán
y su hijo Rosendo Beltrán
Holguín.
(Familia Beltrán)

Natividad Portillo y Gerardo
Chacón, padres de Sóstenes y
Mariano, víctimas de Villa.

LOS COLGADOS DE LA CUEVA

La madrugada del jueves 17 de enero de 1918 Villa sitió la casa de Manuel
Ruiz Molina[88] en la hacienda de Guadalupe, municipio de Valle de Rosario,
con la intención de aprehender a sus exsubordinados Manuel Ruiz Chavira,
a los hermanos Raymundo y Sebastián Payán, Paz Chavira y Julián Chaparro
Molina, quienes habían desertado por estar en desacuerdo con sus abusos.
Después de un reñido tiroteo, los exvillistas lograron romper el sitio, y en la
huida, don Manuel Ruiz Molina hirió de un disparo al caballo de Villa. Los

---

[88] Nativo de La Cueva, de 70 años, hijo de Trinidad Ruiz y de María de la Luz Molina, casado
con María de Jesús Chavira, sus hijos eran Francisco, Miguel, Manuel, María Dolores, María
de la Luz y María, falleció de pulmonía el 6 de junio de 1918. (Defunciones, San Ignacio,
Rosario, 12 de junio de 1918, acta núm. 13, f. 51, 12 de junio de 1918).

fugitivos lograron escapar, excepto Chaparro, y Villa sentenció: "¡Van a ver lo que vale mi caballo, de ese pueblo no voy a dejar ni a los perros!".[89]

Villa entró ese mismo día a San Antonio de La Cueva en busca de Juan Mendoza Portillo y de otros desertores; ordenó aprehender a todos los hombres del lugar y los encerró en una troje. Jesús Molina Portillo relata: "Juntó a toda la gente del rancho […] puros pacíficos que no andaban en la rebeldía puro chamaco nuevo y viejitos, metió a 23 en una sala larga […] mi abuelo por ir a esconder unos caballos, lo agarraron y le dieron cuello".[90] Guillermo Portillo Mendoza, nieto de Juan Mendoza, dice que los prisioneros no opusieron resistencia pues les hicieron creer que solo iban a declarar.[91] Domingo Navarrete hizo una lista de los prisioneros, los formó frente a la muralla de la casa de Sebastián Molina y fue llamándolos uno a uno para colgarlos de un mezquite que se encontraba frente a la casa de Juan Mendoza.[92] Relata Molina: "El viejo [Villa] se tiró en una silla y puso dos escoltas detrás de él. Afuera, al lado de un cuarto había un árbol de mezquite, del que ya pendía la soga de una rama. Villa ordenó: '¡Que salga el primero!'; salió el primero y le preguntó: 'A ver, ¿qué traes?', 'pos nada', contestó. 'Quítate los huaraches', y luego le ponía la soga al cuello, le daba el jaloncito y sus escoltas los golpeaban con la cacha de sus rifles en las corvas para que se doblaran y se asfixiaran". Inmediatamente descolgaban el cadáver, arrojándolo a un lado, y otro prisionero ocupaba el patíbulo improvisado.[93]

En los libros del Registro Civil del poblado de San Ignacio, municipio de Rosario, se asentaron las defunciones de solo seis de las víctimas: Pablo

---

[89] Entrevista de Reidezel Mendoza a Ramón Chavira Quintana, Amarillo, Texas, miércoles 2 de noviembre de 2016; entrevista de Reidezel Mendoza a Héctor Ramón Chavira, Ciudad Camargo, 22 de noviembre de 2016.

[90] Entrevista de María Quintana Sotelo a Jesús Molina Portillo, Empalme Aguilera, San Francisco del Oro, 5 de marzo de 2014.

[91] Entrevista de Reidezel Mendoza a Guillermo Portillo Mendoza, Juan Mendoza, Rosario, 6 de diciembre de 2016.

[92] El mezquite del que fueron colgados los prisioneros estaba en el patio de la actual propiedad de Sandalio Mendoza, que recientemente fue derribado. (Herrera, *Francisco Villa ante la historia*, p. 276; entrevista de Reidezel Mendoza a Ramón Chavira Quintana, Amarillo, Texas, 2 de noviembre de 2016; entrevista de Reidezel Mendoza a Gonzalo Chavira, Juan Mendoza, Rosario, 6 de diciembre de 2016).

[93] Entrevista de María Quintana Sotelo a Jesús Molina Portillo, Empalme Aguilera, San Francisco del Oro, 5 de marzo de 2014.

Mendoza Chavira,[94] su hijo Ignacio Mendoza Portillo,[95] padre y hermano de Juan Mendoza; Manuel Portillo Portillo,[96] su hijo Jerónimo Portillo Espinosa,[97] Rayo Molina García[98] y Abel Sotelo Molina, vecinos de La Cueva.[99] Aunque sus muertes no se declararon en el Registro Civil, también murieron Rayo Sotelo Molina,[100] Manuel Sotelo, Enrique Portillo García,[101] vecinos de Guadalupe; Julián Chaparro Molina,[102] de Rancho de Morales; don Luz Ruiz, José Anastasio Chaparro Chavira, Miguel Yáñez, Inés Chavira González, los hermanos Feliciano y José Muñoz, Juan Manuel Chávez y Jesús Chavira Almanza, todos agricultores, que fueron sepultados en una fosa común del cementerio de la capilla de Guadalupe.[103]

---

[94] Originario de La Cueva, hijo de los finados Ramón Mendoza y de Refugio Chavira, de 60 años, asesinado a las 7 de la mañana del 19 de enero de 1918, casado con María Jesús Portillo, sus hijos eran Juan, Elizardo, Felipa, María y María del Refugio. (Defunciones, San Ignacio, Rosario, 21 de marzo de 1918, acta núm. 3, f. 46).

[95] Originario y vecino de La Cueva, hijo del finado Pablo Mendoza y de María de Jesús Portillo, de 23 años, soltero. (Defunciones, San Ignacio, Rosario, 21 de marzo de 1918, acta núm. 4, ff. 46v-47).

[96] Natural y vecino de La Cueva, de 60 años, hijo de Jesús José Portillo y de Lucía Portillo, casado con María de la Luz Espinosa, sus hijos eran Bibiano, José, Rosario y Francisca Portillo. (Defunciones, San Ignacio, Rosario, 8 de abril de 1918, acta núm. 7, f. 48).

[97] Natural y vecino de La Cueva, de 40 años, hijo de Manuel Portillo y de María de la Luz Espinosa, casado con Irene López, sus hijos eran Francisco, María, Guadalupe, Mercedes y Casamarina Portillo. (Defunciones, San Ignacio, Rosario, 8 de abril de 1918, acta núm. 8, ff. 48v-49).

[98] Natural y vecino de La Cueva, de 58 años, hijo del finado Pedro Molina y de Manuela García, viudo de María del Refugio Sandoval, no dejó hijos. (Defunciones, San Ignacio, Rosario, 8 de abril de 1918, acta núm. 9, f. 49).

[99] Nativo y vecino de La Cueva, hijo de Juan de Dios Sotelo y María Trinidad Molina, de 33 años, soltero. (Defunciones, San Ignacio, Rosario, 8 de abril de 1918, acta núm. 10, ff. 49v-50).

[100] Nació el 10 de julio de 1899 en Guadalupe, Rosario, hijo de Juan de Dios Sotelo Duarte y de María Trinidad Molina García. (Nacimientos, San Ignacio, 26 de julio de 1899, acta núm. 46, f. 47).

[101] Nació el 28 de mayo de 1877, en Valle de Olivos, Rosario, hijo de Pablo Portillo y de Martina García, casado con Josefa Rodríguez Loya. (Nacimientos, Valle de Olivos, libro 5, acta núm. 9, f. 2); entrevista de Reidezel Mendoza a Luis Acosta y Luis Adrián Acosta Delgado, Chihuahua, 18 de enero de 2017.

[102] Originario y vecino del Rancho de Morales, de 44 años, hijo de los finados Tomás Chaparro y de María del Refugio Molina, deja viuda a Francisca Prieto, y eran sus hijos Pascual, María del Refugio, Guadalupe y María de la Cruz Chaparro menores de edad. (Defunciones, San Ignacio, Rosario, 21 de marzo de 1918, acta núm. 5, f. 47).

[103] Entrevista de Reidezel Mendoza a Ramón Chavira Quintana, Amarillo, Texas, miércoles 2 de noviembre de 2016; entrevista de Reidezel Mendoza a Esteban Chavira, Chihuahua, 18 de enero de 2017; entrevista de Reidezel Mendoza a Abraham Acosta, Chihuahua, 18 de enero de 2017.

Dice Héctor Chavira que la señora Luz Ruiz (según Celia Herrera se apellidaba Molina), vecina de la hacienda de Guadalupe, ofreció a Villa pagarle 5 000 pesos en oro si le perdonaba la vida a su esposo. Antes de entregar el dinero, pidió que le diera su palabra de que no lo iba a ahorcar y que le permitiera verlo, pero un asistente le hizo saber a Villa que el marido de la señora ya había sido ejecutado: "Ni modo, llegas tarde. A tu viejo ya lo colgaron, pero de todos modos tú me entregas el dinero". Doña Luz, llorando, le contestó que no le entregaría nada: "¡Primero me mata!". Furioso, Villa montó a caballo y lazó a la mujer del cuello, y a cabeza de silla la arrastró por el camino de herradura que sube a La Mesa rumbo a Valle de Olivos. En el arroyo de La Güeja soltó lo que quedaba de la señora, desecha por las piedras filosas del cerro. Sus hombres, condolidos, le echaron piedras encima para que no la devoraran los coyotes. Ahí quedaron sepultados los restos de la señora Luz Ruiz.[104]

Recuerdan Leobardo y María Sotelo que Villa amagó también con quemar vivas a las mujeres e hijos de sus exsoldados que estaban ausentes, y ordenó que los formara frente al patíbulo. A uno de sus hombres le dijo: "Vayan, traigan un poco de petróleo para prenderles fuego a estos cabrones".[105] En la fila estaban Luisa Chávez, esposa de su exlugarteniente Ramón Quintana, y sus hijas Guadalupe, de 17 años, Atilana, de 14 años, e Hipólita Quintana Chávez, de siete; también María de Jesús Ruiz Chavira, esposa del exvillista Antonio Molina Olivas, con sus hijos Ponciana Molina, David y Eulogia, de 14, nueve y un año. También fueron formados Delfina Chavira y su hijo Celso Chavira, de seis años, el que iba enredado en una cobija, enfermo de gripe. Doña Delfina suplicó: "¡Pero cómo mijo! Está muy malo, está muy *engripado*, cómo lo vamos a sacar así". A lo que Villa replicó: "Sáquelo, al cabo le vamos a prender fuego".[106]

---

[104] Entrevista del profesor Héctor Ramón Chavira a Jesús Moreno, Ciénega de Olivos, diciembre de 1976; entrevista de Reidezel Mendoza a Héctor Ramón Chavira, Ciudad Camargo, 26 de noviembre de 2016; entrevista de Héctor R. Chavira a Gonzalo Chavira, Juan Mendoza, Rosario, 25 de noviembre de 2016; entrevista de Reidezel Mendoza a Gonzalo Chavira, Juan Mendoza, Rosario, 6 de diciembre de 2016; Herrera, *Francisco Villa ante la historia*, p. 276.

[105] Entrevista de Reidezel Mendoza a Leobardo Sotelo y María Sotelo, Juan Mendoza, Rosario, 6 de diciembre de 2016.

[106] Entrevista de Reidezel Mendoza a Leobardo Sotelo, Juan Mendoza, Rosario, 6 de diciembre de 2016.

Ramón Chavira, hijo de Atilana Quintana, relata: "A mi abuela, a mi madre y a mis tías las iban a quemar con petróleo, pero no hallaban combustible, entonces mi tía María de Jesús Ruiz preguntó a Villa: "¿Mi general, no tiene madre o hermanas? ¿No quiere a las mujeres? ¿Nos va a quemar solo por ser mujeres?". Villa respondió: "¡Vieja jija de la… si esa cría que traes ahí en los brazos es macho las voy a quemar, pero si es hembra las perdono!". Envió a uno de sus hombres a revisarla, y confirmó que era niña: "¡Se me largan, viejas jijas de la chingada, ya la hicieron!".[107] Ordenó entonces incendiar las casas de sus antiguos partidarios, entre ellas la del capitán Urbano Molina Payán, quien había militado en el Tercer Escuadrón de la Brigada Benito Juárez, comandado por el coronel Ramón Domínguez Ávila.[108]

En una carta dirigida al presidente de la República y a las autoridades militares, Urbano Molina confirmó los hechos: "No puedo proporcionar nombramiento de capitán porque me fue quemado por Villa […] todas mis documentaciones fueron quemadas juntamente con mi casa, muebles y todo lo que en ella tenía en 1918, precisamente el día que en este lugar hubo como 23 personas ahorcadas siendo pacíficas y desarmadas, todo esto por órdenes de Francisco Villa".[109]

Jesús Molina relata que Martín López llegó al pueblo y al ver los cadáveres amontonados a un lado del mezquite le echó el caballo encima a Villa: " '¿Qué pasó? ¡Estás matando puro chamaco, puro anciano! ¡Páralo!'. Y se paró el viejo [Villa] enojado".[110] Según Alberto Pacheco, sobreviviente de la matanza, Martín

---

[107] Entrevista de Reidezel Mendoza a Ramón Chavira Quintana, Amarillo, Texas, 2 de noviembre de 2016; entrevista de Reidezel Mendoza a María Sotelo, Juan Mendoza, Rosario, 6 de diciembre de 2016; entrevista de Reidezel Mendoza a Gonzalo Chavira, Juan Mendoza, Rosario, 6 de diciembre de 2016.

[108] Boleta de licencia ilimitada concedida al capitán Urbano Molina Payán "a partir del primero de junio de 1918 para separarse del servicio de las armas por estar inútil para continuar en él". (Expediente del capitán primero de Caballería Urbano Molina Payán, Cancelados, s/c, AHSDN).

[109] Carta de los vecinos de San Antonio de La Cueva al presidente de la República, general Plutarco Elías Calles, San Antonio de La Cueva, Valle de Rosario, Chihuahua, 27 de diciembre de 1927, AGN; carta de Urbano Molina al general de Brigada, director, Jefe del Departamento de Retirados y Pensionados, Lic. Rodolfo Mejía Chaparro, a Adolfo Ruiz Cortines, Presidente de la República, Palacio Nacional, México, pueblo de Juan Mendoza, Chihuahua (vía Hidalgo del Parral, Chihuahua), sábado 2 de abril de 1955; expediente del capitán primero de Caballería Urbano Molina Payán, Cancelados, s/c, AHSDN; El Heraldo de Chihuahua, "Juan Mendoza: profesor, revolucionario y líder agrarista", Chihuahua, domingo 16 de marzo de 2014, p. 1.

[110] Entrevista de María Quintana Sotelo a Jesús Molina Portillo, Empalme Aguilera, San Francisco del Oro, 5 de marzo de 2014.

Ponciana Molina estuvo a punto de morir quemada viva a los 14 años.

Tomás Molina, de La Cueva, exsoldado de Villa, murió combatiendo contra su partida.

Julián Chaparro, ejecutado por Villa.
(Cesario Tarín)

Juan Mendoza Portillo, su padre y hermano murieron colgados por órdenes de Villa.
(Juan Ávila Juárez)

Martín López Aguirre.
(Reidezel Mendoza)

Celso Chavira y María Molina; el primero iba a ser quemado vivo junto con su madre, por órdenes Villa.

Tumba colectiva de La Cuevas.

Héctor R. Chavira, Gonzalo Chavira y Guillermo Portillo, descendientes de víctimas de Villa.
(Reidezel Mendoza)

López "se paseaba impaciente en un caballo prieto frente a Villa y, de muy malos modos, le gritó: "¡No me cuelgas un hombre más! Esto es de cobardes, ¿por qué no vamos a seguir a los que se nos fueron anoche? ¡Estas matando a pura gente trabajadora!". Como el día anterior en San José del Sitio, López obligó a Villa a suspender la matanza y salvó la vida de los prisioneros.[111]

Debido al asesinato de su padre y hermano, Juan Mendoza Portillo se integró a las defensas sociales al frente de un grupo de vecinos agraviados que habían perdido algún pariente en aquella matanza. El propósito era salvaguardar a sus familias y propiedades, colaborando con la persecución de los villistas en el sur del estado de Chihuahua.[112]

El martirio de las Lucitas

Guadalupe García, Luz García, Luz Portillo, Rodrigo García, María de los Ángeles García
Los niños de los que se tiene registro son: José, Delfín, Rodrigo, Martín y Antonio García.
(Ramón Chavira)

La noche del viernes 18 de enero de 1918, un día después de la matanza de vecinos en San Antonio de la Cueva, la octogenaria María de la Luz Portillo viuda de García[113] y su nieta María de la Luz García viuda de

---

[111] Entrevista de Reidezel Mendoza a Gonzalo Chavira, Juan Mendoza, Rosario, 6 de diciembre de 2016.

[112] *El Heraldo de Chihuahua*, "Juan Mendoza: profesor, revolucionario y líder agrarista", Chihuahua, domingo 16 de marzo de 2014, p. 1.

[113] Nacida entre 1829 y 1834 en Ciénega de Olivos, hija de Francisco Portillo y de María Josefa Moreno (Bautismos, Parroquia de San Gerónimo, Huejotitán, 13 de enero de 1850, Clemente García, acta s/n, s/f).

Sánchez[114] fueron torturadas y quemadas en su casa del Barrio de Arriba, en el poblado de Valle de Olivos, jurisdicción del actual municipio de Rosario.

La familia García era cercana a Villa. Explica Héctor Chavira, tataranieto de doña Luz Portillo, que sus tíos abuelos Martín y Jesús García y su tío Gabino Sandoval militaban en las filas villistas. Cuando Villa llegaba a Valle de Olivos, establecía su cuartel en el patio de doña Luz, y sus hombres extraían provisiones de sus trojes y corrales. A esa casa, actualmente en ruinas, llegaba Villa a pernoctar cuando se apartaba de la tropa, dada su vieja costumbre de alejarse de los campamentos por desconfianza de sus propios hombres. Valente Portillo García,[115] bisnieto de doña Luz, relata que era un niño cuando vio a Villa enredado en un sarape y con la cabeza cubierta, en un rincón de la banqueta del patio interior de la casa de su bisabuela, y, con la curiosidad propia de un infante, le descubrió la cara, para encontrarse con unos ojos enrojecidos que lo miraban fijamente: "Nomás me acuerdo de que tenía bigote de aguacero, alazán, alazán".[116]

Cabe preguntarse si, como muchos otros chihuahuenses temerosos de sufrir represalias, la señora Portillo permitía que los villistas hicieran uso de sus bienes no por gusto, sino porque no tenía opción. Los testimonios coinciden en que los villistas cometían toda clase de tropelías al entrar a los pueblos: "Acostumbrados a entrar a las casas y apropiarse de la tierra y de los animales", Villa y los suyos disponían de vidas y peculios. Rafael García López sostiene que, a decir de su abuelo Ricardo López, cuando llegaban a Olivos, "Pancho Villa y sus secuaces, disponían de la cosecha y la pastura que tenían [...] en las galeras y caballerizas para tirárselas a los caballos. Aquí se hacía un desmadre cada vez que llegaban los villistas [...] era un *ahorcadero* de gente [...] las mujeres tenían que ser escondidas de pie

---

[114] Nació en Ciénega de Olivos el 14 de abril de 1884, hija de Rodrigo García Portillo y de María de los Ángeles García Rodríguez (Nacimientos, Valle de Olivos, 31 de diciembre de 1884, acta núm. 24, s/f.), se casó con Cecilio Sánchez Vázquez (Valle de Olivos, Rosario, 11 de noviembre de 1903, acta núm. 26, ff. 47v-48), de oficio labrador, vecino del rancho La Canoa, quien falleció el 13 de diciembre de 1908, no dejó hijos. (Defunciones, Rosario, 14 de diciembre de 1908, acta núm. 22, ff. 34-35); Herrera, *Francisco Villa ante la historia*, p. 267.

[115] Nació en Valle de Olivos el 21 de mayo de 1911, hijo de Aureliano Portillo García y de Carlota García Franco. (Nacimientos, Valle de Olivos, 28 de junio de 1911, libro núm. 28, acta núm. 11, ff. 56v-57).

[116] Entrevista de Reidezel Mendoza a Héctor Ramón Chavira, Ciudad Camargo, 13 de junio de 2015.

en las norias subterráneas o en los sótanos de los hogares para que el general y sus discípulos no las vieran, ya que las raptaban, las violaban y luego las acribillaban".[117] Héctor Chavira coincide y agrega que en los poblados y rancherías del sur de Chihuahua "los campesinos se aterrorizaban cuando llegaban las tropas villistas, y al retirarse, no quedaban ni gallinas en los corrales. Fueron las palabras de mi abuelo".[118]

La familia García no era ajena a las tragedias: el esposo y un hijo de doña Luz habían muerto asesinados años atrás.[119] Sin embargo, nadie en su sano juicio podría haber imaginado el grado de atrocidad con que las Lucitas, como se les conocía afectuosamente, serían exterminadas por Francisco Villa.

Algunos testimonios atribuyeron los asesinatos a una venganza de Villa por un supuesto robo cometido por un hijo de la octogenaria, y otros, menos verosímiles, al rechazo de la nieta María de la Luz García a las pretensiones amorosas de Villa.

Héctor Chavira y Guadalupe Chávez Portillo, descendientes de las Lucitas, recuerdan una versión de lo ocurrido. Villa había encargado a la familia la custodia de 20 000 pesos, y Rodrigo García Portillo, padre de Luz García, lo robó. Rodrigo radicaba en la ciudad de Chihuahua y, en una visita a casa de su madre, dispuso del dinero sin dar cuenta a nadie, de manera que cuando Villa regresó a pedirlo, doña Luz y su nieta no pudieron entregárselo ni darle razón de lo que había ocurrido con él. Villa entonces ordenó torturarlas para que confesaran dónde estaba el dinero, sin importar la avanzada edad de doña Luz

---

[117] *San Antonio Express*, "Villa Raids Another Town", San Antonio, Texas, martes 5 de febrero de 1918, p. 12; *El Paso Morning Times*, "San José del Sitio, teatro de matanzas", El Paso, Texas, miércoles 6 de febrero de 1918, p. 1; *Revista NET Información Total*, "Valle de los Olivos: vestigios de un pasado oculto", año 3, ed. 29, Ciudad Juárez, Chihuahua, lunes 15 de febrero de 2010.

[118] *Revolución Mexicana, una celebración más para México*, comentarios de Héctor Chavira, sábado 6 de octubre de 2007. http://www.dixo.com/indice/021-pancho-villa-a/, consultado el 9 de junio de 2015; *Pancho Villa* [grabación], comentarios de Héctor Chavira, miércoles 3 de octubre de 2007. http://www.taringa.net/posts/info/13272373/Revolucion-Mexicana-una-celebracion- mas-para-Mexico.html, consultado el martes 9 de junio de 2015.

[119] Su esposo Albino García Corral, vecino de Valle de Olivos, de 54 años, labrador, hijo legítimo de Manuel García y Rafaela Corral, dejó cinco hijos: Clemente (ya finado), Eliseo, Rodrigo, María de la Paz y María de Jesús; José Leogardo Ruiz lo asesinó de seis puñaladas (Defunciones, Valle de Olivos, 6 de noviembre de 1883, acta núm. 17, s/f); su hijo Clemente García nació en Ciénega de Olivos, el 2 de enero de 1850, casado con María Josefa García, dejó cuatro hijos: Alvino, Arnulfo, Clemente y María; Cleto Payán lo asesinó de un disparo. (Defunciones, Valle de Olivos, 13 de mayo de 1879, acta núm. 9, s/f).

ni el hecho de que para esas alturas ni siquiera podía caminar.[120] Dice Rafael García López: "La hija [en realidad era la nieta] cuidaba de su progenitora, postrada en una silla a causa de problemas en sus piernas".[121] Según Blas García Quintana, Villa había dado ese dinero a Rodrigo para que lo guardara, y él no lo había informado a su madre ni a su hija por el temor de que, si alguien las amagaba, confesaran dónde estaba escondido.[122]

Rafael García López dice que su abuelo, Ricardo López, creía que el dinero había sido la razón para ejecutarlas y coincide en la responsabilidad de un hijo de doña Luz. Explica que Rodrigo García, el primogénito, tenía un pendiente con Villa, quien tiempo atrás y como un acto de complicidad le había dado a guardar unos lingotes de oro y plata. Al no recibirlos de regreso, Villa supuso que Rodrigo había huido a la capital del estado con el cargamento, estalló de coraje y toda la noche se desquitó con las indefensas mujeres, a las que torturó y quemó con petróleo o aguarrás.[123]

De acuerdo con otra versión, el motivo del asesinato fue que Villa exigió a las Lucitas un préstamo forzoso, y doña Luz se negó a pagarlo. Jesús Molina Portillo refiere que las quemó después de exigir un dinero que usaría para pagar a sus hombres. *El Correo del Norte* reportó: "El bandido Francisco Villa ordenó que fuesen quemadas".[124] Hay testimonios que atribuyen la ira de Villa a que la señorita Luz García rechazó sus proposiciones amorosas.[125] Elva García recuerda que, cuando a Villa "le gustaba una mujer, simplemente se la llevaba, pero se enojaba si lo rechazaban", y que cuando "le puso el ojo" a la señorita García, ella le contestó en muy malos términos: "Me voy mejor con

[120] Entrevista de Reidezel Mendoza a Héctor Ramón Chavira, Ciudad Camargo, 25 de junio de 2015; entrevista de Héctor Chavira a José Guadalupe Chávez Portillo, Chihuahua, abril de 2009.
[121] Entrevista de Reidezel Mendoza Soriano a Rafael García López, Parral, 21 de mayo de 2015.
[122] Entrevista de Reidezel Mendoza a Blas García Quintana, Valle de Olivos, 7 de diciembre de 2016.
[123] Entrevista de Reidezel Mendoza Soriano a Rafael García López, Parral, 21 de mayo de 2015.
[124] *El Correo del Norte*, "Sedientos de sangre y de venganza, los villistas sus furias contra indefensas mujeres", Chihuahua, sábado 26 de enero de 1918, p. 1; entrevista de María Quintana Sotelo a Jesús Molina Portillo, Empalme Aguilera, San Francisco del Oro, 5 de marzo de 2014; *El Heraldo de Chihuahua*, "Juan Mendoza: profesor, revolucionario y líder agrarista", Chihuahua, domingo 16 de marzo de 2014, Chihuahua, p. 3.
[125] Amaya, *Venustiano Carranza...*, p. 368.

un perro que con un pelado como usted". Desatada su furia, Villa ordenó quemarlas con petróleo.[126]

La versión menos creíble sostiene que Villa tuvo amoríos con María de la Luz García, y una noche en que sus tropas entraron en la población, doña Luz, que apenas oía, sintió el tropel de los caballos y preguntó a su nieta quiénes eran. María de la Luz respondió en voz alta que probablemente fuera "el bandido Pancho Villa", y el guerrillero o alguno de sus oficiales alcanzó a escucharla, lo que desembocó en sus ejecuciones.

El tormento fue espantoso. García Quintana relata: "Nadie sabe qué horrores se dieron en la casa de las Lucitas. Lo único que ha llegado a nosotros es la descripción de lo que se encontró ahí cuando los villistas la abandonaron". Ricardo López dice: "En una de las salas de la casa habían encontrado rastros de manos ensangrentadas en la pared".[127] Héctor Chavira explica que, después de que las señoras le dieron de cenar a Villa, él ordenó asesinarlas, y que "las paredes de la cocina mostraban rastros de sangre donde ellas trataron de sostenerse [...] cuando las estaba apuñalando". Asegura Chavira que de las Lucitas solo encontraron una mancha de grasa, cenizas, algunos trozos de huesos quemados y el rosario de doña Luz dentro del horno donde cocían pan.[128]

Según la memoria colectiva de Valle de Olivos, las vacas gimieron incesantemente por el fuerte olor a carne chamuscada. Al día siguiente los vecinos acudieron al lugar y, sin dar crédito, presenciaron las huellas de un horrendo crimen: "Los cuerpos estaban completamente calcinados; bueno, casi, las manos de una de ellas, al parecer la mayor, dejaban ver los rastros de una severa tortura". García López refiere que "cuando el general [Villa] se enojaba, perdía los estribos y arremetía sin piedad".[129]

No fue esa la primera vez que Villa quemó mujeres: doña Lugarda Barrio había muerto en la hoguera junto con una soldadera, en Satevó, en agosto de 1916.

Felipe Amparán Domínguez asegura que su padre, quien había militado en las fuerzas del general Joaquín Amaro, platicaba infinidad de anécdotas

---

[126] Entrevista de Reidezel Mendoza a Elva García, Monterrey, 20 de mayo de 2015.
[127] *Revista NET Información Total*, "Valle de los Olivos: vestigios de un pasado oculto", año 3, ed. 29, Ciudad Juárez, Chihuahua, lunes 15 de febrero de 2010.
[128] *Pancho Villa* [grabación], comentarios de Héctor Chavira, miércoles 3 de octubre de 2007. http://www.taringa.net/posts/info/13272373/Revolucion-Mexicana-una-celebracion-mas-para-Mexico.html, consultado el martes 9 de junio de 2015.
[129] *Idem*.

que había presenciado: "Él era originario de Balleza, Chihuahua, y de todos aquellos rumbos sabía de verdaderos salvajismos cometidos por Villa, recordando como uno de los más espeluznantes el asesinato de la anciana doña Luz Portillo que, junto con su nieta, la joven Luz, fueron sacadas de su vivienda de adobe, en Ciénega de Olivos y, bañadas con petróleo, fueron quemadas vivas, caso que conmovía a mi padre cada vez que lo recordaba".[130]

El general Ernesto García, jefe de la Brigada Benito Juárez, comentó a doña Celia Herrera: "Cuando recibí órdenes de mi general Murguía de trasladarme a la Ciénega [de Olivos] salí a marchas forzadas; cuando llegué los villistas ya habían huido; en mis dos manos recogí las cenizas en que quedaron convertidas aquellas infortunadas mujeres".[131] Desde Parral, el licenciado Socorro García recibió un mensaje de su hermano informando los terribles detalles de la muerte de su abuela y hermana.

Los restos de las Lucitas fueron depositados en una caja de madera y sepultados detrás de su casa, bajo una hilera de nopales. Casi 40 años después fueron exhumados por el licenciado Socorro García, nieto de doña Luz Portillo, e inhumados en la capital del estado.[132]

Según una nota publicada en *El Correo del Norte*, el autor material del crimen fue Isidro Martínez, quien recibió la orden de Villa de ejecutar a las mujeres. Muy conocido en el pueblo, Martínez llevaba 20 años dedicado al bandolerismo en la región de Balleza, Nonoava y Valle de Rosario. Tras los asesinatos, los hermanos Jesús María Sandoval[133] y Gabino Sandoval,[134] bisnietos de doña Luz, organizaron la Defensa Social de Valle de Olivos para perseguir a Martínez.

---

[130] *Excélsior*, "Villa, asesinatos espeluznantes", México, domingo 23 de marzo de 1986, p. 4.

[131] Herrera, *Francisco Villa ante la historia*, pp. 267 y 395.

[132] Entrevista de Reidezel Mendoza a Filiberto Domínguez, Valle de Olivos, 7 de diciembre de 2016.

[133] Nació en Ciénega de Olivos, el 27 de diciembre de 1899, hijo de Manuel Sandoval Olivas y Domitila Portillo García. (Nacimientos, Valle de Olivos, libro núm. 25, acta núm. 29, f. 15).

[134] Nació en 1891 en Ciénega de Olivos, agricultor, hijo de Manuel Sandoval y Domitila Portillo, casado con Ciria Molina, cuyo padre, Gerónimo Molina, fue asesinado por Villa. (Matrimonios, Huejotitán, 26 de junio de 1918, acta núm. 8, ff. 92-94). Su abuela materna, Domitila García Portillo, era hija de María de la Luz Portillo, asesinada por Villa. En 1910 se adhirió a la partida de Abelardo Prieto; entre 1913 y 1918 militó en las tropas villistas, hasta que desertó, y organizó la Defensa Social de su pueblo; capturó a Felipe Ángeles y fue ascendido a teniente coronel. Juan Mendoza lo aprehendió y ejecutó el 15 de febrero de 1921. (Defunciones, Villa Escobedo, 27 de mayo de 1929, acta núm. 41, ff. 18v-19).

La Defensa Social capturó a Martínez junto con Felipe Ángeles, pero, mientras que el exgeneral Ángeles y sus otros acompañantes eran remitidos a las autoridades militares, Martínez fue entregado a los vecinos del pueblo para que hicieran con él lo que quisieran, pues en su memoria "está fresco el crimen que cometió quemando viva a la abuela materna y a una hermana del señor licenciado Socorro García".[135]

Durante el juicio de Ángeles, el jefe Gabino Sandoval declaró que, en Valle de Olivos, "se me juntó la gente pidiéndome la muerte de Isidro Martínez, que había cometido muchos crímenes en toda esa región". Félix Salas, exjefe de la escolta de Martín López, recientemente amnistiado, declaró que Martínez "siempre anduvo *juyendo* desde el tiempo de don Porfirio. ¡Ah cómo era malo! Hizo muchas felonías y quemaba a las mujeres". Arnulfo Basurto confirma: "A Isidro lo fusilaron, porque pidieron que lo fusilaran, el pueblo, porque había sido muy malo".[136]

Según vecinos de Olivos, después de darle una brutal golpiza en una bodega, lo sacaron con las manos atadas a la espalda para que la Defensa Social lo colgara: "Como Isidro Martínez era un hombre corpulento, al tratar de estrangularlo de un acebuche, la soga se rompió y el hombre cayó súbito a la tierra, golpeándose fuertemente la cabeza; moribundo, fue rematado a tiros en el suelo y su cuerpo semienterrado en la arena". Después de ser sepultado, su madre, su viuda y sus hijos tuvieron que escapar ante las amenazas de los miembros de la Defensa Social, pues, dijeron, "de los Martínez no iban a dejar vivos ni a los perros".[137]

Sin embargo, respecto a la muerte de Isidro Martínez, el exgeneral Ángeles declaró durante su juicio: "Nos habían llevado a cenar y sucedió que nos dijeron que a Isidro Martínez lo apartaron del grupo porque tenía miedo de que se les fugara. En el camino lo insultaron y entonces Isidro Martínez,

---

[135] *La Prensa*, "Otro villista fue ejecutado en Las Moras por Sandoval", El Paso, Texas, martes 25 de junio de 1919, p. 1; *El Correo del Norte*, "Ha quedado ya limpia de rebeldes una extensa región del Estado", Chihuahua, domingo 23 de noviembre de 1919, p. 1; Cortés, *Francisco Villa, el quinto jinete del Apocalipsis*, p. 100.

[136] Versión taquigráfica del proceso del general Felipe Ángeles, Chihuahua, noviembre de 1919, [fotocopias], Archivo Rubén Osorio.

[137] Entrevista de Rubén Osorio a Domingo Domínguez Chacón y a Francisca Martínez, Pilar de Conchos, Chihuahua, martes 10 de julio de 1979, en *Pancho Villa, ese desconocido...*, pp. 11-13.

comprendiendo que lo iban a matar y no teniendo otra arma en la mano, los agredió con una mazorca y fue entonces cuando ustedes le dispararon un tiro".[138]

En Ciudad Camargo ejecutaron a José Holguín Muñoz y a Juan Primera, ambos jefes villistas que en el rancho El Coscomate habían asesinado a familiares de Alberto Villalobos, entre ellos a un menor de siete años.[139]

Las Lucitas no fueron las únicas víctimas de Villa en Valle de Olivos. Elva García, bisnieta de doña Luz, relata: "Mi papá, José García, tenía un hermano, José Martín García,[140] que se fue a la Revolución, pero nunca volvió; también el papá de mi mamá [Mercedes García Loya], se llamaba Antonio García Franco, lo mató Villa en Valle de Olivos, un año antes de que quemara a mi bisabuela y a mi tía abuela, debió ser en 1917. A mi abuelo Antonio [García] lo traían amarrado y mi abuela Andrea Loya Talamantes fue a pedirle que lo regresara, pero Villa le contestó: '¡Váyase, las viejas son de sus casas, váyase, ya aparecerá!'. Y sí apareció, pero muerto".[141]

En realidad carece de importancia el motivo que Francisco Villa pudo encontrar para ordenar un asesinato de tal vileza. Lo importante es que dos mujeres indefensas, después de ser sometidas a espantosas torturas, fueron ejecutadas en su casa en Valle de Olivos, y que aún hoy perdura aquel terrible crimen en la memoria de los pobladores, que concuerdan en que "Villa era un desgraciado".[142]

---

[138] Versión taquigráfica del proceso del general Felipe Ángeles, Chihuahua, noviembre de 1919, [fotocopias], Archivo Rubén Osorio.

[139] *El Correo del Norte*, "Ha quedado ya limpia de rebeldes una extensa región del Estado", Chihuahua, domingo 23 de noviembre de 1919, p. 1; *La Patria*, "Se fusiló en Camargo al villista José Muñoz", El Paso, Texas, lunes 24 de noviembre de 1919, p. 1.

[140] Nació en el Rancho El Toro, Rosario, el 11 de noviembre de 1893, hijo de Rodrigo García Portillo y María de los Ángeles García Rodríguez, nieto de María de la Luz Portillo y hermano de María de la Luz García. (Nacimientos, Valle de Olivos, libro núm. 21, acta núm. 25, f. 13).

[141] Entrevista de Reidezel Mendoza Soriano a Elva García, Monterrey, 20 de mayo de 2015.

[142] *Revista NET Información Total*, "Valle de los Olivos: vestigios de un pasado oculto", año 3, ed. 29, Ciudad Juárez, Chihuahua, lunes 15 de febrero de 2010; Ponce de León, "Francisco Villa, Outlaw and Rebel Chief" en *The Current History Magazine*. http://historyonline. chadwyck.co.uk/getImage?productsuffix=_studyunits&action=pr intview&in=gif&out=p-df&src=/pci/8730-1923-019-01-000019/conv/8730-1923-019-01-000019.pdf&IE=.pdf, consultado el 10 de agosto de 2016.

Socorro García, nieto de Luz Portillo.
(Presidencia Chihuahua)

El general Ernesto
García recogió
las cenizas de las
Lucitas.
(Carlos García)

Domitila Portillo, Manuel Sandoval
y su hijo Gabino Sandoval.

Ruinas de la casa de las Lucitas en Valle de Olivos.
(Reidezel Mendoza)

ASESINATOS DE CIVILES EN EL MAGISTRAL, EL REFUGIO Y SAUCES

El 5 de febrero de 1917 el expresidente municipal de El Oro, Durango, José Fiacro Rubín de Celis Rincón fue secuestrado en el rancho El Refugio, municipio de San Bernardo, por órdenes de Francisco Villa, quien pretendía

Fiacro Rubín de Celis (octavo, de izquierda a derecha) acompañando a la familia Carrete en la hacienda El Agostadero, El Oro, Durango, el 10 de abril de 1899.
(*Javier Amaya Alvarado*)

obligarlo a cederle sus propiedades.[143] Los descendientes de don Fiacro aseguran que después de robarlo, Villa ordenó que le arrancaran las plantas de los pies y lo colgaran en el arroyo del Santo, cerca del San Antonio de la Ciénega, jurisdicción de El Oro, Durango.[144]

Años después, Villa intentó justificar el asesinato de don Friaco repartiendo culpas: "Yo comprendo muy bien el motivo de la predisposición que los señores Celis tienen conmigo, pues por desgracia, en las épocas de guerra no se tiene tiempo para examinar en donde radica la razón. Seguramente existen otras personas de ese mismo río que tengan más culpa que yo en la muerte de su padre, pero esto ya no tiene caso aclararlo".[145]

Abraham Rubín de Celis, quien militó en las tropas carrancistas y fungió como presidente municipal de San Bernardo, Durango, relata a un periodista:

Nosotros teníamos cuentas pendientes con "el Bandido" porque él y su gente asesinaron a mi padre, Fiacro R. Celis. Villa sabía que yo combatía al lado de Jacinto Hernández, y una noche me mandó aprehender. Yo me había quedado en otra casa cuando en la madrugada oí el tropel, salí y vi que eran muchos. Tuve que

---

[143] Nació el 30 de agosto de 1855, en Corral de Piedra, Santa María del Oro, Durango, hijo de José María Rubín de Celis Campillo y Gabina Rincón Pereyra (Bautismos, Santa María del Oro, 31 de agosto de 1855, acta s/n, f. 374), casado con Ninfa Carrete Moreno. (Matrimonios, El Agostadero, El Oro, 12 de mayo de 1893, acta núm. 19, ff. 20-21v).

[144] Héctor Carrete asegura que don Fiacro fue asesinado de dos tiros en la cabeza por partidarios de Villa y fue sepultado en El Agostadero, municipio de El Oro (Entrevista de Reidezel Mendoza a Héctor Hugo Carrete de la Rocha, El Oro, Durango, 14 de noviembre de 2018; entrevista de Reidezel Mendoza a Edgar Robledo, Houston, Texas, 11 de noviembre de 2018).

[145] Carta de Francisco Villa a Onésimo Carrete, Canutillo, Durango, 9 de junio de 1923, en H. H. Carrete de la Rocha, *Tu provincia en sus anales, El Oro, Durango, México*, publicación del autor, México, 2001, pp. 136-137.

rendirme, y sin embargo, me las ingenié para esconder una pistola bajo las ropas
[...] alguien que dirigía la gavilla ordenó que me fusilaran. Ya se preparaban aquellos bandoleros a ejecutar la orden cuando saqué mi pistola y me defendí, huyendo
entre las huertas. En la oscuridad muchas veces me caí pero inmediatamente me
ponía de pie, y cuando me consideré a salvo me revisé para ver si no me habían
herido [...] Las balas las sentía muy cerca, pero afortunadamente ni un rozón me
dieron. Después me enteré de que en venganza se habían llevado a mi padre por
el rumbo de San Bernardo, donde lo mataron, regresando después su cadáver. [146]

El 23 de febrero de 1918 Villa mató en el rancho La Majada, municipio de
San Bernardo, Durango, al mayordomo Miguel Amaya, cuando marchaba
de Canutillo al mineral del Magistral; Amaya se había opuesto a que sacrifi-
caran las reses del rancho para consumo de sus hombres, y por tal razón Villa
ordenó que lo colgaran. [147]

En Santa María de El Oro, Villa secuestró al anciano, veterano de la guerra
de Reforma, Teódulo Pereyra Ruiz, [148] a quien después de golpearlo y apu-
ñalarlo lo arrastró a cabeza de silla hasta San Bernardo, donde dejó su cuerpo
tirado en la plaza de armas.

El día 26, las partidas comandadas por Francisco Villa, Hipólito Villa,
Martín López, Nicolás Fernández, Canuto Reyes y Jerónimo Padilla retornaron a la región y atacaron El Oro, pero las tropas federales que guarnecían
la plaza, al mando del coronel Othón León, rechazaron la embestida. Los
villistas se retiraron en desorden rumbo a Indé y Tepehuanes, dejando numerosos muertos y heridos en el campo. [149]

Colérico por la derrota, Villa atacó el jueves 28 el mineral de El Magistral, donde descargó su furia contra civiles desarmados. En presencia de los
aterrorizados vecinos, ejecutó al maestro mecánico de minas Catarino Smith
y al dependiente Prisciliano Sauceda, suegro del primero. Héctor Carrete

[146] *El Siglo de Torreón*, "A Pancho Villa lo mandó matar don Jesús Herrera Cano, cumpliendo
una venganza", Torreón, Coahuila, viernes 22 de febrero de 1976, p. 7B.
[147] Entrevista de Reidezel Mendoza a Héctor Hugo Carrete de la Rocha, El Oro, Durango,
14 de noviembre de 2018.
[148] Originario de San Bernardo, Durango, hijo de Epitacio Pereyra y María del Refugio Ruiz
de Blanco. Casado con Francisca Sánchez.
[149] Partes militares del teniente coronel R. Argudín y del mayor Miguel Bernal del combate
con fuerzas de Francisco Villa, Hipólito Villa, Martín López en El Oro, Durango, 25-26
de febrero de 1918, AHSDN, 481.5/112, ff. 39-43; *Telegramas*, "Francisco Villa y sus secuaces
derrotados por el Gral. G. Gavira", Durango, martes 5 de marzo de 1918, pp. 3-4.

asegura que Villa sacó a don Catarino de la oficina, descalzo, y lo colgó de un álamo. Los villistas golpearon a culatazos al suegro de Smith y lo entregaron casi moribundo a Villa, quien ordenó que le dieran el tiro de gracia. Ahí quedó muerto al pie del árbol donde estaba suspendido su yerno.[150] Dos estadounidenses, que iban a ser ahorcados junto con el gerente, se salvaron del patíbulo a último momento.

Las instalaciones de la National Mines & Smelter Co., valuadas en un millón y medio de dólares, así como la planta generadora de energía eléctrica fueron dinamitadas. En la explosión murieron 24 trabajadores mexicanos, y Villa obligó a los sobrevivientes a sumarse a su gavilla.[151]

Las familias de Smith y Sauceda, que vivían juntas en El Paso, no recibieron la noticia hasta cuatro días después del asesinato.[152]

El 7 de marzo se reportó que Villa había entrado al poblado de Ciénega de Escobar y a la hacienda de Ojito, habiendo dejado gente en Agostadero y San Bernabé. El general Miguel Aguirre, desde Tepehuanes, informó al general Joaquín Amaro: "Enemigo encuéntrase en Ciénega de Escobar, a nueve leguas de esta plaza, es procedente de El Oro, en número aproximado de 300, encuéntrase entre esos el bandido Villa".[153]

Debido a estos crímenes, los vecinos de El Oro y de localidades cercanas huyeron de sus hogares. Para evitar mayores atropellos y represalias de los villistas, la Jefatura de Operaciones en el Norte se vio obligada a concentrar a los fugitivos en las principales localidades del estado, lo mismo que a los

---

[150] Entrevista de Reidezel Mendoza a Héctor Hugo Carrete de la Rocha, El Oro, Durango, 14 de noviembre de 2018.
[151] *The Seattle Star*, "Two Killed as Villa Men Dynamite Mine", Seattle, Washington, martes 5 de marzo de 1918, p. 10; *El Paso Morning Times*, "Un nuevo atentado de los villistas", El Paso, Texas, miércoles 6 de marzo de 1918, p. 1; *Bisbee Daily Review*, "Villista Band Kill 25 in Raid", Bisbee, Arizona, miércoles 6 de marzo de 1918, p. 1; *El Paso Morning Times*, "List of Dead at Magistral up to Thirty", El Paso, Texas, jueves 7 de marzo de 1918, p. 5; *Telegramas*, "Después de la derrota que sufrieron en El Oro, atacaron los villistas la Negociación Minera del Magistral", Durango, viernes 8 de marzo de 1918, p. 1; *Bisbee Daily Review*, "Villa Bandits kill American", Bisbee, Arizona, miércoles 12 de junio de 1918, p. 1; Herrera, *Francisco Villa ante la historia*, p. 275; Taracena, *La verdadera Revolución Mexicana. Quinta Etapa*, p. 228.
[152] Las familias vivían en la casa número 2021 de la calle Montana. (*El Paso Herald*, "26 Killed by Villa Bandits", El Paso, Texas, martes 5 de junio de 1918, p. 3).
[153] Telegrama del general M. Aguirre al general J. Amaro, Tepehuanes, 7 de marzo de 1918, AHSDN, 481.5/77, ff. 404-405.

Fiacro R. de Celis, su esposa
Ninfa Carrete y sus hijos Abraham
Arnoldo y María del Refugio.
(Lynda Ortega)

Don Fiacro R. de Celis.
(Edgar Robledo)

Tumba de don Fiacro R. de
Celis.
(Edgar Robledo)

Catarino Smith, su padre y
su abuelo fueron asesinados
por Villa.

Ninfa Carrete, viuda de
don Fiacro Rubin.
(Edgar Robledo)

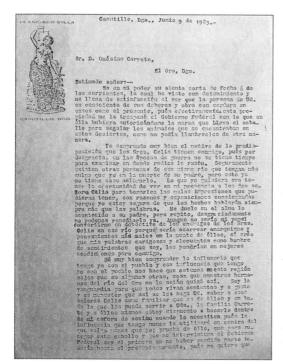

Carta de Francisco Villa a
Onésimo Carrete.
(Héctor H. Carrete)

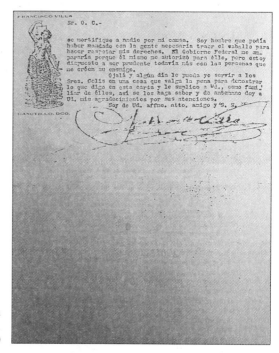

Carta de Francisco a
Onésimo Carrete.
(Héctor H. Carrete)

habitantes de las haciendas de Torreón de Cañas, Canutillo, La Zarca y otras para evitar represalias de los villistas.[154]

ASESINATOS EN TEPEHUANES Y EJECUCIÓN DEL PICO DE ORO

General Miguel Aguirre, su hijo fue asesinado por órdenes de Villa.
(Lucio Quintero Corral)

El 10 de marzo de 1918 Villa llegó a las afueras de Tepehuanes, Durango, plaza en ese momento guarnecida por las fuerzas federales de los generales Joaquín Amaro y Juan Espinosa Córdova, y por la Defensa Social bajo el mando del general Miguel Aguirre González.

Enterados los defensores de la presencia de Villa en la zona, el general Aguirre envió a su hijo Manuel Ramírez[155] y a su sobrino Teófilo Carrete en avanzada de exploración, pero Villa los aprehendió en Agua Caliente y exigió la entrega de la plaza a cambio de la vida del hijo y del sobrino del general. Al no responder Aguirre, Villa asesinó a cabeza de silla a los dos jóvenes. Héctor Carrete asegura que los dos habían sido amarrados a cuatro cabalgaduras y destrozados.[156]

Al aproximarse a Tepehuanes, Villa había apresado en el rancho La Purísima a Reginaldo y Lorenzo Herrera, a Miguel Fabela, a Melesio Carrera y al jefe de cuartel del pueblo José Serapio Ramos.[157] Carrera y Ramos murieron ahorcados.

---

[154] *Telegramas*, "Las familias que trataban de emigrar de El Oro por temor a los ataques de los villistas se tranquilizan", Durango, jueves 14 de marzo de 1918, p. 2; *Telegramas*, "Villa con 40 hombres pasó por rancho de Sauces después de su derrota en Tepehuanes", domingo 14 de abril de 1918, p. 1; *Telegramas*, "Villa al frente de 40 hombres pasó por el rancho de Sauces", martes 16 de abril de 1918, p. 1; Herrera, *Francisco Villa ante la historia*, pp. 275 y 279.

[155] Originario y vecino del Zape (1886), hijo natural de Paula Ramírez, labrador, casado con Espiridiona Salgado. (Matrimonios, Guanaceví, 29 de enero de 1908, acta núm. 10, ff. 8-8v).

[156] Entrevista de Reidezel Mendoza a Héctor Hugo Carrete de la Rocha, El Oro, Durango, 14 de noviembre de 2018.

[157] Nació el 22 de noviembre de 1868 en el rancho de Pascuales, Durango, hijo de Esteban Ramos y de Tranquilina Rubio. (Nacimientos, Santiago Papasquiaro, 14 de noviembre de 1868, acta núm. 144, f. 39v).

Manuel Ramírez
y su madre Paula Ramírez (sentada).

Finalmente, Villa atacó, pero después de dos horas de combate fue derrotado por los defensores de Tepehuanes y huyó rumbo a la Sierra de los Reyes, perseguido muy de cerca por las fuerzas de Aguirre y Arreola. Estuvo a punto de ser capturado, pero, una vez más, logró escapar.[158]

Dos días después, el 12 de marzo, Villa aprehendió en el cerro de la Laguna a un grupo de campesinos. Luis Rivera y su hijo lograron escapar a una zona pedregosa en la que no pudieron entrar los caballos de los villistas, pero Lorenzo Herrera, José Nevárez y Tomás Chaidez, quienes cuidaban unas vacas, murieron ahorcados. Domitilo Isabel Blanco, otro de los que no lograron escapar, fue utilizado como guía y finalmente colgado en un punto conocido como El Pitorreal.[159]

Después de cometer estos asesinatos, Villa huyó a sus madrigueras en la región de Río Sextín, al noreste de Durango, escabulléndose hasta las haciendas de Canutillo y Torreón de Cañas, donde pudo evadir la persecución de las defensas sociales.

Ni siquiera los más cercanos a Villa estaban exentos de ser víctimas de su violencia. Por esos mismos días, Pablo C. Seañez,[160] uno de sus hombres de

---

[158] Telegrama del presidente municipal de Tepehuanes, Genaro Trujillo al gobernador del estado de Durango, 7 de marzo de 1918, libro de copiadores, s/c, AHED; telegramas del general Francisco Murguía al general Joaquín Amaro comunicando informes de operaciones contra fuerzas villistas en el estado de Durango, febrero/junio de 1918, AHSDN, XI/481.5/112, ff. 174-201; *Telegramas*, "Las fuerzas del gobierno en los combates de Tepehuanes, se cubrieron de gloria, hiriendo de muerte al villismo que agoniza", Durango, jueves 14 de marzo de 1918, p. 1; *Telegramas*, "Noticias de Tepehuanes", Durango, martes 19 de marzo de 1918, p. 1; *Telegramas*, "Villa completamente derrotado huye a sus antiguas madrigueras", Durango, martes 26 de marzo de 1918, p. 4; Herrera, *Francisco Villa ante la historia*, p. 275; Jaurrieta, *Con Villa...*, pp. 130-131; L. Quintero, *Pancho Villa derrotado en Tepehuanes, Dgo., al intentar tomar la Cd. De Durango. 1918*, Ciudad Juárez, Chihuahua, 1990, pp. 13-31.

[159] Lorenzo Herrera y Domitilo Blanco fueron sepultados en el cementerio del rancho La Purísima (hoy El Venado). Quintero, *Pancho Villa derrotado en Tepehuanes...*, p. 30.

[160] Nació en Escalón, Huejuquilla —hoy Jiménez—, Chihuahua, el 4 de mayo de 1893, hijo de Higinio Seañez y de María de Jesús Campa. (Bautizos, Valle del Santo Cristo de Burgos, 20 de julio de 1893, acta núm. 41, f. 17).

mayor confianza, fue muerto por su jefe. Seañez se había adherido a Villa en agosto de 1913 y a finales de septiembre, al formarse la División del Norte, había quedado como comandante de la Brigada Villa. El 30 del mismo, en el cañón del Huarache, recibió un balazo en la boca que le tumbó todos los dientes, por lo que, relata Víctor de Anda, "le pusieron una dentadura de oro y entonces le decíamos el Pico de Oro". Seañez era muy popular entre los soldados: "Un hombre de campo, nomás sabía leer y escribir […] muy bueno para montar […] era amigo de todos".[161] Reed lo describe como un "atractivo y campechano joven de 26 años, que ya contaba con cinco huellas de bala en el cuerpo […] su pronunciación era un poco imprecisa, como resultado de un balazo en el maxilar y de una lengua casi cortada en dos por un sablazo. Decían que era un demonio en el campo de batalla y, además, muy matador".[162]

Tras la derrota de su facción, Seañez se amnistió al gobierno carrancista y se exilió en Estados Unidos, pero en diciembre de 1917 cruzó la frontera con 20 hombres para adherirse a Villa, quien lo recibió con los brazos abiertos, dada su necesidad de prosélitos para continuar sus correrías.[163]

Un prisionero villista capturado por las fuerzas del general Joaquín Amaro declaró que Seañez, en un arrebato de ira y en estado de ebriedad, había matado a uno de los oficiales de Villa, quien le disparó un tiro con su pistola y de inmediato ordenó su fusilamiento.[164]

Pablo Seañez (de pie, recargado al vagón) y Rodolfo Fierro (a caballo). *(Fototeca INAH)*

---

[161] Reed, *México Insurgente*, pp. 41-42.

[162] *Ibid.*, p. 31.

[163] *Telegramas*, "Francisco Villa mandó fusilar a uno de sus lugartenientes. Pablo Seañez uno de los individuos que lo acompañaban desde el año de 1913", Durango, miércoles 1° de mayo de 1918, p. 1.

[164] *Idem.*

José María Jaurrieta, secretario de Villa, afirma que su jefe desconfiaba de Seáñez; tenía sospechas de que operaba de acuerdo con el general carrancista Francisco González para atentar contra su vida. Jaurrieta refiere que fue en un punto conocido como Lagunitas de Taboada, donde Villa confirmó sus sospechas, al negarse Seáñez a cumplir sus órdenes. Encolerizado, Villa se encaminó hacia él seguido por varios de sus hombres, y Seáñez "tratando con su lenguaje algo tartamudo de explicar los hechos, no tuvo tiempo de nada, pues el jefe desenfundó su pistola diciéndole: '¡Tú serás muy hombre, pero cuando yo ordeno una cosa, ésta debe cumplirse inmediatamente!'". Según Jaurrieta, el disparo de Villa solo le hirió una mano a Seáñez, pero uno de los jefes, cuyo nombre no mencionó, lo mató de un disparo en la cabeza.[165]

Víctor de Anda, en cambio, refiere que Villa le disparó a Seáñez por un motivo baladí: "Estaba borracho, le agarró las cadenas del caballo que montaba en forma agresiva, inmediatamente el general Villa sacó la pistola y lo mató". Recuerda De Anda: "Preguntó Villa: 'Qué hubo, muchachos, ¿cómo ven? ¿Estuvo bien?'. Pues quién decía que no".[166]

Seáñez fue sepultado en un pueblo cercano al mineral de Guanaceví, dos días antes de la retirada general de Villa tras su derrota en Tepehuanes.[167]

LOS MINEROS Y EL PESCUEZO DE BERNARDINO

En abril de 1918 siete mineros perdieron la vida en las inmediaciones de la hacienda de El Fresno, para que se entendiera que las amenazas de Villa iban en serio.

Como era su costumbre en esa época, para eludir a sus perseguidores Villa envió a la mayoría de sus seguidores a sus casas y solo conservó una escolta para su servicio personal. En la región de Los Órganos, jurisdicción de Julimes, Chihuahua, fue visto cabalgando desde el sur al mando de 20 hombres. Una fuerza de caballería salió en persecución, pero nunca lo alcanzó.

---

[165] Jaurrieta, *Con Villa...*, pp. 129-130.
[166] Entrevista de Laura Espejel al teniente coronel Víctor de Anda, México, 22 de marzo de 1973, PHO/1/46, INAH, p. 42.
[167] *Telegramas*, "Francisco Villa mandó fusilar a uno de sus lugartenientes. Pablo Seáñez uno de los individuos que lo acompañaban desde el año de 1913", Durango, miércoles 1º de mayo de 1918, p. 1.

El 13 de abril, al pasar por una vinata, Villa dio indicios de sus intenciones; llamó a los propietarios y amenazó con matarlos si seguían produciendo
aguardiente. Los vinateros huyeron a la capital del estado, donde reportaron
a la guarnición lo ocurrido.

Villa, mientras tanto, se movilizó a terrenos de la hacienda del Fresno, 25
kilómetros al suroeste de la capital sobre la vía del Ferrocarril del Noroeste,
y, al cruzarse con una cuadrilla de siete operarios que trabajaban una mina
de manganeso, entre ellos, un jovencito de 14 años los llamó para hablarles
y sin más trámites ordenó a sus hombres que les dispararan. La fuerza federal
que llegó poco después encontró entre los cadáveres una nota escrita a lápiz
en la tapa de una caja de cartón. Dirigida a Bernardino Gómez del Campo
Gameros,[168] propietario de la mina, la nota decía: "Mientras viva no con-
sentiré que se apoderen de terrenos de mi propiedad y a quien lo haga lo
mataré como he hecho con estas moscas. A ti Gómez del Campo te ajustaré
las cuentas pagándomela con el pescuezo.
Francisco Villa".

En 1914 Villa, asociado con su compadre
Trinidad Rodríguez y utilizando a su hermano Hipólito como prestanombres, había
comprado a Eduardo Linss la hacienda del
Fresno, dentro de cuyos linderos estaba ubicada la mina en la que murieron absurda-
mente los inocentes mineros.

Villa continuó su camino a San Sóstenes, 105 kilómetros al noreste de la capital, según informes que proporcionaron a la
guarnición de Chihuahua los rancheros de
la región.[169]

Bernardino Gómez del Campo.

---

[168] Nació el 20 de mayo de 1862, hijo de Patricio Gómez del Campo Irigoyen y de Concepción Gameros Ronquillo. Era sobrino de Tomás Gameros. (Nacimientos, villa de Aldama,
2 de junio de 1862, acta núm. 84, ff. 34-35).
[169] *El Paso Morning Times*, "A pocas millas de Chihuahua pasó Villa dejando un papel escrito
con graves amenazas", El Paso, Texas, lunes 22 de abril de 1918, p. 1; *El Nacional*, "Francisco
Villa y el asesinato de siete inocentes", México, viernes 26 de abril de 1918, p. 2; proclama
del gobernador del Estado de Chihuahua a los habitantes del estado, 13 de agosto de 1919,
s/c, AHMD; Almada, *La Revolución en el estado de Chihuahua*, vol. 2, p. 345.

LAS TRAGEDIAS DE ROSALES Y CHORRERAS

El viernes 26 de abril, siempre al frente de su pequeña gavilla, Villa irrumpió en Santa Cruz de Rosales, donde secuestró y violó a tres jovencitas que poco después aparecieron muertas. La mayoría de los pobladores escaparon ante el temor de ser asesinados o reclutados, pero los villistas alcanzaron a ejecutar a 30 vecinos que trataron de defender a las muchachas. Entre los muertos hubo hombres, mujeres y niños, y los villistas saquearon el pueblo, según reportó el ferrocarrilero que dio cuenta de los hechos en la capital del estado.[170]

Posteriormente, ya con 40 hombres, Villa arribó a la hacienda de Chorreras, jurisdicción de Aldama, 122 kilómetros al noreste de la capital, con el propósito de hacerse de provisiones y reconcentrar todas las partidas dispersas. Ahí aprehendió a uno de los propietarios, Demetrio Oaxaca, y ordenó colgarlo de un álamo. Interrogado sobre su último deseo, don Demetrio solicitó un combate a mano limpia con Villa, quien simplemente lo colgó. Relata Fidencio García, nieto del señor Oaxaca: "Mientras mi abuela [Hilaria Cisneros] lloraba tirada en el suelo, este [Villa] se acercó y le dijo: '¡No llores! Mira, ai te va pa que te alegres' y le aventó dos monedas".[171]

Ahí mismo, según informes, Villa se reunió con algunos ciudadanos estadounidenses que vinieron a hablar con él, y salió con abundante parque y ropas.[172] El sábado 25 de mayo de 1918 una fuerza federal comandada por el teniente coronel Ezequiel Martínez Ruiz atacó a Villa, quien huyó al sur, cruzando la línea ferroviaria cerca de Estación Armendáriz, y continuó hasta la hacienda Santa Gertrudis.[173]

[170] *The Ogden Standard*, "Villa Murders Thirty People", Ogden, Utah, martes 30 de abril de 1918, p. 7; *El Paso Herald*, "Villistas Slay 30 Defenceless", El Paso, Texas, martes 30 de abril de 1918, p. 5; *Telegramas*, "Villa al entrar a Santa Cruz de Rosales", Durango, domingo 12 de mayo de 1918, p. 1; entrevista de Reidezel Mendoza a Edmundo Ruiz, Satevó, 4 de abril de 2016.

[171] Entrevista de Reidezel Mendoza a Fidencio García, El Paso, Texas, 28 de febrero de 2017; entrevista de Reidezel Mendoza a Cuquis Quiroz-González, Chihuahua, 8 de marzo de 2017; entrevista de Reidezel Mendoza a Alfredo Cruz, Chihuahua, 22 de marzo de 2017.

[172] Manuscritos, s/f, s/a, AHSDN, 481.5/78, ff. 225-226; *La Prensa*, "Francisco Villa ha recibido elementos", San Antonio, Texas, martes 4 de junio de 1918, p. 7.

[173] *El Paso Morning Times*, "Villa con un puñado de hombres fieles", viernes 24 de mayo de 1918, p. 1; *El Paso Herald*, "Villa is Defeated and Turned Back Southward", El Paso, Texas, sábado 25 de mayo de 1918, p. 2; *La Prensa*, "Francisco Villa se encuentra cerca de la frontera", San Antonio, Texas, martes 28 de mayo de 1918, p. 4; *El Paso Morning Times*, "Iban bien

Según Anthony Quinn, cuatro años antes uno de los tíos de su madre, David Oaxaca, se había unido a las tropas de Villa, pero al enterarse este que militaba en sus filas, ordenó que lo ejecutaran:

> David [...] creía firmemente en la Revolución. Aunque los Oaxaca habían perdido casi todas sus tierras y minas [...] se unió a Pancho Villa. En el campamento alguien lo presentó un día a Pancho diciendo: "Jefe, aquí hay uno de esos ricos que creen en la Revolución. Es de los Oaxaca". Pensó que estaba siendo algo amable por David. Pancho escupió en el suelo y dijo: "No confío en los hijos de rameras. Fusílenlo". Lo fusilaron en el acto.[174]

Matanzas en Santa Gertrudis y Valle de Zaragoza

El rastro de asesinatos dejado por Villa en Chihuahua en el primer semestre de 1918 es continuo. Todavía en mayo, al aproximarse a la hacienda de Santa Gertrudis, jurisdicción de Saucillo, derrotó a una partida de 60 hombres de la Defensa Social de Naica que iba bajo el mando de Homóbono Reyes. Al dispersarse los defensores, atrás quedaron 15 muertos y heridos.[175] Una vez dentro de la hacienda Villa se encontró a Gonzalo Hernández Ávila,[176] un músico que había militado en sus filas por mucho tiempo y que

Pedro Domínguez, asesinado por Villa.
(Lulú Domínguez)

---

trajeados", El Paso, Texas, sábado 1° de junio de 1918, p. 1; *El Paso Morning Times*, "El parte oficial rendido sobre la derrota de Villa", El Paso, Texas, domingo 2 de junio de 1918, p. 4.

[174] A. Quinn, *El pecado original*, Pomaire, Barcelona, 1974, pp. 35-36.

[175] *El Paso Morning Times*, "El refugio del bandolero será siempre Satevó", El Paso, Texas, martes 4 de junio de 1918, pp. 1-2; *La Prensa*, "Villa derrotó a una Defensa Social", San Antonio, Texas, viernes 7 de junio de 1918, p. 4; *La Prensa*, "Villa está cerca de la ciudad de Chihuahua", San Antonio, Texas, lunes 17 de junio de 1918, p. 1.

[176] Nació en 1860 en Satevó, hijo de Hipólito Hernández y de Donaciana Ávila, casado con Refugio Terrazas. (Matrimonios, San Francisco Javier, Satevó, 27 de noviembre de 1886, acta núm. 280, ff. 120-121). Don Gonzalo y sus cinco hijos trabajaban como peones en las haciendas de Tres Hermanos y de Santa Gertrudis, y formaban parte de un grupo musical. Villa lo acusó de estar conjurado con los carrancistas.

Homóbono Reyes.

gozaba de todas sus confianzas; lo invitó a que se le uniera nuevamente, pero el músico se excusó ser ya viejo y ofreció a cambio que los dos hijos que se hallaban con él lo sustituyeran. Por toda respuesta, Villa lo colgó frente a sus hijos en un lugar llamado Mezquite Chino.[177]

Testimonios familiares refieren que Villa había acusado de traición al capitán Hernández pero, después de ejecutarlo en terrenos de los pastizales de la estancia La Varita (actualmente criadero militar de Santa Gertrudis), se dio cuenta de que todo había sido un malentendido y, pese a ello, sus tres hijos, Ramón, Pablo y Efrén Hernández Terrazas, se dieron de alta en sus filas, quizá bajo amenazas o por temor a sufrir mayores represalias.[178]

El martes 28 de mayo Villa entró a Pilar de Conchos (hoy Valle de Zaragoza) y asesinó a una treintena de personas. Fueron ejecutados Guadalupe Velasco,[179] obrero originario de San Luis Potosí; los hermanos José Rosario Chávez[180] y Sabás Chávez,[181] y los hijos de don Sabás, llamados también Rosario y José Sabás,[182] y Evaristo Chavira Domínguez,[183] todos ellos agriculto-

---

[177] Herrera, *Francisco Villa ante la historia*, p. 276.

[178] Entrevistas de Reidezel Mendoza a Baltazar Ruiz Barroterán, Chihuahua, 14 y 21 de septiembre de 2017.

[179] Nativo de San Luis Potosí, hijo de Francisco Velasco y de Jerónima Delgado, casado con Guadalupe Escalante González, natural de Parras, Coahuila y vecina de Ciudad Camargo, y su hija Josefa. (Nacimientos, Valle de Zaragoza, 23 de febrero de 1921, acta núm. 13, s/f).

[180] Originario de Valle de Zaragoza, de 46 años, hijo de Jesús Chávez y de Guadalupe Noriega, casado con Petra López. (Matrimonios, Ntra. Sra., Pilar de Conchos, 29 de noviembre de 1892, acta s/n, f. 95).

[181] Originario de Valle de Zaragoza, de 55 años, hijo de Jesús Chávez y de Guadalupe Noriega, casado con María Dolores López Alvídrez. (Matrimonios, Ntra. Sra., Pilar de Conchos, 8 de enero de 1897 s/n., f. 116v).

[182] Originario de Santa Gertrudis, Valle de Zaragoza, de 20 años, hijo de Sabás Chávez y de Dolores López, soltero. (Bautismos, Ntra. Sra. Pilar de Conchos, 12 de diciembre de 1897, acta núm. s/n, f. 305).

[183] Originario de Valle de Zaragoza, de 46 años, hijo de Leandro Chavira y de Felipa Domínguez, casado con María Juana Chacón. (Matrimonios, Ntra. Sra., de Pilar de Conchos, 18 de febrero de 1896, acta s/n, f. 111v).

res. Perfecto Juárez,[184] campesino de 70 años, murió colgado en la alameda del pueblo. Ramón Chávez y sus hijos Jesús y Rosalío murieron también por ahorcamiento; Villa se aseguró de colgar al padre en medio de sus hijos. Antonio Portillo y su hijo Manuel fueron ahorcados en las afueras de la localidad. Arnulfo Rodríguez fue ejecutado en el arroyo del Nogalero; su hermano Florentino había reportado su desaparición desde el 1° de mayo.[185] Asimismo, Santiago López, mayordomo de la hacienda de Bellavista, quien fue asesinado a cabeza de silla.

En el rancho La Varita de Loya, de la misma municipalidad, Villa mató a José Eduardo Giner Loya,[186] a su hijo Santos Giner Mendoza[187] y a Jesús Verdugo. José Mariñelarena, bisnieto de Eduardo Giner, refiere que los mató para robarlos.[188] Y en el rancho La Jabonera colgó de un árbol a Teódulo González[189] y a su hijo Emilio,[190] uno de los jóvenes había militado mucho tiempo en las filas villistas, pero el jefe guerrillero asesinó a los tres porque don Teódulo osó pedirle que esta vez mejor se llevara a otro de sus hijos.[191]

Los crímenes, pues, no se interrumpieron. Sin embargo, la atrocidad más perturbadora desde el sacrificio de las Lucitas fue el asesinato de los hermanos Pedro y Eufrasia Domínguez.

---

[184] Originario de Valle de Zaragoza, labrador, viudo de Cleofas Guzmán, de 70 años. (Nacimientos, Valle de Zaragoza, 11 de enero de 1914, acta núm. 4, ff. 1-2)

[185] Originario de Valle de Zaragoza, de 42 años, casado con Emeteria Manríquez, deja siete hijos: Carolina, Amalia, Arnulfo, Josefa, Roberto, Rita y Manuel Rodríguez. (Nacimientos, Valle de Zaragoza, 23 de noviembre de 1920, acta núm. 61, ff. 80-81).

[186] Originario de Valle de Zaragoza, hijo de Camilo Giner y de María del Refugio Loya, de 68 años, casado con María Regina Mendoza. (Matrimonios, Ntra. Sra. Pilar de Conchos, 16 de junio de 1875, acta s/n, f. 9).

[187] Originario del rancho La Varita, Valle de Zaragoza, de 43 años, hijo de José Eduardo Giner Loya y de Regina Mendoza, casado con Francisca López Giner. (Matrimonios, Ntra. Sra. Pilar de Conchos, 10 de marzo de 1898, acta s/n, f. 122).

[188] Testimonio de José Mariñelarena, Chihuahua, 20 de julio de 2017.

[189] Originario de Valle de Zaragoza, hijo de Pablo González y de Antonia Machuca, labrador, viudo de Maximiana Chávez.

[190] Originario de Valle de Zaragoza, nació el 18 de julio de 1898, hijo de Teódulo González y de Maximiana Chávez, de 19 años. (Bautismos, Ntra. Sra. Pilar de Conchos, 15 de enero de 1899, acta s/n, f. 332).

[191] *El Correo de Parral*, "Hace 57 años. Recuerdos trágicos de la Revolución", Hidalgo del Parral, Chihuahua, sábado 29 de enero de 1972, pp. 2 y 4; Herrera, *Francisco Villa ante la historia*, pp. 274-275.

Villa arrastraba su odio por la familia Domínguez desde el 1° de mayo de 1910, cuando Tirso Domínguez Ávila,[192] jefe de la Acordada en Valle de Zaragoza, le quitó en terrenos del rancho El Ojo del Pingorongo una partida de 40 bestias que él y Tomás Urbina habían robado en Durango. Entonces juró Doroteo Arango, y más tarde lo repitió muchas veces Francisco Villa, según recuerdan los descendientes de la familia, que "de los Domínguez no iba a dejar ni los perros".[193]

En mayo de 1918, viendo el peligro para su familia, José Domínguez Ávila decidió dejar su rancho El Cáñamo y mudarse a Ciudad Camargo con su familia. El padre se adelantó, y sus hijos Pedro y Eufrasia Domínguez se quedaron en la propiedad para despachar las últimas carretas con enceres y víveres. Nicasio Coronado, vecino y trabajador del rancho, refirió que Villa llegó repentinamente y, después de someter a los Domínguez, anunció que los mataría a menos que Pedro violara a su propia hermana delante de la tropa. Eufrasia, aterrorizada, se tiró a los pies de su hermano suplicando por el amor de sus padres que no cometiera tal vileza, pero "él la enderezó con cariño y le dijo a Villa que prefería morir a cometer ese crimen". Villa entonces ordenó a dos de sus hombres que así, abrazados, los atravesaran con sus sables. No satisfecho, exigió a la gente del rancho que le trajeran a Margarita Domínguez Franco,[194] de 14 años, prima de Pedro y Eufrasia, pero Coronado la salvó: corrió a buscarla, le puso angarillas a un burro, la sacó del rancho oculta bajo la pastura y la llevó a Valle de Zaragoza, donde estaban escondidas sus cinco hermanas.[195] José Domínguez murió poco después en Ciudad Camargo a consecuencia de la impresión que le causó enterarse del modo en que habían

---

[192] Nació en Valle de Zaragoza, el 18 de febrero de 1874, hijo de Pedro Domínguez y de Martha Ávila, casado con María Dolores Morales. (Matrimonios, Ntra. Sra. Pilar de Conchos, 8 de junio de 1898, acta s/n, ff. 114v-115).

[193] Herrera, *Francisco Villa…*, pp. 243 y 275; entrevista de Reidezel Mendoza a Lulú Domínguez, Valle de Zaragoza, martes 10 de enero de 2017.

[194] Originaria de Valle de Zaragoza, hija de Tirso Domínguez y de María Dolores Franco, casada con Jesús Almazán. (Matrimonios, Parral, 27 de abril de 1923, acta núm. 53, ff. 108-110).

[195] Sus hermanas eran Luisa, Adela, María de Jesús, Dolores, Elisa y Antonia Domínguez; esta última nació el 13 de junio de 1918, y era hija del segundo matrimonio de don Tirso con Ildefonsa Mendoza. Las señoritas habían sido repartidas y escondidas entre sus familiares para su protección, debido a que Villa había amenazado de muerte a don Tirso por haberse negado a entregarlas. (Entrevista de Reidezel Mendoza a Norma Ramírez Baca, Chihuahua, 25 de febrero de 2020).

muerto sus hijos. En el rancho, mientras tanto, Villa desmanteló las casas de la familia Domínguez y las tomó como cuartel.[196]

El salvajismo de Villa impregnó a cuantos lo rodeaban. Dentro de la familia Domínguez se dijo que don Tirso, hermano de don José, había muerto en las aguas del embravecido río Conchos, arrojado por su propio hermano Ramón Domínguez, coronel en las filas villistas.[197]

Casi todas las familias de Valle de Zaragoza emigraron a Parral, abandonando sus escasos intereses. Sin embargo, al poco tiempo, acosados por la miseria, algunos de ellos decidieron reunirse y armarse para regresar por los animales que aún les quedaban, y así aliviar un poco sus necesidades. Los vecinos informaron de su decisión al jefe de la guarnición de Parral, quien les ofreció una escolta. El 24 de agosto, después de recoger las 100 reses que encontraron, la tropa y los vecinos retornaron a Parral, pero, a dos kilómetros del pueblo, fueron atacados por Villa y sus hombres, a la altura de la hacienda La Laborcita. Más de 125 hombres quedaron tendidos en el campo, entre soldados y vecinos de Valle de Zaragoza: Tirso Domínguez, Antonio Chávez, Esteban Baca, Mauricio y Cesáreo Chávez, Manuel Ponce y muchos otros.[198]

El 13 de febrero de 1919 don José Domínguez reportó la muerte de su hermano, don Tirso, ante las autoridades de Parral, habiendo presentado un certificado firmado por el general Ernesto García, jefe de la guarnición, en el que constaba "que el día 24 de agosto del año próximo pasado, en el combate que se libró en La Jabonera falleció el señor Tirso Domínguez".[199]

Tirso Domínguez Ávila, asesinado en una emboscada, se había negado a entregar a sus hijas a Villa.
(*Norma Ramírez Baca*)

---

[196] Entrevista de Reidezel Mendoza a Lulú Domínguez, Valle de Zaragoza, viernes 31 de marzo de 2017.

[197] Entrevista de Reidezel Mendoza a Lulú Domínguez, Valle de Zaragoza, martes 10 de enero de 2017.

[198] *La Prensa*, "'Acabaré con Villa', dijo Fco. Murguía, y él y Villa acaban con Chihuahua", San Antonio, Texas, lunes 9 de septiembre de 1918, pp. 1-5.

[199] Defunciones, Parral, 13 de febrero de 1919, acta núm. 147, f. 131.

La mayoría de quienes murieron a manos de Villa en Valle de Zaragoza y rancherías aledañas eran campesinos y pequeños propietarios que no habían tomado parte en la lucha de facciones y nunca habían opuesto resistencia. Debido a los excesos de los villistas, las autoridades estatales conminaron a los vecinos de 18 poblaciones de la vasta región del Conchos a abandonar sus hogares y trasladarse a localidades fuertemente guarnecidas para salvaguardar sus bienes y sus familias. Los que aceptaron, solicitaron autorización para recoger sus cosechas antes de dejar sus tierras, lo que así sucedió.

Gonzalo Hernández.

No retornarían a sus lugares de origen hasta los primeros meses de 1920, cuando la Jefatura de Armas les dio garantías de que las tropas velarían por su seguridad.[200]

Los pueblos de Satevó, Zaragoza, San José del Sitio, Ciénega de Olivos, Huejotitán, San Javier, Carichi, San Felipe, El Tule, San Pablo, San Borja, entre otros, fueron abandonados por sus habitantes, después de que las fuerzas carrancistas se concentraron en las ciudades. Según un reportero que visitó la región, se podía recorrer 200 kilómetros sin que se viera a un solo vecino o animal.[201]

Voladura de un tren en Estación Consuelo

A las 11 y media de la mañana del domingo 11 de agosto de 1918, una partida de 150 hombres encabezada por Francisco Villa y Martín López detuvo un tren de pasajeros entre las estaciones de Bachimba y Consuelo, sobre la vía del Ferrocarril Central, 80 kilómetros al sur de la ciudad de Chihuahua.[202]

---

[200] *El Correo del Norte*, "Es repoblada la zona del Conchos", Chihuahua, jueves 19 de febrero de 1920, p. 1.
[201] *Idem*.
[202] *The Bridgeport Times*, "Villa Bandits Hold Up Train in Chihuahua", Bridgeport, Connecticut, lunes 12 de agosto de 1918, p. 1; *The Barre Daily Times*, "Villa Bandits Hold Up

Después de bajar del tren al maquinista, los villistas dinamitaron el carro de primera clase.[203]

La intención de Villa era robar a quienes pudieran traer dinero y artículos valiosos, y apoderarse de los valores que transportara el convoy, asesinando de paso a quien le placiera. Refiere Trinidad Vega Hernández, quien militó en las fuerzas de Villa, que en los asaltos a los trenes de pasajeros buscaba a los ricos para extorsionarlos: "Agarraba a esa clase de gente y los detenía: ¡Ahora tú me vas a dar tantos miles de pesos o te fusilo! A unos los dejaba libres a otros los mataba; mató mucha gente [...] 'Bueno, ¿ustedes qué han hecho? ¿En bien de la nación?'". A decir de Vega, ninguna contestación lo satisfacía y lleno de ira, ordenaba: "'Han de saber que lo que ustedes tienen valía más que lo tuvieran los perros, ¡mátenlos!' Los fusilaron luego, luego".[204]

No logró Villa, en esa ocasión, apoderarse de los fondos que llevaba el tren. La explosión cortó la cadena de carros y un bombero que viajaba en un vagón cercano a la locomotora la puso en marcha y escapó con la sección delantera del tren hasta Estación Ortiz, salvando así una parte de la guardia, que viajaba en el carro blindado, y una carga de 60000 pesos en oro y plata propiedad de las compañías mineras de Parral.

La tragedia fue para quienes se quedaron en el lugar del asalto. El Departamento de Estado estadounidense reportó: "El asesinato despiadado de todos los pasajeros, hombres, mujeres, niños [...] es una nueva táctica de Villa y ha impresionado mucho a la gente de esta ciudad [Chihuahua]".[205] Según Jesús María Cuén, juez federal de Ciudad Juárez, 16 pasajeros, entre civiles y soldados que resguardaban los vagones, fallecieron en la

---

Train", Barre, Vermont, lunes 12 de agosto de 1918, p. 1; *El Paso Herald*, "Federals Running Armored Cars on Chihuahua", El Paso, Texas, jueves 15 de agosto de 1918, p. 1; *The Lancaster Herald*, "Villistas Take Train: Kill Passengers", Lancaster, Texas, viernes 16 de agosto de 1918, p. 2; *The Seattle Star*, "Villa Men Slay 100 on Train", Seattle, Washington, martes 27 de agosto de 1918, p. 1.

[203] *La Prensa*, "Atacan un convoy las fuerzas de Fco. Villa", San Antonio, Texas, martes 13 de agosto de 1918, p. 1.

[204] Entrevista de Ximena Sepúlveda a Trinidad Vega Hernández, La Junta, Chihuahua, 29 de octubre de 1973, INAH, PHO/1/126, pp. 20-22.

[205] Department of State, *Activities of Francisco Villa. December 1915 to July 1923*, Washington, D. C., agosto 10/18, p. 36 (812.00/22179).

explosión, y otros 17 fueron ejecutados por Villa.[206] El periódico *El Paso Herald* reportó que la guardia de la parte trasera del tren había sido aniquilada.[207]

Después de volar el vagón, Villa formó un cuadro de ejecución a la derecha de la vía, mandó bajar a los pasajeros, los hizo desfilar frente a él, uno por uno, y se puso a repartir muerte y vida.

Con un oficial carrancista que vestía chaqueta militar: "¡Cuélele a la derecha!" El oficial replicó: "¡Mi general!", y contestó: "¡No le digo! Habla como los militares ¡A la derecha!". A un agricultor de Las Cuevas: "¡Quédese!". A uno más: "¡A usted ni le pregunto! ¡A la derecha!". Y a cada instante se escuchaba una descarga de fusilería.[208]

El exgeneral zapatista Justino Cotero, jefe de sector en Estación Ortiz que viajaba en el tren con su hermano José y su anciana madre Bárbara H., viuda de Cotero,[209] alcanzó a deshacerse de su pistola y a cambiar su uniforme por ropa de civil de su hermano antes de que los asaltantes abordaran los carros. Al llegar su turno, doña Bárbara dijo a Villa que sus hijos eran conocidos comerciantes de Tenancingo y vendían maíz, frijol y azúcar en Toluca, Querétaro y Pachuca. "Bueno, pos a lo mejor es cierto lo que dice. Quédense ahí".

La tragedia sobrevino para los Cotero cuando Villa pasó con otro de los prisioneros: "A usted ni le pregunto. Por el uniforme se ve que es usted oficial carrancista ¡A la derecha!". El oficial, desesperado, rogó: "¡Mi general Cotero! ¡Sálveme!", y Villa, sorprendido, exclamó: "¡Ah! conque por aquí anda el general Cotero. ¿Quién es aquí el general Cotero? ¡Con que usted era uno de los comerciantes de Tenancingo!". Doña Bárbara, arrodillada, le suplicó

---

[206] *El Paso Herald*, "Villa Directs Dynamiting of Central Train", El Paso, Texas, miércoles 14 de agosto de 1918, p. 4.

[207] *El Paso Herald*, "A Fireman Runs off and Saves a Carload of Cash", El Paso, Texas, viernes 16 de agosto de 1918, p. 1; *El Paso Herald*, "Save Lot of Bullion", El Paso, Texas, viernes 16 de agosto de 1918, p. 1.

[208] *Bisbee Daily Review*, "Ge. Cotero Killed and Daughter is Carried Away", Bisbee, Arizona, miércoles 14 de agosto de 1918, p. 2; Camacho de la Rosa, *Raíz y Razón de Totolapan*, p. 71; Meléndez, *Historia de la revolución mexicana*, vol. 2, p. 369; A. Taracena, *La verdadera Revolución mexicana. Sexta etapa (1918-1920)*, vol. 7, Jus, México, 1963, pp. 29-30.

[209] *El Paso Herald*, "Villa Orders Cotero Shot at Consuelo, is Report", El Paso, Texas, jueves 15 de agosto de 1918, p. 1.

que por lo menos perdonara la vida a su hijo José aduciendo que era su sostén: "Bueno, señora, me conformo con uno. Sigan ahí donde están".

Y así continuaron las órdenes: "¡A la derecha! ¡Quédese ahí!", seguidas de continuas descargas. Así lo contó doña Bárbara H., viuda de Cotero, al general Francisco L. Urquizo.[210]

Al lado derecho de la vía cayeron muertos el general Justino Cotero,[211] el capitán Ricardo Nava, el capitán J. A. Tinajero, el subteniente Ernesto Mateos y el oficial Antonio Morales,[212] los comerciantes Amado Márquez[213] y Fermín Sada;[214] el ingeniero Manuel Guzmán que iba camino a México a visitar a su esposa y a sus dos hijas; el garrotero Marcelino Granados Rodríguez,[215] el pagador José Dolores Escudero Trevizo[216] quedó gravemente herido; el exauditor de trenes José H. Gutiérrez; el maquinista, apellidado Maldonado; Fidel

[210] Taracena, *La verdadera revolución mexicana. Sexta etapa...*, pp. 30-31.

[211] Según su acta de defunción era militar, de 32 años, soltero, originario de Tenancingo, Estado de México, con domicilio en Tacubaya: "La muerte acaeció en la Estación Consuelo, Chihuahua, el día 10 del presente mes a la una y 15 minutos de la tarde a consecuencia de heridas por arma de fuego". El cadáver fue trasladado a la capital de la República y sepultado en el Panteón Francés. Según el acta de defunción expedida en la Ciudad de México tenía 29 años. (Defunciones, Chihuahua, 30 de agosto de 1918, libro núm. 76, acta *núm.* 1424, ff. 196-197; Defunciones, Ciudad de México, 22 de agosto de 1918, libro s/n, acta núm. 114, ff. 115-115v).

[212] Según su acta de defunción era militar, soltero, de 30 años, murió de heridas por arma de fuego en el Hospital Militar. (Defunciones, Chihuahua, 13 de agosto de 1918, libro núm. 76, acta núm. 1331, f. 129).

[213] Hijo de Antonio Márquez y de Refugio Márquez, comerciante mexicano, soltero, 23 años, murió por heridas penetrantes en cráneo y vientre por arma de fuego en Estación Consuelo. (Defunciones, Chihuahua, 13 de agosto de 1918, libro núm. 76, acta núm. 1316, f. 197).

[214] Originario de Cadereyta, Nuevo León, de 47 años, hijo de Abraham Sada y de María Antonia García Quintanilla, comerciante, casado con Concepción González Hermosillo, sus hijos eran: Fermín, Concepción y Leonor. Murió en Estación Consuelo por heridas de arma de fuego, su cadáver fue trasladado a la Ciudad de México. (Defunciones, Chihuahua, 13 de agosto de 1918, libro núm. 76, acta núm. 1318, ff. 108-109; Defunciones, Ciudad de México, 19 de agosto de 1918, acta núm. 112, ff. 113-114v).

[215] Hijo de los finados Francisco Granados y de Rafaela Rodríguez, garrotero, de 40 años, viudo, dejó una hija, Elvira Granados, murió de herida penetrante en el cráneo en Estación Consuelo. (Defunciones, Chihuahua, 12 de agosto de 1918, libro núm. 76, acta núm. 1322, ff. 112-113).

[216] Hijo de Antonio de P. Escudero y de Perfecta Trevizo, casado con Soledad Figueroa, dejó dos hijos, Alberto y Luz, falleció en la calle Rosales núm. 2318 por herida de arma de fuego penetrante de cráneo. (Defunciones, Chihuahua, 13 de agosto de 1918, libro núm. 76, acta núm. 1330, ff. 119-120).

Díaz[217] y Balbuena Pérez.[218] Cuatro civiles desconocidos fueron ejecutados de un disparo en el cráneo.[219]

Declaró el juez federal Cuén: "Entiendo que Villa estaba personalmente al mando y mató a varias personas […] mató a un niño con su propia mano".[220] Algunos testigos aseguraron que el menor asesinado era la hija del comerciante neolonés Fermín Sada:

> Regresaba de Chihuahua acompañado de su hijita, de unos 10 años. Al inspeccionar Villa ese carro se dirigió al señor Sada y apuntándole al pecho, sin siquiera preguntarle quien era, iba a disparar, cuando el amenazado suplicó que no le diera muerte siquiera por su pequeña hija. Villa no se inmutó: contestó en el acto que la niña no iba a sufrir y, cambiando la dirección del cañón del arma, mató a la niña y enseguida al padre.[221]

Jesús M. Cuén dijo que los bandidos despojaron de sus ropas y objetos de valor a los heridos, a los prisioneros y a los cadáveres de civiles y militares.[222] El botín ascendía a 19 000 pesos.[223] Los restos calcinados de quienes murieron en la explosión quedaron sepultados entre los despojos del tren, mientras que 14 cadáveres y siete jóvenes heridos fueron trasladados a la ciudad de Chihuahua.[224] Los villistas dejaron una inscripción a un costado de la vía: "Memorias a Carranza".[225]

---

[217] Defunción de Ricardo Nava, Ernesto Mateos y Fidel Díaz, fallecidos por heridas por arma de fuego en Estación Consuelo. (Defunciones, Chihuahua, 12 de agosto de 1918, libro núm. 76, acta núm. 1323, ff. 113-114).

[218] Soltera, de 25 años, mexicana, murió por heridas de arma de fuego en el Hospital Militar. (Defunciones, Chihuahua, 13 de agosto de 1918, libro núm. 76, acta núm. 1331, ff. 120-121).

[219] Fallecieron en el Hospital Militar por heridas de arma de fuego. (Defunciones, Chihuahua, 13 de agosto de 1918, libro núm. 76, acta núm. 1331, ff. 120-121).

[220] *El Paso Herald*, "Says Villa Kills Child", El Paso, Texas, miércoles 14 de agosto de 1918, p. 4.

[221] *Great Falls Daily Tribune*, "Cotero Executed by Hand of Villa", Great Falls, Montana, jueves 15 de agosto de 1918, p. 1; *Excélsior*, "La muerte de Fermín Sada", México, domingo 22 de julio de 1923, p. 5.

[222] *El Paso Herald*, "Villa Directs Dynamiting of Central Train", El Paso, Texas, miércoles 14 de agosto de 1918, p. 4.

[223] *The Sun*, "Mexican General was Killed in Villa's Raid", Nueva York, martes 24 de septiembre de 1918, p. 3.

[224] *El Paso Herald*, "A Fireman Runs off and Saves a Carload of Cash", El Paso, Texas, viernes 16 de abril de 1918, p. 1.

[225] *La Prensa*, "Atacan un convoy las fuerzas de Fco. Villa", San Antonio, Texas, martes 13 de agosto de 1918, p. 1.

Dos mujeres fueron secuestradas, entre ellas Antonieta Lorca, actriz mexicana de vodevil[226] muy popular en El Paso y Ciudad Juárez, donde había tenido varias presentaciones.[227]

Sobrevivientes de aquella tragedia comentaron que Villa advirtió que atacaría la capital del estado el 15 de septiembre, lo que no ocurrió. El propósito era infundir pánico entre los habitantes de la ciudad de Chihuahua y obligar a la guarnición militar a concentrar sus tropas, dejándole libre el campo.

Asesinatos en El Pichagüe y El Negro

El 14 de septiembre de 1918 Villa y sus hombres salieron del pueblo de Valle del Rosario rumbo a Hidalgo del Parral, atravesando la región conocida como Las Cuchillas. Hicieron alto en la hacienda El Pichagüe, jurisdicción de Huejotitán, donde Villa se instaló en la casa grande[228] e inmediatamente ordenó el arresto de Jesús Manuel Holguín Sepúlveda,[229] hijo de Faustino Holguín Montoya,[230] lo amarró a un fresno y personalmente lo asesinó a puñaladas. También ultrajó a sus hermanas, las señoritas Sotera[231] y Sofía Holguín Sepúlveda,[232] y a continuación mandó a otro de los hermanos, Tranquilino Holguín,[233] a que fuera al rancho La Sauceda a avisarle a don Faustino lo que le había hecho a su familia.[234]

---

[226] (Vaudeville) Comedia frívola, ligera y picante; argumentos basados en la intriga y el equívoco, puede incluir números musicales y de variedades.

[227] *El Paso Herald*, "Villistas Capture Actress Known Here, in Train Wreck", El Paso, Texas, sábado 17 de agosto de 1918, p. 1.

[228] Jaurrieta, *Con Villa...*, p. 142.

[229] Nació el 12 de diciembre de 1883 en Rancho Primero, Parral, hijo de Faustino Holguín y María Antonia Sepúlveda. (Nacimientos, Parral, 24 de diciembre de 1883, acta núm. 840, s/f).

[230] Nació el 15 de febrero de 1847 en Huejotitán, hijo de Jesús María Holguín Maldonado y de Luz Montoya Cruz, casado con Antonia Sepúlveda Pichardo.

[231] Nació el 22 de marzo de 1888 en Cuevecillas, Santa Bárbara (Bautismos, Santa Bárbara, 22 de abril de 1888, acta núm. 91, f. 164).

[232] Nació el 18 de julio de 1886 en Cuevecillas, jurisdicción de Santa Bárbara (Bautismos, Santa Bárbara, 1° de agosto de 1886, acta núm. 167, ff. 191-192).

[233] Nacido el 6 de julio de 1881 en Rancho Primero, Parral, hijo de Faustino Holguín y de Antonia Sepúlveda Pichardo. (Nacimientos, Hidalgo del Parral, 16 de septiembre de 1881, acta núm. 636, ff. 200-201).

[234] Herrera, *Francisco Villa ante la historia*, p. 276.

El general Pedro Favela dio alcance a Villa en la boca del cañón del Pichagüe, esa misma tarde, enfrascándose en combate.[235]

Cinco días después, el 19 de septiembre, arribó al rancho El Negro, jurisdicción de San Isidro de las Cuevas (hoy Villa Matamoros), donde mandó asesinar a los hermanos Nepomuceno[236] y José Leandro García Bustamante.[237] Los encontró trabajando en el campo, les preguntó qué hacían, le contestaron que sembrando como medieros y ordenó ahorcarlos.[238] También colgó a los labradores Efrén Bribiesca[239] y Pedro Castro.[240] Ninguna fuente intenta siquiera dar causa para esos asesinatos.

De El Negro, Villa se encaminó a la hacienda de Sombreretillo, cuatro kilómetros al sureste, donde esa misma noche se le unieron las partidas de Martín López, Ricardo Michel, José Chávez y Nicolás Fernández. Al otro día, el general Vicente Solache y el capitán artillero Hermilo Martínez, que iban agregados a la partida de Fernández, fueron fusilados por un pelotón mandado por el propio Villa, después de que supuestamente lo invitaron a subordinarse al general Félix Díaz.[241]

---

[235] Telegramas del general Pedro Favela al general Eugenio Martínez comunicando haber dado alcance a Villa en la boca del cañón del Pichagüe, Agua Caliente, Chihuahua, 14 de septiembre de 1918, AHSDN, 481.5/71, ff. 17-20 y 23-24; telegramas del coronel J. Gonzalo Escobar al general Eugenio Martínez con informes sobre encuentro con Villa en la hacienda del Pichagüe (14 de septiembre, Parral, Chihuahua, AHSDN, 481.5/71, ff. 14-16).

[236] Originario de Rancho Primero, Parral, hijo de Luis García e Higinia Bustamante, soltero, labrador, de 35 años, "falleció a consecuencia de ahorcado". (Defunciones, Hidalgo del Parral, 23 de septiembre de 1918, acta núm. 1402, f. 98).

[237] Nativo de Rancho Primero, Parral, hijo de Luis García y de Higinia Bustamante, labrador, de 45 años, viudo de Dominga Chávez, dejó una hija, Julia. (Defunciones, Hidalgo del Parral, 23 de septiembre de 1918, acta núm. 1404, f. 99).

[238] Herrera, *Francisco Villa...*, p. 278.

[239] De oficio labrador, 35 años, casado con Sahara Cano, sus cinco hijos eran: Antonia, Petra, Evangelina, Efrén y Ramona Bribiesca. (Defunciones, Parral, 23 de septiembre de 1918, acta núm. 1404, f. 100).

[240] De oficio labrador, soltero, 35 años, sin más datos. (Defunciones, Parral, 23 de septiembre de 1918, acta núm. 1405, f. 100).

[241] Jaurrieta, *Con Villa...*, pp. 143-144; I. Barragán Alor, *La rebelión de Félix Díaz en Veracruz. Problemas estructurales del Ejército y el gobierno de Fransisco I. Madero, 1911-1913*, tesis de licenciatura inédita, Universidad Veracruzana, Veracruz, 2014, p. 148.

LA MASACRE EN LA CASONA DE JIMÉNEZ

Dos días después de la reunión de Villa con las partidas de sus seguidores en la hacienda de Sombreretillo, una columna encabezada por los generales Joaquín Amaro, Pedro Favela y por el coronel José Gonzalo Escobar salió de Parral en su persecución. Villa se retiró hacia el norte, y la madrugada del domingo 22 de septiembre atacó Ciudad Jiménez mientras el general Mateo Muñoz, jefe de la guarnición, celebraba su onomástico con un baile en la escuela local.[242] Tomado por sorpresa, Muñoz telegrafió al general Murguía para solicitar refuerzos y se parapetó en la estación del ferrocarril, pero sus hombres tuvieron que ir replegándose hacia

Evarista Reyes, Sahara, Dolores, Antonia y Miguel González.
(Jesús Muela González)

el cuartel a medida que las fuerzas de Villa, bajo el mando de Martín López, se apoderaban de la ciudad y se entregaban al saqueo. La población no tuvo más remedio que encerrarse en sus hogares o en refugios.[243] Según reportes del Departamento de Estado estadounidense, algunos testigos informaron que los invasores cometieron infinidad de atrocidades y que numerosas personas murieron de propia mano de Francisco Villa.[244]

Los villistas saquearon todos los establecimientos mercantiles, entre ellos los de José Faes, Ismael González, José Novo, Herman Russek, Manuel Ramos

---

[242] Parte del general Mateo Muñoz del ataque de las fuerzas de Francisco Villa a Ciudad Jiménez e informe de su entrada a la plaza y órdenes dictadas para la persecución, 22-24 de septiembre de 1918, AHSDN, XI/481.5/77, ff. 190 y 194; carta del presbítero Luis G. Soulé Vencour al vicario general José Quezada, Ciudad Juárez, Chihuahua, 13 de diciembre de 1918, p. 3, expediente "Luis G. Soulé", sacerdotes difuntos, Clero y Admón., secc., 1, caja 266, AHACH; Taracena, *La verdadera Revolución mexicana. Sexta etapa...*, p. 41; B. J. Gastélum, *La revolución mexicana...*, p. 367; Fernández, "Villa ataca Parral y Jiménez", [inédito], s/d.
[243] *El Paso Herald*, "Villa Attacks Santa Rosalia after Jimenez", El Paso, Texas, jueves 3 de octubre de 1918, p. 12; *La Prensa*, "Diez horas duró el combate librado en Jiménez", San Antonio, Texas, martes 8 de octubre de 1918, p. 6; Taracena, *La verdadera Revolución mexicana. Sexta Etapa...*, p. 42.
[244] Department of State, *Activities of Francisco Villa. December 1915 to July 1923*, Washington, D. C., septiembre 22/18, (812.00/22249), p. 42.

y Ramón Gutiérrez. A estos últimos les robaron 10 000 pesos en mercancías y 1 500 en efectivo que extrajeron de la caja fuerte de la casa número 7 de la calle Independencia. Los comerciantes reclamaron que "ni las autoridades civiles ni militares [...] prestaron ayuda al comercio ni intentaron siquiera repeler a los rebeldes, pues se limitaron a refugiarse en la estación de los ferrocarriles, que dista de esta población un kilómetro y medio, [...] desde la madrugada del 22 de septiembre hasta las nueve de la mañana del día 24". Ramos y Gutiérrez denunciaron que solo unos cuantos hombres de los de Villa "entretuvieron a las fuerzas del gobierno, que se habían refugiado en la estación, mientras el grueso de los villistas y su jefe Villa saqueaban despiadadamente el comercio de la ciudad".[245]

En una elegante casona rentada de estilo neoclásico en la Avenida Juárez número 14, en el centro de Jiménez, residían entonces Evarista Reyes viuda de González,[246] sus hijas Antonia,[247] Sahara González[248] y la hija de Antonia, Eva Isaura Bazán González, de nueve meses de edad.[249] Cuatro años atrás, doña Evarista había enviudado de Miguel González, un coronel villista muerto en la batalla de Paredón.[250]

[245] *La Prensa*, "Villa tomó Jiménez el domingo pasado", San Antonio, Texas, viernes 27 de septiembre de 1918, p. 1; *La Prensa*, "Villa atacó Santa Rosalía por medio de una estratagema", San Antonio, Texas, jueves 10 de octubre de 1918, p. 4; oficio del presidente municipal de Jiménez relativo al expediente de reclamación 2752-B al presidente de la Comisión Nacional de Reclamaciones, México, D. F., Ciudad Jiménez, Chihuahua, 22 de septiembre de 1924, s/c, AHMCJ.
[246] Originaria de Villa Hidalgo, Durango, hija de Estanislao Reyes y de Amada Díaz, finados, de 40 años, viuda de Miguel González, deja una hija, Dolores González, falleció en su casa habitación a consecuencia de herida por arma de fuego. (Defunciones, Ciudad Jiménez, 5 de octubre de 1918, acta núm. 537, f. 165).
[247] Originaria de Villa Hidalgo, Durango, hija de Miguel González y de Evarista Reyes, de 27 años, viuda de Jesús Bazán y no deja familia, falleció en su casa habitación a consecuencia de heridas por arma de fuego. (Defunciones, Ciudad Jiménez, 5 de octubre de 1918, acta núm. 539, f. 166).
[248] Originaria de Villa Hidalgo, Durango, hija de Miguel González y de Evarista Reyes, de 23 años, soltera, falleció en su casa habitación a consecuencia de heridas por arma de fuego. (Defunciones, Ciudad Jiménez, 5 de octubre de 1918, acta núm. 540, f. 166v).
[249] Nació en Ciudad Jiménez, el 17 de enero de 1918, hija de Jesús Bazán y de Antonia González. (Nacimientos, Ciudad Jiménez, 18 de junio de 1918, acta núm. 257, f. 17). Falleció en su casa habitación a consecuencia de heridas por arma de fuego. (Defunciones, Ciudad Jiménez, 5 de octubre d e 1918, acta núm. 541, f. 167).
[250] Alvelais, *Sucesos del norte...*, p. 212; Fernández Pérez, "La mujer, heroína y mártir de la revolución" en el *XIV Congreso nacional de historia de la Revolución mexicana*, Sociedad Chihuahuense de Estudios Históricos, Hidalgo del Parral, 20, 21 y 22 de julio de 1983, p. 180; O. Fernández, *Jiménez en la historia y en la leyenda*, pp. 58-59.

Próspero comerciante originario de Villa Hidalgo, Durango, Miguel González fue miembro fundador del Partido Antirreeleccionista. Al triunfo de la rebelión maderista en 1911 salió electo diputado local suplente de la XXVIII Legislatura por el Distrito Jiménez, y el 5 de febrero de 1913, días antes del golpe de Estado de Victoriano Huerta, fue nombrado presidente municipal interino de Ciudad Jiménez.[251] A raíz del asesinato del presidente Francisco I. Madero abandonó el cargo y se integró a las fuerzas de Francisco Villa; en la División del Norte, con el grado de coronel, estuvo al mando de la Brigada Guadalupe Victoria hasta su muerte en Paredón, Coahuila, el 18 de mayo de 1914.

Hubo entonces rumores de que Tomás Urbina había asesinado al coronel González de un tiro en la cabeza por órdenes de Villa.[252] Haya sido así o no, Villa lloró sobre su féretro, lo ascendió póstumamente a general y juró cuidar a su familia como a la suya propia. Desde entonces mantuvo una estrecha relación con la viuda y las hijas, hasta que cuatro años después, ese 22 de septiembre de 1918, el día mismo en que se apoderó de Ciudad Jiménez, asesinó a las tres mujeres, a la niña y a Coleta Reyes Díaz,[253] hermana de la señora González.[254]

Durante un tiempo Villa había mostrado buena disposición hacia la viuda y las hijas de su extinto subalterno. Les extendió un amplio salvoconducto que las protegía a ellas y a sus propiedades, se hospedaba en su casa cuando llegaba a Jiménez y, según el secretario de Villa, José María Jaurrieta, ocasionalmente le mandaba guardar a la señora González depósitos de dinero en efectivo, de los que podía disponer un porcentaje para sus gastos.[255] Dos incidentes, sin embargo, complicaron la relación entre Villa y la familia.

[251] F. Almada, *Resumen histórico del municipio de Jiménez*, El Labrador, Ciudad Juárez, 1961, p. 122.
[252] Originario de Villa Hidalgo, Durango, casado con Evarista Reyes, militar de 44 años, dejó tres hijas, Antonia, Dolores y Sahara, mayores de edad, falleció a consecuencia de herida por arma de fuego en el cráneo. (Defunciones, Ciudad Jiménez, 21 de mayo de 1914, acta núm. 84, f. 85); Fernández, "La mujer, heroína y mártir de la revolución", pp. 180-182; Herrera, *Francisco Villa ante la historia*, p. 270; El Siglo de Torreón, "La tragedia de la familia González", Torreón, Coahuila, domingo 2 de octubre de 1960, pp. 3-6.
[253] Originaria de Villa Hidalgo, Durango, hija de Estanislao Reyes y Andrea Díaz, de 42 años, falleció a consecuencia de heridas por arma de fuego. (Defunciones, Ciudad Jiménez, 5 de octubre de 1918, acta núm. 538, f. 165v).
[254] *La Cordillera*, "De la historia de Jiménez", Ciudad Jiménez, Chihuahua, abril de 1994, p. 2.
[255] *El Siglo de Torreón*, "La tragedia de la familia González", Torreón, Coahuila, domingo 2 de octubre de 1960, pp. 3-6; Jaurrieta, *Con Villa...*, pp. 83-84.

El 3 de febrero de 1917 Sahara González recogió el cadáver del mayor José Pascual de Anda Gutiérrez,[256] jefe de la Defensa Social de Jiménez, quien murió defendiendo la ciudad de un asalto del villista Mariano Tamez. Sahara veló el cuerpo de su amigo, el coronel De Anda, en la sala de su casa y rehusó entregarlo a los villistas.[257] Un hombre apellidado Carrasco se presentó en la casa de las González con órdenes de Nicolás Fernández de llevarse el cadáver y, ante la negativa de Sahara, se metió violentamente a la casa y se lo llevó a rastras.[258] El cadáver fue colgado de uno de los árboles de la calzada de Jiménez y tiroteado. Según el secretario Jaurrieta, Nicolás Fernández le reportó a Villa que Sahara, furiosa, había quemado sobre las ropas del occiso aquel amplio salvoconducto que el guerrillero había firmado para protección de la familia.[259]

Por otra parte, Antonia González, quien, según diversas versiones, había rechazado las proposiciones amorosas de Villa, se casó el 4 de marzo de 1917 con un mayor del ejército carrancista Jesús Bazán Guerrero.[260] José Muela, sobrino de Antonia, dice: "Villa se hizo cargo de la familia por interés en mi tía. Ese señor no daba corrida sin huarache".[261] De acuerdo con la versión familiar, las González siempre le dispensaron grandes consideraciones al guerrillero a pesar de sus frecuentes insinuaciones a Antonia. Consciente de lo delicado de la situación, le solicitó autorización a Villa para celebrar su matrimonio y él le dio su consentimiento, a condición de que Bazán dejara el servicio de las armas. Bazán se retiró del ejército, el matrimonio tuvo lugar, y el 18 de enero de 1918 nació la pequeña Eva Isaura.[262]

---

[256] Originario de Jalostotitlán, Jalisco, de 34 años, casado, agricultor, empleado en el servicio de las armas en el Ejército Constitucionalista con el grado de mayor, hijo de Evaristo de Anda y de Paula Gutiérrez, casado con Pascuala Jiménez, dejó dos hijos: Epifanio y Jesús. Fue sepultado el 11 de febrero en el Panteón Municipal de Jiménez. (Defunciones, Jiménez, 13 de junio de 1917, acta núm. 30, ff. 14v-15).

[257] El Paso Morning Times, "Un encuentro se registra cerca de S. Rosalía o Jiménez", El Paso, Texas, miércoles 14 de febrero de 1917, p. 1.

[258] Herrera, Francisco Villa ante la historia, p. 270.

[259] Jaurrieta, Con Villa..., p. 91.

[260] Originario de Cuetzalan, Puebla, hijo de Isauro Bazán y de Ángela Guerrero, de 24 años, soltero, vecino accidentalmente en Ciudad Jiménez, empleado, con habitación en la calle Hidalgo. (Matrimonios, parroquia de Ciudad Jiménez, 4 de marzo de 1917, acta núm. 49, f. 35v; matrimonios, Ciudad Jiménez, 5 de marzo de 1917, acta núm. 294, ff. 155-156); Amaya, Venustiano Carranza..., p. 391.

[261] Entrevista de Reidezel Mendoza a José Muela González, Chihuahua, jueves 22 de septiembre de 2016.

[262] Idem; Herrera, Francisco Villa ante la historia, p. 270.

Todo indica, sin embargo, que Villa nunca perdonó el desprecio de Antonia. Ya al dar su anuencia le había dicho entre bromas que se haría "carranclana" y mandó a uno de sus incondicionales a que matara a Bazán. La noche del 15 de junio de 1918, mientras Jesús paseaba con Antonia por la calzada principal, un individuo envuelto en una frazada lo apuñaló por la espalda. [263] Justino Flores relata que los señores Adolfo Flores Moreno y Filomeno Cano de los Ríos transitaban en una calesa por la calzada y fueron testigos del ataque. Antonia se precipitó a llevar a Jesús a su casa para que recibiera atención médica, pero fue imposible contener la hemorragia, y, al día siguiente, ella quedó viuda, y su pequeña hija, huérfana. [264]

No todas las versiones que hay sobre estos asesinatos atribuyen la violencia de Villa a sus celos por el matrimonio de Antonia González. Algunos cronistas señalan como causa un chisme de que las mujeres planeaban envenenarlo, y otras, a la negativa de la viuda del coronel González a devolverle un dinero que supuestamente le había dado a resguardar.

Asimismo, no todos señalan a Villa como autor material del crimen. Nicolás Fernández, segundo al mando, en un claro afán por exonerar a su jefe de responsabilidad en el asesinato, dice que el *Ruñi* Carmen Delgado fue quien lo cometió y que, debido al estado de salud de Villa, el propio Fernández no le informó los hechos hasta días después. Según esta versión, el *Ruñi* llegó a la casa de las González acompañado de seis hombres a pedir café, y al percatarse de que Antonia González tenía una hija de un oficial carrancista, mató a todas las mujeres. [265]

En su "biografía narrativa" de Villa, el filovillista Taibo II retoma sin cuestionar la versión de Fernández e incomprensiblemente ubica el crimen el 5 de julio de 1916, cuando todos los documentos, tanto partes militares como actas de defunción, así como los diversos testimonios, precisan que tanto el ataque a Jiménez como el asesinato de la familia González ocurrieron el 22 de

---

[263] El excapitán Bazán murió en la Avenida Juárez número 14, debido a una hemorragia interna producida por una herida de arma blanca y complicación de peritonitis, de 25 años, casado con Antonia Domínguez, deja una hija, Eva Isaura Bazán. Fue sepultado en la fosa número 260 del lote uno del cementerio de Ciudad Jiménez. (Defunciones, Ciudad Jiménez, 15 de junio de 1918, acta núm. 316, f. 57v).

[264] Herrera, *Francisco Villa ante la historia*, p. 270; entrevista de Reidezel Mendoza al ing. Justino Flores Gutiérrez, Ciudad Jiménez, domingo 9 de octubre de 2016.

[265] Entrevista de Ángel García López al general Nicolás Fernández, Ciudad de México, 1° de agosto de 1960, en *El Verdadero Pancho Villa*, pp. 213-214.

septiembre de 1918. Lo curioso es que, páginas más adelante, Taibo II revive a la viuda del coronel González, diciendo que el 26 de diciembre del mismo año Villa le solicitó la devolución de un dinero que le había dado a guardar.[266]

El segundo motivo que se ha señalado para el asesinato es que Villa recibió informes de que las González planeaban envenenarlo. Eduardo M. Ávila y Justino Flores afirman que José Isabel Saavedra, el Chabelo, un torero aficionado a quien Villa usaba como soplón y sicario, fue quien asesinó a Jesús Bazán y quien le metió a Villa la idea de que las González lo iban a matar. Flores relata que, en una ocasión, un grupo de amigas, entre las que se encontraba su madre Clotilde Gutiérrez, acompañaron a Antonia Domínguez viuda de Bazán a su casa después de un paseo por la Calzada Juárez y que, al retirarse, las amigas oyeron que Antonia gritó: "¡Mira, aquí está este desgraciado!". Era el Chabelo, a quien Antonia le disparó con una pistola que cargaba en su bolso, pero el asesino alcanzó a escapar ileso. Ese incidente bien podría haber picado al Chabelo, que en su posición de soplón se había vuelto avezado en el arte de manipular a Villa con chismes, para azuzarlo contra las González; de acuerdo con Flores, fue el Chabelo quien le advirtió a su jefe que las mujeres intentarían envenenarlo en su próxima visita.[267]

La prensa estadounidense publicó erróneamente que las mujeres habían sido colgadas debido a que "Villa les guardaba rencor porque trataron de envenenarlo hace dos años".[268] Calzadíaz, por su parte, retoma sin ningún sustento la versión del intento de envenenamiento como el motivo del asesinato y también niega que Villa haya disparado: "Villa [...] furioso como una fiera, llegó a la casa de dicha familia González ordenando a sus ayudantes exterminarla, por lo que hasta una niña de brazos pereció junto con la mamá".[269]

En un afán similar al de Nicolás Fernández por liberar a Villa de responsabilidad en el asesinato, el secretario Jaurrieta también lo atribuyó al *Ruñi* Carmen Delgado y a dos miembros de su escolta —Fernández dice que eran

[266] Taibo II, *Pancho Villa*, pp. 666 y 691.
[267] *El Siglo de Torreón*, "La tragedia de la familia González", Torreón, Coahuila, domingo 2 de octubre de 1960, p. 4; Alvelais, *Sucesos del norte...*, p. 213; entrevista de Reidezel Mendoza al ing. Justino Flores Gutiérrez, Ciudad Jiménez, domingo 9 de octubre de 2016.
[268] *El Paso Herald*, "Villistas Kill 60 at Jimenez. Loot Town Hanging Entire Family of Col. Gonzalez; Amaro in Pursuit", El Paso, Texas, jueves 26 de septiembre de 1918, p. 10; entrevista de Reidezel Mendoza a José Muela González, Chihuahua, jueves 22 de septiembre de 2016.
[269] Calzadíaz, *Villa contra todo y contra todos*, p. 178.

seis— para que recogieran 10000 dólares que había puesto bajo el resguardo de la viuda del coronel González. La señora supuestamente respondió que no tenía el dinero porque la había gastado, y Villa entonces ordenó a sus hombres que simularan que iban a quemar la casa con ellas adentro para que las mujeres se asustaran y entregaran el dinero. Jaurrieta dice que Sahara González reaccionó montando guardia en la puerta de su casa y que disparó su pistola automática calibre .32 contra los villistas cuando se disponían a fingir el incendio, y que Sahara, Antonia y la niña Eva Isaura murieron en el intercambio de disparos; dice también que el Ruñi y los otros alegaron defensa personal y Villa los exculpó.[270]

La versión de Jaurrieta hace agua por muchos lados. En primer lugar, conociéndose la proclividad de Villa a prender fuego a la gente, en particular a las mujeres, no es verosímil que haya dado la orden de solo fingir un incendio. Y aun cuando así hubiera sido, ¿cómo podrían las González haber pensado que se trataba de una simulación?[271] Y, si acaso fue cierto que Sahara disparó contra los hombres de Villa, ¿cómo no habría de defenderse, si veía que se pretendía incendiar su casa? Por otra parte, lo escrito por Jaurrieta no explica cómo, si las hermanas González y la niña de Antonia murieron en el intercambio de disparos, también fueron acribillados la señora Evarista Reyes viuda de González, su hermana Coleta Reyes y un vecino de nombre Elías Aún,[272] quienes se encontraban en diferentes lugares de la casa.[273]

Jaurrieta encontró en la falta de tino de la viuda y sus hijas y en el haber herido los sentimientos de Villa motivos suficientes para justificar los asesinatos. En su escrito ya se ve una de las tácticas que los filovillistas habrían de emplear en adelante para liberar a Villa de culpa en los crímenes: responsabilizar a las víctimas de sus propias muertes. Pregunta Jaurrieta: "¿Para qué desafiar las iras del más grande de los enemigos?".[274]

[270] Jaurrieta, *Con Villa…*, pp. 145-147.
[271] *Ibid.*, p. 146; Herrera, *Francisco Villa ante la historia*, p. 269.
[272] Originario de Monte Líbano, hijo de José Aún y Paula M. de Aún, de 56 años, comerciante, casado con María Aún, dejó siete hijos: Antonio, Carlos, Paula, María, Elena, Juana y Mariana, falleció de lesiones causadas por arma de fuego. (Defunciones, Ciudad Jiménez, 23 de septiembre de 1918, acta núm. 521, f. 157).
[273] Herrera, *Francisco Villa ante la historia*, pp. 271-272; García, *Carolina Escudero Luján…*, pp. 100-101.
[274] Jaurrieta, *Con Villa…*, p. 146.

Testimonios recogidos por Eduardo M. Ávila coinciden en que el dinero fue la causa de la masacre, pero, a diferencia de Jaurrieta, indican que fue Villa quien disparó. Entró a la casa hecho una furia, "insulta, amenaza, golpea y termina por exigirle el dinero que le tiene encomendado; la desgraciada señora se defiende cuanto puede, pero Villa no admite razones, mata a doña Evarista".[275]

Hay otros testimonios que discrepan de las versiones de Nicolás Fernández y José María Jaurrieta. Octavio Fernández Perea y Eduardo M. Ávila sostenían que, después de tomar la plaza, el propio Villa se encaminó a la casona, donde lo recibió Antonia González. Discutieron y, al notar el semblante colérico del guerrillero, Antonia "trató de ganarle la partida con una pequeña pistola que llevaba en el delantal, le disparó un tiro que le erró [...] ese fue el principio de aquella espantosa tragedia".[276] José Muela, hijo de Dolores González Reyes, la única de las hermanas que sobrevivió, coincide con Fernández Perea y Ávila, y refiere que su tía Antonia, con la niña en brazos, abrió la puerta, discutió con Villa y trató de "ganarle el jalón". Dice Muela que Antonia sacó una pistola del chal, y, cuando disparó, "la niña se le colgó del brazo y le erró, pero él no le erró, sacó la pistola y la mató".[277] Según Eduardo M. Ávila, Villa entonces persiguió cuarto por cuarto a todas las mujeres y las fue asesinando con su revólver calibre .44-40; a la pequeña Eva Isaura Bazán, de nueve meses, la remató estrellándola contra el quicio de la puerta de la sala, después de arrebatársela a la niñera que la había tomado en sus brazos.[278] Ávila dice que al momento de rematar a la niña, Villa exclamó: "¡Para que no quede naiden d'estas viejas cochinas!".[279] Sin embargo, José Muela dice que a su prima Eva, Villa "la azotó contra

---

[275] *El Siglo de Torreón*, "La tragedia de la familia González", Torreón, Coahuila, domingo 2 de octubre de 1960, pp. 3-6.

[276] *El Siglo de Torreón*, "La tragedia de la familia González", Torreón, Coahuila, domingo 2 de octubre de 1960, pp. 3-6; Fernández, "La mujer, heroína y mártir de la revolución", pp. 181-182.

[277] Entrevista de Reidezel Mendoza a José Muela González, Chihuahua, jueves 22 de septiembre de 2016.

[278] *El Siglo de Torreón*, "La tragedia de la familia González", Torreón, Coahuila, domingo 2 de octubre de 1960, pp. 3-6; entrevista de Reidezel Mendoza a José Muela González, Chihuahua, jueves 22 de septiembre de 2016.

[279] *El Siglo de Torreón*, "La tragedia de la familia González", Torreón, Coahuila, domingo 2 de octubre de 1960, pp. 3-6.

las paredes y como no se moría, la soltó y se fue [arrastrando] hasta medio patio, donde había una palmera y ahí la remató".[280]

Justino Flores dice que Sahara González también enfrentó a Villa: "Estaba en la casa de al lado cuando escuchó la balacera, entró a su casa corriendo, sacó de la bolsa una pistola y se la vació [...] pero dicen que Villa traía [protección en el pecho] y no le hizo nada. Entonces ordenó que la agarraran, la violaran y la mataran [...] Evarista y Toña ya estaban muertas. Sahara llegó al último, se topó con esa escena [...] Eso me lo platicó mi madre y mi padre que eran amigos de las hijas de doña Evarista".[281] Eduardo M. Ávila da una versión que difiere en detalles. Dice que, al salir Villa de uno de los cuartos, se encontró a Sahara, la más joven de las hijas, y le dijo: "A usté [sic] le perdono porque es la que más se parece a su padre", pero ella, invadida por la ira, lo insultó "con cuanto disparate oyó en su vida" hasta que también le disparó.[282]

Una amiga de Sahara, Dolores Valles Jordán, describe algunos detalles de la tragedia en una carta remitida a su hermana: "Mataron a doña Evarista, primero, después llenaron a Toncha [Antonia González] de petróleo para quemarla y ella les hizo fuego y entonces dio la orden la fiera [Villa] que le tiraran todos y la mataron, cogieron la nenita de ella [Eva Isaura Bazán] y le dieron un balazo en la frente y la criatura no se murió, siguió llorando, entonces le dieron en el mosaico de la pieza y la mataron, en esto salió Sara [González] y les despachó la pistola, y el mismo bandido la cogió ya indefensa y le dio tres tiros en la boca [...] De la casa de las González fueron seis los muertos, pues hirieron hasta la pilmama y mataron también a la hermana de doña Evarista".[283]

La escena fue atestiguada por las desesperadas sirvientas que trataban de saltar las paredes traseras del corral de la casa. La niñera, que logró escapar por una ventana, quedó traumatizada; dos o tres años después se le veía vagar

[280] Proclama del gobernador del Estado de Chihuahua a los habitantes del estado, 13 de agosto de 1919, s/c, AHMD; Almada, *La Revolución en el estado de Chihuahua*, vol. 2, p. 345; entrevista de Raúl Herrera a Héctor Arras Rodríguez, Parral, Chihuahua, febrero de 1999; entrevista de Reidezel Mendoza a José Muela González, Chihuahua, jueves 22 de septiembre de 2016.
[281] Entrevista de Reidezel Mendoza al ing. Justino Flores Gutiérrez, Ciudad Jiménez, domingo 9 de octubre de 2016.
[282] *El Siglo de Torreón*, "La tragedia de la familia González", Torreón, Coahuila, domingo 2 de octubre de 1960, pp. 3-6.
[283] Carta de Dolores Valles Jordán a Trinidad Valles Jordán, Jiménez, Chihuahua, 2 de octubre de 1918. (Archivo particular de Rodrigo Baca).

por las calles de Jiménez, y cuando alguien le dirigía la palabra, respondía sobresaltada, llevándose los brazos al pecho como si aún cargara a la niña: "¡No me la quite, no me la quite!".[284]

Don Eusebio Lira, esposo de Domitila Díaz Chacón, tía materna de la señora González, se encargó de sepultar los cadáveres. Villa se encontró con él al salir de la finca y le dijo: "A usté lo dejo viejo pa'que las entierre". Auxiliado por Pedro González Palacios, hermano del extinto coronel Miguel González, y por Ignacio G. Cerritos, don Eusebio levantó los cadáveres, los llevó al panteón en una vieja calesa de la casa y los sepultó sin ninguna ceremonia. Las actas de defunción fueron levantadas 13 días después por Marcial Arciniega ante las autoridades.[285]

Como ya se ha señalado, Villa también asesinó a Elías Aún, un comerciante de telas de origen libanés. Calzadíaz dice que "un individuo de nacionalidad árabe también murió por encontrarse en dicha casa a la hora de la venganza", pero da un apellido erróneo, Ayub.[286]

Cuando se desató el saqueo de la ciudad, algunos vecinos y amigos, sabedores de que las González tenían buena relación con Villa, buscaron refugio en su casa, y ellas los ocultaron en el sótano. Según Justino Flores, el Chabelo Saavedra había dicho a Villa que una prueba de la traición de la familia González era que encontraría gente enemiga escondida en el sótano.[287] Entre esos refugiados se encontraban Elías Aún, su esposa María Aún de Aún y sus cuatro pequeños hijos. Cuando Villa abrió fuego contra el comerciante, la señora Aún apenas tuvo tiempo de apretujar a sus cuatro hijos menores en un rincón y cubrirlos con una colcha. Ella comentó más tarde que Villa le había

---

[284] *El Siglo de Torreón*, "La tragedia de la familia González", Torreón, Coahuila, domingo 2 de octubre de 1960, pp. 3-6; Alvelais, *Sucesos del norte…*, p. 212; Herrera, *Francisco Villa ante la historia*, p. 271; Cortés, *Francisco Villa, el quinto jinete del Apocalipsis*, p. 185; J. Cárdenas, *Mi generación: de Madero a la dedocracia: remembranzas, vivencias, reflexiones históricas*, Editorial Pac, México, 1987, p. 45; Fernández, "La mujer, heroína y mártir de la revolución", pp. 181-182; entrevista de Reidezel Mendoza al ing. Justino Flores Gutiérrez, Ciudad Jiménez, domingo 9 de octubre de 2016.
[285] *El Siglo de Torreón*, "La tragedia de la familia González", Torreón, Coahuila, domingo 2 de octubre de 1960, pp. 3-6; Taracena, *La verdadera Revolución mexicana. Sexta etapa…*, p. 45; Herrera, *Francisco Villa…*, p. 271.
[286] Calzadíaz, *Villa contra todo y contra todos*, p. 178.
[287] Entrevista de Reidezel Mendoza al ing. Justino Flores Gutiérrez, Ciudad Jiménez, domingo 9 de octubre de 2016.

exigido a su marido 15 000 pesos como préstamo forzoso y, a pesar de haberle entregado ella el dinero, asesinó a su marido.[288]

Estrella Carrillo, bisnieta de don Elías Aún, da una versión distinta: la gente de Villa arrestó a don Elías y le exigió a la esposa el pago de un rescate, pero cuando la señora finalmente juntó el efectivo y fue a entregarlo, su esposo ya había sido colgado. Esta versión no concuerda con el acta de defunción que precisa que Elías Aún murió por lesiones de arma de fuego. Según Estrella Carrillo, Villa se justificó con la viuda asegurando que no había dado la orden de matarlo. Ofreció disculpas y pidió que le llevaran al responsable y lo asesinó enfrente de la viuda.[289]

Otra de las víctimas en aquella invasión villista fue Joaquín Aguilera, quien, perseguido por los hombres de Villa, trató de ocultarse bajo un montón de estiércol en un machero, pero fue descubierto y ejecutado ahí mismo por orden del jefe guerrillero.[290]

Manuel Ramos y Ramón Gutiérrez denunciaron que Villa y sus hombres habían dado muerte a algunos comerciantes y vecinos, "como fueron los señores Joaquín Aguilera, Elías Aún, las señoras Evarista R. Vda. De González, Antonia González viuda de Bazán, señorita Sahara González, Coleta Ríos y la niña Eva Isaura Bazán, esta de diez meses de edad. Todas esas personas fueron muertas por el mismo Villa, por diversos motivos, y entre ellos porque no le facilitaron dinero". Ramos y Gutiérrez aseguraron que la mayor parte de los habitantes de Ciudad Jiménez fueron testigos de estos crímenes, entre ellos, Francisco Mariscal, Juan P. López, José Luján Blanco, Jesús Gutiérrez E., Gregorio Soto S., José L. Rebollo, Rafael Campos, José Chow, Gabriel Máynez, todos de reconocida honorabilidad.[291]

---

[288] Alvelais, *Sucesos del norte…*, p. 212; Taracena, *La verdadera Revolución mexicana. Sexta Etapa…*, p. 45; Herrera, *Francisco Villa ante la historia*, p. 271; García, *Carolina Escudero Luján…*, pp. 100-101.

[289] Entrevista de Reidezel Mendoza a Estrella Carrillo Aún, Chihuahua, domingo 25 de septiembre de 2016.

[290] Nació el 5 de junio de 1865 en Valle de Allende, agricultor, hijo de Rayo Aguilera y de María Rayo Torres, casado con Rebeca García, no deja hijos, murió de lesiones causadas por arma de fuego. (Defunciones, Ciudad Jiménez, 23 de septiembre de 1918, acta núm. 520, f. 156); entrevista de Reidezel Mendoza al ing. Justino Flores Gutiérrez Ciudad Jiménez, domingo 9 de octubre de 2016.

[291] Oficio del presidente municipal de Jiménez relativo al expediente de reclamación 2752-B al presidente de la Comisión Nacional de Reclamaciones, México, Ciudad Jiménez, Chihuahua, 22 de septiembre de 1924, s/c, AHMCJ.

Dolores Valles asegura que Isaac Soto la salvó a ella y a su familia, después de avisarles que Villa había ordenado a Nicolás Fernández indagara "a ver si había algo de Valles, aunque fueran mujeres, viejos o niños, para pagarse la que le debía Desiderio [Valles], que le había matado un hermano pacífico [Rodrigo] y él [Villa] quería enseñarle que a él le pagaban los que le debían".[292]

Las González murieron vestidas de luto.[293] Un mes antes, el 23 de agosto, la abuela materna, Amada Díaz viuda de Reyes, había fallecido. Con la matanza, la única sobreviviente de la familia fue su hija Dolores González Reyes, quien recientemente había contraído matrimonio con el telegrafista José Carlos Muela Mendoza y vivía en El Encino, cerca de Estación Horcasitas. José Muela, hijo de Dolores, recuerda que su madre recibió la noticia del exterminio de su familia —madre, sus hermanas, su tía y su única sobrina— mientras escuchaba el vals "Sobre las olas". Sintió desvanecerse y juró jamás volver a Jiménez. Su esposo se encargó de recoger en velices los documentos y recuerdos de la familia, así como de indagar lo que había ocurrido en aquella casa.[294]

Las hermanas González visitando a heridos villistas en el Hospital Gustavo A. Madero, en Chihuahua, 3 de mayo de 1914.
(*Jesús Muela González*)

[292] Desiderio Valles desertó de las tropas villistas y se incorporó al Ejército Constitucionalista; en represalia, Villa colgó a sus hermanos Francisco, en Torreón, y a Rodrigo, en Casa Colorada; otro de los hermanos, Joaquín, también desertó y huyó a Estados Unidos (Carta de Dolores Valles Jordán a Trinidad Valles Jordán, Jiménez, Chihuahua, 2 de octubre de 1918, archivo particular de Rodrigo Baca).

[293] Originaria de Villa Hidalgo, Durango, hija de Rudecindo Díaz y de Simona Chacón, viuda de Estanislao Reyes, dejó cuatro hijos: Coleta, Evarista, Francisco y Urbano, de 74 años, murió por agotamiento y fue sepultada en el lote 2, fosa núm. 267 del cementerio de Ciudad Jiménez. (Defunciones, Ciudad Jiménez, 24 de agosto de 1918, acta núm. 477, f. 136).

[294] Entrevista de Reidezel Mendoza a José Muela González, Chihuahua, jueves 22 de septiembre de 2016; entrevista de Reidezel Mendoza a Jesús Muela González, Chihuahua, martes 4 de octubre de 2016.

Baúl que resguarda los recuerdos de una tragedia.
(Reidezel Mendoza)

Coronel Miguel González
Palacios.

Evarista Reyes Díaz.   Sahara González Reyes.

Antonia y Sahara González,
y su madre Evarista Reyes.
(Jesús Muela González)

Antonia González Reyes.

Boda de Antonia González y
Jesús Bazán, acompañados por su
hermana Sahara González (1917).
(Jesús Muela González)

357

Antonia González
viuda de Bazán.
(Jesús Muela González)

Coleta Reyes Díaz.

Dolores González Reyes
(única sobreviviente).

Jesús Muela González
contempla una foto
de su madre.
(Paola Juárez)

José y Jesús Muela González.
(Reidezel Mendoza)

Tumba de la familia
González Reyes.
(Reidezel Mendoza)

Tumba del coronel
Miguel González en el
cementerio de Jiménez.
(Reidezel Mendoza)

Elías Aún, comerciante
libanés asesinado por Villa.
(Estrella Carrillo Aún)

Tumba de Elías Aún en el
cementerio de Jiménez.
(Reidezel Mendoza)

Casi dos años después, no satisfecho con la masacre de la Casona, Villa atacó el rancho La Estancia, Durango, donde exterminó a toda una familia Reyes, tíos y sobrinos de Evarista y Coleta Reyes.[295]

EJECUCIONES EN VILLA AHUMADA

El domingo 24 de noviembre de 1918 Villa atacó la población de Villa Ahumada (120 kilómetros al sur de Ciudad Juárez), sobre la vía del Ferrocarril Central, y destrozó a la guarnición militar. Cincuenta soldados carrancistas murieron y 20 más cayeron prisioneros o desaparecieron.[296] Luis G. Gameros

---

[295] Entrevista de Raúl Herrera a Héctor Arras Rodríguez, Parral, Chihuahua, febrero de 1999.
[296] *El Paso Herald*, "Considerable killing at Ahumada reported", El Paso, Texas, viernes 29 de noviembre de 1918, p. 12; *Temple Daily Telegram*, "Juarez Preparing for Villa Attack", Temple, Texas, sábado 30 de noviembre de 1918, p. 1; *El Paso Herald*, "Report Villa Abolished Villa Ahumada Garrison", El Paso, Texas, jueves 5 de diciembre de 1918, p. 5.

Tomás Gameros Ronquillo,
padre de Luis Gameros,
asesinado por Villa.
*(Galería de gobernadores de Palacio de
Gobierno del estado de Chihuahua)*

Ptacnik,[297] ganadero y propietario de una cantina, fue ejecutado junto con Rosendo Alva y Ramón Luna por órdenes de Villa.[298]

Villa obligó a 80 vecinos y campesinos del poblado a integrarse a sus filas, mientras que a los propietarios de los comercios les exigió un pago de 20 000 pesos en oro nacional. Entre los secuestrados estaba Luis Álvarez, quien fue asesinado semanas después durante el ataque a Parral por un miembro de la escolta de Villa.[299] Según testigos, Gameros, Alva y Luna fueron asesinados a tiros en la plaza y después colgados. Villa y sus hombres desalojaron el pueblo y se refugiaron en las montañas del oeste.[300]

Una versión familiar sostiene que al percatarse de la presencia de los villistas, los empleados que laboraban en el rancho de Manuel Gameros ocultaron a Luis debajo de unas vigas y escombros. Al preguntar Villa quién era el dueño o encargado del rancho, uno de los empleados señaló el lugar donde estaba escondido Luis Gameros. Fue sacado y llevado a la presencia del guerrillero. Se hicieron de palabras. Luis le dijo que era un cobarde, dio media vuelta y Villa le disparó por la espalda, diciendo: "De los Gameros ni los perros dejo". Así lo narraron los empleados que fueron a Chihuahua a informar a la familia. Aparentemente, el encono de Villa hacia los Gameros se debía a que Tomás,

---

[297] Originario de la ciudad de Chihuahua, hijo de Tomás Gameros y de Sabina Ptacnik de 26 años, ingeniero, soltero, falleció el 1º de diciembre de 1918 "a consecuencia de herida por arma de fuego", fue sepultado en la fosa núm. 113, lote 8 del panteón de Dolores de la ciudad de Chihuahua. (Defunciones, Chihuahua, 6 de diciembre de 1918, libro s/n, acta núm. 1665, ff. 8-9).

[298] *El Paso Herald*, "Murguía Goes after Pancho", El Paso, Texas, viernes 29 de noviembre de 1918, p. 12; *El Paso Herald*, "Gameros was Hanged", El Paso, Texas, jueves 5 de diciembre de 1918, p. 5.

[299] *El Correo del Norte*, "Dio muerte Francisco Villa en Parral al señor Luis Álvarez secuestrado por él hace tiempo en Ahumada", Chihuahua, viernes 23 de mayo de 1919, p. 1; *El Correo del Norte*, "Los villistas abandonan Parral", Chihuahua, viernes 23 de mayo de 1919, p. 1.

[300] *El Paso Herald*, "Corral Pancho in Two Canyons", El Paso, Texas, jueves 12 de diciembre de 1918, p. 5.

quien había colaborado con él durante su gobierno y continuaba ocupando el cargo de tesorero general del estado, se había negado a desviar recursos públicos para patrocinar sus correrías.[301]

Francisco Murguía confirma las ejecuciones de Gameros, Alva y Luna dos semanas después en Ciudad Juárez.[302] Esteban Luna informó al presidente de la República, Venustiano Carranza, que su hermano Ramón había sido fusilado junto con otros dos vecinos de Villa Ahumada. Según relata Luna, "les exigió Villa un préstamo y que no habiendo podido completar la cantidad impuesta […] los mandó ejecutar, apoderándose también del dinero que se le pudo reunir, y con mi más profundo dolor me permito comunicar a Ud., lo ocurrido".[303]

El profesor Tomás Gameros fungió como gobernador provisional del estado, del 20 de mayo al 14 de junio de 1920, y el único decreto que expidió fue para incrementar a 100 000 pesos la recompensa ofrecida para quien entregara vivo o muerto a Francisco Villa. El periodista Francisco Palacios asegura que, con dicho decreto, Gameros ofrecía la recompensa como venganza por la muerte de su hijo Luis e intentaba sabotear las pláticas de paz con Villa.[304]

El 11 de diciembre, Felipe Ángeles cruzó la frontera por San Elizario, Texas, y un mes después se incorporó a la partida de Francisco Villa, en Tosesihua, según él, para contener sus crímenes. El secretario de Villa, Jaurrieta, da cuenta en sus memorias del encuentro.[305] Ángeles relata: "No me asocié en su mala obra, sino […] para aminorar la maldad de su obra, para libertar la vida de muchas gentes, para salvar la honra de muchas muchachas […] Hemos perdido en la lucha hasta la caballerosidad. Entre nosotros no se acostumbra la legitimidad de una lucha […] entre nosotros, de cerro a cerro, no se escuchan sino palabras de vituperios, denuestos e imprecaciones".[306]

---

[301] Carta de Marco Antonio Jiménez Gómez del Campo, bisnieto de Tomás Gameros, a Reidezel Mendoza, Torreón, Coahuila, 7 de mayo de 2023.

[302] *The Bisbee Daily Review*, "Americans Aid Villa, Charges Gen. Murguía", Bisbee, Arizona, jueves 5 de diciembre de 1918, p. 2.

[303] Carta de Esteban Luna a Venustiano Carranza, Cuatro Ciénegas, Coahuila, 31 de diciembre de 1918, XXI. 128. 14665.1, CEHM; *El Correo del Norte*, "Dio muerte Francisco Villa en Parral al señor Luis Álvarez secuestrado por él hace tiempo en Ahumada", Chihuahua, viernes 23 de mayo de 1919, p. 1.

[304] *Nevada State Journal*, "Reason why Villa Broke with Calles", Reno, Nevada, domingo 27 de junio de 1920, p. 1.

[305] Jaurrieta, *Con Villa…*, pp. 159-161.

[306] Versión taquigráfica del proceso del general Felipe Ángeles, Chihuahua, noviembre de 1919, [fotocopias], Archivo Rubén Osorio.

UN TEMPLO EN LLAMAS

La tarde del 24 de diciembre de 1918 los vecinos de Satevó llegaban poco a poco al templo parroquial de San Francisco Javier para celebrar los oficios religiosos con motivo de la Navidad. Al sonar la segunda campanada, repentinamente, una partida de 400 hombres al mando de Francisco Villa y Martín López apareció por la Lagunita, cerca del río, al tiempo que una fuerza carrancista llegó por el lado contrario.[307] En el pueblo, la Defensa Social, integrada por 60 vecinos al mando de Pedro Alonso, también tomó posiciones.[308] La balacera se generalizó después de la tercera campanada, cuando el templo estaba lleno de hombres mujeres y niños. Los vecinos intentaron salir y refugiarse en sus casas, pero el tiroteo se intensificó, obligándolos a guarecerse tras el altar mayor, pues la puerta principal del templo había quedado abierta. Allí permanecieron silenciosos, rezando para que todo terminara pronto.

En la torre del templo se encontraba parapetado un grupo encabezado por don José Terrazas Prieto y sus hermanos Javier, Pedro y Trinidad, Antonio Barrio, los hermanos Manuel, Jesús y José Loya Armendáriz, entre otros, que hicieron feroz resistencia. El combate se prolongó por 35 horas. Los carrancistas se retiraron dejando solos a los miembros de la Defensa Social, que estaban desesperados y exhaustos.[309] A la mañana siguiente, un grupo de villistas se introdujo al templo y colocó un cajón de dinamita para derribarlo y acabar con los defensores de la torre, pero la carga no explotó debido a que estaba humedecida; entonces prendieron fuego a las bancas, propagándose las llamas a las puertas, las imágenes religiosas, el coro y por el último al techo.

La mayoría de los vecinos que se encontraban refugiados en el altar mayor pudo huir del incendio, pero algunos murieron quemados y otros acribillados por los villistas.

Doña Bonifacia Armendáriz —viuda del súbdito sirio Juan Helo que había sido colgado por órdenes de Villa—, auxiliada por dos mujeres, arrojó a una noria las latas de petróleo, aguarrás y alcohol que tenía en su tienda, "antes de que no las quiten y nos quemen con ellas". También tiraron algunas pertenencias de valor para evitar que los villistas se las robaran. Las tres mujeres salieron

[307] *El Paso Herald*, "Villa Heads for Parral", El Paso, Texas, jueves 14 de enero de 1919, p. 4.
[308] Almada, *Diccionario...*, p. 496.
[309] *San Antonio Express*, "American Physician is Captured by Villa Band", San Antonio, Texas, miércoles 8 de enero de 1919, p. 6.

de la casa a salvo, gracias a un salvoconducto firmado por Nicolás Fernández, pero contemplaron con horror "muertos y heridos por todas partes, mientras la balacera seguía; en los sauces pudieron ver a mucha gente colgada, amarrada de pies y manos, y sostenida por clavos del ferrocarril".

Poco antes de iniciarse el tiroteo Villa había ordenado a sus hombres secuestrar a la señorita Esther,[310] hija de Francisco Márquez y Carmen Chávez, y que se la llevaran. Durante el combate, el jefe guerrillero permaneció encerrado en un cuarto abusando de la señorita.[311]

Los villistas estaban sufriendo grandes pérdidas entre muertos y heridos. Los defensores se negaban a rendirse debido a que en otras ocasiones Villa había cometido incontables excesos con los prisioneros y los pobladores, como el haber quemado vivas a varias mujeres. El día 27 Martín López solicitó y obtuvo autorización para negociar con los sobrevivientes de la Defensa, quienes convinieron en rendirse bajo la condición de que no se molestara más a sus familias y a los vecinos pacíficos. López aceptó sus términos y fue a avisar a Villa, quien se encontraba encerrado con Esther y desde allí daba órdenes, que ya no había por qué luchar. Villa insistió en que siguieran peleando, pero ante la insistencia de López, ordenó que aprehendiera a los defensores y los ejecutara, a lo que Martín se opuso, integrando a su escolta a 23 de los 29 hombres que estaban en condiciones de luchar.[312]

Domitilo Morales, un sargento de las tropas de Villa, relata: "Una vez en Satevó [Villa] paró una *fusilata* que traía contra la gente, porque el general [Martín] López, junto a los demás jefes, fue y le dijo que ya no fusilara a nadie, que ya parara la matazón. Villa le hizo aprecio y ya no matar a nadie. Les gritó que se salvaban porque el güerito los defendía: 'Si no fuera por este general que me lo pide, acababa hasta con los perros', les dijo Villa a aquellas gentes".[313]

En la defensa murieron Pedro Alonso, los vecinos Trinidad Terrazas, sus tres hijos, y dos de sus sobrinos, hijos de su hermano José.[314]

---

[310] Nació en Satevó el 18 de octubre de 1900, hija de José F. Márquez y de Carmen Chávez, casada con Anastasio Armendáriz. (Matrimonios, Satevó, 1° de febrero de 1930, acta núm. 88, ff. s/n).

[311] Esparza, *Santa Cruz...*, pp. 230-232.

[312] *Ibid.*, p. 232.

[313] "Domitilo Morales Mendoza, sargento Primero. Testimonio de un soldado de la Brigada González Ortega. Entrevista realizada por Carlos Gallegos", en *Toribio Ortega y la Revolución en la región de Ojinaga*, p. 214.

[314] Entrevista de Reidezel Mendoza a Gonzalo García Terrazas, Chihuahua, 18 de agosto de 2019.

Los villistas se llevaron las pocas pertenencias de los vecinos de Satevó. Del histórico templo de San Francisco Javier solo quedaron en pie los cruceros, el altar y la torre, el resto lo consumió el fuego y así permaneció por décadas.

¡CUELGUEN A MI COMPADRE ANTONIO!

El miércoles 22 de enero de 1919, al frente de 300 hombres, Villa y Martín López atacaron el mineral de Santa Eulalia, 20 kilómetros al este de la capital del estado. La guarnición de 50 soldados del 45º Batallón al mando del teniente Reyna resistió a los villistas; en el tiroteo, cuatro militares murieron y el resto se dispersó. Al entrar al poblado, los villistas robaron un botín valuado en 60 000 pesos entre prendas de vestir, mantas, víveres y efectivo de las tiendas y casas; de la oficina de la compañía minera robaron 400 pesos.[315]

Villa aprehendió a su compadre Antonio Cabello Siller, comerciante y expresidente municipal.[316] En Ciudad Juárez, Cabello había comentado a los reporteros que los villistas eran ingobernables: "Me robaron todos mis efectos personales y saquearon la población".[317] Con una fracción de su partida y llevando consigo a Cabello, Villa subió al mineral de Santo Domingo, donde aprehendió a tres estadounidenses, empleados de la American Smelter and Refining Company: al superintendente de minería, William Deavit, y a sus asistentes William Holmes y Roy Mattewson; aprehendió también al súbdito británico Lindsay Brown, al canadiense J. Babaree, a un ciudadano francés, a un suizo y a un cocinero chino, empleados estos de las compañías mineras británicas Buena Tierra Mining Company y La Reina de la Plata.[318]

---

[315] *La Prensa*, "Estorba el tráfico F. Villa", San Antonio, Texas, domingo 26 de enero de 1919, p. 1; *El Paso Herald*, "Villa Executes Leading Man in Santa Eulalia", jueves 30 de enero de 1919, p. 4; *The Lancaster Herald*, "Villa Hang Victim at American Camp", Lancaster, Texas, viernes 31 de enero de 1919, p. 6; carta de la Legación Británica al presidente de la República Venustiano Carranza, México, 17 de febrero de 1919, 2 ff., XXI. 130. 14899. 1-2, CEHM.

[316] Nació el 17 de enero de 1864 en Saltillo, Coahuila, hijo de Julián Cabello y de Margarita Siller (Bautizos, Santiago de Saltillo, 25 de enero de 1865, acta núm. 51, f. 55v), casado con Tomasa Gómez Hermoso. (Matrimonios, Ocampo, Coahuila, 22 de octubre de 1895, acta núm. 19, f. 20).

[317] El 11 de enero de 1917 Cabello declaró que había tenido que huir para salvarse de algún posible atentado y que no tenía intenciones de regresar. (*El Paso Morning Times*, "Las pérdidas de las tropas que lucharon son muy grandes", El Paso, Texas, sábado 13 de enero de 1917, p. 2).

[318] Carta de la Legación Británica al presidente de la República Venustiano Carranza, México, 17 de febrero de 1919, 2 ff., XXI. 130. 14899. 1-2, CEHM.

Los prisioneros extranjeros preguntaron a Villa qué haría con Antonio Cabello y, él, en voz baja, ordenó a sus hombres que lo encadenaran a una torre del tranvía aéreo de la compañía minera. Villa le guardaba rencor a su compadre desde que se negó a colaborar con él, a pesar de que años atrás habían hecho negocios con la venta de ganado. En el camino de regreso, finalmente ordenó a sus hombres que lo colgaran. Los prisioneros extranjeros fueron alineados y obligados a presenciar la escena: "Todos temblaban hasta las botas porque conocían al terrible Villa, y todos y cada uno temían ser los próximos". Brown relata: "Cabello fue montado en un caballo, con la soga al cuello y atado a un carro por encima de la cabeza [...] se azuzó al caballo que, al echar a correr, dejó colgada a la víctima, que murió en desesperadas contorsiones".[319] Los prisioneros habían supuesto que tendría compasión del viejo funcionario y amigo suyo que había servido como autoridad del pueblo desde los tiempos del presidente Porfirio Díaz hasta la gubernatura del propio Villa. Una vez desquitado su coraje en el compadre, Villa les dirigió a los extranjeros un discurso donde incluyó su opinión sobre el presidente Wilson, los liberó, según él, para evitar el cierre de la mina, y les permitió salir rumbo a la capital del estado. Por supuesto, los hombres cerraron las minas y se fueron a Chihuahua.[320]

Felipe Ángeles dice haberle reprochado a Villa la ejecución de Cabello:

Me dijo que había venido a Santa Eulalia donde se encontró a un individuo a quien, al principio, en los tiempos prósperos de la División del Norte, había dado a ganar 300 mil pesos y que lo había colgado porque se había negado a darle 50 pantalones. Yo le dije que había obrado mal porque al darle la facilidad de ganar 300 mil pesos había robado a la nación y si después le iba a quitar 50 pantalones le iba a robar de nueva cuenta.[321]

[319] *La Prensa*, "Soy el campeón de la justicia y el bandido más grande", San Antonio, Texas, domingo 6 de abril de 1919, p. 17.
[320] *El Paso Herald*, "Hanging Made Public Affair", weekend edition, El Paso, Texas, 25-26 de enero de 1919, p. 5; *San Antonio Express*, "Americans Forced to Watch Hanging", San Antonio, Texas, sábado 25 de enero de 1919, p. 4; *The Daily Herald*, "Americans Forced to Witness Mayor's Death", Weatherford, Texas, sábado 25 de enero de 1919, p. 1.
[321] Versión taquigráfica del proceso del general Felipe Ángeles, Chihuahua, noviembre de 1919, [fotocopias], Archivo Rubén Osorio.

El gerente británico Lindsay Brown, uno de los prisioneros de Villa, relata a la prensa:

fuimos encerrados en un corral en Santo Domingo, un pueblito que hay en ese distrito. Todos los trabajadores de las minas del lugar se hallaban también presentes. Villa llegó en un soberbio caballo, del que se desmontó y se dirigió hacia donde nos encontrábamos. Parecía hallarse en perfecto estado de salud y andaba sin la menor muestra de cojera. Sobre el hombro traía terciada una magnífica frazada de vivos colores, rojo, amarillo y verde. Después de detenerse frente a nosotros y vernos de pies a cabeza, empezó a arengarnos. Nos dijo que era el "bandido más grande del mundo. Campeón de la justicia". Entonces uno de los americanos y yo le dijimos que también creíamos en la justicia lo cual le agradó. Al hablar de Carranza dijo que este nunca había sido electo para la presidencia, sino que había usurpado la silla. El presidente Wilson dijo que no era hombre de palabra y que no creía en la Doctrina Monroe. Después se dirigió Villa a los trabajadores, y les dijo: "Ustedes deben exigir sus derechos (refiriéndose, me supongo, al asunto de los jornales y a la disminución de trabajo), o vendré y destruiré las minas". Villa agregó que titubeaba en destruir las minas porque dejaría a los hombres sin trabajo. Luego se nos condujo a las montañas cercanas. Villa iba a caballo, y por el camino preguntó a sus hombres si tenían lista la reata. Esta pregunta nos hizo creer que tal vez se trataba de nuestra muerte; pero afortunadamente no fue así. Se nos había conducido afuera de la población, solo para que viéramos colgar a Antonio Cabello, que era el jefe político de Santa Eulalia [...] después de esta exhibición se nos condujo a un cuarto en la mina de Galeana. Villa llegó tan solo con un guardia, que permaneció en la puerta. Empezó por decirnos que él podía hablar bien y que había recibido educación. Nos refirió cómo había aprendido a escribir un poco, enseñado por su carcelero en una de las veces que había estado preso, y luego nos dijo: "Quiero tener un arreglo satisfactorio con los jefes de las minas. Si hacemos ese arreglo dejaré abierta la comunicación ferrocarrilera entre la ciudad de Chihuahua y Ciudad Juárez". Eso significaba para nosotros el que podríamos embarcar nuestros metales. "De otro modo —dijo Villa— volvería para el primero de marzo y destruiría las agujas de los cambios de vía. Después habló Villa de unas minas fabulosas que dijo él sabía dónde se hallaban y que contenían fabulosas riquezas. "Esas minas que hay aquí en los alrededores, no valen nada, tienen solamente un mineral muy pobre", dijo el rebelde, y agregó: "Yo conozco lugares en donde con sólo un martillo se pueden desprender trozos de plata sólida". Por nuestras mentes pasó la idea de que porqué si conocía tales riquezas no iba a arrancar con el martillo, como él decía, en vez de tratar de hacernos que le pagáramos lo que nos pedía; pero, naturalmente, nadie se atrevió a manifestar tal idea. Enseguida, Villa se levantó del asiento y se despidió de todos nosotros, estrechándonos políticamente la mano a todos. Como algunos de nosotros le ofrecimos a Villa parte de nuestros alimentos, aquél se rehusó cortésmente, quizá porque temía que se le fuera a envenenar, pues según se dice, el rebelde es muy desconfiado. No obstante, para indicar que no nos temía, dejó su pistola a un lado, siendo que jamás se desprende de esa arma. Habiéndole llamado la atención uno de nosotros, el hecho de que su único guardia se había quedado dormido en la puerta. Villa se rio mucho, pues le hizo gracia ver como roncaba el infeliz centinela [...] Mientras tanto sus hombres se dedicaban al saqueo. Se habían apoderado de miles de pesos, de una regular cantidad de ropa y abrigos, y de 40 cajas de dinamita que Villa ordenó que fueran cargadas en burros para llevárselas. Al día siguiente, las autoridades carrancistas de Chihuahua mandaron un centenar de soldados, que no se retiraron mucho de la capital. Cuando los hombres de Villa abandonaron el pueblo, pudimos contarlos, que son cerca de 500, pero no todos ellos bien armados, ni pertrechados. No bien se habían perdido de vista, todos nosotros nos apresuramos a abandonar la población, dirigiéndonos a la ciudad de Chihuahua, por temor de que Villa hiciera lo que había prometido; pero según hemos sabido, hasta ahora no han sido dinamitadas las minas.[322]

Al abandonar Santa Eulalia, Villa quemó el puente del Ferrocarril Central en Mápula y desapareció por el camino al cañón de Bachimba.[323] En los primeros días de febrero, Villa arribó a la hacienda de Corral de Piedra, a 40 kilómetros al oeste de Santa Eulalia, propiedad de Carlos Cuilty, y asesinó a tiros al capataz Dionisio Terrazas y a su hijo; los acusó de trabajar en una finca que, según él, le pertenecía. De ahí, Villa reanudó la marcha rumbo a Carretas.[324]

---

[322] *La Prensa*, "Soy el campeón de la justicia y el bandido más grande", San Antonio, Texas, domingo 6 de abril de 1919, p. 17.
[323] *San Antonio Express*, "Santa Eulalia Raided by Band Led by Villa", San Antonio, Texas, viernes 24 de enero de 1919, p. 2.
[324] *El Paso Herald*, "Villa Executes Man on Ranch near Carretas", El Paso, Texas, miércoles 5 de febrero de 1919, p. 2.

Asesinatos en La Boquilla, Saucillo, La Cruz y Ciénega de Ortiz

Braulio A. Durán, presidente
municipal de Saucillo.
(Alonso Domínguez Durán)

El 8 de abril de 1919 Villa entró a Saucillo y ordenó al presidente municipal Braulio A. Durán Luján que reuniera a los principales vecinos, pero como la mayoría se había escondido, ordenó que lo colgaran junto con cinco empleados del municipio.[325] Villa también asesinó al chofer del comerciante don José Meléndez, ahorcándolo a orillas del río, al negarse a revelar el paradero de su patrón. El jefe guerrillero se apoderó de todo el maíz y de las mercancías que encontró. En el poblado de Las Varas, Villa robó también el maíz existente y continuó su viaje al sur de Camargo.[326]

En La Boquilla, Villa ordenó fusilar a Benjamín Terrazas, un empleado de la presa del lugar.[327] Posteriormente, recorrió los poblados de La Laguna, Ojo Caliente y Muñoceno, donde recogió provisiones. En La Cruz saqueó la estación del ferrocarril y ordenó ahorcar al telegrafista Manuel Rodríguez, quien dejó a una numerosa familia en la orfandad.[328]

---

[325] Alonso Domínguez dice que Villa ya lo había mandado golpear en Villa López. Según Eduardo Esparza, don Braulio fue aprehendido en Saucillo y colgado con alambre de púas en Las Varas. (*El Paso Herald*, "Villistas Kill Jefe who Can't Find Villagers", El Paso, Texas, lunes 21 de abril de 1919, p. 2; *La Prensa*, "La alarma en Chihuahua", El Paso, Texas, martes 22 de abril de 1919, p. 1; entrevista de Reidezel Mendoza a Alonso Domínguez Durán, Chihuahua, 30 de mayo de 2019; E. Esparza, *Saucillo. Voz que clama en el desierto*, Conaculta, Chihuahua, 2007, p. 236).

[326] *Ibid.*, pp. 69-70.

[327] Benjamín Terrazas era nativo de Valle de Zaragoza, comerciante, de 40 años, hijo de Basilio Terrazas y Dolores Velis, casado con Isabel M. Dejó tres hijos. Murió "ejecutado por arma de fuego" el 5 de abril de 1919 (Defunciones, San Francisco de Conchos, 1 de septiembre de 1919, acta núm. 36, ff. 136-137).

[328] *Correo del Norte*, "Ha perpetrado a últimas fechas nuevos asesinatos F. Villa", Chihuahua, domingo 20 de abril de 1919, pp. 1 y 4; proclama del gobernador del Estado de Chihuahua a los habitantes del estado, 13 de agosto de 1919, s/c, AHMD; Almada, *La Revolución en el estado de Chihuahua*, vol. 2, p. 345.

El 15 de abril, Martín López acampó con su gente en las cercanías del Fresno, 15 kilómetros al suroeste de la capital del estado, y ahí pernoctó. Al otro día salió muy temprano, y pasando el río, a la altura de Casa Colorada, llegó a las cercanías de la Quinta Carolina, siete kilómetros al norte de la ciudad, de donde robó casi 300 caballos a la guarnición, y continuó hasta Villa Aldama, donde se le vio enarbolando una bandera negra. López se incorporó a Villa en un punto entre Meoqui y Estación Ortiz.[329]

Entre el 10 y 17 de abril de 1919 las partidas de Francisco e Hipólito Villa y Felipe Ángeles se dedicaron a dinamitar 33 kilómetros de vía y algunos pequeños puentes entre Chihuahua y Camargo, lo que interrumpió el tráfico ferroviario. Además, cortaron los hilos telegráficos y destruyeron los postes a hachazos, según reportaron algunos viajeros que transitaron por aquellos puntos.[330]

Descendientes de Donaciano Meléndez y Pedro López, y el autor. *(Armando Herrera)*

La tarde del domingo 25 de abril, a su paso por Ciénega de Ortiz rumbo al norte, Villa desapareció al labrador Pedro López Anchondo[331] y colgó al suegro de este, Donaciano Meléndez Mendoza, un anciano de 80 años, en las labores del pueblo.[332]

---

[329] *La Patria*, "Martín López ha dado la gran sorpresa", El Paso, Texas, viernes 18 de abril de 1919, p. 1.

[330] *El Correo del Norte*, "Francisco Villa dio muerte a un honrado telegrafista", Chihuahua, sábado 19 de abril de 1919, pp. 1 y 4.

[331] Nativo de Ciénega de Ortiz, de 58 años, labrador, hijo de Jesús López y de Rita Anchondo, casado con Pabla Meléndez, sus hijos: Luis, Rodrigo, Angelito, Rafael, Jesús, Pabla, Donaciana, Modesta y Gregoria. (Defunciones, Guadalupe, Chihuahua, 1° de mayo de 1919, acta núm. 180, ff. 64v-65).

[332] Originario de Ciénega de Ortiz, labrador, hijo de Ignacio Meléndez y de Miqueila Mendoza, casado con Modesta Hernández, sus hijos: Remedios, Ladislao, Pabla, Carmen y Venustiana Meléndez. (Defunciones, Guadalupe, Chihuahua, 1° de mayo de 1919, acta núm.

Tumba de Donaciano
Meléndez en el panteón de
Ciénega de Ortiz.
(Reidezel Mendoza)

Francisco López Meléndez,
bisnieto de Donaciano
Meléndez y nieto de Pedro
López, ambos ejecutados
por Villa.
(Reidezel Mendoza)

LA VENGANZA CONTRA LOS PALLARES

En abril de 1919 los vecinos de la hacienda El Charco, 33 kilómetros al suroeste de la ciudad de Chihuahua, determinaron armarse y constituirse en Defensa Social. El 14 de ese mes, Martín López se presentó en la hacienda después de haberse apoderado de un tren que corría hacia Chihuahua, sobre la vía del Noroeste, y mandó a sus hombres a recoger cuantas semillas y provisiones encontraran en casas y comercios, así como a apoderarse de todos los caballos y bestias que los vecinos utilizaban en sus labores agrícolas. De nada valieron las súplicas de los pobladores, de que les dejara lo mínimo para trabajar. Antes de retirarse, López prendió fuego a la leña que un vecino de apellido Valles tenía lista para embarcar cerca de Estación Salas con destino a la capital y a tres carros del tren que conducían durmientes.[333]

Se dijo entonces que el lugarteniente de Villa había dado la orden de quemar la leña por el rencor que desde años atrás le guardaba al propietario. Jesús María

---

181, f. 65); entrevistas de Rubén Osorio a Jesús María López Aguirre, El Charco, 19 de abril de 1980 y 11 de diciembre de 1982, en *Pancho Villa...*, pp. 140-158.

[333] *La Prensa*, "La alarma en Chihuahua", El Paso, Texas, martes 22 de abril de 1919, p. 1; Department of State, *Activities of Francisco Villa* (diciembre de 1915 a julio de 1923), abril 19/1919, p. 50 (812.00/22633).

López, hermano de Martín, relata: "Lo acompañé a Estación Salas [donde estaban] unos vagones de ferrocarril con leña de los señores Valles. No hizo esto consciente, lo hizo muy tomado. Sacó unas estopas y las puso entre la leña: 'No le prendas Martín', le dije, pero no me hizo caso, sacó unos cerillos y le prendió".[334]

Fue a raíz de estos atropellos cuando los vecinos de El Charco tomaron la decisión de incorporarse a la red de defensas sociales para proteger por sí mismos sus intereses.[335] Entre esos vecinos estaban los exvillistas hermanos Pedro y Manuel C. Pallares, así como Juan Pallares, hijo de Pedro, y Nieves Pallares Lara, hijo de Manuel. Estos hombres se habían amnistiado al gobierno carrancista, lo que había despertado el odio de Villa.

El 28 de mayo Villa entró a El Charco y ejecutó a Juan Pallares y a su primo Nieves. Dice Pedro Pallares López, sobrino-nieto de Manuel: "Les habían avisado que llegaban los villistas, que iban sobre los Pallares". A Juan Pallares lo sorprendió después de salir de una fiesta y lo colgó de un encino, a un kilómetro del poblado. Recuerda Pedro: "Juan estaba en un baile, era muy joven, estaba jugueteando con las muchachas y el sombrero se le cayó en una olla de menudo [...] unas personas hallaron el esqueleto años después y lo reconocieron sólo por la tejana que estaba marcada por la manteca del menudo".[336] A Nieves Pallares[337] lo descuartizaron los villistas en el rancho El Potrerillo, camino a Chihuahua; los pedazos del cadáver fueron llevados a Chihuahua en una zancadilla sobre el lomo de un burro para ser sepultados.

EXTERMINIO DE LOS HERRERA

Maclovio y Luis Herrera Cano, originarios del rancho San Juanico, municipio de Parral, militaron a las órdenes de los jefes maderistas Guillermo Baca y Pedro T. Gómez, entre noviembre de 1910 y febrero de 1911. Al año siguiente

[334] Entrevistas de Rubén Osorio a Jesús María López Aguirre, El Charco, Chihuahua, 19 de abril de 1980 y 11 de diciembre de 1982, en *Pancho Villa...*, p. 146.
[335] *El Correo del Norte*, "Continúa en su labor de robo los villistas que comanda Martín López", Chihuahua, miércoles 23 de abril de 1919, pp. 1 y 4.
[336] Entrevista de Reidezel Mendoza a Pedro Pallares López, El Charco, Chihuahua, 28 de julio de 2015.
[337] Originario de El Charco, de 25 años, agricultor, hijo de Manuel C. Pallares y de Luciana Lara, viudo, dejó una hija, María de Jesús, fue sepultado en el panteón de Dolores de la capital del estado, lote núm. 12, 3ª clase, fosa 125. (Defunciones, Chihuahua, 2 de junio de 1919, acta núm. 1006, ff. 570-571).

Luis y Maclovio Herrera Cano,
Camargo, 1913.
(Raúl Herrera Márquez)

combatieron la rebelión orozquista. A la muerte del presidente Francisco I. Madero se levantaron en armas el 23 de febrero de 1913, incorporándose a las fuerzas de Manuel Chao en Rosario, Durango. El 20 de agosto de 1913 Venustiano Carranza nombró jefe de la División del Norte al general Manuel Chao, pero el 13 de septiembre, pistola en mano, Villa lo despojó del mando en Jiménez, y Carranza terminó por reconocer a este último.[338] Para evitar la escisión del movimiento, los hermanos Herrera reconocieron a Villa como jefe de la División del Norte en la hacienda de La Loma, Durango, el 29 del mismo.

Al frente de la Brigada Benito Juárez, Maclovio y Luis Herrera tomaron parte activa y sobresaliente en todas las acciones de guerra durante los nueve meses y medio de existencia de la División del Norte: en los combates de Avilés (26 de septiembre) y Lerdo (29 de septiembre), la batalla de Torreón (30 de septiembre-1° de octubre), el asedio a la ciudad de Chihuahua (5-10 de noviembre 1913), la toma de Ciudad Juárez (15 de noviembre), la batalla de Tierra Blanca (24-25 de noviembre), la toma de Ojinaga (10 de enero de 1914), el combate de Bermejillo (20 de marzo), la segunda batalla de Torreón (22 de marzo-3 de abril), las tomas de San Pedro de las Colonias (7-9 de abril) y Saltillo (20 de mayo), la batalla de Paredón (17 de mayo) y la batalla de Zacatecas (23 de junio de 1914).

Familia Herrera Cano
(Parral, octubre de 1910).
(Raúl Herrera Márquez)

[338] *El Paso Morning Times*, "Carranza with 8,000 Men Advancing on Chihuahua Calls Troops South", El Paso, Texas, jueves 28 de abril de 1913, p. 1; circular núm. 380 a las Fuerzas Constitucionalistas. División del Norte, Cuartel General de Parral, 4 de septiembre de 1913, general en jefe Manuel Chao, AHMP.

El 23 de septiembre de 1914 la ambición de Francisco Villa lo llevó a desconocer al primer jefe Venustiano Carranza. Cinco días después el general Maclovio Herrera rompió con Villa y este juró que exterminaría a su familia.

El 17 de abril de 1915 Maclovio Herrera murió en extrañas circunstancias durante un tiroteo con sus propias tropas por una confusión de contraseñas en Nuevo Laredo, Tamaulipas.[339] Luis Herrera murió combatiendo a los villistas en Torreón, Coahuila, el 22 de diciembre de 1916; el villista Eulogio

Concepción Herrera Cano.
(*Raúl Herrera Márquez*)

Ortiz arrastró el cadáver del general Herrera a cabeza de silla por las calles de la ciudad y Villa ordenó colgarlo de un poste; le colocaron un retrato de Carranza en una mano y un billete en la bragueta, y por si fuera poco, lo apedrearon.[340] El 7 de julio de 1917 Villa atacó Parral, y tres días después José Concepción Herrera fue encontrado muerto entre las peñas del cerro de la Cruz.[341]

El viernes santo, 18 de abril de 1919, al frente de 1 600 hombres, Francisco Villa y Felipe Ángeles atacaron la ciudad de Hidalgo del Parral, defendida por 250 miembros de la Defensa Social, a las órdenes del ingeniero Francisco Chávez Holguín, y tropas federales al mando del exvillista Manuel Medinaveitia y del coronel Francisco Ríos Gómez. Los civiles que integraban las defensas

---

[339] *The Houston Post*, "Herrera Killed by his own Troops", Houston, Texas, domingo 18 de abril de 1915, p. 1; Herrera, *Francisco Villa ante la historia*, p. 162.

[340] *El Paso Morning Times*, "Luis Herrera fue muerto en la lucha habida en Torreón", El Paso, Texas, jueves 28 de diciembre de 1916, p. 1; *El Paso Morning Times*, "Un paquete y un retrato en la mano", El Paso, Texas, sábado 13 de enero de 1917, p. 2; Herrera, *Francisco Villa ante la historia*, pp. 241-242; R. Herrera, *La sangre al río. La pugna ignorada entre Maclovio Herrera y Francisco Villa*, Tusquets Editores, México, 2014, pp. 301-302.

[341] Otra versión asegura que Herrera fue fusilado en la plaza después de que Villa le dijo que tenía "que acabar con todos los Herrera porque lo habían traicionado" (*El Paso Morning Times*, "Sucesos de Parral", El Paso, Texas, sábado 14 de julio de 1917, p. 4; *La Prensa*, "Villa fusiló al presidente municipal y al jefe de las Armas de Parral", San Antonio, Texas, martes 17 de julio de 1917, p. 1; *El Paso Morning Times*, "Nuevos detalles del ataque a la ciudad de Parral", El Paso, Texas, martes 17 de julio de 1917, p. 1; Rocha, *Tres siglos de historia...*, p. 228; Herrera, *Francisco Villa ante la historia*, p. 269).

se atrincheraron en los templos del Rayo, la parroquia y San Juan de Dios; en el fortín del cerro de la Cruz o de La Prieta y en las azoteas de las casas número siete y nueve de la Avenida Independencia y de la Casa Redonda. Los federales se distribuyeron entre los cerros de los Aburridos y de los Refogos.[342]

En el templo del Rayo se parapetaron 43 sociales: los hijos de Procopio, Rafael, Genaro y Ramón Alvídrez, cuyos padres habían sido asesinados con lujo de crueldad dos años antes en Conchos —como ya se ha relatado—; Antonio Bejarano, José de la Luz Reyes, José María Muñoz, José H. Maul, Alfredo Baca, Bernardo Guzmán, Jesús G. Baca, Joaquín Ponce, Ignacio Muñoz, Maximiliano Baca, Elisandro Prieto, Sergio Maul, José María Botello, Adolfo Carrillo, Jerónimo Soto, Arturo Baca, Rodrigo Chávez Máynez, Camerino Díaz, José María Sánchez Celis, entre otros, comandados por Aristeo Flores. Poco después se les incorporó el capitán Heliodoro C. Arias, un español apellidado Zaborit, el subalcaide de la cárcel Villalobos y varios gendarmes.[343]

En el templo parroquial se atrincheraron los hermanos Melitón y Manuel Lozoya; Leodegario Lozoya, licenciado Alberto de la Peña Borja; Manuel y Filemón Arciniega; Jerónimo Jurado Torres, Luis Hernández, Manuel E. Rosas, Oscar Chávez Montes, Manuel Saldaña, Jesús Aizpuru Salas; José de la Luz Herrera y sus hijos Zeferino y Melchor (exalcalde de Ciudad Juárez), su nieto Carlos Herrera Enríquez; Aurelio, Ignacio y Agustín Páez; Narciso, Gustavo y Alfonso Talamantes; Ignacio, Jesús y Ramiro Montoya; Alfredo Chávez Amparán, Pascual Galo, Jesús María Gómez, Rafael Sagredo, José María Aizpuru; José y Miguel Posadas; Francisco, Pablo y Rodolfo Alvarado; Ismael Gutiérrez, Guadalupe Poblano, Jesús Gamboa; Jesús José y Joaquín Salcido; Juan Antonio y Antonio Shaar; Julián T. Ríos, Gabriel Chávez, Pompeyo Ochoa, Dionisio Arras, Vicente, Francisco y Ascensión Almazán; doctor Ernesto Quiroz, Jesús Quiroz, Jesús Meléndez, Eduardo Rincón, Fortunato Chávez, Francisco Rueda Quijano, Inocente Vélez, Julio Ronquillo, Basilio Morales, Jesús Reza Ochoa; Avelino Hernández con sus hijos Avelino, Jesús José y Dolores; licenciado Manuel Gómez Salas; Daniel Alderete, José Murillo, Salvador Murillo; Juan, Juvencio y Pedro Porras, Alberto Benítez; Manuel, Baltasar y Melchor Carrasco; capitán Baltazar Carrasco; Santiago Méndez, Cesáreo Garza; José María Gutiérrez, padre e hijo; Joaquín

[342] *Ibid.*, p. 293; Taracena, *La verdadera Revolución mexicana. Sexta etapa…*, pp. 101-102.
[343] Herrera, *Francisco Villa…*, pp. 294 y 296.

Botello, Enrique Darancou, Ramón Terrazas, J. Santos Reyes, José de la Luz Reyes, Patrocinio Reyes, Tomás Quintana García, Eduardo Espinoza, Pedro Pérez, entre muchos otros, hijos o familiares de agraviados por Villa, al mando de los jefes de la Defensa Social, ingeniero Francisco Chávez Holguín, José Murillo y José María *Chato* Jurado Torres.[344] A ellos se sumaban la gente que voluntariamente se ofreció y los empleados de oficinas públicas que tenían la obligación de integrarse a las defensas sociales.

Durante el tiroteo, Julio Reyes fue herido gravemente entre los callejones Relámpago y Jabonero; sus compañeros lo trasladaron al templo del Rayo y ahí murió quemado junto a la urna del Santo Entierro, a las 11 y media de la noche del sábado 19.[345] Ramón García murió combatiendo en la mina Jesús María, a las nueve de la mañana del domingo 20; su esposa Flora Baca reconoció el cadáver por un girón del saco que le llevó su hijo Rogelio, después de una semana de buscarlo en el monte.[346] Oscar Chávez Montes[347] murió a tiros —en el cerro de la Cruz—, al igual que Sixto Macías y el capitán Heliodoro C. Arias.[348]

La tarde del sábado 19 Medinaveitia desalojó sus posiciones de la guarnición, dejando comprometidos a los sociales. Al día siguiente, desde el cerro de la Iguana, Villa envió a una mujer para ofrecer garantías a los defensores si rendían las armas; prometió respetarles la vida y el honor de sus familias. Para entonces, los sociales habían ido abandonando sus puestos y se habían concentrado en el fortín del cerro de la Cruz: Melitón Lozoya, José María Gutiérrez, José María Jurado Torres y Leodegario Lozoya no confiaron en la palabra de Villa y decidieron escapar con 25 hombres; sus compañeros les entregaron las mejores armas y cartuchos que les quedaban. Al bajar del cerro, un grupo de villistas les disparó y *el Chato* Jurado cayó muerto.[349]

---

[344] *Ibid.*, pp. 295-296 y 311; Cordero, *Acontecer parralense*, p. 25.

[345] Originario y vecino de Parral, de 22 años, soltero, tajador, hijo natural de Josefa Reyes de Meléndez. (Defunciones, Parral, 2 de mayo de 1919, acta núm. 373, f. 55).

[346] Nativo de Villa Escobedo, vecino de Parral, de 37 años, minero, casado, dejó seis hijos: Rogelio, Ramón, Clara, Elisa, Alicia y de Margarita García Baca. (Defunciones, Parral, 2 de mayo de 1919, acta núm. 377, f. 57).

[347] Originario de Parral, de 22 años, soltero, agricultor, hijo de Rodolfo Chávez y de Merced Montes. (Defunciones, Parral, 20 de abril de 1919, acta núm. 354, f. 45).

[348] Originario de Guadalajara, Jalisco, de 22 años, soltero, militar, hijo de Miguel Arias y de Regina Castellanos. (Defunciones, Parral, 20 de abril de 1919, acta núm. 358, f. 47).

[349] Originario de Parral, hijo de José María Jurado Aizpuru y Guadalupe Torres, de 26 años, soltero, agricultor —sobrino de Miguel Jurado, dueño de la hacienda de Canutillo fusilado

La oferta de rendición fue rehusada por los sociales a menos que la firmara Francisco Villa. Una vez que llegó el recado con la rúbrica de Villa, los defensores aceptaron rendirse. El recado escrito a lápiz decía: "Todo lo que esta vieja les dijo lo sostendré si se rinden y entregan las armas. VILLA". El ingeniero Chávez Holguín comisionó a José Murillo para tratar con Silverio Tavares, enviado de Villa, los términos de la rendición.[350] Finalmente la escolta de Tavares subió al cerro de la Cruz, rodeó a los defensores y entregaron sus armas. Don José de la Luz Herrera y sus hijos se habían negado a huir, a pesar de los ruegos de sus compañeros de que se pusieran a salvo, pues Villa había jurado exterminarlos.[351]

Una vez asegurados los 88 prisioneros, Villa subió al cerro y después de recorrer la línea ordenó a sus subalternos que sacaran a un anciano y a los señores Herrera para llevárselos al cuartel. Relata José Murillo:

En vista de que todos supimos la suerte que esperaba a nuestros compañeros, me subí en una gran piedra que estaba cerca de nosotros y le hablé a Villa recordándole las condiciones de nuestra rendición y qué se iba a hacer con los señores Herrera; que era faltar a su palabra y al ofrecimiento que nos había hecho por escrito. Villa increpó duramente a nuestros compañeros y entre otras cosas me dijo que era mejor que me callara si no quería que me pasara lo mismo. En ese momento sentí que alguien me tiraba del saco y casi sin querer, bajé del pedrusco, sin poder hablar más.[352]

Los miembros de la Defensa Social fueron recluidos en la escuela oficial de niñas número 100 y liberados a las dos de la tarde. En cambio, don José de la Luz Herrera y sus hijos fueron bajados por órdenes de Villa entre los peñascos del cerro de la Cruz, maniatados a la espalda, y los encerró en un cuartucho de la casa de José María Gutiérrez, en la Avenida Independencia, donde había improvisado su cuartel general.[353] Según Jaurrieta, a instancia de un grupo de mujeres, Felipe Ángeles pidió clemencia para los prisioneros, pero le fue

---

por Villa—, falleció a consecuencia de herida por arma de fuego en el cerro de La Cruz. (Defunciones, Parral, 30 de abril de 1919, acta núm. 367, f. 52).

[350] Testimonio de José Murillo en Rocha, *Tres siglos de historia...*, pp. 232-233.

[351] Herrera, *Francisco Villa...*, pp. 297, 303 y 315.

[352] Testimonio de José Murillo en Rocha, *Tres siglos de historia...*, p. 233.

[353] Herrera, *Francisco Villa...*, pp. 303-304 y 307.

Melchor Herrera Cano.
(Raúl Herrera Márquez)

Zeferino Herrera Cano.
(Raúl Herrera Márquez)

negada. Villa ordenó entonces a su secretario Jaurrieta que les comunicara su decisión de ejecutarlos: "La comisión no fue muy de mi agrado [...] estaban los prisioneros recostados sobre un montón de mazorcas y atados unos a los otros, a la altura de sus brazos". Zeferino le pidió a Jaurrieta que se obrara inmediatamente para evitarles tantas incomodidades.[354]

A las seis de la mañana del lunes 21 los señores Herrera fueron conducidos maniatados por la Avenida Independencia rumbo al panteón municipal. Atrás, a corta distancia, cabalgaba Villa. Al llegar al cementerio ordenó traer petróleo para quemarlos vivos. Sin embargo, después de que los prisioneros no dejaban de insultarlo y de llamarlo cobarde, Villa, colérico, les disparó con su pistola en la frente a quemarropa, a menos de un metro de distancia; primero a Melchor[355] y a Zeferino,[356] y al último a su padre José de Luz

---

[354] Testimonio de Néstor Enciso de Arce en la versión taquigráfica del proceso del general Felipe Ángeles, Chihuahua, noviembre de 1919, [fotocopias], Archivo Rubén Osorio; Jaurrieta, *Con Villa...*, pp. 177-178.

[355] Originario de Corral de Piedras, vecino de Parral, de 32 años, minero, casado con Ángela Espinoza, dejó cuatro hijos: Manuela, María, Melchor y Georgina Herrera, falleció en el camposanto por heridas de arma de fuego. (Defunciones, Parral, 2 de mayo de 1919, acta núm. 380, ff. 58-59).

[356] Originario de Corral de Piedras, vecino de Parral, de 37 años, empleado, casado con Soledad Salcido, no dejó hijos, falleció en el camposanto por heridas de arma de fuego. (Defunciones, Parral, 2 de mayo de 1919, acta núm. 379, f. 58).

Herrera.[357] Enseguida sus cadáveres fueron colgados de un mezquite y prohibió descolgarlos. Jaurrieta dice: "Murieron virilmente dirigiendo maldiciones y vituperios" a Villa.[358]

Según José Murillo, Villa les tenía un odio ciego a los Herrera, "primero, porque los hijos de don José de la Luz Herrera, Maclovio y Luis lo dejaron y se fueron con Carranza; luego por haber creído que el señor Herrera, alcalde [de Parral] en los días de la Expedición Punitiva había dejado entrar a los yanquis porque estos perseguían precisamente a Villa, no tuvo la menor compasión con los prisioneros".[359]

Según Felipe Ángeles, el odio que sentía Villa por sus enemigos fue lo que lo motivó a separarse de él, después de cinco meses de haberlo acompañado: "Los hombres rústicos creen que el que no tiene odio no es hombre; esto pudiera estar justificado por su ignorancia, pero no lo está en los de arriba, en los que tienen el poder. El odio del que está arriba es salvaje. Esa fue la causa de que yo me separara de Villa".[360]

Jaurrieta refiere que los Herrera fueron ahorcados, lo cual es desmentido por las actas de defunción que confirman la muerte por herida de arma de fuego. Katz justifica el asesinato de los Herrera y, al igual que Jaurrieta, niega que Villa los ejecutara personalmente, a pesar de los testimonios de Murillo, Arras y Reyes Máynez que los desmienten. Taibo II retoma la versión de Katz e insiste en que los ejecutaron colgándolos "con alambre de unos mezquites".[361] Calzadíaz dice que los mismos hombres de Villa lamentaron el asesinato de los señores Herrera, pues aún recordaban "con admiración y respeto al general Maclovio Herrera".[362]

---

[357] Originario de Corral de Piedras, vecino de Parral, de 71 años, casado con Florencia Cano, dejó tres hijos: Jesús, Florencia y Dolores Herrera, falleció en el camposanto por heridas de arma de fuego. (Defunciones, Parral, 2 de mayo de 1919, acta núm. 378, ff. 57-58).

[358] *El Paso Herald*, "Villa Seises War Munitions", El Paso, Texas, viernes 25 de abril de 1919, p. 17; *The San Antonio Express*, "Parral is Captured by Villa Forces", San Antonio, Texas, viernes 25 de abril de 1919, pp. 1 y 3; *The Houston Post*, "Says Villa Seized much Loot in Parral Raid", Houston, Texas, sábado 26 de abril de 1919, p. 1; Jaurrieta, *Con Villa…*, p. 178; Herrera, *Francisco Villa ante la historia*, p. 308; Taracena, *La verdadera Revolución mexicana. Sexta etapa…*, p. 102; entrevista de Raúl Herrera a Héctor Arras Rodríguez, Parral, Chihuahua, febrero de 1999; entrevista de Reidezel Mendoza a Raúl Herrera Márquez, Ciudad de México, 20 de marzo de 2017.

[359] Testimonio de José Murillo en Rocha, *Tres siglos de historia…*, pp. 233-234.

[360] Versión taquigráfica del proceso del general Felipe Ángeles, Chihuahua, noviembre de 1919, [fotocopias], Archivo Rubén Osorio.

[361] Katz, *Pancho Villa*, t. 2, pp. 299-300; Taibo II, *Pancho Villa*, p. 734.

[362] Calzadíaz, *Villa contra todo y contra todos*, p. 191.

José de la Luz Herrera.
(Raúl Herrera Márquez)

Luis Herrera Cano.
(Raúl Herrera Márquez)

POR 10 000 PESOS

El comerciante italiano Pascual Galo había formado parte de la Defensa Social de Parral en abril de 1919, y ocupó el puesto avanzado de la parroquia junto con Joaquín Botello, Gabriel Chávez, Ramón Terrazas, José María Gutiérrez y Enrique Darancou, y al ver que era imposible la resistencia, el grupo se replegó al cerro de La Cruz.[363] Galo y otro de los defensores fueron los últimos en abandonar la posición, siendo aprehendidos por los villistas; su compañero fue ejecutado en el acto y José María Jaurrieta liberó al súbdito italiano, después de haberlo despojado de varios anillos y prendas. Sin embargo, Lorenzo Ávalos y Carlos C. García lo reaprehendieron, haciéndolo caminar rumbo al patíbulo con una soga al cuello. El filibustero villista Pascual Cesaretti, de nacionalidad italiana, reconoció el acento de su paisano y ordenó detener su ejecución, llevándolo ante Villa, quien exigió a Galo entregar 10 000 pesos en dos horas o sería fusilado.

Los villistas Ávalos y García llevaron a don Pascual a su casa, en el número 1 de la calle del Puente de Guadalupe, y este les pidió que dispusieran de las mercancías de su establecimiento comercial Las Playas, valuadas en 15 000 pesos, porque no tenía efectivo. Ávalos dijo: "Para nada necesitamos

---

[363] Herrera, *Francisco Villa ante la historia*, pp. 296 y 310.

mercancías, lo que queremos es dinero, ni papel ni otra cosa aceptamos". El villista García ofreció a la señora Luz Núñez salvar la vida a su esposo si le entregaba un objeto que valiera más de 2 000 pesos, pero ella contestó que era imposible. En su desesperación, doña Luz le dio un vestido negro y un reloj con cadena de oro valuados en 500 pesos. Al no conseguir el botín, los villistas volvieron al Mesón de Jesús, donde se encontraba el cuartel de Ávalos, y ahí encerraron al señor Galo.[364]

Las señoras Luz Núñez y Narcisa Ochoa, esta última amiga de Villa, acudieron al cuartel general para interceder por la vida de Galo, pero Villa, de forma despectiva, les dijo: "Son asuntos de hombres y no de mujeres, y menos tratándose de extranjeros, y como me ha hecho enojar ya no voy a cenar". La señora Núñez, desesperada, buscó la intercesión de Felipe Ángeles pero no lo encontró; dos veces más intentó hablar con Villa, pero este se negó a recibirla. El filibustero Cesaretti aseguró a doña Luz que nada le pasaría a su marido, pues únicamente quería sacarle dinero, pidiéndole que volviera al cuartel al otro día muy temprano.

Doña Luz regresó al cuartel para hablar con Villa, esta vez acompañada de Elisa Griensen, quien manifestó al guerrillero que la cantidad exigida como rescate era injusta, pues don Pascual carecía del capital suficiente. Griensen comentó que Galo era un hombre honrado y "no crea usted que porque su tío don José de Stefano, es rico, él también lo sea". Don Pascual, que estaba presente, trató de hablar pero Villa, indignado y violento, ordenó al guardia que se lo llevara al cuartel y que le dijera a Ávalos que si para las cinco de la tarde no le entregaban los 10 000 pesos lo fusilara. La señora Núñez corrió desesperada a buscar otra vez a Ángeles, pero este se limitó a decir que era injusta la orden de Villa y le aconsejó que hiciera todo lo posible por conseguir el dinero; doña Luz relata:

Era imposible reunir 10 mil pesos en unas cuantas horas y, sin embargo [...] con la esperanza de salvarlo fui de puerta en puerta pidiendo. Toda la gente me ayudó con lo que pudo y, a las cuatro de la tarde, a pesar de todos mis esfuerzos, sólo había logrado reunir mil 500 pesos que Ávalos se negó a recibir, a pesar de que le

[364] Testimonio de Luz Núñez viuda de Galo en el expediente criminal "en contra de los que resulten responsables de la muerte del súbdito italiano Pascual Galo", núm. 19, Juzgado Primero de lo Penal, Hidalgo del Parral, 21 de enero de 1920, sobreseimiento 11 de abril de 1924, 19 ff., AHMP.

ofrecí también las mercancías y todo lo que en mi casa había, no cedió tampoco a aceptar una fianza de persona solvente, mientras conseguía el resto del dinero. Se concretó a decirme: "le queda a usted una hora". Volví entonces al cuartel de Villa a pedirle que me prorrogara el plazo, así como a ofrecerle el dinero reunido. Se negó a escucharme, diciéndome: "Se ha molestado usted inútilmente. No quiero los 10 mil pesos, lo que quiero es fusilarlo".

Felipe Ángeles aseguró a doña Luz que la amenaza de fusilar a su esposo no se cumpliría y le pidió que volviera a las seis de la mañana. La Compañía de Tecolotes facilitó el dinero del rescate y doña Luz fue a entregarlos al cuartel, "pero ya era tarde, porque a las cinco, una hora antes, lo habían fusilado y sepultado". Los testigos aseguran que don Pascual Galo había caminado, amarrado del cuello, por las calles de Mercaderes e Independencia hasta el panteón, y ahí fue ejecutado por órdenes de Villa.[365]

ASESINATO DE PRISIONEROS EN HIDALGO DEL PARRAL

Villa y sus huestes permanecieron una semana acuartelados en Parral, y durante esos días varios vecinos fueron acribillados o colgados. El martes 22 de abril una fracción de las tropas del coronel Francisco Ríos Gómez que retornó a la ciudad, abandonada por sus jefes, se rindió después de un breve tiroteo. Una vez que entregaron las armas, los 36 soldados fueron asesinados en el cerro de la Cruz.[366]

A Ignacio Loya, suegro del exlugarteniente de Villa, Manuel Chao, lo sacaron de su casa y lo asesinaron, sepultándolo casi a flor de tierra en el panteón, porque su yerno ya no quiso seguir a Villa.[367]

---

[365] Originario de Nápoles, vecino de Parral, de 25 años, comerciante, casado con Luz Núñez, dejó dos hijos: Víctor Manuel y Rafael, falleció por herida de arma de fuego en la calle Ocampo. (Defunciones, Parral, 2 de mayo de 1919, acta núm. 370, f. 53).

[366] Un grupo de 32 individuos falleció por heridas de arma de fuego (Defunciones, Parral, 30 de abril de 1919, acta núm. 355, f. 46); dos desconocidos por heridas de arma de fuego (Defunciones, Parral, 30 de abril de 1919, acta núm. 359, f. 48); un desconocido por heridas de arma de fuego. (Defunciones, Parral, 22 de abril de 1919, acta núm. 362, f. 49); Herrera, *Francisco Villa ante la historia*, p. 318.

[367] Herrera, *Francisco Villa ante la historia*, pp. 295 y 310-312; Cordero, *Acontecer parralense*, p. 25; entrevista de Raúl Herrera a Héctor Arras Rodríguez, Parral, Chihuahua, febrero de 1999.

Gerónimo Molina había participado en la defensa de la ciudad y el día 27 murió a consecuencia de heridas por arma de fuego. Molina era suegro de Gabino Sandoval Portillo, jefe de la Defensa Social de Valle de Olivos, uno de los tantos agraviados por Villa, pues había ahorcado y quemado a varios de sus familiares.[368]

El miércoles 23 fue muerto a tiros el agricultor Hilario Martínez.[369] Al día siguiente fue ejecutado un individuo desconocido, y el viernes 25, dos hombres y una mujer, de los que tampoco se supo su identidad, también fueron asesinados.[370] El domingo 27, por órdenes de Villa, fueron colgados los oficiales Manuel Reyes[371] y Macedonio Aguilar[372] que comandaban a los soldados asesinados en el cerro de La Cruz.

ASESINATOS EN EL FRESNO, QUINTAS CAROLINAS Y SACRAMENTO

No obstante, algunos rumores que circularon en los primeros días de 1919 sobre una "humanización" de Villa, debido a la influencia que supuestamente ejercía sobre él Felipe Ángeles, lo cierto es que los hechos desmintieron totalmente esas suposiciones. Escribió *El Correo del Norte*: "El Villa de hoy es el mismo temible, cruel e inhumano que el Villa de antes; que encuentra una especial predilección en hacer sufrir a sus indefensas víctimas; que goza con los estertores agónicos de éstas y se complace en inventar tormentos nuevos para los que desgraciadamente caen en sus garras".[373]

---

[368] Originario de Huejotitán, vecino de Parral, de 65 años, casado, labrador; de su primer matrimonio con Sixta Corral dejó cinco hijos: Ángela, Francisca Otilia, Marcos, Sixta Molina; de su segunda esposa, Natalia Valenzuela, dejó 8: Ciria, Concepción, Gerónimo, Pablo, Epigmenio, Blas, Antonio y Rosario Molina. (Defunciones, Parral, 27 de abril de 1919, acta núm. 363, ff. 49-50).

[369] Originario de la hacienda de San Isidro, de 50 años, casado con Refugio Gutiérrez, dejó 10 hijos: José Margarito, Hilario, Sabino, Magdaleno, Elena, Eusebia, Agustina, Petra, Carlota y Soledad Martínez. (Defunciones, Parral, 2 de mayo de 1919, acta núm. 374, ff. 55-56).

[370] Un desconocido muerto por heridas de arma de fuego (Defunciones, Parral, 30 de abril de 1919, acta núm. 359, f. 48); tres desconocidos, dos hombres y una mujer, fallecieron a consecuencia de heridas por arma de fuego. (Defunciones, Parral, 30 de abril de 1919, acta núm. 361, f. 49).

[371] Originario de Murichique y vecino de Parral, de 22 años, militar, casado. (Defunciones, Parral, 30 de abril de 1919, acta núm. 356, f. 46).

[372] Originario de Sombrerete, Zacatecas, vecino de Parral, 20 años, militar, casado. (Defunciones, Parral, 30 de abril de 1919, acta núm. 357, f. 47).

[373] *El Correo del Norte*, "Bárbara sed de sangre", Chihuahua, jueves 5 de junio de 1919, p. 1.

Para confirmar lo dicho por ese periódico, Villa asesinó al presidente municipal de Santa Isabel, Francisco Chávez. Lo secuestró el 16 de abril, pero Chávez logró fugarse al cabo de unos días. El 16 de mayo, sin embargo, fue reaprehendido y colgado en Pilar de Conchos (hoy Valle de Zaragoza), por órdenes de Villa. Junto con él fue colgado el exvillista Juan Orozco, recientemente amnistiado. Ambos murieron acusados de traición al guerrillero.[374]

El mismo Felipe Ángeles presenció los excesos de Villa y así lo admitió durante su juicio en Chihuahua:

> Me separé de él [Villa] por no convenir su conducta para con los prisioneros a los cuales fusilaba, idea que yo traté de quitársela [...] yo siempre procuraba disuadir a Villa de esos hechos; él me decía que cortar las orejas excitaba mucho a la gente y no daba resultado; dijo que todos los villistas que el gobierno cogía los mataba, y que él como represalia hacía igual con los del gobierno; yo le contesté: *Las represalias no están justificadas cuando se trata de hechos salvajes.* Entonces él prometió no matarlos, y sin embargo faltó a su palabra [...] fracasó allí en parte mi labor humanitaria [...] pero me separé por no poder congeniar con él [...] y esos que ahora me traicionan son los mismos asaltantes de Columbus, los violadores de muchachitas hasta de 13 y 14 años; los que han robado y asesinado.[375]

El 27 de mayo, Manuel Sánchez Álvarez, presidente de una sociedad agrícola en Chihuahua, fue capturado en las cercanías de la hacienda El Fresno, 15 kilómetros al suroeste de la capital del estado, y colgado de un poste de la línea telegráfica que corre a lo largo de la vía del Noroeste, por mandato de Villa. El señor Sánchez gozaba de gran estimación entre los pequeños agricultores de las rancherías cercanas y era un propagandista entusiasta de la candidatura del general Ignacio C. Enríquez a la gubernatura del estado.[376] Su cadáver, desnudo y en estado de descomposición, fue recuperado tres días después por

---

[374] *El Correo del Norte*, "Ahorcaron al Presidente Municipal de Santa Isabel los villistas", Chihuahua, viernes 30 de mayo de 1919, pp. 1 y 4; Department of State, *Activities of Francisco Villa* (diciembre de 1915 a julio de 1923), 16 de mayo de 1919, p. 52 (812.00/22700).

[375] Versión taquigráfica del proceso del general Felipe Ángeles, Chihuahua, noviembre de 1919, [fotocopias], Archivo Rubén Osorio.

[376] *El Correo del Norte*, "Desgraciadamente parece confirmarse la muerte del señor Sánchez", Chihuahua, viernes 30 de mayo de 1919, p. 1; *El Paso Herald*, "Ranchmen are Killed", El Paso, Texas, viernes 6 de junio de 1919, p. 16.

sus familiares. Se le sepultó en el panteón de Dolores en la capital del estado. Por otra parte, los vecinos de El Fresno y de rancherías cercanas reportaron a las autoridades los cadáveres de ocho individuos que habían sido colgados de los postes de la línea telegráfica, a la altura de la hacienda.

Cristín Barriga Chacón, su hermano y su esposa fueron asesinados por Villa.
(Samuel Barriga)

Ese mismo día, Villa ordenó ahorcar de un encino, en la cañada de La Rubia, a Atanasio Barriga Chacón,[377] un conocido traficante de sotol. El cadáver de Barriga fue inhumado ahí mismo debido al avanzado estado de descomposición.[378] Atanasio era hermano del exvillista Cristín Barriga, quien había cruzado la frontera para curar sus heridas. Villa fue a buscarlo a San Antonio de los Chacón y al no encontrarlo, arrastró y asesinó a su esposa Dominga Domínguez, después de que no pudo revelar su paradero.[379] En La Joya, Villa aprehendió y ejecutó al labrador Eleazar Rodríguez en un arroyo y dejó tirado su cadáver.[380]

El lugarteniente de Villa, Martín López, se apoderó de la hacienda El Sacramento, 30 kilómetros al norte de la ciudad de Chihuahua, donde secuestró a José Rodríguez, tío del exgeneral villista Nicolás Rodríguez, así como a otros dos individuos, uno de ellos apellidado Cantú. El sábado 31 de mayo Villa arribó a las goteras de la capital del estado. Jaurrieta relata: "De Pilar de Conchos, salimos rumbo a Chihuahua, siguiendo la ruta de La Jabonera, Tres Hermanos, Satevó, Babonoyaba, Ciénega de los Ortiz y hacienda El Charco [...] tocamos El Fresno, Las Escobas y La Boquilla [...] para situarnos en los cerros de la

---

[377] Originario de San Antonio de los Chacón, Satevó, de 31 años, hijo de Tomás Barriga y de Irinea Chacón, comerciante, casado con Luisa Tarango, radicaba en la Colonia Rubio. (Defunciones, acta núm. 1445, ff. 193-196, Chihuahua, Chihuahua, 31 de julio de 1919).
[378] *El Correo del Norte*, "Más víctimas de la furia aranguista", Chihuahua, sábado 31 de mayo de 1919, pp. 1 y 4; *El Correo del Norte*, "Fue traído a esta ciudad e inhumado el cadáver del señor Álvarez", Chihuahua, viernes 6 de junio de 1919, pp. 1 y 4.
[379] Entrevista de Reidezel Mendoza a Samuel Barriga Chacón, Chihuahua, 9 de julio de 2007; entrevista de Reidezel Mendoza a Gloria Barriga, Clovis, Nuevo México, 17 de enero de 2018.
[380] Entrevista de Reidezel Mendoza a Librada Barrera, La Joya, Chihuahua, 20 de enero de 2018.

presa de Chuvíscar".[381] La guarnición militar disparó varias cargas de artillería desde el cerro de Santa Rosa, y Villa respondió quemando el primer puente del Ferrocarril Central y cortando las líneas telegráficas. Los villistas también destruyeron las vías del Central, entre Nombre de Dios y El Sacramento, y pernoctaron en la Quinta Carolina, donde Villa colgó a los hermanos Samuel y Luis Cuéllar.[382] Según los vecinos, al oír la orden de ejecución, uno de los condenados se arrojó a los pies de Villa, "suplicándole le perdonara la vida, siquiera por ser ellos el único sostén de su atribulada madre […] no provocó en el ánimo del cabecilla ningún sentimiento de humanidad y por el contrario, montado en cólera, arremetió contra el suplicante asestándole tremendo cintarazo en pleno rostro que hubo de sangrar y, luego […] hizo que se le arrastrara hasta el pie del árbol en que debía ahorcársele".[383]

La mañana del domingo 1° de junio Villa se movilizó a la hacienda El Sacramento, donde obligó a varios peones y prisioneros a tumbar los postes telegráficos, levantar rieles y destruir terraplenes entre Estación Terrazas y El Sauz; los invitó a tomar las armas ofreciendo pagarles por su trabajo tan luego estableciera la capital de la República en Ciudad Juárez. Ese mismo día, Martín López le entregó los prisioneros, y Villa ordenó colgarlos a pesar de las súplicas y protestas de las víctimas. El miércoles 4 de junio, cuando Villa salió rumbo a El Sauz, los vecinos del Sacramento recogieron los cadáveres de los ahorcados y los sepultaron en el mismo lugar de su suplicio.[384]

---

[381] Jaurrieta, *Con Villa…*, p. 183.

[382] Los señores Samuel y Luis Cuéllar Doblado "fueron colgados por los bandoleros villistas". Ambos eran originarios de Guanajuato, solteros, el primero comerciante, de 30 años, el segundo agricultor, de 25 años (Defunciones, Chihuahua, 3 de junio de 1919, acta núm. 2010, ff. 573-574).

[383] *El Correo del Norte*, "Bárbara sed de sangre", Chihuahua, jueves 5 de junio de 1919, p. 1; *El Paso Herald*, "Headquarters Established", El Paso, Texas, viernes 6 de junio de 1919, p. 16; *El Paso Herald*, "Few Shots Exchanged", El Paso, Texas, martes 10 de junio de 1919, p. 9; *El Paso Herald*, "Little Fighting at Chihuahua", El Paso, Texas, jueves 19 de junio de 1919, p. 1; Jaurrieta, *Con Villa…*, p. 184.

[384] *El Correo del Norte*, "Villa obliga a algunos labriegos a seguirle", Chihuahua, jueves 5 de junio de 1919, pp. 1 y 4; *El Correo del Norte*, "Ni el mismo Villa podría contar el número de víctimas por él sacrificadas", Chihuahua, viernes 6 de junio de 1919, p. 1; *El Informador*, "Los villistas no obedecen al rebelde Ángeles", Guadalajara, lunes 16 de junio de 1919, p. 1; Department of State, *Activities of Francisco Villa* (diciembre de 1915 a julio de 1923), mayo 31, junio 1, 4/1919, p. 54 (812.00/22783); proclama del gobernador del estado de Chihuahua a los habitantes del estado, 13 de agosto de 1919, s/c, AHMD; Almada, *La Revolución en el estado de Chihuahua*, vol. 2, p. 345.

Debido a la ola de crímenes desatada por Villa, el 13 de agosto de 1919 el gobernador del estado de Chihuahua, ingeniero Andrés Ortiz, ofreció una recompensa de 50 000 pesos por su captura: "Villa ha continuado sus correrías por territorio del Estado dejando señalado su paso con sangre de inocentes víctimas, cuyas viudas y huérfanos claman justicia. Enumerar sus crímenes sería casi imposible, ya que son incontables y cada vez han sido de mayor gravedad [...] en Jiménez asesinó a la familia González, compuesta de mujeres y un niño de nueve meses de edad". Le sucedió en la gubernatura el profesor Tomás Gameros, cuyo único decreto expedido durante su brevísimo mandato fue un aumento a 100 000 pesos de la recompensa por la captura de Villa, vivo o muerto. El profesor Gameros había perdido a su primogénito Luis Gameros a manos de Villa.[385]

Para esos días había una gran desmoralización entre los seguidores de Villa debido a la falta de provisiones y de elementos de guerra. Dos desertores villistas, Pedro Bribiesca y José Esparza, que habían militado en la partida de Nicolás Fernández, se presentaron en Ciudad Jiménez con la intención de rendirse. Otros villistas enviaron recados informando su intención de someterse y solo esperaban ver la suerte que habían corrido sus dos compañeros.[386] El propio Villa había comenzado a disolver su partida, ante el temor de que sus propios hombres y los levas intentaran asesinarlo para reclamar la recompensa.[387]

El periódico *El Monitor* publicó:

Villa enroscado en su despecho, ya ni cree en nada, ni nada espera. Abandonado por sus más fieles partidarios, ha determinado pasar el resto de sus días en esa vida troglodita que arrastra hace ya largos años. Está convencido de su impopularidad y ahora es un resignado a vivir huyendo [...] Villa está extenuado físicamente [...] apenas duerme, manteniendo su espíritu en una constante tensión nerviosa. Además, Villa, desconfiado [...] vive en constante zozobra temiendo ser asesinado por los mismos que lo acompañan [...] El cabecilla viene

---

[385] *Nevada State Journal*, "Reasons why Villa Broke with Calles", Reno, Nevada, domingo 27 de junio de 1920, p. 1; *La Patria*, "El gobernador de Chihuahua ha puesto un precio a la cabeza del Gral. Francisco Villa", El Paso, Texas, martes 29 de julio de 1919, p. 1; proclama del gobernador del estado de Chihuahua a sus habitantes, 13 de agosto de 1919, s/c, AHMD; Almada, *La Revolución en el estado de Chihuahua*, vol. 2, p. 345.
[386] Telegrama del general M. M. Diéguez al presidente de la República, V. Carranza, Chihuahua, 17 de agosto de 1919, AHSDN/481.5/78, s/n.
[387] Manuscritos sin fecha ni autor, AHSDN, 481.5/78, ff. 225-226.

muy enfermo; pues además de la vieja herida que tiene en una pierna, padece del estómago.[388]

ASALTO A UN TREN EN EL KILÓMETRO 1334

A las 11 y media de la mañana del jueves 4 de marzo de 1920 un tren de pasajeros que salió de la Ciudad de México con destino a Ciudad Juárez fue asaltado por una banda encabezada por Francisco Villa en el kilómetro 1334, entre las estaciones Rellano y Corralitos (25 kilómetros al sur de Jiménez). Villa y sus hombres se parapetaron en un extenso lomerío cercano; colocaron dos bombas de dinamita en la vía y después de dejar pasar dos trenes de carga, las hicieron detonar, una bajo la locomotora y otra bajo el carro exprés. Las explosiones volcaron la máquina, y el carro del correo saltó destrozado de la vía.[389]

José E. Díaz, pasajero del tren y sobreviviente del asalto de Villa.
(Familia Díaz Laso)

"Una fuerte detonación y una tremenda sacudida nos hizo salir de nuestro marasmo, llenándose de terror sobre todo a las mujeres y niños [...] casi al mismo tiempo se dejaba escuchar la detonación, la máquina volcó y empezó un tiroteo entre los soldados de la escolta y los villistas [...] que aparecieron a uno y otro lado del convoy".[390]

Inmediatamente después, Villa y sus hombres salieron de sus escondites en el lomerío y abrieron fuego sobre el convoy. Los 60 soldados yaquis de la escolta descendieron del tren y respondieron el ataque hasta que se les agotaron las municiones, y se vieron obligados a batirse en retirada. Cinco

---

[388] *El Monitor*, "Villa ha cruzado el Nazas huyendo de los leales", Durango, miércoles 10 de septiembre de 1919, p. 1.

[389] *La Patria*, "Asaltaron un convoy", El Paso, Texas, sábado 6 de marzo de 1920, p. 1; *El Monitor*, "Detalles sobre el último asalto", Durango, martes 9 de marzo de 1920, p. 1; *El Correo del Norte*, "En todo el país causa gran indignación la última de las fechorías perpetradas por Francisco Villa", Chihuahua, martes 9 de marzo de 1920, p. 1.

[390] *El Correo del Norte*, "Más sobre el asalto al tren del sur", Chihuahua, domingo 7 de marzo de 1920, p. 1.

soldados mantuvieron sus posiciones en la góndola blindada y causaron varias bajas a los asaltantes. El maquinista Matías Márquez, el fogonero y el pasa carbón estaban heridos cerca de la máquina volcada. Cuando cesó la resistencia, después de caer muertos los cinco yaquis, los bandidos se lanzaron al convoy. Un tal Piñón, jefe de la escolta del extinto Martín López, obligó a los pasajeros a descender en fila y los llevó a una loma cercana. Los registraron minuciosamente y los despojaron de alhajas, dinero, prendas de ropa y de cualquier artículo de valor; después intentaron volar con dinamita la caja fuerte de valores del exprés, pero no lo lograron. Al mismo tiempo, otro grupo de villistas se apoderó de todo el equipaje, del correo y de la caja fuerte del exprés. Según testigos, cuando todos los pasajeros se encontraban en la loma, apareció Francisco Villa, "trajeado de charro con chaparreras, sombrero jarano y rasurado del todo, pistola en mano" y les dijo que no tuvieran miedo, al mismo tiempo que los amenazaba de muerte si intentaban escapar. Villa ordenó entonces a Piñón apartar a "los curros" para ejecutarlos, y "la selección se hizo en medio de un pánico espantoso". Ordenó ejecutar al conductor del convoy, Apolonio Ruvalcaba, y al conductor del pulman, Leonardo García, después de herirlo de un tiro, mandó que lo remataran.[391]

Rafael F. Muñoz asegura que el conductor Ruvalcaba había sido villista y el guerrillero había ordenado detenerlo para ejecutarlo por desertor. Al detenerse el tren y después de identificarse, Ruvalcaba recibió un tiro de bala expansiva en el estómago; el conductor García imploró por su vida, abrazado de las piernas del guerrillero: "¡Señor, por piedad! ¡Tengo mi mujer, mis hijitos!". Cuando parecía haberlo dejado ir Villa le disparó un tiro en la cabeza.[392]

Los "curros" fueron separados, lo mismo que tres extranjeros. Según el súbdito español José E. Díaz, quien viajaba como pasajero, el maquinista gritó: "¡Viva el general Felipe Ángeles, ése si era hombre!". Al mismo tiempo, entre quienes iban a ser ejecutados, hubo algunas voces de protesta: "Nosotros somos mexicanos, no hemos hecho nada, regresamos a nuestros hogares, tenemos familias".[393] A los reclamos, Villa contestó: "Que no descansaría de

[391] La Prensa, "Trataron de abrir la caja fuerte del Express", El Paso, Texas, lunes 8 de marzo de 1920, p. 1.
[392] Muñoz, Pancho Villa, rayo y azote, pp. 167-168.
[393] Entrevista de Reidezel Mendoza a Ana María Díaz Laso, Chihuahua, Chihuahua, 26 de mayo de 2017.

revolucionar hasta que no vea establecido en el país un gobierno civil, pues el odiaba a los militares, aunque él también lo hubiera sido, por el hecho de haber matado al general Ángeles". Después comenzó a llorar, alegando que él no era ladrón ni asesino y dirigiéndose entonces a los que estaban apartados para ser fusilados, les dijo: "Les perdono la vida por la memoria de Ángeles. Váyanse y ya les digo, yo no soy ladrón ni asesino. Pero no vuelvan a viajar porque voy a volar todos los trenes".[394]

Villa entonces llevó a los pasajeros al cerro cercano a la vía amenazándolos con la muerte. El conductor del tren, Apolonio Ruvalcaba, y el conductor García fueron ejecutados. Se dice que Villa dijo francamente que estos asaltos los llevaría a cabo para vengar la muerte del general Felipe Ángeles.[395]

El súbdito español José E. Díaz, quien sobrevivió al ataque, relata:

Cuando regresaba a Chihuahua en tren, por el poblado de Corralitos, cerca de Jiménez, fuerzas comandadas por Pancho Villa en persona volaron la locomotora, bajaron pasaje y tripulación e incendiaron la gran mayoría de los carros del ferrocarril. A los pasajeros nos separaron en hombres y mujeres formando largas filas a la vera de la vía. En la hilera de los varones quedamos 34 personas y yo. Los soldados tenían todo preparado para pasarnos por las armas. Vi la muerte muy cerca, porque al parecer no había más remedio que morir fusilado. Ya cuando las tropas del pelotón de fusilamiento habían cortado cartucho, intervino providencialmente el conductor del tren, que también formaba parte de la fila condenada. Le alegó a Villa que no había razón para que nos fusilara a todos, porque no habíamos cometido delito y le dijo además que ya alguna vez el general Felipe Ángeles les había también perdonado la vida. Pensándolo bastante, por fin Villa decidió no fusilarnos y dejarnos libres. Nos sentimos desfallecer cuando se nos confirmó esa contraorden y dimos al cielo gracias por lo que pudo haber pasado y no pasó.[396]

[394] *El Correo del Norte*, "Más sobre el asalto al tren del sur", Chihuahua, domingo 7 de marzo de 1920, p. 1; *La Patria*, "Lo que dice uno de los testigos oculares", El Paso, Texas, lunes 8 de marzo de 1920, p. 1; *La Patria*, "Villa en persona les habló a los pasajeros", El Paso, Texas, martes 9 de marzo de 1920, p. 1.
[395] *La Patria*, "El asalto fue más serio de lo que se había creído", El Paso, Texas, martes 9 de marzo de 1920, p. 1.
[396] Canaco / Servytur, *El comercio en la historia de Chihuahua. Reseña histórica, biografías.* Informes de ejercicios 1989 y 1990, Chihuahua, 1991, p. 316.

Al terminar los villistas de saquear el exprés, le prendieron fuego y se retiraron de inmediato. Algunos viajeros aseguraron que en el tren se habían ocultado varios pasajeros que murieron en el incendio. Los rebeldes se llevaron cautivos al estadounidense Joseph Williams, empleado de la ASARCO, por cuya libertad Villa exigió 50 000 pesos; a un comerciante árabe de apellido Nassar, de Torreón, al que Villa previamente amenazó de muerte, y a un español apellidado Centella, empleado de la fábrica La Corona. Sin embargo, algunos sobrevivientes afirmaron que Villa había ejecutado a Nassar inmediatamente después de su captura, y que 19 soldados, cuatro pasajeros civiles y 10 de los rebeldes habían muerto en el tiroteo. Los pasajeros, un subteniente y seis indios yaquis tuvieron que caminar 24 kilómetros hasta Estación Escalón, donde los recogió un tren de auxilio que había recuperado los cuerpos de los conductores Ruvalcaba y García, del teniente Víctor Quijano, de varios soldados, así como de los de cinco personas más que no pudieron ser identificadas. Algunos cadáveres de pasajeros quedaron incinerados entre los restos de los carros.[397]

El agente de una compañía de automóviles de El Paso, R. W. Black, que iba a bordo del tren, declaró ante los funcionarios del consulado estadounidense: "Dos explosiones hicieron descarrilar la máquina el jueves cuatro del presente [...] cerca de la mitad de la escolta del tren, compuesta de 50 hombres, resultó muerta en la refriega. Dos conductores del tren fueron fusilados. Un sirio fue ahorcado, y como cinco pasajeros que trataron de huir fueron muertos. Joseph Williams fue capturado [...] Robert J. Peltier, también americano, y los demás pasajeros, fuimos robados y después dejados en libertad. Todo el tren fue primero saqueado y después incendiado".[398]

---

[397] Defunciones, Jiménez, 5 de marzo de 1920, acta núm. 107, ff. 146-147; *El Correo del Norte*, "Más sobre el asalto al tren del sur", Chihuahua, domingo 7 de marzo de 1920, p. 1; *La Patria*, "Los viajeros vieron como incendiaron todo", El Paso, Texas, lunes 8 de marzo de 1920, p 1; *El Monitor*, "Detalles sobre el último asalto", Durango, martes 9 de marzo de 1920, p. 4; *La Patria*, "llegan nuevos detalles a la frontera del último asalto al tren en Corralitos, Chih.", El Paso, Texas, martes 9 de marzo de 1920, p. 1; entrevista de Reidezel Mendoza a Ana María Díaz Laso, Chihuahua, 26 de mayo de 2017.

[398] *La Patria*, "Villa en persona les habló a los pasajeros", El Paso, Texas, lunes 8 de marzo de 1920, p. 1; *La Patria*, "Cómo logró salvarse de Villa un viajero", El Paso, Texas, martes 9 de marzo de 1920, p. 1.

LA TRAGEDIA DE LA ESTANCIA

En las primeras semanas de 1920 Santana Reyes,[399] comisario del poblado de Tepozán, Durango, recibió a tiros a una partida villista y en la refriega, uno de los vecinos, Ignacio Terrazas, mató a Francisco Beltrán, lugarteniente de Villa. El autor filovillista Ezequiel Aguilera dice que los Sociales estaban al mando de Damián Acosta y de Feliciano Rubio, y los villistas eran liderados por un tal José Beltrán.[400] Sus hombres informaron a Villa lo ocurrido y este juró vengar la muerte de su subalterno.[401]

El domingo 14 de marzo de 1920[402] Baltazar Mireles García tuvo un altercado con José Holguín,[403] integrante de la Defensa Social de Tepozán, y lo asesinó. Por tal motivo, Mireles huyó al Cañón de Barajas, en las goteras de la población, y se refugió en casa de Eladio Sáenz. Damián Acosta, jefe de las Defensas Sociales de Tepozán, se movilizó a La Estancia para aprehender a Mireles. Pedro Herrera avisó a Villa de lo sucedido y este salió de Rancho Nuevo en busca de los Sociales de Tepozán.[404]

Al día siguiente, la mayoría de los vecinos de La Estancia se encontraba en el velorio de Holguín, cuando Villa llegó a la Mesa, al oriente del poblado de La Estancia, donde dejó al grueso de su partida. Villa bajaba por un arroyo, seguido de algunos de sus hombres, cuando Damián Acosta y seis miembros de la Defensa Social de Tepozán abrieron fuego contra ellos, al mismo tiempo que se replegaban.[405]

[399] Nació el 26 de marzo de 1866 en La Estancia, hijo de Julio Reyes y de Josefa Gutiérrez. (Nacimientos, Villa Ocampo, Durango, 15 de julio de 1905, acta núm. 341, f. 24).
[400] *El Correo del Norte*, "Gran indignación provocaron los últimos asesinatos de F. Villa", Chihuahua, sábado 20 de marzo de 1920, p. 1; E. Aguilera, *Las cuevas y miradores de Villa... y algo más*, Editorial Gestoría, Chihuahua, 2014, pp. 174-176.
[401] *La Prensa*, "En la hacienda de La Estancia", San Antonio, Texas, martes 30 de marzo de 1920, p. 2; J. S. Salcido, *Luz y sombras en la muerte del general Francisco Villa. Un crimen de Estado*, Talleres Gráficos del Estado, Chihuahua, 1998, pp. 20-21.
[402] Aguilera dice que la masacre fue el 19 de marzo de 1919, pero los reportes periodísticos lo desmienten (*Las cuevas y miradores de Villa...*, p. 179).
[403] Según Salcido, la víctima fue Daniel Holguín. (*Luz y sombras...*, p. 20).
[404] Aguilera, *Las cuevas y miradores de Villa...*, p. 176.
[405] *La Prensa*, "Los villistas hacen una espantosa matanza", San Antonio, Texas, viernes 26 de marzo de 1920, p. 1; Aguilera, *Las cuevas y miradores de Villa...*, p. 177.

Al entrar Villa y sus 150 hombres al pueblo, algunos vecinos les presentaron resistencia, entre ellos Serapio Guerra Payán,[406] quien abrió fuego contra los villistas y sucumbió en el tiroteo.[407]

Desde el corral de una casa, Francisco Armendáriz, miembro de la Defensa Social de Tepozán, disparó contra los villistas, quienes le arrojaron varias bombas de mano y este alcanzó a devolverlas. Finalmente, los hombres de Villa incendiaron la casa, tumbaron la puerta del zaguán y sacaron a Armendáriz de un cocedor de adobes, en el que se había ocultado; le pusieron una soga al cuello y lo sacaron a rastras. Octaviano Holguín Olivas y sus hijos Rosario y José se atrincheraron en su casa y abrieron fuego contra los asaltantes hasta que se les agotó el parque. Los Holguín no se rindieron y Villa ordenó prenderle fuego a su vivienda; además de don Octaviano y de sus hijos, también murió entre las llamas su esposa doña Emeteria Enríquez Díaz.[408] Los hermanos González se unieron al ataque contra los villistas y sucumbieron en el combate. La prensa asegura que en el tiroteo murieron entre 15 y 20 villistas, y 25 vecinos.[409]

Un grupo de viajeros declaró en la frontera que Villa había entrado a La Estancia, arrasándolo, y asesinando a 50 vecinos, entre ellos mujeres y niños. Según los testigos, un día antes los villistas se habían presentado en la localidad para demandar víveres y municiones, pero fueron recibidos a tiros por los vecinos, que se habían organizado para la defensa. Villa ordenó a sus hombres que se dividieran en tres secciones, emprendiendo un ataque formal por tres diferentes rumbos.[410]

El ataque duró algunas horas y los vecinos no se rindieron hasta que se les agotaron los cartuchos. Al finalizar la resistencia, Villa, hecho una furia, entró a la casa donde se velaba a Holguín y ordenó a las mujeres: "¡Sálganse, viejas jijas de su tal por cual! Así fuera yo el que estuviera allí tendido me

---

[406] Nació en La Estancia, el 14 de noviembre de 1870, hijo de Sotero Guerra Ortega y Bruna Payán Sáenz. (Nacimientos, Ocampo, Durango, 17 de julio de 1905, acta núm. 348, f. 26).
[407] Aguilera Castelo, *Las cuevas y miradores…*, p. 178.
[408] *Ibid.*, p. 178; entrevista de Reidezel Mendoza a Antonio Holguín, Ciudad Jiménez, 28 de febrero de 2017.
[409] *El Correo del Norte*, "Gran indignación provocaron los últimos asesinatos de F. Villa", Chihuahua, sábado 20 de marzo de 1920, p. 1; *La Prensa*, "Los villistas hacen una espantosa matanza", San Antonio, Texas, viernes 26 de marzo de 1920, p. 1; *El Correo del Norte*, "Fuerzas de Defensa Social combatieron con F. Villa", Chihuahua, viernes 26 de marzo de 1920, p. 1.
[410] *La Prensa*, "Villa muy activo en Chihuahua. Aniquiló a toda la guarnición de una hacienda", El Paso, Texas, jueves 25 de marzo de 1920, p. 1.

andaban haciendo un baile". Villa ordenó aprehender a todos los hombres de La Estancia y levantó una lista de quienes habían militado en sus filas. Los villistas aprehendieron a 30 vecinos y formaron a Viviano Guerra,[411] Santana Reyes,[412] Juan Mireles Evans,[413] a los hermanos Víctor y José Inés Reyes, Pablo García, Cleto Estrada, Emiliano Juárez,[414] entre otros.[415] Un segundo grupo de prisioneros fue encerrado en la cocina y en el corral de la misma casa.[416]

Después de recorrer la fila de prisioneros, Villa se detuvo frente a Viviano Guerra y a Santana Reyes, y a cada uno le disparó en la cabeza a quemarropa. Román Guerra —hijo de Serapio, muerto en el tiroteo—, uno de los prisioneros enfilados, al ver caer a su tío Viviano en un charco de sangre, enardecido, se acercó a Villa y le propinó un bofetón: "¡Viejo jijo de tu tal por cual! ¡Tú mataste a mi padre y a mi tío! ¡Tú eres un asesino, un ladrón!". Villa, herido de la mejilla, dijo: "Nadie me ha hecho siquiera un rasguño y miren este tal por cual, si ha traído un cuchillo me mata".[417] Villa dio muerte al joven ranchero, y luego, ciego de ira, ordenó a sus hombres que "acabaran con el rancho ya que estaba lleno de carrancistas".

Aguilera da otra versión y sostiene que Román Guerra, después de abofetear a Villa y escupirle en la cara, le arrebató la pistola de la cintura e intentó dispararle en la frente, pero el arma no se accionó. Aguilera relata: "El general [Villa] babeaba sangre porque de la tremenda bofetada se le inflamó la boca,

---

[411] Originario de Villa Ocampo, Durango, casado con Romualda Sáenz, sus hijos: Isabel, Felicitas, Librada y Ramón (Defunciones, Santa Bárbara, 7 de marzo de 1970, acta núm. 65, f. 24), falleció en La Estancia a los 70 años. (Matrimonios, Santa Bárbara, Chihuahua, 7 de septiembre de 1937, acta núm. 57, ff. 55-56).

[412] Nació en La Estancia el 26 de marzo de 1866, hijo de Julio Reyes y Ana Josefa Gutiérrez. (Nacimientos, Ocampo, Durango, 15 de julio de 1905, acta núm. 341, f. 24).

[413] Originario de San Bernardo, Durango, nació el 29 de agosto de 1903, hijo de Isauro Mireles Montañez y de Guadalupe Evans Ruiz; cuando fue asesinado tenía 16 años y era hijo único. (Bautizos, San Bernardo, Durango, 13 de septiembre de 1903, acta núm. 78, f. 4).

[414] Nació en 1880 en la hacienda de Espíritu Santo, Ocampo, Durango, hijo de Severiano Juárez y de Isabel Murillo, casado con Anastasia Aguilar. (Matrimonios, Ocampo, 15 de abril de 1905, acta núm. 58, ff. 34-35).

[415] Entrevistas de Reidezel Mendoza a Demetria Sánchez Reyes, Lucía Mireles García y Marcial Morales Vargas, La Estancia, Durango, sábado 25 de febrero de 2017; entrevista de Reidezel Mendoza a Luz Juárez, Ciudad Delicias, miércoles 12 de junio de 2019.

[416] *La Prensa*, "Un combate sangriento", San Antonio, Texas, martes 30 de marzo de 1920, pp. 1-2; Salcido, *Luz y sombras...*, pp. 22-23.

[417] *La Prensa*, "Los villistas hacen una espantosa matanza", San Antonio, Texas, viernes 26 de marzo de 1920, p. 1; Salcido, *Luz y sombras...*, p. 25; entrevista de Reidezel Mendoza a Manuela Mireles, Durango, 31 de agosto de 2017.

Baltazar Mireles, sobreviviente
de la matanza.
(Lucía Mireles García)

mientras colapsado por el coraje, se revolcaba en la tierra como los perros rabiosos, golpeando con sus puños el suelo; y mientras sangraba, gritaba maldición y media, ante las miradas atónitas de los que aún estaban con vida".[418]

Un testigo declaró en Ciudad Juárez que un vecino había tratado "de desarmar a Villa, arrebatándole el arma, y que en la lucha que siguió cuerpo a cuerpo, este cayó a tierra, habiendo sido salvado por la intervención de algunos de su propia escolta".[419]

Uno de los tres defensores que pudo escapar aseguró que un prisionero, "desesperado por haber visto caer en la lucha a sus familiares, se abalanzó sobre el jefe tratando de apoderarse de su pistola. Surgió una lucha personal cuerpo a cuerpo, en la que Villa, más fuerte y corpulento que su adversario, lo dominó echándolo a tierra y rematándolo. Inmediatamente ordenó que todos los prisioneros fueran fusilados [...] Villa no respetó ni a los niños".[420]

Villa, histérico, empujó a Román Guerra y ordenó a sus hombres: "¡Mátenlos a todos! ¡No dejen ni perros vivos!". Un pelotón de villistas abrió fuego contra los civiles enfilados, mientras que un segundo grupo asesinó al resto de los prisioneros encerrados en la cocina y en el corral. Un testigo, Miguel Mireles, recuerda: "Los disparos eran más sonoros en el cuarto cerrado; la sangre de los muertos tapaba los huaraches".[421]

Doña Guadalupe Evans Ruiz, esposa de Isauro Mireles Montañez, llorosa y furibunda, se acercó a Villa y le reprochó: "Asesino, jijo de tu... ¿Por qué mataste a mi hijo, perro malagradecido? Qué ya se te olvidó cuando llegaste a

---

[418] *El Correo del Norte*, "Fuerzas de Defensa Social combatieron con F. Villa", Chihuahua, viernes 26 de marzo de 1920, p. 1; *La Prensa*, "Los villistas hacen una espantosa matanza", San Antonio, Texas, viernes 26 de marzo de 1920, p. 1; Aguilera, *Las cuevas y miradores...*, pp. 180-181.

[419] *La Patria*, "Las historias y los cuentos que los necios carrancistas inventan sobre Pancho Villa", El Paso, Texas, martes 6 de abril de 1920, p. 1.

[420] *Orientación*, "Villa da nuevas muestras de crueldad", Durango, 31 de marzo de 1920, p. 1; *La Prensa*, "Todos fusilados", San Antonio, Texas, martes 30 de marzo de 1920, p. 2.

[421] Salcido, *Luz y sombras...*, p. 25; Aguilera, *Las cuevas y miradores...*, p. 181.

San Bernardo, herido, con la pata podrida, y muerto de hambre, si mi marido y yo te curamos y te dimos de comer. Con esto nos pagas, asesino, ¿matando a mi hijo?".[422] Baltazar Mireles, que presenció la escena, relata que Villa se quedó pensativo ante los reclamos de la señora Evans, y después de un rato contestó: "Mire, señora, es Revolución, y aquí todos vamos a morir, con esta voy a pagar yo [señalando su cabeza], yo no voy a quedar para semilla".[423]

"Un mozo le dice [a Villa]: 'Ahí en La Estancia está una guardia esperándolo para matarlo'. Otra mentira. Entonces Pancho Villa mueve a toda su gente y llega a La Estancia y acaba con toda la familia Reyes. Hasta los perros marcharon, los niños, mujeres; no dejó uno".[424]

Villa ordenó a los vecinos Eladio Sáenz y Pedro Enríquez inhumar los cadáveres que habían sido rociados con petróleo y parcialmente quemados. A la vuelta de la esquina, a menos de 10 metros del lugar de la ejecución, se abrió una zanja donde aún reposan los restos de 35 vecinos de La Estancia, aunque, según Guillermo H. Ramírez, murieron 60 vecinos entre hombres, ancianos y niños. En el campo quedaron regados los cuerpos de seis miembros de la Defensa Social de Tepozán asesinados por órdenes de Villa.[425]

Frente a este muro y dentro de la cocina de esta casa fueron ejecutados los vecinos de La Estancia por órdenes de Villa.
(Reidezel Mendoza)

Como escarmiento, Villa ordenó que todas las casas fueran incendiadas, al igual que los graneros, corrales y todo lo que contenían.[426] Los villistas

[422] *Ibid.*, pp. 182-183.
[423] Entrevista de Reidezel Mendoza a Manuela Mireles, Durango, jueves 31 de agosto de 2017.
[424] Entrevista de Raúl Herrera Márquez a Héctor Arras Rodríguez, Parral, febrero de 1999.
[425] *El Correo del Norte*, "Fuerzas de Defensa Social combatieron con F. Villa", Chihuahua, viernes 26 de marzo de 1920, p. 1; Aguilera, *Las cuevas y miradores...*, p. 181; Salcido, *Luz y sombras...*, pp. 23-24; Herrera, *Francisco Villa ante la historia*, p. 276; G. H. Ramírez, *Melitón Lozoya, único director intelectual en la muerte de Villa. Grandes revelaciones*, Editorial Herrera, Durango, s/f, pp. 20-21; entrevista de Reidezel Mendoza a Juan Escamilla, Tepozán, Durango, sábado 25 de febrero de 2017; entrevista de Reidezel Mendoza a Manuela Mireles, Durango, 31 de agosto de 2017.
[426] *La Prensa*, "Villa muy activo en Chihuahua. Aniquiló a toda la guarnición de una hacienda", El Paso, Texas, jueves 25 de marzo de 1920, p. 1.

La Estancia, Ocampo, Durango.
(Reidezel Mendoza)

Lucía Mireles García, hija de
Baltazar Mireles, sobreviviente,
y nieta de Pablo García,
ejecutado por Villa.
(Reidezel Mendoza)

En este lugar se encuentra la fosa común en la que
reposan los cadáveres de los vecinos de La Estancia.
(Reidezel Mendoza)

El autor y Marcial Morales frente al muro donde fueron
ejecutados algunos vecinos de La Estancia.
(Humberto Mendoza)

también extrajeron el maíz de las trojes para dárselos a los caballos, robaron 100 reses, borregos y chivas.[427] De esa matanza sobrevivieron siete hombres, entre ellos, Natividad Muñoz y Miguel Jaras, este último se había hecho pasar por muerto.[428]

Después de la masacre de La Estancia, mujeres y niños abandonaron sus hogares y no regresaron hasta algunos años después. La guerra emprendida por Villa no solo contra el gobierno sino contra civiles pacíficos obligó a cientos de familias a dejar sus tierras y propiedades para ponerse a salvo de su furia. Villa dejó tras de sí una estela de muerte, dolor y odio que algunos familiares de las víctimas de La Estancia y de otros poblados cercanos le cobrarían con sangre en las calles de Parral, la mañana del 20 de julio de 1923.

---

[427] *La Prensa*, "Los villistas hacen una espantosa matanza", San Antonio, Texas, viernes 26 de marzo de 1920, p. 1.
[428] Aguilera, *Las cuevas y miradores...*, p. 183.

7

1920-1923
EL HACENDADO

EXCESOS DEL AMO DE CANUTILLO

El 28 de julio de 1920 Francisco Villa firmó su rendición ante representantes del presidente de la República, Adolfo de la Huerta, en Sabinas, Coahuila. A cambio, el gobierno federal le cedió la hacienda de Canutillo y anexas. La propiedad de 87 000 hectáreas comprendía las haciendas de las Nieves y Espíritu Santo, los ranchos Vía Excusada y San Antonio, que en conjunto conformaban un solo predio ubicado en el partido de Indé, en el estado de Durango. Incluía el rancho Ojo Blanco, jurisdicción del Distrito Hidalgo, en el estado de Chihuahua.[1] Además se le asignó una escolta de 50 hombres pagados por la Secretaría de Guerra.[2]

Según José María Salas, poco después de tomar posesión de la hacienda de Canutillo, Villa dijo a sus hombres que a partir de ese momento sus vidas cambiarían: "Después de andar de revolucionarios y haberles dado manos libres, era tiempo de enseñarles a ser gente honrada, advirtiéndoles que aquél que cometiera el más insignificante delito contra la propiedad, sentirían el peso de su castigo".[3] Los peones de la hacienda de Canutillo eran castigados duramente por Villa, ya fuera por descuidar sus quehaceres o por intrigas. A uno de sus peones, Aristeo Vázquez, lo cintareó y exhibió frente a los demás campesinos. Manuel Esparza, también peón, fue encerrado dos semanas en un

---

[1] G. Villa, "La vida con Villa en la hacienda de Canutillo", en *Revista Bicentenario*, p. 88.
[2] J. de la O Holguín, *Pancho Villa en Canutillo, entre pasiones y flaquezas*, ICED, Conaculta, 3ª ed., Durango, 2010, pp. 14-17.
[3] *Ibid.*, p. 118.

cuarto por supuestamente abandonar su puesto de vigía y Villa no le permitió a la familia llevarle alimentos.[4]

Villa mató a seis trabajadores por aparentemente haber ingerido alcohol, lo que estaba prohibido; esto provocó una rebelión entre los peones y antiguos soldados, inconformes con el trato que recibían en Canutillo. El 23 de agosto de 1921 Villa se refugió en Parral y solicitó auxilio de las autoridades militares para someter a su gente que, según declaró, solo buscaba una oportunidad para mostrar su descontento.[5]

Al retornar Villa a Canutillo los maltratos y asesinatos continuaron. El 16 de septiembre de 1922 su compadre y administrador del rancho de Ojo Blanco, Sabino Villalba, y el yerno de este, fueron asesinados en el panteón de Canutillo, frente al pequeño hijo de Sabino. Aurelio Mares y Antonio Contreras habían intrigado contra Villalba, acusándolo del robo de seis reses de la hacienda de Torreón de Cañas. A los miembros de su escolta, Villa les dijo: "Yo les enseñé a robar, a matar, y ahora les enseñaré a respetar y a trabajar".[6]

María Arreola, una de sus mujeres, se había negado a entregarle al hijo de ambos, Miguel, y Villa la asesinó en los peñascos de Las Nieves, frente al rancho El Cristo, a donde la llevó en su automóvil para evitar más protestas en su hacienda. El cadáver de la señora fue escondido en una cueva y su hijo entregado a Soledad Seáñez, otra "esposa" de Villa.[7] En 1924 Seáñez dijo que Villa le había ordenado cuidar a Miguel y le prohibió que indagara quién había sido su madre, aunque no faltó quien le informara al respecto. Según lo que averiguó Seáñez, María Arreola había vivido en el rancho El Barranco, municipio de El Oro, Durango, y una noche antes de que Villa se llevara a su hijo a Canutillo, "entre el mismo general y uno de sus soldados [...] Ramón Contreras, había matado, quemándola con petróleo, a la mencionada señora Arreola". Según Seáñez, su marido "después de rendido siguió imponiendo su voluntad sobre personas y haciendas [...] en Canutillo no se dedicó a vivir dentro de los límites de la ley, sino que siguió siendo el terror de los moradores

---

[4] C. Herrera, *Francisco Villa ante la historia*, p. 354.

[5] *La Patria*, "Seis trabajadores fueron ejecutados en Canutillo, Durango", El Paso, Texas, viernes 26 de agosto de 1921, p. 3; *El Heraldo de Durango*, "En Canutillo, los exvillistas se rebelan contra su jefe", Durango, domingo 26 de noviembre de 1922, p. 1.

[6] J. De la O Holguín, *Rescate histórico de Villa Ocampo, Durango*, Gobierno del Estado de Durango, México, 1994, p. 97.

[7] Herrera, *Francisco Villa...*, p. 355; *El Siglo de Torreón*, "El arcón de mis recuerdos", Torreón, Coahuila, domingo 16 de julio de 1961, p. 3.

de la región, disponiendo a su capricho de vidas y haciendas [...] El terror que inspiraba no era cosa ignorada".[8]

AGRAVIOS PENDIENTES: LOS COMPLOTISTAS DE LA COCHINERA

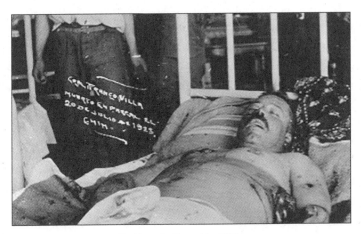

Cadáver de Francisco Villa.
(Sinafo, INAH)

Poco después de las ocho de la mañana del viernes 20 de julio de 1923 Francisco Villa, Miguel Trillo, Claro Hurtado, Daniel Tamayo, Rafael Medrano, Ramón Contreras y el chofer Rosalío Rosales fueron tiroteados cuando transitaban en un automóvil por las calles Juárez y Gabino Barreda de la ciudad de Hidalgo del Parral. Villa, Trillo, Rosales y Hurtado murieron en la emboscada, mientras que Medrano y Contreras sobrevivieron. Los tiradores fueron nueve y todos tenían cuentas pendientes con Villa debido al asesinato de algún familiar cercano o a amenazas de este a su integridad: Melitón Lozoya Sáenz Pardo, José Sáenz Pardo, Juan López Sáenz Pardo, Librado Martínez, José y Román Guerra, Jesús Salas Barraza, José Barraza y Ruperto Vara.

---

[8] Juzgado de Primera Instancia de lo Civil de Hidalgo del Parral, "Juicio Ordinario Civil promovido por la señora Soledad Seañez viuda de Villa en contra de la señora Luz Corral viuda de Villa", 1924, f. 3, s/c, AHMP.

Un testigo relata:

un amigo de [Jesús] Herrera [...] mantenía dentro de la hacienda de Canutillo, pagadas a peso de oro, dos mujeres, también adoloridas por tragedias ocasionadas por el mismo amo de la hacienda, las cuales mantenían relaciones amorosas con algunos de los hombres más atrevidos que rodeaban al guerrillero. [Los tiradores] escogidos entre aquellos cuyos padres habían sido muertos por el general Villa, contándose entre ellos dos cuyas familias fueron quemadas vivas, empapándose de petróleo y prendiéndoseles fuego en un panteón, donde corrían despavoridas entre las tumbas, estaban espiando los movimientos del guerrillero para asesinarlo y aparentemente se ocupaban en la compra de ganado en las inmediaciones de Parral, para tener pretexto de recorrer constantemente, por parejas, el trayecto comprendido entre la entrada del camino de Canutillo y la estación de Parral.[9]

Los tiradores estaban auspiciados por Jesús Herrera Cano y su entenado Gabriel Chávez. El señor Herrera había perdido prácticamente a todos sus hermanos y a su padre a manos de Villa.

El comerciante Guillermo Gallardo Botello rentó a Patrocinio Reyes los cuartos siete y nueve de la calle Gabino Barreda, en donde se emboscaron los tiradores, y, asociado con Jesús Corral Valles, prestó a los complotistas los corrales donde se resguardó la caballada para que huyeran. Guillermo Gallardo tenía un agravio que cobrarle a Villa: la muerte de su hermano Samuel Gallardo, asesinado a tiros por Baudelio Uribe, el 15 de mayo de 1916, después de que la madre de ambos, Esther Botello, no pudo pagar los 50 000 pesos que le exigió Villa por su rescate.[10]

José Sáenz Pardo Chavira y su medio hermano Librado Martínez eran hijos de don Nabor Sáenz Pardo Barraza y sobrinos de Cayetano Sáenz Pardo,[11] quienes habían muerto a manos de Villa. La medianoche del 18 de octubre

---

[9] *La Patria*, "Cómo se preparó el complot para asesinar al Gral. Villa y quien aparece como autor", El Paso, Texas, sábado 21 de julio de 1923, p. 1.

[10] Hijo de Ignacio Gallardo y Esther Botello, de Parral, militar, 28 años, deja viuda a su esposa Guadalupe Delgado y huérfana a su hija Esther. (Defunciones, Hidalgo del Parral, 15 de mayo de 1916, libro 91, acta núm. 218, f. 234); Ceja Reyes, *Yo maté a Villa*, pp. 112-113 y 166-167; entrevista de Raúl Herrera Márquez a Héctor Arras Rodríguez, Parral, febrero de 1999.

[11] Del rancho de Amador, San Bernardo, 50 años, hijo de Félix Sáenz Pardo y Francisca Barraza, casado, agricultor. (Defunciones, San Bernardo, Durango, 29 de octubre de 1919, acta núm. 21, f. 9).

de 1918 Villa los asaltó y los ejecutó en un camino a la altura del rancho los Órganos, municipalidad de Ocampo, Durango, cuando se dirigían a la ciudad de Hidalgo del Parral, Chihuahua.

José Barraza había perdido a su hermano Jerónimo Barraza y a dos tíos a manos de Villa.

Ruperto Vara, a su padre, a sus parientes Marcelo Vázquez, Guillermo Durán y Efrén Mora, ejecutados por órdenes de Villa.

Viviano Guerra, Serapio Guerra, Román Guerra, siete tíos y varios parientes más de José y Román Guerra habían sido asesinados en La Estancia, Durango; entre los ajusticiados estaban varios niños, sacrificados por el propio Villa porque consideró que serían peligrosos cuando tuvieran la edad para empuñar las armas, al igual que varios ancianos que "servirían para dar consejos en su contra". Según Guillermo H. Ramírez, más de 60 personas murieron aquel día en La Estancia.[12]

Juan López Sáenz Pardo[13] había perdido, en asesinatos de Villa, a su hermano Ángel López Sáenz Pardo, a su primo José de Jesús Franco Barraza[14] y a sus tíos Nabor y Cayetano Sáenz Pardo.

Jesús Salas Barraza había sufrido graves heridas en el rostro en un combate contra Villa en El Oro, Durango. Además, había sido amigo íntimo de Catarino Smith, colgado en El Magistral por órdenes de Villa.

Desde la mirilla y el gatillo de ocho rifles, los complotistas vengaron la muerte de sus amigos y familiares. Más de cien disparos cobraron con la muerte de Francisco Villa los agravios contra millares de madres, viudas y huérfanos.

---

[12] Ramírez, *Melitón Lozoya*..., pp. 20-21.

[13] Nació en rancho de Amador, San Bernardo, el 27 de diciembre de 1899, hijo de Antonio López Cortés y Francisca Sáenz Pardo Barraza. (Nacimientos, acta núm. 6, San Bernardo, Durango, 10 de enero de 1900).

[14] Hijo de Jesús Franco Domínguez y Librada Barraza, nació en Cerro Prieto, el 24 de abril de 1896. (Libro de Nacimientos, acta núm. 243, ff. 160-161, Registro Civil de San Bernardo, Durango, 23 de junio de 1896).

Jesús Salas Barraza, campeón de tiro.

Jesús Herrera Cano.
(Raúl Herrera Márquez)

(De izquierda a derecha y de pie)
Bertha Margarita, Guillermo y
Esther; (sentados)
Samuel e Ignacio Gallardo Botello.
(Magali Tercero)

Ángel y Félix Sáenz Pardo.
(Guillermo H. Ramírez)

Jesús Lozoya Solís, Justo y
Melitón Lozoya Sáenz Pardo,
Jesús y Leonor Vara Lozoya y
Edmundo Lozoya Zepeda.
(Parral, junio de 1923)

A MANERA DE CONCLUSIÓN

En México, entre los años 1913 y 1920, ninguna de las facciones armadas en pugna estuvo exenta de cometer atentados contra la población civil. Sin embargo, en los territorios dominados por el villismo, abundan las evidencias de ejecuciones ilegales, fusilamientos y graves crímenes contra personas ajenas al conflicto. Los más de 50 casos de asesinatos abordados en esta segunda edición involucraron a cerca de 1 550 personas, hombres, mujeres y niños de todas las edades y de diversa condición social, víctimas de los excesos de Francisco Villa, principalmente en los estados de Chihuahua, Durango y Sonora.

En las casi dos décadas de carrera de Villa como bandolero, sus víctimas fueron personas de todos los estratos sociales, a las que asaltó o asesinó sin hacer distingos de clase. En sus primeros años como revolucionario, Villa dirigió su violencia principalmente contra prisioneros de guerra y subalternos, a los que acusaba de traición y ejecutaba sin piedad. Posteriormente, cegado por la ira tras la derrota de su facción, Villa enfiló sus deseos de venganza contra los sectores más vulnerables de la sociedad, civiles desarmados, ancianos, mujeres y niños, que sufrieron las represalias de un conflicto al que eran ajenos.

Este trabajo está lejos de pretender abarcar la totalidad de las víctimas que sufrieron algún atentado por parte del líder guerrillero o de sus huestes, sin embargo, se incluyeron los casos más emblemáticos, que sobresalen por la saña con la que se cometieron los crímenes, por el número de personas violentadas en un mismo evento, por tratarse de figuras públicas y reconocidas en diferentes ámbitos en alguna localidad, o por la permanencia en la memoria colectiva, principalmente en el ámbito rural de los estados norteños.

Reivindicar a las víctimas ayuda a sanar las secuelas de una guerra fratricida y reconciliarse con el pasado. Las personas cuyos casos han sido narrados en esta obra fueron arrojadas al anonimato de las cifras y daños colaterales de la llamada Revolución mexicana, doblemente victimizadas porque su tragedia pasa inadvertida o es minimizada, o bien, porque ante los ojos de algunos, eran merecedoras de su suerte sin mayor reflexión, debido al lugar que ocupa actualmente Villa en la cultura de masas como defensor de las causas populares. Por tal razón, es oportuno dar voz a quienes no la han tenido.

Es importante revalorar la tradición oral, las posturas no escuchadas, las que muchos historiadores y cronistas han dejado de lado, al ser incompatibles con la versión del personaje que han pretendido construir; rescatar las versiones populares frente a la historia institucional, recuperar testimonios, tomar en cuenta evidencias y conocer puntos de vista divergentes para tener una perspectiva más completa y matizar a este controversial personaje que debe ser analizado desde distintas aristas.

Después de una ardua labor de investigación y triangulación de fuentes, puede concluirse también que el libro de Celia Herrera, que había sido catalogado como poco fiable, es un texto que posee veracidad histórica y cuyo contenido ha sido posible documentar. El texto de Herrera fue escrito en una época en que el discurso heroico revolucionario estaba aún en construcción, de ahí la importancia de dicha obra.

Hoy en día, las nuevas corrientes historiográficas en México han promovido el análisis crítico del discurso institucional y sus íconos, implantado por los gobiernos posrevolucionarios para su legitimación; nos encontramos frente a un periodo de resignificación de procesos, fenómenos y personajes.

APÉNDICE

La muerte del Coyote

El 11 de febrero de 1914 Domingo Flores, un comprador de municiones, apodado el Coyote, que trabajaba para Villa, le informó que su socio había robado 8 500 pesos destinados a la adquisición de pertrechos. Villa, responsabilizando del hurto al propio Flores, ordenó su encarcelamiento en Ciudad Juárez y exigió a su familia, que vivía en El Paso, cubrir el adeudo como condición para obtener su liberación.[1] La afligida madre de Flores vendió su casa para reunir el dinero, pero aun así no juntó lo suficiente. Villa no se compadeció e insistió en recuperar hasta el último peso. La familia finalmente pudo entregar la cantidad exigida, y Francisca Flores, hermana de Domingo, cruzó la frontera para llevarle el dinero a Villa a Ciudad Juárez. Ahí se le permitió visitar a su hermano en la cárcel, pero, a pesar de haberse cumplido la entrega del dinero, el preso fue ejecutado en presencia de su hermana. Consumado el asesinato, Villa amenazó a Francisca para que nunca volviera a México.[2]

Un año después Francisca Flores obtuvo una pequeña venganza. Se apoderó de un vehículo propiedad de Villa para cobrarse 2 700 dólares que el exjefe de la División del Norte había quedado a deber a su hermano. Villa

---

[1] *El Paso Herald*, "No Foreign Prisoners in Juarez Jail", El Paso, Texas, miércoles 18 de febrero de 1914, p. 1; "Villa Kills his Friends", El Paso, Texas, sábado 1º de abril de 1916, p. 19; *El Paso Morning Times*, "Las mujeres y el automóvil de Villa", El Paso, Texas, miércoles 31 de mayo de 1916, p. 1.
[2] *El Pueblo*, "Nuevas crueldades y fechorías de Villa", Veracruz, jueves 19 de agosto de 1915, p. 2; Meyer, *John Kenneth Turner...*, p. 253.

entonces envió a Carlos Jáuregui para recuperar el auto; Jáuregui negó ante las autoridades de El Paso que existiera adeudo alguno y argumentó que el Coyote había sido ejecutado por robo y otros delitos que, a decir de Villa, habían quedado plenamente comprobados en la indagatoria. Francisca, sin embargo, pudo probar el adeudo y consiguió que el vehículo fuera embargado por las autoridades para cubrir la deuda; Jáuregui tuvo que pagar una fianza de 2 500 dólares para recuperarlo.[3]

LA BATALLA DE ZACATECAS. ASESINATOS DE CIVILES Y MILITARES

Pasaban las tres de la tarde de aquel trágico martes 23 de junio de 1914. Un ejército de 23 000 hombres, comandado por Francisco Villa, había derrotado a los 8 000 soldados federales que componían la guarnición federal de la ciudad, a las órdenes de los generales Luis Medina Barrón y Antonio G. Olea. Las primeras partidas villistas entraron a la ciudad de Zacatecas por las calles del Barrio Nuevo, por el rumbo de la estación ferroviaria, otras, por Las Peñitas o La Pinta, las últimas lo hicieron por la calle de Juan Alonso. A través de las puertas cerradas y de las ventanas cubiertas con colchones, los aterrorizados vecinos escucharon las dianas, el galope de los caballos, las descargas de fusilería y las imprecaciones y gritos enardecidos de "¡viva Villa!", "¡mueran los pelones desgraciados!".[4] Samuel López recuerda que dentro de la ciudad se escuchaba "el infernal ruido […] el horrible estampido de las bombas de mano, el tableteo de las ametralladoras y la incesante detonación de la fusilería, ruido tan intenso […] y sobresalían los gritos de ¡viva Villa, hijos de…".[5]

En la plazuela de San Juan de Dios se encontraba el Hospital Civil, en cuya fachada colgaba una manta con letras negras que imploraba "piedad para los heridos". Los villistas entraron a sus instalaciones, amarraron a varios de los lesionados y los acuchillaron en sus lechos, mientras que otros presumían su puntería disparando sobre los federales que corrían por el patio

---

[3] *El Paso Morning Times*, "El automóvil del general Villa", El Paso, Texas, viernes 20 de agosto de 1915, p. 1.

[4] I. Muñoz, *Verdad y mito de la Revolución mexicana*, Ediciones Populares, México, 1960, p. 196; Cervantes, *Francisco Villa…*, p. 730.

[5] S. López, *La batalla de Zacatecas. Recuerdos imborrables que dejan impacto para toda la vida*, Ediciones Botas, México, 1964, p. 34.

tratando desesperadamente de salvar sus vidas. Frente al Hospital Militar, uno de los últimos reductos federales, los soldados y oficiales heridos seguían disparando los rifles recogidos a sus compañeros muertos; uno que otro soldado, rodilla en tierra y tras el marco de algún zaguán, hacía disparos desesperados sobre las masas revolucionarias que avanzaban incontrolables.[6]

En el Hospital de Sangre, instalado en la Escuela Normal, Villa exigió a médicos y enfermeras de la Cruz Blanca Neutral que le indicaran quiénes de los heridos eran jefes y oficiales federales para rematarlos ahí mismo, a lo que se negó rotundamente el médico Guillermo López de Lara respondiendo: "Nuestra misión es curar heridos y cuando los atendemos no sabemos si son jefes o soldados rasos". Villa volvió a preguntar, pero López de Lara insistió en que su misión era curar heridos, tanto federales como revolucionarios; Villa exigió una respuesta a la profesora Beatriz González Ortega que fungía como enfermera voluntaria: "No lo sé, pero si lo supiera, tampoco se lo diría"; enfurecido, Villa la insultó y le dio tres fuetazos en la espalda y se dirigió de nuevo a López de Lara: "Si no me dicen cuáles de los heridos son jefes y oficiales los mando fusilar inmediatamente". El médico contestó con firmeza: "Puede usted hacerlo, puesto que estamos en sus manos, pero no podremos decirle qué grado pueden tener los heridos, porque no lo sabemos". Exasperado, Villa ordenó que trasladaran al panteón al médico Guillermo

Guillermo López de Lara.

Beatriz González Ortega.

---

[6] Muñoz, *Verdad y mito...*, p. 202.

López de Lara, a la profesora Beatriz González Ortega y al ingeniero José Rojas para fusilarlos. Finalmente, la orden no se cumplió, debido a que el fotógrafo Eulalio Robles, amigo de Villa, intercedió por ellos, afirmando que solo había tres médicos en la ciudad para atender a todos los heridos, incluyendo a los villistas.[7]

La situación era caótica en la plaza; repentinamente, una explosión cimbró la ciudad entera matando a decenas de personas. El depósito de armas ubicado en el Palacio Federal[8] había estallado, sembrando el pánico en las calles de la ciudad. Una partida de villistas, después de vencer la resistencia de un grupo de federales que se había apostado en el viejo edificio, había intentado abrir a tiros la caja fuerte de la Pagaduría Militar provocando una enorme explosión en tres tiempos. Según Felipe Ángeles, su reloj marcaba las tres y 30 minutos de la tarde cuando "del centro de la ciudad se elevó de pronto un humo amarillo, como si estuviera mezclado con polvo. Tal vez un incendio, quizá una explosión".[9] La Jefatura de Armas, la casa de la familia Magallanes y parte del edificio que albergaba el Banco de Zacatecas habían volado. Según Samuel López, "la trepidación fue tan violenta que se abrieron las aldabas y pasadores".[10]

Días antes los generales Benjamín Argumedo y Luis Medina Barrón, defensores de la plaza, habían arrebatado a las fuerzas de Pánfilo Natera una gran cantidad de armamento y explosivos que depositaron en las oficinas de la Jefatura, en donde también resguardaban los abastecimientos de municiones y las cajas de dinamita que enviaba la federación.[11]

Existen varias versiones acerca de la explosión en el Palacio Federal. Los vencedores quisieron inmediatamente imputar el hecho a los defensores. El villista Federico Cervantes escribió: "Como postrera y bárbara venganza, los vencidos habían volado con dinamita una manzana entera, con todo y habitantes"; y justificando el bárbaro exterminio de soldados mexicanos, continuó:

[7] M. Martínez y García, *Reminiscencias históricas zacatecanas. La batalla de Zacatecas*, Tip. Literaria, Zacatecas, 1922, pp. 22-23; entrevista de Reidezel Mendoza a Gabriela López de Lara, Zacatecas, 8 de octubre de 2017; Aguirre, *De Francisco I. Madero a Francisco Villa* p. 149.
[8] El viejo edificio de piedra databa de la época del virreinato y había sido sede de la Real Caja.
[9] Diario del general Felipe Ángeles, en A. Gilly (comp.), *Felipe Ángeles en la Revolución*, Ediciones Era / Conaculta, 2008, p. 244.
[10] López, *La batalla de Zacatecas...*, p. 36.
[11] Martínez y García, *Reminiscencias históricas zacatecanas...*, p. 27; López, *La batalla de Zacatecas...*, p. 36.

"pero la guarnición [...] expiaba este crimen con el aniquilamiento".[12] Sin embargo, cuando ocurrió la explosión, los rebeldes ya se habían apoderado del centro de la ciudad y del edificio. Algunas versiones sostienen que los villistas pretendieron abrir a balazos un grueso cerrojo de hierro y el enorme candado que resguardaba el almacén del armamento cuando una bala hizo estallar las granadas que estaban cerca de la puerta. Otros comentaron que la explosión se debió a que una granada de los villistas detonó en los sótanos haciendo explotar las cajas con dinamita.[13] Al día siguiente, el jefe político y teniente coronel Leobardo Bernal fue asesinado por órdenes de Villa supuestamente por haber sido él quien provocó la explosión del Palacio Federal, aunque ninguna prueba lo incriminaba.[14]

Momentos después de la explosión, entre las ruinas, quedaron expuestos fragmentos de cuerpos de federales y villistas. Entre las canteras de los edificios siniestrados "se oían gritos lastimeros".[15] Mujeres, niños y soldados, con el rostro cubierto con rebozos o pañuelos, se dieron a la tarea de buscar sobrevivientes en el sitio de la tragedia. Al tiempo que iban rescatando cadáveres, un contingente separaba armas, municiones y la caja fuerte de la pagaduría militar que, a pesar de la enorme explosión, no se abrió. Un villista, rifle en mano, fue designado para hacer guardia a su costado.

En los tres días posteriores a la toma de la ciudad fueron extraídos 121 cadáveres de las ruinas: dos oficiales del ejército federal, 89 soldados federales y 35

Un villista resguardando la caja fuerte de la Pagaduría Militar.

[12] Cervantes, *Francisco Villa...*, p. 730.
[13] López, *La batalla de Zacatecas...*, p. 36.
[14] Martínez y García, *Reminiscencias históricas zacatecanas...*, p. 27.
[15] Muñoz, *Verdad y mito de la Revolución mexicana*, p. 200.

Dolores García, Dolores Compean
y Manuel R. Magallanes.
(*Jesús García Herrera*)

villistas.[16] Al cuarto día de la tragedia, Alfonso, un niño de un año y medio de edad, hijo del licenciado Manuel Rosendo Magallanes, magistrado del Supremo Tribunal de Justicia del estado, fue rescatado con vida de entre los escombros; un sólido ropero lo había protegido del estallido. El licenciado Magallanes[17] y otros ocho miembros de su familia murieron bajo los escombros: su esposa Dolores García, de 40 años, y sus hijos Domingo, de 19, Julio César, de 17, Rodolfo, de 14, Enrique, de 10, Carlos, de siete, Leopoldo, de tres, y Emma, de cuatro días de nacida. Según el reporte del médico Guillermo López de Lara, los Magallanes habían muerto por "machacamiento".[18]

Entre insultos y vejaciones, varios civiles y transeúntes fueron obligados a continuar con las obras de limpieza del Palacio Federal y de la casa de los Magallanes. Los cadáveres rescatados de las ruinas fueron incinerados frente al teatro Calderón.[19]

Un gran número de ciudadanos, comerciantes y empleados públicos fueron encerrados en las cárceles públicas acusados de ser huertistas y obligados a barrer las calles.[20] Por las mismas avenidas desfilaron largas cuerdas de militares federales, despojados de sus polainas, de los quepís y del calzado, a los que

---

[16] M. Á. Sánchez Lamego, *Historia militar de la revolución en la época de convención*, t. I, INEHRM, México, 1976, p. 19.

[17] Originario de Zacatecas, hijo de Pedro Magallanes, de 59 años, y de María de Jesús Recio, abogado, casado con Dolores García Compean, fue sepultado junto con su familia en el panteón de Chepinque. (Defunciones, Zacatecas, 23 de marzo de 1915, acta núm. 222, f. 54).

[18] El primogénito de la familia, Pedro Magallanes, comerciante radicado en Guadalajara, recogió a su hermano. (Entrevista de Víctor Hugo Ramírez Lozano a Javier Magallanes, 21 de mayo de 2014, en "Milagro en la toma de Zacatecas de 1914". http://temaszacatecanos. blogspot.com/2014/05/normal.html, consultado el 30 de agosto de 2018; Defunciones, Zacatecas, 23 de marzo de 1915, actas núm. 223-230, ff. 54v-56v, 23.

[19] López, *La batalla de Zacatecas...*, p. 46.

[20] Martínez y García, *Reminiscencias históricas zacatecanas...*, pp. 26 y 30.

Cadáveres incinerados
en las calles de Zacatecas.

obligaban a gritar "¡viva Villa!". Los prisioneros eran concentrados detrás
del mercado, y de ahí eran reagrupados y llevados a levantar el campo. Los
numerosos pozos de minas fueron llenados con despojos humanos. El tránsito
en la ciudad era imposible; las calles estaban atestadas de cadáveres de hombres y animales, que eran incinerados a toda prisa en las plazas de San Juan de
Dios y Guadalajarita, en la estación y en varias calles.[21] El excapitán federal
Ignacio Muñoz afirma que frente al Hospital Militar se hizo una enorme pira
con 100 cuerpos, entre ellos varios heridos, a los que se les roció petróleo y se
les prendió fuego. Relata Muñoz: "Nunca podré olvidar las contorsiones
de aquellos infelices; su desesperación por sacar fuerzas de flaqueza para retirarse de la hoguera y, ante la imposibilidad de verificarlo, su terror impresionante
reflejado en los exangües rostros".[22] Los despojos humanos fueron sepultados en zanjas abiertas a uno y otro lado de las calles, volviendo a empedrarlos.[23]

En sus memorias, Luis Aguirre Benavides, secretario particular de Villa,
relata:

Recuerdo que al día siguiente de la batalla me invitó mi primo Enrique Santoscoy
a que fuéramos a ver aquel espectáculo macabro, del cual quedé horrorizado. Estaba el camino tan lleno de cadáveres, que no se podía caminar a caballo sin tener
que pisarlos. En carretas y carretones los andaban recogiendo nuestros soldados
y haciendo grandes montones procedían a incinerarlos, rociándolos previamente
con gasolina.[24]

---

[21] Cervantes, *Francisco Villa...*, p. 732; Martínez y García, *Reminiscencias históricas...*, p. 30.
[22] Muñoz, *Verdad y mito de la Revolución mexicana*, pp. 200 y 214.
[23] López, *La batalla de Zacatecas*, p. 46.
[24] Aguirre, *De Francisco I. Madero a Francisco Villa...*, p. 149.

Algunos soldados villistas se dedicaron al saqueo y a la ejecución masiva de prisioneros. En el panteón, el excapitán Muñoz asegura que Felipe Ángeles salvó su vida y la de sus compañeros:

> Allí estaban ya unos 500 prisioneros formados en tres filas, en un lugar a corta distancia estaban tres montones de cadáveres [...] unos hombres, seguramente jefes villistas, iban tomando por un brazo, por el chaquetín o el saco a los prisioneros, y, a quemarropa, les descerrajaban un tiro en la cabeza. Si el herido daba señales de vida, lo remataban en el suelo y enseguida lo arrastraban arrojándolo a los montones de cadáveres. El fusilamiento era parejo. De cabo en adelante la ejecución se imponía [...] El general Felipe Ángeles [...] increpó duramente a los asesinos [...] y ordenó que los que aún quedábamos con vida, fuéramos llevados a la estación, frente al Pullman que ocupaba de cuartel general.[25]

Los siete kilómetros que abarca el camino desde la calle Juan Alonso hasta la villa de Guadalupe, el arroyo y los campos que lo bordeaban, estaban materialmente tapizados de cadáveres de hombres, mujeres y niños que habían intentado escapar de la ciudad, pero que fueron barridos por las descargas de fusilería de los atacantes. López Salinas asegura que allí hubo mayor

General Ignacio Muñoz.
(Fototeca INAH)

General Antonio G. Olea,
jefe de la plaza.

---

[25] Muñoz, *Verdad y mito de la Revolución mexicana*, p. 216.

mortandad por lo estrecho de la cañada "y por ser el lugar por donde salieron los supervivientes comandados por el general Luis Medina Barrón.[26] El periodista Reginald Kann, de la revista francesa *L'Illustration Francaise*, comentó: "Villa no se contentó con la victoria, sino que buscó el aniquilamiento del adversario".[27]

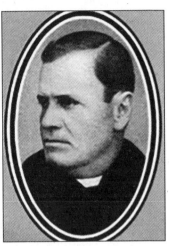

La noche del 23 de junio el presbítero Inocencio López Velarde[28] fue asesinado en un callejón, supuestamente porque habría pretendido impedir la entrada de los villistas a un colegio. Otro testigo afirma que un oficial villista había arrestado al cura cuando daba refugio en su morada a varios civiles que eran perseguidos.[29] Hay quienes aseguran que el sacerdote fue sacado de su domicilio con el pretexto de que fuera a confesar a un moribundo.[30] El caso es que el cadáver del presbítero López Velarde fue encontrado tirado junto a la puerta falsa de la maderería La Malinche, en el cauce del arroyo principal

Pbro. Inocencio López Velarde y Morán.

de Zacatecas. El cuerpo del sacerdote presentaba varias lesiones provocadas por arma de fuego y había sido despojado de sus ropajes y calzado.[31] Una versión sostiene que Raúl Madero ordenó su asesinato, otra, que la instrucción provino del Estado Mayor de Villa.

Los religiosos lasallistas, de nacionalidad francesa, Adrién-Marie Astruc y Adolphe-François Gilles, del Instituto Científico San José, y el capellán

---

[26] Cervantes, *Francisco Villa...*, pp. 731-732; López, *La batalla de Zacatecas...*, pp. 43-44.

[27] Cervantes, *Francisco Villa...*, p. 731.

[28] Originario de Paso de Sotos, Teocaltiche, Jalisco, hijo de Ramón López Velarde y de Urbana Morán, de 57 años, soltero, ministro católico, murió por traumatismo. (Defunciones, Zacatecas, 24 de junio de 1914, acta núm. 895, ff. 55v-56).

[29] *The Mexican Herald*, "Priests Coming Here to Escape Feared Rebels", Veracruz, martes 14 de julio de 1914, p. 1.

[30] A. A. A., *Tres holocaustos. Apuntes biográficos del señor presbítero Rafael Vega Alvarado y de los hermanos Adrián M. Astruc y Adolfo F. Gilles de las Escuelas Cristianas*, s/e, 1939, p. 119; A. Rius, *La juventud católica y la revolución mexicana 1910-1925*, Jus, México, 1963, pp. 73-74.

[31] *El Paso Herald*, "One Priest's Affidavir", El Paso, Texas, 5-6 de diciembre, 1914, p. 3; F. C. Kelley, *The Book of Red and Yellow: Being a Story of Blood and a Yellow Streak,* Catholic Church Extension Society of the United States of America, Chicago, 1915, p. 11; Martínez y García, *Reminiscencias históricas...*, p. 24.

Rev. Adrién-Marie Astruc.

Rev. Adolphe-François Gilles.

Pascual Rafael Vega Alvarado fueron asesinados por los revolucionarios.[32] La mañana del 24 de junio de 1914 los religiosos Astruc y Gilles encontraron a unos soldados federales heridos que se habían refugiado en unas tapias adjuntas al instituto, y por tal razón fueron detenidos y conducidos ante el general Manuel Chao, quien ordenó que los encerraran en una casa contigua a la estación con centinela de vista. Samuel López dice que fue la última vez que los vio con vida.[33]

Otra versión de la desaparición de los religiosos refiere que después del cateo de los rebeldes a las instalaciones del colegio, estos acusaron a los lasallistas de haber dado asilo a federales, de esconder armas y municiones y de haber dado dinero al gobierno que combatía a la Revolución. Después de una minuciosa búsqueda por las habitaciones, los salones de clase y la bodega, los villistas no encontraron nada. Sin embargo, en las dependencias que mantenían los religiosos y que estaban aisladas por completo del colegio, así como en unas piezas ruinosas que se hallaban a un costado del patio, colindante con el Hospital Civil, encontraron refugiado a un grupo de soldados federales heridos,

[32] Martínez y García, *Reminiscencias históricas...*, pp. 24-25; "Mexico-100th Anniversary of the Sacrifice of the Brothers in Zacatecas". http://www.lasalle.org/en/2014/07/mexico-100th-anniversary-of-the-sacrifice-of-the-brothers-in-zacatecas-2/, consultado el 3 de abril de 2015; Rius, *La juventud católica y la Revolución mexicana 1910-1925*, p. 73.
[33] López, *La batalla de Zacatecas...*, p. 41; Herrera, *Francisco Villa...*, p. 113.

Pascual Vega Alvarado.

de lo que los hermanos no tenían conocimiento, por lo que llevaron a cabo dos cateos más. Un oficial villista intimó al director la orden de que todo el personal de la casa se reuniera en el patio y después presentó al hermano Adrián ante su jefe Tomás Urbina, quien se había instalado en el entonces Hospital Civil. Otro religioso, de nombre Adolfo, que no había sido requerido, insistió en acompañarlos. Nadie los volvió a ver con vida.[34] Esa noche, Adolfo fue conducido al pie del crestón principal del cerro de La Bufa y asesinado junto con el religioso Gilles y el capellán Vega Alvarado.[35]

El capellán Vega Alvarado había celebrado su última misa cuando comenzaron los cateos al colegio, a las siete de la mañana del día 24; a las dos de la tarde Vega Alvarado atestiguó la detención de los religiosos Astruc y Gilles y ante cualquier eventualidad les dio la absolución, al igual que al resto del personal. No se sabe cómo fue retenido el cura Vega, pero se cree que había intentado abogar por los lasallistas, lo que le valió ser arrestado por órdenes de Tomás Urbina. Sin embargo, hay quien sostiene que Vega había sido aprehendido mientras brindaba ayuda a los heridos de la batalla. El caso es que el sacerdote fue ejecutado esa misma noche en el cerro de La Bufa. Los cadáveres de los tres religiosos fueron parcialmente enterrados y, gracias a los esfuerzos del cónsul francés Cayetano Larronde, fueron encontrados el 28 de junio y sepultados en el panteón de La Purísima.[36]

Sobrevivientes de aquella trágica jornada que fueron entrevistados a su llegada a Nueva York relatan: "La casa [en Zacatecas] entraron hombres armados y exigieron una gran suma de dinero. Los hermanos no la tenían, de modo que los revolucionarios tomaron al director y subdirector de la casa, que eran

---

[34] A. A. A., *Tres holocaustos...*, pp. 76-78.
[35] Kelley, *The Book of Red and Yellow...*, p. 11 y 29-31; *El Sol de Zacatecas*, "Zacatecas y sus mártires del 24 de junio de 1914", segunda parte, 8 de julio de 1914.
[36] *The Day Book*, "The Mexican Situation", Chicago, Illinois, viernes 24 de julio de 1914, p. 31.; *El Sol de Zacatecas*, "Zacatecas y sus mártires del 24 de junio de 1914", primera parte, 1° de julio de 2014; B. Ulloa, *Historia de la Revolución Mexicana...*, p. 425; Rius, *La juventud católica y la revolución mexicana 1910-1925*, p. 73.

franceses, y al capellán, un sacerdote mexicano, los condujeron a una colina cercana y los ejecutaron. Los demás fueron conducidos a prisión y la casa fue saqueada [...] Francia, como se recordará, protestó al presidente Wilson [...] sin embargo, se recibió muy poca satisfacción".[37]

El Colegio San José fue saqueado y los 14 religiosos franceses que conformaban el personal docente fueron arrestados y encarcelados en una casa próxima a la estación del ferrocarril con guardias de vista, por órdenes de Manuel Chao.[38] Uno de los religiosos sobrevivientes relata: "Nuestra prisión fue muy dura, privados de todo alimento, sin tener siquiera agua para beber. Delante del cuarto en que estábamos presos, hallábase una ametralladora al cuidado de un individuo listo para hacerla funcionar". Según el religioso prisionero, en el cuartucho donde los tenían encerrados, se presentó Chao y "nos fue a reprochar que predicáramos, decíamos misa y enseñábamos la doctrina". Chao ignoraba que los religiosos, no siendo sacerdotes, no podían ofrecer misa.[39]

Poco después fue a verlos Tomás Urbina y, frente a él, los religiosos presos afirman que se sostuvo el siguiente interrogatorio: "Son ustedes gachupines, ¿verdad? ¿Han dado ustedes dinero para sostener el gobierno del general Huerta? ¿Qué suma de dinero van a ustedes a entregarnos para luchar contra Huerta? ¡Y que no sea insignificante! ¿Enseñan ustedes el catecismo en vez de enseñar las leyes de Juárez?".[40] Al día siguiente, a las ocho de la mañana, Manuel Chao volvió a interrogarlos respecto a qué suma podrían entregarles, pero no se comprometieron a nada. El día 29 fueron apresados nuevamente los religiosos, después de que se les había concedido permiso para sepultar a sus hermanos caídos, y recluidos en un vagón de maíz sin provisión alguna ni ropas limpias.[41]

Villa también ordenó la aprehensión de los sacerdotes de la ciudad y exigió el pago de 20 000 pesos en efectivo, de lo contrario, serían fusilados. Con grandes esfuerzos, los presbíteros consiguieron el efectivo que se le entregó a Villa; pero cuando tuvo el dinero en sus manos, pidió 80 000 pesos más. Se obligó entonces a los sacerdotes a recorrer casa por casa, recolectando el recurso. Al momento de recibir el dinero, la escolta les robó 2 000, y los curas

---

[37] *America*, "Mexico. The Refugees", vol. XI, núm. 21, 5 de septiembre de 1914, p. 492.
[38] La mayoría de los padres expulsados encontró acomodo en El Colegio de Santa Fe, Nuevo México, y en el Colegio Saint Michael's de los Hermanos Cristianos.
[39] A. A. A., *Tres holocaustos...*, p. 78.
[40] *Ibid.*, pp. 79-80.
[41] *Ibid.*, pp. 85-86.

tuvieron que hacer una nueva colecta para conseguirlos. Ya completada la cantidad exigida y no obstante la palabra empeñada de Villa de liberarlos el día que cubrieran el pago, el 30 de junio, los 22 sacerdotes y religiosos fueron enviados presos a Torreón.[42] El 3 de julio los religiosos y sacerdotes fueron subidos a un furgón y remitidos a El Paso, adonde arribaron el 11 de julio.[43]

Tres días después de la toma de la ciudad, los villistas también asesinaron al sacerdote Benito Márquez.[44] El cura Márquez había fungido muchos años como capellán de la capilla ubicada en una ladera del cerro de La Bufa, y recientemente había rescatado la imagen de Nuestra Señora de los Remedios de la catedral, evitando que cayera en manos de los rebeldes.[45] El cargo contra el sacerdote fue de haber permitido a los irregulares de Benjamín Argumedo fortificar la pequeña capilla, en donde se hicieron fuertes durante el ataque, retrasando la caída de la ciudad. El cura dijo que era cierto que los defensores habían disparado desde la capilla a su cargo, pero él, un hombre desarmado, no había podido evitar que la usaran cuando ya habían fortificado toda la colina.[46]

En la villa de Guadalupe, Zacatecas, el sacerdote Valeriano Medina se dedicó a atender a los federales heridos en batalla en los salones de la escuela parroquial, hasta que una partida de caballería villista los embistió y asesinó a mansalva. El padre Medina salvó la vida milagrosamente. El 7 de julio fue fusilado en el cementerio de Calera el cura de Mazapil, José de Jesús Alba, a quien, según versiones, el villista Rosalío Hernández le había pedido un rescate de 50 000 pesos. Testigos relataron que el cura Alba "intentó cristianizar

---

[42] Los sacerdotes apresados y expulsados por órdenes de Villa eran: José María Vela, Cenobio Vásquez, José Antonio Ramos, Vicente Taso, Manuel Romo, Juan Ignacio Richart, Francisco Sánchez, Emerico Martínez, Benjamín Rodarte, J. Escalante, J. Cumplido, J. Remigio, Juan Martínez, José Quintero, J. Peña, J. Muños, J. Serrano, José Cuevas, Juan Raigosa Reyes, Ramiro Velasco. De aquellos religiosos, logró escapar el anciano cura Ángel de los Dolores Tiscareño, quien fue escondido por sus amigos en algunas casas de Zacatecas. (Informe del Lic. León J. Canova al Departamento de Estado de Estados Unidos, 15 de agosto de 1914; *El Paso Herald*, "One Priest's Affidavir", El Paso, Texas, 5-6 de diciembre de 1914, p. 3; *El Pregonero de la muy noble y leal ciudad de Zacatecas*, "Una hermosa victoria prostituida", Archivo Histórico del Estado de Zacatecas, núms. 4, 24, 25 y 26, marzo-mayo de 2007).

[43] Kelley, *The Book of Red and Yellow…*, pp. 11-12; López, *La batalla de Zacatecas*, pp. 44-45; Rius, *La juventud católica y la Revolución mexicana 1910-1925*, pp. 73-74.

[44] *Regeneración*, "La Revolución continúa contra el nuevo gobierno", Los Ángeles, 8 de agosto de 1914, p. 2; Taracena, *La verdadera Revolución mexicana. Segunda etapa*, p. 310.

[45] M. Flores, *Nuestra Señora de los Remedios*, Jus, México, 1972, p. 27.

[46] *The Mexican Herald*, "Priests Coming here to Escape Feared Rebels", Veracruz, martes 14 de julio de 1914, p. 1.

con palabras dulces a sus captores, por lo que el mismo general Rosalío Hernández optó por asesinarlo".[47] La soldadesca, envalentonada, invadió iglesias y sacó confesionarios para incendiarlos; destrozó la biblioteca de la casa episcopal y, desde los balcones, tiró los valiosos libros a la calle.[48]

El 9 de julio, por órdenes de Francisco Villa, fueron ejecutados varios civiles, entre ellos el licenciado Francisco Zesati[49] y su hijo Francisco, de 19 años, quien no quiso abandonar a su padre;[50] don Jacinto Carlos[51] y su hijo Salvador,[52] de 17 años, quien insistió en acompañarlo hasta el paredón. Villa también ordenó que fueran pasados por las armas el capitán José Bonilla, don Manuel Gómez Otero[53] y el comandante Serapio Martínez,[54] quien, estando paralítico por reumatismo, fue cargado hasta el lugar del suplicio. Al joven Tomás Medina[55] lo asesinaron el día 15, solo porque se dijo que era pariente del general Luis Medina Barrón. Salvador Hernández y su hijo Enrique fueron ejecutados después de que pidieron garantías; el cadáver de don Salvador fue mutilado con una piedra para arrancarle el oro de los dientes.[56]

---

[47] *El Paso Herald*, "One Priest's Affidavir", El Paso, Texas, 5-6 de diciembre de 1914, p. 3; Rius, *La juventud católica y la Revolución mexicana 1910-1925*, p. 74.

[48] Kelley, *The Book of Red and Yellow...*, p. 12 y 31-32; Rius, *La juventud católica y la Revolución mexicana 1910-1925*, pp. 73-74; E. J. Correa, *Biografías: Miguel M. de la Mora y y José de Jesús López*, ediciones del autor, México, 1952, p. 104.

[49] Originario de Jerez, hijo de Anacleto Zesati y de Ricarda Valdés, abogado, de 55 años, casado con Soledad Parra. (Defunciones, Zacatecas, 11 de julio de 1914, acta núm. 703, f. 11v).

[50] Originario de Zacatecas, hijo de Francisco Zesati y Soledad Parra, estudiante. (Defunciones, Zacatecas, 11 de julio de 1914, acta núm. 704, f. 12).

[51] Originario de Jerez, hijo de Jesús Carlos y Leandra Flores, de 65 años, comerciante, casado con Pascuala Estrella, falleció por heridas de arma de fuego. (Defunciones, Zacatecas, 11 de julio de 1914, acta núm. 706, f. 12v).

[52] Originario de Zacatecas, hijo de Jacinto Carlos y de Josefa Salazar, soltero, estudiante, falleció por heridas de arma de fuego. (Defunciones, Zacatecas, 11 de julio de 1914, acta núm. 708, ff. 12v-13).

[53] Originario de Jerez, hijo de Luis Gómez y de Dolores Otero, de 66 años, comerciante, casado con Josefa Salazar; el cadáver tenía una gran herida producida por proyectil de arma de fuego. (Defunciones, Zacatecas, 11 de julio de 1914, acta núm. 705, ff. 12-12v).

[54] Originario de Zacatecas, hijo de Anselmo Martínez y Carmen de Santiago, de 44 años, empleado público, casado, falleció por dos heridas de arma de fuego, fue encontrado en estado de descomposición. (Defunciones, Zacatecas, 11 de julio de 1914, acta núm. 709, f. 13).

[55] Originario de Chalchihuites, hijo de Mariano Medina y Bonilla y de Concepción Peralta, empleado particular, soltero, de 24 años, falleció por traumatismo. (Defunciones, Zacatecas, 28 de agosto de 1914, acta núm. 889, f. 54v).

[56] Villa ordenó que fueran desterrados de la ciudad los licenciados Eusebio Carrillo y Manuel Zesati, director del Instituto de Ciencias del Estado, y los señores Manuel Rodarte y Rodolfo Cerda (Martínez y García, *Reminiscencias históricas...*, pp. 27-28).

Francisco Zesati Valdés.

Jacinto Carlos Flores.

"Los vencedores, embriagados con el triunfo, después de la lucha llamaban a las casas con fuertes culatazos o disparaban hacia las ventanas, cuyos vidrios rompían [...] diversos grupos de vencedores se disputaban y arrastraban por las calles carruajes que acababan de encontrar o que habían extraído de las cocheras [...] algunas tiendas eran saqueadas.".[57]

LA VENGANZA DE LOS COMPADRES

A finales de 1914 los compadres Francisco Villa y Tomás Urbina ordenaron la aprehensión y ejecución de don Victoriano Martos y de su hijo Jesús, propietarios de tierras y de negocios mineros en Indé, Durango. Juan Gualberto Amaya asegura que fueron detenidos en Aguascalientes, después de que salieron en tren de la Ciudad de México, donde Jesús se había recibido de abogado. Según Amaya, la brigada de Urbina "estaba dizque dando garantías a la Convención, no sé por qué medios Urbina pudo enterarse de que aquellos viajeros se encontraban dentro del pasaje y ordenó su aprehensión inmediata, y acto continuo fueron asesinados villanamente".[58] Aparentemente los prisioneros fueron trasladados a Torreón, donde Urbina exigió

---

[57] Cervantes, *Francisco Villa...*, p. 730.
[58] Amaya, *Madero...*, p. 56.

Victoriano Martos.
(Familia Martos)

Jesús Martos Hernández.
(Familia Martos)

30 000 pesos por su rescate, y después de que la familia le entregó el dinero ordenó que fueran ejecutados. Sin embargo, según Antonio Carranza, don Victoriano[59] y su hijo Jesús[60] fueron asesinados en las cercanías de la ciudad de Aguascalientes y así fue asentado en las actas de defunción. El cónsul de México en Los Ángeles dijo que los "bandidos Villa y Urbina" habían cometido con don Victoriano, "uno de los más viles asesinatos".[61] La familia Martos tuvo que huir a la capital de la República después que los villistas les confiscaron tres haciendas y tres minas en el estado de Durango, y les robaron 50 000 pesos en efectivo.

En una carta dirigida al presidente de la República, Carlos Martos, hijo mayor de don Victoriano, relata los pormenores:

---

[59] Originario de El Oro, Durango, hijo de Victoriano Martos y de María de Jesús Salas, casado con Adulfa Hernández, agricultor, de 58 años, falleció en noviembre de 1914 por heridas de arma de fuego en las cercanías de Aguascalientes. (Defunciones, Durango, 13 de mayo de 1925, acta núm. 599, f. 61v).

[60] Originario de Indé, Durango, hijo de Victoriano Martos Salas y de Adulfa Hernández, casado con Luz Flores, abogado, de 26 años, falleció en noviembre de 1914 por heridas de arma de fuego en las cercanías de Aguascalientes. (Defunciones, Durango, 13 de mayo de 1925, acta núm. 598, f. 61).

[61] Carta de Adolfo Carrillo, cónsul de México en Los Ángeles, al presidente de la República, 24 de septiembre de 1915. Correspondencia particular del cónsul de México. http://www.archivo.cehmcarso.com.mx/janium-bin/janium_zui_print.pl?i=/janium/JZD/XXI/52/5813/1/XXI.52.5813.1.0002.jpg, consultado el 24 de abril de 2018.

Hace cuatro meses que en compañía de mi familia llegué a esta [ciudad de México] huyendo de las persecuciones del traidor y asesino Villa, que en compañía del llamado general Tomás Urbina, asesinó a mi padre, un anciano de 78 años, y a un hermano mío, después de haber sido la causa de que otro hermano perdiera la razón de ver todas las infamias que hicieron con mi padre, a quien tuvieron muriéndose de hambre por más de 20 días y después fusilaron con el derroche de crueldad que esta gente acostumbra. Esto pasó en Torreón.[62]

En diciembre de 1914, cuando Villa entró a la Ciudad de México, ordenó asesinar a Carlos, quien, al oponer resistencia, recibió varios tiros. Relata Carlos: "De mi casa, herido […] me querían sacar para fusilarme y lo hubieran conseguido a no ser por la oportuna llegada del general don Pablo González a la capital". Temiendo ser víctima de nuevos atentados, la familia Martos huyó a Los Ángeles, California, después de que el cónsul en Galveston, Juan T. Burns, les facilitó la mitad del pasaje.[63]

Villa y Urbina también ordenaron la aprehensión y el fusilamiento de los señores Adolfo Posada, Carlos Mancha, Francisco Silveira y José Ernesto Ávila Medrano, este último cuñado de don Victoriano. José de la O afirma que los asesinatos ocurrieron el 18 de julio de 1914, en el mineral de Indé, en represalia por el fusilamiento de José María de la Torre, un oficial de todas las confianzas de Urbina. Sin embargo, la versión más creíble es la de Juan Gualberto Amaya, quien asegura que Ávila y Martos fueron ejecutados porque 10 años antes habían capturado al compadre Tomás y ordenado su fusilamiento por abigeo. El abuelo de Amaya lo rescató pero ni Urbina ni Villa olvidaron el incidente.[64] Lisandro Ávila declaró ante las autoridades del Registro Civil

---

[62] Carta de Carlos Martos al presidente de la República, don Venustiano Carranza, primer jefe del E. C. E. del Poder Ejecutivo, Los Ángeles, California, 19 de diciembre de 1915. Correspondencia particular del agente comercial del gobierno constitucionalista mexicano. http://www.archivo.cehmcarso.com.mx/janium-bin/janium_zui_print.pl?i=/janium/JZD/XXI/63/6997/1/XXI.63.6997.1.0001.jpg, consultado el 24 de abril de 2018.

[63] *Idem*; carta de Adolfo Carrillo, cónsul de México en Los Ángeles, al presidente de la República, 24 de septiembre de 1915. Correspondencia particular del cónsul de México. http://www.archivo.cehmcarso.com.mx/janium-bin/janium_zui_print.pl?i=/janium/JZD/XXI/52/5813/1/XXI.52.5813.1.0002.jpg, consultado el 24 de abril de 2018.

[64] Amaya, *Madero…*, pp. 55-56.

que su padre don Ernesto fue asesinado la noche del 20 de julio de 1914 en Villa Hidalgo, Durango.[65]

El propio Urbina advirtió a Pastor Rouaix, gobernador de Durango, que se proponía cometer los asesinatos. Rouaix, quien no hizo nada por impedirlos, escribe: "Con fecha del 15 de julio, el general Urbina me telegrafiaba diciéndome que iba a fusilar a algunos enemigos de la causa, lo que me avisaba para que no me creyera de 'chismes'. La actitud de Urbina ha causado general alarma en Indé y muchos de los vecinos de aquél lugar andan huyendo o están llegando a esta ciudad".[66]

El 23 de julio de 1914 una escolta enviada por Tomás Urbina aprehendió en la hacienda de Ramos, municipio de El Oro, Durango, a Porfirio Echávez Díaz,[67] administrador de la propiedad. El señor Echávez vivía con su esposa María Guadalupe Herrera López y sus cuatro hijos. La escolta tenía la orden de ejecutar de inmediato al señor Echávez, quien solicitó como gracia que le dieran papel y lápiz para redactar una última carta para su esposa:

Hda. de Ramos, julio 23 de 1914. —Muy apreciable esposa— El destino cruel ha decretado mi desaparición de este planeta. Me voy con la satisfacción de haber cumplido con mis deberes honradamente. Mucho me duele dejarte en las aflictivas circunstancias por las que atraviesan mis hijos pequeños, incapaces de sostenerte, mi padre anciano y mi hermana ciega, pero repito, de los golpes crueles del destino no hay que huir, Dios lo quiere y que así sea. A mis pequeños hijos infúndeles siempre el amor al prójimo, la caridad y el cumplimiento en sus deberes. Adiós y hasta que Dios nos permita volver a vernos. Da cada uno de mis hijos mis caricias y tú, recibe el cariño de tu esposo que te aprecia. Porfirio. Rúbrica.[68]

---

[65] Nació el 27 de febrero de 1863 en Indé, Durango, hijo de Leonardo Ávila y de Norberta Medrano (Bautizos, San Juan Bautista, Indé, 19 de marzo de 1863, acta s/n, f. 72), casado con Albina Martos, sus hijos Leonardo, Natalio, Ernesto, Lisandro, Agripina, Luz, Concepción y Albina, falleció de heridas causadas por arma de fuego. (Defunciones, Indé, 12 de octubre de 1921, acta núm. 37, ff. 17-17v).

[66] Carta de Pastor Rouaix al ing. Manuel del Real Alfaro, Durango, s/f, Libro de Copiadores, Correspondencia particular, gobernadores de Durango, s/c, AHED.

[67] Nació en Santiago Papasquiaro, Durango, el 8 de enero de 1870, hijo de Porfirio Echávez y de Delfina Díaz (Nacimientos, Santiago Papasquiaro, 12 de febrero de 1870, acta núm. 21, f. 6), casado con Guadalupe Herrera. (Matrimonios, Durango, 10 de enero de 1901, acta núm. 11, ff. 9v-10).

[68] Carta de Porfirio Echávez a Guadalupe Herrera, hacienda de Ramos, Durango, 23 de julio de 1914 en "Una tragedia familiar durante la Revolución", Torreón, Coahuila, domingo 18 de

Porfirio Echávez Díaz.
(Familia Echávez)

Guadalupe Herrera.
(Familia Echávez)

Finalmente, don Porfirio Echávez fue ejecutado por un pelotón de fusilamiento. Los compadres Villa y Urbina nunca le perdonaron al exjefe municipal de Canatlán que hubiera combatido y perseguido con gran empeño a las gavillas de bandidos que comandaban sus antiguos jefes Ignacio Parra y Refugio Alvarado.[69]

El asesinato de un coronel irregular

El 12 de septiembre de 1914 el coronel de irregulares Manuel Rincón Gallardo, terrateniente del estado de Aguascalientes, fue asesinado en la ciudad de Chihuahua.

El coronel Rincón Gallardo formó un cuerpo irregular para combatir la Revolución y participó en la defensa de la ciudad de Chihuahua, en noviembre de 1913. Después del desastre de Ojinaga que obligó a los federales a cruzar la frontera, Rincón Gallardo pudo evadir su aprehensión a manos de los soldados estadounidenses y huyó a Saltillo, donde se incorporó a las tropas del general Carlos García Hidalgo.

noviembre de 2012. https://www.elsiglodetorreon.com.mx/noticia/809357.siglos-de-historia.html, consultado el 10 de julio de 2018.
[69] Mendoza, *Bandoleros y rebeldes......*, pp. 188-209.

General Eduardo N. Iturbide,
coronel Manuel Rincón Gallardo,
acompañados de varios oficiales.
(Fototeca INAH)

En el combate de San Pedro de las Colonias contra las fuerzas villistas, el coronel Rincón Gallardo resultó gravemente herido y fue trasladado a la Ciudad de México a recibir atención médica. Al triunfo del constitucionalismo, don Manuel fue aprehendido por los carrancistas y tuvo que pagar 20 000 pesos a cambio de su libertad y de un salvoconducto para trasladarse a Chihuahua a recoger a su familia, pues tenía planeado exiliarse en Argentina.

En la ciudad de Chihuahua, el coronel Rincón Gallardo fue aprehendido nuevamente, y a pesar de que su esposa pagó el rescate de 15 000 pesos, la noche del 12 de septiembre, el matón de Villa, Manuel Baca, un individuo de apellido Navarro y un tercero lo condujeron al panteón de Santa Rosa, donde ya tenían abierta una fosa; los custodios del coronel le dispararon a quemarropa y este cayó a la tumba. Don Manuel fue despojado de una cartera que traía 30 000 pesos, de dos anillos con brillantes, así como de un reloj, valorados en 3 000 pesos.[70]

LAS EJECUCIONES DEL CORONEL FERNANDO MAASS Y DE SUS HIJOS

Don Fernando M. Maass era hijo del súbdito alemán don Joachim Maass Lieth, originario de la villa de Schomberg, ducado de Meclenburgo, y de la señorita Remedios Flores Torices, nativa de la ciudad de Oaxaca. Sus hermanos Gustavo Adolfo y Joaquín fueron notables militares que alcanzaron el generalato en el ejército mexicano, y el último era pariente político del general Victoriano Huerta.[71]

---

[70] *The Shreveport Times*, "Major Gallardo shot", Shreveport, Luisiana, viernes 7 de agosto de 1914, p. 1; *La Prensa*, "Fue asesinado el coronel Rincón Gallardo", San Antonio, Texas, domingo 25 de octubre de 1914, p. 8.

[71] "La familia Maass". https://lahoradelabuela.blogspot.com/2012/11/la-familia-maass-parte-1.html, consultado el 9 de noviembre de 2019.

El 11 de mayo de 1870, a los 14 años, Fernando ingresó al Colegio Militar y se especializó en el arma de artillería. Entre 1895 y 1913 el señor Maass fungió como vocal de los consejos de Guerra de la Segunda y Sexta Zona Militar, y del Primero de la Ciudad de México, así como jefe accidental de las Armas en Morelia, Michoacán, entre el 17 de mayo y el 7 de junio de 1911. El gobierno huertista lo ascendió a coronel de Caballería el 5 de abril de 1913, y su nombramiento fue ratificado por el Senado de la República.[72]

El coronel Maass combatió a los constitucionalistas en el estado de Sonora y retornó a la capital de la República, obligado por una rara enfermedad que padecía. Posteriormente fue designado presidente del Consejo de la División del Centro en León, Guanajuato.[73]

Don Fernando, creyéndose seguro y al margen de cualquier venganza o represalia, decidió permanecer en la ciudad de León cuando las tropas de la División del Norte entraron a la plaza. Sin embargo, al enterarse de su presencia, Francisco Villa ordenó su detención y ejecución; el coronel Maass y sus dos hijos mayores, Guillermo y Fernando, fueron trasladados al Panteón Nuevo de San Nicolás y fusilados sin juicio previo, el 17 de abril de 1915.[74] Los cadáveres fueron sepultados en una fosa común. Su hija Concepción Maass quedó a expensas de los villistas y tuvo que huir vestida de indígena.[75]

EL CRIMEN DE SER SOBRINO DE UN CARRANCISTA

Después de las derrotas del ejército villista en el Bajío, la desmoralización comenzó a cundir entre sus filas. Villa, enfurecido por sus descalabros, diezmaba sus propias tropas con fusilamientos de jefes y oficiales por distintos pretextos,

---

[72] M. Ramírez, *El ejército federal, 1914. Semblanzas biográficas*, Instituto de Investigaciones Sociales-UNAM, 2012, pp. 309-310.

[73] *El Universal*, "Los hermanos Maass (III)", México, 11 de enero de 2020. https://www.eluniversal.com.mx/opinion/angel-gilberto-adame/los-hermanos-maass-iii, consultado el 26 de febrero de 2020.

[74] Defunciones, León, Guanajuato, 24 de diciembre de 1915, acta núm. 1695, ff. 18v-19.

[75] "La familia Maass". https://lahoradelabuela.blogspot.com/2012/11/la-familia-maass-parte-1.html, consultado el 9 de noviembre de 2019.

José Dionisio Triana Rivera.
(Octubre de 1914)

entre ellos, al diácono zacatecano Dionisio Triana,[76] apodado el Cura, por creerlo uno de los culpables de su estrepitosa derrota.[77]

Dionisio era sobrino del general Martín Triana, perteneciente a las fuerzas del general Álvaro Obregón. Se le acusaba de querer desconocer a Villa en favor de Carranza. Por esa razón, encontrándose en Aguascalientes, se le quitó el mando de sus fuerzas y se le ordenó trasladarse a Chihuahua. Descontento por la afrenta, Triana se negó a obedecer. Villa ordenó a uno de sus matones, Manuel *Chino* Banda, que lo desarmara y lo enviara preso al carro de su escolta.[78]

Calzadíaz y Guzmán aseguran que algunos de los generales villistas habían intrigado en su contra, acusándolo de traidor, y habían exigido que se le pasara por las armas.[79] La tarde del 20 de abril de 1915 Juan B. Vargas recibió instrucciones de Villa para que ejecutara a Triana: "Coge unos soldados y fusílame en el Panteón a este cura desgraciado que me quiere chaquetear para irse con su tío, el bandido de Martín".[80] Según Calzadíaz la orden la recibió *el Chino* Banda.[81] El prisionero fue trasladado al panteón de La Cruz escoltado por un oficial y cinco soldados. Antes de ser fusilado, Triana entregó a Vargas un anillo y las llaves de su gaveta para que sacara algunas pertenencias y un recado para Villa. Frente a uno de los muros del cementerio le formaron el cuadro

---

[76] Nació el 22 de abril de 1892 en San Miguel del Mezquital, Zacatecas, hijo de Cipriano Triana Pérez y de María Susana de los Ángeles Rivera Rodríguez. Estudió en el Seminario de Durango y en octubre de 1913 fungía como diácono en Lerdo, Durango, cuando decidió enrolarse en las filas de la División del Norte, en la que también militaban sus tíos Emiliano y Martín Triana, quienes después se pasaron a las filas carrancistas.

[77] *El Pueblo*, "Francisco Villa en Aguascalientes a un súbdito alemán por considerarlo sospechoso", Veracruz, lunes 10 de mayo de 1915, p. 1.

[78] F. L. Gorostiza, *Los ferrocarriles en la Revolución mexicana*, Siglo XXI Editores, México, 2010, p. 361.

[79] M. L. Guzmán, *Memorias de Pancho Villa*, *Memorias de Pancho Villa*, Compañía General de Ediciones, 5ª ed., México, 1961, pp. 898-899; Calzadíaz, *Hechos reales de la Revolución*, t. 2, pp. 218-220.

[80] *El Siglo de Torreón*, "Trágica muerte del 'cura' Triana", Torreón, Coahuila, domingo 7 de julio de 1935, p. 9.

[81] Calzadíaz, *Hechos reales de la Revolución*, t. 2, p. 221.

y el exdiácono dio orden al pelotón de que abrieran fuego.[82] El tiro de gracia le hizo pedazos la cabeza y el cadáver fue sepultado ahí mismo. Vargas entregó a Villa el recado de Triana, que decía: "Igual es morir que vivir; pero me alegro de irme al otro mundo donde tal vez no encuentre verdugos ni tiranos".[83]

Juan B. Vargas.

En sus memorias, Baudilio B. Caraveo relata que su hermano José María había visto tirados los cadáveres de dos coroneles y del general Dionisio Triana, a quienes Villa había disparado su pistola después de una violenta discusión, en la que los acusó de haber abandonado sus fuerzas frente al enemigo. Según José María esta acusación era falsa, pues habían sido sus tropas las que huyeron. Baudilio asegura: "Pero así era Villa de injusto en sus arrebatos de violencia. Ese cuadro dantesco era señal inequívoca de que el general [Villa], con la derrota, en esos momentos pasaba una intensa crisis nerviosa".[84]

POR UNAS BOTELLAS DE LICOR

El veterano conductor de trenes Catarino Arriola Rochín[85] fungía como superintendente de los trenes de la División de México-Querétaro, a las órdenes del ejército de la Convención. En febrero de 1915 recibió instrucciones de Francisco Villa de hacerse cargo también del movimiento de trenes de la

[82] *El Pueblo*, "Arango ha ordenado el fusilamiento de D. Triana", Veracruz, domingo 9 de mayo de 1915, p. 6; A. Aguirre, *Mis memorias de campaña*, Instituto Nacional de Estudios Históricos de la Revolución Mexicana, 1985, p. 213; *Aprender a ser*, "El general Dionisio Triana (El Cura Triana)", Universidad Mexicana del Noroeste, 1979, vol. 2, pp. 48-51.

[83] Guzmán, *Memorias de Pancho Villa*, pp. 901-902; Calzadíaz, *Hechos reales de la Revolución*, t. 2, pp. 221-222.

[84] B. Caraveo, *Historia de mi odisea revolucionaria. La revolución en la sierra de Chihuahua y la Convención de Aguascalientes…*, Doble Hélice Ediciones, México, 1996, pp. 320-321.

[85] Nació el 25 de noviembre de 1874 en Unión de Tula, Jalisco, hijo de Pascual Arriola y María Rosario Rochín, casado con con María Torres, sus hijos eran José, Benjamín, Alejandro, Miguel y Carmen.

Catarino Arriola Rochín.
(Familia Arriola)

División del Centro. No obstante que era reconocido por ser un funcionario eficiente y honrado, dos meses después Villa ordenó que lo fusilaran, debido a supuestas irregularidades en el manejo de los trenes.

Después de sus estrepitosas derrotas en el Bajío frente a las fuerzas constitucionalistas comandadas por Álvaro Obregón, Villa se replegó a Aguascalientes. Las tropas villistas regresaron con parte de sus trenes y se estacionaron en los patios de la estación. Los jefes estaban demasiado fatigados y solicitaron permiso para ingerir alcohol. Al ver que su estado de ánimo estaba por los suelos, Villa los autorizó a consumir los licores que traía en dos vagones. Sin embargo, cuando los jefes revisaron los carros no encontraron las botellas prometidas y se lo comunicaron a Villa, quien ordenó: "Señores, esos carros venían en nuestros trenes, de eso estoy seguro. Tráiganme al jefe de Trenes para aclarar este asunto". Cuando Catarino Arriola estuvo frente a él, le dijo: "¡Señor! Usted es el jefe de Trenes de esta División y está enterado de los movimientos de los trenes. Han sustraído dos furgones con mercancías y vinos, y usted me va a responder por ello, le doy 24 horas para que me los encuentre y me los entregue, si no aparecen en ese lapso usted será pasado por las armas".

Enterados de las derrotas de Villa en Celaya varios funcionarios, encargados de los movimientos de trenes, se habían dedicado a saquear las mercancías de los furgones, creyendo que Villa nunca se enteraría. Los empleados movilizaron los carros a Estación Adames y ahí los vaciaron. El superintendente Arriola nunca supo de los robos y pagó muy caro las consecuencias.

La mañana del 22 de abril Villa ordenó al coronel Manuel *Chino* Banda: "Vaya por el superintendente Arriola a su oficina y lo fusila, se han cumplido las 24 horas y los carros no aparecieron". Banda, seguido por un pelotón, se presentó en la oficina de don Catarino, en la Casa Colorada (al lado de la entrada principal de los talleres), y le pidió que los acompañara; caminaron hacia el norte y después de traspasar la puerta de carpinteros lo colocaron de espalda a la barda poniente de la planta de durmientes en los talleres del

Manuel *Chino* Banda.

Busto dedicado a don Catarino
Arriola por sus compañeros
ferrocarrileros.

Ferrocarril. Catarino levantó la mirada y recibió la descarga de fusilería en el pecho. Cayó muerto. Supo enfrentar su destino con valor y resignación, en los días de la feria de San Marcos.[86]

El cadáver de don Catarino fue recogido por su hijo Benjamín y su hermano Pascual, quienes lo sepultaron en el panteón de la Cruz. Su viuda María Torres lo exhumó meses después y lo trasladó a un cementerio de la Ciudad de México, donde residía su familia.[87] Veintiún años después, ya muertos muchos de los protagonistas, uno de los ladrones, José Díaz, jefe de telegrafistas, confesó su delito, y dijo haber sido rescatado por un jefe villista de apellido Santibáñez, quien lo había escondido en un vagón.[88]

---

[86] *Fuerza Aguascalientes*, "El drama y fusilamiento de Catarino Arriola. La feria se llenó de drama y luto", Aguascalientes, jueves 19 de abril de 2018. https://www.fuerzaaguascalientes. com/single-post/2018/04/19/El-drama-y-fusilamiento-de-Catarino-Arriola, consultado el 24 de julio de 2018.

[87] El 22 de abril de 1915 fue pasado por las armas en la barda poniente de la planta de durmientes del F. C. en esta ciudad, de 40 años, casado. (Defunciones, Aguascalientes, 9 de septiembre de 1915, acta núm. ff. 581-581v).

[88] "Catarino Arriola Rochín, mártir ferrocarrilero". http://amigosdelferrocarrildeags.tripod. com/Biografia_CAR.html, consultado el 24 de julio de 2018.

El cautiverio de la familia Gardea

Guadalupe Gardea y
Trinidad Nñuñez.
(familia Gardea)

El 22 de febrero de 1913 el general Victoriano Huerta, recién nombrado presidente interino, ordenó el arresto del gobernador del estado de Chihuahua, don Abraham González, acusándolo de rebelión y de acopio de armas y municiones. El general Antonio Rábago, jefe de la Segunda Zona Militar, desarmó a las tropas maderistas que resguardaban el palacio de gobierno, aprehendió al gobernador, lo encerró en los separos de la Zona, lo forzó a pedir licencia ante la Legislatura del estado y asumió el cargo de gobernador interino. Finalmente, después de obligar a don Abraham a renunciar el día 28, Rábago fue ratificado en el puesto. Don Abraham fue asesinado por una escolta comandada por el teniente coronel Benjamín Camarena el 7 de marzo de 1913, durante un fingido traslado a la capital de la República, en el kilómetro 1 562 del Ferrocarril Central, cerca de Estación Horcasitas.[89]

El teniente coronel Guadalupe Gardea, quien formaba parte de la tropa maderista que custodiaba el palacio de gobierno, también fue arrestado y remitido a la penitenciaría del estado, acusado del delito de rebelión.[90] El 4 de mayo Rábago concedió un permiso para que sus familiares pudieran visitarlo

---

[89] *La Prensa*, "Fusilamiento del exgobernador González", San Antonio, Texas, jueves 27 de marzo de 1913, p. 2; *El Regidor*, "Ejecución de Abraham González", San Antonio, Texas, jueves 27 de marzo de 1913, p. 7; Almada, *Vida, proceso y muerte de Abraham González*, pp. 145-149.
[90] *Ibid.*, pp. 146-147 y 152.

en la cárcel, y poco después Gardea fue liberado e incorporado a las fuerzas del general Manuel Landa. Iba desarmado y sin mando de tropa, con la amenaza de que, si intentaba fugarse, ejecutarían a todos los maderistas radicados en la capital del estado. Según Gabriel Gardea, "mi hermano tuvo que aguantarse hasta noviembre de 1913, que evacuó [Salvador R.] Mercado esta plaza [Chihuahua], entonces, de acuerdo conmigo, pues yo le había suministrado los elementos necesarios para ello, escapó de Villa de Aldama".[91]

El 8 de diciembre Francisco Villa y sus tropas entraron triunfantes a la ciudad de Chihuahua. Gabriel Gardea, enterado de que Villa había ordenado que su hermano fuera fusilado sumariamente en cuanto se presentara ante las fuerzas revolucionarias, se apresuró a conseguir una entrevista con el general en jefe para interceder por su hermano. Villa no le perdonaba a Guadalupe Gardea el haber militado en las tropas federales, sin importar que hubiera sido obligado. Relata Gabriel Gardea:

Yo era uno de los hombres que Villa consideraba bastante, pero a mi hermano [Guadalupe] no lo quería, ni mi hermano a él [él...] le hablé de mi hermano, a lo que nada me contestó; dos días después me le presenté y por buena suerte estaba rodeado de todos sus jefes y oficiales y me dijo [...] "Dígale a su hermano que esté donde usted quiera y que no salga, porque yo no quiero que le suceda algo, puesto que usted ha venido a hablar por él, váyase sin cuidado, pues sepa usted que yo lo considero.

Aunque dijo no haber estado de acuerdo con la manera de Villa de llevar el gobierno ni con los despojos que cometía a diario, don Gabriel siguió frecuentándolo; Villa solía pedir sus opiniones, pues Gardea había fungido como jefe político de Chihuahua. Aprovechando esa confianza, don Gabriel consiguió que su hermano se pudiera incorporar a las tropas constitucionalistas con el grado de teniente coronel.

Integrado al Cuerpo de Guías encargado del sector de San Andrés,[92] Guadalupe Gardea fue comisionado en 1915 como jefe de la guarnición de Palomas, municipio de Ascensión, Chihuahua. En los primeros días de agosto

---

[91] G. Gardea, *Memoria de mi actuación durante la Revolución*, s/f, [inédito].
[92] R. E. Valbuena, *Plan de Guadalupe: homenaje del Ejército mexicano. Cincuentenario, 1913-1963*, Departamento de Archivo, Correspondencia e Historia de la Sedena, Comisión de Historia Militar, México, 1963, p. 194.

llegaron a Palomas los integrantes del destacamento de Casas Grandes, que se habían rebelado contra Villa en Estación Guzmán, después de declararse carrancistas, y habían arrestado al coronel Manuel Ochoa y a sus oficiales. Incapaz de impedir que su jefe, el coronel Sáenz, se uniera a la revuelta arrastrando a la guarnición de la plaza,[93] Gardea dejó escapar a los coroneles Ochoa y Contreras, que venían prisioneros y a quienes Sáenz le había entregado para que los fusilara. Ochoa y Contreras pudieron escapar en un vagón de ferrocarril. Temeroso de ser ejecutado por los amotinados, Gardea cruzó la frontera y se entregó a los soldados estadounidenses, quienes lo trasladaron a la cárcel de Columbus.[94]

Tan pronto como Villa se enteró de que Guadalupe Gardea había cruzado la frontera, ordenó el arresto de toda su familia. El 4 de agosto Villa mandó llamar a don Gabriel a su casa de la calle Décima, y le reclamó: "Tiene usted la culpa que yo no fusilara al bandido de su hermano. Se fue con Carranza y ahora usted me la paga". Relata don Gabriel: "Por más excusas que le di, no fue posible hacerlo entender y me mandó a la cárcel. Por primera vez en mi vida pisé la penitenciaría como preso, y al día siguiente, entre dos o tres de la tarde, hora en que esperaba yo se me mandara comida de mi casa, efectivamente me la llevaron, pero a toda mi familia, es decir, todo lo que pintaba Gardea". Por órdenes de Villa, 29 integrantes de la familia Gardea, que iban desde los 30 días de nacido hasta los 50 años, fueron internados en la penitenciaría.[95] Entre los presos estaban tres mujeres, una de ellas Trinidad Núñez, esposa del coronel Gardea, y sus 10 hijos, cuyas edades iban de los dos a los 22 años; los dos hermanos del coronel, Gabriel y Casimiro, junto con sus esposas e hijos, todos a los que Villa amenazó con ejecutar y exterminar "para librar al país de toda la familia del coronel Gardea", a quien Villa juzgó como un traidor".[96] El coronel Gardea recibió un mensaje de su familia, apelando para que intentara salvarlos de la inminente ejecución, pero nada podía hacer. Amigos de la familia intervinieron para evitar el fusilamiento, declarando que

---

[93] *El Paso Times*, "Toops Sent to Quell Mutiny", El Paso, Texas, jueves 5 de agosto de 1915, p. 7.
[94] *Arizona Sentinel Southwest*, "Villa Threatens to Execute all Relatives of Col. Gardea", Yuma, Arizona, jueves 12 de agosto de 1915, p. 5.
[95] Gardea, *Memoria de mi actuación durante la Revolución*.
[96] *La Prensa*, "Fueron detenidos en Chihuahua 35 miembros de la familia Gardea", San Antonio, Texas, jueves 12 de agosto de 1915, p. 1; *Arizona Sentinel Southwest*, "Villa Threatens to Execute all Relatives of Col. Gardea", Yuma, Arizona, jueves 12 de agosto de 1915, p. 5.

Coronel Guadalupe Gardea
Montes de Oca.

Coronel Guadalupe Gardea
Montes de Oca.

Manuel Ochoa.
(Revolucionarios camarguenses)

don Guadalupe nada había tenido que ver con la revuelta de la guarnición de Palomas y que había permanecido fiel. Finalmente, el 14 de agosto, Villa permitió la liberación de los Gardea, aunque retuvo a José de la Luz, primogénito de don Gabriel, con la intención de enviarlo a combatir a Durango; para fortuna de los Gardea, el coronel Pablo López pudo rescatarlo y enviarlo de regreso con su familia.[97]

Gabriel, Guadalupe y
Venancio Gardea.
(familia Gardea)

EJECUCIÓN DE UN SÚBDITO INGLÉS

El súbdito inglés Peter Keene,[98] contador de las propiedades del magnate estadounidense William Randolph Hearst, fue asesinado en la hacienda de Rubio, Chihuahua, a finales de 1915, poco después de la fracasada expedición de Villa al estado de Sonora. Keene fue arrestado junto con otros cuatro

---

[97] *Idem.*
[98] Nativo de Mánchester, Inglaterra, llegó a Washington a los 14 años, donde estudió y posteriormente trabajó para el gobierno federal. Radicó un tiempo en Sudamérica. (*El Paso Morning Times*, "Los villistas lo han sacrificado", El Paso, Texas, martes 11 de enero de 1916, p. 3; *El Paso Morning Times*, "Se harán urgentes representaciones", El Paso, Texas, jueves 13 de enero de 1916, p. 1).

estadounidenses por el jefe del Estado Mayor de Villa, Manuel Medinaveitia. Villa ordenó la liberación de los estadounidenses, pero mantuvo preso a Keene, a quien exigió provisiones y, como rescate, una fuerte suma de dinero que, según él, estaba escondida en la hacienda de Bavícora o en algún otro de los ranchos de Hearst, con quien Villa había sostenido relaciones estrechas durante los años de su ascenso. Al no poder Keene darle lo que pedía, Villa lo asesinó de un tiro. La familia no pudo recuperar el cadáver porque, aunque Mary Keene, hermana de Peter, solicitó la intervención del gobierno estadounidense, no pudo comprobar que su hermano había obtenido la nacionalidad de ese país y el Departamento de Estado se negó a intervenir.[99]

Peter Keene.

Semanas después, habiendo sido declarado fuera de la ley junto con José E. Rodríguez al rehusar las condiciones que el gobierno carrancista impuso para su rendición, Medinaveitia huyó a El Paso,[100] donde fue aprehendido y acusado por el asesinato de Keene.[101] El 13 de enero de 1916, en la cárcel del condado, Medinaveitia declaró que no había tenido nada que ver con la ejecución del súbdito inglés y aseguró que la aprehensión de Keene y de los empleados estadounidenses había sido ordenada por Nicolás Fernández, quien lo había sustituido en la jefatura del Estado Mayor de Villa. Medinaveitia agregó:

> Yo llegué a Madera, procedente de Sonora, tres días después que Villa. Más tarde me le uní en Bustillos. Fernández estaba en Rubio con los prisioneros americanos, entre los que se encontraba Keene. En Bustillos, Villa convocó a una junta a los jefes que se le habían unido allí. Propuso en esa reunión un plan para reunir las fuerzas que trajésemos y atacar con ellas Ciudad Juárez. Intentaba capturar

---

[99] *The Washington Post*, "Villa Victim Lived Here", Washington, D. C., jueves 13 de enero de 1916, p. 5.
[100] *El Paso Morning Times*, "Están fuera de la ley dos generales", El Paso, Texas, martes 28 de diciembre de 1915, p. 1.
[101] *El Paso Morning Times*, "Medinaveitia en El Paso", El Paso, Texas, domingo 9 de enero de 1916, p. 3.

Ciudad Juárez por sorpresa y después abrir el fuego sobre El Paso. Yo le manifesté que tal plan era absurdo. Villa se enojó por esto, y por tal razón, lo abandoné. La última vez que vi a Villa fue cuando salió de Bustillos esa noche. Se fue directamente a Rubio, de donde me habló por teléfono y me insultó, diciéndome algunos malos nombres, y por tanto le manifesté que no lo sostendría más tiempo. Inmediatamente negocié mi rendición y la de mis fuerzas en Chihuahua. En Rubio, el general Villa encontró al general Fernández, su jefe de Estado Mayor, quien tenía prisionero a Keene.[102]

Manuel Medinaveitia.

Sin embargo, el sábado 22 de enero, en una audiencia improvisada en las oficinas de Inmigración de El Paso, cerca del puente internacional de la calle Santa Fe, Medinaveitia fue identificado por dos testigos, Edward Lethdridge y su hija, como quien había dado la orden de concentrar a todos los extranjeros en la estación de trenes de Madera. Los Lethdrige declararon que Medinaveitia había preguntado por el hombre que estaba a cargo del rancho de Hearst, y al dar Keene un paso al frente, había ordenado a sus subalternos: "Ese es nuestro hombre, arréstenlo". En ese nuevo interrogatorio, Medinaveitia quiso librarse alegando que solo había cumplido órdenes de un coronel que estaba a cargo de la guarnición cercana, pero, al cuestionarle los agentes de inmigración qué hacía un general recibiendo órdenes de un subordinado, no pudo dar respuesta y fue enviado de nuevo a su encierro.[103]

Medinaveitia fue liberado días después y se autoexilió en Cuba. Regresó a México ese mismo año y se incorporó a las tropas carrancistas que perseguían a Villa.[104]

[102] *El Paso Morning Times*, "La declaración de Madinaveitia", El Paso, Texas, viernes 14 de enero de 1916, p. 3.

[103] *El Paso Herald*, "Medinaveitia Held at Bridge", El Paso, Texas, lunes 24 de enero de 1916, p. 2.

[104] *El Paso Morning Times*, "Banda y su compañero", El Paso, Texas, jueves 18 de mayo de 1916, p. 4; *El Paso Morning Times*, "Se hallan en Juárez. Medinaveitia e Isabel Robles han llegado con sus hombres a C. Juárez", El Paso, Texas, miércoles 28 de junio de 1916, p. 2.

Violaciones en El Magistral y el asesinato de tres estadounidenses

Para 1917 las poblaciones del norte de Durango y el sur de Chihuahua sufrían todo tipo de atropellos a manos de las gavillas villistas. A la ciudad de Chihuahua llegaron por correo reportes de que las familias que radicaban en las poblaciones ubicadas a lo largo de la ruta del Ferrocarril Parral y Durango, que corría entre Hidalgo del Parral, en Chihuahua, y Mesa de Sandía, en Durango, eran asaltadas diariamente por Villa y sus hombres. El 11 de febrero algunos vecinos de la capital del estado que arribaron a El Paso informaron que 10 días antes Villa había asaltado el poblado minero de El Magistral, localizado a 100 kilómetros al sudeste de Mesa de Sandía, y después de encerrar a todos los hombres en un cuarto de una casa, él y sus seguidores habían violado a todas las mujeres en un cuarto contiguo. Relatan los testigos: "Padres, esposos e hijos oyeron los gritos de sus hijas, mujeres y madres [...] mientras los bandoleros villistas entraban y salían del cuarto en que las tenían encerradas". Un pequeño destacamento carrancista y los vecinos cuyas familias habían sido ultrajadas emprendieron una persecución infructuosa de los rebeldes, que habían escapado a las serranías.[105]

En los primeros días de marzo, después de haber recuperado un cuantioso arsenal de granadas shrapnel que tenía escondidas en las serranías duranguenses, Villa reapareció y atacó El Oro, donde se habían refugiado los vecinos del mineral El Magistral, incluidos los empleados de la compañía minera National Mines & Smelter. Los atacantes fueron rechazados por los civiles armados encabezados por el neoyorquino L. A. Winn, que fungía como asistente del gerente de la empresa minera, y Bert Siegel, de Pittsburgh. Según un empleado que pudo escapar, Villa regresó esa misma noche al mando de 500 hombres, sitió la casa donde estaban los dos extranjeros y los obligó a rendirse.[106] R. J. Stuler, representante local de la compañía, informó que Winn y Siegel fueron torturados y sus cuerpos quemados.[107]

---

[105] *El Paso Morning Times*, "Mujeres violadas mientras sus deudos oían gritos de rabia", El Paso, Texas, viernes 11 de febrero de 1917, p. 1.

[106] *El Paso Herald*, "Bandits Kill Two Americans", El Paso, Texas, viernes 16 de marzo de 1917, p. 4.

[107] *Rogne Riber Conrier*, "Villa Murders two Americans", Grants Pass, Josephine County, Oregon, viernes 16 de marzo de 1917, p. 1; *The Daily Gate City and Constitution-Democrat*, "Two More Murdered by Villa", Keokuk, Iowa, 16 de marzo de 1917, p. 1; *The Tacoma Times*,

La primera semana de abril Villa regresó una vez más a El Magistral y asesinó al paseño Rosendo del Valle, superintendente de la minera estadounidense, quien había quedado encargado de las minas semanas atrás, al huir los extranjeros.[108]

¡FUSILEN A LOS MURGA!

Juan y su hijo Ramón Murga.
(Huérachi, 1933)

El 13 de noviembre de 1917 los cabecillas villistas Juan y Ramón Murga y Andrés Rivera arribaron a la ciudad de Chihuahua con 36 hombres para entregar las armas. Su rendición había sido aceptada por el general Francisco Murguía, jefe de las Operaciones. Los Murga declararon que habían decidido rendir las armas a raíz de que Francisco Villa había fusilado a su hermano Aurelio por haber manifestado su deseo de abandonar la campaña, que consideraba

"Villa Kill 2 Americans", Tacoma, Washington, viernes 16 de marzo de 1917, p. 4; *El Paso Morning Times*, "Julio Acosta lo ajustició dizque por alta traición", El Paso, Texas, domingo 18 de marzo de 1917, p. 4.
[108] *El Paso Herald*, "Del Valle Shot by Villa Band", El Paso, Texas, viernes 20 de abril de 1917, p. 2; *El Paso Morning Times*, "Fue fusilado en Magistral el sr. Rosendo del Valle", El Paso, Texas, sábado 21 de abril de 1917, p. 1; *La Prensa*, "Fue fusilado en Magistral, el sr. Rosendo Valle", San Antonio, Texas, miércoles 25 de abril de 1917, p. 2.

infructuosa. La ejecución de Aurelio Murga había sido perpetrada el 11 de octubre en Canutillo, Durango.

Villa no guardó silencio ante la rendición. En un comunicado dirigido a la Associated Press, fechado en Cuchillo Parado el 20 de noviembre, acusó a los Murga y a sus cuñados de haber huido a las filas federales después de cometer varios asesinatos durante una incursión por el centro y sur de la República que él había emprendido al frente de una partida que los incluía. Los acusó de haber asesinado a puñaladas a 12 civiles en la localidad de María de la Torre, municipio de Monte Escobedo, Zacatecas, y de haber matado a Bonifacio Torres, un coronel que había intentado arrestarlos por órdenes de Villa.[109]

En una entrevista que tuvo lugar casi 60 años después, Ramón Murga dio su propia versión de los hechos: reconoció que él, junto con su hermano Aurelio, había participado en la expedición, la que, de acuerdo con Aurelio, llevaba el propósito de llegar a la Ciudad de México para asesinar a Venustiano Carranza. A fin de no levantar sospechas, Villa hizo correr el rumor de que había sido gravemente herido y se encontraba escondido en alguna ranchería del estado de Durango bajo los cuidados de sus subalternos Joaquín Álvarez y Máximo Gutiérrez.[110] En la entrevista, Ramón reconoció un número de asesinatos mayor que el mencionado por Villa, pero afirma que este los había ordenado. Ramón y su primo José Arballo —quien también dio una entrevista— aseguraron que en el trayecto a la Ciudad de México habían colgado "sin querer" a más de 20 individuos, entre guías y transeúntes ocasionales, para que no los fueran a delatar.[111] El secretario de Villa, José María Jaurrieta, confirma la cifra asegurando que durante la incursión al sur de la República habían matado a 90 hombres, "los cuales, cerca de veinte, fueron guías capturados en los diferentes poblados ".[112] Ramón relata también el asesinato a puñaladas, en las cercanías de la ciudad de Durango, de un individuo que

---

[109] *The Shreveport Times*, "Villa Denounces the Murga Brothers as Assassins of Civilians", Shreveport, Luisiana, miércoles 28 de noviembre de 1917, p. 1.

[110] *El Pueblo*, "Villa, herido de gravedad", México, jueves 9 de agosto de 1917, p. 1.

[111] Entrevista de Rubén Osorio a Ramón Murga Terán, Cueva de San Marcos, Chihuahua, 15 de julio de 1976; entrevista de Rubén Osorio a José Arballo Terán, Chihuahua, 27 de noviembre de 1977. (*Pancho Villa, ese desconocido*, pp. 179 y 190).

[112] Jaurrieta, *Con Villa…*, p. 120.

los sorpendió en un arroyo; aquel individuo fue Candelario González, cuya acta de defunción precisa que la muerte ocurrió la mañana del 23 de julio.[113]

Uno de los oficiales villistas, Domitilo Morales, asegura que Villa "era carajo con los contrarios. Lo que más lo hacía enojar era que le contaran mentiras o que no le dieran razón del rumbo que llevaba la gente contraria. A esos que no querían hablar, luego, luego los colgaba".[114]

Otro caso que está documentado es el asesinato de integrantes de la Defensa Social de María de la Torre, Zacatecas. El 6 de agosto de 1917 el jefe de las Armas, Alejandro Sánchez, envió a 10 hombres de la Defensa Social bajo el mando del jefe Tomás Márquez Argüelles en auxilio de la guarnición de Laguna Grande, donde se reportó que una gavilla merodeaba por los contornos. En el potrero de San Miguel, los defensas sociales se encontraron con una tropa bien armada que se presentó como carrancista pero, después de conversar y compartir alimentos, los tomó por sorpresa y los pasó a cuchillo. Murga afirma que Villa les ordenó el asesinato:[115] "Los llevamos a unas tapias de una casa que se había caído y que estaba cercas. Sacamos las dagas para meterles [...] los matamos a puñaladas, a puros puñetes [...] levantamos el campo y nos comimos los tamales".[116] José Arballo confesó: "Si, los metimos en unas ruinas y ahí les dimos, con cuchillo, para no hacer ruido y porque también nos gustaba el cuchillo".[117] Adolfo Rivera dice:

> Los pusimos presos, los desarmamos y los matamos con cuchillo para no hacer ruido [...] Eran sociales que habían salido cosa de una hora de su pueblo, traiban todavía los tamales que les habían echado, no se habían comido ni uno. Hicieron confianza porque empezamos a comprarles los caballos y se apearon dejando los rifles en las fundas; ya que estuvieron todos abajo nomás les gritamos: "¡No se

---

[113] Entrevista de Rubén Osorio a Ramón Murga Terán, Cueva de San Marcos, Chihuahua, 15 de julio de 1976, (*Ibid.*, p. 177); Murga dice que lo colgaron, pero el registro de defunción indica que falleció por herida de arma punzocortante. (Defunciones, Durango, acta núm. 1439, f. 72).

[114] "Domitilo Morales Mendoza, sargento Primero. Testimonio de un soldado de la Brigada González Ortega. Entrevista realizada por Carlos Gallegos", en *Toribio Ortega y la Revolución en la región de Ojinaga*, p. 213.

[115] Las actas de defunción indican que murieron por heridas de arma de fuego. Es probable que fueran rematados a tiros después de haber sido apuñalados.

[116] Entrevista de Rubén Osorio a Ramón Murga Terán, Cueva de San Marcos, Chihuahua, 15 de julio de 1976, (*Pancho Villa, ese desconocido*, p. 197).

[117] *Ibid.*, p. 190.

muevan… y no se muevan!", luego con una pita los amarramos de dos en dos de aquí de las muñecas. Entonces salió Villa, porque él en los balazos nomás no se miraba, puede que el sombrero se le mirara detrás de un huizache; es la verdad, no crea usted que son mentiras. Salió y les dijo: "¿Quihubo muchachitos, qué andan haciendo?". "Pues aquí andamos, señor". "Bueno, pues yo soy Francisco Villa y aquí se van a morir", les dijo. Mire usted, está bueno hablar las cosas claras, al cabo ya somos grandes, porque uno de ellos le dijo: "Señor, yo es la primera vez que me he metido en estas cosas", y Villa le contestó: "Y es la primera vez que te van a chingar".[118]

Según José Arballo:

José Arballo Terán.
(sentado)

[Villa] nos ordenó que los amarráramos con una soga lado a lado. Entonces uno de ellos le dijo: "General [Fidel] Ávila[119], por favor no nos vaya usted a matar". "No señores, yo no soy el general Ávila, soy el general Villa y vengo precisamente, porque ustedes, que son gente del pueblo, se han volteado contra la Revolución" […] No hallaban que decir los pobres, estaban muy asustados. Villa les estuvo diciendo muchas cosas y luego nos dio orden de meterles.[120]

El secretario de Villa relata:

Todos fueron amarrados codo con codo en partidas de dos en dos, mientras el general [Villa] dirigía la palabra al infortunado jefe […]: "¿Ves estas iniciales? [FV gravadas en sus mitazas], quiere decir que te encuentras en poder de Francisco Villa y siguiendo tu ejemplo para con mis partidarios de cortarles cierta parte

---

[118] Entrevista de Rubén Osorio a Adolfo Rivera Marrufo, Monteverde, Chihuahua, 7 de septiembre de 1979, (*Ibíd.,* p. 179 y 197).
[119] Guerrillero zacatecano, homónimo del general villista que fungió como gobernador militar del estado de Chihuahua entre 1914 y 1915.
[120] Entrevista de Rubén Osorio a José Arballo Terán, Chihuahua, 27 de noviembre de 1977, (*Ibíd.,* p. 190).

cuando los coges prisioneros, yo te voy a cortar a ti y a los tuyos el tragamaíz".
Aquellos veintisiete infelices fueron conducidos por Carmen Delgado "el Ruñi" y cuatro hombres más de la partida, a las ruinas de una casa que se encontraba a poca distancia del campamento y allí, uno por uno, fueron degollados.[121]

En efecto, los cadáveres del comandante Tomás Márquez,[122] del teniente coronel Daniel Silva,[123] del teniente Rafael Zepeda,[124] de los soldados Ecliserio de la Torre Bañuelos, Maurilio Villa de la Torre,[125] Canuto Treto Mercado, Trinidad Rodríguez de la Cruz y de tres soldados más fueron abandonados en una tapia.

Ese mismo día los villistas intentaron entrar a Huejuquilla el Alto, Jalisco, pero la Defensa Social comandada por J. Jesús Madera se lo impidió. Ramón Murga relata que su hermano Aurelio, que en ese momento fungía como segundo de Villa, fingiendo ser miembro de las fuerzas del gobierno, se entrevistó con Madera en las goteras del pueblo y le solicitó permiso para entrar a aprovisionarse en la población, pero el jefe de la Defensa respondió que solo se les permitiría entrar desarmados. Villa ordenó entonces la aprehensión de Madera mientras algunos de sus hombres se hacían de provisiones en el pueblo,[126] y a la mañana siguiente ordenó emprender la huida llevándose al jefe Madera, quien fue muerto a tiros en la Mesa de Cristo.[127] La partida tomó el camino a Valparaíso, Zacatecas, pero en el trayecto Villa cambió los

[121] Jaurrieta, *Con Villa...*, pp. 113-114.
[122] Nació el 22 de diciembre de 1885, en Monte Escobedo, Zacatecas, hijo de Eleno Márquez y de Petra Argüelles (Nacimientos, Monte Escobedo, 29 de diciembre de 1885, acta núm. 506, ff. 61v-62), casado con María Carlos, falleció por heridas de arma de fuego en Laguna Grande. (Defunciones, Monte Escobedo, acta núm. 275, f. 54).
[123] Originario del estado de Colima, de 23 años, falleció de heridas por arma de fuego, en Laguna Grande. (Defunciones, Chihuahua, 7 de agosto de 1917, acta núm. 273, f. 53v).
[124] Originario de Ocotlán, Jalisco, soltero, de 26 años, falleció en Laguna Grande. (Defunciones, Chihuahua, 7 de agosto de 1917, acta núm. 274, ff. 53v-54).
[125] Nació en Laguna Grande, Monte Escobedo, el 5 de abril de 1887, hijo de Luis Villa y de Demetria de la Torre. (Nacimientos, Monte Escobedo, 5 de abril de 1887, acta núm. 91, f. 14).
[126] Cervantes, *Francisco Villa...*, p. 577; entrevista de Rubén Osorio a Ramón Murga Terán, Cueva de San Marcos, Chihuahua, 15 de julio de 1976; entrevista de Rubén Osorio a José Arballo Terán, Chihuahua, 27 de noviembre de 1977; entrevista de Rubén Osorio a Adolfo Rivera Marrufo, Monteverde, Chihuahua, 7 de septiembre de 1979, (*Pancho Villa, ese desconocido*, pp. 177-178, 188-189 y 197-198).
[127] Nació en Huejuquilla el Alto, Jalisco, en 1884, hijo de Magdaleno Madera y de Faustina Acevedo, casado con Crescencia Ramírez, falleció por herida de arma de fuego. (Defunciones, Huejuquilla el Alto, Jalisco, acta núm. 144, ff. 44-44v).

Bonifacio Torres, Baltazar Máynez
y José de la Luz Ponce.

planes: pidió al guía que los encaminara a Guadalajara, y poco después lo hizo colgar para evitar que los denunciara.[128]

En la entrevista de Osorio, Ramón Murga da otra versión y dice que el fusilamiento de su hermano Aurelio se debió a que sus cuñados Braulio Villagrán y José Arballo, junto con Adolfo Rivera, Casimiro Martínez y Marcelo Meza, habían asesinado a su jefe Bonifacio Torres por un motivo baladí y habían alcanzado a huir a Chihuahua. Afirma también que Meza, quien era integrante de la escolta de Martín López, retornó y confesó el crimen, pero eso no le valió a Villa: cuando recibió de su lugarteniente Nicolás Fernández la noticia de la muerte de Torres, ordenó el arresto y ejecución de Ramón y Aurelio Murga,[129] el 11 de octubre, pero solo alcanzó a asesinar a Aurelio. Relata Ramón: "El corazón me avisaba algo y me fui al cuartel. Es que ya estaba mala la cosa, llegó al rato don José Holguín, yo conocía bien al viejo [Villa], y me ordenó que le entregara las armas. '¿Y Aurelio?', le pregunté. 'Allá está con el general', me dijo. Entonces conocí yo a Villa, que ya nos había mandado a fusilar a mi hermano y a mí".[130]

A decir de su secretario Jaurrieta, Villa procedió sin justicia al condenar a los hermanos Murga, que siempre le habían sido fieles, a ser ejecutados, "pagando con su sangre el asesinato de Torres, crimen que no habían cometido".[131] Después de su aprehensión, Aurelio Murga reclamó a Villa: "Mire general, no sea cobarde, métanos amarrados en un combate para que nos maten, pero no nos mate nomás así, viejo méndigo y rajado que ha sido usted toda su vida". Jaurrieta asegura que los hermanos Murga se defendieron virilmente,

[128] Jaurrieta, *Con Villa…*, p. 112; entrevista de Rubén Osorio a Ramón Murga Terán, Cueva de San Marcos, Chihuahua, 15 de julio de 1976 (*Ibid.*, p. 178).

[129] *Todo*, entrevista a Alfonso Gómez Morentín, México, 19 de diciembre de 1933; Katz, *Pancho Villa*, tomo 2, p. 233.

[130] *El Paso Morning Times*, "Desde Chihuahua", El Paso, Texas, sábado 17 de noviembre de 1917, p. 4; entrevista de Rubén Osorio a Ramón Murga Terán, Cueva de San Marcos, Chihuahua, 15 de julio de 1976 (*Pancho Villa, ese desconocido…*, pp. 181-182).

[131] Jaurrieta, *Con Villa…*, p. 121.

"ante los oídos sordos [...] del general Villa. No hubo allí entre Fernández y su gente, una persona de criterio que mediara en forma razonable en favor de aquellos inocentes. No hubo a quien se le ocurriera sugerir que se le enviaran al coronel Juan Murga, quien comandaba otro destacamento villista, órdenes de remitir a los culpables, so amenaza de fusilar a sus hermanos".[132]

El asunto ya no tenía remedio. Al oscurecer, un individuo llamado Isidro Espinoza los llevó al panteón de San Fermín, montados y con las manos amarradas de un cabresto. En el trayecto, sin embargo, Ramón logró escapar: pidió a Marcos Corral, cuñado de Villa, que le echara una cobija en la espalda porque tenía frío: "Me la puso y en el camino me solté poco a poco las manos [...] brinqué del caballo y me le eché encima al que jalaba mi caballo, agarré el rifle pero no quiso, lo jalé más fuerte y trocé las correas". Ramón se escondió en un matorral, mató a un villista que lo perseguía y finalmente pudo huir a Chihuahua. Según Jaurrieta, "el pobre de Aurelio también hizo esfuerzo por libertarse, saltando la barda del panteón al ser colocado contra ella para recibir la descarga, pero finalmente fue alcanzado por las balas de los hombres de Espinoza".[133]

En Huérachi, Ramón informó a su hermano Juan que Aurelio había sido ejecutado por órdenes de Villa, de quien Juan acababa de recibir una carta con órdenes de presentarse con toda su gente ante Martín López.[134] Era una trampa, y, enfurecido, Juan Murga ordenó la ejecución de Manuel Mercado *el Charro*, de Juan Ríos, hermano del jefe de la escolta de Villa, y de un tercero de nombre Santiago. Relata

Juan Murga y sus oficiales incorporados a las Defensas Sociales.

---

[132] *Idem.*
[133] Entrevista de Rubén Osorio a Ramón Murga Terán, Cueva de San Marcos, Chihuahua, 15 de julio de 1976; entrevista de Rubén Osorio a Adolfo Rivera Marrufo, Chihuahua, 7 de septiembre de 1979 (*Pancho Villa, ese desconocido*, pp. 182-183, 200); Jaurrieta, *Con Villa...*, p. 122.
[134] Entrevista de Rubén Osorio a José Arballo Terán, Chihuahua, 27 de noviembre de 1977, (*Pancho Villa, ese desconocido...*, pp. 191-192).

Ramón: "El charro Mercado y Ríos, tan machitos, se rajaron, se le hincaron a mi hermano y le lloraron para que no los matara. Juan insistía en fusilarlos, pero le dije que ellos no habían tenido la culpa de lo que había pasado, que se iba a hacer lo mismo que [hacía] Villa. Por fin los soltó, pero le mandó con ellos una carta a Villa mandándolo al diablo, le decía sus cosas".[135]

La partida de los Murga se ocultó en la sierra del Diablo, en terrenos de la hacienda de El Sauz, para esperar la respuesta de Murguía a su petición de amnistía. Fue el exvillista Nicolás Rodríguez, quien, al enterarse de sus pretenciones de rendirse, se ofreció como intermediario entre ellos y el gobierno. Los Murga expusieron que temían ser ejecutados después de amnistiarse; pidieron garantías y que se les permitiera conservar sus armas para integrarse a las fuerzas que perseguían a Villa, y se comprometieron a influir en otros cabecillas para conseguir su rendición. El general Murguía aceptó sus términos, y Rodríguez los condujo finalmente a la capital del estado.[136] El 17 de noviembre Juan Murga y su segundo Andrés Rivera publicaron una proclama en la ciudad de Chihuahua, en la que llamaban a sus antiguos compañeros a rendir las armas. Posteriormente, ambos cabecillas se integraron a la Defensa Social de San Andrés, que comandaba el exsecretario de Juan, Manuel de la Rosa, y solicitaron autorización para salir a batir a Villa, a lo que el general Murguía accedió de inmediato.[137]

Juan y Ramón Murga acompañados de familiares.
(Rosalía Núñez Murga)

[135] *Ibid.*, p. 184.
[136] *El Paso Morning Times*, "Se han rendido los hermanos Murga a las autoridades del gobierno del estado de Chihuahua", El Paso, Texas, domingo 18 de noviembre de 1917, pp. 1-2.
[137] *El Paso Morning Times*, "Desde Chihuahua", El Paso, Texas, sábado 17 de noviembre de 1917, p. 4.

Martín López: ¿herido en combate o asesinado por órdenes de Villa?

Martín López
Aguirre.

Al estallar la Revolución maderista, Martín López tenía 17 años[138] y trabajaba como panadero en la ciudad de Chihuahua, cuando decidió abandonar su empleo para darse de alta en la partida que comandaba Guadalupe Gardea, y posteriormente a la de Francisco Villa, fungiendo inicialmente como pagador de la tropa y asistente. Martín acompañaría a Villa en todas sus campañas hasta convertirse en su principal lugarteniente.

Martín López vio morir a manos de Villa a jefes a los que tenía en gran estima: Dionisio Triana, Aureliano S. González, Tomás Urbina, Feliciano Domínguez, entre otros, que habían prestado valiosos servicios al exjefe de la División del Norte. Sus hermanos Vicente y Pablo, también villistas, murieron, el primero en combate y el segundo fusilado por los carrancistas, en la ciudad de Chihuahua.

En 1917 Martín fungía como el segundo al mando de las fuerzas de Villa y era uno de los guerrilleros más activos en el estado de Chihuahua, que más dolores de cabeza provocaba a las guarniciones carrancistas, atracando trenes y asaltando pequeñas localidades.

Martín López murió a las 10 y media de la mañana del jueves 4 de septiembre de 1919, en el poblado de Ocotán, jurisdicción de Canatlán, a consecuencia de una herida que recibió en un tiroteo dos días antes, en terrenos de la hacienda de La Labor, en las cercanías de la ciudad de Durango.[139]

---

[138] Martín López nació en la ciudad de Chihuahua el 11 de enero de 1893, y fueron sus padres el labrador Jesús López Manríquez y la señora Antonia Aguirre Rascón. (Nacimientos, Chihuahua, acta núm. 24, f. 10).

[139] Noticias de la muerte de Martín López en Güichapa, AHSDN, exp. XI/481.5/78, f. 225. La prensa local publicó que Martín había sido gravemente herido en el estómago por una bala expansiva y que fue atendido en San Bartolo, donde probablemente había muerto. (El Monitor, "Martín López, gravemente herido, se encuentra en San Bartolo en unión de Arango, Durango, sábado 6 de septiembre de 1919, p. 1). Según fuentes estadounidenses, Martín fue sepultado en el rancho Agua Vieja. ("Activities of Francisco Villa", based on reports to the Department of State, diciembre de 1915 a julio de 1923, archivo 812.00/23036, septiembre 4/1919, p. 57, National Archives, Washington). Alberto Calzadíaz y Juan B. Vargas afirman que Villa sepultó a Martín en el pueblo de Las Cruces; Jaurrieta dice que él y Villa estaban

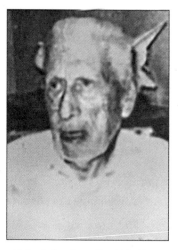

Melquiades González Caballero.
*(Memorias de la Revolución
Mexicana)*

El secretario de Villa, José María Jaurrieta, asegura que Martín recibió un disparo en el abdomen, y al no recibir atención médica oportuna, falleció de peritonitis.[140] Sin embargo, existe la duda de si López recibió el disparo de uno de sus compañeros, aprovechando la confusión del combate, cuando emprendía la retirada al mando de sus fuerzas.

Según testimonios de familiares y testigos, Martín siempre se opuso a los excesos de Villa y, en los últimos meses, sostuvo fuertes altercados con él. El 24 de diciembre de 1918 Villa atacó el pueblo de Satevó, 80 kilómetros al sur de la capital del estado, pero no pudo vencer la resistencia que 20 vecinos hicieron desde la torre del templo parroquial, provocando numerosas bajas a los asaltantes. Martín ofreció a Villa conferenciar con los defensores para lograr su rendición, después de que este había ordenado incendiar el edificio. Según los testigos, Martín le dijo: "Deme toda la fuerza y yo arreglo, lo que yo haga, usted me lo respeta". Villa contestó: "Sí, haz lo que quieras". Finalmente, López consiguió que los vecinos desistieran de la defensa, prometiendo respetar sus vidas. Según Melquiades González Caballero, los vecinos bajaron de la torre y entregaron

---

en Güichapa, y varios oficiales del estado mayor de Martín le informaron de la muerte de su lugarteniente; el secretario de López, Andrés Márquez, lo confirma. (*El Correo del Norte*, "Memorias de un villista", Chihuahua, miércoles 24 de septiembre de 1919, p. 4; Calzadíaz, *Anatomía de un guerrero...*, pp. 222-224; Vargas, *A sangre y fuego...*, p. 46; Jaurrieta, *Con Villa...*, p. 217).

[140] López recibió un tiro en el hueso sacro, saliendo la bala por el frente del abdomen, y así, herido, fue llevado a La Silla, punto cercano a Canatlán, y a causa de la falta de atención médica murió. (*La Patria*, "Meade y Fierro dicen que Martín López ha muerto en S. J. del Río", El Paso, Texas, sábado 27 de septiembre de 1919, p. 1; *La Patria*, "Como se ha referido en Chihuahua la muerte del temido jefe Martín López", El Paso, Texas, jueves 9 de octubre de 1919, p. 1). Su segundo, Ramón Vega, dijo que una bala le había atravesado el estómago: "Villa ordenó que lo lleváramos inmediatamente a Ocotán [...] dos días sobrevivió Martín, en medio de sufrimientos atroces. Se aferraba a la vida, pero la vida se le escapaba minuto a minuto; tuvo una prolongada y terrible agonía; sufrió lo indecible, por falta de una adecuada atención y expiró rodeado de sus compañeros [...] Villa ordenó que se le enterrara en la sierra de la Silla, a un lado de Ocotán". (*La Prensa*, "Cómo murió Martín López", San Antonio, Texas, jueves 6 de noviembre de 1919, p. 1).

las armas, pero Villa sacó su pistola para matarlos, a lo que Martín se opuso, reclamando: "Usted me dijo, me dio todo el poder, yo les perdoné la vida, si quiere matarlos puede hacerlo, pero comience conmigo, para qué me dio pues poder y después los mata a ellos". Villa respondió: "¡Ah, que chapo! No te enojes, suéltalos pues, váyanse pa' sus casas".[141]

En sus memorias, Jesús María López afirma que su hermano Martín estaba decepcionado de "lo engañoso y malagradecido" que había sido Villa con quienes le fueron leales. El 27 de mayo de 1919, cerca de San Andrés, cayó herido el oficial villista Espiridión Anaya y Villa no ordenó levantarlo del campo. Sus soldados Gabino Mendoza Tarango, Luis Vázquez y Andrés Márquez Frescas auxiliaron al oficial, pero falleció al poco tiempo en Rancho Zubía. Mendoza, cuñado de Martín López, avisó a Villa de la muerte de Anaya, pero este, sin darle mayor importancia, contestó que estaba muerto y ya, y tampoco dio la orden de sepultarlo. Enterado del incidente, Martín se molestó y cuestionó a su cuñado: "¿Ya le avisaste al jefe? Pues es obligación del jefe de la escolta o del jefe Villa, pero sólo cuando los hombres le sirven se acuerda de ellos". Inmediatamente, López ensilló y se dirigió a donde se encontraba Villa y le preguntó: "¿Qué pasó con Anaya?", y Villa le contestó: "Ya se murió"; respondió López: "¿Y ya dio la orden de que lo sepulten? No, pues si usted sólo cuando los hombres le sirven se acuerda de ellos".[142] Gabino, en tono de burla, dijo a Martín que le había tenido miedo a Villa, y este respondió: "No creas que le tengo miedo, pero no quiero que digan que fui traidor a mi jefe. Y como muchos creen que es buen hombre, se los voy a dejar para que se desengañen".[143]

Entre el 15 y 17 de junio de 1919 Villa atacó Ciudad Juárez, y poco antes de que la plaza cayera en sus manos, fue desalojado por las tropas carrancistas y dispersado por las fuerzas estadounidenses que cruzaron la frontera. Villa ordenó la retirada a Villa Ahumada, donde también fue derrotado por fuerzas carrancistas. Furioso, se replegó a la hacienda de Santo Domingo, dejando

---

[141] Museo Tarike, *Testimonios de la Revolución mexicana*, INAH/SEP, Chihuahua, 1989, p. 21.

[142] Jesús María López asegura que mientras discutían Villa y Martín, su cuñado Gabino se había atrincherado detrás de un cerco de piedra para hacerle fuego al primero, si este intentaba dispararle a Martín. (Museo Tarike, *Testimonios de la Revolución mexicana*, p. 23).

[143] *Temple Daily Telegram*, "Villa Forcé is Defeated", Temple, Texas, domingo 31 de mayo de 1919, p. 2; *Memorias de don Jesús María López Aguirre*, [inéditas], s/d, pp. 29-31; entrevista de Rubén Osorio a Jesús María López Aguirre, El Charco, Chihuahua, 19 de abril de 1980 y 11 de diciembre de 1982, en *Pancho Villa, ese desconocido...*, pp. 155-156.

Francisco Villa e Hipólito Villa.

Jesús María López.
(Testimonios de la Revolución Mexicana)

atrás a los heridos, y allí ordenó fusilar a su hermano Hipólito, pues este se opuso a que enviara un tren a Villa Ahumada para recoger a los estadounidenses que encontraran y colgarlos. Según testigos, Martín impidió que Villa asesinara a su hermano y que le prendiera fuego a la hacienda, "sacando su pistola y llamándolo embustero", después de que este dijo a su gente que López y Felipe Ángeles eran amigos de los estadounidenses, y por eso se oponían a sus órdenes. Martín insultó a Villa y dijo "que seguiría su camino y que no tendría nada que ver más con él".[144]

Según Jesús María, el desagrado de Martín no era solo por el asunto de Anaya y por las numerosas injusticias cometidas contra sus propios subalternos, sino también por los abusos contra las familias de Namiquipa, los asesinatos que perpetró en Santa Gertrudis, Satevó, San José del Sitio y otros tantos lugares. Martín intentó muchas veces corregir la conducta de Villa, pero fue en vano. Jesús María asegura que su hermano presenció cómo Villa había matado a un individuo "nomás así, porque sí". Martín desenfundó su pistola y lo increpó: "Todo esto está muy mal ¡Ándele saque la suya, al cabo quema el mismo parque!". Villa contestó: "Todavía no me quiero morir Martín".[145] Jesús María asegura que Villa fue "ingrato con gente que lo ayudó mucho y no tengo la menor duda de que mandó matar inocentes [...] cuando andaban juntos, él [Martín] lo detenía, como lo hizo en esos lugares [...] Por nuestra

---

[144] *La Prensa*, "Villa, furioso por las derrotas quiere ahora matar americanos", San Antonio, Texas, jueves 3 de julio de 1919, p. 1; *El Informador*, "Cuelguen a los gringos. Es la orden de Villa", Guadalajara, Jalisco, viernes 18 de julio de 1919, p. 4.
[145] Museo Tarike, *Testimonios de la Revolución mexicana*, p. 23.

parte quedamos desengañados que no supo considerar lo que sufrimos, ni agradecer esa lealtad, que entre tantos peligros y sufrimientos le demostraron mis hermanos [Vicente, Pablo y Martín López]".[146]

Epifanio Mendoza, uno de sus soldados, relata que antes de morir, Martín les pidió a sus subordinados: "Muchachos: váyanse a sus casas, ya no lo sigan [a Villa]". Según Jesús María, su hermano Martín murió convencido de que Villa lo había mandado matar, como lo hizo con muchos otros subordinados, pues era "traicionero y malagradecido";[147] entre los familiares, "sabemos que Villa mató a Martín para poderse amnistiar".[148]

El exvillista Rosalío Barraza Flores dijo a la familia López que Martín fue sepultado en la sierra de la Silla.[149] Epifanio Mendoza, quien participó en la inhumación, asegura que López "está envuelto en la cobija que él portaba y nomás hicimos un hoyo, ahí lo pusimos, le echamos piedras encima, en una posición de animal".[150] Villa había ofrecido a la familia López que recuperaría el cadáver, pero no cumplió. Jesús María relata: "Una de las veces que le recordamos en Canutillo que cumpliera con lo ofrecido, contestó que '¿Quién iba a sacar ese mugrero?, que al ir a mover aquello sería todavía una porquería', mis papás jamás le volvieron a decir [...] sólo cuando le andaban sirviendo no era mugrero".[151]

---

[146] *Memorias de don Jesús María López Aguirre*, [inéditas], s/d, pp. 29-31; entrevista de Rubén Osorio a Jesús María López Aguirre, El Charco, Chihuahua, 11 de diciembre de 1982, en *Pancho Villa, ese desconocido...*, p. 158.

[147] Casi todos los hombres que comandaba Martín desertaron de las filas villistas, incluyendo el jefe de la escolta Félix Salas, quien semanas más tarde entregó a Felipe Ángeles a los carrancistas. (Museo Tarike, *Testimonios de la Revolución mexicana*, pp. 11 y 24).

[148] Entrevista de Ximena Sepúlveda a Jesús M. López, El Charco, Chihuahua, 29 de junio de 1974, PHO/1/154, INAH.

[149] Copia fotostática de la carta de Rosalío Barraza a Jesús María López, Ciudad Juárez, Chihuahua, 12 de abril de 1947.

[150] Museo Tarike, *Testimonios de la Revolución mexicana*, p. 24. Según los testigos, Villa no estuvo presente cuando Martín falleció. Sin embargo, Calzadíaz se inventó una escena conmovedora: "Como un padre a su hijo, lo muda personalmente de ropa, con ropa suya. Ordena que envíen un ataúd de San Lucas; lo envuelve en su pelerina, tras de ponerle el uniforme de general; besa su frente rubia y derrama copiosas lágrimas. Dispone que se sepulte en un sitio donde no vayan a profanarlo los carrancistas y, dejando fragmentos de su corazón y jirones de su alma, le rinde los últimos honores a su grado". (*El Correo del Norte*, "Memorias de un villista", Chihuahua, miércoles 24 de septiembre de 1919, pp. 1 y 4; Calzadíaz, *Martín López...*, pp. 223-224).

[151] *Memorias de don Jesús María López Aguirre*, [inéditas], s/d, pp. 29-31. Un reporte periodístico asegura que el coronel Tranquilino Mendoza, de las fuerzas del estado de Durango, exhumó el cadáver de Martín en un punto llamado Las Cruces, y después de ser plenamente

En octubre de 1922 la prensa estadounidense reportó que don Jesús María López había intentado asesinar a Villa, a quien culpaba de la muerte de su hijo Martín.[152] Atenógenes López, primogénito de don Jesús María, estaba seguro de que su hermano no había muerto a manos de los carrancistas, sino asesinado por Villa.[153] Atenógenes y los exvillistas Manuel Mercado *el Charro* y Primitivo Escárcega se integraron a un grupo de complotistas para liquidar a Villa, apoyados, aparentemente, por el gobernador de Chihuahua, Ignacio C. Enríquez, y el general José Ruiz Núñez.[154] El complot fracasó y los implicados se dispersaron.

Villa reclamó a los padres de los López que Atenógenes había querido matarlo, y aunque dijo que lo perseguiría, les prometió no asesinarlo. Sin embargo, a Jesús María le advirtió que si se lo encontraba lo mataría, y este contestó: "Está bueno general, haga lo que usted quiera". Villa insistió en preguntar qué mal les había hecho para que su hermano quisiera asesinarlo, pues se consideraba "un hombre noble de corazón". Azorado, López comentó: "¿Noble? ¿Cuál nobleza? ¿Cómo ven ustedes la nobleza de Villa? tan asesino, quemar mujeres vivas, estrellar niños, hacer tantas infamias; yo creo que eso no es nobleza".[155]

---

identificado por vecinos de Canatlán que estuvieron presentes se levantó un acta, que fue suscrita por todos los testigos. (*El Monitor*, "Ha quedado plenamente confirmada la muerte de Martín López, lugarteniente de F. Villa", Durango, viernes 19 de septiembre de 1919, p. 1).

[152] *The New York Times*, "Report Villa Wounded in Mutiny on Ranch", Nueva York, miércoles 1º de noviembre de 1922, p. 15. Villa negó el ataque y declaró que López era "un anciano de cerca de ochenta años que le tiene un cariño entrañable". (*La Prensa*, "No se tienen noticias de que Villa haya sido herido", San Antonio, Texas, jueves 2 de noviembre de 1922, p. 1; *La Prensa*, "Villa rectifica la noticia de que se encuentra herido", San Antonio, Texas, viernes 3 de noviembre de 1922, p. 1; *La Prensa*, "Política menuda. Villanías", San Antonio, Texas, lunes 13 de noviembre de 1922, p. 3); *El Heraldo de Durango*, "En Canutillo, los exvillistas se rebelan contra su jefe", Durango, domingo 26 de noviembre de 1922, p. 1.

[153] Carta de Díaz Lombardo a Ramón Puente, 2 de mayo de 1920, correspondencia interceptada, informe de Emilio Kosterlizky, 13 de mayo de 1920, U.S. Bureau of Investigation Archives; Cervantes, *Francisco Villa...*, p. 611.

[154] El capitán federal Darío Martínez y el capitán exvillista Primitivo Escárcega, quienes habían participado en el complot, fueron asesinados el 29 de octubre de 1922 en el prostíbulo La casa de Manuela, en Parral, por órdenes de Villa. Así lo confirma el hijo adoptivo de este. (Defunciones, Parral, libro núm. 111, actas núm. 497-498, ff. 127-128v); *El Sol de Parral*, 30 de octubre de 1922; entrevista de Rubén Osorio a Francisco Piñón, Chihuahua, 20 de noviembre de 1976; entrevista de Rubén Osorio a Jesús María López Aguirre, El Charco, Chihuahua, 11 de diciembre de 1982, en *Pancho Villa, ese desconocido...*, pp. 76-77 y 155-156).

[155] Museo Tarike, *Testimonios de la Revolución mexicana*, p. 11.

Manuel Mercado, el Charro.

Atenógenes López y su esposa.
(Alberto Calzadíaz Barrera)

Jesús María López Aguirre,
su padre Jesús María López
y su familia.
(Alberto Calzadíaz Barrera)

14 de Septiembre de 1919.

MURIO MARTIN LOPEZ

Se dice que falleció de unas heridas recibidas en un combate en Durango

DURANGO, Sept. 9.—Se han recibido aquí noticias, tanto de carácter oficial como particular, de q' el célebre jefe revolucionario villista, Martín López, murió a consecuencia de las graves heridas que recibió en un recio combate que sostuvo con las fuerzas de Amaro cerca de San Juan del Río, en una Estación del Ferrocarril Nacional Mexicano, que corresponde a un poblado llamado La Labor.

Se asegura que López fué sepultado en un panteón de San Bartolo, a poca distancia de Cuautlán, de este mismo Estado, por unos rancheros que oficiosamente efectuaron este acto humanitario, en vista de que el cadáver del cabecilla se hallaba abandonado y a merced de los cuervos carniceros.

Martín López, flanqueado
por el capitán Ortega y su
segundo, Ramón Vega,
acompañados de varios líderes
mormones de la Colonia Juárez,
20 de marzo de 1919.

[Villa] hizo cosas fuera de orden con gente que lo ayudó mucho. Por cualquier chisme que le contaban, luego, luego, zas. Es que se debe investigar, pero el general no se cuidaba de eso, él era muy violento. Cuando me decían lo de Martín, yo pensaba: No, pero ¡cómo! Entonces un día fui a preguntar a don Hipólito, su hermano, si había sido cierto lo que me platicaron mis hermanos, que una vez [...] el general lo había mandado fusilar. ¿Sabe qué me contestó? Que sí, que había sido cierto, que por unas diferencias que tuvieron sobre la guerra, lo mandó fusilar, pero que mis hermanos lo salvaron escondiéndolo [...] Mire, en este caso, los demás dirían: "Si esto le hace a su hermano, pues a nosotros qué nos espera". Pero creo que así tenía que ser, para sembrar el terror en la Revolución, así tenía que ser. [156]

---

[156] Entrevista de Rubén Osorio a Jesús María López Aguirre, El Charco, Chihuahua, 11 de diciembre de 1982, en *Pancho Villa, ese desconocido...*, p. 156.

BIBLIOGRAFÍA

A. A. A., *Tres holocaustos. Apuntes biográficos del señor presbítero Rafael Vega Alvarado y de los hermanos Adrián M. Astruc y Adolfo F.Gilles de las Escuelas Cristianas*, s/e, 1939.

Academia Juárez, A. C., *Colonia Juárez, Chihuahua 1901-1976*, s/e, Juárez, Chihuahua, 1977.

Aguayo, José Luis, y Jesús Rentería Ávila, *Talamantes: el pueblo y su historia*, PACMYC, Palibrio, Chihuahua, 2012.

Aguilar, Rafael, *Madero sin máscara*, Imprenta Popular, México, 1911.

Aguilera Castelo, Ezequiel, *Las cuevas y miradores de Villa... y algo más*, Editorial Gestoría, Chihuahua, 2014.

Aguirre Benavides, Luis, *De Francisco I. Madero a Francisco Villa. Memorias de un revolucionario*, México, 1966.

Alarcón Menchaca, Laura, *José María Maytorena: una biografía política*, Coljal, Colson, UI, México, 2008.

Alessio Robles, Miguel, *Historia política de la Revolución mexicana*, Gobierno del Estado de Coahuila, Monterrey, 2007.

——, *Memorias. Mi generación y mi época*, Gobierno del Estado de Coahuila-Instituto Coahuilense de Cultura / INEHRM / Segob, México, 2010.

Alessio Robles, Vito, *La convención revolucionaria de Aguascalientes*, INEHRM, México, 1979.

Alfaro-Velcamp, Theresa, *So Far from Allah, So Close to Mexico: Middle Eastern Immigrants in Modern Mexico*, University of Texas Press, Texas, 2007.

Almada, Francisco R., *Diccionario de historia, geografía y biografía chihuahuenses*, Ediciones UACH, Chihuahua, 1968.

——, *Gobernadores del estado de Chihuahua*, H. Cámara de Diputados, México, 1950.

——, *La Revolución en el estado de Chihuahua*, Talleres Gráficos de la Nación, México, 1964.

——, *La Revolución en el estado de Sonora*, Gobierno del Estado de Sonora, Hermosillo, 1990.

——, *Resumen histórico del municipio de Jiménez*, El Labrador, Ciudad Juárez, 1961.

Alonso Cortés, Rodrigo, *Francisco Villa, el quinto jinete del Apocalipsis*, Diana, México, 1972.

Altamirano Cozzi, Graziella, *Los años de la Revolución en Durango, 1910-1920*, tesis de maestría en Historia de México, UNAM-FFyL, México, 1993.

Alvelais, Guillermo R., *Sucesos del norte acaecidos a norteños*, s/e, Chihuahua, s/f.

Amaya, Juan Guadalberto, *Madero y los auténticos revolucionarios de 1910*, Gobierno del Estado de Chihuahua, México, 1946 [2010].

——, *Venustiano Carranza, caudillo constitucionalista. Segunda etapa, febrero de 1913 a mayo de 1920*, s/e, México, 1947.

Arrieta Silva, Enrique, *Domingo Arrieta León. General de hombres leales. La verdadera historia de la Revolución en Durango*, Editora Laguna, Torreón, Coahuila, 2016.

Avitia Hernández, Antonio, *Los alacranes alzados*, IMAC, 2ª ed., Durango, 2003.

Baca Miranda, Roberto César, *Recopilación de datos históricos de Casas Grandes: "La Antigua Paquimé"*, Arte Digital, Chihuahua, 2007.

Banco Interamericano de Desarrollo, *Cuando Oriente llegó a América: contribuciones de inmigrantes chinos, japoneses y coreanos*, BID, Washington, 2004.

Barragán Alor, Irving, *La rebelión de Félix Díaz en Veracruz. Problemas estructurales del Ejército y el gobierno de Franscisco I. Madero, 1911-1913*, tesis de licenciatura inédita, Universidad Veracruzana, Veracruz, 2014.

Barragán Rodríguez, Juan, *Historia del Ejército y de la revolución constitucionalista*, tercera época, Sedena/INEHRM, México, 2013, http://www.inehrm.gob.mx/work/models/inehrm/Resource/455/1/i mages/HisteEjeRev_III.pdf.

Barrón de Avellano, María, *Mujeres chihuahuenses*, Centro Librero La Prensa, Chihuahua, 1989.

Berrueto González, Arturo, *Murguía. Paradigma de la lealtad*, Consejo Editorial del Gobierno del Estado de Coahuila, Saltillo, 2004.

Bobbio, N., N. Matteucci y G. Pasquino, *Dizionario di política*, UTET, 2016.

Braddy, Haldeen, *Cock of the Walk. The Legend of Pancho Villa*, University of New Mexico Press, Albuquerque, 1955.

Calzadíaz Barrera, Alberto, *Anatomía de un guerrero. El general Martín López hijo militar de Pancho Villa*, Editores Mexicanos Unidos, México, 1968.

——, *Hechos reales de la Revolución*, t. 1, Editorial Patria, México, 1979.

——, *Hechos reales de la Revolución*, t. 2, Editorial Patria, México, 1967.

——, *Hechos reales de la Revolución: el fin de la División del Norte*, t. 3, Editores Mexicanos Unidos, México, 1965.

——, *Hechos reales de la Revolución. Muerte del Centauro*, t. 7, Editorial Patria, México, 1980.

——, *Villa contra todo y contra todos*, dos tomos, Editores Mexicanos Unidos, México, 1963.

Campario, Jean-François, *François Vacherand raconte ses veillées. Chamossière, ces monts de mémoire*, La Fontaine de Siloé, Francia, 2006.

——, *Savoyards et Bas-Alpins a Jicaltepec*, Barcelonnette, Société Scientifique et Littéraire des Alpes de Haute-Provence, Sabenca de la Valeia, 2008. http://www.mexicofrancia.org/articulos/i16.jpg.

Canaco/Servytur, *El comercio en la historia de Chihuahua. Reseña histórica, biografías. Informes de ejercicios 1989 y 1990*, Chihuahua, 1991.

Caraveo, Marcelo, *Crónica de la Revolución mexicana*, Trillas, México, 1992.

Caraveo Estrada, Baudilio B., *Historia de mi odisea revolucionaria. La revolución en la sierra de Chihuahua y la Convención de Aguascalientes...*, Doble Hélice Ediciones, México, 1996.

Cárdenas Noriega, Joaquín, *Mi generación: de Madero a la dedocracia: remembranzas, vivencias, reflexiones históricas*, Editorial Pac, México, 1987.

Carreño King, Tania, *Infancia y Revolución*, Conaculta, México, 2010.

Carrete de la Rocha, Héctor Hugo, *Tu provincia en sus anales, El Oro, Durango, México*, publicación del autor, México, 2001.

Casasola, Gustavo, y Víctor Agustín Casasola, *Historia gráfica de la revolución 1900-1940*, México, s/f.

Ceja Reyes, Víctor, *Yo maté a Villa*, Populibros "La Prensa", México, 1960.

Cervantes M., Federico, *Francisco Villa y la Revolución*, Ediciones Alonso, México, 1960.

Chang, Jason Oliver, *Chino: Antichinese Racism in Mexico, 1880-1940*, University of Illinois Press, Urbana, 2017.

Chávez, Armando B., *Sesenta años de gobierno municipal. Jefes políticos del distrito Bravos y presidentes del municipio de Juárez 1867-1960 (Actuación política y datos biográficos)*, México, 1959.

——, *Diccionario de hombres de la Revolución en Chihuahua*, Meridiano 107 Editores, UACJ, Ciudad Juárez, 1990.

Chocano, José Santos, *Obras completas*, Aguilar, Madrid, 1972.

Chong, José Luis, *Historia general de los chinos en México, 1575-1975*, Turner Publicaciones, México, 2014.

——, *La matanza de chinos en Torreón*. http://joseluischong.mx/joseluischong/matanza_de_chinos_en_Torreon.pdf, consultado el 4 de septiembre de 2019.

Clendenen, Clarence C., *The United States and Pancho Villa. A study in Unconventional Diplomacy*, American Historical Association/Cornel University Press, 1961.

Cordero Baca, Jesús, *Acontecer parralense*, Instituto Tecnológico de Parral, Chihuahua, 1986.

Corral de Villa, Luz, *Pancho Villa en la intimidad*, Centro Librero La Prensa, Chihuahua, 1981.

Correa, Eduardo J., *Biografías: Miguel M. de la Mora y José de Jesús López*, ediciones del autor, México, 1952.

Creel de Müller, Lulú, *El conquistador del desierto. (Biografía de un soldado de la República)*, Imprenta Müller, Chihuahua, 1982.

Cumberland, Charles C., *La Revolución mexicana: los años constitucionalistas*, FCE, México, 1975.

Davis, William B., *Experiences and Observations of an American Consular Officer during the Recent Mexican Revolutions*, edición del autor, Chula Vista, California, 1920. https://archive.org/details/experiencesobser00davi/page/n5, consultado el 3 de septiembre de 2019.

De Cárcer y Disdier, Mariano, *¿Qué cosa es gachupín?*, Manuel Porrúa, México, 1949.

De la Mora, Juan Miguel, *El gatuperio, omisiones, mitos y mentiras de la historia oficial*, Siglo XXI Editores, México, 1993.

De la O Holguín, José, *Rescate histórico de Villa Ocampo, Durango*, Gobierno del Estado de Durango, México, 1994.

———, *Tomás Urbina, el guerrero mestizo*, ICED, Durango, 2000.

———, *Pancho Villa en Canutillo, entre pasiones y flaquezas*, ICED, Conaculta, 3ª ed., Durango, 2010.

De Orellana, Margarita, *Villa y Zapata, la Revolución mexicana*, Biblioteca Iberoamericana, REI-México, México, 1989.

De Vega, Mercedes (coord.), *Historia de las relaciones internacionales de México, 1821-2010*, vol. 6, *Asia*, Dirección General del Acervo Histórico Diplomático / Secretaría de Relaciones Exteriores, México, 2011. https://acervo.sre.gob.mx/images/libros/RI/vol_6_asia.pdf.

Demard, Jean Christophe, *Río Nautla. Étapes de l'Integration d'une Communaute Française au Mexique, 1833-1926*, D. Guéniot, Prez-sur-Maine, Francia, 1999.

Duarte, Teodosio, *Memorias de la Revolución de Teodosio Duarte Morales, 20 de noviembre de 1910 a 1913*, Testimonios 2, Secretaría de Educación y Cultura-Gobierno del Estado de Chihuahua, Chihuahua, 2001.

Encinas, Santos, *La matanza de hombres que hizo Francisco Villa en San Pedro de la Cueva, Sonora, el día dos de diciembre de 1915* [inédito].

Enríquez Sánchez Aldana, Ignacio, *Carta a mis hijas. Participación del Gral. Ignacio C. Enríquez en la Revolución mexicana y algunas anécdotas relatadas por él mismo*, s/d, edición del autor.

Escárcega, Alfonso, *Luz Corral, la mera mera*, Ediciones del Azar, Chihuahua, 2012.

Escárcega de Muñoz, María, y José Socorro Pérez Nájera, *Madera cien años… son un día*, libro 1, Conaculta / Ichicult / Presidencia Municipal / Consejo Ciudadano de la Cultura, Chihuahua, 2006.

Esparza Terrazas, Eduardo, *Santa Cruz, antigua región de los tapacolmes. Historia de la villa de Rosales*, Conaculta / Ichicult, Chihuahua, 2004.

———, *Saucillo. Voz que clama en el desierto*, Conaculta, Chihuahua, 2007.

Fabela, Isidro, *Historia diplomática de la Revolución mexicana (1912-1917)*, FCE, México, 2013.

———, *Documentos históricos de la Revolución mexicana. Revolución y régimen constitucionalista. I.* FCE, México, 2014.

Fernández Baca, Carlos, *Julia, la soldadera* [inédito].

Fernández Perea, Octavio, "De la historia de Jiménez", en *La Cordillera. Órgano de Información y Difusión Histórica de Chihuahua, A.C., Delegación Jiménez*, Ciudad Jiménez, Chihuahua, 1994.

———, *Jiménez en la historia y en la leyenda*, s/e, Camargo, 2005.

Flores Solís, Miguel, *Nuestra Señora de los Remedios*, Jus, México, 1972.

Frances, José María, *Vida y aventuras de Pancho Villa*, Olimpo, México, 1956.

Galeana, Patricia (coord.), *La Revolución en los estados de la República mexicana*, Siglo XXI Editores, México, 2011.

Gámez, Ernesto, *"La bestia hermosa". La vida de Rodolfo Fierro*, Colegio de Bachilleres del Estado de Sinaloa, México, 2007. http://centaurodelnorte.com/wp-content/uploads/2012/03/Rodolfo-Fierro-La-bestia-hermosa.pdf.

García Torres, Guadalupe, *Carolina Escudero Luján: una mujer en la historia de México*, Instituto Michoacano de la Cultura / Centro de Estudios de la Revolución Mexicana Lázaro Cárdenas, Morelia, 1992.

Gardea, Gabriel, *Memoria de mi actuación durante la Revolución*, s/f, [inédito].

Garfias M., Luis, *Verdad y leyenda de Pancho Villa: vida y hechos del famoso personaje de la revolución mexicana*, Panorama Editorial, México, 1981.

Garritz, Amaya (comp.), *La independencia de México y la Revolución mexicana: vistas desde la* UNAM, Instituto de Investigaciones Históricas-UNAM, México, 2010.

Gastélum, Bernardo J., *La revolución mexicana: interpretación de un espíritu*, Porrúa, México, 1966.

Gavira, Gabriel, *General de Brigada Gabriel Gavira. Su actuación político-militar revolucionaria*, Talleres Tipográficos de A. del Bosque, México, 1933.

Gil Lázaro, Alicia, "Hispanofobia en el norte de México durante la Revolución mexicana", en Salazar, Delia (ed.), *Xenofobia y xenofilia en la historia de México, siglos XIX y XX. Homenaje a Moisés González Navarro*, Segob / Instituto Nacional de Migración, México, 2006, México, 2006.

Gilly, Adolfo, *La revolución interrumpida*, Ediciones Era, México, 1994.

—— (comp.), *Felipe Ángeles en la Revolución*, Ediciones Era / Conaculta, 2008.

Gómez Izquierdo, José Jorge, *El movimiento antichino en México (1871-1934). Problemas del racismo y del nacionalismo durante la revolución mexicana*, UNAM, México, 1988.

González Garza, Roque, P. Ramos Romero y J. Pérez Rul, *Apuntes para la historia. La batalla de Torreón*, 2ª ed., Gobierno de Coahuila, México, 1962.

González Loscertales, Vicente, *Los españoles en la vida social, política y económica de México, 1910-1930*, Universidad de Madrid, Madrid, 1976.

González Navarro, Moisés, *Xenofobia y xenofilia en la historia de México, siglos XIX y XX*, Segob / Instituto Nacional de Migración, México, 2006.

González Ramírez, Manuel, *La revolución social de México: 1 Las ideas, la violencia*, FCE, México, 1960.

González Saravia, José Miguel, *Concurrencias: una novela de México*, t. I (1908-1920), Cárdenas Editor y Distribuidor, México, 1998.

Gorostiza, Francisco Javier, *Los ferrocarriles en la Revolución mexicana*, Siglo XXI Editores, México, 2010.

Grieb, Kenneth, "El caso Benton y la diplomacia de la Revolución", en *Historia Mexicana*, núm. 2, vol. XIX, octubre-diciembre de 1969.

Guerra, Eduardo, *Historia de Torreón. Su origen y sus fundadores*, Secretaría de Cultura de Coahuila, Saltillo, 2012.

Guerra, François-Xavier, *México: del antiguo régimen a la revolución*, t. II, FCE, México, 2011.

Gutiérrez Casillas, José, *Jesuitas en México durante el siglo XX*, Porrúa, México, 1981.

Guzmán, Martín Luis, *Memorias de Pancho Villa*, Compañía General de Ediciones, 5ª ed., México, 1961.

——, *El águila y la serpiente*, Colección de escritores mexicanos, Porrúa, México, 1984.

Ham, Ricardo, *De la invitación al desalojo. Discriminación a la comunidad china en México*, Samsara Editorial, México, 2013. http://www.sideso.cdmx.gob.mx/documentos/invitacion_desalojo_completo.pdf.

Hancock, Richard H., y Bill Williams, *Chihuahua II. Más imágenes de ayer y hoy*, Gobierno del Estado de Chihuahua, Chihuahua, 2002.

Harris, Charles H., y Louis R. Dadler, *The Border and the Revolution. Clandestine Activities of the Mexican Revolution: 1910-1920*, Center for Latin American Studies / Joint Border Research Institute, New Mexico State University, 1988.

Hernández Orozco, Guillermo, *El instituto científico y literario de Chihuahua, 1900-1934*, Colección textos Universitarios, UACH, Chihuahua, 2008.

Herrera, Celia, *Francisco Villa ante la historia*, Costa-Amic Editores, 6ª ed., México, 1999.

Herrera Márquez, Raúl, *La sangre al río. La pugna ignorada entre Maclovio Herrera y Francisco Villa*, Tusquets Editores, México, 2014.

Illades, Carlos, *México y España durante la Revolución mexicana*, SRE / Archivo Histórico Diplomático, México, 1985.

―― *Presencia española en la Revolución mexicana (1910-1915)*, UNAM-FFyL / Instituto de Investigaciones Dr. José María Luis Mora, México, 1991.

INEHRM, *Diccionario de generales de la Revolución*, t. II (M-Z), SEP / Sedena / INEHRM, México, 2014. http://www.inehrm.gob.mx/work/models/inehrm/Resource/305/1/images/dic_grales_rev_t2.pdf.

――, *Diccionario histórico y biográfico de la Revolución mexicana*, t. II, Secretaría de Gobernación, México, 1990.

Jaurrieta, José María, *Con Villa 1916-1920: memorias de campaña*, Conaculta, México, 2009.

Katz, Friedrich, *Pancho Villa*, 2 tomos, Ediciones Era / ICED / Conaculta, Durango, México, 2010.

Kelley, Francis Clement, *The Book of Red and Yellow: Being a Story of Blood and a Yellow Streak*, Catholic Church Extension Society of the United States of America, Chicago, 1915.

Knight, Alan, *La Revolución mexicana: Del Porfiriato al nuevo régimen constitucional*, 2 vols., Grijalbo, México, 1996.

Krauze, Enrique, *Francisco Villa, entre el ángel y el fierro*, FCE, México, 1987.

Larocque, Edward, *New Yorker Unlimited: The memoirs of Edward Larocque Tinker*, University of Texas at Austin, 1970.

LaVon Brown, Whetten, *Colonia Juarez: Commemorating 125 years of the Mormon Colonies in Mexico*, Author House, 2010.

Lerner Sigal, Victoria, "Una derrota diplomática crucial. la lucha villista por el reconocimiento norteamericano, 1914-1915", en *Estudios de historia moderna y contemporánea de México*, núm. 22, 2001, pp. 83-114.

Lida, Clara E., *Inmigración y exilio. Reflexiones sobre el caso español*, El Colegio de México, México, 1997.

Lim, Julián, *Porous Borders: Multiracial Migrations and the Law in the U.S. Mexico Borderlands*, UNC Press Books, 2017.

López Aguirre, Jesús María, *Memorias de Jesús María López*, [inédito], s/d.

López Salinas, Samuel, *La batalla de Zacatecas. Recuerdos imborrables que dejan impacto para toda la vida*, Ediciones Botas, México, 1964.

López-Ibor Aliño, Juan José (dir.), *DSM-IV-TR, Manual diagnóstico y estadístico de los trastornos mentales*, Masson, Barcelona, 1995.

Lowen, Alexander, *Narcissism*, Touchstone, Nueva York, 1997.

Mantecón Pérez, Adán, *Recuerdos de un villista. Mi campaña en la Revolución*, s/e, México, 1967.

Márquez, Miguel, *El Instituto Científico y Literario de Chihuahua. Su organización actual publicado en conmemoración de la visita del Sr. Gral. Porfirio Díaz al estado de Chihuahua en el mes de octubre de 1909*, Talleres Tipográficos de La Pluma, S. A., Chihuahua, 1909.

McGregor, Josefina, *México y España del porfiriato a la Revolución*, INEHRM / Secretaría de Gobernación, México, 1992.

——, *Revolución y diplomacia: México y España 1913-1917*, Segob / INEHRM, México, 2002.

Manuscritos del general Guillermo Rubio Navarrete, 1913-1948, fondo DLXXIII, leg. 15, carpeta 1, documento 1-2, 2 ff., CEHM, Grupo Carso. http://www.archivo.cehmcarso.com.mx/janiumbin/detalle.pl?Id=20150919212607.

Martínez Meraz, Silvia Margarita, *Educación y género: docencia femenina en Hidalgo del Parral, Chih. (1691-1900)*, PACMYC / Conaculta / Ichicult / Doble Hélice Ediciones, Chihuahua, 2006.

Martínez Meucci, Miguel Ángel, "La violencia como elemento integral del concepto de revolución", *Revista Politeia*, vol. 30, núm. 39, Instituto de Estudios Políticos, Universidad Central de Venezuela, Caracas, 2007.

Martínez Valles, José, *Revolucionarios camarguenses, (1910-1916). Apuntes biográficos del coronel José Martínez Valles (1887- 1954)*, s.d.i., s/e, s/f.

Martínez y García, Manuel, *Reminiscencias históricas zacatecanas. La batalla de Zacatecas*, Tip. Literaria, Zacatecas, 1922.

Medina Ruiz, Fernando, *Francisco Villa. Cuando el rencor estalla*, Jus, México, 1960.

Megenney, William W., *Five Essays on Martín Luis Guzmán*, University of California, Riverside, Latin American Studies Program, 1978.

Mena Brito, Bernardino, *El lugarteniente gris de Pancho Villa (Felipe Ángeles)*, Casa Mariano Coli, México, 1938.

——, *Ocho diálogos con Carranza*, Ediciones Botas, México, 1933.

Mendieta Alatorre, Ángela, *La mujer en la Revolución mexicana*, INEHRM, México, 1961.

Mendoza Soriano, Reidezel, *Bandoleros y rebeldes. Historia del forajido Doroteo Arango (1878-1910) y las correrías de Heraclio Bernal, Ignacio Parra y Francisco Villa*, CreateSpace independent publishing, tercera reimpresión, 2019.

——, *Bandoleros y rebeldes. Las correrías de Francisco Villa durante la rebelión maderista, 1910-1911*, CreateSpace independent publishing, tercera reimpresión, 2019.

——, *Cazadores de la sierra. Historia militar de la Revolución en Chihuahua*, Ichicult, Chihuahua, 2010.

——, *Del cerro bola al río Bravo. Soldados de fortuna, forajidos e insurrectos durante la rebelión maderista en la frontera (1910-1911)*, CreateSpace independent publishing, 2016.

——, *Guillermo Baca Ronquillo. Comerciante, maderista y revolucionario*, Ichicult, Chihuahua, 2012.

———, *Rifleros de San Andrés*, Ichicult, Chihuahua, 2011.

———, *El villismo y la Iglesia católica (1913-1920)*, 2ª ed., Amazon, Chihuahua, 2016.

Meyer, Eugenia, *John Kenneth Turner. Periodista de México*, UNAM-FFyL/Ediciones Era, México, 2005.

Meyer, Lorenzo, *El cactus y el olivo. Las relaciones de México y España en el siglo XX*, Océano, México, 2001.

Meyer, Rosa María, y Delia Salazar (coords.), *Los inmigrantes en el mundo de los negocios, siglos XIX y XX*, INAH/Plaza y Valdés, México, 2003.

Morales Natera, Francisco Javier, *Coyame es mi pueblo*, Xlibris, México, 2012.

Moreno Martínez Guillermo, Esperanza Alvarado de Santiago, *Monografía de Ciudad Juárez del municipio de Lerdo, Durango*, Conaculta/PACMYC/Gobierno del Estado de Durango, Durango, 2015.

Muñoz, Ignacio, *Verdad y mito de la Revolución mexicana*, Ediciones Populares, México, 1960.

Muñoz A., Estanislao, "Pinceladas y retoques al cuadro de la Revolución", en *Sociedad Chihuahuense de Estudios Históricos. IX Congreso Nacional de Historia de la Revolución mexicana*, 18, 19 y 20 de julio de 1978.

———, *Apuntes históricos y geográficos de Ciudad Camargo, Chih., y del municipio*, Presidencia municipal de Camargo, Camargo, 1986.

Muñoz, Rafael F., *Pancho Villa, rayo y azote*, Populibros, La Prensa, México, 1971.

———, *La expedición punitiva*, Cuadernos mexicanos, SEP/Conasupo, México, s/f.

Museo Tarike, *Testimonios de la Revolución mexicana*, INAH/SEP, Chihuahua, 1989.

Nava Rodríguez, Luis, *Tlaxcala en la historia*, Progreso, México, 1972.

Naylor, Thomas H., "Massacre at San Pedro de la Cueva. The Significance of Pancho Villa's Disastrous Sonora Campaign", en *Western Historical Quartely* 8, núm. 2, abril de 1977.

Nugent, Daniel, *Spent Cartridges of Revolution. An Anthropological History of Namiquipa, Chihuahua*, The University of Chicago Press, Chicago, 1993.

O'Brien, Steven, *Pancho Villa*, Chelsea House Pub., 1994.

O'Hea, Patrick, *Reminiscencias de la Revolución mexicana*, Instituto Mora, México, 2012.

Olmedo Díaz, Arturo, y Rodrigo Fernández Chedraui, *Hermanos, generales y gobernantes: Los Ávila Camacho*, Las Ánimas, México, 2010.

Ontiveros, Francisco de P., *Toribio Ortega y la Brigada González Ortega*, Gobierno del Estado de Chihuahua, Chihuahua, 2003.

———, *Toribio Ortega y la revolución en la región de Ojinaga*, Gobierno del Estado de Chihuahua, Chihuahua, 2003.

Ortega Urquidi, Javier, y Camilo Meouchi, *Camargo; pueblo chico, gente grande, un amigo libanés*, Celsa Impresos, Durango, 2007.

Osorio, Rubén, *Pancho Villa, ese desconocido: entrevistas a favor y en contra*, Gobierno del Estado de Chihuahua, Chihuahua, 2004.

———, *La familia secreta de Pancho Villa*, Gobierno del Estado de Chihuahua-Secretaría de Educación y Cultura, Chihuahua, 2006.

Pérez Acevedo, Martín, "La presencia española en México, 1821-1930", en *Migraciones y Exilios*, 2-2001, pp. 133-156.

——, *Propietarios y hombres de negocios españoles en la revolución mexicana. Violencia, expropiación y reclamaciones, 1910-1935*, tesis doctoral, Universitat Jaumer I, 2004.

Pérez Vejo, Tomás, Marco Landavazo y Agustín Andrés Sánchez (eds.), *Imágenes e imaginarios sobre España en México. Siglos XIX y XX*, Porrúa / Instituto de Investigaciones Históricas-Universidad Michoacana de San Nicolás de Hidalgo, México, 2007.

Peterson, Jesse, y Thelma Cox Knowles, *Pancho Villa: Intimate Recollections by People Who Knew Him*, Hastings House, Nueva York, 1977.

Puente, Ramón, *Vida de Francisco Villa, contada por él mismo*, O. Paz y Compañía Editores, Los Ángeles, 1919.

Puig, Juan, *Entre el río Perla y el Nazas: La China decimonónica y sus braceros emigrantes: la colonia china de Torreón y la matanza de 1911*, Conaculta, México, 1993.

Quevedo Rivero, Arturo, *Los Colorados*, 2ª parte, Diana, México, 2002.

Quinn, Anthony, *El pecado original*, Pomaire, Barcelona, 1974.

Quintero Corral, Lucio, *Pancho Villa derrotado en Tepehuanes, Dgo., al intentar tomar la Cd. De Durango. 1918*, Ciudad Juárez, Chihuahua, 1990.

Rakocy, Bill, *Villa Raids Columbus, N. Mex., Mar. 9, 1916*, Bravo Press, El Paso, Texas, 1991.

Ramírez, Guillermo H., *Melitón Lozoya, único director intelectual en la muerte de Villa. Grandes revelaciones*, Editorial Herrera, Durango, s/f.

Ramírez Contreras, Ramón (coord.), *Villa López, apuntes para su historia*, SCEP / SEP / Ediciones del Gobierno del Estado, Chihuahua, 1988.

Ramírez Rancaño, Mario, *El ejército federal, 1914. Semblanzas biográficas*, Instituto de Investigaciones Sociales-UNAM, 2012.

——, *La reacción mexicana y su exilio durante la Revolución de 1910*, UNAM-Instituto de Investigaciones Históricas / Miguel Ángel Porrúa, México, 2002.

Ramos Aguirre, Francisco, *Allá por el norte, Cd. Victoria, Tamaulipas*, Universidad Autónoma de Tamaulipas-Departamento de Fomento Editorial, Ciudad Victoria, 1990.

Reed, John, *México insurgente*, Editorial Txalaparta, México, 2005.

Rembao, Alberto, *La nueva democracia*, Nueva York, 1963.

Rius Facius, Antonio, *La juventud católica y la revolución mexicana 1910-1925*, Jus, México, 1963.

Rivas López, Ángel, *El verdadero Pancho Villa*, Costa-Amic Editores, México, 1970.

Rivera, Antonio G., *La Revolución en Sonora*, Imprenta Arana, México, 1969.

Rob, Stanley L., *Azuela and the Mexican Underdogs*, University of California Press, Berkeley, 1979.

Rocha Chávez, Rubén, *1631-1978. Tres siglos de historia. Biografía de una ciudad: Parral*, 3ª ed., Imprenta Lux, Ciudad Juárez, 1989.

Rocha Islas, Martha Eva, *Las defensas sociales en Chihuahua. Una paradoja en la Revolución*, INAH, México, 1988.

Rosenstone, *John Reed: un revolucionario romántico*, (traducción Juan Tovar), Ediciones Era, México, 1979.

Salas, Elizabeth, *Soldaderas en los ejércitos mexicanos. Mitos e historia*, Diana, México, 1993.

Salcido Gómez, José Socorro, *Luz y sombras en la muerte del general Francisco Villa. Un crimen de Estado*, Talleres Gráficos del Estado, Chihuahua, 1998.

Salmerón, Pedro, "Catolicismo social, mutualismo y revolución en Chihuahua", en *Estudios de Historia Moderna y Contemporánea de México*, núm. 35, enero-junio de 2008.

——, *La División del Norte*, tesis doctoral, UNAM, México, octubre de 2003.

Salmerón, Pedro, y Felipe Ávila, *Breve historia del villismo*, Crítica, México, 2018.

Sánchez Lamego, Miguel Ángel, *Generales en la Revolución*, t. I, Biblioteca del Instituto Nacional de Estudios Históricos de la Revolución Mexicana, México, 1980.

——, *Historia militar de la Revolución mexicana en la época maderista*, t. I, INEHRM, México, 1976.

——, *Historia militar de la Revolución constitucionalista*, 5 tomos, INEHRM, México, 1956-1960.

——, *Historia militar de la Revolución mexicana en la época de la Convención*, INEHRM, México, 1983.

Secretaría de Relaciones Exteriores, *Labor internacional de la Revolución constitucionalista*, México, Imprenta de la Secretaría de Gobernación, México, 1919.

Serrano Álvarez, Pablo, *Historias de familia*, INEHRM, México, 2012. https://www.ceviedgespe.com/documentos/inb_31.pdf.

Silva, Rafael, *San Pedro de la Cueva, víctima del bandolero Francisco Villa* [inédito], s/d.

Silva Herzog, Jesús, *Breve historia de la Revolución mexicana*, t. II, FCE, México, 1972.

Silva Silva, Karina Edith, Blanca Judith Rivera Barraza y Erika Luna Palma, *La revolución mexicana y la familia Baca Ronquillo*, UPN, presidencia municipal de Hidalgo del Parral, Hidalgo del Parral, 2009.

Sociedad Chihuahuense de Estudios Históricos, *Memoria del XXVII Congreso nacional de historia de la Revolución mexicana*, Ediciones del Gobierno del Estado de Chihuahua, Chihuahua, 1999.

Solares, María Luisa, *Bernabé Jurado Ángel, litigante de su destino*, Loera Chávez hnos., Cía. Editorial, México, 1978.

Stacy, Lee, *Mexico and the United States*, vol. I, Marshall Cavendish, 2002.

Taibo II, Paco Ignacio, *Pancho Villa*, Planeta, México, 2006.

Taracena, Alfonso, *La verdadera Revolución mexicana. Segunda etapa (1913 a 1914)*, vol. 3 Jus, México, 1975.

——, *La verdadera Revolución mexicana. Tercera etapa (1914 a 1915)*, vol. 4, 2ª ed., Jus, México, 1972.

——, *La verdadera Revolución mexicana. Cuarta etapa (1915-1916)*, vol. 5, 2ª ed., Jus, México, 1973.

——, *La verdadera Revolución mexicana. Quinta etapa (1916-1918)*, vol. 6, 1a ed., Jus, México, 1961.

——, *La verdadera Revolución mexicana. Sexta etapa (1918-1920)*, vol. 7, Jus, México, 1963.

——, *Historia extraoficial de la Revolución mexicana: desde las postrimerías del porfirismo hasta los sexenios de Echeverría y López Portillo*, Jus, México, 1987.

Teitelbaum, Louis M., *Woodrow Wilson and the Mexican Revolution (1913-1916). A History of United States-Mexican Relations. From the Murder of Madero until Villa's provocation across the Border*, Exposition Press, Nueva York, 1967.

Terrazas Enríquez, Silvestre, *El verdadero Pancho Villa*, Talleres Gráficos del Estado de Chihuahua, Chihuahua, 2009.

Tompkins, Frank, *Chasing Villa: The Last Campaign of the U.S. Cavalry*, High Lonesome Books, Estados Unidos, 1996.

Torres, Elías, *Vida y hechos de Francisco Villa*, Editorial Época, México, 1975.

Toussaint Aragón, Eugenio, *Quién y cómo fue Pancho Villa*, Universo, México, 1981.

Turner, Timothy G., *Bullets, bottles and Gardenias*, South West-Press, Dallas, Texas, 1935.

Ulloa, Bertha, *Historia de la Revolución mexicana. Periodo 1914-1917. La Revolución escindida.* Colegio de México, México, 1979. http://www.cervantesvirtual.com/obra/historia-de-la-revolucion-mexicana-parte-2-periodo-1914-1917-vol-4-la-revolucion-escindida/.

——, *Revolución mexicana. 1910-1920. Archivo Histórico Diplomático. Guías para la historia diplomática de México*, Secretaría de Relaciones Exteriores, México, 1985.

Urquizo, Francisco L., *Recuerdo que... Episodios de la Revolución*, Ediciones Botas, México, 1934.

Urueta, Margarita, *La historia de un gran desamor. Biografía de Jesús Urueta, el gran tribuno de la Revolución*, STYLO, México, 1964.

Valbuena, Rubén E., *Plan de Guadalupe: homenaje del Ejército mexicano. Cincuentenario, 1913-1963*, Departamento de Archivo, Correspondencia e Historia de la Sedena, Comisión de Historia Militar, México, 1963.

Valdés, José de la Luz, *El mito de Zapata*, Espigas, Saltillo, Coahuila, 1974.

Valero Martínez, Felipe, *Ciudad Cuauhtémoc... su historia*, Servicios Informativos del Norte Editores, Chihuahua, 1991.

Vargas Arreola, Juan Bautista, *A sangre y fuego con Pancho Villa*, FCE, México, 1988.

Vargas Valdez, Jesús, *Máximo Castillo y la Revolución en Chihuahua*, Nueva Vizcaya Editores, México, 2003.

Vasconcelos, José, *Memorias I. Ulises Criollo. La tormenta*, Letras Mexicanas, FCE, México, 1983.

Vera Estañol, Jorge, *Historia de la Revolución mexicana: orígenes y resultados*, Porrúa, México, 1976.

Vilanova Fuentes, Antonio, *Muerte de Villa*, Ichicult, Chihuahua, 2003.

Villa Guerrero, Guadalupe, y Rosa Helia Villa Guerrero (eds.), *Pancho Villa, retrato autobiográfico (1894-1914)*, Taurus, México, 2004.

——, "Élites y Revolución en Durango" en *Transición*, Instituto de Investigaciones Históricas de la UJED, núm. 25, diciembre de 2011.

Villanueva, Saturnino, *Relatos auténticos de la vida de Pancho Villa y la División del Norte*, Ciudad Juárez, Chihuahua, núm. 2, junio de 1961.

Weir, William, *Guerrilla Warfare: Irregular Warfare in the Twentieth Century*, Mechanicsburg, Pensilvania, 2008.

Whitaker, Herman, "Villa and His People", en *Sunset, The Pacific Monthly* 33, núm. 2, vol. 32, San Francisco, California, enero-junio 1914.

Hemerografía

Amarillo Daily News
Diario Oficial de la Federación
El Correo del Norte
El Correo Español
El Demócrata
El Imparcial
El Monitor
El País
El Paso Herald
El Paso Morning Times
El Pueblo
El Siglo de Torreón
El Sol del Parral
Excélsior
Hopkinsville Kentuckian
La Patria Telegramas
La Prensa
The Butler Weekly Times
The Hartford Herald
The Logan Republican
The Manchester Democrat
The Ogden Standard
The Omaha Daily Bee
The Pensacola Journal
The San Juan Islander
The Seattle Star
The Sun
The Sunday Star
The Temple Daily Telegram
The Watchman and Southron

Archivos

Archivo Antiguo (1826-1920). El Colegio de México
Archivo General de la Nación, fondo Manuel González Ramírez
Archivo Histórico de la Arquidiócesis de Chihuahua, Chihuahua
Archivo Histórico de la Arquidiócesis de Hermosillo, Sonora
Archivo Histórico de la Embajada de España en México, 1826-1939
Archivo Histórico de la Secretaría de Cultura de Chihuahua

Archivo Histórico del Supremo Tribunal de Justicia del Estado de Chihuahua
Archivo Histórico Genaro Estrada de la Secretaría de Relaciones Exteriores
Archivo Histórico Municipal de Ciudad Guerrero
Archivo Histórico Municipal de Ciudad Juárez
Archivo Histórico Municipal de Hidalgo del Parral
Archivo Histórico Municipal de Namiquipa
Archivo Jacinto B. Treviño
Archivo Particular Esther Noriega
Archivo Particular familia Merino
Archivo Particular Juan Diego Encinas
Archivo Particular Verónica Muriel
Biblioteca Ernesto de la Torre Villar del Instituto Mora
Biblioteca Nacional de México
Hemeroteca Histórica de la Biblioteca Central Pública del Estado de Durango
Hemeroteca Nacional de México

CRÉDITOS FOTOGRÁFICOS

Abel Chávez
Alberto Chacón
Alejandra Aranzola
Alonso Domínguez Durán
Ana María Díaz
Archivo Casasola
Archivo Histórico de la Arquidiócesis de Chihuahua
Avelino Sánchez
Benjamín Gutiérrez
Brenda Samaniego
Carlos Fernández Baca
Carlos García
Carolina Tomkinson
Edgar Robledo
Elisa Valeria
Esther Noriega
Estrella Carrillo Aún
Fototeca INAH
Galería Gobernadores, Palacio de Gobierno del Estado de Chihuahua
Gonzalo García Terrazas
Guadalupe Almanza Kuchlé
Guillermo H. Ramírez
Hugo Merino

Javier Amaya Alvarado
Jesús Muela González
José Muela González
Josefina Velo Díaz
Juan Ávila Juárez
Juan Diego Encinas
Juan Pablo Herrera
La Roca Museo Bar (colección particular)
Lorena Villanueva García
María del Socorro Mucharraz Ochoa
María Vázquez Soriano
Mario César Chávez Vélez
Norma Polanco
Norma Ramírez Baca
Rafael García López
Raúl Herrera Márquez (colección particular)
Reidezel Mendoza Soriano (colección particular)
Salvador del Pinal
Teresa Antillón Caraveo
Tomás Ornelas
Valdemar A. Fuentes
Verónica Muriel Baca
Víctor Manuel Rubio Domínguez
Wendy Domínguez
Wes Wallace

ENTREVISTAS

Abraham Acosta, Chihuahua, Chihuahua, 2017
Adalberto González Márquez, Chihuahua, Chihuahua, 2013
Alejandra Andazola, Chihuahua, Chihuahua, 2013
Alfredo Cruz, Chihuahua, Chihuahua, 2017
Alonso Domínguez Durán, Chihuahua, 2019
Ana María Díaz Lazo, Chihuahua, Chihuahua, 2017
Antonio Bracho Huemoeller, Celaya, Guanajuato, 2015
Antonio Holguín, Jiménez, Chihuahua, 2017
Avelino Sánchez, San José del Sitio, Satevó, Chihuahua, 2016
Baltazar Ruiz Barroterán, Chihuahua, Chihuahua, 2017
Benjamín Gutiérrez, Hermosillo, Sonora, 2018
Blas García Quintana, Valle de Olivos, Rosario, Chihuahua, 2016
Bonifacio Martínez, Chihuahua, Chihuahua, 1990

Concepción López Ramírez, Delicias, 2015
Cuquis Quiroz-González, Chihuahua, Chihuahua, 2017
Demetria Sánchez Reyes, La Estancia, Durango, 2017
Dulces Nombres Quezada, Chihuahua, Chihuahua, 2016
Edgar López Guerrero, Delicias, Chihuahua, 2015
Edgar Robledo, Texas, 2018
Edmundo Ruiz, Satevó, Chihuahua, 2016
Eduardo Vital Torres, México, 2020
Eloy Merino, Chihuahua, Chihuahua, 2015
Elva García, Monterrey, Nuevo León, 2015
Esperanza Kuchlé de Amparán, Chihuahua, Chihuahua, 2017
Esteban Chavira, Chihuahua, Chihuahua, 2017
Esther Noriega, San Pedro de la Cueva, Sonora, 2019
Estrella Carrillo Aún, Chihuahua, Chihuahua, 2016
Fidencio García, Estados Unidos, 2017
Francisco Ibarra, San Pedro de la Cueva, Sonora, 2019
Francisco López Meléndez, Ciénega de Ortiz, Chihuahua, 2018
Gabriel Mariñelarena Estrella, México, 2017
Gloria Barriga, Clovis, Nuevo México, 2018
Gonzalo Chavira, La Cueva, Satevó, Chihuahua, 2016
Gonzalo García Terrazas, Chihuahua, 2015
Graciano Encinas, San Pedro de la Cueva, 2019
Guillermo Portillo Mendoza, La Cueva, Rosario, Chihuahua, 2016
Héctor Arras Rodríguez, Parral, Chihuahua, 1999
Héctor Manuel Velasco Martínez, Chihuahua, Chihuahua, 2017
Héctor Ramón Chavira, Camargo, Chihuahua, 2016
Hugo Merino, Bachíniva, Chihuahua, 2019
Javier García Urquidi, Camargo, Chihuahua, 2016
Jesús Arturo de los Ríos, Chihuahua, Chihuahua, 2017
Jesús José Vizcaíno, Chihuahua, Chihuahua, 2018
Jesús Manuel Rubio Domínguez, Chihuahua, Chihuahua, 2010
Jesús Molina Portillo, San Francisco del Oro, Chihuahua, 2014
Jesús Muela González, Chihuahua, Chihuahua, 2016
José Alberto Chacón Araujo, Chihuahua, Chihuahua, 2016
José Guadalupe Chávez Portillo, Chihuahua, Chihuahua, 2009
José Guadalupe Mendoza, San Pedro de la Cueva, Sonora, 2019
José Joaquín Molina Alvídrez, Delicias, Chihuahua, 2015
José Mariñelarena, Chihuahua, Chihuahua, 2017
José Muela González, Chihuahua, Chihuahua, 2016
Juan Diego Encinas, San Pedro de la Cueva, Sonora, 2019
Juan Escamilla, Tepozán, Durango, 2017
Justino Flores Gutiérrez, Jiménez, Chihuahua, 2016
Leobardo Sotelo y María Sotelo, La Cueva, Rosario, Chihuahua, 2016

Leopoldo Chávez, Camargo, Chihuahua, 2016
Librada Barrera, La Joya, Satevó, Chihuahua, 2018
Luis Acosta, Chihuahua, Chihuahua, 2017
Luis Adrián Acosta Delgado, Chihuahua, 2017
Luis Alberto Romero López, Ciudad Obregón, Sonora, 2017
Lucía Mireles García, La Estancia, Durango, 2017
Lulú Domínguez, Valle de Zaragoza, Chihuahua, 2017
Manuel Cruz Navarro, San Pedro de la Cueva, Sonora, 2019
Manuel Rosales Villa, Camargo, Chihuahua, 2016
Marcial Morales Vargas, La Estancia, Durango, 2017
María de la Luz Castillo, San Pedro de la Cueva, Sonora, 2019
María del Socorro Mucharraz Ochoa, 2020
María Noriega, San Pedro de la Cueva, Sonora, 2019
Mario César Chávez Vélez, Torreón, Coahuila, 2017
Ninfa García, Chihuahua, Chihuahua, 2013
Norma Polanco, California, 2016
Norma Ramírez Baca, 2020
Pamela Stacy, California, 2015
Pedro Pallares López, El Charco, Chihuahua, 2015
Pedro Peñúñuri, San Pedro de la Cueva, Sonora, 2019
Rafael García López, Parral, Chihuahua, 2015
Ramón Chavira Quintana, Texas, 2016
Salvador del Pinal, México, 2015
Samuel Vota, Parral, Chihuahua, 2015 y 2017
Teresa Antillón Caraveo, 2020
Tomás Ornelas, 2020
Valdemar A. Fuentes, Texas, 2018
Wes Wallace, Corralitos, Nuevo Casas Grandes, Chihuahua, 2017
Wendy Domínguez, Chihuahua, Chihuahua, 2012 y 2013
Yeyé Romo, Torreón, Coahuila, 2017

Entrevistas "Proyecto de Historia Oral" inah

Belén Prieto viuda de Barrio, Satevó, 1979
Everardo Chávez Lechuga, Ciudad Guerrero, 1973
Jesús María López Aguirre, El Charco, 1974
José Dolores Figueroa Campos, Bachíniva, 1973
José Reyes Máynez, Parral, 1974
Juan B. Rosales, Ciudad Juárez, 1975
Manuel Sáenz Terán, Ciudad Guerrero, 1973
Onésimo Coss Castillo, Bachíniva, 1973

Práxedis Giner Durán, Camargo, 1973

Regino Hernández Llergo, México, 1960

Roberto Merino Rivera, Bachíniva, 1973

Santos Márquez Parada, Santa Isabel, 1973

Secundino Vega Hernández, Chihuahua, 1973

Víctor de Anda, México, 1973

Victoriano Macías, La Junta, 1973

ARCHIVOS DIGITALES

Texas Digital Newspaper Program
https://texashistory.unt.edu/explore/collections/TDNP/
Hemeroteca Nacional Digital de México
http://www.hndm.unam.mx/index.php/es/
Chronicling America. Historic American Newspapers
http://chroniclingamerica.loc.gov/newspapers/
Family Search
    https://familysearch.org/search
El Siglo de Torreón
http://h.elsiglodetorreon.com.mx/Default/Skins/ElSiglo/Client.asp?Skin=ElSi-
    glo&enter=true&AppName=2&A W=1351610894765
Office of the Historian, Department of State, United State of America https://history.
    state.gov/historicaldocuments

Esta obra se terminó de imprimir
en el mes de diciembre de 2024,
en los talleres de Grafimex Impresores S.A. de C.V.,
Ciudad de México.